Canada

Direction	David Brabis
Rédaction en chef	Nadia Bosquès
Rédaction	John G. Anderson, Cynthia Ochterbeck
Traduction	Michael Brammer, Caroline Palvadeau, Frédérique Pajot
Secrétaires d'édition	Blandine Lecomte, Jean-Claude Saturnin
Cartographie	Alain Baldet, Geneviève Corbic, Pascale Bisson, Thierry Lemasson
Iconographie	Brigitta House
Secrétariat de rédaction	Mathilde Vergnault, Danièle Jazeron
Mise en pages	Michel Moulin, Alain Fossé
Maquette de couverture	Agence Carré Noir
Fabrication	Pierre Ballochard, Renaud Leblanc
Marketing	Cécile Petiau
Ventes	Antoine Baron (France), Robert Van Keerberghen (Belgique), Christian Verdon (Suisse), Nadine Audet (Canada), Pascal Isoard (grand export)
Relations publiques	Gonzague de Jarnac
Pour nous contacter	Le Guide Vert Michelin – Éditions des Voyages 46, avenue de Breteuil 75324 Paris Cedex 07 ☎ 01 45 66 12 34 Fax : 01 45 66 13 75 www.ViaMichelin.fr LeGuideVert@fr.michelin.com

Parution 2004

LE GUIDE VERT,
l'esprit de découverte

À la découverte du Canada

Les amateurs de diversité seront captivés par le Canada, ses ports où flotte l'odeur du sel, ses anciens comptoirs commerciaux, ses villes auréolées par la poussière soulevée par les troupeaux, ses montagnes élancées, la frénésie des matchs de hockey sur glace, la police montée et la cuisine internationale de ses restaurants branchés...Cette terre de fantastiques exploits techniques ou humains récents est aussi celle de la Compagnie de la Baie d'Hudson, de la déportation des Acadiens, des combats de la guerre de Sept Ans, du Canada-Uni et de la ruée vers l'or du Klondike, une terre d'immigration où les nouveaux venus ont toujours été accueillis à bras ouverts.

Cette ouverture se traduit aujourd'hui par la présence sur le sol canadien du deuxième plus grand quartier chinois d'Amérique du Nord, présence qui affirme la variété des pôles d'intérêt des Canadiens, attirés autant par les sources d'inspiration indiennes traditionnelles que par toutes les formes modernes d'expression.

Nation entreprenante, le Canada, qui a découvert l'insuline et imaginé les motoneiges, est aussi le pays du Nasdaq et du bœuf d'Alberta. Creuset où se sont fondues diverses cultures, il vous donnera l'occasion non seulement de voir vivre des traditions venues de la vieille Europe mais aussi de jouer les aventuriers avec les cow-boys des Cariboo ou dans les champs aurifères du Yukon.

Merci d'avoir choisi le Guide Vert et bon voyage au Canada !

L'équipe du Guide Vert Michelin
Le GuideVert@fr.michelin.com

Sommaire

Villes et curiosités   71

Parliament Building, Ottawa

Artisanat amérindien

Raquettes, Yukon

© Evelyn M. Angeletti

Inukuk

Dan Heringa/Nunavut tourism

Cartographie EN COMPLÉMENT DU GUIDE VERT

Carte Michelin n° 585 Western USA, Western Canada

Carte de grand format fournissant une image détaillée du réseau routier et situant notamment les aires de repos et les échangeurs sur les autoroutes.

– Index complet des localités.
– Échelle 1/2 400 000 (1 cm = 24 km).

Carte Michelin n° 583 Northeastern USA, Eastern Canada

Carte de grand format fourn ne image détaillée du réseau routier et situant notamment les aires de repos et les échangeurs sur les autoroutes.

– Index complet des localités.
– Échelle 1/2 400 000 (1 cm = 24 km).

INDEX DES CARTES ET DES PLANS

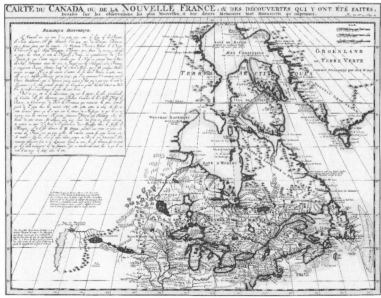

Le Canada en 1719

Votre guide

Ce guide a été conçu pour vous aider à tirer le meilleur parti de votre voyage au Canada. Il est présenté en trois grandes parties : Renseignements pratiques, Introduction au voyage puis Villes et curiosités, complétées par une sélection de plans et de schémas.

● Le chapitre des **Renseignements pratiques** groupe toutes les précisions utiles à votre voyage : formalités, loisirs, etc.

● Les cartes des pages 10 à 20 vous aident à préparer votre voyage : la carte des **principales curiosités** situe les pôles d'intérêt les plus importants, et les **itinéraires de visite** proposent des circuits régionaux complétés de listes des sites et monuments à voir.

Nous vous recommandons de lire, avant votre départ, l'**Introduction au voyage**, qui vous propose une approche culturelle du Canada.

● Les 10 chapitres de la partie **Villes et curiosités** sont classés d'Ouest en Est et comprennent une ou plusieurs provinces en fonction de leur richesse touristique et de leur étendue. Un sous-chapitre permet de présenter la région (un chapitre particulier est néanmoins consacré à l'histoire et à la vie quotidienne de chaque province de l'Atlantique), suivi de la description des principaux sites et monuments, répertoriés dans l'ordre alphabétique. Les sites les moins importants sont décrits en excursions à partir des localités les plus conséquentes. Dans tous les cas, les conditions de visite des sites et monuments accompagnent leur description.

Si vous avez des remarques ou des suggestions à faire, nous sommes à votre disposition sur notre site Web ou par courrier électronique :
www.ViaMichelin.fr
LeGuideVert@fr.michelin.com

Bon voyage !

© Evelyn M. Angeletti

Légende

★★★   **Très vivement recommandé**
★★   **Recommandé**
★   **Intéressant**

Curiosités

Itinéraire décrit et son point de départ

Église, chapelle – Synagogue
Ville décrite
AZ B   Localisation d'une curiosité sur le plan
Curiosités diverses
Mine – Grotte
Moulin à vent – Phare
Fort – Mission

Bâtiment décrit
Autre bâtiment
Petit bâtiment, statue
Fontaine – Ruines
Information touristique
Bateau – Épave
Panorama – Vue

Autres symboles

Autoroute fédérale (USA)   Route fédérale   Autre route
Transcanadienne   Autoroute canadienne   Autoroute fédérale mexicaine

Autoroute, pont
Péage, échangeur
Autoroute à chaussées séparées
Route principale, route secondaire
15 (21)   Distance en miles (kilomètres)
2149/655   Col (altitude en pieds/mètres)
6288(1917)   Altitude : pieds (mètres)
Aéroport – Aérodrome
Transport des voitures et des passagers
Transport des passagers
Chute – Barrage
Frontière
Limite d'État
Vigne

Grand axe de circulation
Voie à chaussées séparées
Rue à sens unique
Rue piétonne
Tunnel
Escalier – Porte
Pont mobile – Château d'eau
Parking – Bureau principal de poste
Université – Hôpital
Gare ferroviaire – Gare routière
Station de métro
Bonnes adresses – Observatoire
Cimetière – Marais
Files d'attente

Sports et loisirs

Téléphérique, télécabine
Chemin de fer touristique
Croisière – Port de plaisance
Surf – Windsurf
Plongée – Kayak
Ski de descente – Ski de fond

Stade – Golf
Parc floral, arboretum – Espace boisé
Réserve naturelle
Parc animalier, zoo
Sentier
Sentier balisé

Intéressant pour les enfants

Abréviations et symboles particuliers

MP	Marine Park	NP	National Park	NF	National Forest
NHS	National Historic Site			PP	Provincial Park

Information touristique :   Locale 🛈   Provinciale 🛈

16   Route Yellowhead   Station de métro (Montréal)

Sauf indication contraire, le nord est toujours en haut sur les plans de ville et les cartes.

Dans le corps du guide figurent des symboles associés aux conditions de visite des sites et monuments. Ce sont : ♿ accès handicapés, ✗ restauration sur place, ⛺ camping, ⏸ longue attente, 🅿 parking, 📷 pour enfants, ● station de métro.

9

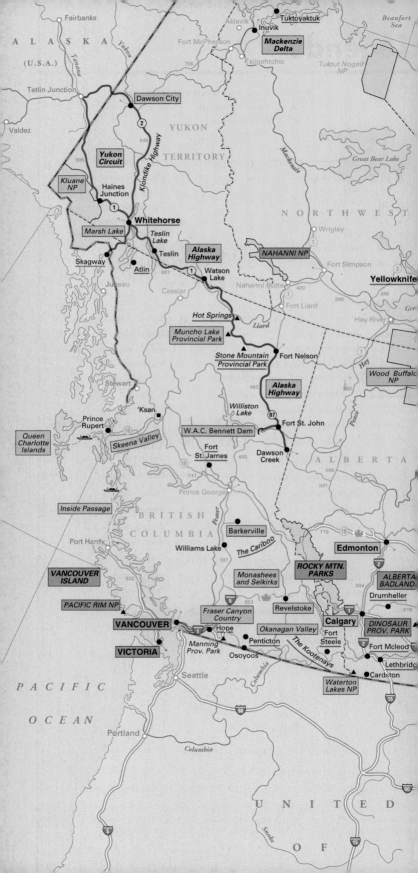

Les plus beaux sites

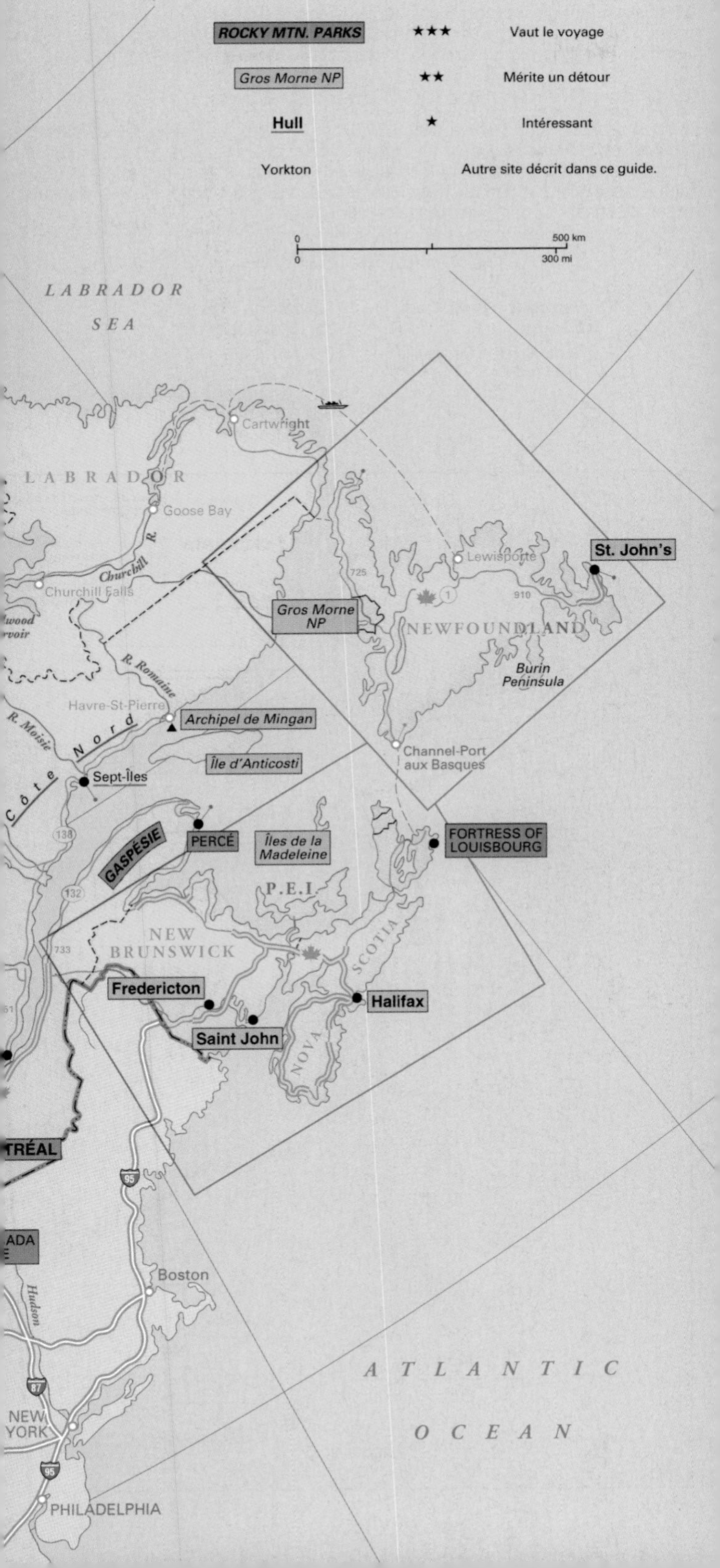

```
0                          500 km
0                          300 mi
```

LABRADOR SEA

Cartwright

LABRADOR

Goose Bay

Churchill R.

Churchill Falls

wood voir

R. Romaine

Havre-St-Pierre

R. Maisie

Côte Nord

Sept-Îles

Archipel de Mingan

Île d'Anticosti

GASPÉSIE

PERCÉ

Îles de la Madeleine

P.E.I.

132

733

NEW BRUNSWICK

Fredericton

Saint John

Lewisporte

725

Gros Morne NP

NEWFOUNDLAND

910

St. John's

Burin Peninsula

Channel-Port aux Basques

FORTRESS OF LOUISBOURG

NOVA SCOTIA

Halifax

TRÉAL

95

ADA

Hudson

Boston

87

NEW YORK

95

PHILADELPHIA

ATLANTIC OCEAN

Itinéraires de visite

Ces programmes de voyage, d'une durée de deux à trois semaines, ne visent pas à pro poser l'ensemble des itinéraires possibles au Canada, mais cherchent plutôt à donn un ordre de grandeur du temps à consacrer aux déplacements lors d'un voyage.

1 Colombie-Britannique et Rocheuses

Circuit au départ de Vancouver. 3 309 km aller-retour (traversées en bateau n comprises). 18 jours. Ce circuit traverse les paysages superbes de la Colombi Britannique et du Sud de l'Alberta, dévoile la beauté des Rocheuses et de leu cimes enneigées, et parcourt une région sauvage peu fréquentée : le plateau int rieur, la chaîne Côtière, les villages amérindiens.

Jours	Itinéraire	Visites
1-3		Vancouver★★★
4	**Vancouver – Cache Creek** 335 km	Canyon du Fraser★★ par Hope et Lytton
5	**Cache Creek – Revelstoke** 286 km	Canyon de la Thompson★ par le lac Shuswap Monts Monashee et Selkirk★★ Col Eagle★ Revelstoke★★

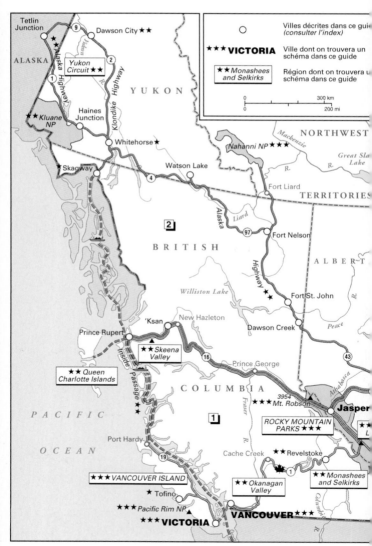

Jours	Itinéraire	Visites
6	**Revelstoke – Lake Louise** 228 km	Col Rogers★★ Parcs des Rocheuses★★★ Lac Emerald★★★ Vallée du Yoho★★ Col Kicking Horse
7	**Lake Louise et environs** 81 km	Lac Louise★★★ Mont Whitehorn★ Lac Moraine★★★
8	**Lake Louise – Jasper** 233 km	Parcs des Rocheuses★★★ Icefields Parkway★★★
9	**Jasper et environs** 167 km	Jasper National Park★★★ Mont Edith Cavell★★ Vallée de la Maligne★★★
10	**Jasper – Prince George** 376 km	Yellowhead Highway★★ Mt. Robson Provincial Park★★ Mont Robson★★★
11	**Prince George – New Hazelton** 446 km	'Ksan
12	**New Hazelton – Prince Rupert** 295 km	Vallée du Skeena★★ *(décrite en sens inverse)*
13	**Prince Rupert – Port Hardy**	Passage intérieur★★ en bac
14	**Port Hardy – Tofino** 542 km	Île de Vancouver★★★ : de Parksville au Pacific Rim National Park Reserve★★★
15	**Tofino – Victoria** 320 km	Pacific Rim National Park Reserve★★★
16-17		Victoria★★★
18	**Victoria – Vancouver** en bac	Butchart Gardens★★★

② Nord de la Colombie-Britannique et Yukon

Circuit au départ d'Edmonton. 5 185 km aller-retour (traversées en bateau non comprises). 17 jours. Ce long trajet dans des contrées peu habitées retrouve le pas des chercheurs d'or, traverse la forêt boréale jusqu'à proximité du cercle arctique, et longe en bateau la côte déchiquetée du Pacifique.

1-2		Edmonton★★
3	**Edmonton – Fort St. John** 665 km	Route de l'Alaska★★
4	**Fort St. John – Fort Nelson** 416 km	Route de l'Alaska★★

De Fort Nelson, excursion (1 jour) au Nahanni National Park Reserve★★★.

5	**Fort Nelson – Watson Lake** 546 km	Route de l'Alaska★★★
6	**Watson Lake – Whitehorse** 455 km	Route de l'Alaska★★
7		Whitehorse★
8	**Whitehorse – Dawson City** 540 km	Circuit du Yukon★★ Route du Klondike
9		Dawson City★★

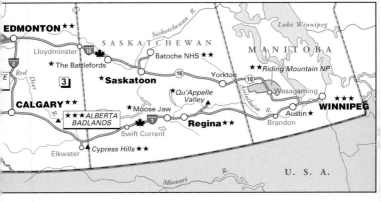

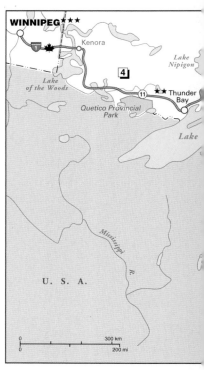

Quelques distances utiles	
Seattle – Vancouver	270 km
Vancouver – Calgary	953 km
Calgary – Edmonton	304 km
Calgary – Regina	744 km
Saskatoon – Regina	251 km
Regina – Winnipeg	573 km
Winnipeg – Sault Ste. Marie	1 395 km
Sault Ste. Marie – Toronto	715 km
Toronto – Ottawa	398 km
Toronto – Detroit	378 km
Ottawa – Montréal	185 km
Montréal – Québec	262 km
Montréal – New York	631 km
Québec – Fredericton	521 km
Fredericton – Halifax	480 km

Jours	Itinéraire	Visites
10	**Dawson City – Haines Junction** 744 km	Circuit du Yukon★★ Route Top of the World★★ Route de l'Alaska★★ Lac Kluane★★
11	**Haines Junction – Whitehorse** 161 km	Kluane National Park★★
12-13	**Whitehorse – Prince Rupert** 180 km et bac	Route du Klondike jusqu'à Skagway★★ Skagway★ Passage intérieur (É.-U.)

De Prince Rupert, excursion (3 jours) aux îles de la Reine-Charlotte★★ ou descent *du Passage intérieur★★ en bac jusqu'à Seattle (arrivée jour 15).*

14-16	**Prince Rupert – Jasper** *(jours 12. 11 et 10 du 1ᵉʳ itinéraire)*	
17	**Jasper – Edmonton** 361 km	

③ Prairies

Circuit au départ de Winnipeg. 3 371 km aller-retour. 17 jours. Champs de blé à perte de vue, ranchs et cow-boys, riches gisements de pétrole, nature superbe, souvenirs de la conquête de l'Ouest, tels sont les attraits de ce circuit à la découverte des Prairies.

1-2		Winnipeg★★★
3	**Winnipeg – Wasagaming** 265 km	Riding Mountain National Park★★
4	**Wasagaming – Yorkton** 230 km	Yorkton
5	**Yorkton – Saskatoon** 331 km	Saskatoon★
6	176 km	Excursion à Batoche★★
7	**Saskatoon – Lloydminster** 276 km	Les Battleford★
8-9	**Lloydminster – Edmonton** 248 km	Edmonton★★

Excursion dans les Rocheuses (5 jours. 2 271 km) : Edmonton – Jasper. 339 km ; *Jasper – Lake Louise (jours 9. 8. 7 du 1ᵉʳ itinéraire) ; Lake Louise – Calgary. 214 km.*

10-11	**Edmonton – Calgary** 297 km	Calgary★★

Jours	Itinéraire	Visites
12	**Calgary − Elkwater** 432 km	Badlands de l'Alberta★★★
13	**Elkwater − Swift Current** 227 km	Cypress Hills★★
14	**Swift Current − Regina** 243 km	Moose Jaw★
15		Regina★★
16	**Regina − Brandon** 423 km	Vallée de la Qu'Appelle★
17	**Brandon − Winnipeg** 211 km	Austin★

④ Nord de l'Ontario

2 271 km d'Ottawa à Winnipeg. 10 jours. Il s'agit d'une longue route à travers l'immense forêt et les paysages sauvages du Bouclier canadien, ponctué de lacs et de rivières au cours hésitant.

1-2		Ottawa★★★
3	**Ottawa − North Bay** 363 km	North Bay★
4	**North Bay − Sault Ste. Marie** 427 km	Sudbury★★
5		Sault Ste. Marie★★
6	**Sault Ste. Marie − Thunder Bay** 705 km	Route du lac Supérieur★★ Rive Nord du lac Supérieur★★ *(décrite en sens inverse)*
7		Thunder Bay★★
8	**Thunder Bay − Kenora** 569 km	Chutes de la Kakabeka★★
9-10	**Kenora − Winnipeg** 207 km	Winnipeg★★★

⑤ Sud de l'Ontario

Circuit au départ de Niagara Falls. 1 737 km aller-retour. 18 jours. Ce circuit parcourt la région la plus peuplée du Canada, où se mêlent campagnes riantes, sites naturels grandioses, tranquilles villégiatures et villes trépidantes.

17

Jours	Itinéraire	Visites
1-2	60 km	Chutes du Niagara★★★ Niagara Parkway Nord★★
3	**Niagara Falls – Toronto** 147 km	Hamilton★
4-7		Toronto★★★
8	**Toronto – Kingston** 269 km	Oshawa★★
9		Kingston et les Mille Îles★★
10	**Kingston – Ottawa** 201 km	Upper Canada Village★★★
11-12		Ottawa★★★
13	**Ottawa – Gravenhurst** 406 km	Gravenhurst★
14	**Gravenhurst – Midland** 56 km	Orillia★ Sainte-Marie-au-Pays-des-Hurons★★ Midland★
15		Penetanguishene★ Baie Georgienne★★
16	**Midland – Goderich** 249 km	Wasaga Beach★ Blue Mountains Goderich★
17	**Goderich – London** 140 km	Stratford★ London★

Excursion à Windsor★ et au Point Pelee National Park★★ (2 jours, 482 km) ; hébergement à Leamington.

18	**London – Niagara Falls** 209 km	Brantford★

⑥ Québec

Circuit au départ de Montréal. 2 359 km aller-retour (traversées en bateau non comprises). 17 jours. Les deux rives du Saint-Laurent se révèlent dans cet itinéraire : villes, plaines agricoles, rebord montagneux des Laurentides et contreforts des Appalaches, atmosphère marine de l'estuaire et du golfe du Saint-Laurent, et paysages spectaculaires du Saguenay et de Percé.

1-3		Montréal★★★
4	**Montréal – Québec** 277 km	Trois-Rivières★★
5-6		Québec★★★
7	**Québec – Île aux Coudres** 107 km et bac	Côte de Beaupré★★ Côte de Charlevoix★★★ Île aux Coudres★★
8	**Île aux Coudres – Tadoussac** 104 km et bac	Côte de Charlevoix★★★ Tadoussac★★
9		Croisière d'observation des baleines★★ ou Croisière sur le fjord du Saguenay★★★
10	**Tadoussac – Matane** 204 km (bac Les Escoumins – Trois-Pistoles)	Gaspésie★★★ Jardins de Métis★★ Matane

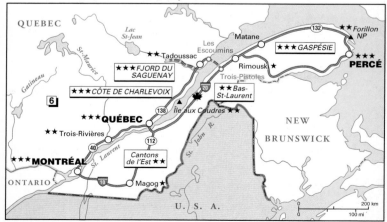

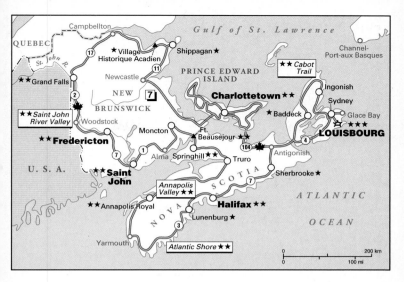

Jours	Itinéraire	Visites
11	**Matane – Percé** 404 km	Parc national Forillon★★ Gaspé★
12-13		Percé★★★
14	**Percé – Rimouski** 466 km	Gaspésie★★★ Côte Sud Rimouski★
15	**Rimouski – Québec** 312 km	Bas-Saint-Laurent★★ *(décrit en sens inverse)*
16	**Québec – Magog** 275 km	Cantons de l'Est★★ Magog★
17	**Magog – Montréal** 210 km	Vallée du Richelieu★★

7 Provinces maritimes

Circuit au départ de Halifax. 4 235 km aller-retour (traversées en bateau non comprises). 22 jours. Marées spectaculaires, pittoresques côtes rocheuses, traditions acadiennes et folklore écossais, charme des villages de pêcheurs et douceur des villégiatures caractérisent cet agréable circuit à travers le Nouveau-Brunswick, la Nouvelle-Écosse et l'île du Prince-Édouard.

1-2		Halifax★★
3	**Halifax – Antigonish** 261 km	Sherbrooke★
4	**Antigonish – Sydney** 212 km	Forteresse de Louisbourg★★★
5	**Sydney – Ingonish** 127 km	Glace Bay (Miners' Museum★★) Piste Cabot★★ *(décrite en sens inverse)* Ingonish
6	**Ingonish – Baddeck** 233 km	Piste Cabot★ Cape Breton Highlands National Park★★ Chéticamp Baddeck★
7	**Baddeck – Charlottetown** 263 km et bac	Île du Prince-Édouard Charlottetown★★
8-10	800 km (maximum)	Routes touristiques de l'île du Prince-Édouard
11	**Charlottetown – Newcastle** 259 km et bac	
12	**Newcastle – Campbellton** 301 km	Shippagan★ Village historique acadien★
13	**Campbellton – Woodstock** 311 km	Vallée du St. John★★ *(décrite en sens inverse)* Grand Falls★★ Hartland★
14	**Woodstock – Fredericton** 101 km	Kings Landing★★
15	**Fredericton – Saint John** 109 km	Fredericton★★

Jours	Itinéraire	Visites
16		Saint John★★
17	**Saint John – Alma** 143 km	Fundy National Park★★
18	**Alma – Truro** 254 km	Cap Hopewell★★ Moncton Fort Beauséjour★★ – Springhill★★
19	**Truro – Annapolis Royal** 243 km	Truro Vallée de l'Annapolis★★ *(décrite en sens inverse)*
20	**Annapolis Royal – Yarmouth** 131 km	Annapolis Royal★★ Habitation de Port-Royal★★
21	**Yarmouth – Lunenburg** 311 km	Côte atlantique★ *(décrite en sens inverse)* Liverpool Ovens Natural Park★ – Lunenburg★
22	**Lunenburg – Halifax** 176 km	Côte atlantique★★ Peggy's Cove★★

⑧ Terre-Neuve

Circuit au départ de Sydney (Nouvelle-Écosse). 2 073 km aller-retour (traversées en bateau non comprises). 12 jours. À la traversée de Terre-Neuve, la plus orientale des provinces canadiennes, ce circuit ajoute des excursions dans les parcs nationaux et aux îles françaises de Saint-Pierre-et-Miquelon.

1	**North Sydney – Port aux Basques** par bac *(il est conseillé de passer la nuit précédente à Sydney)*	
2	**Port aux Basques – Wiltondale** – 305 km	
3	191 km	Gros Morne National Park★★
4	**Wiltondale – Gander** – 356 km	
5-6	**Gander – Trinity** 182 km	Parc National de Terre-Neuve★ Cap Bonavista★ – Trinity★★
7	**Trinity – Grand Bank** 333 km	Péninsule de Burin Grand Bank
8	**Grand Bank – Saint-Pierre** bac au départ de Fortune	Saint-Pierre★
9-10	**Saint-Pierre – St. John's** 362 km	St. John's★★
11	**St. John's – Littoral du Cap** 175 km	Placentia (Castle Hill★) Cape St. Mary's Ecological Reserve★
12	**Littoral du Cap – North Sydney** bac au départ d'Argentia	

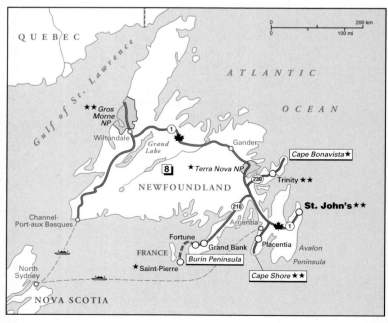

La Liste du Patrimoine mondial

En 1972, l'Organisation des Nations Unies pour l'éducation, la science et la culture (Unesco) a adopté une convention concernant la protection des sites culturels et naturels. Aujourd'hui, 128 « États parties » ont ratifié la Convention et 754 sites de « valeur universelle exceptionnelle » de par le monde sont inscrits sur la liste du patrimoine mondial. Chaque État partie propose l'inscription de ses propres sites nationaux ; chaque année, les demandes sont examinées par un comité de représentants de 21 États membres, assisté d'organisations techniques : Icomos (Conseil international des monuments et des sites), UICN (Union internationale pour la conservation de la nature), Iccrom (Centre international d'études pour la conservation et la restauration des biens culturels, Centre de Rome). La liste du patrimoine mondial s'enrichit ainsi au fur et à mesure que sont acceptées les nouvelles propositions et que de nouveaux pays signent la Convention.

La Convention définit comme éléments du patrimoine culturel des monuments (édifices, sculptures, structures de caractère archéologique), des ensembles (groupe de bâtiments) et des sites (œuvres combinées de l'homme et de la nature) ayant une valeur exceptionnelle du point de vue de l'histoire, de l'art ou de la science. Le patrimoine naturel est constitué, notamment, de monuments naturels, de formations géologiques, de zones strictement délimitées constituant l'habitat d'espèces menacées, de sites naturels.

Les signataires de la Convention s'engagent à coopérer afin de préserver et protéger ces sites en tant que patrimoine universel et contribuent financièrement au Fonds du patrimoine mondial, utilisé aussi bien pour participer à la restauration d'un monument que pour aider à la surveillance d'un parc naturel.

Parmi les biens inscrits sur la liste du patrimoine mondial, on peut citer la Grande Barrière corallienne d'Australie (1981), la Grande Muraille de Chine (1987), le Mont-Saint-Michel et sa baie (1979), les sites archéologiques de Mycènes et de Tirynthe en Grèce (1999) ou encore la cité historique de Bruges en Belgique (2000) et les jardins botaniques de Kew en Grande-Bretagne (2003).

Au Canada, les sites culturels et naturels inscrits sur la liste du patrimoine mondial de l'Unesco sont :

Le Parc national historique de L'Anse aux Meadows
Le Parc national Nahanni
Le Parc provincial des Dinosaures
L'île Anthony
Le secteur du précipice à bisons « Head-Smashed-In Buffalo Jump Complex »
Le Parc national de Wood Buffalo
Les Parcs des Rocheuses canadiennes
L'arrondissement historique de Québec
Le Parc national du Gros Morne
La vieille ville de Lunenburg
Le parc de Miguasha

En commun avec les États-Unis :
Parc national et réserve Kluane *(Yukon)*
Mont St-Elias *(Yukon)*
Parc national Tatshenshini-Alsek *(Colombie Britannique)*
Parc national des lacs Waterton *(Alberta)*

Clin d'œil patriotique à Neil Harbour (Nouvelle-Écosse)

Renseignements
pratiques

Avant le départ

Formalités

Pour mieux organiser son voyage, rassembler la documentation nécessaire et vérifier certaines informations, s'adresser à l'ambassade du Canada la plus proche de son lieu de résidence. Pour une liste complète des ambassades et missions du Canada à l'étranger, consulter le site www.dfait-maeci.gc.ca. Au Canada, les ambassades étrangères sont situées à Ottawa et la plupart des pays ont un consulat dans les capitales provinciales.

Les renseignements fournis dans ce chapitre s'appliquent à tout le pays.
Pour plus de détails sur les **provinces** et/ou les **territoires**, se référer aux introductions régionales.

Quelques villes ou régions possèdent de surcroît leur propre section de renseignements pratiques :
Les îles de la **Reine-Charlotte** *(voir p. 106)*, **les parcs des Rocheuses** *(voir p. 110)* ainsi que les villes de **Montréal** *(voir p. 324)*, **Toronto** *(voir p. 279)* et **Vancouver** *(voir p. 134)*.

À titre indicatif, quelques ambassades du Canada :

Pays	Adresse	☎
Belgique	2, av. de Tervuren, 1040 Bruxelles	02 741 06 11
France	35, av. Montaigne, 75008 Paris	01 44 43 29 00
Suisse	88 Kirchenfeldstrasse, 3005 Berne	031 357 32 00

Entrée au Canada – Avoir un **passeport** en cours de validité suffit pour les visiteurs belges, français et suisses ; aucun visa n'est requis pour un séjour de moins de trois mois (il est cependant possible de demander une prolongation de 90 jours), mais, par mesure de précaution, s'assurer auprès de l'ambassade du Canada la plus proche de son lieu de résidence que l'on dispose des documents nécessaires avant d'entreprendre tout voyage. Un billet de retour ainsi qu'une preuve de fonds suffisants pour couvrir le séjour peuvent être demandés.

Entrée aux États-Unis – Grâce au *Visa Waiver Pilot Program* ou *VWPP*, les ressortissants français, belges et suisses sont dispensés d'un visa tant que la durée de leur séjour ne dépasse pas 90 jours. Ils sont tenus de présenter un passeport en cours de validité, un billet de transport aller-retour et le formulaire dûment rempli qui leur est distribué dans l'avion. Les citoyens canadiens ne sont tenus de présenter ni passeport, ni visa. Il leur suffira de fournir un certificat de naissance accompagné d'une pièce d'identité avec photo, et pour les citoyens canadiens naturalisés, une attestation de nationalité. Par mesure de précaution, s'assurer auprès de l'ambassade ou du consulat des États-Unis le plus proche de son lieu de résidence que l'on dispose des documents nécessaires avant d'entreprendre tout voyage. Une adresse électronique à retenir : http://travel.state.gov/links.html (liste des ambassades et représentations consulaires américaines à l'étranger).

Douanes canadiennes – Pour les visiteurs qui ont l'âge minimum requis (18 ans en Alberta, en Saskatchewan, au Manitoba, au Québec, au Yukon, dans les Territoires du Nord-Ouest et au Nunavut, et 19 ans dans les autres provinces), l'importation de **tabac** en détaxe est limitée à 200 cigarettes, 50 cigares par adulte, 200 grammes de tabac à cigarettes ou 200 bâtonnets de tabac. Les quantités supplémentaires seront soumises aux droits de douanes et aux taxes, selon la province. Pour l'**alcool**, les quantités sont limitées à 1,14 litre de vin ou de boisson alcoolisée, ou à 24 bouteilles de bière. Tout **produit pharmaceutique** doit être clairement étiqueté *(en cas de traitement médical, se munir de l'ordonnance)*. L'importation d'**armes à feu** est sévèrement contrôlée. Certaines, n'ayant aucun usage sportif ou récréatif légitime, sont tout bonnement interdites ; d'autres nécessitent un permis spécial. Pour de plus amples informations, s'adresser à Revenue Canada, Customs and Excise, Ottawa ON K1A 0L5 ; service d'informations vocales : ☎ 416-973-8022 (Toronto) ou ☎ 604-666-0545 (Vancouver).

Les **aliments** sujets aux limitations, aux restrictions ou non permis sont les denrées périssables, légumes, viande et produits laitiers.

Enfin, pour les **animaux domestiques**, l'obtention d'un certificat de vaccination contre la rage, délivré par le pays d'origine, est obligatoire. Contacter Canadian Food Inspection Agency, Nepean ON K1A 0Y9 ☎ 613-225-2342.

Devises – *Voir le paragraphe « Argent » p. 36.*

Assurances individuelles – Il est fortement conseillé de souscrire, avant son départ, une assurance fournissant des garanties spéciales d'assistance (frais de consultation et d'hospitalisation, etc.) auprès d'organismes de type **Europ Assistance** (Belgique ☎ 02

533 75 75 ; France ☎ 01 41 85 94 85), **Mondial Assistance** (France ☎ 01 40 25 52 55)
ou **Elvia Assurances Voyages** (Belgique ☎ 02 290 61 11 ; France ☎ 01 42 99 82 81 ;
Suisse ☎ 01 283 31 11). **Liberty Health**, 3500 Steeles Ave. E., Markham ON L3R 0X4
☎ 800-268-3763 propose également une assurance, *Visitors to Canada Plan*, qui
s'achète soit avant le départ, soit dans les cinq jours qui suivent l'arrivée au Canada.

Informations touristiques

En Europe

France – **Ambassade du Canada**, Commission canadienne du tourisme, 35 av. Montaigne,
75008 Paris, ☎ 01 44 43 25 07 ou 01 44 43 29 00. Accueil du public : lun.-ven.
10 h-17 h, www.amb-canada.fr, 3615 Canada.

Tourisme Québec – 46 r. Sainte-Anne, 75002 Paris, ☎ 0 800 90 77 77 (numéro vert
7 j./7, 15 h-22 h, mer. 16 h-22 h).

Belgique, Luxembourg et Suisse – Faute de représentation de la Commission canadienne du tourisme, les ressortissants de ces pays doivent s'adresser à Paris.

Au Canada

Ambassade de France – 42, promenade Sussex, Ottawa,(Ontario), K1M 2C9 Canada,
☎ 001-(613)-789-1795 ; www.ambafrance-ca.org

Consultats français au Canada – Il existe plusieurs consulats français au Canada notamment
à Québec, Moncton, Montréal, Toronto ou Vancouver (liste et adresses diponibles à
l'Ambassade du Canada à Paris).

Offices de tourisme – En contactant directement les différents **Offices de tourisme** canadiens, les visiteurs peuvent également obtenir de précieux détails sur le Canada et son
infrastructure touristique. Ces organismes *(coordonnées téléphoniques et Internet en
tête de chaque chapitre)*, gérés par les autorités provinciales, régionales ou municipales,
sont représentés sur les plans et cartes de ce guide par le symbole 🖸. Ils mettent gracieusement à la disposition des intéressés toutes sortes de cartes routières et brochures
détaillées comportant les principales curiosités, les événements au programme, les
différents types de séjour, les formules d'hébergement, les sports et loisirs, etc.

The Abbey Bookshop

29 r. de la Parcheminerie, 75005 Paris, ☎ 01 46 33 16 24. Grand choix de
livres et cartes sur le Canada, en anglais et en français.

Librairie du Québec

30 r. Gay-Lussac, 75005 Paris, ☎ 01 43 54 49 02. Édition québécoise et canadienne francophone : littérature, histoire, tourisme, livres pour enfants, psy-
chologie, sciences humaines et sociales, sciences et techniques. Disques,
journaux et magazines. Chaque jeudi soir (19 h30-21 h30) sont organisées des
tables rondes sur des thèmes relatifs au Québec (histoire, littérature, etc.).

Sur le Net

www.voyagecanada.ca   www.o-quebec.com
www.canadatourism.com   www.regiondequebec.com
www.bonjourquebec.com

Visiteurs aux besoins particuliers

Enfants – *Le symbole* 🖻 *signale les curiosités particulièrement adaptées aux plus
jeunes.* La plupart de ces curiosités proposent des billets à tarif réduit pour les moins
de 12 ans, ainsi que des attractions spécialement conçues pour les enfants et les ado-
lescents ; les parcs nationaux canadiens offrent généralement un tarif réduit enfants.
De plus, de nombreux établissements hôteliers proposent des forfaits famille et la plupart des restaurants ont un menu enfant.

Personnes handicapées – *Les curiosités accessibles aux personnes en fauteuil roulant
sont signalées par le symbole* ♿ *dans les conditions de visite accompagnant chaque
description du guide.* Au Canada, tout lieu public (hôtels et restaurants compris) se
doit, dans la mesure du possible, d'être équipé de rampes facilitant l'accès des personnes en fauteuil roulant et de leur réserver des places de parking, et la loi est sévèrement appliquée. Pour plus de renseignements, voir l'Office de tourisme provincial le
plus proche *(coordonnées au début de chaque chapitre)*.
De nombreux **parcs** nationaux et provinciaux possèdent des toilettes et installations pour
personnes handicapées (certains sentiers et excursions en autocar sont adaptés). Contacter
chaque parc *(☎ 888-773-8888 ; www.parkscanada.ca)* pour obtenir tous les détails.
Pour se procurer une copie du guide *Handi-Travel (12,95 $ plus frais d'envoi)*, s'adres-
ser à Easter Seals/March of Dimes, 90 Eglinton Ave. E., Suite 511, Toronto ON M4P
2Y3 ☎ 416-932-8382.

Les passagers ayant besoin d'aide doivent prévenir 24 h à l'avance ; pour davantage de renseignements à ce sujet :

Via Rail	*Special Needs Services*	☏ 888-842-7245
		☏ 800-268-9503 (TDD)
		www.viarail.ca
Greyhound	*Greyhound Travel Policies*	☏ 800-661-8747 (Canada)
		☏ 800-345-3109 (TDD)
		www.greyhound.ca

Il convient de réserver son véhicule à commandes manuelles très à l'avance auprès des agences de location.

Personnes du troisième âge – Les curiosités, hôtels, restaurants, salles de spectacles et transports publics proposent souvent des tarifs réduits à partir de 62 ans, parfois sur présentation d'une pièce d'identité. Les parcs nationaux canadiens proposent habituellement des tarifs spéciaux troisième âge. Bien que le Canada ne possède aucune organisation nationale pour les retraités ou les personnes âgées, celles-ci ne doivent pas hésiter à s'enquérir des possibilités de réduction.

Quand partir en voyage ?

Le climat – L'immensité du territoire canadien défie presque l'imagination. Le pays est donc source de contrastes climatiques saisissants *(voir les introductions régionales pour plus de détails)*. Les bulletins d'Environnement Canada, diffusés quotidiennement à la radio ou à la télévision et publiés dans la presse, permettent de se tenir au courant des conditions météorologiques du jour. Les sites Internet des Offices de tourisme indiqués en tête de chapitre comportent également un bulletin météorologique.

Les saisons – La **saison touristique** s'étend de fin mai *(jour de Victoria)* à début septembre *(fête du Travail)* et bat son plein en juillet et en août. De nombreuses curiosités sont ouvertes au public jusqu'au week-end de Thanksgiving *(2ᵉ lundi d'octobre)*. Dans les villes moyennes et les grandes villes, les sites touristiques sont généralement ouverts toute l'année.

Au **printemps** *(de mi-mars à mi-mai)*, il fait bon la journée et frais la nuit ou, selon la région, vraiment froid (on peut encore skier dans de nombreuses stations). En Ontario, au Québec et au Nouveau-Brunswick, mars ou avril est la période des « parties de sucre », lors desquelles on célèbre la récolte de la sève d'érable.

Mais c'est l'**été** surtout que l'on visite le Canada. Juillet et août remportent les suffrages des amateurs de plein air : il fait alors chaud et humide (22 °C-32 °C) dans la plupart des provinces. Mai et septembre sont des mois très agréables, avec des journées chaudes et des soirées fraîches ; mieux vaut néanmoins téléphoner avant de visiter une attraction touristique, les horaires d'ouverture étant alors souvent restreints. De mi-septembre à début octobre, l'**automne** rutile dans tout le Sud du Canada le long de la frontière américaine.

En **hiver**, de la mi-novembre à la mi-mars, la neige et la glace se prêtent presque partout aux sports d'hiver. Les routes principales sont bien dégagées, mais il convient d'avoir un véhicule équipé de pneus neige... et s'attendre à ce qu'une tempête de neige occasionne des retards.

Attention : Le Grand Nord n'est généralement accessible qu'en juillet et août, les températures ne s'y élevant au-dessus de 0 °C que quelques mois par an.

Précautions

▲ Malgré la rigueur des hivers canadiens, de nombreuses régions sont envahies de hordes d'insectes en été. La mouche noire sévit de fin mai à juin, suivie en juillet par les moustiques. Un produit **insectifuge** est une nécessité vitale pour qui veut profiter des plaisirs de la nature.

▲ Des chaussures de marche à semelles antidérapantes sont recommandées pour les promenades et randonnées pédestres.

▲ Afin de parer à tout changement de temps, il convient d'emporter imperméable et vêtements chauds en toutes circonstances.

E. Baret / Michelin - (06 - Roubion)

- ☐ a. *Départementale D17*
- ☐ b. *Nationale N202*
- ☐ c. *Départementale D30*

Vous ne savez pas comment vous y rendre ?
Alors ouvrez vite une Carte Michelin !

Les cartes NATIONAL, REGIONAL, LOCAL ou ZOOM et les Atlas Michelin, par leur précision et leur clarté vous permettent de choisir votre itinéraire et de trouver facilement votre chemin, en vous repérant à chaque instant.

S'y rendre et s'y déplacer

Se rendre au Canada

En avion

Toutes les grandes compagnies aériennes desservent le Canada de façon quotidienne, les prix peuvent toutefois varier de l'une à l'autre en fonction des périodes de départ et de retour.

Vols réguliers

Air France – Au départ de Paris, vols directs vers Montréal, Ottawa et Toronto. 119 av. des Champs Élysées, 75008 Paris.
Réservations : ☎ 0 820 820 820 ; www.airfrance.com

Air Canada – Au départ de Paris, vols directs vers Montréal et Toronto. Au départ de Bruxelles, vols vers Montréal et Toronto via Londres, au départ de Genève et de Zurich via Francfort.
Réservations : ☎ 0 825 880 881 (depuis la France et la Belgique), ☎ 0 848 247 226 (depuis la Suisse), agence de voyages : ☎ 0 820 870 871 ; www.aircanada.ca

Swiss – Au départ de Zurich, vols directs vers Montréal. Réservations : ☎ 0 820 04 05 06 (depuis la France), ☎ 0 848 85 2000 (depuis la Suisse) ; www.swiss.fr

D'autres compagnies aériennes comme **Alitalia**, **Austrian Airlines**, **KLM-Northwest Airlines**, **Lufthansa** assurent des vols réguliers (avec escale) vers le Canada au départ de Paris ou de certaines villes de province (Lyon, Nice, Toulouse, Bordeaux, Marseille, Strasbourg, Mulhouse).

Vols charters

Air Transat – Vols directs toute l'année : Paris-Montréal, Paris-Québec et Paris-Toronto. À certaines époques de l'année : Lyon-Montréal, Marseille-Montréal, Nantes-Montréal, Nantes-Toronto, Toulouse-Montréal, Toulouse-Toronto, Nice-Montréal et Nice-Toronto. ☎ 0 825 325 825 (renseignements et réservations), ☎ 00 800 87 267 281 (appel gratuit, sélection des sièges pour les voyages en Club Transat) : www.airtransat.com
Se renseigner également dans les agences de voyages.

Corsair – Paris-Montréal : 1 vol direct par jour en saison. Nouvelles Frontières, ☎ 0825 000 825 ; www.nouvellesfrontieres.fr

Les principaux aéroports internationaux du pays sont les suivants :

Vancouver (C-B) Aéroport international de Vancouver *taxe d'aéroport*	*15 km au Sud du centre-ville*	☎ 604-276-6101 www.yvr.ca
Calgary (AB) Aéroport international de Calgary	*17 km au Nord-Est du centre-ville*	☎ 403-735-1200 www.calgaryairport.com
Edmonton (AB) Aéroport international d'Edmonton *taxe d'aéroport*	*20 km au Sud du centre-ville*	☎ 780-890-8382 www.edmontonairports.com/eia.htm
Winnipeg (AB) Aéroport international de Winnipeg	*8 km à l'Ouest du centre-ville*	☎ 204-987-9400 www.waa.ca
Toronto (ON) Aéroport international Lester B. Pearson	*27 km au Nord-Ouest du centre-ville*	☎ 416-247-7678 www.lbpia.toronto.on.ca
Montréal (PQ) Aéroport international Dorval *taxe d'aéroport*	*22 km à l'Ouest du centre-ville*	☎ 514-394-7377 www.admtl.com
Ottawa (ON) Aéroport international d'Ottawa	*18 km au Sud du centre-ville*	☎ 613-248-2125 www.ottawa-airport.ca
St. John's (T-N) Aéroport international de St. John's	*10 km au Nord-Ouest du centre-ville*	☎ 709-758-8500 www.stjohnsairport.com

De nombreuses compagnies régionales desservent les provinces et les territoires du Canada.

Se déplacer au Canada

Pays d'une immensité surprenante, le Canada ne se découvre pas en un seul séjour. Les **itinéraires de visite** aideront le lecteur à établir son programme de voyage en lui proposant un choix de circuits régionaux adaptables à ses goûts et au temps dont il dispose.

Avion – Les liaisons intérieures sont assurées aussi bien par **Air Canada** (☎ 888-247-2262) que par des compagnies régionales affiliées. Les régions les plus reculées sont desservies par plusieurs compagnies de charters : contacter l'Office de tourisme provincial *(voir introductions régionales)*.

Train – Le réseau ferroviaire **VIA Rail** (www.viarail.ca), dont les 18 lignes principales sillonnent le Canada, offre au visiteur peu pressé une agréable façon de voyager. Première classe et couchettes sont disponibles sur les longs trajets (les distances sont souvent impressionnantes : il faut par exemple compter 19 h de Montréal à la Gaspésie). Le **CANRAILPASS** *(de juin à mi-oct. : 12 jours 678 $, 3 jours suppl. à 58 $/j. ; hors sais. 423 $)* donne droit à des trajets en train à volonté sur tout le réseau pendant 12 ou 15 jours, avec réductions pour les jeunes et les personnes âgées.
Il est conseillé de faire ses réservations à l'avance, surtout en été et sur des tronçons fréquentés comme Edmonton-Vancouver. Le légendaire *Canadien National* parcourt les 4 424 km qui séparent Toronto de Vancouver en quatre jours *(aller simple à partir de 311 $ en cas d'achat à l'avance ; couchette en supplément)*. Pour se procurer des billets ou forfaits VIA Rail, s'adresser à son agence de voyages ou au bureau de VIA Rail le plus proche *(consulter l'annuaire local)*, ou contacter des représentants agréés de VIA Rail à l'étranger (en France, par exemple, Express Conseil, 5 bis r. du Louvre, 75001 Paris, ☎ 01 44 77 88 00).

Autocar – Le Canada bénéficie d'un important réseau d'autocars. **Greyhound** Canada Transportation Corp., 877 Greyhound Way S.W., Calgary AB T3C 3V8, propose toutes sortes de forfaits **Canada Travel Passes** donnant un accès illimité à son réseau canadien sur une période de 7 à 60 jours *(prix variable selon la nature du forfait, la durée d'utilisation et la saison ; tarif haute sais. : 244 $-554 $; réductions troisième âge)*. Pour plus de détails, consulter www.greyhound.ca ou s'adresser à toute gare routière Greyhound (☎ 800-661-8747 au Canada, 402-330-8552/8584 depuis l'étranger). Les agences de voyages ou un représentant agréé de Greyhound à l'étranger (contacter l'ambassade du Canada la plus proche) peuvent également donner toute information. Le forfait **Rout-Pass** *(mai.-oct. ; 14 jours 273 $ ☎ 418-649-9226 www.orleansexpress.com)* permet de voyager au Québec et en Ontario. Il existe d'autres compagnies au niveau local *(consulter les pages jaunes)*.

Voiture – Le Canada dispose d'un réseau routier bien entretenu, mais dans le Nord et hors des grandes artères, les routes n'étant pas toujours revêtues, il convient de faire preuve d'une grande prudence au volant.
La durée de validité des **permis de conduire** étrangers varie selon la province. Les **papiers du véhicule** doivent être toujours à portée de main du conducteur. L'**assurance** du véhicule est obligatoire partout (responsabilité civile minimale : 200 000 $, 50 000 $ au Québec).
L'**essence** est vendue au litre, et son prix varie d'une province à l'autre. L'hiver, la plupart des autoroutes sont déblayées et ouvertes à la circulation, mais il vaut mieux s'enquérir de l'état des routes avant le départ. **Pneus neige** et **trousse d'urgence** sont alors impératifs. L'utilisation des pneus cloutés varie selon les provinces ou territoires ; pour plus de détails, contacter le ministère des Transports de la région concernée *(coordonnées dans les pages bleues de l'annuaire local)*.

Sur la route, île du Prince-Édouard

Gwen Cannon/MICHELIN

Législation routière – Sauf indication contraire, la limite de vitesse est de 100 km/h sur autoroute, de 80 km/h sur route secondaire et de 50 km/h en ville. Des stations-service sont ouvertes 24 h/24 dans les grandes villes et sur les principaux axes routiers. Les phares doivent être allumés en permanence sur les autoroutes du Yukon. Le port de la **ceinture de sécurité** est obligatoire à l'arrière comme à l'avant, et l'utilisation de **détecteurs de radar** à bord des véhicules est interdite dans la plupart des provinces. Partout, sauf au Québec, il est généralement permis de **tourner à droite au feu rouge**, après avoir marqué l'arrêt. Quand un **car de ramassage scolaire** fait un arrêt, clignotants allumés, la circulation doit cesser dans les deux sens pour permettre aux enfants de traverser en toute sécurité. Les places de stationnement portant le symbole ♿ sont réservées aux handicapés, sous peine d'amende ou de mise en fourrière. Pour s'informer de l'état des routes, contacter le ministère des Transports de la région concernée *(coordonnées dans les pages bleues de l'annuaire local)*.

Location de voitures – Les sociétés de location mentionnées plus bas sont représentées dans de nombreuses villes du Canada et possèdent des bureaux dans les aéroports (ou à proximité). Elles exigent du loueur qu'il soit âgé de 21 à 25 ans minimum (selon la région et les sociétés de location) et titulaire d'un permis de conduire national en cours de validité et obtenu depuis plus d'un an. Le mode de paiement le plus pratique est la carte de crédit (de type Visa/Carte Bleue, American Express ou MasterCard/Eurocard), sinon le loueur exigera une forte caution en argent liquide. Le prix de la location ne couvre pas l'assurance collision. Pour un supplément, la compagnie fournira une assurance tous risques (pour tout renseignement complémentaire, s'informer auprès du Bureau d'Assurance du Canada, 151 Yonge St., Toronto ON M5C 2W7, ☎ 416-362-9528).

Au Canada comme aux États-Unis, les voitures de location sont invariablement **automatiques**, et la signification des repères de levier de vitesse est la suivante :

P (parking, voiture bloquée)

R (marche arrière)

N (point mort)

D (marche avant)

2, 1 (pour les côtes un peu raides)

Le kilométrage est le plus souvent illimité *(unlimited mileage)*. Seule la personne ayant signé le contrat de location est autorisée à conduire le véhicule en question, mais pour un supplément, et sur présentation de papiers en règle, l'agence de location autorisera plus d'un conducteur. Il est possible de rendre le véhicule dans une ville autre que celle d'origine, mais une prime de rapatriement *(drop-off charge)* sera facturée. Juste avant de rendre la voiture, ne pas oublier de faire le plein, sinon la compagnie le facturera nettement plus cher.

Avis	☎ 800-272-5871
Budget	☎ 800-268-8970
Hertz	☎ 800-263-0678
National/Tilden	☎ 800-227-7368

Accidents – De manière générale, les postes de secours sont bien indiqués sur les grandes routes. En cas d'accident avec dégâts matériels et/ou blessures corporelles, alerter la police locale et ne pas quitter les lieux avant d'y être autorisé par les agents chargés de l'enquête (toujours se munir des papiers du véhicule et du contrat de location).

Canadian Automobile Association (CAA) – *1145 Hunt Club Rd., Ottawa ON K1V 0Y3 ☎ 613-247-0117 ; www.caa.ca.* Cette association met à la disposition de ses membres un précieux service d'assistance routière ☎ 800-222-HELP, et leur propose différents services : renseignements sur le voyage, l'état des routes, la météo, les cartes et guides de tourisme, réservations d'hôtel, assurances, conseils techniques et juridiques, etc. Peuvent notamment bénéficier de ces services (sur présentation des papiers nécessaires) les membres de clubs affiliés à l'Alliance internationale de tourisme (AIT) et la Fédération internationale de l'automobile (FIA), parmi lesquels le Touring Club royal de Belgique (TCB), l'Automobile Club national de France (ACN) et le Touring Club suisse (TCS).

Bateau – Le Canada dispose d'un important réseau de « traversiers » (équivalent du mot « ferry »). Pour tout renseignement, s'adresser à l'Office de tourisme de la région concernée *(coordonnées dans les introductions régionales ; pour l'île de Vancouver, voir ce nom)*.

Hébergement

Les **encadrés bleus « Renseignements pratiques »** offrent une sélection d'hébergements pour chaque région décrite dans ce guide. Le Canada propose de nombreuses formules d'hébergement pour tous les goûts et toutes les bourses. Les **hôtels** de luxe sont généralement situés dans les grandes villes, les **motels** concentrés à la périphérie des villes et des autoroutes. Les chambres d'hôte ou **bed and breakfast (B&B)** se rencontrent dans les quartiers résidentiels ainsi que les régions reculées. Il existe de nombreuses possibilités de forfaits et tarifs spéciaux, non valables en haute saison estivale *(de fin mai à fin août)* et pendant les vacances d'hiver (en particulier près des stations de ski). De nombreux grands hôtels proposent des activités de loisir (terrain de golf, court de tennis, piscine et centre de remise en forme). Il est souvent possible d'organiser ses sorties (randonnée, VTT, équitation) en faisant appel à l'aide du personnel de l'hôtel. De nombreuses communes prélèvent une **taxe de séjour** non mentionnée sur les tarifs de l'hôtel. Les Offices de tourisme locaux *(coordonnées en tête de chaque chapitre de ce guide)*, territoriaux et gouvernementaux *(coordonnées dans les introductions régionales)* mettent à la disposition du public des brochures gratuites fournissant une description détaillée des différents types d'établissements.

De manière générale, il est conseillé de réserver à l'avance, surtout en haute saison *(de fin mai à fin août)*. En dehors des grands centres urbains, beaucoup d'installations touristiques risquent d'être fermées pendant certains mois de l'année. Pour éviter toute surprise, il est donc fortement recommandé de contacter l'organisme intéressé ou l'Office de tourisme local avant d'entreprendre un déplacement important. Et mieux vaut garantir sa réservation au moyen d'une carte de crédit, bien que ce mode de paiement ne soit pas toujours accepté, surtout dans les lieux les plus éloignés.

© Eric P. Lucas

King Pacific Lodge, île Princesse-Royale (Colombie-Britannique)

Formes traditionnelles d'hébergement

Hôtels – Les prix varient considérablement selon la saison, l'emplacement et le type de prestations offertes. Les hôtels de luxe facturent généralement la nuit en chambre double standard de 300 $ à 500 $ en haute saison. Compter généralement de 90 $ à 200 $ la nuit dans un hôtel de catégorie moyenne. Se renseigner à la réservation sur les possibilités de repas, de tarifs négociés pour les curiosités locales et de forfait week-end. Les prestations courantes comprennent télévision, réveil, téléphone, choix entre chambres fumeurs et non-fumeurs, restaurant et piscine. Certains établissements proposent des suites et des kitchenettes. À la réservation, prévenir systématiquement en cas d'arrivée tardive ; toute réservation de chambre non confirmée par carte de crédit n'est plus maintenue après 18 h.

Les chaînes hôtelières mentionnées ci-dessous possèdent de nombreux établissements au Canada. Les numéros qui les accompagnent sont gratuits à l'intérieur du pays. Ces établissements mettent à la disposition de leur clientèle une gamme complète de services et d'équipement, tant pour un voyage d'affaires que pour un séjour d'agrément.

Principales chaînes hôtelières du Canada :

Best Western International	☎ 800-780-7234 :	www.bestwestern.com
Fairmont Hotels	☎ 800-257-7544 :	www.fairmont.com
Delta Hotels	☎ 800-268-1133 :	www.deltahotels.com
Four Seasons Hotels	☎ 800-819-5053 :	www.fourseasons.com
Hilton	☎ 800-445-8667 :	www.hilton.com
Holiday Inn	☎ 800-465-4329 :	www.holidayinn.com
Hotel Novotel	☎ 800-221-4542 :	www.novotel.com
Radisson Inn	☎ 800-333-3333 :	www.radisson.com
Ramada Inn	☎ 800-864-7854 :	www.ramadainn.com
Sheraton Hotels	☎ 800-325-3535 :	www.sheraton.com
Westin Hotels	☎ 800-228-3000 :	www.westin.com
Westmark Hotels, Yukon	☎ 800-544-0970 :	www.westmarkhotels.com

Motels – On trouve aussi, le long des grandes routes et des voies d'accès aux villes, des motels de type **Comfort Inn, Quality Inn et Choice Hotels** : ☎ 800-221-2222, **Travel Lodge** ☎ 800-578-7878 et **Days Inn** ☎ 800-325-2525, offrant un hébergement à prix abordable *(de 50 $ à 115 $ la nuit en moyenne)*. Ce genre d'établissement propose à sa clientèle des chambres équipées d'une salle de bains et d'une télévision, d'un réveil et d'un téléphone ; il dispose parfois de chambres fumeurs et non-fumeurs, d'une cafétéria ou d'un restaurant, voire même d'une piscine. Certains motels proposent une chambre avec kitchenette. Les établissements familiaux et les petits établissements indépendants avec chambres d'hôte offrant des prestations de base fourmillent au Canada.

Chambres d'hôte (B&B) et auberges rurales – Cette formule constitue une heureuse alternative aux petits hôtels, car elle promet un hébergement chaleureux, en ville ou à la campagne, souvent dans des maisons de caractère : il peut aussi bien s'agir d'une chambre dans une maison victorienne, d'un cottage au fond d'un jardin, d'un phare aménagé ou d'une jolie maison de ville dans une rue pittoresque. Le petit-déjeuner compris dans le prix de la chambre peut aller d'un petit-déjeuner continental à un repas gastronomique ; il est parfois possible de se faire servir un thé, un apéritif ou une collation. Les auberges rurales, plus grandes que les B&B (généralement plus de 15 chambres), proposent une pension complète. Il n'est pas toujours possible de bénéficier d'une salle de bains privée ou d'un téléphone dans la chambre. Il est parfois interdit de fumer dans l'établissement. Il faut réserver longtemps à l'avance, en particulier en haute saison et les jours fériés. Certains B&B n'acceptent pas les cartes de crédit. Les tarifs varient selon la saison, de 75 $ à 200 $ pour une nuit en chambre double. Un bain à remous, une entrée privée ou une vue splendide peuvent faire grimper les prix.

Centrales de réservation – D'innombrables organisations proposent un service de réservation en B&B ou en auberge. La plupart sont régionaux, comme **Town & Country Reservation Service** *(à Vancouver ☎ 604-731-5942)* ; néanmoins, **Professional Association. of Innkeepers International** *(☎ 805-569-1853 ; www.innplace.com)* et **Wakeman & Costine's North American Bed & Breakfast Directory** *(☎ 828-387-3697 ; www.bbdirectory.com)* couvrent tout le pays. L'annuaire **Independent Innkeepers' Assn.** comprend une section canadienne ☎ 616-789-0393 ou 800-344-5244 ou bien réservez en ligne sur www.selectregistry.com. Vous pouvez également procéder à une recherche sur Internet par mot-clé « bed and breakfast » ou contacter une agence de voyages. Disponible en librairie, l'ouvrage *Annual Directory of American and Canadian Bed & Breakfasts* classe les établissements par province *(Rutledge Hill Press, Inc., Nashville, Tennessee)*.

Auberges de jeunesse – *De 15 $ à 25 $ la nuit en moyenne pour les membres de Hostelling International. Les visiteurs non-membres paieront un peu plus cher. Cotisation annuelle Hostelling International : 25 $.* Elles proposent, pour les petits budgets, un réseau d'étapes bon marché. L'hébergement est simple : chambres de style dortoir (couverture et oreiller fournis, hommes et femmes séparés) ou chambres individuelles ou familiales *(moyennant un supplément, réservation à l'avance)*, douches, machines à laver, cuisine en accès libre ; quelques-unes proposent saunas en plein air, piscines, programmes d'interprétation, ateliers de théâtre et autres services. Les membres de Hostelling International peuvent parfois bénéficier de tarifs négociés sur les billets de train ou de bac, les locations de véhicule, etc. Il est préférable de réserver à l'avance en saison. Pour plus de renseignements, contacter **Hostelling International-Canada**, 205 Catherine St., Suite 400, Ottawa ON K2P 1C3 ; ☎ 613-237-7884 ou 800-663-5777 ; www.hihostels.ca ; Belgique ☎ 02 219 56 76, France ☎ 01 44 89 87 27, Suisse ☎ 01 360 14 14. Renseignements d'ordre général sur les auberges de jeunesse : www.hostels.com

Autres formes d'hébergement

Campus universitaires – Pendant les vacances d'été *(mai-août)*, de nombreuses universités louent des chambres de dortoir aux voyageurs pour une somme modique *(de 20 $ à 35 $ la nuit en moyenne)*, mais il est conseillé de réserver à l'avance *(se renseigner sur les possibilités de parking et de restauration)*. Pour plus de détails, se renseigner auprès de l'établissement ou de l'Office de tourisme local.

Vacances à la ferme et au ranch – Particulièrement adaptées aux familles avec enfants, les vacances à la ferme permettent aux visiteurs, en tant qu'hôtes payants, de participer aux activités agricoles quotidiennes (ramassage des œufs, nourriture à donner aux animaux, parfois traite des vaches) et de prendre les repas avec la famille d'accueil. Randonnées à pied et à cheval, promenades en carriole ou en traîneau, canoë, pêche et cueillette de fruits sauvages sont au programme des activités proposées. Les tarifs commencent généralement entre 40 $ et 60 $ pour une chambre double. Le petit-déjeuner est compris et il arrive que les pique-niques soient offerts.

Ranchs d'accueil – La vogue des ranchs d'accueil a été lancée dans les montagnes de Colombie-Britannique et les collines des provinces des Prairies. L'hébergement peut se faire dans le corps de ferme ou dans un pavillon. Les repas maison sont en général servis à la bonne franquette ; de plus, promenades à cheval, nuits à la belle étoile, randonnées, pêche accompagnée, baignade, rafting, danses country et soirées autour du feu de camp sont souvent de rigueur ; tout l'équipement est fourni et certains ranchs proposent une prise en charge des enfants. Les ranchs, nombreux, qui mènent de front leur activité d'élevage de bovins ou de chevaux, incitent leurs visiteurs à participer aux travaux quotidiens, créant ainsi abondance de souvenirs partagés. Les prix varient de 670 $ à 1 750 $ la semaine par personne ; certains ranchs imposent une durée de séjour minimale. Se renseigner à la réservation sur les arrhes et les possibilités de remboursement.

Voir au chapitre Cariboo notre sélection de ranchs d'accueil en Colombie-Britannique. Pour plus d'informations sur les ranchs de Colombie-Britannique, contacter **Dude Ranchers' Assn**. *(☎ 307-587-2339 ; www.duderanch.org)* ou **BC Guest Ranchers' Assn**. *(☎ 250-374-6836 ; www.bcguestranches.com)*.

Terrains de camping et de caravaning – Le Canada dispose d'une abondance de terrains de camping parfaitement aménagés dont les Offices de tourisme provinciaux *(coordonnées dans les introductions régionales)* publient la liste en précisant les services offerts. Présents dans les nombreux parcs nationaux et provinciaux, les terrains gérés par le gouvernement fédéral ou provincial sont peu coûteux et pris d'assaut. Souvent voisins des parcs nationaux et provinciaux, les terrains du secteur privé sont plus chers, mais proposent de nombreuses prestations : bornes eau/électricité, salles de bains avec douches, restaurants, équipements de loisirs, épiceries, stations-service. Il est recommandé de réserver à l'avance dans tous les cas, en particulier l'été et les jours fériés ; dans la plupart des parcs et des forêts, les places sont attribuées au fur et à mesure des arrivées.

Terrains de camping dans les parcs nationaux et provinciaux – Relativement bon marché, ils sont rapidement complets, en particulier pendant les vacances scolaires. Ils vont de la simple place de tente aux branchements complets pour caravanes et camping-cars *(à réserver 60 jours à l'avance)* ou aux cabanes rustiques *(à réserver un an à l'avance)*. Les tarifs varient selon la saison et les prestations (tables de pique-nique, eau/électricité, évacuation des eaux usées, installations de loisirs, douches, toilettes) : emplacement de tente et de camping-car 8 $-21 $/j., cabane 20 $-110 $/j. Pour réserver dans un parc national, contacter le bureau du parc ou **Parks Canada** *(☎ 888-773-8888 ; www.parkscanada.gc.ca)*. Pour les **parcs provinciaux**, contacter l'Office de tourisme provincial ou local le plus proche.

Terrains de camping privés – Ils proposent toute la gamme des installations. Légèrement plus chers *(10 $-60 $/j pour un emplacement de tente, 20 $-25 $/j. pour un camping-car)*, ils sont souvent mieux équipés : douches chaudes, lingerie, supérette, terrain de jeux pour enfants, piscines, cabanes climatisées, activités de plein air. La plupart acceptent des séjours à la journée, à la semaine ou au mois. Les terrains des régions septentrionales peuvent fermer l'hiver *(nov.-avr.)*. Réservations recommandées, surtout pour les séjours prolongés dans les régions touristiques.

Avis aux campeurs

N'oubliez pas les dangers et les inconvénients de la nature. Malgré la rigueur de l'hiver canadien, insectes et piqûres marquent l'été dans de nombreuses régions. Les **maringouins** (ou moustiques) sont alors si nombreux en forêt et au bord de l'eau que tout amateur de plein air doit s'équiper en conséquence. Et ne croyez pas leur échapper en vous enfonçant dans les solitudes du Nord : au contraire, ils vous y tourmenteront davantage, au point que parfois, des sportifs aguerris doivent porter une moustiquaire sur le visage pour s'en protéger. Fin mai et juin sévissent les **mouches noires** (ou brûlots), petits moucherons voraces qui peuvent fondre par centaines sur les malheureux promeneurs sans défense. Dans les deux cas, on s'en protège en s'enduisant la peau et les vêtements d'une **lotion insectifuge**, disponible dans beaucoup de supermarchés.

Camps et pavillons de chasse et de pêche – *Les pavillons sont décrits individuelle-ment dans des encadrés au fil des sections Colombie-Britannique, Rocheuses, Yukon.* Pêcheurs aguerris, chasseurs et mordus de plein air trouvent au Canada toute une gamme de camps et de pavillons, certains si reculés qu'on y accède seulement à pied, par hydravion ou en bateau privé. Pavillons, cabanes d'arrière-pays et dortoirs sont courants ; un hébergement sous la tente est parfois prévu en été. Les pourvoiries pro-posent des forfaits pour le sportif confirmé comme pour le débutant, et se chargent de tout : du transport, de l'hébergement, de l'équipement, de l'accompagnement (recours à des guides qualifiés), et même de l'obtention des permis nécessaires et de l'enregistrement des prises (formalité obligatoire). Elles peuvent y ajouter des ran-données à cheval, de la pêche en lac et en eau vive, du canotage et de l'escalade. Certains camps possèdent des bains à remous ou des saunas.

Ces expéditions étant relativement coûteuses, il est conseillé de réserver longtemps à l'avance. Pour plus de détails, contacter l'Office de tourisme de la région concernée *(coordonnées dans les introductions régionales).*

Séjours hors du commun

L'été offre d'innombrables possibilités de louer une **péniche** en Colombie-Britannique. De nombreux visiteurs choisissent de partir de Sicamous pour rallier paresseusement le lac Shuswap *(voir p. 96)* ; le fleuve Saint-John au Nouveau-Brunswick connaît éga-lement un franc succès. Dans les Rocheuses, à proximité du Parc national Yoho, les clients du Beaverfoot Lodge peuvent choisir de loger dans un **train-couchettes** *(☎ 250-344-7144 ou 888-830-6060 ; www.rockies.net/~beaverft).* Le long de la côte de Colombie-Britannique, les voyageurs réservent souvent une couchette dans un bateau de croisière ou, même, sur un **bac** se rendant à Skagway, en Alaska, par exemple. Les passagers de la ligne Alaska Marine Highway peuvent dormir à la belle étoile sur le pont. À l'Ouest, dans les Prairies, les campeurs peuvent contempler les étoiles avant d'entrer dans leur **tipi** au pied du rocher Head-Smashed-In Buffalo Jump. On peut éga-lement dormir sous un tipi à l'auberge Quaaout Lodge de Salmon Arm, en Colombie-Britannique. Les participants aux excursions d'observation des ours polaires de la région de Churchill, dans le Manitoba, s'abriteront dans un groupe de **buggies de la toundra** *(voir p. 193)*, alors que d'autres amateurs du Manitoba dormiront paisiblement, près de la ville de Souris, dans un **silo élévateur** aménagé *(Rustic Retreat B&B ☎ 204-483-2834).* Une **distillerie** de whisky de l'île du Cap-Breton, en Nouvelle-Écosse, appelle les voya-geurs fatigués à descendre à son auberge *(Glenora Inn & Distillery, près d'Inverness, rte. 19 ☎ 902-258-2662).* Également en Nouvelle-Écosse, une auberge installée dans une ancienne gare loge ses clients dans des **fourgons** *(Train Station Inn ☎ 902-657-3222 ; www.trainstation.ns.ca).* Sur l'île du Prince-Édouard, il est possible de réserver une chambre dans un **phare** en activité, vue sur mer garantie. Et, dans le Grand Nord du Nunavut, on peut passer une nuit dans un **igloo** alors qu'à Québec, un éphémère **hôtel de glace** comprend tout le confort moderne. *Pour plus de détails sur les sélections ci-dessus, contacter les Offices de tourisme provinciaux (voir les introductions régio-nales).*

E.Baret / Michelin

☐ a. **_Baie de Palerme (Sicile)_**
☐ b. **_Rade de Toulon (Côte d'Azur)_**
☐ c. **_Baie de San Francisco (Californie)_**

Vous ne savez pas quelle case cocher ?
Alors plongez-vous dans Le Guide Vert Michelin !

- tout ce qu'il faut voir et faire sur place
- les meilleurs itinéraires
- de nombreux conseils pratiques
- toutes les bonnes adresses

Le Guide Vert Michelin, l'esprit de découverte

À savoir

Vie pratique

Heures d'ouverture – **Bureaux** : lun.-ven. 9 h-17 h ; **commerces** : lun.-ven. 9 h-18 h (jeu. et ven. 21 h), sam. 9 h-17 h ; **bureaux de poste** : lun.-ven. 8 h-17 h30. Toutefois, lorsque les règlements locaux le permettent, beaucoup de magasins restent ouverts le soir et le dimanche. *Voir les horaires d'ouverture des banques au paragraphe « argent » ci-dessous.*

> ### Le saviez-vous ?
>
> Dans les provinces canadiennes anglophones comme aux États-Unis, on désigne les heures du matin par **a.m.** *(ante meridiem)* et celles de l'après-midi par **p.m.** *(post meridiem).* Ainsi, 9 h = 9:00 a.m. et 17 h = 5:00 p.m.

Électricité – Au Canada comme aux États-Unis, le courant alternatif est de 110 V et 60 Hz. Les appareils européens nécessitent des adaptateurs et des fiches à broches plates, disponibles dans les magasins spécialisés dans l'électronique, le voyage ou dans les aéroports.

Bilinguisme – Au Canada, l'anglais et le français sont les langues officielles de l'administration fédérale, des organismes judiciaires et des sociétés d'État relevant de la législation fédérale. La pratique du bilinguisme s'est étendue au gouvernement des provinces et à certaines parties des secteurs privés et parapublics. Le français prime bien entendu au Québec, ainsi que sur l'archipel français de Saint-Pierre-et-Miquelon, mais on le parle aussi dans des régions fortement marquées par le riche héritage acadien, notamment dans certaines parties du Nouveau-Brunswick, de la Nouvelle-Écosse et de l'île du Prince-Édouard. Les langues officielles du Nunavut sont l'anglais et l'inuktikut ; le territoire faisant partie du Canada, les documents fédéraux sont également rédigés en français.

Loi sur les alcools – Les gouvernements provinciaux contrôlent sévèrement la vente et la consommation d'alcool *(voir les introductions régionales)*. Le taux d'alcoolémie maximum légal est fixé à 0,08%.

Courrier – Exemples de tarifs postaux par voie normale (carte postale ou lettre) : pour l'Europe, 95 ¢ (jusqu'à 20 g) ; à l'intérieur du Canada, 48 ¢ (jusqu'à 30 g) ; pour les États-Unis, 65 ¢ (jusqu'à 30 g). Le courrier adressé en poste restante au bureau de poste principal est conservé 15 jours avant d'être renvoyé à son expéditeur, et doit être retiré par le destinataire en personne.

Jours fériés – *Voir les introductions régionales pour connaître les jours fériés provinciaux.* Les jours suivants sont fériés dans tout le Canada. Banques, administrations et bâtiments publics risquent alors d'être fermés.

Jour de l'an *(New Year's Day)*......................1ᵉʳ janvier

Vendredi saint *(Good Friday)* ....vendredi précédant le dimanche de Pâques

Lundi de Pâques *(Easter Monday)* ....lundi suivant le dimanche de Pâques

Jour de Victoria *(Victoria Day)* ....lundi proche du 24 mai

Fête du Canada *(Canada Day)* ....1ᵉʳ juillet

Fête du Travail *(Labour Day)* ....1ᵉʳ lundi de septembre

Fête de l'Action de grâce *(Thanksgiving)* ....2ᵉ lundi d'octobre

Journée du Souvenir *(Remembrance Day)*......11 novembre

Noël *(Christmas Day)* ....25 décembre

Lendemain de Noël *(Boxing Day)* ....26 décembre

Argent – Le dollar canadien se divise en 100 **cents** ou **sous**. Il existe des pièces de 1 cent = 1 **penny** (1 sou), de 5 cents = 1 **nickel** (5 sous), de 10 cents = 1 **dime** (10 sous), de 25 cents = 1 **quarter** (25 sous), de 1 **dollar** et de 2 dollars, et des coupures de 5 $, 10 $, 20 $, 50 $, 100 $, 500 $ et 1 000 $.
À la mise sous presse, le dollar canadien valait 0,63 euro et 0,94 franc suisse.

Banques – Ouverture au public : lun.-ven. 9 h-17 h (sam. matin dans les grands aéroports).

Cartes de crédit et Traveller's Cheques – Le paiement par **carte de crédit** (de type American Express, Carte Blanche, Discover, Diners Club, Mastercard/Eurocard et Visa/Carte Bleue) est très répandu au Canada, sauf dans les régions les plus isolées. L'un des moyens les plus simples de se procurer des dollars canadiens est d'utiliser des **chèques de voyage** ou *traveller's cheques* (acceptés dans la plupart des hôtels, restaurants, commerces et banques, à condition de présenter une pièce d'identité accompagnée d'une photo ; attention : une commission est parfois prélevée pour les encaisser) ou d'avoir recours aux **distributeurs automatiques** d'argent liquide (s'enquérir des frais de transaction).

Devises – De nombreuses banques et certaines compagnies privées proposent des **services de change** à des taux plus ou moins favorables (et moyennant parfois une commission). Les distributeurs automatiques, situés un peu partout (aéroports, gares, banques, attractions touristiques, centres commerciaux, etc.), permettent aux visiteurs du monde entier de retirer des dollars canadiens 24 h/24 avec leur carte bancaire ou leur carte de crédit (ne pas oublier son code confidentiel). Il est également possible, en cas de besoin, de se faire virer de l'argent liquide au Canada par l'intermédiaire de **Western Union** (www.westernunion.com), qui possède des bureaux dans plus d'une centaine de pays (France et autres pays d'Europe compris).

Brigitta L. Heuse/MICHELIN

Taxes et pourboires – Au Canada comme aux États-Unis, les prix cités ou affichés n'incluent généralement pas la **taxe à la vente** *(sales tax)*, celle-ci étant ajoutée au moment du paiement. Aussi, la première fois que l'on se présente à la caisse d'un magasin, sera-t-on surpris de s'entendre énoncer un prix supérieur à celui inscrit sur l'étiquette... Le Canada prélève une taxe nationale de 7% sur les produits et les services (TPS en

français ou GST en anglais). Les étrangers ont droit à un **abattement** en espèces de 500 $ maximum sur cette taxe, dont ils pourront bénéficier en se présentant à l'un des nombreux magasins hors taxe canadiens inscrits au programme de remboursement aux visiteurs, et en fournissant sur demande les reçus originaux ainsi qu'une pièce d'identité. Au-delà de 500 $, ils enverront leur demande d'abattement accompagnée des reçus originaux à Canada Custom and Revenue Âgency : Visitor Rebate Program.

275 Pope Rd., Summerside PEI C1N 6C6 ☎ 902-432-5608 ou 800-668-4748 ; www.ccra-adrc.gc.ca. Noter qu'à la taxe nationale s'ajoutent généralement des taxes locales, remboursables dans certains cas *(voir les introductions régionales pour plus de détails)*, dont le montant varie d'une province à l'autre.

Conseil pratique

Dans les restaurants, il est d'usage de laisser un pourboire *(tip)* de 10 à 15 % du total de la note pour le service, car celui-ci n'est pratiquement jamais compris dans l'addition. En cas de paiement par carte de crédit, ne pas oublier d'inclure le pourboire dans le montant total.

Communications téléphoniques – Pour effectuer un appel interurbain au Canada, composer le 1 + indicatif régional (3 chiffres) + numéro du correspondant (7 chiffres). Pour téléphoner à un abonné de la même ville, ne composer ni le 1, ni l'indicatif régional, sauf si la ville est suffisamment grande pour comporter plusieurs zones d'appel. Pour appeler l'Europe, composer le 011 (appel direct) + indicatif du pays (Belgique : 32 ; France : 33 ; Suisse : 41) + indicatif régional (sans le 0) + numéro du correspondant. Pour obtenir l'aide *(en anglais ou en français)* d'un opérateur, composer le 0. Pour obtenir des renseignements concernant un numéro à l'intérieur de sa zone d'appel, composer le 411. Pour obtenir des renseignements sur un numéro relevant d'une autre zone d'appel, composer le 1 + indicatif régional + 555-1212. Pour appeler en PCV *(collect call)*, composer le 0 + indicatif régional ou indicatif du pays + numéro du correspondant ; à la réponse de l'opérateur, mentionner qu'il s'agit d'un appel en PCV, et donner son nom. Sauf indication contraire, les numéros de téléphone précédés de l'indicatif **800**, **888** et **877** sont gratuits à l'intérieur du Canada, mais ne sont pas toujours opérationnels hors du continent nord-américain.
Noter que la plupart des établissements hôteliers majorant les appels, il est plus avantageux de téléphoner de sa chambre en utilisant sa carte téléphonique, ou tout simplement d'utiliser une **cabine publique**. Une communication locale coûte de 25 ¢ à 35 ¢. Les numéros de téléphone accompagnés de la mention TDD (Telephone Device for the Deaf) s'adressent aux malentendants.

Appels d'urgence – Pour toute **urgence** (police-pompiers-ambulances), composer le **0** afin d'obtenir l'assistance d'un opérateur ou, dans de nombreuses grandes villes, faire le 911.

Heure locale – Le Canada est divisé en six fuseaux horaires, mais la différence de l'Atlantique au Pacifique n'est que de 4 h30mn. Terre-Neuve et le Labrador ayant 30mn d'avance sur les provinces Maritimes. Le Nunavut vit officiellement à l'heure du Centre de mai à octobre et à l'heure de l'Est le reste de l'année. La majeure partie de l'année, quand il est 15 h à Paris, Bruxelles ou Genève, il est à peine 6 h à Vancouver, 7 h à Calgary, 8 h à Winnipeg, 9 h à Montréal et Toronto, 10 h à Halifax et 10 h30 à Gander. Ce décalage varie, bien sûr, selon les différents horaires d'été et d'hiver. Le Canada adopte l'heure d'été (montres et horloges avancées d'une heure) du premier dimanche d'avril au dernier dimanche d'octobre *(voir les introductions régionales).*

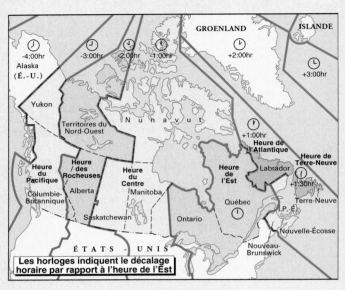

Les horloges indiquent le décalage horaire par rapport à l'heure de l'Est

Températures et unités de mesure

Degrés Fahrenheit	95°	86°	77°	68°	59°	50°	41°	32°	23°	14°
Degrés Celsius	35°	30°	25°	20°	15°	10°	5°	0°	−5°	−10°

1 inch (in.) = 2,540 centimètres   **1 foot** (ft.) = 30,480 centimètres
1 mile (mi.) = 1,609 kilomètre   **1 pound** (lb.) = 0,454 kilogramme
1 quart (qt.) = 0,946 litre   **1 gallon** (gal.) = 3,785 litres

Achats

Commerces – Les centres-ville rassemblent toutes les sortes de magasins : grands magasins, chaînes nationales, boutiques, galeries d'art et antiquaires. Les principaux grands magasins du Canada sont Hudson's Bay Co. (surnommé « The Bay ») et Eaton's, récemment racheté par Sears. Les quartiers historiques réhabilités, comme le Vieux Port de Montréal ou Exchange District à Winnipeg, proposent boutiques, galeries d'art, cinémas et restaurants. Les immenses **centres commerciaux** (parfois tentaculaires, comme West Edmonton Mall à la périphérie d'Edmonton) sont généralement situés hors des centres-ville. Les **complexes de magasins d'usine** ou *outlet malls* raviront les amateurs de petits prix, avec des réductions pouvant atteindre 70 %. Les magasins de **vêtements de plein air** (comme Mountain Equipment Co-op à Toronto) situés à Vancouver, Banff, Gravenhurst et dans d'autres grandes villes permettront aux visiteurs de s'équiper de la tête aux pieds avant de partir en randonnée, à la chasse ou à la pêche. Plus soumis à la mode, et probablement plus chers, les **vêtements de ski** chic sont à Whistler, Banff, Calgary et, même, Vancouver. Et les chapeaux de cow-boy, les foulards colorés ? Le dernier cri de l'**équipement de western** est dans les magasins de Calgary et Whitehorse, entre autres. Et si l'on désire un manteau en renard argenté et sa toque ? Les **fourreurs** sont légion, en particulier à Ottawa, Toronto et Winnipeg (où se trouve Fur Exchange).

Arts et artisanats – Le Musée acadien de Chéticamp *(le long de la piste Cabot)* et le site historique national de Grand-Pré à l'Est de Wolfville ont des trésors en travaux au crochet et autres objets d'**artisanat acadien**. Tartans, kilts et autres **vêtements écossais** sont en vente en Nouvelle-Écosse, surtout le long de la piste Cabot à Shooner Village *(Margaree Harbour)* et à l'université gaélique près du St. Ann's. Le long de la Chaudière, la Beauce québécoise est célèbre pour ses produits à base d'**érable**. Les ports de Terre-Neuve proposent des tricots faits à la main : moufles, écharpes et bonnets sont en vente dans les musées locaux. Les **arts et artisanats amérindiens** sont représentés à travers le pays : musées et centres culturels des terres tribales exposent et vendent paniers, sculptures, bijoux et autres objets. Si l'on désire rendre visite aux artistes haïda des îles de la Reine-Charlotte, le mieux est de s'informer auprès du bureau du conseil ou *band office* local. Les boutiques du musée royal de Colombie-Britannique *(Victoria)* et du musée d'Anthropologie

(Vancouver), ainsi que les boutiques de cadeaux de Wanuskewin *(Saskatoon)* ou de Head-Smished-In Buffalo Jump près de Fort Macleaod *(Alberta)* offrent également un choix extrêmement varié. La galerie Alcheringa de Victoria possède une belle collection d'art amérindien qui met l'accent sur la région de la côte Nord-Ouest. Les arts inuit, la sculpture sur pierre en particulier, font le bonheur des collectionneurs et des connaisseurs. Le Nunavut (l'île de Baffin surtout) fourmille d'ateliers et de points de vente.

Marchés – Le Sud de l'Ontario et la vallée de l'Okanagan en Colombie-Britannique sont les deux principales régions productrices de fruits. L'île du Prince-Édouard est renommée pour ses pommes de terre et les régions méridionales du Québec (Montréal, la vallée du Saint-Laurent et le lac Saint-Jean en particulier) produisent fruits et légumes, viande de bœuf et différentes denrées. Le bœuf de l'Alberta est renommé dans le monde entier et les provinces Maritimes sont célèbres pour leurs huîtres, moules et autres fruits de mer. Les marchés sont nombreux au Canada, qu'ils soient saisonniers ou durent toute l'année. Le marché couvert de **Kitchener** *(Ontario)* se tient toute l'année, ainsi que son voisin de **St. Jacobs**, attraction touristique. On trouve, dans les marchés de **Toronto**, North St. Lawrence market et South St. Lawrence market *(ouv. toute l'année)*, des produits frais, du poisson et des fruits de mer, des spécialités culinaires, des fleurs, des souvenirs et des objets d'artisanat. Hamilton, également en Ontario, possède l'un des plus grands marchés couverts de la province *(ouv. toute l'année)*. Il règne une atmosphère de fête au marché Byward d'**Ottawa**, qui couvre plusieurs pâtés de maisons *(ouv. toute l'année, couvert en hiver)*. Le marché animé de Charlottetown donne l'occasion aux marchands d'objets artisanaux et de denrées alimentaires d'exposer leurs produits.
Pendant la récolte, de nombreux fermiers vendent leurs produits très bon marché sur le bord de la route et au marché. Certaines fermes ouvertes au public permettent de cueillir soi-même les produits que l'on paiera moins cher. La **vallée de l'Annapolis** en Nouvelle-Écosse est un immense verger de pommiers, et de nombreux étals sont dressés au bord de la route en automne. Les producteurs convient les visiteurs à goûter les nombreuses variétés cultivées dans la **péninsule du Niagara**, l'une des principales régions fruitières du Canada. Le climat de la vallée de l'Okanagan en Colombie-Britannique favorise de nombreuses cultures : pommes, pêches et abricots, par exemple.

Viticulture – La vigne prospère sur les rives du lac Ontario, dans la **péninsule du Niagara**. En Colombie-Britannique, la **vallée de l'Okanagan** produit certains des meilleurs pinot noir, chardonnay et riesling, et son vin de glace, accompagnement idéal des desserts, grandit en renom et popularité. La majorité des exploitations ouvrent leurs portes au public et leur visite guidée comprend une dégustation gratuite ; de nombreux producteurs vendent directement aux particuliers. En automne, les centres d'accueil locaux renseignent sur les foires et manifestations organisées autour du vin. Les chambres de commerce des régions concernées procurent une carte gratuite accompagnée d'un guide.
Voir p.103 notre liste d'exploitations dans la vallée de l'Okanagan.

Tourisme et nature

Réserves et parcs nationaux

Pour tout renseignement sur le patrimoine naturel et culturel du Canada (réserves et parcs nationaux, aires marines nationales de conservation, lieux historiques nationaux, rivières, édifices fédéraux et gares ferroviaires du patrimoine), voici une adresse fort utile à retenir :

Patrimoine canadien – Parcs Canada
25, rue Eddy
Hull QC K1A 0M5
☎ 888-773-8888
www.parkscanada.ca

Renseignements pratiques

Le Canada possède non seulement de superbes parcs provinciaux (plus de 600 au total) relevant des autorités locales, mais aussi 41 parcs nationaux, réserves de parcs nationaux et parcs marins gérés par Parcs Canada. Ces zones protégées attirent chaque année quelque 14 millions de visiteurs. Créées pour préserver dans leur état naturel des sites exceptionnels, elles ont en même temps l'ambition de les rendre accessibles au public. Des équipes de naturalistes y organisent par exemple des promenades guidées à la découverte de la nature, expliquent la formation des roches ou du relief, les particularités du climat ou de la végétation, le mode de vie des animaux. On y vient aussi pour admirer les paysages et pratiquer toutes sortes d'activités de plein air et de détente : camping, canotage, randonnée, VTT, photographie, etc.
Les parcs nationaux sont ouverts toute l'année, mais les conditions climatiques occasionnent parfois la fermeture de certaines routes ou de certaines parties du parc concerné. Il est donc conseillé, avant d'entreprendre toute visite, de contacter le bureau d'information du parc même ou le bureau régional de Parcs Canada, d'autant plus que les **droits d'entrée** *(2,50 $-6 $/adulte ; tarif parfois réduit de 50 % pour les enfants et de 25 % pour les personnes du troisième âge)* et les horaires d'ouverture varient d'un parc à l'autre.

De manière générale, les parcs disposent, à leur entrée, de **centres d'accueil** *(ouv. tlj de fin mai à fin août ; horaires réduits hors sais.)* qui mettent gracieusement à la disposition du public cartes et brochures relatives au parc et fournissent des renseignements divers : formules d'hébergement à l'intérieur du parc, programmes d'interprétation offerts (randonnées guidées, sentiers d'interprétation, diaporamas, films vidéo, expositions et cycles de conférences saisonniers), etc. *Pour plus de renseignements sur les activités d'un parc spécifique, se référer à sa description.*

Activités et infrastructures

Paradis des **pêcheurs** avec leurs innombrables lacs et rivières, les parcs nationaux attirent autant les passionnés que les dilettantes heureux de tremper le fil pour se délasser *(les permis de pêche s'obtiennent dans les magasins d'équipement de sport ou auprès des bureaux des parcs des régions concernées).*

Avis aux randonneurs

Portez de bonnes chaussures antidérapantes.

Munissez-vous de jumelles.

Pour éviter l'**hypothermie** : méfiez-vous du vent, de l'humidité et de la fatigue ; emportez des vêtements imperméables, ainsi que des bâches en plastique et de la ficelle de nylon pour pouvoir vous constituer un abri de fortune ; absorbez des aliments riches en calories.

Rencontrer les ours et autres grands mammifères peuplant de nombreux parcs nationaux canadiens peut parfois se solder par de graves blessures. Il est demandé aux visiteurs de respecter la **faune** et le règlement des parcs : ne jamais partir seul, ne pas emmener de chien, rester autant que possible à découvert, ne jamais chercher à approcher un ours ou un ourson, maintenir propres les terrains de camping, conserver la nourriture loin des tentes ou dans le coffre du véhicule. De façon générale, les visiteurs doivent rester à bonne distance des ours, des orignaux et autres grands animaux, et respecter les mesures de sécurité des campings. Consulter la direction du parc pour connaître les précautions particulières à observer *(tous les renseignements sont disponibles auprès des centres d'accueil et bureaux des parcs).*

Les nombreux sentiers balisés, qui tantôt sillonnent les montagnes ou les forêts denses, tantôt longent la côte, offrent aux **randonneurs** de magnifiques buts de promenade *(sauf avis contraire, la longueur indiquée s'entend du point de départ à la destination, et ne correspond pas à la distance aller-retour).* Les plus aventureux préféreront sans doute sortir des sentiers battus pour découvrir une nature préservée. Ils se présenteront alors au bureau du parc avant de se mettre en route (et y signaleront leur retour), suivront prudemment la météo, et se muniront d'une boussole ainsi que d'une carte topographique (ces dernières peuvent s'obtenir auprès de Gem Trek Publishing : ☎ 403-932-4208 ou 877-921-6277 ; www.gem-trek.com ou Federals Maps, Inc. : ☎ 613-723-6366 ; www.fedmaps.com).

Les parcs nationaux font également le bonheur des **campeurs**.

Caribou de la toundra

La plupart des terrains de camping gérés par Parcs Canada distribuent les emplacements selon les arrivées, mais certains acceptent les réservations. Pour connaître avec précision les dates d'ouverture du camping qui vous intéresse *(généralement ouverts de la mi-mai au 1er lun. de sept.)*, les tarifs quotidiens, la durée maximum d'un séjour et les aménagements offerts, contactez directement le parc en question ; et pour tout renseignement complémentaire concernant les centres de camping et de caravaning à l'intérieur des parcs nationaux, adressez-vous au bureau national de Parcs Canada : 25, rue Eddy, Hull, QC, K1A 0M5, ☎ 888-773-8888 ; www.parkscanada.ca. Notez que les campings sont le plus souvent dotés d'espaces plats pour la tente, de tables de pique-nique, de foyers avec du bois, d'aires de stationnement près d'une source d'eau, de sanitaires et d'abris-cuisine. Ils sont plus rarement équipés de bornes eau/électricité, mais beaucoup disposent de stations d'évacuation des eaux usées. Certains terrains de camping sommaires, près de sentiers de randonnée de l'arrière-pays, ne sont accessibles qu'à pied.

Lieux historiques nationaux

Le Canada compte plus de 100 **lieux historiques nationaux** administrés par Parcs Canada, comme par exemple la forteresse française de Louisbourg, le site de l'une des plus anciennes colonies européennes au Canada, ou les demeures de plusieurs Premiers ministres canadiens. Conçus pour une visite de jour, ces lieux historiques ouvrent généralement de fin mai *(jour de Victoria)* à début septembre *(fête du Travail)*, avec des horaires réduits au printemps et à l'automne. Ce sont des bâtiments ou des sites protégés, restaurés et aménagés pour mettre en valeur diverses facettes de l'histoire et expliquer le mode de vie des Canadiens d'autrefois. Certains n'ont conservé aucun vestige des temps anciens, mais brochures, pancartes, centres d'interprétation et parfois même reconstitutions complètes font revivre les épisodes du passé. Le souci de la vérité historique est poussé dans les moindres détails, et l'accent est mis sur la vie quotidienne dans telle ou telle couche de la société, si bien qu'il n'est pas de leçon d'histoire plus vivante, surtout lorsque toute une population en costume d'époque anime cette minutieuse reconstitution. *Pour plus de détails, contacter le bureau régional de Parcs Canada.*

Quelques livres

Alexandre de la France au Canada, par Jeannine Campion *(France Europe Eds)*

Beauté sauvage du Canada – Un précieux héritage à conserver, Fédération canadienne de la Nature et Freeman Patterson *(Éditions de l'Homme)*

Canada, par Robert Hollier *(Petite Planète, éd. du Seuil)*

Cinéma Canada, par M.Dvorak *(Presses Universitaires de Rennes)*

Dictionnaire de langue française du Canada : Lexicographie et société au Québec, par Annick Farina *(Champion)*

Histoire générale du Canada, par Craig Brown *(Édition française dirigée par Paul André Linteau, Boréal)*

Introduction à l'histoire et à la civilisation de l'Amérique du Nord, par Guy Clermont *(Presses Universitaire de Limoges)*

Journal de voyage au Canada, par Michel Tournier *(Laffont)*

L'Acadie - Histoire des Acadiens, par Yves Cazaux *(Albin Michel)*

La Géographie du Canada *(Presses Universitaires de Bordeaux)*

Le Canada des chercheurs d'or (Yukon), par Michel Poirel et C. Raoult *(Libres Horizons, SAEP, Colmar)*

Le Canada des grands espaces, par Jérôme Delcourt *(A. Barthélemy, Avignon)*

Le Canada, d'un océan... à l'autre, par Catherine Raoult et Marc Poirel *(Anako)*

Aspects de l'Ontario, par Pierre Guillaume *(PUF, Paris)*

Le Québec – Un pays, une culture, par Françoise Tétu de Labsade *(Boréal/Seuil)*

Les Indiens blancs, Français et Indiens en Amérique du Nord, 16e s.-18e s. *(Payot)*

Les mammifères marins du Canada, par Jean-Pierre Sylvestre *(Broquet Eds)*

Mon sauvage au Canada : Indiens et réserves : essai critique, par Francine Dallaire *(L'Harmattan)*

Nahanni, par Roger Frison-Roche *(Arthaud et J'ai Lu)*

Nunaga, 10 ans chez les Esquimaux, par Duncan Pryde *(Calmann-Lévy)*

Oiseaux du Canada, par W.E Godfrey *(Broquet Eds)*

Printemps Inuit naissance du Nunavut par Michèle Therrien *(Indigene Eds, Collection Indigene Esprit)*

Rêves arctiques, par Barry Lopez *(Albin Michel)*

Voyages au Canada, par Jacques Cartier *(La Découverte, Paris)*

A. Leprince / Michelin

- ☐ a. *Maison d'hôte de charme*
- ☐ b. €€ *Chambre à 40€ maximum la nuit*
- ☐ c. *À ne pas manquer : le petit "plus"*

Vous ne savez pas quelle case cocher ?
Alors ouvrez vite Le Guide Coups de Cœur Michelin !

De l'ancienne ferme de caractère au petit château niché dans son parc en passant par la maison de maître au coeur d'un vignoble, la sélection Michelin, classée par région, recense autant d'adresses à l'accueil chaleureux qui charmeront même les petits budgets.
Guide Coups de Cœur Michelin, le plaisir du voyage

Mt. Robson Provincial Park

Introduction
au voyage

Un peu de géographie

Avec près de 10 millions de km², soit plus de 18 fois l'étendue de la France, le Canada est par sa superficie le deuxième pays du monde, derrière la Russie (environ 17 millions de km²). Presque aussi grand que l'Europe, ce territoire immense, baigné par les eaux de l'Atlantique à l'Est, du Pacifique à l'Ouest et de l'océan Glacial Arctique au Nord, couvre pratiquement la moitié du continent nord-américain. Sa population totale – 30 millions d'habitants environ – représente pourtant moins de la moitié de celle de l'Hexagone.

Le Canada se divise en dix provinces (Alberta, Colombie-Britannique, Île du Prince-Édouard, Manitoba, Nouveau-Brunswick, Nouvelle-Écosse, Ontario, Québec, Saskatchewan, Terre-Neuve et Labrador) et trois territoires (Yukon, Territoires du Nord-Ouest et Nunavut). En latitude, le pays s'étend sur environ 4 600 km, de 41 ° 47' Nord à l'**île Pelée** (dans le lac Érié) à 83° 07' Nord au **cap Columbia** (à la pointe de l'île d'Ellesmere), à 800 km à peine du pôle Nord. En longitude, il s'étire sur plus de 5 500 km, de 52° 37' Ouest au **cap Spear** (à la pointe de Terre-Neuve) jusqu'à 141° Ouest (à la frontière du **Yukon** et de l'**Alaska**). La frontière Sud, qui borde les États-Unis, court sur 6 400 km, distance séparant Paris de la frontière chinoise. À la mesure du pays, l'énorme morsure faite dans le Canada par la grande mer intérieure de la **baie d'Hudson** (637 000 km²) constitue l'une de ses caractéristiques les plus remarquables. Particularité non moins impressionnante, la présence de quelque 2 millions de dépressions lacustres, dont quatre des fameux **Grands Lacs** qui représentent à eux seuls la plus importante masse d'eau douce du globe.

Edmonton est à la latitude de Hambourg	
Toronto..........................de Marseille	
Montréal et Ottawa..........de Bordeaux	
Vancouver........................de Paris	
Québec.............................de Nantes	
Winnipeg ....de Dieppe	

Un continent nordique – La comparaison entre le Canada et l'Europe met en relief la nordicité du pays, dont la plus large part se trouve au-delà du 50ᵉ parallèle. Aux effets de la latitude s'ajoute en outre la rigueur particulière du climat, plus sévère à la pointe de la baie James ou de la grande péninsule Nord de Terre-Neuve qu'à Londres, qui se trouve pourtant à la même latitude.

Les grandes régions naturelles

L'immensité du territoire canadien, dont le Bouclier constitue l'élément dominant de la charpente physique, permet la coexistence d'une multiplicité de formes, toutes marquées d'une forte empreinte glaciaire : hauts plateaux, basses plaines, massifs anciens et chaînes montagneuses plus récentes.

Le Bouclier canadien – Socle de roches cristallines vieilles de 4 milliards d'années (antérieures à l'ère primaire) et parmi les plus anciennes du monde, le Bouclier forme sur près de la moitié du territoire une large couronne autour de la baie d'Hudson. Il fut mis à nu par les glaciers qui, il y a 10 000 ans, couvraient encore presque tout le Canada, à l'exception des Cypress Hills et de la région du Klondike. Cette énorme masse de glace en mouvement, par endroits épaisse de 3 km, a déblayé toutes les roches plus récentes, et profondément marqué le paysage : roc nu et lisse, bosselé, raclé par les invasions et reculs glaciaires, myriades de lacs, de marécages et de rivières au cours hésitant, blocs erratiques ou rochers transportés par le fleuve de glace et abandonnés au hasard de la fonte. L'abondance des sources d'énergie hydraulique – c'est grâce au Bouclier que le Canada possède un quart des réserves mondiales d'eau douce – et la richesse du sous-sol caractérisent cette région au sol peu fertile que, sauf dans la zone arctique, les arbres agrippés au roc couvrent d'une forêt sauvage.

© Malak, Ottawa

Paysage du Bouclier canadien

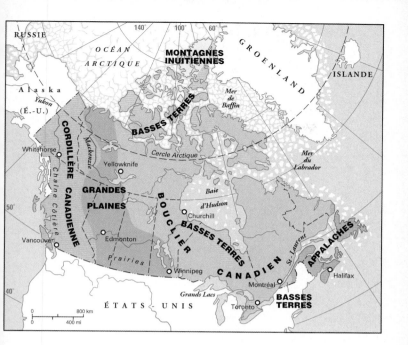

Les basses terres des Grands Lacs et du Saint-Laurent – À l'échelle du pays, ces plaines sédimentaires, formées au fond des mers il y a plus de 200 millions d'années (à l'ère primaire), semblent bien peu étendues. À la fois fertiles, favorisées par le climat, bien desservies par des voies d'eau et opportunément placées près des grands centres industriels américains, ces basses terres constituent la région la plus riche et la plus industrielle du Canada, et aussi la plus peuplée.

Les grandes plaines intérieures – Ces étendues sédimentaires formées aux époques primaire et secondaire s'étirent depuis le delta du Mackenzie – peu cultivable du fait de sa latitude – à travers tout le Canada jusqu'à la frontière américaine, et se poursuivent bien au-delà vers le Sud. Leur jonction avec le Bouclier canadien est soulignée de toute une série de lacs dont les suivants : lacs Winnipeg et Athabasca, Grand Lac des Esclaves et Grand Lac de l'Ours. Dans le Sud de la zone canadienne s'étendent les Prairies, vastes terres céréalières ou, dans les régions plus sèches, zones d'élevage extensif.

Les basses terres de l'Hudson et de l'Arctique – Ce sont les restes des roches sédimentaires d'époque primaire qui jadis couvraient le Nord du Bouclier canadien. L'extrême sévérité du climat n'y laisse guère croître que la toundra, et la forêt clair-semée dans le Sud de la baie d'Hudson.

Les Appalaches – Cette chaîne de montagnes, plissée à la fin de l'ère primaire, s'étend de Terre-Neuve jusqu'en Alabama (É.-U.). Massifs anciens, usés par le temps et l'érosion glaciaire, les Appalaches ne sont plus, au Canada, que des hauteurs bosse-lées et boisées ne dépassant guère 1 280 m d'altitude. On y trouve pourtant quelques zones de plaines fertiles comme l'île du Prince-Édouard, la vallée de l'Annapolis et la vallée du St. John.

La Cordillère canadienne – Montagnes jeunes, formées à l'ère tertiaire (il y a environ 70 millions d'années), le système cordilléran canadien dresse une triple rangée de sommets aigus entre les grandes plaines et l'océan Pacifique. À l'Est s'élèvent les Rocheuses. Séparée de celles-ci par une série de plateaux intérieurs, la chaîne Côtière plonge directement dans le Pacifique. Au-delà, séparés de la côte déchiquetée du Nord-Ouest par le Passage intérieur, les chaînons insulaires, à demi immergés, forment une véritable guirlande le long du littoral.

Les Montagnes inuitiennes – Moins vieilles que les Appalaches, les montagnes de l'archipel Arctique se plissèrent à l'ère secondaire. Elles se situent à l'extrême Nord du pays et se composent de deux parties distinctes : les collines arrondies des îles Parry et les pics glacés de l'île d'Ellesmere.

Particularités géographiques

Végétation – La flore canadienne regroupe environ 4 200 espèces, dont près de 30 % ont été introduites. La limite des arbres traverse le Canada selon une diagonale reliant le delta du Mackenzie à la baie d'Hudson et l'océan Atlantique. Au Nord de cette ligne règne la **toundra**, région de lichens, de laîches et d'arbustes rabougris. La belle saison

47

Sanguisorbe du Canada

étant trop courte pour permettre la germination, la plupart des plantes sont des vivaces de taille réduite dont les grandes fleurs attirent les insectes pollinisateurs. Les régions septentrionales sont dominées par la glace et les roches nues, mais on y rencontre quelques espèces rustiques qui forment un matelas dense dans les zones où humidité, chaleur et nutriments s'allient pour créer un micro-habitat favorable à la vie.

Au Sud de la limite des arbres débute la **forêt boréale** avec ses épinettes blanches et noires (épicéas), ses mélèzes et autres conifères ; elle s'étend graduellement, parsemée d'innombrables marais et marécages. Plus au Sud encore apparaissent les feuillus (bouleau, tremble et peuplier) et des cultures de canneberge et de myrtilles ont été créées dans certaines régions humides. Les arbres à feuilles caduques se font de plus en plus nombreux jusqu'à ce que la forêt boréale cède le pas à la **forêt mixte**.

À l'Est, l'exploitation forestière, l'agriculture et l'urbanisation n'ont laissé place qu'à de rares poches de forêt ancienne. Les essences à bois dur (érable, bouleau et hêtre) concurrencent les plantations industrielles de conifères sur les sols asséchés, alors que le cèdre et l'aulne occupent les zones plus humides. Mais les conifères des régions septentrionales ne disparaissent réellement que dans le Sud de l'Ontario, où se rencontre une véritable **forêt caduque**. Les marécages encore existants accueillent des massettes, des nénuphars, des laîches et des fougères ainsi que des espèces introduites avec succès comme la salicaire, arrivée d'Europe il y a deux siècles dans les ballots de foin.

À l'Ouest, les conifères cèdent le pas à de vastes étendues de trembles et de peupliers qui seront à leur tour remplacées par les plaines herbeuses de la **prairie** au Sud. Extrêmement cultivée, la région produit une grande partie des céréales consommées du pays, elle ne conserve que des restes clairsemés de prairie sauvage. Les régions montagneuses de l'Ouest possèdent une flore qui leur est propre, les arbres s'espaçant à l'approche de la limite alpine. Le littoral pacifique est recouvert de luxuriantes forêts pluviales tempérées qui bénéficient toute l'année de températures douces accompagnées d'une forte pluviosité. Dans leur marche vers l'Est, les nuages déposent leur humidité sur les versants Ouest, laissant des poches montagneuses sèches à l'intérieur des terres, dominées par des prairies clairsemées d'herbe, d'armoise et de cactus.

Le climat – De par son étendue en longitude comme en latitude, le Canada offre de saisissants contrastes climatiques. Tout au Nord, sur l'archipel Arctique et le long des côtes des Territoires du Nord-Ouest, règne le **climat polaire** aux conditions extrêmes de rigueur et de froid. C'est une

Feuillage d'automne

région de glaciers, de roc nu et de toundra, au sol gelé en profondeur. Plus au Sud, le **climat subarctique** couvre une très vaste zone qui, du Yukon au Labrador, s'étend vers le Sud jusqu'aux abords des espaces habités. Les hivers y sont longs et rigoureux, et les étés étonnamment chauds. Toute la région des cordillères de la Colombie-Britannique et du Yukon connaît un **climat de montagne**, où l'influence de l'altitude se conjugue à celle de la latitude. Le long du Pacifique règne le **climat océanique tempéré**, marqué par une forte pluviosité et par la modération des températures.

Tout le reste du pays, soit la plus grande partie de la zone habitée, connaît un **climat continental** aux hivers froids et aux étés chauds. Des variations régionales très sensibles différencient les Prairies – grandes plaines herbeuses aujourd'hui largement cultivées, au climat particulièrement sec – de la région du Saint-Laurent, beaucoup plus humide, ce qui se traduit par un fort enneigement en hiver et une atmosphère lourde et moite en été. Favorisée par sa latitude méridionale et entourée des Grands Lacs, la péninsule ontarienne bénéficie d'un climat plus doux, tout en subissant la même atmosphère lourde en été. Sur la frange atlantique enfin, l'influence humide de l'océan réduit l'écart des températures entre l'hiver et l'été, mais apporte brouillards et tempêtes.

La faune – Du fait de son immensité, le territoire canadien possède une faune à la fois abondante et variée. Ses vastes forêts abritent un grand nombre de cervidés, parmi lesquels le **cerf de Virginie**, le **cerf à queue noire**, le **cerf mulet**, le **caribou des bois** et l'**original**. Autre grand cerf d'Amérique du Nord, le **wapiti** préfère quant à lui les terrains plus montagneux et la Prairie. Espèce jadis fort répandue à travers le pays, le **lynx du Canada** ne se rencontre plus guère qu'à Terre-Neuve. On le trouve également dans le Nord, tout comme le **loup**, dont le domaine s'étendait autrefois à la forêt, la Prairie et la toundra. Le rarissime **carcajou**

Lynx

apprécie lui aussi les régions nordiques et fréquente volontiers l'Ouest canadien. Le **grizzli** et l'**ours noir** affectionnent tout particulièrement les régions forestières riches de rivières et d'étangs où s'ébattent d'innombrables **castors**, autrefois menacés d'extinction à cause d'une chasse abusive. Les vastes plaines du Canada central sont le refuge de l'**antilope d'Amérique**, du **géomys** ou « rat des sables », du **lièvre de Townsend** et du fameux **bison d'Amérique**. Victime, au 19ᵉ s., d'un massacre quasi systématique, ce bovidé sauvage à l'épaisse crinière si caractéristique fut miraculeusement sauvé de l'extinction ; on peut aujourd'hui l'observer en toute liberté au Wood Buffalo National Park *(voir p. 435)*. **Chèvres des Rocheuses** et mouflons de montagne dévalent joyeusement les pentes abruptes de l'Ouest canadien. On aperçoit souvent des **mouflons de Dall** le long de la route de l'Alaska, et des **mouflons à grosses cornes** dans les Rocheuses canadiennes et dans les chaînes centrales du Sud de la Colombie-Britannique. Parmi les espèces animales adaptées aux rudes conditions de vie de l'Arctique canadien, notons le **bœuf musqué**, le caribou de la toundra, le lemming (petit mammifère rongeur), le loup et le renard arctiques. Ces régions glacées comptent aussi de nombreuses colonies de **phoques** (phoques gris, phoques à capuchon, phoques du Groenland, etc.) qui constituent la principale source d'alimentation du redoutable **ours polaire**. Le long des côtes du Canada évoluent par ailleurs de nombreuses espèces de **mammifères marins**, comme par exemple la baleine à bosse et le rorqual commun (au large de Terre-Neuve), l'épaulard et la baleine grise (au large de la Colombie-Britannique), la baleine blanche ou béluga, le rorqual bleu et le petit rorqual (dans l'estuaire du Saint-Laurent). Enfin, n'oublions pas les oiseaux, dont on dénombre plus de 400 espèces (pour la plupart migratrices) : macareux moine, pluvier siffleur, bernache du Canada, faucon pèlerin, grue blanche d'Amérique, etc. Essentiellement confiné à la côte centrale et septentrionale de la Colombie-Britannique, le majestueux **pygargue à tête blanche** se rencontre de temps à autre dans le Nord et l'Est du pays.

Pygargue à tête blanche

Repères chronologiques

Période précoloniale

Avant J.-C.

20 000 – 15 000	Période estimée de la première traversée humaine du détroit de Béring, de la Mongolie vers l'Alaska.

Après J.-C.

v. 1000	Les Vikings débarquent à Terre-Neuve.
1492	Christophe Colomb « découvre » l'Amérique.
1497	**Jean Cabot** explore la côte Est du Canada.

La Nouvelle-France

1534	**Jacques Cartier** prend possession du Canada au nom de François Ier.
1583	Sir Humphrey Gilbert revendique Terre-Neuve au nom d'Elisabeth Ire d'Angleterre.
1605	**Champlain** fonde **Port-Royal** en Acadie.
1608	Fondation de la ville de Québec.
1610	**Henry Hudson** explore la baie qui porte aujourd'hui son nom.
1613	Destruction par les Anglais des établissements français d'Acadie.
1632	Le traité de Saint-Germain rend le Canada à la France.
1642	Fondation de Montréal.
1670	Création de la **Compagnie de la baie d'Hudson**.
1710	Prise de Port-Royal par les Anglais.
1713	Le traité d'Utrecht cède à l'Angleterre l'Acadie péninsulaire, Terre-Neuve et le bassin de la baie d'Hudson.
1722	Formation de la **Ligue des six nations**.
v. 1730-1740	La famille La Vérendrye explore l'Ouest canadien.
1755	Début du Grand Dérangement : les Acadiens sont chassés de Nouvelle-Écosse.
1756-1763	Guerre de Sept Ans.
1759	Défaite française à la **bataille des plaines d'Abraham**. Reddition de Québec aux Anglais.
1760	Capitulation de Montréal.
1763	Le **traité de Paris** cède toute la Nouvelle-France à l'Angleterre.

Bataille des plaines d'Abraham (1759)

Le régime anglais

1774	L'**acte de Québec** organise la nouvelle colonie anglaise et garantit aux Canadiens le libre exercice de leur religion.
1775-1783	Guerre d'Indépendance américaine. L'armée américaine prend Montréal (1775 et 1776), mais échoue devant Québec (1776).
1778	James Cook explore les côtes de la Colombie-Britannique.
1783	Arrivée des premiers loyalistes au Canada. Création de la **Compagnie du Nord-Ouest**.
1791	L'**Acte constitutionnel** crée le Haut-Canada (Ontario) et le Bas-Canada (Québec).
1793	Alexander Mackenzie traverse la Colombie-Britannique et atteint la côte Ouest.
1812-1814	Guerre anglo-américaine.
1821	Fusion de la Compagnie de la baie d'Hudson et de la Compagnie du Nord-Ouest.
1837	Rébellions du Haut et du Bas-Canada.
1841	L'**acte d'Union** crée le Canada-Uni (Haut et Bas-Canada).
1847	Le Canada passe sous le régime de **gouvernement responsable**.
1858-1861	Ruées vers l'or en Colombie-Britannique.

Formation du pays

1867	L'**acte de l'Amérique du Nord britannique** crée la **Confédération canadienne** (Ontario, Québec, Nouveau-Brunswick et Nouvelle-Écosse).
1869-1870	Soulèvement des Métis de la Rivière Rouge. Cession de la Terre de Rupert à la Confédération canadienne. Création du Manitoba.
1871	La Colombie-Britannique rejoint la Confédération.
1873	Création de la Police montée du Nord-Ouest. L'île du Prince-Édouard rejoint la Confédération.
1881-1885	Construction du Canadien Pacifique.
1885	Rébellion du Nord-Ouest. Procès et exécution de Louis Riel. Création du **premier parc national**.
1896	Ruée vers l'or au Klondike.
1898	Création du territoire du Yukon.
1905	Création des provinces de la Saskatchewan et de l'Alberta.
1931	Le **statut de Westminster** reconnaît l'indépendance du Canada au sein du Commonwealth.
1942	Ouverture de la route de l'Alaska.

Le Canada moderne

1959	Ouverture de la **voie maritime du Saint-Laurent**.
1962	Achèvement de la Transcanadienne.
1968	Création du Parti québécois.
1982	Le Québec est la seule province à ne pas signer la **loi constitutionnelle de 1982**.
1987	Échec des **accords du lac Meech** : la proposition d'attribution d'un statut spécial pour le Québec n'obtient pas l'unanimité des provinces canadiennes.
1988	Création officielle du Nunavik, reconnu patrie des Inuit du Québec.
1990	Crise amérindienne d'**Oka**.
1992	Échec du référendum national sur l'attribution d'un statut spécial pour le Québec. Les Territoires du Nord-Ouest ratifient les accords conduisant à la création du Nunavut.
1994	Conclusion des négociations sur l'**Accord de libre-échange nord-américain** (Alena) entre le Canada, les États-Unis et le Mexique.
1995	Échec du référendum sur la souveraineté du Québec (le « non » obtient 50,6 % des votes).
1998	Une tempête de neige sans précédent s'abat sur le pays, ravageant le réseau hydroélectrique et plongeant dans le noir plus de 3,5 millions d'habitants du Québec, de l'Ontario et du Nouveau-Brunswick.
1999	Le **Nunavut** (correspondant à l'ancienne partie Est des Territoires du Nord-Ouest) devient officiellement le troisième territoire canadien, avec pour capitale Iqaluit.

Police montée canadienne

| 2000 | Terre-Neuve célèbre le millième anniversaire de l'arrivée des Vikings en Amérique du Nord. Ratification du traité des Nisga'a avec la Colombie-Britannique, qui leur accorde une forme d'autonomie. |

Le nouveau millénaire

| 2001 | Les élections fédérales et québécoises relancent le débat portant sur la souveraineté du Québec. |
| 2002 | Les patineurs Jamie Salé et David Pelletier remportent la médaille d'or aux Jeux olympiques d'hiver de Salt Lake City (Utah, USA). |

Aperçu historique

Les peuplements préhistoriques et indiens

Les toutes premières migrations humaines vers le continent américain s'effectuèrent par vagues successives, il y a 15 000 à 26 000 ans, lorsque des peuplades venues des montagnes de Mongolie et des steppes sibériennes franchirent le **détroit de Béring** alors émergé. Elles se dispersèrent jusqu'en Amérique du Sud et développèrent peu à peu des modes de vie adaptés à leur milieu. Ainsi se formèrent les groupes que les premiers Européens, se croyant parvenus aux Indes, baptisèrent « Indiens ».

En bordure de l'océan Pacifique, les **tribus de la côte Nord-Ouest** (Bella Coola, Salish, Haïda, Kwakiutl, Nootka, Tlingit, Tsimshian et autres), favorisées par les ressources de leur milieu naturel, développèrent une civilisation avancée, particulièrement célèbre pour ses sculptures sur bois, notamment ses mâts totémiques. Plus à l'Est (intérieur de la Colombie-Britannique), soumises à la contrainte d'un relief accidenté, les **tribus de la Cordillère** ou tribus du Plateau – de langue athapascane, kutenay et salish – vivaient de la chasse et de la pêche. Les vastes étendues herbeuses du Canada central étaient le domaine des **tribus des Plaines** (Assiniboines, Stoney, Pieds-Noirs, Cree, Ojibwa et Sarcee), qui tiraient principalement leurs ressources des troupeaux de bisons. Les **tribus des régions subarctiques** (Béothuks, Cree, Dénés, Montagnais et autres) menaient également une existence de chasseurs et de nomades. Semi-sédentaires, les belliqueuses **tribus des forêts de l'Est** (Algonquins et Iroquois) vivaient dans des villages fortifiés, cultivant le maïs et la courge, et connaissaient une forte organisation sociale. Quant aux **Inuit**, habitants nomades des régions polaires du Nord, ils se fixèrent le long des côtes de part et d'autre du cercle arctique, vivant dans des igloos en hiver, et dans des tentes de peau ou des huttes de tourbe en été. Leur existence était centrée sur la chasse au phoque, au morse, à la baleine et au caribou.

Premier contact

Après les brefs séjours des Vikings vers l'an mille sur la côte orientale du Canada *(voir p. 415,416)*, l'Europe oublia, semble-t-il, pendant plusieurs siècles l'existence du continent américain, à l'exception des Basques et des Anglais qui fréquentaient déjà les eaux poissonneuses de l'Atlantique Nord. Au 15ᵉ s., les progrès de la technique et l'espoir d'un négoce lucratif lancèrent véritablement les grands navigateurs à l'assaut des océans.

Les premiers émissaires royaux ne cherchaient d'abord qu'une route vers l'Asie mystérieuse : ainsi **Jean Cabot**, navigateur italien à la solde du roi d'Angleterre, qui dès 1497 débarqua en terre canadienne ; **Verrazano**, un autre Italien envoyé cette fois par François Ier, qui en 1524 reconnut le littoral américain de New York à l'île du Cap-Breton, puis **Jacques Cartier** qui, en 1534, débarqua à Gaspé et remonta le Saint-Laurent l'année suivante. De même, les Anglais cherchèrent un passage par le Nord-Ouest : **Martin Frobisher** en 1576, **John Davis** en 1585-1587, **Baffin** et **Bylot** en 1615-1616, tandis que **Hudson** (1610) et **James** (1631) explorèrent la baie d'Hudson.

À force de chercher la Chine, les navigateurs avaient trouvé le Canada et, à défaut d'épices, découvert d'autres richesses à exploiter : les fourrures. Pour asseoir le commerce français des peaux, **Samuel de Champlain** se fit colonisateur et reconnut le pays jusqu'au lac Huron en 1615. La Compagnie de la baie d'Hudson envoya de son côté en éclaireur **Henry Kelsey**, qui atteignit les Prairies au début des années 1690. À partir de 1731, **La Vérendrye** traversa les Prairies, et ses fils parvinrent au pied des Rocheuses en 1743. Pour la Compagnie de la baie d'Hudson encore, **Samuel Hearne** se rendit de Churchill au Grand Lac des Esclaves, puis rejoignit l'océan Arctique par la rivière Coppermine de 1770 à 1772. La reconnaissance de la côte de Colombie-Britannique est due surtout à **James Cook** en 1778 et à **George Vancouver** qui explora les îles côtières de 1792 à 1794. En 1789, **Alexander Mackenzie**, de la Compagnie du Nord-Ouest, descendit le fleuve qui porte aujourd'hui son nom et, en 1793, atteignit enfin le Pacifique, suivi de **Simon Fraser** en 1808 et de **David Thompson** en 1811-1817. Enfin, le fameux passage du Nord-Ouest à travers l'archipel Arctique fut franchi en 1903-1906 par **Amundsen** qui réalisa le rêve des navigateurs du 16e s.

La Nouvelle-France

La première, la France avait établi des colonies en terre canadienne, en Acadie et le long du Saint-Laurent. Ses colons défrichèrent les forêts et cultivèrent le sol tandis que s'organisait peu à peu la traite des fourrures. Mais très vite, les Français se heurtèrent à la concurrence des Britanniques établis plus au Sud le long de la côte atlantique. Venus de métropoles rivales en Europe, les colons des deux bords ne manquaient pas de faire des raids chez leurs voisins. Même les tribus amérindiennes étaient engagées dans la lutte, depuis que Champlain s'était attiré la haine implacable des Iroquois, partenaires commerciaux des Anglais.

Guerres et traités se succédèrent entre la France et l'Angleterre. En 1713, le **traité d'Utrecht** céda à l'Angleterre Terre-Neuve, tout le bassin de la baie d'Hudson et l'Acadie péninsulaire. La France conserva l'île Saint-Jean (île du Prince-Édouard) et l'île Royale (île du Cap-Breton), où elle érigea à grands frais la forteresse de Louisbourg pour contrôler l'accès aux rives du Saint-Laurent. La prise de Louisbourg en 1758 allait ouvrir la voie de Québec qui tomba l'année suivante, et de Montréal qui capitula en 1760. En 1763, le **traité de Paris** cédait toute la Nouvelle-France à la puissance britannique.

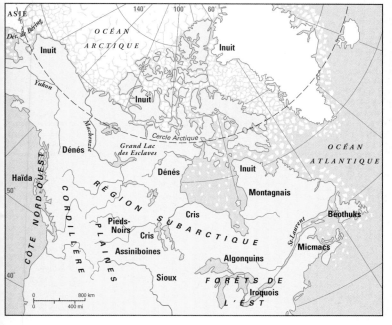

Le régime anglais

L'administration britannique prit progressivement pied en terre canadienne. Dès 1720, l'Acadie devenue anglaise était organisée en colonie de Nouvelle-Écosse, avec pour capitale Annapolis Royal, puis Halifax à partir de 1749. Après le traité d'Utrecht, le nouveau régime fut étendu à la vallée du Saint-Laurent, où vivait alors une importante communauté francophone. Bientôt afflua dans les deux colonies toute une population anglophone, celle des **réfugiés loyalistes** fuyant les anciennes colonies américaines après la guerre d'Indépendance, ce qui conduisit à la création de nouvelles colonies : l'île du Prince-Édouard (1769) et le Nouveau-Brunswick (1784), toutes deux détachées de la Nouvelle-Écosse. En 1791, la colonie laurentienne était à son tour divisée en deux nouvelles provinces : Haut-Canada (aujourd'hui appelé Ontario) et Bas-Canada (devenu Québec).

Au cours du 19e s., la colonisation s'intensifia sur tout le continent nord-américain. Tandis que naissaient de nouveaux États qui se joignirent aux États-Unis, deux nouvelles colonies britanniques furent créées, sur l'île de Vancouver en 1849, puis en 1858 sur le continent celle de Colombie-Britannique, qui fusionnèrent en 1866. Pendant ce temps, l'agitation politique s'était emparée du Haut et du Bas-Canada, où s'affrontaient les intérêts respectifs des communautés anglo-protestante et franco-catholique. Chargé d'enquêter sur les causes de ces troubles, le gouverneur général de l'époque, Lord Durham, rédigea le fameux *Rapport sur les affaires de l'Amérique septentrionale britannique*. Pour tenter de rétablir l'harmonie au sein des colonies et en favoriser l'essor, Durham recommandait l'union des Canadas et préconisait l'établissement d'un **gouvernement responsable**, c'est-à-dire aux mains du parti majoritaire à l'Assemblée (système qui n'allait être adopté qu'en 1847). Conséquence de ce rapport, l'**acte d'Union**, passé en 1841, réunit le Bas et le Haut-Canada en une province : le Canada-Uni.

La formation du pays

La politique de distribution de terres aux colons joua un rôle significatif dans le développement du Canada au cours du 19e s. et au début du 20e s. Il s'agissait en effet d'encourager l'aménagement d'un territoire démesurément grand, et donc particulièrement vulnérable à toute menace étrangère. Isolées, les différentes colonies britanniques du Canada se sentaient faibles face à leurs voisins américains : la guerre de 1812, le rôle des Américains dans les rébellions de 1837 et la guerre de Sécession avaient en effet suscité un sentiment d'insécurité. Aussi, pour renforcer leur position, les colonies envisagèrent-elles de s'unir. Ces projets d'union aboutirent en 1867 à l'**acte de l'Amérique du Nord britannique**, qui consacra la naissance de la Confédération canadienne. Le nouvel État fédéral ainsi créé se composait à l'origine du **Québec** et de l'**Ontario** (anciennement Canada-Uni), du **Nouveau-Brunswick** et de la **Nouvelle-Écosse**, avec partage des pouvoirs entre un gouvernement central et des législatures provinciales. Les fondateurs du nouveau pays envisageaient déjà une nation *A mari usque ad mare*, qui s'étendrait d'un océan à l'autre... Rêve devenu réalité lorsque la jeune Confédération acquit

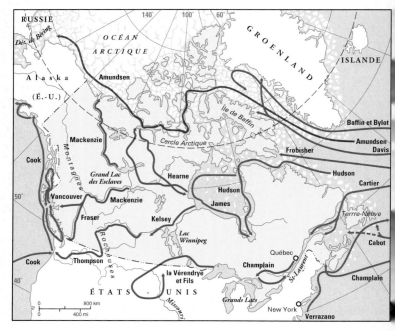

Magasin de la CBH (Vancouver, 1887-1893)

l'immense Terre de Rupert, jusqu'alors propriété de la Compagnie de la Baie d'Hudson, qui séparait les provinces de l'Est de la petite colonie de Colombie-Britannique à l'Ouest. Devenu « Territoires du Nord-Ouest », ce vaste domaine soudainement ouvert à la colonisation allait progressivement être amputé au Sud et à l'Ouest par la création successive de nouvelles provinces. Ainsi, dès 1870, naissait le **Manitoba**, minuscule portion de la province actuelle.

En 1873, l'**île du Prince-Édouard** entra à son tour dans la Confédération. Deux ans plus tôt, la **Colombie-Britannique** avait elle-même accepté de s'y joindre, le gouvernement fédéral ayant promis la mise en chantier d'une voie ferrée intercontinentale qui la relierait aux provinces de l'Est. La construction du **Canadien Pacifique** (CPR), achevée en 1885 après quatre ans à peine de travaux, ne se fit pas sans accrocs. Ce projet extraordinairement ambitieux – il fallait percer des tunnels à la nitroglycérine et édifier des ponts et chevalets à travers les terrains les plus difficiles – dut sa réussite à **William Van Horne**, ingénieur du chemin de fer, célèbre pour son génie de l'organisation.

L'avènement du chemin de fer favorisa de nouvelles vagues de peuplement et d'immigration. Tandis que la ruée vers l'or du Klondike amenait la création du **territoire du Yukon** en 1898, dans les Prairies naissaient en 1905 les provinces de la **Saskatchewan** et de l'**Alberta**. Enfin, Terre-Neuve, restée jusqu'alors colonie indépendante, s'unit à la Confédération en 1949, 82 ans après la création de cette dernière. En 1931, le **statut de Westminster** sanctionnait la souveraineté du Canada, le pays ne conservant désormais qu'un lien de dépendance symbolique à l'égard de la Couronne britannique.

Le Canada moderne

La période de l'après-guerre s'accompagna, au Canada, d'un afflux d'immigrants qui fournirent la main-d'œuvre nécessaire au développement du pays. Si ce dernier est parvenu à se hisser au rang des plus grandes puissances industrielles du monde, il lui reste encore à relever un défi d'envergure : réussir, tout en continuant à prôner le multiculturalisme comme principe de vie fondamental, à inspirer un sentiment national pancanadien. D'une part, les **revendications territoriales** de la population autochtone du Canada se font de plus en plus pressantes, comme l'illustre l'inauguration officielle, le 1er avril 1999, du **Nunavut**, troisième territoire canadien créé après une période transitoire de 7 ans et plus de 20 ans de négociations et de planification. L'**Assemblée des Premières Nations** (APN), qui représente la moitié de la population indienne du pays, a pour objectif, entre autres, d'être le garant des droits de ces peuples à un gouvernement autonome. Les Territoires du Nord-Ouest ont massivement (à 84,7 %) approuvé les nouvelles frontières orientales et ont ratifié les termes de l'accord aboutissant à leur division.

D'autre part, le **mouvement souverainiste** québécois, né dans les années 1960, soulève encore aujourd'hui un brûlant débat entre les tenants du fédéralisme et leurs opposants de conviction indépendantiste. Face aux revendications de la province francophone, le gouvernement fédéral canadien prit toute une série de mesures parmi lesquelles, en 1969, la reconnaissance du français et de l'anglais comme langues officielles du Canada, et l'adoption d'une politique de promotion du bilinguisme au niveau fédéral. Les souverainistes perdirent les élections provinciales de 1973, puis gagnèrent les suivantes en 1976. Le « non » obtint cependant la majorité des votes lors du référendum de 1980 sur la souveraineté-association du Québec. En 1982, l'**acte de l'Amérique du Nord britannique** (loi constitutionnelle de 1867) était « rapatrié » de Grande-Bretagne. Le Québec refusa de signer la nouvelle Constitution canadienne, principalement parce qu'elle ne prévoyait pas le transfert des pouvoirs législatifs du gouvernement fédéral à celui de la province. En 1987, les **accords du lac Meech** (*voir p. 308*), qui proposaient pour le Québec un statut spécial de « société distincte », n'aboutirent pas, et l'échec qui s'ensuivit remit en cause l'adhésion du Québec à la Confédération canadienne. Aucune solution n'est encore venue résoudre cette délicate question, et malgré l'échec, en 1995, du second référendum sur la souveraineté de la province (50,6 % de « non »), le débat ne fait que s'intensifier.

Le nouveau millénaire

Certaines questions perdurent d'un millénaire à l'autre : le **traité des Nisga'a**, signé en avril 2000, est parfois tenu pour un mauvais exemple de gouvernement autonome à ne pas suivre par d'autres nations indigènes. Le traité accorde aux Nisga'a de Colombie-Britannique un pouvoir législatif portant sur leurs terres, leurs biens, leur langue et leur culture, mais il concerne également les flux monétaires et le contrôle des ressources naturelles. Les critiques craignent que la gestion d'autres traités selon les mêmes termes ne soit trop coûteuse et que les revendications d'autres nations indiennes ne s'avèrent difficiles à satisfaire.

Le paysage politique canadien a été bouleversé en juin 2000 avec l'émergence du parti de l'Alliance canadienne. Ce nouveau protagoniste pourrait concurrencer l'un des deux partis fondateurs du pays, celui des Conservateurs progressistes, dans son domaine réservé. L'Alliance réclame, entre autres, l'allègement de la bureaucratie et de la fiscalité.

Les politiciens souverainistes québécois se sont juré, une fois encore, d'obtenir l'indépendance de leur province. Le problème ne semble pas près d'être résolu.

Le Canada est, de longue date, un pays multiculturel, d'une grande diversité ethnique et raciale. Reste à déterminer si les bouleversements socio-politiques et l'introspection constante qui règnent actuellement vont déchirer ou restaurer l'unité nationale.

L'économie

Pour plus de renseignements sur les activités économiques d'une province ou d'un territoire en particulier, se référer aux introductions régionales de ce guide ou consulter le site Internet de Statistiques Canada (Ottawa, Ontario) : www.statcan.ca D'autres informations sont disponibles sur le site du gouvernement canadien : http://canada.gc.ca (doté de liens vers toutes les communications officielles).

La force du Canada réside dans l'abondance et la variété de ses ressources naturelles (forêts, minerais, hydroélectricité) qui forment la base de son économie. La richesse de son sol et de son sous-sol en a fait une grande nation commerçante, comme en atteste sa participation annuelle au sommet du G8 groupant les huit grands pays industrialisés du monde. 70 % de sa population vivant à moins de 300 km de la frontière nord-américaine, il n'est guère surprenant que les États-Unis soient le premier partenaire commercial du pays. Signe fort encourageant pour l'économie canadienne : depuis l'entrée en vigueur en 1994 de l'**Accord de libre-échange nord-américain** (Alena) entre le Canada, les États-Unis et le Mexique, le taux d'exportation de produits bruts, semi-finis ou finis n'a cessé d'augmenter ; le taux de croissance du PIB atteignait 3,2 % dès 1998. Le pays n'a pu cependant se maintenir à ce taux au cours des trois premières années du 21e s. À la fin du 20e s., le gouvernement était parvenu à réduire la dette publique, mais une monnaie faible continue à saper l'économie du pays en ce nouveau millénaire.

Exploitation forestière – L'immense forêt canadienne couvre plus de la moitié du pays et fournit, selon les essences, bois de construction et planches (produits surtout en Colombie-Britannique) ou bois de pulpe (principalement au Québec). Elle fait du Canada le premier producteur mondial de **papier journal** et l'un des principaux exportateurs de produits forestiers.

Ressources traditionnelles – Malgré la rudesse du climat et la nature particulière du terrain, l'**agriculture** occupe une place importante dans l'économie canadienne, représentant environ 8,5 % du PIB. Les vastes terres à blé du Canada central – où depuis déjà plusieurs années se cultive aussi à grande échelle le colza canola – font du pays un grand exportateur de grains. Les provinces des Prairies se prêtent également à l'élevage du bétail, et accordent une part de plus en plus importante à la culture des pommes de terre, qui demeure néanmoins la spécialité des provinces Maritimes. La production laitière, l'aviculture et l'élevage porcin se concentrent largement au Québec, en Ontario et en Colombie-Britannique. Dans les régions les plus au Sud, Ontario et Colombie-Britannique surtout, la relative douceur du climat permet même la culture fruitière (pommes, raisin et autres). Autres activités traditionnelles : la **trappe** (le Canada est l'un des tout premiers fournisseurs mondiaux de fourrures) et la **pêche**.

Champs de canola, province du Saskatchewan

Malgré la raréfaction du poisson au large des côtes orientales et occidentales, celle-ci place le pays parmi les principaux exportateurs mondiaux de poissons, dont la grande majorité provient de l'Atlantique, bien qu'en valeur marchande, le Pacifique fournisse tout de même 15 % du total grâce au précieux saumon.

Industries minières – Bien qu'elle décline dans certaines régions, la richesse du sous-sol canadien suscite une importante activité minière dans tout le pays. L'exploitation des sites d'extraction joue un rôle fondamental dans l'économie de régions telles que les Territoires du Nord-Ouest et le Yukon. Le Canada se place parmi les premiers producteurs mondiaux de **nickel** (Ontario, Manitoba) et de **zinc** (Nouveau-Brunswick, Territoires du Nord-Ouest, Québec, Ontario), de **molybdène** (Colombie-Britannique), d'**uranium** (Saskatchewan, Ontario), d'**or** (Ontario, Québec, Territoires du Nord-Ouest) et de **plomb** (Nouveau-Brunswick, Colombie-Britannique, Territoires du Nord-Ouest). Il produit aussi de grandes quantités de **potasse** (Saskatchewan, Nouveau-Brunswick), d'**amiante** (Québec) et de **fer** (Québec, Terre-Neuve, Ontario).

L'Alberta est le plus gros producteur canadien de **combustibles fossiles**, avec d'énormes réserves de pétrole, de schistes bitumineux et de gaz naturel, ainsi que d'importantes ressources en charbon, matière première dont la Colombie-Britannique possède également de riches gisements. Des efforts en cours devraient éventuellement permettre d'exploiter, dans un avenir proche, les importantes réserves de pétrole localisées au large des côtes de Terre-Neuve *(voir p. 411)*.

Transports – L'immensité des distances et les rigueurs du climat ont donné aux transports un rôle essentiel dans la mise en valeur du pays. La partie la plus densément peuplée, le long de la frontière des États-Unis, est dotée d'un solide réseau de voies ferrées et de routes depuis l'achèvement de la Transcanadienne en 1962, et bénéficie à l'Est de la **voie maritime du Saint-Laurent**. Dans le vaste Nord au contraire, ce réseau est réduit à de longues antennes ferroviaires ou routières (route de l'Alaska, route de Dempster) qui laissent de grands vides. Chaque hiver, des routes provisoires sont ouvertes sur la neige et les glaces épaisses des tourbières et des lacs du Bouclier canadien ; d'énormes camions vont alors ravitailler les communautés isolées. En été, dans les régions les plus reculées, le ravitaillement et les transports ne peuvent guère se faire qu'en avion.

Valorisation du potentiel hydroélectrique – Partout au Canada, sauf sur l'île du Prince-Édouard, l'abondance et la puissance des cours d'eau offrent d'exceptionnelles possibilités d'aménagement hydroélectrique. D'énormes barrages et centrales se trouvent par exemple en Colombie-Britannique sur la rivière de la Paix et sur la Columbia, au Québec sur les rivières Manicouagan et aux Outardes, au Québec et en Ontario sur le Saint-Laurent, en Saskatchewan sur la Saskatchewan Sud, au Manitoba sur la rivière Nelson, et au Labrador sur la rivière Churchill. Le complexe de La Grande, au Québec, vise à développer une partie des ressources naturelles de la baie James, et représente l'un des plus grands travaux d'ingénierie de ce genre du monde. Les barrages produisent près des deux tiers de l'électricité du Canada. Ils contribuent fortement à l'exploitation des autres richesses naturelles (production de pâte à papier, transformation des métaux) et servent de base énergétique à toutes sortes d'industries, comme celle de l'aluminium (Colombie-Britannique et Québec). Acheminée par lignes à haute tension, l'électricité est consommée dans les grandes villes du Sud, tandis que le surplus est exporté aux États-Unis.

Barrage Daniel-Johnson (Manic-5)

Les industries traditionnelles et nouvelles – Dans un pays axé depuis toujours sur la transformation des ressources naturelles (produits forestiers, minerais, agroalimentaire, etc.), les progrès du secteur secondaire se font de plus en plus visibles. La pétrochimie contribue sensiblement à l'économie de l'Alberta, du Manitoba, de l'Ontario et du Québec. Dans ces deux dernières provinces, l'industrie automobile (véhicules à moteur et pièces détachées), l'électronique et le matériel électrique jouent un rôle primordial. Les régions de Vancouver et Toronto sont plutôt dédiées aux télécommunications, à l'industrie pharmaceutique, à la biotechnologie et à l'industrie cinématographique. Dans les provinces de l'Atlantique, l'éco-industrie, les technologies de l'information et le secteur médical viennent compléter des activités traditionnelles comme la transformation des produits de la pêche.

Le produit intérieur brut

Le PIB (produit intérieur brut) donne la mesure, généralement annuelle, de la valeur monétaire des biens et services produits. Dépendant étroitement de variables telles que la productivité et le taux de chômage d'un pays, il est non seulement l'indicateur le plus communément utilisé, mais il est aussi considéré comme le plus fiable. Obtenu en soustrayant les importations des dépenses totales du pays, il permet une estimation fine de la valeur des biens et des services produits sur le territoire national.

Source : Statistiques du Canada

Informatique et télécommunications – Les Canadiens possèdent le plus grand nombre d'ordinateurs par personne avec 69 % des foyers équipés en 2000. Le pays a été longtemps considéré comme l'un des mieux pourvus au monde grâce à son vaste réseau de **télécommunications** bon marché, qui contribue sans nul doute à son cinquième rang mondial pour l'utilisation d'Internet. Le service des communications téléphoniques longue distance a été ouvert à la concurrence en 1992. De nouveaux débouchés professionnels devraient se multiplier grâce à l'ouverture du marché des communications locales effectuée en 1998, les revendeurs entrant sur le marché avec de nouveaux services malgré le déclin mondial du secteur des télécommunications en 2001, qui a engendré fusions et licenciements au Canada. L'**ingénierie informatique** canadienne semble un secteur de poids, avec des exportations se montant à 4 milliards de dollars en 2000, mais l'industrie de la fibre optique et des commutateurs n'est pas en reste, en particulier dans la région d'Ottawa.

Le pays et les hommes

Le pays

Le régime politique – Le Canada est un **État fédéral**, composé de **10 provinces** et de **3 territoires**. Chacun de ces derniers (le Yukon, les Territoires du Nord-Ouest et le tout nouveau Nunavut créé en 1999) est gouverné par son assemblée législative élue. Le Nunavut est, de plus, doté d'un certain nombre d'organes de gestion des ressources composés d'Inuit et de représentants des gouvernements fédéraux et territoriaux, dont le rôle décisionnaire est déterminant. **Ottawa**, capitale du pays, est le siège du gouvernement fédéral, dont la compétence s'étend aux affaires étrangères, à la défense, au commerce, aux transports, à la monnaie, au système bancaire et au droit pénal. Nation membre du Commonwealth, le Canada reconnaît symboliquement comme chef de l'État le **monarque de Grande-Bretagne**, représenté à Ottawa par un **gouverneur général**. Ce dernier, aujourd'hui choisi par les représentants élus du peuple canadien, ne remplit guère qu'un rôle protocolaire. Le pouvoir véritable repose entre les mains du **Premier ministre** (mandat maximum de cinq ans), chef du parti majoritaire au **Parlement**, et des membres de son cabinet, généralement choisis au sein de la majorité. Le Parlement canadien se compose d'une **Chambre des communes**, dont les membres sont élus selon le système majoritaire uninominal à un tour, et d'un **Sénat**, constitué de représentants nommés par le Premier ministre.

Les relations internationales – Sa participation active aux deux guerres mondiales, son entrée dans l'Organisation des Nations unies (ONU) dès 1945, son adhésion en 1949 à l'Organisation du traité de l'Atlantique Nord (Otan), sa contribution à de nombreuses opérations de maintien de la paix et son rôle de médiateur dans plusieurs crises majeures ont permis à l'État canadien de s'affirmer aux yeux de la communauté internationale. Personnel et services diplomatiques représentent aujourd'hui le Canada auprès de plus de 150 nations étrangères. Le pays a conservé des liens étroits avec la Grande-Bretagne, mais les États-Unis – son principal partenaire économique et financier – occupent une place prépondérante dans sa politique extérieure.

Les hommes

Population – *Certains chiffres du dernier recensement ne sont pas encore communiqués à l'heure où nous imprimons. Pour toute mise à jour, consulter le site www.statcan.ca. où les statistiques sont disponibles.* Pays immense, le Canada est relativement peu peuplé : un peu plus de 30 millions d'habitants seulement en 2001, alors que les États-Unis en comptent par exemple 284 millions, la France plus de 60 millions, et la Belgique environ 10 millions. Principalement concentrée le long de la frontière Sud du pays, sur une bande d'environ 160 km de large, la population canadienne se répartit sommairement de la façon suivante : Territoires du Nord-Ouest et Nunavut : 0,2 % ; provinces de l'Atlantique : 8 % ; Colombie-Britannique, Rocheuses et Yukon : 13 % ; provinces des Prairies : 17 % ; Québec : 24 % ; Ontario : 38 %. Si l'axe laurentien de Windsor à Québec regroupe à lui seul près des deux tiers de la population totale, le pays connaît tout de même de nombreux particularismes régionaux.

Langues et cultures – Environ 37 % des Canadiens sont d'origine britannique et 32 % d'origine française, principalement concentrés au Québec, mais également groupés en petites communautés à travers le territoire. Cette dualité culturelle et linguistique est mise en évidence par la reconnaissance de l'anglais et du français comme langues officielles du pays. Aux représentants des deux **nations fondatrices** du Canada moderne et aux autochtones (Amérindiens et Inuit) se sont joints, depuis la fin du 19e s., les « Néo-Canadiens », immigrants de souche allemande, italienne et ukrainienne, mais aussi néerlandaise, scandinave, polonaise, et plus récemment, grecque et asiatique. Au lieu de se fondre, dès la première ou la seconde génération – comme ce fut le cas aux États-Unis – dans une société canadienne unique, ces différents groupes ethniques forment une fascinante mosaïque culturelle.

Gastronomie – Riche d'un héritage ethnique des plus variés et d'un pays aux vastes ressources naturelles, la cuisine canadienne compte à son actif d'excellentes spécialités gastronomiques. L'alimentation de base des Indiens des plaines, comme le **ragoût de bison** accompagné de *bannock* (sorte de galette), est toujours prisée des Amérindiens d'aujourd'hui. Les hamburgers de bison ont également du succès. La Colombie-Britannique est renommée pour ses **poissons** et **fruits de mer** (saumon et crabe araignée) et sa **production fruitière** (raisin, pêches et cerises). Les provinces de l'Atlantique sont également réputées pour leurs fruits de mer (huîtres, homards, pétoncles et moules) ; jeunes pousses de fougère récoltées en mai et en juin, les **têtes-de-violon** sont volontiers servies au Nouveau-Brunswick, ainsi que la **rhodyménie**, algue comestible au goût fort et salé. Dans les provinces des Prairies, la **viande de bœuf** est excellente, de même que les poissons d'eau douce, le riz sauvage et les baies de toutes sortes, sans parler des savoureux plats introduits par les colons, tel le *bortsch* (potage russe à base de crème aigre, de betterave et de chou). La péninsule ontarienne est connue pour ses **cultures maraîchères** et ses vergers, ainsi que pour sa production vinicole. La **viande d'orignal** et l'**omble de l'Arctique** (poisson très délicat semblable à la truite ou au saumon) sont des

Joueur de cornemuse écossais

Chasseur inuit

Acadienne

Ukrainienne

Amérindien

R. Corbel/MICHELIN

Omble de l'Arctique, bannock et bière du Yukon

© Evelyn M. Angeletti

spécialités des Territoires du Nord-Ouest. Au Québec, les plats traditionnels rappellent souvent la cuisine régionale française, adaptée aux besoins du pays : citons le **ragoût de boulettes**, la **tourtière** (hachis de viandes en croûte), la **soupe à la gourgane** (fève) et le **cipaille** (pâté de gibier mêlé de couches de pâte et de pommes de terre) ; beaucoup d'autres mets typiques (tarte à la farlouche, œufs frits au sirop, tarte au sucre) sont à base de **sirop d'érable**.

Le Canada produit par ailleurs une grande variété de **bières** de très bonne qualité. Si la bière y est d'ailleurs la boisson alcoolisée la plus généralement consommée, il conviendra tout de même de mentionner quelques **vins** du pays (vallée de l'Okanagan, péninsule ontarienne, cantons de l'Est) et des boissons bien particulières comme le *screech*, rhum brun très fort, prisé à Terre-Neuve.

Les arts

Arts amérindiens

Les populations indigènes ont, au cours des siècles, perfectionné divers modes d'expression artistique, témoignages de leur mode de vie et de leurs croyances. Néanmoins, leur nomadisme ne leur a pas permis de nous laisser une abondance d'artefacts. On peut cependant dater à 5 000 ans les pétroglyphes (roches gravées) retrouvés sur de nombreux sites de Colombie-Britannique et de l'Ontario, et à 500 avant J.-C. les mâts et rochers totémiques découverts le long de la côte Ouest. Des fouilles effectuées au Québec et dans l'Ontario ont mis au jour de la poterie iroquoise décorée de représentations animales et de motifs géométriques, dont les spécimens se succèdent du 10e au 17e s.

Art traditionnel – La majorité des peuples de langue algonquienne (Abenaki, Algonquins, Cree, Micmacs, Montagnais et Naskapi) ont des ancêtres nomades, excellents artisans, qui surent exploiter coquillages, os, pierres et graines pour confectionner des perles et enrichir leur technique de la broderie par l'utilisation de piquants de porc-épic ou de poil de caribou. Ils décoraient souvent de motifs géométriques leurs vêtements et mocassins en peau de caribou ou leurs canots en bouleau. Les **wampum** (ceintures savamment décorées de perles de nacre) nous racontent, au travers de leurs motifs complexes, certains événements marquants de l'histoire amérindienne. On procédait à l'échange des *wampum* lors des cérémonies de paix et de la signature de traités. Plus restreint, quasi sédentaire, le groupe des peuples agriculteurs de langue iroquoise comprenait les Hurons, les Mohawks, les Onondagas et les Senecas. Leurs villages semi-permanents (déplacés tous les 15 ou 20 ans) étaient composés d'habitations (les **maisons longues**) regroupant plusieurs familles. De ce mode de vie émergea un répertoire artistique libéré des contraintes du nomadisme. Suivant l'influence européenne, ils incorporèrent peu à peu des motifs floraux à leurs délicates broderies en crin d'élan. Les masques de bois (les **faux-visages**) associaient les représentations mythologiques aux pratiques des guérisseurs. Les peuples des Plaines (Assiboines, Pieds-Noirs et Gros-Ventres) ornaient leurs tipis et leurs récipients de peau ou de cuir de bison de motifs peints, parmi lesquels le cheval, rapidement élevé au rang d'icône.

Boîte de bois courbé, musée royal
de Colombie-Britannique (Victoria)

L'art des cultures de la côte Nord-Ouest se distingue de celui des autres sociétés nord-américaines. Ces tribus mirent à profit leurs longues périodes d'inactivité pour créer un mode d'expression sans égal sur la moitié Nord du continent. Forme d'art qui leur est exclusive, le **mât totémique**, immense tronc d'arbre ciselé de représentations animales, humaines et mythologiques, était dressé à l'entrée de la maison des chefs. Sa fonction différait, parfois fonctionnelle (comme poutre angulaire d'une maison), parfois décorative (sa base creusée utilisée comme porte d'entrée) ou funéraire (comme stèle commémorative ou partie intégrante d'une tombe). L'introduction des outils métalliques par les Européens permit à cet art de connaître son apogée entre 1850 et 1900. Les sculpteurs **Haïda** travaillaient souvent l'**argilite**, une roche noire et brillante ressemblant à l'ardoise, pour créer des figurines, des mâts totémiques et des pipes.

Art contemporain – Les dernières années ont vu se transformer l'art amérindien contemporain. Les artistes ont, traditionnellement, exploité les matériaux (peaux et écorces) fournis par leur écosystème ; leurs œuvres, toujours inspirées par la tradition sociale et culturelle, prennent aujourd'hui un tour expérimental avec l'utilisation de toile, d'acrylique, de charbon et autres matériaux nouveaux, d'où l'émergence de techniques innovatrices. Il en résulte une vision neuve et contemporaine (exploitant toute forme de peinture, gravure, sculpture et joaillerie) de la mémoire, toujours vivace, du passé.

L'art contemporain se rattache à trois courants majeurs : l'école des forêts, l'école de la côte occidentale et l'école inuit. Les artistes des régions forestières de l'Est suivent l'influence iconographique de l'Indien ojibwa **Norval Morrisseau**, s'inspirant en particulier de ses créatures mythologiques produites dans les années 1970, que l'Odawa **Daphne Odjig** et le Cree **Carl Ray** (1943-1978) interprètent avec une manière très personnelle. Autre contemporain de Morrisseau, **Alex Janvier**, premier moderniste amérindien, a su forger son propre style. Benjamin Chee Chee (1944-1977), souvent imité, a produit d'élégantes mais rares œuvres animalières, tandis que l'artiste Cree **Allen Sapp** a su capturer les traditions de son peuple et que **Clifford Maracle** utilise couleurs vives et lignes fluides pour dépeindre sa culture ancestrale. L'art haïda (côte occidentale) a connu une renaissance à la fin des années 1950 sous la houlette du célèbre sculpteur **Bill Reid** (1920-1998), qui bénéficia ainsi d'une reconnaissance mondiale. *Raven and the First Men*, grande pièce de cèdre jaune, est considérée comme son chef-d'œuvre *(voir p. 143)*. Autres sculpteurs, les frères **Robert et Reg Davidson** ont continué à faire revivre le style Haida.

L'art inuit

Origines – Les artefacts connus les plus anciens sont de petites pointes de flèche en pierre attribuées aux cultures du premier millénaire avant notre ère, à qui l'on attribue également les pétroglyphes découverts au Nunavik sur les collines de Kangiqsujuaq. Le peuple de Thulé, généralement considéré comme l'ancêtre du peuple inuit moderne, sculptait de petits objets (peignes et figurines) associés à ses croyances religieuses animistes.

Les Inuit troquèrent dès le 19ᵉ s. des miniatures en pierre, en ivoire de morse ou en os de baleine contre des produits de base (sel, armes à feu) introduits par les Européens. Leurs contacts répétés avec d'autres cultures entraînèrent le déclin de leur mode de vie traditionnel, faisant progressivement perdre leur signification magique aux divers objets d'art et d'artisanat, mais prodiguant aux Inuit une nouvelle source de revenus.

L'art contemporain inuit – Des images de **pierres gravées** viennent à l'esprit lorsque l'on évoque l'art inuit, qui utilise la stéatite, roche tendre abondante dans les régions septentrionales et apparaissant sous toutes les nuances du gris-vert au marron. Il exploite également d'autres roches plus dures, comme la serpentine, l'argilite, la dolomite et le quartz. L'artiste tisse des tapis, sculpte et grave les bois de caribou ou la pierre, trouvant son inspiration dans la faune, la flore et le mode de vie des régions arctiques.

Les villages de Puvirnituk, Inukjuak, Salluit et Ivujivik dans le Nunavik québécois, ainsi que **Cape Dorset**, Iqaluit et Pangnirtung dans le territoire du Nunavut sont les centres de l'expression sculpturale inuit moderne, profondément influencée par les trois artistes du Nunavik, **Joe Talirunili** (1893-1976), **Davidialuk** (1910-1976) et **Charlie Sivuarapik** (1911-1968). Joanassie et Peter Ittukalak de Puvirnituk, Eli Elijassiapik, Lukassie Echaluk et Abraham Pov d'Inukjuak sont les tenants de la génération actuelle. Le territoire du Nunavut est particulièrement bien représenté par **Osoetuk Ipeelie**, Kiawak Ashoona et **Pauta Saila**, tous trois de Cape Dorset. **John Tiktak**, originaire de l'anse de Rankin, se distingue par ses œuvres très personnelles.

Les graveurs inuit choisissent pour thème les animaux, les légendes et les traditions du Nord qu'ils illustrent dans un style bidimensionnel particulièrement décoratif. **Kenojuak Ashevak** et Lucy Qinnuayuak, de Cape Dorset, sont réputés pour

Gravure sur pierre par Kavavaow Mannomee

© Wolfgang Kaehler

leurs oiseaux. Les graveurs du lac Baker, parmi lesquels William Noah et Simon Toookoome, conservent un style extrêmement individualiste.

Peinture et sculpture

17e et 18e s. — Les premiers colons français et britanniques introduisent au début du 17e s. une esthétique et une forme européennes dans le paysage artistique. La vie quotidienne de la Nouvelle-France étant dominée par la religion, l'art s'attache alors principalement à la décoration des édifices religieux. D'abord importés de France, tableaux et sculptures sortent bientôt des ateliers américains. Les arts décoratifs utilisés dans la liturgie abondent, les commandes des sculpteurs en vue (comme les frères **Noël** et **Pierre-Noël Levasseur**) touchent aussi bien la décoration de navires de la Marine française que celle d'églises. Au Québec, leurs ravissantes œuvres de sculpture sur bois et d'ornementation d'églises font accéder trois générations successives de **Baillairgé** à la notoriété. L'art profane prend le pas sur l'art religieux après la victoire des Britanniques aux plaines d'Abraham (1759). Les artistes, d'abord formés en Europe, s'intéressent alors à des sujets populaires : **paysages** et, surtout, **portraits** commandés par une toute nouvelle bourgeoisie prospère. **Antoine Plamondon** (1802-1895), qui s'illustre particulièrement dans cette discipline, produit également des œuvres d'inspiration religieuse (*Portrait de sœur Saint-Alphonse*, 1841).

L'art est utilisé pour topographier le territoire : des officiers de l'armée britannique stationnés au Québec ont pour mission d'effectuer des relevés de la colonie. De minutieuses aquarelles inspirées par les idéaux romantiques anglais de la fin du 18e s. sont ainsi issues du talent de l'officier Thomas Davies (1737-1812), ainsi que d'autres, aussi remarquables, peintes par George Heriot (1766-1844) et James Cockburn (1778-1847).

19e s. — Le début du siècle voit fleurir l'art profane, illustré par les œuvres néoclassiques de **William Berczy** (1744-1813) : *La Famille Woolsey*, ou le portrait qu'il exécute du chef mohawk Joseph Brant. La classe moyenne croissante commande indifféremment des portraits de sa famille, de ses animaux de compagnie ou de ses chevaux, et des instantanés de ses distractions et entreprises commerciales : la famille Gilmour commande à Robert Clow Todd (1809-1866) une description de son chantier naval (*Wolfe's Cove, Québec*, 1840).

La peinture canadienne est profondément influencée par l'arrivée, durant tout le siècle, d'artistes européens. **Paul Kane** (1810-1871), né en Irlande et immigré tout enfant, parcourt le Canada en tous sens ; ses portraits d'Indiens revêtent aujourd'hui un intérêt historique considérable (*Mort d'Omoxesisixany*, vers 1856). Renommé pour ses paysages et ses scènes de genre, le peintre d'origine hollandaise **Cornelius Kreighoff** (1815-1872) a su capturer la vie rurale colorée des environs de Montréal comme aucun ne l'avait encore fait (*The Habitant Farm*, 1856).

Montréal est devenue, vers le milieu du 19e s., une ville sophistiquée et prospère qui se tourne vers les arts. L'**Association artistique de Montréal** fut fondée en 1860 ; ancêtre du musée des Beaux-Arts de Montréal, elle est la plus ancienne galerie d'art du Québec. Le gouverneur général, le marquis de Lorne, crée en 1880 l'**Académie royale canadienne des beaux-arts** à Ottawa, qui devient ensuite la Galerie nationale. La plupart des artistes de l'époque reçoivent leur enseignement à Paris, capitale mondiale des arts, bien que le sujet de leurs tableaux et sculptures soit typiquement canadien.

Début du 20ᵉ s. – L'influence de l'école de Paris est évidente en ce début de 20ᵉ s, ainsi qu'en témoignent les œuvres du Québécois Wyatt Eaton (1849-1896) et de l'un des premiers Canadiens à étudier à l'étranger, **William Brymner** (1855-1925), qui enseigne à Montréal : toutes les techniques françaises figurent dans sa *Guirlande de fleurs* (1884). L'impressionnisme subsiste dans les œuvres de peintres plus tardifs, comme **Marc Aurèle de Foy Suzor-Côté** (1869-1937), **Clarence Gagnon** (1881-1942) et **James Wilson Morrice** (1865-1924). **Robert Harris** (1849-1919) quitte l'île du Prince-Édouard pour Paris, mais exécutera la commande probablement la plus prestigieuse du Canada, *Les Pères de la Confédération* (1883), pour devenir ensuite un de ses plus éminents portraitistes. Originaire de l'Ontario, **Paul Peel** (1860-1892) étudie et demeure à l'étranger, bien qu'il expose au Canada. Son œuvre controversée *(A Venetian Bather* et *After the Bath)* le fait accéder à une reconnaissance internationale.

Big Raven (1931) par Emily Carr

Sculpture – Le début du 20ᵉ s. voit s'élever une pléthore de monuments commémoratifs. Napoléon Bourassa (1827-1916), architecte et sculpteur, et **Louis-Philippe Hébert** (1850-1917) figurent parmi les plus célèbres artistes québécois. La fluidité du style Art nouveau transparaît dans les œuvres d'**Alfred Laliberté** (1878-1953), bien que le sculpteur conserve une approche académique. Suzor-Côté, ami proche de Laliberté, utilise des techniques identiques pour sa série de bronzes. L'Art déco influence de nombreux artistes canadiens dans les années 1930, parmi lesquels **Elizabeth Wyn Wood** *(Passing Rain)* de Toronto.

Les nouveaux matériaux de l'après-guerre, autorisant toutes les expérimentations techniques et formelles, régénèrent la sculpture canadienne. Le cubisme et le constructivisme n'apparaissent qu'au début des années 1950, où ils émergent dans les œuvres d'**Anne Kahane** et Louis Archambault. Le structurisme, né dans les années 1950, se répand surtout dans les provinces des Prairies à la suite d'Eli Bornstein. Dans les années 1960, la notoriété des peintres **Michael Snow** et Les Levine est davantage due à leurs œuvres sculptées : formes en aluminium pour Michael Snow et modules en plastique pour Les Levine. Yves Trudeau et Gerald Gladstone se tournent quant à eux vers le soudage de l'acier. Otto Rogers, à Saskatoon, et John Nugent, à Regina, travaillent également l'acier. Les bronzes caractéristiques de **Sorel Etrog** laissent deviner une influence cubiste ; les grandes structures métalliques et colorées de **Robert Murray** le font connaître à travers le monde entier. Ed Aelenak et Walter Redinger exploitent la fibre de verre, tandis que Michael Hayden conçoit ses œuvres cinétiques à partir de tubes de néon. Méthodes et matériaux nouveaux permettent de relancer l'évolution de la sculpture canadienne.

L'émergence du nationalisme – La Première Guerre mondiale affecte profondément les artistes qui, refusant dorénavant de se référer à l'Europe, envisagent le Canada comme une jeune nation fière de son particularisme. Le publiciste **Tom Thomson** (1877-

1917), véritable homme des bois, parcourt l'Ontario qu'il peint à grands traits intrépides. Ses couleurs vives et sa facture intense insufflent à son œuvre une vitalité qui jaillit de la toile, ainsi que le démontrent deux de ses tableaux les plus célèbres : *The West Wind* et *The Jack Pine*. En 1920, le **groupe des Sept**, première école véritablement canadienne, naît à Toronto grâce à d'autres artistes de la même sensibilité, parmi lesquels se retrouvent Lawren Harris (1885-1970), J. E. H. MacDonald (1873-1932) et A. Y. Jackson (1892-1974). L'expressionnisme austère des paysages de Harris (en particulier *North Shore, Lake Superior*, 1926) inspire les nouveaux modernistes canadiens. Carl Schaefer, influencé par le groupe des Sept, imprègne ses paysages des années 1930 d'un symbolisme psychologique et sociologique (*Ontario Farmhouse*, 1934). Autre peintre profondément attaché aux paysages canadiens, ceux de la Colombie-Britannique surtout, **Emily Carr** (1871-1945), première Canadienne à accéder à la notoriété, est née à Victoria ; son respect pour la nature ainsi que pour l'art et la culture des Indiens transparaît dans son style inimité. **David Milne** (1882-1953), originaire de l'Ontario, privilégie la forme et la facture par rapport au sujet, d'inspiration très diverse (*Water Lilies and the Sunday Paper*, 1929).

À Montréal, dans les années 1930, un mouvement de réaction s'amorce contre le « nationalisme des grands espaces » du groupe des Sept. Un critique, **John Lyman** (1886-1967), tente de réorienter l'art canadien vers les préceptes de la pensée de l'école de Paris. Il crée la Société d'art contemporain en 1939 et le mouvement des modernistes, qui compte **Marc-Aurèle Fortin** (1888-1970), Goodridge Roberts (1904-1974) et Paul-Émile Borduas (1905-1960).

L'après-guerre — La Seconde Guerre mondiale marque un tournant dans l'évolution de l'art canadien. À son retour de France en 1940, **Alfred Pellan** (1906-1988) expose au Québec ses toiles influencées par le cubisme. **Paul-Émile Borduas**, accompagné entre autres par **Jean-Paul Riopelle** (1923-2002), fonde le mouvement **automatiste**, dont les œuvres reflètent l'ambition surréaliste : transcrire sur la toile les impulsions créatives de la psyché. En réponse à la spontanéité des automatistes, **Guido Molinari** et **Claude Tousignant** fondent en 1955 le mouvement **plasticiste** afin de libérer la peinture du surréalisme par l'utilisation de formes géométriques abstraites, formes et couleurs devenant des éléments-clés de l'œuvre.

Après la Seconde Guerre mondiale, aucune école de pensée ne domine néanmoins l'effervescence créative de l'art contemporain, bien que plusieurs artistes de Montréal, comme les peintres **Yves Gaucher** et Ulysse Comtois ou les sculpteurs Armand Vaillancourt, Charles Daudelin et Robert Roussil, expriment une vision personnelle. Les artistes s'efforcent de développer leur propre style, comme le démontrent l'expression figurative d'**Alex Colville**, né en 1920 (*To Prince Edward Island*, 1965) ou les souvenirs des plaines ukrainiennes de William Kurulek (1927-1977).

L'époque contemporaine — Prenant ses distances avec la peinture traditionnelle, l'art canadien a suivi, ces dernières années, les courants internationaux majeurs ; il s'est davantage tourné vers des factures et des techniques plus diversifiées, dont « l'installation », langage artistique d'abord sculptural, et qui intègre dorénavant d'autres formes d'art comme la peinture et la photographie. On retrouve, parmi ses adeptes, **Betty Goodwin**, Barbara Steinman, Geneviève Cadieux, Jocelyne Alloucherie et Dominique Blain. **Rita McKeough** met en scène sa vision de la société moderne destructrice en construisant des répliques de maisons de Calgary avant de les détruire (*Defunct*, 1981). Les artistes canadiens exploitent l'apparition des nouvelles technologies (laser, ordinateur, hologramme) pour s'exprimer dans des genres et des contextes différents. En marge des mouvements contemporains, le public demeure fidèle au réalisme des toiles animalières de **Robert Bateman**.

Littérature

La littérature canadienne est le plus souvent imprégnée de l'essence même du pays. Les auteurs (explorateurs des 17e ou 18e s., immigrants du 19e s., écrivains des 20e ou 21e s.) se sont colletés avec l'âme canadienne, qu'ils aient écrit un journal de bord, un roman, un journal intime ou un poème.

Premières œuvres — À l'époque des explorations et de la colonisation, la littérature de la Nouvelle-France se limite à des comptes rendus de voyages (Cartier, Champlain), à des anecdotes, des descriptions (Sagard, Charlevoix), ainsi qu'aux célèbres **Relations**, missives des missionnaires jésuites retraçant leur vie quotidienne dans le Nouveau Monde. Philippe Aubert de Gaspé publie en 1837 le premier roman franco-canadien, *L'Influence d'un livre*, essentiellement fondé sur des légendes. Les premiers romans de fiction subissent l'influence des traditions rurales, comme le montre *Les Anciens Canadiens*, écrit en 1863 par **Philippe Aubert de Gaspé** père. Les romans historiques inspirés par l'*Histoire du Canada* de **François-Xavier Garneau** (publiée dans les années 1840), ainsi que les poèmes romantiques d'Octave Crémazie (1827-1879) et Louis-Honoré Fréchette (1839-1908) rencontrent un immense succès au milieu du 19e s. Les colons anglais racontent leur difficile installation au sein d'un environnement sauvage, telle **Susanna Moodie** dans *Roughing It in the Bush* en 1852.

Émergence de la littérature canadienne — Avec la création de la Confédération canadienne en 1867 vient la confiance : le Canada, devenu nation, ouvre enfin la voie à ses auteurs. Les « poètes de la Confédération » que sont **Duncan Campbell Scott**

(particulièrement attaché au Québec et à la culture indienne) et **Archibald Lampman** célèbrent ses paysages. **Charles G.D. Roberts** produit des œuvres anthropomorphiques à la Beatrix Potter, alors que son contemporain Ernest Thompson Seton envisage la vie sauvage d'un point de vue nettement plus scientifique. La littérature enfantine fleurit à la fin du 19e s. avec, entre autres, *Beautiful Joe* de Margaret Marshall Saunders puis, en 1908, le premier tome de la longue série *Anne of Green Gables* de **Lucy Maud Montgomery**. Le début du 20e s. connaît les poèmes humoristiques du « Kipling canadien », **Robert Service**, du Yukon.

Le monde littéraire canadien du début du 20e s. est dominé par les écrits nationalistes de **Lionel Groulx** (1878-1967), meneur de « l'Action française », ainsi que par la poésie d'Émile Nelligan (1879-1941). **Louis Hémon**, né en France, n'aura qu'une parution posthume (1916) de son roman *Maria Chapdelaine*, qui dépeint la vie rurale au Québec (œuvre aujourd'hui traduite en huit langues !). Le roman *Un homme et son péché*, de **Claude-Henri Grignon**, est écrit en 1933. Il est à nouveau question de survie (dans les Prairies cette fois) dans le roman *As for Me and My House* (1941) de Sinclair Ross ; quelques années plus tard, Gabrielle Roy choisit de situer *Where Nests the Water Hen* (1951) dans le Nord du Manitoba.

Interrogations de l'après-guerre – Les écrivains canadiens passent, après l'urbanisation et le traumatisme de la Seconde Guerre mondiale, par une période d'introspection et de mise en question de l'ordre établi. Le romancier Robert Charbonneau se détourne de ses contes ruraux pour les romans psychologiques. Le groupe McGill (qui compte, entre autres, F. R. Scott et A. J. M. Smith) travaille sur la poésie, parallèlement au groupe des Sept en peinture. Les auteurs féministes **(Madge Macbeth)** étudient l'effet social de l'urbanisation et de la réalité de l'après-guerre sur les femmes. D'autres s'intéressent au racisme, à l'immigration et aux bouleversements sociaux. On tient **Frederick Philip Grove**, qui décrit la domestication des Prairies par des immigrants suédois dans *Settlers of the Marsh*, pour l'instigateur du réalisme littéraire canadien. **Mazo De La Roche** écrit la série des *Jalna*, chronique de la vie d'une famille du Sud de l'Ontario dans les années 1927-1960. Plus à l'Ouest, à Victoria, les autobiographies d'**Emily Carr** ouvrent le monde à la susceptibilité et l'art indien de la côte occidentale.

À Montréal, les modernistes **Irving Layton**, Milton Acorn et Al Purdy révolutionnent la poésie canadienne dans les années 1950 ; leur truculence libérée des tabous du sujet et du langage influencera des générations de poètes, dont Gwendolyn MacEwen (*The Shadow-Maker*, 1969). Les poètes **Gaston Miron** (1928-1996), Gatien Lapointe et Fernand Ouellette revitalisent la littérature québécoise pendant les années 1960. De nouveaux romanciers émergent, et certains auteurs acquièrent une renommée particulière, comme **Anne Hébert** (*Kamouraska*, 1973) et Yves Thériault (*Agaguk*). Le romancier de Nouvelle-Écosse **Hugh MacLennan** (1907-1990), professeur à l'université McGill de Montréal, se consacre à la vie contemporaine et devient le premier auteur anglophone majeur à forger un caractère national. Son best-seller *Two Solitudes* (1945) traite du problème des relations du Québec avec le reste du pays. Le célèbre romancier québécois anglophone **Mordecai Richler** né en 1931 (*The Apprenticeship of Duddy Kravitz*) a obtenu de nombreux prix, dont le prestigieux prix du Gouverneur général. **Leonard Cohen**, auteur-compositeur interprète, écrit dans les années 1960 et 1970 des chansons sur la révolution sexuelle et la guerre du Viêtnam. L'époque se caractérise par un éventail stylistique très large ; extrêmement prolifique, elle produit des auteurs comme Louis Hamelin (*La Rage*) et Monique Larue (*Copies conformes*). Pierre Berton, dans sa chronique de la construction du chemin de fer transcontinental (*The National Dream : The Great Railway 1871-1881*), insuffle aux œuvres historiques un style entièrement nouveau et rencontre un succès commercial immédiat. Grâce à ses états des lieux de l'effet destructeur de l'humanité, **Farley Mowat** (*Never Cry Wolf, Sea of Slaughter*), auteur à succès, demeure le champion canadien de la protection de l'environnement.

Courants littéraires contemporains – Débutant à la fin des années 1960 et se prolongeant jusqu'en ce début de 21e s., les années fertiles de la scène littéraire canadienne ont produit une moisson de talents explorant la conscience et la mosaïque culturelle du pays : **Margaret Atwood** (*The Handmaid's Tale*), Margaret Laurence (*The Stone Angel, The Diviners*), Timothy Findley (*The Wars*), **Robertson Davies** (*The Deptford Trilogy*), Joy Kogawa (*Obasan*) et Rudy Wiebe (*The Temptations of Big Bear*) y figurent. Margaret Atwood est élevée, grâce à *Survival*, du rang d'auteur mondialement reconnu à celui de gourou, au point que ses interrogations s'assimilent à la mesure socioculturelle du pays. D'autres ont su également conquérir les honneurs internationaux, comme **Michael Ondaatje** (*The English Patient/Le Patient anglais*), Alice Munro (*Lives of Girls and Women*) et **Antonine Maillet**, du Nouveau-Brunswick.

Musique et danse

Musique – La vie musicale canadienne, quel que soit son style, bouillonne de créativité. Chaque région possède sa **musique traditionnelle**, des rythmes celtiques de l'île du Cap-Breton aux violons irlandais, écossais et français du Québec et de l'Est de l'Ontario, en passant par les chants de gorge inuit du Nunavut. Aujourd'hui, **Susan Aglukark** et le duo Tudjaat perpétuent les chants inuit. La renommée du Festival international de **jazz** de Montréal et celle de l'immense jazzman **Oscar Peterson** ont franchi les frontières. Mais le jazz canadien s'enrichit également des talents du trompettiste Maynard Ferguson, du be-bopper Moe Kaffman, de Claude Ranger et du classique James Galloway. Le spectacle du **Cirque du Soleil**, du Québec, enchante le public à travers le monde par un mélange détonant de musique traditionnelle, de numéros de cirque, de théâtre et de danse.

La tradition canadienne de **musique classique** s'instaure à l'époque coloniale, les journaux annonçant les concerts dès 1751. Québec possède sa salle de concert en 1764 et le public de Halifax est régalé de la musique de Haendel, Bach et Mozart. Dans les années 1840 s'organisent des tournées de musiciens, comme la cantatrice Jenny Lind. Des sociétés musicales locales et régionales, ancêtres de nos orchestres philharmoniques modernes, voient le jour à travers tout le pays. L'entre-deux-guerres connaît le premier musicien acquérant une stature nationale, le chef d'orchestre Sir **Ernest Macmillan** (1893-1973), unique musicien canadien anobli. Il a fondé l'un des premiers quatuors à cordes, et l'une de ses compositions, *Two Sketches for Strings*, est un classique au Canada. Le pianiste **Glenn Gould** (1932-1982), après avoir renoncé à se produire sur scène en 1964, se consacre exclusivement à l'enregistrement en studio avec, en particulier, sa célébrissime interprétation des *Variations Goldberg* de Bach. La guitariste Liona Boyd (née en 1950) s'illustre de son côté avec *Persona*, son disque New Âge de 1986.

Côté lyrique, de nombreuses voix se distinguent, parmi lesquelles figurent la contralto **Maureen Forrester** ou les barytons Louis et Gino Quilico, se produisant aussi bien sur la scène internationale qu'à Vancouver, Toronto et Montréal. En 1983, la première de *Ra*, de **R. Murray Schafer** (d'une durée de 11 heures), laisse le souvenir de la représentation la plus expérimentale que le pays ait connue. Il existe de nombreuses compagnies lyriques à travers le Canada : Canadian Opera Company à Toronto, l'Opéra du Québec, l'Opéra de Montréal, et d'autres à Vancouver, Calgary ou Edmonton. La compagnie Opera Lyra est installée dans la capitale, Ottawa.

La **musique populaire** canadienne compte de nombreux auteurs-compositeurs reconnus : Ian et Sylvia Tyson, **Anne Murray**, Stan Rogers (1949-1983) et **Gordon Lightfoot** (sa *Canadian Railroad Trilogy* est un standard), la chanteuse de folk-jazz **Joni Mitchell**, la chanteuse celtique Loreena McKennitt, ainsi que le « *chansonneur* » **Gilles Vigneault**, dont la chanson *Gens de mon pays* sera l'hymne du mouvement séparatiste dans les années 1960. À propos, les auteurs de l'hymne national, *Ô Canada*, sont deux Franco-Canadiens, l'auteur Adolphe-Basile Routhier (1839-1920) et le compositeur Calixa Lavallée (1842-1891).

La **musique rock** de Robert Charlebois traduit un point de vue plus critique sur la société, typique des années 1960, époque où la scène musicale canadienne acquiert une nouvelle dimension grâce aux spectacles à gros budget et à une industrie du disque très largement influencés par la culture américaine. La contre-culture californienne trouve un écho dans la musique de groupes tels que Harmonium et Beau Dommage.

Au début des années 1970, le morceau *American Woman* du groupe **Guess Who** devient l'hymne du mouvement contre la guerre du Viêtnam. Sylvain Lelièvre, dont la carrière musicale se développe au début des années 1970, est aujourd'hui considéré comme l'un des meilleurs auteurs-interprètes canadiens. Le groupe rock québécois Offenbach accède également à la célébrité pendant les années 1970 ; Ginette Reno est considérée comme l'une des chanteuses les plus adulées de la province. Le chanteur Robbie Robertson se sépare en 1987 de son groupe pour entamer une carrière en solo d'auteur-interprète. Les années 1990 voient la phénoménale ascension de la chanteuse **Céline Dion** sur la scène mondiale. Aujourd'hui, le rock canadien compte les groupes **Bare Naked Ladies**, Men Without Hats et Maritime's The Big Sea ; le monde de la chanson inclut Bryan Adams, **k.d. lang**, Colin James, la chanteuse country **Shania Twain** et l'interprète de jazz **Diana Krall**.

Céline Dion en concert

Danse – Les premiers explorateurs européens, comme Jean Cabot, mentionnent déjà les danses aborigènes. Puis, au début du 19e s., Edmond Curtis photographie les peuples autochtones de la côte occidentale ; son remarquable cliché d'Indiens dansant dans leurs canoës de guerre est inoubliable. Le **ballet** ne parvient au Canada qu'au début du 20e s., avec les tournées d'Anna Pavlova. Cette forme de danse ne s'implante que vers la fin des années 1920 et dans les années 1930. Les troupes de ballet se multiplient alors sous la direction des Américaines June Roper à Vancouver et Gwendolyn Osborne à Ottawa, qui forment de nombreux danseurs. La première troupe professionnelle canadienne sera le célèbre **Ballet royal de Winnipeg** fondé en 1949. En 1951, la Britannique Celia Franca crée à Toronto le Ballet national du Canada, les Grands Ballets canadiens de Montréal suivent en 1958 ; toutes ces troupes existent toujours. Les ballerines **Karen Kain** et Evelyn Hart ont su se faire aimer de leurs compatriotes, et les chorégraphes Brian Macdonald et James Kudelka ont acquis une belle renommée.

Ce sont les danseurs européens et américains qui, créant des écoles et des troupes, permettent à la **danse moderne** canadienne de voir le jour. La troupe du **Toronto Dance Theatre** (1968) est créée par Patricia Beatty, Peter Randazzo et David Earle, disciples de Martha Graham. Rachel Browne, ancien membre du Ballet de Winnipeg, fonde au début des années 1970 la troupe **Winnipeg's Contemporary Dancers** (WCD). Toujours dans les années 1970, Montréal se tourne davantage vers la danse, avec la création de la troupe expérimentale du Groupe de la Place royale. Karen Jamieson (installée à Vancouver) et le chorégraphe Conrad Alexandrowicz explorent de nouvelles formes d'expression. La danse moderne canadienne poursuit aujourd'hui son évolution en se démarquant des influences extérieures à l'origine de son essor.

Cinéma

Bien que les salles du pays passent une majorité de films en provenance des États-Unis, les Canadiens figurent au générique d'un nombre étonnant de films importants. Les Américains tournent souvent au Canada en raison de ses coûts de production inférieurs et de sa ressemblance avec les États-Unis. Vancouver et Toronto, avec leurs florissantes maisons de production, emploient de nombreux acteurs dans des films internationaux. Le cinéma québécois, toujours actif, vend aussi ses films francophones à l'étranger. L'animation n'est pas en reste, grâce au Festival international du film d'animation d'Ottawa (créé en 1976), le deuxième plus important du genre au monde. Fondé en 1939, l'Office national du film du Canada (ONF), institution fédérale, s'est taillé une réputation mondiale dans le secteur de l'animation, notamment avec *Crac !* (1982) et *L'homme qui plantait des arbres* (1987) de Frédéric Back (qui recevra dans sa carrière deux fois l'Oscar du meilleur film d'animation). *When the Day Breaks* de Wendy Tilby obtient à Cannes la Palme d'or 1999 du meilleur court-métrage. L'ONF possède également une importante collection de documentaires et de films de « cinéma-vérité », qu'illustre l'œuvre de **Pierre Perrault** (*Un pays sans bon sens*, 1970) et de Michel Brault (*The Moontrap*, 1964 ; *Les Ordres*, 1974).

Mentionnons, du côté des **metteurs en scène** : **Claude Jutra**, connu internationalement depuis *Mon oncle Antoine* (1971) et *Kamouraska* (1973), ou **Denys Arcand**, qui a su captiver Américains et Européens avec *Le Déclin de l'empire américain* (1986) et *Jésus de Montréal* (1989, sélectionné à Cannes et à Hollywood). La façon dont **David Cronenberg** (considéré comme un ennemi public et vilipendé un jour par le Parlement) traite ses sujets noirs déroute le public, de *Scanners* (1981) à *La Mouche* (1986) et *Crash* (1996), ou le récent *Spider* (2002). Le cinéma d'**Atom Egoyan** (installé à Toronto) relève davantage de l'art que de l'industrie ; *De beaux lendemains* (1997) lui a donné l'occasion de jouer dans des films américains plus commerciaux et *Ararat* a obtenu la palme d'Or à Cannes en 2002. *La Tempête* (2000) est la plus récente des œuvres primées de **Norman Jewison** : *The Russians Are Coming, The Russians Are Coming* (1966), *Un violon sur le toit* (1971) et *Moonstruck* (1987). Sans oublier que **James Cameron**, illustre metteur en scène de *Titanic* (1997), a également tourné des films de science-fiction : *Terminator* (1984), *Aliens* (1986) et *Terminator 2* (1991). *Men with Brooms* (2002), qui marque les débuts de Paul Gross dans la mise en scène, est le film canadien de langue anglaise le plus rentable de ces vingt dernières années. Les nombreux prix reçus par Gary Burn pour son *Waydowntown* (2002) font suite au succès critique remporté par *Kitchen Party* (1998).

Le Parlement, à Ottawa (Ontario).

Villes
et curiosités

Colombie-Britannique – Rocheuses – Yukon

Parc national Jasper (mont Edith Cavell) – © Andrew Hempstead

L a **Cordillère canadienne** occupe la quasi-totalité de la Colombie-Britannique ainsi qu'une partie de l'Alberta et du territoire du Yukon. Cette bande oblique d'environ 500 km de large sur 2 600 km de long s'étire du Pacifique aux Rocheuses et de la frontière américano-canadienne à la mer de Beaufort. Relief vigoureux, paysages splendides de sommets scintillants, de rivières intraitables et de lacs étales, tels sont les attraits de cette région dont la diversité attire chaque année des millions de visiteurs.

Un peu de géographie

Grands traits du relief – Le système montagneux de l'Ouest canadien est communément appelé « Rocheuses », à tort d'ailleurs puisque ces dernières ne désignent en fait qu'une des nombreuses formations de la région. Il comprend un ensemble de plates-formes intérieures encadrées par deux zones de hautes montagnes.

À l'Ouest, la **chaîne Côtière** de la Colombie-Britannique s'élève rapidement au-dessus des profondes échancrures boisées du littoral pour atteindre des hauteurs de plus de 3 000 m. Dans le Yukon lui correspond la chaîne St. Elias qui culmine au mont Logan (5 959 m), plus haut sommet canadien.

À l'Est de l'ensemble côtier s'étend une immense zone de **hauts plateaux**. Dans le Sud, où ils atteignent près de 300 km de large, ils abritent aussi bien les pâturages des Cariboo que la ceinture de vergers irrigués de l'Okanagan. Au Sud-Est, ils s'achèvent avec les **monts Columbia**, qui comprennent les chaînes Cariboo, Purcell, Monashee et Selkirk. Au Nord, ils se transforment en collines accidentées – les monts Skeena et Cassiar –, puis s'élargissent en créant le plateau du Yukon, vaste étendue moutonnante entourée de hautes montagnes et drainée par le Yukon et ses affluents.

C'est à l'Est des plateaux intérieurs, une fois franchi les monts Columbia et le sillon des Rocheuses, que l'on découvre enfin la chaîne des **Rocheuses** canadiennes. Cette masse montagneuse, dont la topographie heurtée est souvent émaillée de glaciers, notamment dans la région du champ de glace Columbia, comprend de nombreux pics de plus de 3 000 m. Du côté oriental, contigu aux Prairies, les premières avancées des Rocheuses surgissent brusquement au-dessus de leurs contreforts et dominent, telle une muraille, les plaines de l'Alberta en contrebas. À la frontière du Yukon et de la Colombie-Britannique, la **rivière aux Liards**, affluent du Mackenzie, creuse une vallée entre les Rocheuses et les **monts Mackenzie**. Au Nord de ces derniers, les monts Richardson et British s'étirent presque jusqu'à la mer de Beaufort.

Climat – Riveraine du Pacifique et de l'Arctique, étirée du 49e parallèle au Nord du cercle arctique et dotée d'un relief dont l'altitude varie de 0 à presque 6 000 m, cette terre de contrastes se caractérise par un climat des plus variables. La côte de la Colombie-Britannique subit l'influence adoucissante du Pacifique et les effets des vents d'Ouest dominants et de la chaîne Côtière. L'hiver y est assez clément (0-5 °C) et l'été chaud, sans excès (15-24 °C). Les précipitations pluvieuses sont faibles dans les zones abritées, mais peuvent atteindre des records mondiaux dans celles battues de plein fouet par les vents venus du Pacifique. Il en va de même pour la couverture nuageuse, faible ou importante selon l'emplacement.

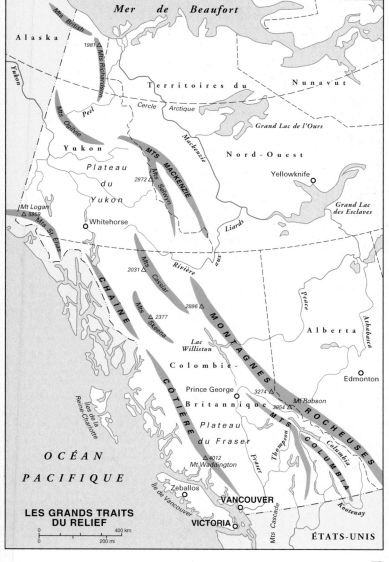

À l'Est de la chaîne Côtière règne un climat bien différent, marqué par des écarts de température plus importants et des pluies moins abondantes. Il y fait en moyenne –5 °C en hiver et 22 °C en été. Certaines régions connaissent un climat très sec (la vallée de l'Okanagan, par exemple, où la carence pluviométrique nécessite une utilisation massive de l'irrigation) ; d'autres, comme celle des monts Selkirk, enregistrent d'impressionnantes précipitations neigeuses.

Au Nord, les monts St. Elias privent le Yukon de toute influence maritime modératrice, mais lui permettent d'échapper aux pluies dont le littoral est si copieusement arrosé. L'été est chaud (près de 21 °C), avec de longues journées généralement ensoleillées ; l'hiver, en revanche, est sombre et froid, encore que les températures varient beaucoup (Dawson City –27 °C, Whitehorse –15 °C).

Un peu d'histoire

Les premiers habitants – Les peuples autochtones se répartissaient en trois grands groupes : les Amérindiens de la côte Nord-Ouest, prospères et artistes ; ceux de la Cordillère, pêcheurs et chasseurs qui peuplaient l'intérieur de la Colombie-Britannique ; enfin, ceux du Yukon qui, comme les Amérindiens des Territoires du Nord-Ouest, consacraient leur vie nomade à suivre le caribou. Avant l'arrivée des Européens, les **tribus de la côte Nord-Ouest** bénéficiaient, dans un pays d'abondance, d'un niveau de vie bien plus élevé que celui des peuplades d'autres régions. Leur existence dépendait largement du **saumon** du Pacifique et du bois des **cèdres** géants dont la côte regorgeait. Le long du littoral fleurit une civilisation élaborée, unique en Amérique du Nord. Les Amérindiens produisaient des objets d'une grande beauté plastique, et leur sculpture sur bois (masques, boîtes en bois recourbé, ornements et bijoux) fut portée à un haut niveau de perfection *(voir p. 62)*. La richesse et le rang hiérarchique au sein de la tribu étaient déterminés par la possession de tels objets.

Au contact de la civilisation occidentale, l'organisation tribale des peuplades de la côte du Pacifique, de l'intérieur et du Yukon subit de profonds changements. En échange des fourrures, les Amérindiens recevaient armes à feu, alcool et autres produits dont ils vinrent à dépendre, et leur mode de vie se modifia (à un moindre degré dans le Yukon, peu accessible). Sur la côte Nord-Ouest cependant, on doit peut-être le maintien de nombreuses traditions et leur renaissance actuelle à la force de la culture *(voir 'Ksan p. 129)*.

L'arrivée des Européens – L'exploration de la région par les Européens se fit sur deux fronts : des bateaux en parcoururent la côte tandis que des marchands de fourrures, venus de l'Est, cherchèrent vers l'intérieur de nouvelles sources d'approvisionnement et voies de communication. **Francis Drake** explora la côte Nord-Ouest jusqu'à Vancouver dès 1579 lors de son périple autour du monde. L'intérieur demeura inexplorée jusqu'au 18ᵉ s. Des Espagnols venus de Californie et des Russes partis d'Alaska sillonnèrent le littoral pacifique. Le capitaine **James Cook** fut néanmoins le premier à descendre à terre, en 1778, lorsqu'il débarqua sur l'île de Vancouver pour acheter aux Amérindiens des fourrures qu'il revendit au prix fort en Chine. Pour renforcer son empire, le gouvernement anglais commandita une expédition dirigée par un ancien membre d'équipage de Cook, le capitaine **George Vancouver**, chargé de cartographier la côte, de 1792 à 1794.

Le commerce des fourrures – Un employé de la Compagnie de la baie d'Hudson, **Anthony Henday**, avait été le premier Européen à apercevoir les hauts versants des Rocheuses canadiennes en 1754. Un émissaire de la Compagnie du Nord-Ouest, **Alexander Mackenzie**, parti à la recherche d'une voie maritime entre le bassin Athabasca-Mackenzie et le Pacifique, franchit les Rocheuses par la rivière de la Paix et atteignit l'océan (1793), précédant de 12 ans l'expédition **Lewis et Clark**.

D'autres « hommes de la Nord-Ouest » devaient jouer un rôle dans l'essor du commerce des fourrures en poursuivant ces explorations et en établissant les premiers comptoirs dans cette partie du pays. Entre 1804 et 1811, le géographe **David Thompson** explora les cols Howse et Athabasca, le Sud-Est de la Colombie-Britannique et le Nord de l'État de Washington en suivant le fleuve Columbia et la rivière Kootenay tandis que, sur les pas de Mackenzie, **Simon Fraser** descendait en 1808 le fleuve qui porte à présent son nom.

Pendant que Fraser et Thompson développaient les échanges avec les Amérindiens de l'intérieur, la compagnie américaine de **John Jacob Astor** établissait un comptoir à l'embouchure de la Columbia, marquant ainsi la première contestation américaine de la souveraineté britannique dans le territoire de l'Oregon. La querelle prit fin en 1846 quand la Compagnie de la baie d'Hudson – qui avait fusionné en 1821 avec sa rivale, la Compagnie du Nord-Ouest – se vit contrainte d'accepter que le 49ᵉ parallèle marque la frontière des États-Unis. Le siège occidental de la Compagnie, situé auparavant dans la région de la Columbia, fut établi sur l'**île de Vancouver**, qui devint en 1849 colonie de la Couronne, avec Victoria comme capitale. Le reste de la Colombie-Britannique, alors appelée Nouvelle-Calédonie, demeura le domaine exclusif de la Compagnie, comme le Yukon où elle s'implanta après 1842. En 1858, la Colombie-Britannique, les Rocheuses et le Yukon étaient donc avant tout le paradis du commerce des fourrures, ce qui ne devait pas tarder à changer...

Les mirages de l'or – En 1848, la découverte d'or en Californie avait attiré d'innombrables candidats à la fortune. Neuf ans plus tard, les réserves du précieux métal jaune étaient épuisées. Certains abandonnèrent ; d'autres, toujours à la recherche d'un nouveau filon, poursuivirent leur quête en Nouvelle-Calédonie. En 1858, on découvrit de l'or dans les alluvions du Fraser.

La petite ville de **Victoria** (400 habitants) vit passer 20 000 chercheurs d'or, dont beaucoup d'Américains : de quoi inquiéter le gouverneur de l'île de Vancouver, **James Douglas**, qui craignait une prise de pouvoir américaine, comme en Californie. Il se hâta d'affirmer la souveraineté britannique sur le continent en y créant la colonie de Colombie-Britannique dont il devint le premier gouverneur. Mais de mauvaises voies de communication rendaient difficile le contrôle du nouveau territoire. Quand, en 1862, la découverte de riches filons dans les Cariboo attira encore plus de monde dans la région, Douglas fit tracer la fameuse **route des Cariboo** pour mieux y affirmer la présence britannique.

La Confédération et l'épopée du chemin de fer – La richesse née de l'or fut de courte durée. À la fin des années 1860, les ressources aurifères de la région Fraser-Cariboo étaient largement épuisées et le désastre guettait l'économie des deux provinces occidentales, réunies en 1866. Dans l'Est, les autres colonies britanniques négociaient la Confédération, qui fut établie en 1867. L'achat de l'Alaska par les Américains, la même année, souleva à nouveau la crainte d'une mainmise étrangère. On entama alors avec le nouveau Canada, distant de 3 200 km, des négociations à propos du domaine de la Compagnie de la baie d'Hudson.

En 1871, la Colombie-Britannique entra dans la Confédération canadienne à la condition expresse d'être reliée à l'Est par chemin de fer avant dix ans ; mais les difficultés associées à la conception d'un projet aussi colossal faillirent amener la province à faire sécession. Les travaux ne commencèrent vraiment qu'à partir de 1881. Quatre ans plus tard à peine (en novembre 1885), le dernier crampon était planté à Craigellachie. Les premières liaisons transcontinentales, l'année suivante, marquèrent la transformation de la province. Le train apporta à la région appauvrie touristes, colons et capitaux et, en stimulant l'exploitation des ressources naturelles, contribua à sa prospérité.

L'appel du Klondike – Les gisements aurifères des Cariboo épuisés, les prospecteurs s'étaient à nouveau dirigés plus au Nord. Ils trouvèrent de l'or dans les monts Omineca et Cassiar, puis pénétrèrent dans le Yukon. Le gros filon longtemps attendu fut découvert en 1896 dans le ruisseau Bonanza, un affluent du Klondike. S'ensuivit une véritable ruée vers l'or durant laquelle des milliers d'aventuriers venus du monde entier convergèrent sur le Klondike. En l'espace de huit ans allait être extrait l'équivalent en or de 100 millions de dollars.

Population – La population de la **Colombie-Britannique** est passée d'un peu plus de 50 000 habitants au début du 20e s. à quelque 2,5 millions vers le milieu des années 1970. Des milliers d'immigrants, venus de Hong Kong au début des années 1990, s'installèrent à Vancouver accompagnés d'un capital chiffré en millions de dollars ; cette arrivée massive se solda par une flambée des prix de l'immobilier. En ce début de 21e s., la population dépasse les 4 millions, soit un peu plus de 12 % des Canadiens. La grande majorité vit dans le Sud-Ouest de la province, près de la moitié dans la zone métropolitaine de Vancouver. Le **Yukon**, avec ses 31 000 habitants, n'est guère plus peuplé qu'en 1900. Les deux tiers de sa population vivent dans la capitale territoriale, Whitehorse.

Économie

Colombie-Britannique – Le tournant du 20e s. vit l'essor d'une économie fondée sur l'exploitation des ressources naturelles et dominée pendant une dizaine d'années par la Colombie-Britannique. D'énormes conserveries de saumon furent implantées le long de la côte, les scieries débitèrent des quantités colossales de bois, et les vergers se multiplièrent dans les vallées de l'intérieur ; une seconde ligne de chemin de fer desservit les basses terres ; les réserves de bois prirent de la valeur en raison de la baisse des approvisionnements des autres régions. La première usine de pâte à papier de la province ouvrit en 1909 : plus de 40 % de la forêt d'origine disparurent entre 1918 et 1937 du versant Est de l'île de Vancouver. Percé en 1915, le **canal de Panama** stimula l'exploitation et l'exportation des minerais de la province, en permettant un acheminement bon marché vers l'Europe.

La dépression et la Seconde Guerre mondiale ralentirent la croissance, mais la reprise de l'après-guerre relança l'exploitation forestière en Colombie-Britannique. La seconde moitié du siècle vit progresser les échanges avec l'Asie ; la province accueillit un afflux d'émigrants qui contribuèrent à sa bonne santé économique.

L'exploitation forestière – L'industrie du bois, autrefois souveraine, demeure cruciale sans toutefois être dominante. La quasi-totalité des essences abattues est composée de bois tendres (pin tordu, épicéa, sapin du Canada, douglas). 20 % de ces bois seront convertis en produits papetiers, le reste (estimé à 15 milliards de dollars) étant expédié aux autres provinces canadiennes et à l'exportation. Le gouvernement de Colombie-Britannique possède plus de 95 % de la surface exploitée, qu'il loue par bail aux compagnies forestières.

Les échanges commerciaux – Huile de poisson, jade, etc. ont contribué à rapprocher les Premières Nations. Les colons européens furent attirés vers la Colombie-Britannique par la fourrure, l'or, la pêche et le bois qui leur assurèrent successivement de la prospérité. Le commerce demeure aujourd'hui le pivot de l'économie locale : Vancouver est, de loin, le premier port canadien grâce à l'exportation des produits forestiers, des céréales et des minerais, ainsi qu'à l'importation de véhicules et autres produits finis. Mais la Colombie-Britannique vend également son énergie. Riche en **ressources hydro-électriques**, la province achemine plus de 12 000 mégawatts vers le Canada et les États-Unis.
Deux aménagements de grande ampleur : le barrage W.A.C. Bennett et ses centrales sur la rivière de la Paix, ainsi que le barrage Mica et sa centrale sur la Columbia produisent respectivement plus de 2 millions et 1,7 million de kW.

Les richesses du sous-sol – Bien que l'or soit toujours exploité, l'intérêt s'est déplacé depuis longtemps vers les minerais moins précieux (charbon, cuivre et zinc) dont les revenus, ajoutés à ceux de l'extraction du gaz naturel, dépassent ceux de l'exploitation du minerai jaune. La région au Nord de Vancouver demeure un pôle international comprenant les principales exploitations et les plus gros laboratoires ou fabricants d'équipement.

L'agriculture – En dépit de la rareté des terres cultivables (3 % de la province), les agriculteurs contribuent considérablement à la diversification de l'économie par leur production fruitière (pommes, pêches, poires, raisin). Les serres du delta de la Fraser livrent tomates, poivrons ou concombres à tout le continent nord-américain ; le Kootenay vient également en bonne place pour la production fruitière. Le Cariboo est une région d'élevage avec de grands ranchs et des rodéos ; la région bordant la rivière de la Paix à l'Est des Rocheuses est la grande zone céréalière de la province. La culture du ginseng *(voir p. 95)* se développe depuis peu dans les plaines intérieures, venant compléter les activités centenaires (fourrage et élevage). Les vins de la vallée de l'Okanagan *(voir p. 100)*, même s'ils ne rivalisent pas avec les vins européens ou californiens, ont acquis une certaine renommée.
La **pêche**, en récession depuis la fin des années 1990, demeure un secteur d'importance, puisqu'elle concerne plus de 80 espèces de poissons, fruits de mer et algues marines. Le saumon entre dans la composition de près de la moitié des produits dérivés de la pêche, malgré les quotas récemment imposés par sa raréfaction. L'autre moitié varie du flétan au concombre de mer.

Tourisme et cinéma – Vancouver est l'un des hauts lieux de l'industrie cinématographique nord-américaine, réussite renforcée par des taux de change favorables entre dollars américain et canadien, des coûts de production inférieurs et des avantages fiscaux accordés aux investisseurs étrangers. La diversité des paysages de la province profite à la fois au tourisme et au cinéma. Les curiosités de Vancouver et Victoria ainsi que les îles, les rivages, les montagnes et la faune de la Colombie-Britannique attirent plus de 22 millions de visiteurs chaque année. La province a su promouvoir l'écotourisme et les activités de plein air : pêche, camping, randonnée et canoë-kayak. Les visiteurs sont majoritairement nord-américains ou canadiens.
L'aéroport international de Vancouver sert plus de 17 millions de passagers par an, ce qui le place en seconde position pour la côte Ouest après celui de Los Angeles. Le port de Vancouver, avec plus de 850 000 passagers de croisière, tient un rôle majeur.

La Colombie-Britannique aujourd'hui – La forte diminution de l'activité minière, due aux changements économiques et sociaux internationaux, favorise l'émergence de nouveaux secteurs. L'économie de la province subit une profonde mutation visible dans les chiffres : l'industrie cinématographique (1 milliard de dollars) devance dorénavant la pêche (env. 500 millions) ; la haute technologie (2,6 milliards) se rapproche de l'industrie minière (4,6 milliards) ; quant au tourisme (9 milliards), il n'est devancé que par la foresterie, toujours dominante avec ses 18 milliards. Le PIB de la province dépasse les 110 milliards de dollars en ce début de 21e s.
Avec un taux de chômage oscillant autour de 8 %, la Colombie-Britannique possède en réalité une économie à deux vitesses : d'un côté, les métropoles florissantes de Vancouver et Victoria et, de l'autre, les zones rurales en récession qui dépendent des ressources naturelles. Vancouver connaît un essor soutenu par une croissance et une population accrues ; Victoria se développe grâce au tourisme et aux administrations. Ailleurs, le lent déclin des mines, de l'exploitation du bois et des pêcheries s'assortit d'un taux de chômage dépassant 20 % dans certaines régions isolées, même si le tourisme apporte son écot. Les échanges commerciaux demeurent constants à travers la province.
Le 21e s. s'éveille, avec une visibilité internationale croissante, dans une province profondément consciente de sa position prépondérante sur la côte pacifique, mais aussi des dangers et des opportunités qui accompagnent son passage vers l'avenir.

Les Rocheuses – L'éblouissante beauté des Rocheuses canadiennes en fait une des principales destinations touristiques du pays, et quelque 6 millions d'amateurs profitent tous les ans des parcs provinciaux et nationaux de la région. Les Rocheuses attirent toutes sortes de mordus des activités de plein air : randonneurs, skieurs, amateurs de canoë-kayak, alpinistes, cyclotouristes, campeurs et autres enthousiastes. Il devient néanmoins difficile de maintenir un juste équilibre entre présence humaine et nature car l'affluence des véhicules et des promeneurs a pour corollaires la pollution et l'augmentation des dangers subis par la faune. Malgré le milliard de dollars issu chaque année du tourisme et des activités récréatives, l'intensification du trafic automobile et le développement immobilier repoussent les limites des espaces naturels sauvages et, partant, nuisent au cœur même de l'activité touristique de la région.

Le Yukon – Ce territoire n'a pas connu le développement spectaculaire de la Colombie-Britannique. Aux beaux jours de la ruée du Klondike succéda une longue période de stagnation économique, accompagnée d'une forte baisse démographique : 27 219 habitants en 1901 (davantage encore au plus fort de la ruée) contre à peine 4 157 habitants en 1921. La construction de la route de l'Alaska pendant la Seconde Guerre mondiale a favorisé l'exploitation des richesses minérales du territoire. L'activité minière a, néanmoins, brusquement chuté dans les années 1990, et l'or demeure la seule ressource minière importante. L'économie de la région dépend aujourd'hui en grande partie du gouvernement, qui emploie plus d'un tiers de la population active du territoire. La fin du 20e s. a vu chaque année le PIB reculer et, en ce début de 3e millénaire, le tourisme et le développement de l'énergie apparaissent comme les activités phares de l'avenir du Yukon.

RENSEIGNEMENTS PRATIQUES

Comment s'y rendre et s'y déplacer

Avion – **Vancouver International Airport** *(à 15 km du centre-ville)* ☎ 604-276-6101 ; www.yvr.ca à titre indicatif : Air Canada ☎ 888-247-2262 ;.www.aircanada.ca. Compagnie aérienne assurant la liaison avec Prince Rupert, Victoria et Whitehorse (Yuk.) ainsi qu'avec l'arrière-pays : Air BC ☎ 604-688-5515. Transport à destination du centre-ville : taxis (25mn env., *20/30 $*) ; **navette** Vancouver Airporter ☎ 604-946-8866 *(12 $)* ; Airport Limousine Service ☎ 604-273-1331. Sociétés de location de voitures *(voir p. 30)* à l'aéroport *(34,24 $)*. Les voyageurs au départ de Vancouver devront payer une taxe pour l'amélioration de l'aéroport *(15 $)* avant leur embarquement.

Train et autocar – Les trains de **VIA Rail** *(☎ 800-561-8630)* assurent la liaison Vancouver-Prince Rupert, et permettent de se rendre de Victoria à Courtenay et de Vancouver à Toronto. La compagnie ferroviaire **BC Rail** *(☎ 800-663-8238 ; www.bcrail.com)* propose un service à destination de Whistler et de Prince George passant par le canyon du Fraser au départ de Vancouver. **Greyhound** *(☎ 604-482-8747 (Vancouver). www.greyhound.ca)* exploite un réseau d'autocars en C.-B., y compris l'île de Vancouver, également desservie par des compagnies comme Maverick Coach Lines *(☎ 604-662-8051)* et au Yukon (Whitehorse via Edmonton ou Vancouver).

Bateau – **BC Ferries**, *1112 Fort St., Victoria BC V8V 4V2,* ☎ *250-386-3431 ou 888-BCFERRY (Colombie-Britannique). www.bcferries.bc.ca.* Pour les traversées en provenance des États-Unis, voir p. 149. La route maritime de l'Alaska dessert Skagway et d'autres ports de l'Alaska à partir de l'État de Washington aux États-Unis *(☎ 360-676-0212 ou 800-642-0066. www.dot.state.ak.us/amhs)*. La compagnie BC Ferries assure 25 services différents avec 42 ports d'escale sur la côte et dans de nombreuses îles, dont celles de la Reine-Charlotte *(liaisons toute l'année)*, et le Passage intérieur. Des bacs (ou *traversiers*) relient l'île de Vancouver au continent toute l'année *(transport des passagers, des poids lourds, des autocars et des voitures)*. Attention : les mois d'été, les week-ends et les jours fériés sont particulièrement chargés.

À savoir

Où s'informer et se loger – **Tourism British Columbia** *(Parliament Buildings, Victoria BC V8V 1X4,* ☎ *604-435-5622 ou 800-663-6000. www.hellobc.com)* met gracieusement à la disposition des visiteurs des cartes routières et brochures (comme *Vacation Planner* et *Accommodations Guide*, uniquement disponibles en anglais) fournissent des renseignements utiles sur la Colombie-Britannique : hébergement, camping, pêche, ski, formules de découverte, etc. Pour plus de renseignements sur le Yukon, son infrastructure hôtelière et ses principaux points d'intérêt, se procurer un exemplaire gratuit du *Canada's Yukon Vacation Guide* (uniquement disponible en anglais) ainsi qu'une carte routière de la région auprès de **Tourism Yukon** *(PO Box 2703, Whitehorse YT Y1A 2C6,* ☎ *403-667-5340. www.touryukon.com)*

La Colombie-Britannique et le Yukon proposent plus de 10 000 **terrains de camping** provinciaux et territoriaux répartis le long des principales autoroutes. Il convient de réserver très longtemps à l'avance les places en Colombie-Britannique pour les séjours en période estivale ou en week-end. *Tarif : 12/18 $ la nuit. Réservation conseillée toute l'année auprès de Discover BC Reservations,* ☎ *800-689-9025. www.discovercamping.ca.* Au Yukon, les voyageurs doivent se procurer un permis de séjour en camping auprès d'un centre d'accueil. *Tarif : 8 $ la nuit.* Les terrains du Yukon sont rarement pleins.

Législation routière – *(permis de conduire et assurance, voir p. 29)* La C.-B., le Yukon et l'Alberta possèdent de bonnes routes goudronnées. Le réseau autoroutier est peu étendu, mais les routes principales sont des voies à grande circulation où l'on double aisément. Les routes secondaires sont plus aléatoires ; il est préférable de se renseigner sur leur état avant de quitter l'autoroute, particulièrement par mauvais temps. Prendre des précautions l'hiver, surtout pour franchir les cols, où des pneus neige sont obligatoires. Il est conseillé d'emporter du matériel de secours. Sauf indication contraire, la vitesse est limitée, en C.-B. et au Yukon, à 90 km/h sur les routes provinciales et 50 km/h en ville ; en Alberta, à 100 km/h sur les routes provinciales et 50 km/h en ville. Le port de la **ceinture de sécurité** est obligatoire. La courtoisie, quant à elle, n'est pas obligatoire mais quasi universelle : on n'entend pratiquement jamais un coup de klaxon à Vancouver. Renseignements routiers pour la C.-B. ☎ 900-451-4997 ou www.th.gov.bc.ca/bchighways ; pour le Yukon ☎ 867-456-7623 *ou* www.gov.yk.ca/roadreport. Pour les numéros de l'**Association canadienne des automobilistes (CAA)**, consulter l'annuaire local.

Heure locale – L'Alberta et la partie Rocheuses de la C.-B. vivent à l'heure des Rocheuses, le reste de la C.-B. et le Yukon à l'heure du Pacifique. L'heure d'été s'applique du premier dimanche d'avril au dernier dimanche d'octobre, sauf dans le coin Nord-Est de la C.-B. qui s'aligne toute l'année sur l'heure des Rocheuses.

Taxes – En plus de la taxe nationale sur les produits et les services (TPS) de 7 % *(voir les modalités de recouvrement p. 37)*, la C.-B. prélève une taxe provinciale à la vente de 7 % et une taxe de 8 % (10 % dans certaines localités) sur l'hébergement.

Loi sur les alcools – Âge légal de consommation d'alcool : 19 ans. Alcool en vente dans les magasins d'État.

Jours fériés provinciaux et territoriaux – *(voir la liste des principaux jours fériés p. 36)*

Fête provinciale, C.-B. – 1er lundi d'août.
Discovery Day, Yuk. – 3e lundi d'août.

À faire

Activités récréatives – Rivières, montagnes et parcs permettent de pratiquer toutes sortes d'activités de plein air : randonnée pédestre ou équestre, pêche, descente de rapides en canot pneumatique, canoë et kayak. Certains ranchs d'accueil incluent au programme des randonnées de plusieurs jours à la découverte de l'arrière-pays. Beaucoup de pavillons de **pêche** proposent des forfaits (trajet en avion compris) dans des régions reculées. Les permis requis pour la pêche en eau douce ou en eau de mer s'obtiennent sur place. Pour plus d'informations, contacter BC Fishing Resorts & Outfitters Assn. ☎ 250-374-6836. Les nombreux cours d'eau navigables, notamment dans le district du lac Shuswap, accueillent la pratique de tous les sports nautiques. **Croisières** et expéditions d'observation partent de divers points de la côte. Whistler, au Nord de Vancouver, est une des plus belles stations de **sports d'hiver** au monde, avec hébergement de première classe et ski sur glacier de juin à octobre. Plusieurs stations de la Colombie-Britannique intérieure (Big White, Sun Peaks et Silver Star surtout) se développent. Les trois stations de ski des Rocheuses offrent, elles aussi, toutes sortes d'**activités sportives**. Pour plus de détails, s'informer auprès de Tourism British Columbia *(voir p. 77)*.

Tourisme-découverte – Peu de montagnes en Amérique du Nord offrent le spectacle que traverse pendant deux jours le **Rocky Mountaineer**, entre Vancouver et Banff ou Jasper. Le train circule seulement la journée ; les passagers passent la nuit à Kamloops *(hébergement compris dans le prix du billet). Dép. de Vancouver mai-oct. : mar., jeu., dim. 7 h ; voyage possible en aller simple (dans un sens ou dans l'autre) ou en AR ; aller simple en ch. double 485 $/personne (mai et oct.), 585 $/personne (juin-sept.) ; correspondance avec Calgary 60 $;*

excursions de 2-7 jours également possibles en déc. ; réservations requises ; ✗ ♿ 🅿 *Rocky Mountaineer Railtours, 1150 Station St., Suite 130, Vancouver BC V6A 2X7,* ☎ *604-606-7245. ou 800-665-7245. www.rkymtnrail.com.* Les randonnées avec **animaux de bât** ou les **randonnées à cheval**, du débutant au cavalier confirmé, rencontrent un grand succès *(de 1 à 10 jours)*. Ridgeline Riders *(*☎ *780-852-3370. www.malignlake.com)* organise une randonnée du lac Maligne au sommet des monts Bald ; Blue Ridge Outfitters *(*☎ *403-653-2449)* emmène des groupes en excursion *(de 2 à 6 jours)* dans l'arrière-pays près du Parc national des lacs Waterton, avec camping sous tipi ou tente. Liste disponible auprès de Travel Alberta *(*☎ *800-661-8888. www.explorealberta.com).*

Principales manifestations

Fév.	**Sourdough Rendezvous** *(voir p. 163)*	*Whitehorse, Yuk.*
	Course de chiens de traineaux	*Whitehorse, Yuk.*
Mai	**Swiftsure Yacht Race Weekend**	*Victoria, C.-B.*
Juin-juil.	**Stampede**	*Williams Lake, C.-B.*
Juin-août	**Banff Arts Festival**	*Banff, Alb.*
Juil.	**Peach Festival**	*Penticton, C.-B.*
	Rassemblement de bétail	*Kamloops, C.-B.*
Août	**Loggers' Sports Day**	*Squamish, C.-B.*
	Discovery Day *(voir p. 88)*	*Dawson City, Yuk.*
Août-sept.	**Pacific National Exhibition**	*Vancouver, C.-B.*
Sept.	**Classic Boat Festival**	*Victoria, C.-B.*
	Compétition Indy de Molson	*Vancouver, C.-B.*
Sept.-oct.	**Okanagan Wine Festival**	*Penticton, C.-B.*
Oct.	**Festival international du film**	*Vancouver, C.-B.*

Randonnée dans le Parc national Kluane

© Evelyn M. Angeletti

Route de l'ALASKA★★

Colombie-Britannique, Yukon, Alaska

Chemin du Nord et de l'aventure, la route de l'Alaska (*Alaska Highway* en anglais) part des plaines fertiles de la région de la rivière de la Paix, à la frontière de l'Alberta, longe les Rocheuses, traverse le Cassiar, frôle le Nord de la chaîne Côtière et du massif St. Elias, puis pénètre en Alaska où elle finit à Fairbanks. Malgré les petites localités qui jalonnent la route, l'impression dominante est celle d'un pays de montagnes et de lacs à la beauté sauvage encore inviolée.

Quand en décembre 1941, le Japon entra en guerre contre les Alliés, attaquant la flotte américaine à **Pearl Harbor** et débarquant sur les îles Aléoutiennes, on craignit une invasion des États-Unis par l'Alaska. Y envoyer des troupes par la mer, alors infestée de sous-marins japonais, eût été périlleux. Aussi la construction d'une voie terrestre reliant l'Alaska et le Yukon au réseau routier canadien et américain fut-elle décidée. Mais percer une route dans cette nature hostile aux hivers redoutables, à travers des territoires à peine explorés, n'était pas une mince affaire : il fallait escalader des chaînes de montagnes, traverser des fondrières, jeter des ponts sur de puissantes rivières... L'armée américaine parvint cependant à construire 2 451 km de chaussée en neuf mois. Améliorée et ouverte à la circulation civile après la guerre, la route de l'Alaska est aujourd'hui une voie d'importance capitale pour l'économie de la région dont elle permet l'exploitation des richesses et le développement touristique.

RENSEIGNEMENTS PRATIQUES

Conduite – *(permis de conduire et assurance, voir p. 29)* Entièrement revêtue, la route de l'Alaska ne présente pas de difficulté particulière. Elle est ouverte toute l'année, malgré les inévitables chutes de neige en automne, en hiver et au printemps (parfois même en mai et en août). La période du dégel au printemps peut rendre la conduite difficile ; néanmoins, les voyageurs sont rapidement informés par la station de radio de l'autoroute. Les mois d'été sont consacrés aux travaux d'entretien et d'aménagement des voies. Des stations-service, équipées pour effectuer les réparations courantes, apparaissent à intervalles réguliers. La vitesse est limitée de 50 à 100 km/h, les phares doivent être allumés en permanence. Pour se renseigner sur l'état de la route, composer le ☎ 604-299-9000 poste 7623 (pour la C.-B.) et le ☎ 867-456-7623 (pour le Yukon) : www.gov.yk.ca/roadreport ou contacter l'Office de tourisme le plus proche.

Distances – Les distances ont tout d'abord été mesurées en miles par rapport au point de départ officiel de l'autoroute, Dawson Creek (Colombie-Britannique). Aujourd'hui, le basculement sur le système métrique et les modifications constantes subies par la voie compliquent la mesure. On a posé dans les années 1940 des **bornes de pierre (Historical miles)** qui, bien qu'obsolètes, sont encore en place et utilisées par les entreprises pour indiquer leur localisation.
Sur les **bornes kilométriques** qui jalonnent la route côté Canada, les localités sont généralement désignées par la distance (approximative) qui les sépare de Dawson Creek : Watson Lake se situe par exemple au km 1017. Côté Etats-Unis, on a conservé les mesures en miles.
Mis à jour chaque année, *The Milepost* (uniquement disponible en anglais) fournit de nombreux renseignements sur les sites historiques et naturels à visiter, et sur les différentes possibilités d'hébergement (campings, motels, etc.) et de restauration le long de la route. Pour se procurer cette précieuse aide au voyage, s'adresser à Vernon Publications, Inc. *(3000 Northup Way, Suite 200, Bellevue WA 98004, ☎ 800-726-4707. www.themilepost.com)*

Hébergement et informations touristiques – Le guide *The Milepost* donne toutes les informations touristiques nécessaires *(voir ci-dessus)*. Le trajet entre Dawson Creek et Whitehorse se fait généralement en deux étapes, avec une halte à mi-parcours à l'un des nombreux terrains de camping, auberges et motels du Parc provincial du lac Muncho ou du Parc des Sources chaudes de la rivière aux Liards. Pour réserver une place dans un terrain de camping provincial en Colombie-Britannique : ☎ *800-689-9025 (réservation vivement recommandée)*.

DE DAWSON CREEK À FORT NELSON *483 km*

Point de départ de la route de l'Alaska, la ville de **Dawson Creek** se situe au cœur de la vallée de la rivière de la Paix, région la plus septentrionale des Grandes Plaines qui traversent le continent jusqu'au Mexique. Dans cette vaste zone agricole, l'infinie alternance de parcelles de blé, d'orge et de foin donne au paysage un aspect bigarré. La route traverse la rivière à **Taylor**, petite localité sise, comme celle de **Fort St. John**, sur un immense gisement de gaz naturel et de pétrole. De la route, on aperçoit des exploitations gazières et des pipelines qui courent dans les champs.

★★**W.A.C. Bennett Dam** – *Excursion : 236 km AR au départ de St. John par la route 29. À 11 km au Nord de Fort St. John, prendre la route 29 et la suivre jusqu'à Hudson's Hope. Prendre ensuite Dam Access Rd. Remarque : montée en lacet ; respecter la signalisation.* Cet agréable parcours à travers de jolis paysages ruraux ménage plusieurs **vues**★★ spectaculaires de la rivière de la Paix.

La route suit longuement la vallée et en grimpe parfois les versants, offrant alors de splendides **panoramas**★ sur le plateau et les champs cultivés. La petite localité de **Hudson's Hope** fut d'abord un comptoir fondé par Simon Fraser en 1805. C'est aussi à cet endroit qu'Alexander Mackenzie commença son *portage* dans le canyon de la rivière de la Paix lors de son expédition vers la côte Ouest.

Du village, la route d'accès au barrage W.A.C. Bennett monte en serpentant à travers la montagne et découvre des vues sur les sommets enneigés qui dominent le site. Construit de 1963 à 1967 à l'extrémité supérieure du canyon de la rivière de la Paix, le barrage est une énorme digue de terre de 183 m de haut et 2 km de long. Le réservoir qu'il retient, le **lac Williston** (longueur : 362 km), est le plus grand lac de la province. Il occupe, le long du sillon des Rocheuses, une partie de la vallée des rivières Parsnip et Finlay, et c'est de lui que naît la rivière de la Paix qui court se jeter dans la rivière des Esclaves à la pointe du lac Athabasca. Le barrage est fait de l'ancienne moraine déposée à la dernière glaciation 7 km plus loin dans l'ancienne vallée de la rivière de la Paix. À la fonte des glaces, la rivière – bloquée par la moraine – ne put reprendre son cours préglaciaire : elle se creusa une nouvelle voie, le canyon actuel. Ainsi les débris qui avaient obstrué son cours il y a 15 000 ans furent-ils réutilisés aux mêmes fins lors de la construction du barrage.

Le projet, malgré ses retombées économiques, est parfois considéré comme un échec écologique ; certaines sources ont par exemple disparu, lesquelles, en ressortant au printemps, régénéraient autrefois les marécages du delta de la rivière de la Paix et de l'Athabasca, dans la partie orientale du Parc national de Wood Buffalo (Alberta).

★**G.M. Shrum Generating Station** – ♿ *Mai-août : 9 h-16 h ; le reste de l'année sur demande.* ☎ *250-783-5000. www.bchydro.com.* Départ du **centre d'accueil**, où sont présentées quelques expositions d'animation scientifique sur l'énergie hydroélectrique. Après un film *(10mn)* sur l'histoire du site et la construction du barrage, les visiteurs descendront dans la salle des turbines *(visite guidée 1 h 9 h30-16 h30)*, creusée dans le roc à 152 m sous terre, et pourront voir la galerie collectrice et l'installation de décharge. La centrale produit plus de deux millions de kW, soit 23 % des besoins énergétiques de la Colombie-Britannique.

West Side Lookout – *À 3 km du barrage. Route escarpée.* De ce belvédère, bonnes vues sur le lac Williston et le déversoir. On aperçoit aussi en aval le canyon de la rivière de la Paix et le réservoir du Peace Canyon Dam.

★**Peace Canyon Dam** – *À 8 km au Sud de Hudson's Hope, sur la route 29. Centre d'accueil : mai-août 8 h-16 h ; le reste de l'année tlj sf w.-end 8 h-16 h.* ♿ ☎ *250-783-9943. www.bchydro.com.* Situé à 23 km en aval, le barrage du canyon de la rivière de la Paix réutilise les eaux du barrage W.A.C. Bennett pour fournir de la puissance additionnelle. Ses roues hydrauliques de 200 tonnes ont été fabriquées en Russie et ses générateurs au Japon. On peut voir la salle des turbines et la salle de contrôle. Un poste d'observation et un chemin en surplomb du barrage ménagent de bonnes **vues** sur celui-ci.

Après la jonction avec la route 29, la route de l'Alaska traverse une région plate et boisée, dominée par une tourbière d'épicéas et transpercée par des pipelines. Le paysage devient de plus en plus montagneux à mesure que l'on s'approche des Rocheuses. Au km 314 se découvrent de belles **vues**★ sur les Rocheuses et la vallée de la Minaker. Ces vues continuent, interrompues de temps à autre par la forêt, jusqu'à **Fort Nelson**, centre d'exploitation forestière et pétrolière. La route aux Liards (Liard Highway), qui mène à Fort Simpson (Territoires du Nord-Ouest) par Fort Liard, commence à cet endroit. Elle procure un accès à la fabuleuse réserve du Parc national Nahanni.

★★**DE FORT NELSON À WHITEHORSE** *991 km (excursion non comprise)*

Après Fort Nelson, la route traverse une somptueuse région boisée de trembles et d'essences boréales puis se dirige vers les Rocheuses. Celles-ci présentent d'abord un relief tabulaire plus proche des mesas des Rocheuses du Sud des États-Unis que des cimes aiguës de la région de Banff et de Jasper. Plus loin, elles apparaissent couronnées de neige. Le panorama, très dégagé, est d'une beauté à couper le souffle.

★**Stone Mountain Provincial Park** – *km 627. Mai-sept.* ☎ *250-787-3407. www.bcparks.ca.* Cette région au relief accidenté, dont les roches dénudées font penser à une carrière, doit son nom au mont Stone, situé au Nord du parc. Le paysage, bien que singulier, ne manque pas d'une sauvage beauté. Le trajet longe

Parc des Sources chaudes de la rivière aux Liards

les merveilleuses eaux vertes du plus beau site du parc, le **lac Summit★**, qui est également le point culminant de la route (1 295 m). Un terrain de camping balayé par les vents y a été aménagé.

La route traverse ensuite la gorge rocheuse du ruisseau Macdonald (prendre garde aux nombreux moutons paissant dans les environs).

★★ **Muncho Lake Provincial Park** – *km 688. De mi-mai à fin sept. : 7 h-23 h. ☎ 250-787-3411. www.bcparks.ca.* C'est l'une des plus belles sections de la route, et l'une des plus intéressantes sur le plan géologique. On suit d'abord la vallée de la rivière Toad, région rocheuse et assez désolée, adoucie seulement par la couleur vert pâle de l'eau. Puis la vue s'élargit, révélant de plus en plus de montagnes, la plupart enneigées. Souvent dans cette région, des mouflons des Rocheuses viennent lécher le sel qui affleure non loin de la route. Véritable joyau du parc, le **lac Muncho★★** *(46 km après l'entrée)* est d'une magnifique couleur d'aigue-marine due, dit-on, à de l'oxyde de cuivre dissous dans l'eau. Les sommets qui s'y reflètent dépassent 2 000 m d'altitude. Passant dans une vallée d'altitude entre deux chaînes montagneuses, la route traverse les alluvions déposées par l'érosion. Ce parc provincial, qui marque la moitié du trajet entre Dawson Creek et Whitehorse, dispose de deux bons terrains de camping et de plusieurs gîtes.

Au km 788, première vue sur la **rivière aux Liards**. Ce cours d'eau, puissant et sauvage, prend sa source dans les monts Pelly au Yukon, coule vers le Sud-Est entre les monts Mackenzie et les Rocheuses avant de bifurquer vers le Nord-Est pour y rejoindre le fleuve Mackenzie qui se jette dans l'océan Arctique. La route suit la rivière sur environ 240 km en offrant quelques beaux panoramas.

★ **Liard River Hot Springs Park** – *km 765. Prendre à droite la route menant au terrain de stationnement, puis suivre à pied le sentier de planches. Ouv. toute l'année. Cabines de bain. ☎ 250-787-3411. www.bcparks.ca.* Ces sources chaudes (température moyenne 42 °C) et sulfureuses forment deux grands bassins, que le cadre boisé rend fort agréables. L'un est assez profond pour y nager. L'autre, moins profond et plus chaud, attire davantage de baigneurs. Tous deux sont équipés de promenades en planches et de cabines. Le parc constituant la halte favorite des voyageurs de la route de l'Alaska, son terrain de camping est plein dès le début de l'après-midi en été *(réservation vivement conseillée).*

À 10 km environ des sources chaudes, la route pénètre dans une immense zone brûlée, qui témoigne de l'influence des fréquents incendies sur l'écosystème de la région. 182 725 ha furent détruits en 1982 ; depuis, trembles, saules et épilobes ont investi le terrain, comme ils l'ont toujours fait ici après un incendie.

Au km 947, on pénètre dans le territoire du Yukon en traversant le 60e parallèle. Cependant, la route ne quitte pas définitivement la Colombie-Britannique car son parcours, suivant différentes vallées, franchit la frontière à plusieurs reprises. Elle offre de belles vues sur les **monts Cassiar.**

Watson Lake – *km 1016.* Nœud de communication de la région des monts Cassiar, cette petite localité est connue pour sa collection de **panneaux indicateurs.** Le premier fut planté en 1942 par un soldat américain qui travaillait à la construction de la route. Sans doute pris du mal du pays, il y indiqua le nom de son village et la distance qui l'en séparait. Depuis, les touristes en ont fait une tradition. Le résultat aujourd'hui : au centre de Watson Lake, plus de 30 000 panneaux issus du monde entier se pressent sur un vaste terrain près du centre d'accueil. Face à lui, le **centre Northern Light** *(de mi-mai à mi-sept. 10 $. ☎ 867-536-7827. www.northernlights-centre.ca)* propose une exposition sur l'exploration spatiale. Le planétarium présente les mythes entourant le phénomène de l'aurore boréale, ainsi que son explication scientifique.

Au km 1044 débouche la **route Stewart-Cassiar** *(route 37)* qui relie le Yukon à la côte pacifique et à la vallée du Skeena après un parcours de 800 km. Le carrefour dépassé, la route de l'Alaska entreprend la traversée des monts Cassiar, en procurant de belles vues sur leurs cimes enneigées.

Au km 1162, la route traverse la ligne de partage des eaux des bassins du Mackenzie et du Yukon. Ces deux fleuves se jettent respectivement dans l'océan Arctique et dans le Pacifique.

Lac Teslin – km 1290. La route traverse la baie Nisutlin et suit les rives du lac Teslin (dont le nom signifierait « longues eaux » dans le dialecte amérindien local) sur environ 48 km. Le long de la berge fleurissent en été les hautes grappes roses ou mauves de l'**épilobe** *(fireweed* ou herbe à feu), emblème du Yukon et fleur très répandue aussi en Colombie-Britannique. Le climat est sec (précipitations inférieures à 305 mm) et chaud en été. À l'extrémité du lac, la route enjambe la rivière Teslin sur un pont à haut tirant d'air.

Teslin – km 1294. On y remarquera le **musée George Johnston**★ *(de fin mai à fin août : 9 h 30-17 h, mar.-jeu. 9 h-18 h. 4,50 $. ☎ 867-390-2550. www.chin.gc.ca)*, ses vêtements, ses objets d'artisanat indigène et son exposition de **photographies** en noir et blanc évoquant la vie des Amérindiens Tlingit au début du 20e s. Ces photos furent prises par **Johnston** (1884-1972), lui-même d'origine autochtone.

★**Atlin** – Excursion : *196 km AR au départ de Jake's Corner (au km 1392). Route non goudronnée et relativement peu fréquentée. Centre d'accueil (au musée d'Atlin, à l'angle de 3rd St. et de Trainor St.) de mi-mai à mi-sept. 10 h-18 h. ☎ 250-651-7522.* Atlin était un centre minier au temps de la ruée vers l'or (la

Hébergement

La route de l'Alaska propose surtout des motels de type routiers assez rudimentaires. Deux auberges parmi les plus jolies se trouvent à peu près à mi-chemin entre Dawson Creek et Whitehorse. **Northern Rockies Lodge** *(☎ 250-776-3481 ou 800-663-5269. www.northern-rockies-lodge.com)*, situé sur le lac, est un établissement en épicéa mené par une équipe extrêmement compétente ; les chambres sont soignées et bien équipées. Face à l'entrée du Parc des Sources chaudes se trouve **Trapper Ray's Liard River Lodge** *(☎ 250-776-7349)*, dont les 12 chambres lambrissées sont pourvues d'un confortable ameublement rustique. Les sources chaudes sont à 10mn de marche de l'auberge.

Lac d'Atlin

© Evelyn M. Angeletti

ville comptait 19 hôtels en 1899). La petite localité occupe un **site** charmant au bord de son lac que dominent de majestueux sommets enneigés. Souvenir des beaux jours d'Atlin, le *MV Tarahne*, ancien bateau d'excursion, est ancré en ville ; la société historique locale organise des sorties de temps à autre en été. Par temps clair, on aperçoit, depuis Warm Bay Road, le glacier Llewellyn dont les formes se détachent au-delà du lac. La ville est le point de départ d'activités sportives dans l'admirable paysage du Parc provincial d'Atlin. *Pour tout renseignement sur l'organisation des activités, contacter Back Country Sports* ☎ *250-651-2424.*

★★**Lac Marsh** – *km 1428.* Ce magnifique lac bleu-vert, encadré de montagnes, est en fait un bras du **lac Tagish** qui s'étend vers le Sud et appartient au cours supérieur du Yukon. La proximité de Whitehorse fait que ce lac est plus fréquenté que les précédents, comme en témoignent les nombreuses maisons qui se pressent le long de ses rives. La route suit la berge sur 16 km, offrant un agréable paysage, puis traverse le Yukon en enjambant un barrage.

Au km 1445, jolie **vue**★ dominant les blanches falaises et les eaux limpides du **Yukon**. Le célèbre fleuve, qui prend sa source à 24 km de l'océan Pacifique, entame à peine ici son cours, long de quelque 3 200 km, jusqu'à la mer de Béring.

★**Whitehorse** – *km 1474. Voir ce nom.*

★★**De Whitehorse à la frontière de l'Alaska (Route de l'Alaska)** – *491 km. Route décrite (en sens inverse) p. 170.*

Les CARIBOO★

Colombie-Britannique

Vaste espace de pâturages et de collines semi-arides ponctuées de lacs, la région des Cariboo se situe dans la basse vallée du Fraser, au Nord de la rivière Thompson, et fait partie intégrante du plateau intérieur de la Colombie-Britannique. Elle est encadrée à l'Ouest par la chaîne Côtière et à l'Est par les monts Cariboo auxquels elle doit son nom.

Un peu d'histoire

La ruée vers l'or des Cariboo – La région s'est d'abord ouverte aux marchands de fourrures, puis aux chercheurs d'or. Après la Californie en 1848 et le Fraser dix ans plus tard, des prospecteurs trouvèrent de l'or dans les Cariboo vers 1859. Mais c'est en 1862 qu'un matelot de Cornouailles, **Billy Barker**, découvrit dans le lit du ruisseau Williams un riche filon dont il tira, en deux jours à peine, 1 000 dollars de métal précieux. S'ensuivit une ruée vers l'or qui fit naître des localités comme Barkerville, Camerontown et Richfield.

Une dizaine d'années plus tard, les ressources aurifères étaient épuisées (à lui seul, le ruisseau Williams avait donné plus de 50 millions de dollars d'or) et les établissements des Cariboo commencèrent à décliner. Barkerville demeura à l'abandon jusqu'en 1958, date à laquelle le gouvernement canadien décida d'en faire une ville-musée et de la restaurer selon sa splendeur d'antan.

Une contrée d'élevage – Après l'épuisement du filon et le départ des chercheurs d'or, les habitants exploitèrent les ressources de leur environnement : du bois de construction à profusion et de gras pâturages. Les moyens de communication existants furent mis à profit pour expédier le bois et les produits agricoles au marché de Vancouver. Aujourd'hui, les Cariboo sont une zone de ranchs immenses dont le centre est **Williams Lake**. Là se trouvent les plus grands parcs à bestiaux de la province et se tient chaque année, début juillet, un *stampede* très réputé qui attire des cow-boys de tout le continent. Le tourisme est une activité importante dans cette contrée particulièrement renommée pour la pêche, la chasse, les vacances équestres et la visite de **Barkerville**, ancien témoin de la ruée vers l'or et ville fantôme aujourd'hui restaurée.

La route des Cariboo – Les Cariboo étaient une région entièrement sauvage. Tout ce dont pouvaient avoir besoin les mineurs devait y être acheminé par convois de bêtes de somme. La jeune colonie de Colombie-Britannique, créée en 1858, décida donc de construire, avec l'aide de l'armée britannique et de compagnies privées, 650 km de route reliant Barkerville à Yale, dans la basse vallée du Fraser, jusqu'où les bateaux remontaient facilement. Véritable exploit technique, cette voie de communication, qui longeait le dangereux canyon du Fraser, fut inaugurée en 1864. Contrairement aux autres pistes de pionniers, elle a été transformée en autoroute et remplacée par la Transcanadienne, la route 97 (dite « route des Cariboo ») et la route 26.

De Cache Creek, la route 97 quitte le désert du canyon de la Thompson pour atteindre les hauteurs du magnifique plateau des Cariboo dont les forêts de trembles, de sapins et d'épicéas alternent avec de vastes prairies. Située au cœur de cette

■ Séjours-vacances en ranch

Plusieurs ranchs de la région complètent depuis longtemps leurs revenus en recevant des hôtes payants qui y pratiquent équitation ou pêche. Les voyageurs apprécient tout particulièrement les activités physiques qui leur permettent d'oublier, l'espace d'un week-end, les contraintes quotidiennes. Il existe différentes catégories, de la cabane rustique chauffée par un poêle à bois au luxueux chalet doté de cheminées. Des randonnées d'une demi-journée à cheval ou en VTT, ainsi que des excursions d'une journée dans les marais ou en montagne sont généralement organisées, et les pêcheurs auront souvent l'occasion de rapporter une truite arc-en-ciel. Des stages (familiarisation avec les ours, pansage des chevaux ou prise de bétail au lasso) sont couramment proposés. Plusieurs ranchs ont ajouté à leurs prestations des massages thaïlandais, des séances d'aromathérapie et autres services de remise en forme, ainsi que des saunas, piscines chauffées et salles de sport. Quant à l'aspect gastronomique de ces séjours, on trouvera aussi bien la cuisine traditionnelle (bœuf élevé sur place, bien entendu) que des poissons et fruits de mer accommodés selon les recettes asiatiques. Certains établissements proposent des repas diététiques, des menus gastronomiques ou des menus de régime personnalisés.

La saison s'étend de juin à septembre, avec un climat remarquablement stable : des matinées fraîches et ensoleillées sont suivies de températures pouvant s'élever à 21°C, parfois accompagnées d'averses. De nombreux Européens organisent leur voyage en Colombie-Britannique un an à l'avance, ce qui donne une idée du succès croissant que connaissent les ranchs. Un séjour d'une semaine coûte de 900 $ environ (en pension complète) à nettement plus de 3 000 $; des forfaits en pension complète sont parfois proposés. Voici une sélection des établissements les plus réputés. *Pour plus de renseignements, contacter BC Guest Ranchers' Assn. : www.bcguestranches.com ☎ 250-374-6836.*

Big Bar Ranch, à Clinton – *Big Bar Creek Rd.* ☎ *250-459-2333. www. bigbarranch.com* Ce ranch rustique et familial offre des prestations à prix raisonnable : hébergement (dans la maison d'habitation, dans des cabanes ou des tipis), équitation et pêche dans les monts Marble.

Douglas Lake Ranch, au lac Douglas – *Douglas Lake Rd.* ☎ *250-350-3344 ou 800-663-4838. www.douglaslake.com.* Cette exploitation, la plus grande du Canada (16 000 têtes de bétail), occupe plus de 2 000 ha de prairie dorée. Elle comprend deux auberges, des terrains de camping, ainsi que des tentes et des bungalows de bois isolés ; équitation et pêche sont au nombre des activités proposées.

Echo Valley Ranch, à Jesmond – ☎ *250-459-2386 ou 800-253-8831. www.evranch.com.* Fondé en 1994 par un entrepreneur en haute technologie, Echo Valley se distingue par son côté haut de gamme : bungalows en rondins, luxueux et pimpants, centre de remise en forme, piscine intérieure, cuisine gastronomique et promenades à cheval guidées le long du canyon du Fraser. Donnant sur le murmure d'un ruisseau, le cottage « lune-de-miel » possède un charme fou.

Elkin Creek Ranch – ☎ *604-984-4666 ou 877-870-0677. www. elkincreek.bc.ca.* L'exploitation, sise au cœur d'une vallée intacte et reculée de la Chilcotin, à l'ombre de la chaîne Côtière, mérite le coup d'œil. De ravissantes maisons en rondins parsèment un bosquet de trembles ; on ne revient généralement pas bredouille d'une journée de pêche dans les lacs voisins.

Flying U Ranch – ☎ *250-456-7717. www.flyingu.com.* Ce ranch fut le premier du pays, dans les années 1920, à lancer la formule du séjour payant. Il est célèbre pour son atmosphère « bonne franquette » : les clients choisissent et sellent eux-mêmes leur cheval, puis partent découvrir à leur guise les paisibles forêts de trembles et de conifères. Les chambres sont confortables et accueillantes.

Hills Health Ranch – ☎ *250-791-5225. www.spabc.com.* Le ranch, se consacrant à l'équitation et à la remise en forme, offre aux visiteurs le choix entre être dorlotés ou vigoureusement massés..., à moins qu'ils n'optent pour les deux à la fois (l'établissement s'est spécialisé dans les soins à l'huile d'églantine). La cuisine diététique est excellente ; les promenades à cheval dans les prés verdoyants sont magiques.

Sundance Guest Ranch, à Ashcroft – *Route 97C.* ☎ *250-453-2422. www.sundance-ranch.com.* Dominant le canyon de la Thompson, à 4 h de route seulement de Vancouver, Sundance est, avec ses prestations de type club de vacances, le ranch le plus citadin de Colombie-Britannique. Il ne se contente pas de promenades à cheval guidées et propose, entre autres, des courts de tennis, une salle de billard et une piscine chauffée, très prisés des visiteurs venus seuls.

● **Hébergement**

Les lieux rustiques appellent des infrastructures rustiques, et c'est ainsi que cela se passe au parc Wells Gray.

Wells Gray Ranch – ☎ 250-674-2792. www.canadian-adventures.com. Composé de 8 cabanes confortables en bois, de dortoirs et d'une salle où planter la tente pour les plus économes, il possède un saloon très fréquenté le soir.
L'établissement est célèbre pour les randonnées avec sac à dos qu'il organise le long de la crête du canyon de Clearwater, quelque 800 m plus bas.

Helmcken Falls Lodge – ☎ 250-674-3657. www.helmckenfalls.com. Cette sympathique auberge proche de l'entrée du parc donne sur des prairies et le mont Trophy. Les visiteurs ont le choix entre loger dans 8 bungalows de bois bien aménagés, 11 appartements doubles en chalet ou 2 appartements en cottages jumelés. Un petit parfum d'aventure attend les amateurs de randonnée pédestre, de canoë et de promenades à cheval (activités guidées).

région, l'aire de repos du **108 Mile Ranch** comprend une demi-douzaine de bâtiments provenant d'un relais routier séculaire. Le bâtiment principal est une grange de bois à deux étages (1908) construite pour la famille Clydesdale, qui parcourait autrefois la route. La grange, qui est la plus ancienne grange de bois du Canada, fait aujourd'hui office (entre autres) de salle de bal communale. La route traverse le lac Williams et poursuit vers le Nord avant de parvenir à Quesnel et ses scieries. Puis, sur le **trajet★** de Quesnel à Barkerville, la route 26 pénètre dans les monts Cariboo et passe à **Cottonwood House★** (&. de mi-juil. à fin août : 10 h-19 h ; le reste de l'année téléphoner pour connaître les horaires. 3,50 $. ☎ 250-994-3332. www.heritage. gov.bc.ca), l'un des derniers relais (ouv. le midi) de l'ancienne route des chariots. Toujours solide malgré son siècle d'existence, le bâtiment en peuplier de Virginie est remarquable. On atteint la bourgade minière de **Wells** un peu avant Barkerville. La région abrite de nombreux petits établissements hôteliers, comme le Wells Hotel ou le St. George Inn à Barkerville (consulter la chambre de commerce du district : ☎ 250-994-3422. www.wellsbc.com).

★★ VILLAGE HISTORIQUE DE BARKERVILLE

🔲 90 km à l'Est de Quesnel par la route 26. &. 8 h-20 h. 9 $. ☎ 250-994-3332. www.heritage.gov.bc.ca

Bâtie dans la vallée du riche ruisseau Williams, cette localité historique – qui offre l'image d'un long village-rue – occupe un très joli **site★** dominé par les hauteurs des Cariboo. Le long des trottoirs de bois s'alignent les façades restaurées de tout ce qui faisait une ville minière au siècle dernier : magasins, saloons, hôtels, bureau de titrage de l'or. Le **centre d'accueil** présente des montages audiovisuels (projections à heure fixe en été) et des expositions sur la ruée vers l'or des Cariboo, Barkerville à cette époque, et les méthodes employées par les orpailleurs. Ces différentes activités constituent une bonne introduction à la visite. On remarquera, dans le village, **St. Saviour's Anglican Church**, petite église anglicane en bois qui se distingue par sa silhouette singulière. À l'autre bout de la rue se trouve le quartier chinois, groupé autour de son temple maçonnique, le **Chinese Freemasons' Hall**. Noter l'emplacement de la **concession de Billy Barker**, et faire un arrêt au **Theatre Royal** (&. représentations de mi-mai à fin août, téléphoner pour connaître les horaires. Réservation conseillée. 10 $. ☎ 250-994-3232) qui donne des spectacles typiques de ceux auxquels auraient assisté les chercheurs d'or du 19e s. Les visiteurs pourront également chercher de l'or à la batée à l'Eldorado Mine (payant).

R. Corbel/MICHELIN

Église anglicane St. Saviour

■ **En selle, cow-boy !**

Loin d'être des fantômes du passé, les **transhumances** font toujours partie du paysage de l'Ouest canadien ; au printemps, les *ranchers* emmènent les troupeaux paître dans les plaines d'altitude, puis ils les redescendent en automne. Les enjeux sont énormes, dans un pays où subsistent les panneaux avertissant des peines encourues en cas de vol de bétail. Deux manifestations font vivre chaque été les meilleurs moments de la transhumance. Il n'est besoin que de savoir un peu monter à cheval : on peut alors louer monture et sellerie. Bien qu'elle soit surtout un spectacle (le nombre des amateurs dépassant de loin celui des authentiques cowboys), la **transhumance de Kamloops** permet d'accompagner le retour des troupeaux en profitant de l'atmosphère des hauts plateaux : 5 jours en selle, soirées et chansons autour d'un feu de camp, cantine ambulante. *Kamloops Cattle Drive,* ☎ *250-372-7075 ou 800-288-5850. www.cattledrive.bc.ca.* À Williams Lake se tient le **grand Stampede des Cariboo**. Les cavaliers ne suivent pas le troupeau mais traversent une contrée spectaculaire en altitude et peuvent nager et pêcher. *Pour plus de détails,* ☎ *250-395-2753..www.greatcaribooride.org.* Les dates, itinéraires et tarifs des deux manifestations changent chaque année. Les cavaliers émérites peuvent aussi participer à des rassemblements de troupeaux dans certains ranchs. *Contacter BC Guest Ranchers' Association,* ☎ *250-374-6836. www.bcguestranches.com*

En continuant à pied le long du ruisseau Williams sur 1,6 km, on arrive à **Richfield**, autre ville minière où chaque été (*de mi-juin à fin août : 3 représentations par jour*), des acteurs font revivre le tribunal du célèbre **juge Begbie**, personnage peu ordinaire qui sut imposer l'ordre à la bouillante communauté de mineurs des Cariboo, mettant en place un modèle suivi plus tard au Klondike.

★★WELLS GRAY PARK

204 km à l'Est de Williams Lake, direction Clearwater par la route 97, la route 24 et la route 5. À Clearwater, continuer 40 km au Nord jusqu'à l'entrée du parc. Ouv. toute l'année. Randonnées pédestres, canoë, natation, pêche et équitation. Carte disponible au centre d'accueil des visiteurs. (Juil.-août : 9 h-17 h ; le reste de l'année téléphoner pour connaître les horaires) ☎ *250-674-2646. www.bcparks.ca*

À cheval sur un canyon spectaculaire et le versant Ouest de la chaîne des Cariboo, le Parc provincial de Wells Gray est un immense joyau, souvent dédaigné des visiteurs mais très apprécié des habitants de Colombie-Britannique. Ses forêts et son arrière-pays très étendu sont un terrain de randonnée idéal et il est possible de pratiquer les sports nautiques sur ses quatre lacs principaux.

Créées par le plongeon de la Murtle du haut d'une falaise de basalte (137 m), les **chutes de Helmcken** *(accessibles par la route de Clearwater)* sont la curiosité la plus célèbre du parc. Une courte marche *(3 km)* à travers une forêt de bouleaux, de trembles et de peupliers mène à **Ray Farm**, une ancienne ferme, puis à une source minérale. Un terrain de camping très apprécié est installé au **lac Clearwater**, où sont organisées des randonnées en canoë à la journée ou à la semaine. Niché dans une cuvette d'altitude à la limite Sud-Est du parc, le **lac Murtle** n'admet aucune embarcation à moteur.

DAWSON CITY★★

Yukon

1 251 habitants

Office du tourisme ☎ 867-993-5575 ou www.dawsoncity.ca

Dawson City occupe un **site** superbe sur la rive Est du Yukon, au confluent du Klondike. À l'époque de la ruée vers l'or, cette pittoresque ville de pionniers (centre névralgique de la région) marqua, pour des milliers d'aventuriers, l'ultime étape d'une folle épopée. Ayant conservé son caractère d'antan, avec ses rues non pavées, ses maisons basses et ses trottoirs à planches bordés de fausses façades dignes d'un décor d'Hollywood, elle accueille aujourd'hui des milliers de visiteurs. Plusieurs édifices de la ville composent Dawson Historical Complex, qui fait partie des sites historiques nationaux.

Un peu d'histoire

Au pays du Klondike – Le 16 août 1896, **George Carmack** et ses deux beaux-frères, les Amérindiens Skookum Jim et Tagish Charlie, découvrirent de l'or dans le minuscule **ruisseau Bonanza**, tributaire d'un affluent du Yukon, le **Klondike**. À cette nouvelle, près de 100 000 individus venus jusque d'Australie allaient tenter l'aventure et entreprendre le long et difficile voyage vers Dawson City, ville-champignon surgie comme par miracle à l'embouchure du Klondike. De nombreux récits content leur étonnant et dangereux périple. Beaucoup ne parvinrent pas au but. Quant à ceux qui arrivèrent à destination, bien peu firent fortune.

Les routes de 1898 – À l'époque, on pouvait se rendre à Dawson City de plusieurs façons. L'itinéraire des « riches », le plus long mais aussi le plus facile, se faisait par voie maritime jusqu'à l'embouchure du Yukon, après quoi on remontait le fleuve en bateau à aubes sur 2 100 km jusqu'à la « ville de l'or ». Certains essayèrent une voie terrestre au départ d'Edmonton (Alberta) qui correspondait en gros à l'actuelle route de l'Alaska ; malheureusement, d'innombrables tourbières et buissons la rendaient quasi impraticable. La majorité des prospecteurs remontaient donc la côte pacifique par le Passage intérieur jusqu'à Skagway ou Dyea, minuscules relais au Sud-Est de l'Alaska, et continuaient sur le Yukon en traversant la terrible chaîne Côtière.

La reine du Klondike – La nouvelle de la découverte de 1896 au ruisseau Bonanza se répandit très rapidement. Anxieux de faire valoir leurs droits, les prospecteurs déjà sur place s'empressèrent d'enregistrer leurs concessions. Un certain **Joe Ladue**, marchand des environs, fit tout autrement fortune. Il eut la brillante idée de fonder l'ébauche d'une ville sur un pâturage marécageux à l'embouchure du Klondike. Très vite, les terrains atteignirent 5 000 dollars par pied de façade sur la rue principale. Dawson City était née. On y trouvait de tout (vins et mets les plus fins, dernières toilettes de Paris), mais à des prix exorbitants (œufs à 1 dollar pièce, clous à 8 dollars la livre). Et dans les nombreux saloons de la ville, il était très courant de voir les clients régler l'addition en poudre d'or.
La plus grande et la plus riche des communautés minières de l'époque, Dawson City était aussi, contre toute attente, la plus respectueuse des lois. Car la Police montée du Nord-Ouest, seule autorisée à être armée, faisait régner en ville une discipline de fer. Le dimanche, par exemple, tout était fermé. Et malheur à ceux qui enfreignaient la loi ; un « ticket bleu » les informait de leur expulsion imminente.

Déclin et renouveau – Mais Dawson City connut une splendeur bien éphémère. Dès 1904, les riches **placers** (c'est-à-dire les gisements aurifères) étaient épuisés – on avait alors extrait pour 100 millions de dollars d'or – et pour exploiter le restant du précieux minerai, un équipement compliqué devenait nécessaire. Délaissée par les petits entrepreneurs, la ville perdit de son éclat et tomba aux mains des grandes compagnies minières et de leurs dragues monstrueuses.
Jadis la plus grande ville canadienne (30 000 habitants) à l'Ouest de Winnipeg, Dawson City se fit dépasser par Whitehorse aux alentours de la Seconde Guerre mondiale. Whitehorse avait en effet l'avantage d'être à la fois desservie par la route (de l'Alaska), le chemin de fer et l'avion, et elle se développa à mesure que Dawson City déclinait. En 1953, Whitehorse devint officiellement capitale territoriale. En 1966, la dernière grande compagnie minière quittait la région, et Dawson City serait morte si le tourisme ne lui avait apporté un second souffle. Aujourd'hui, quelques prospecteurs y vivent encore de l'or, mais en comparaison des 66 millions de dollars extraits en 1898, leur production est négligeable.
Dawson City a une population permanente d'un millier d'habitants, grossie en été par l'afflux de visiteurs et résidents saisonniers. Située à moins de 300 km du cercle arctique, elle repose sur de riches sols qui échappèrent à la glaciation, et bénéficie de chauds étés baignés par la lumière quasi constante du jour. On y verra des légumes dans les jardins et des fleurs à travers les lézardes le long des rues. Beaucoup de vieux bâtiments témoignent encore d'une splendeur inégalée à cette latitude ; mais certains, tordus et déformés, penchent sous l'action du pergélisol. Le gouvernement canadien s'est lancé dans une vaste entreprise de restauration visant à redonner à la ville un peu de sa magnificence d'autrefois.

Festivités locales – Le visiteur de passage à Dawson City notera sur son calendrier le 21 juin, date à laquelle le soleil de minuit se cache à peine derrière les monts Ogilvie, et le troisième week-end d'août, où la ville célèbre son **Discovery Day** *(Jour de la Découverte)* en organisant défilé, courses en radeau sur le Klondike et autres réjouissances.

Visite de Dawson City – Faire un premier arrêt à l'Office de tourisme *(à l'angle de Front St. et King St. ♿ De déb. juin à mi-sept. : 8h-20h. ☎ 867-993-7200. www.parkscanada.gc.ca)* pour se procurer le programme des différentes manifestations et visites guidées ainsi qu'un plan de la ville. Les présentations audiovisuelles et expositions préparées par l'Office de tourisme forment une bonne introduction à la visite. Les sites accompagnés de la mention « visite guidée » ne peuvent se découvrir que sous la houlette d'un guide *(1 h ; de déb. juin à mi-sept. 5 $)*. Pour les autres, un audioguide est à disposition des visiteurs *(5 $)* Quant aux bâtiments historiques dont l'accès est interdit au public, ils donnent généralement un aperçu de leur histoire dans des vitrines explicatives disposées à l'extérieur. Des informations complémentaires sont disponibles auprès de la Klondike Visitors Association *(☎ 867-993-5575. www.dawsoncity.ca)*.

★★CENTRE-VILLE

Dawson City étale ses rues quadrillées au pied du Midnight Dome dont on aperçoit bien les contours depuis le centre-ville. Le flanc de cette énorme colline est comme meurtri par le **Moosehide Slide**, glissement de terrain naturel probablement causé par une source souterraine, et qui pose moins de dangers à la communauté qu'inondations ou incendies.

Sur **Front Street** (ou 1st Avenue) repose le **SS Keno**, bateau à aubes qui transportait naguère sur la rivière Stewart les minerais d'argent, de plomb et de zinc des mines du district de Mayo. Construit à Whitehorse en 1922, ce vapeur allait aussi à Dawson City où il fit d'ailleurs son dernier voyage en 1960 avant d'y être définitivement mis en cale sèche. À la suite des terribles inondations de 1979, on a construit une digue de graviers et de sable le long de la rive où les bateaux entraient à quai. Non loin du *Keno*, on remarquera l'ancienne **Canadian Imperial Bank of Commerce** dont l'imposante façade en tôle pressée imite la pierre de taille. À l'extérieur, une plaque rend hommage à son célèbre employé, le poète Robert Service.

L'angle de Queen Street et 2nd Avenue est occupé par l'ancienne **British North American Bank** *(visite guidée)*, aux magnifiques comptoirs de bois ciré. Plusieurs bâtiments de Dawson City ont été restaurés, parmi lesquels **Ruby's Place** *(V)*, ancienne maison close située au Sud de 2nd Avenue.

À l'angle de Princess Street et 3rd Avenue, le magasin **Harrington's Store** *(de mi-mai à mi-sept.)*, bâti en 1900 mais depuis rénové, abrite une belle exposition de photographies intitulée *Dawson As They Saw It*. En face, remarquer l'échoppe du forgeron **Billy Bigg's** *(V)*, et au Nord de 3rd Avenue, le **KTM Building** *(V)* qui servait d'entrepôt à la Klondike Thawing Machine Company en 1912.

De style néoclassique, l'ancienne bibliothèque Carnegie marque l'angle de 4th Avenue et Queen Street ; c'est aujourd'hui une **loge maçonnique**. De l'autre côté de la rue s'élève **Diamond Tooth Gertie's**, casino dont le nom évoque une légendaire figure de Dawson City (♿ *mai-sept. : spectacles nocturnes. 6 $. ☎ 867-993-6217. www.dawsoncity.ca ; voir Whitehorse).*

De retour sur 3rd Avenue, on remarquera le **Dawson Daily News** (1898-1953) *(V)* et **Madame Tremblay's Store** *(V)*, magasin restauré selon son aspect de 1913. En face, un bâtiment en planches flanqué d'une tourelle octogonale contient une réplique de l'ancien **bureau de poste** *(de mi-mai à mi-sept.)*. Construit en 1900, le bâtiment avait été conçu par l'Anglais **Thomas W. Fuller** qui servit pendant 15 ans en qualité d'architecte en chef du pays et influença tout particulièrement l'architecture fédérale canadienne. Fuller dessina également les plans de la résidence du commissaire *(ci-dessous)* et des anciens locaux de l'administration territoriale *(voir plus loin)*.

Sur King Street trône un remarquable bâtiment en pin orné d'une fausse façade aux détails compliqués. C'est la reproduction du **Palace Grand Theatre★** *(visite guidée)*, construit en 1899 par « Arizona Charlie » Meadows. On y donnait jadis des représentations en tout genre : opéras aussi bien que spectacles western. La salle en demi-lune se compose de deux niveaux différents ; elle offre aux spectateurs des « chaises de cuisine » rembourrées en guise de sièges, le tout dans un décor très coloré de drapeaux américains et britanniques. Il s'y joue de nos jours les *Gaslight Follies*, mélange de vaudeville et mélodrame de la Belle Époque (♿ *de fin mai à déb. sept. : représentations 20 h30. 15/17 $. Réservations ☎ 867-993-6217 ; voir Whitehorse).*

La rue suivante, très justement nommée Church Street, contient une église anglicane, **St. Paul's Anglican Church** (1902), bâtiment en planches construit grâce à la générosité des mineurs des environs.

Au Sud, une demeure à deux portiques donne sur Front Street. C'était, au début du 20e s., la **résidence du commissaire** du Yukon *(de mi-mai à mi-sept.)*. Le bâtiment actuel offre un extérieur moins élaboré que l'originel, conçu par T.W. Fuller et détruit en 1906 par un incendie. Toute

● **Bombay Peggy's**
À l'angle de 2nd St. et Princess St.
☎ *867-993-6969.*
http://www.bombaypeggy.com.
La ravissante demeure victorienne (1900) à trois niveaux, à qui une célèbre tenancière de maison close des années 1950 a donné son nom, sombrait peu à peu dans l'oubli, pratiquement abandonnée, jusqu'à son rachat en 1998 par deux citoyens de Dawson. La déplaçant en centre-ville, ils la transformèrent en opulent et élégant hôtel. Les propriétaires actuels en ont rénové une partie et redécoré une autre de papiers peints et de mobilier d'époque (baignoires à pieds griffus et lits à baldaquin). Il y a même un piano mécanique dans le salon ! Clients et visiteurs peuvent se faire servir des amuse-gueules et des boissons alcoolisées.

© Malak, Ottawa

Danseuses du casino Diamond Tooth Gertie's

l'activité mondaine de Dawson City gravitait autour de cet hôtel particulier aux parterres jadis fleuris ; on y donnait des thés d'après-midi, de grands dîners et d'élégantes réceptions en plein air. Derrière le bâtiment subsistent les vestiges d'une ancienne caserne de la Police montée du Nord-Ouest, **Fort Herchmer** *(extérieur ouvert au public)*, avec ses appartements pour les familles, ses écuries, sa prison et les quartiers de son commandant. À l'angle de Church Street et 4th Avenue, noter **St. Andrews Church** et son **presbytère** rénové.

AUTRES CURIOSITÉS

★**Dawson City Museum** – *595 5th Ave. De mi-mai à mi-sept. : 10 h-18 h ; le reste de l'année sur demande. 7 $. ☎ 867-993-5291.* En haut de 5th Avenue, un bâtiment à la façade solennelle, qui accueillait auparavant les bureaux de l'administration territoriale, abrite désormais le musée de la ville. C'est un imposant monument de style néoclassique (T.W. Fuller) construit en 1901. La galerie Sud exploite les thèmes de la ruée vers l'or du Klondike, tandis que la galerie Nord offre un aperçu de la vie à Dawson City au début du 20ᵉ s. On peut également voir des locomotives de la Klondike Mines Railway dans un hangar annexe.

Robert Service Cabin – *À l'angle de 8th Ave. et de Hanson St.* De son emplacement Sud-Est, une cabane de deux pièces en rondins ornée d'une ramure d'orignal regarde vers la ville. C'est là que vécut, de 1909 à 1912, celui qu'on allait appeler le « chantre du Yukon » : **Robert Service** (1874-1958). Il y écrivit son seul roman, *The Trail of Ninety-Eight*, et son dernier recueil de poèmes sur le Yukon, *Songs of a Rolling Stone*. Étrangement, Service ne fut pas directement témoin de la ruée vers l'or ; il n'arriva à Dawson City qu'après. Son œuvre poétique – notamment ses *Songs of a Sourdough* – recrée pourtant de manière fort vivante l'ambiance de l'époque. Des **lectures** *(1 h)* en plein air de ses poèmes ont lieu sur la propriété (♿ *de déb. juin à mi-sept. : 9 h-17 h. 5 $.).*

Jack London Interpretive Center – *À l'angle de 8th Ave. & Firth St.* Sur cette même propriété, on a reconstitué la cabane d'un autre écrivain à avoir connu le Dawson City des beaux jours d'antan : il s'agit de l'Américain **Jack London** (1876-1916), rendu particulièrement célèbre par ses nouvelles et romans du Grand Nord (*L'Appel de la forêt*, *Croc-Blanc*, etc.). Un édifice adjacent *(de fin mai à mi-sept. : 11 h-18 h. 2 $. ☎ 867-993-6317)* abrite une exposition de photographies sur sa vie au Klondike. L'exposition contient aussi des photos des fouilles entreprises vers les années 1960 pour découvrir la « vraie » cabane de l'auteur (trouvée finalement au bord du ruisseau Henderson, à 73 km au Sud de Dawson City). Des **lectures** *(30mn)* de ses œuvres sont également données *(2 fois par jour).*

EXCURSIONS

Midnight Dome – *9 km par Dome Rd. (route sinueuse et escarpée).* Ainsi nommé en raison du soleil de minuit qui, tous les 21 juin, l'inonde de ses rayons, le « Dôme de Minuit » (884 m) se profile à l'arrière-plan. Du sommet, il offre nuit et jour une **vue**★★ splendide sur Dawson City. On aperçoit la ville en contrebas, au confluent du Klondike et du Yukon. Le Klondike forme une traînée d'eau claire qui disparaît dans les eaux boueuses du grand fleuve ; ce dernier poursuit sa course vers le Nord en dessinant de beaux méandres. On arrive même à distinguer l'endroit où le ruisseau Bonanza se jette dans le Klondike, et l'on pourra constater la terrible ampleur des ravages que les dragues minières ont infligés à la région. Montagnes et forêts à perte de vue... Au Nord, les monts Ogilvie découpent leurs formes particulièrement impressionnantes.

★★**Bonanza Creek** – *De la ville, suivre Klondike Hwy. sur 4 km, puis prendre Bonanza Creek Rd.* La route, non goudronnée et entretenue sur 16 km, serpente le long du ruisseau Bonanza à travers d'énormes monceaux de **déblais** (rebuts de gravier lavé) laissés par les dragues. La **drague numéro quatre** *(de déb. juin à mi-sept. 5 $, billets disponibles au centre d'accueil)* sur la concession 17BD contient le plus de vestiges d'équipement minier. Énorme élévateur à godets sur coque de bois, elle se compose essentiellement de quatre parties *(voir les panneaux d'interprétation)* : une barge de flottaison ; une chaîne de godets en acier pour racler les graviers à l'avant de la barge et les déposer dans la cuve ; la cuve elle-même, utilisée pour le lavage à l'eau des graviers et la récupération de l'or ; et enfin, un transporteur pour rejeter les graviers improductifs à l'arrière de la barge.

Les visiteurs pourront revivre un court moment la folle épopée des chercheurs d'or en lavant le gravier aurifère à la **batée** sur une concession mise à leur disposition par la Klondike Visitors Association *(renseignements ☎ 867-993-5575)*. Ils verront également la plaque marquant l'emplacement de la « concession de la découverte », dite **Discovery Claim** *(à 14,5 km de la jonction avec la Klondike Hwy.)*, qui déclencha la ruée vers l'or du Klondike. Un peu plus loin *(à 19 km du carrefour)*, les ruisseaux Eldorado et Bonanza se rejoignent. L'Eldorado comptait parmi les plus riches concessions, et Grand Forks, au confluent des deux ruisseaux, fut jadis une communauté prospère. Aujourd'hui, il n'en subsiste rien.

Bear Creek – *13 km de Dawson City à Bear Creek Rd. par Klondike Hwy. De déb. juin à déb. sept. : visite guidée (1 h). 5 $. ☎ 867-993-7200.* En 1966, la Yukon Consolidated Gold Company ferma cet assez grand complexe. Il abritait autrefois une active communauté de plus de 2 000 personnes qui travaillaient à l'entretien de toute une flotte de dragues. On pourra visiter le caverneux atelier de maintenance et la **salle d'affinage de l'or**. La visite se conclut par la projection d'un document d'archives *(11mn)*.

■ Les bardes du Grand Nord

La plupart des grandes épopées humaines doivent leur renom à des chroniqueurs qui, à leur tour, sont rendus célèbres par les événements qu'ils décrivent. **Jack London** et **Robert Service** ont ainsi contribué à faire entrer dans la légende la ruée vers l'or du Klondike. Leurs habitations sont aujourd'hui des hauts lieux du tourisme local.

London arrive le premier, en 1897, jeune Californien venant chercher fortune au Yukon. Il extrait un peu d'or d'une concession sur la rivière Henderson, mais une attaque de scorbut le contraint l'année suivante à retourner en Californie. Il y découvre le véritable trésor du Yukon lorsqu'il vend son premier roman d'aventures fin 1898. Il connaît la notoriété dès 1903 avec *L'Appel de la forêt*, aventure épique d'un chien de traîneau retourné à l'état sauvage. Considéré comme l'un des meilleurs auteurs du Grand Nord, Jack London devient l'un des écrivains les plus célèbres et les mieux payés de son époque.

Employé de banque, Robert Service arrive au Yukon en 1904, à Whitehorse. Son premier triomphe, *Songs of a Sourdough* (1907), est une relation en vers d'histoires sur le Yukon : le succès populaire est phénoménal. Sa banque le mute en 1908 à Dawson City, où il achève *Ballads of a Cheechako*, l'œuvre qui lui procure enfin l'indépendance financière. Il écrit alors une vivante épopée de la ruée vers l'or, *The Trail of Ninety-Eight*. Mais, comme tant d'autres ayant tiré leur fortune du Klondike, Jack London et Robert Service finissent leurs jours sous des cieux plus cléments. Jack London se retire dans son ranch californien jusqu'à sa mort en 1916, tandis que Robert Service s'installe en Europe, principalement en France, où il meurt en 1958.

FORT ST. JAMES★

Colombie-Britannique
1 927 habitants

Située à 154 km au Nord-Ouest de Prince George, cette ville au bord du lac Stuart est l'une des plus anciennes localités de l'Ouest du Canada. Un comptoir y fut fondé par Simon Fraser au centre d'une vaste région sauvage alors appelée Nouvelle-Calédonie *(voir p. 74)*. À partir de 1821, la Compagnie de la baie d'Hudson (CBH) y maintint un magasin de détail jusqu'à son installation dans des locaux plus modernes en 1971. L'isolement actuel de la localité permet d'imaginer à quel point les premiers occupants ont dû s'y sentir éloignés de toute civilisation.

★FORT ST. JAMES

La ville restitue la vie quotidienne d'un comptoir de fourrures implanté au milieu d'un environnement sauvage. Après les travaux (entrepris dans les années 1970) nécessaires à son classement, grâce auxquels Fort St. James a retrouvé son aspect de 1896, elle est devenue site historique national.

Au début du 19e s., le commerce des fourrures était presque entièrement entre les mains de la Compagnie de la baie d'Hudson et de sa concurrente, la Compagnie du Nord-Ouest. Simon Fraser, employé chez cette dernière, établit en 1806 un comptoir au lac Stuart. Rebaptisé Fort St. James, celui-ci devint rapidement le quartier général du commerce des fourrures à l'Ouest des Rocheuses. La fusion des deux entreprises en 1821 fit passer le fort sous le contrôle de la nouvelle Compagnie de la baie d'Hudson.

La vie dans cet avant-poste isolé était dure et solitaire. Le personnel stationné à Fort St. James affrontait un climat rude, une alimentation fruste, une routine implacable et l'éloignement de son milieu familial. Les trappeurs, indiens pour la plupart, apportaient les peaux au magasin où elles étaient évaluées et troquées contre des produits de consommation.

Cependant, le comptoir commença dans les années 1870 à être fréquenté par des prospecteurs et des colons possédant de l'argent liquide et, vers la fin du siècle, les échanges se firent contre monnaie sonnante et trébuchante.

Visite

Situé en ville, au bord du lac. ♿ *De mi-mai à fin sept. : 9 h-17 h. 4 $.* ☎ *250-996-7191 (poste 25). www.parkscanada.gc.ca*

Le site national historique contient plusieurs bâtiments restaurés de la CBH, construits entre 1884 et 1889. On remarquera notamment la **maison des hommes**, et les quartiers des officiers à l'ameublement méticuleusement reconstitué. Aménagée à l'écart, la **cache à poisson** contenait les réserves de saumon séché ; l'**entrepôt général** abrite une inestimable collection de fourrures. À chaque détour, des acteurs costumés proposent diverses attractions et content des anecdotes sur la vie passée du fort. Au centre d'accueil, des expositions variées et un excellent film *(9mn)* font l'historique de Fort St. James.

Région du canyon du FRASER★★

Colombie-Britannique
Schéma : Vallée de l'OKANAGAN

De Vancouver au lac Shuswap, la Transcanadienne *(route 1)* suit les profondes vallées en auge du Fraser et de la Thompson à travers les défilés de la chaîne Côtière et les collines arides et sauvages du plateau intérieur.

Le premier Européen à atteindre le Fraser fut **Alexander Mackenzie** en 1793, lors de son voyage vers le Pacifique à travers les montagnes de l'Ouest. Mais le grand fleuve doit son nom à un autre employé de la Nord-Ouest, **Simon Fraser**, qui l'explora en 1808 et nomma son principal affluent en l'honneur du cartographe **David Thompson**.

Trop tumultueux pour être navigable et servir de route aux cargaisons de fourrures, le Fraser fut peu fréquenté, jusqu'à ce qu'on découvre de l'or à **Hill's Bar**, près de Yale, en 1858 ; une inévitable ruée s'ensuivit. Trois ans plus tard, on annonçait un gisement bien plus riche, loin au Nord, dans les Cariboo. Mais au-dessus de Yale, la rivière était trop dangereuse pour permettre le passage régulier des bateaux à vapeur. Aussi fut-il décidé de construire la route des Cariboo. Dans le canyon du Fraser, où les parois verticales dominent le fleuve bouillonnant, ce fut une véritable prouesse.

À partir de 1880, la construction de la voie du Canadien Pacifique exigea de nouveaux exploits pour aligner dans les gorges tunnels et chevalets, malgré les crues dévastatrices et les éboulements meurtriers. Traversée ensuite par une seconde ligne de chemin de fer, puis par la Transcanadienne, cette voie jadis impraticable est aujourd'hui devenue la principale artère de la province.

★★① CANYON DU FRASER – De Hope à Lytton

109 km (excursion non comprise)

★Hope – Les montagnes, fortement découpées et couvertes de forêts, forment pour cette petite ville un cadre très agréable. Hope est en compétition avec d'autres anciennes villes forestières pour le titre de « capitale de la sculpture à la tronçonneuse », et des dizaines d'œuvres d'artistes locaux sont disséminées dans la ville. Un glissement de terrain, le **Hope Slide★**, illustre éloquemment la nature rebelle de cette région sauvage. En 1965, une énorme masse rocheuse se détacha du pic Johnson *(à 18 km à l'Est par la route 3)* et dévala les pentes, comblant au passage un lac, refoulant ses eaux, et obligeant à reconstruire la route 45 m au-dessus de son niveau antérieur.

Manning Provincial Park – *Excursion : 136 km AR au départ de Hope par la route 3. Ouv. toute l'année. Randonnée, équitation, bicyclette, ski de fond.* Après l'entrée du parc, la route traverse une zone appelée **Rhododendron Flats★**, où ces arbustes fleurissent à profusion à la mi-juin, puis elle franchit le col Allison (1 341 m). Le **centre d'accueil** *(à 68 km de Hope, juste à l'Est de Manning Park Lodge.* ♿ *De mi-mai à mi-oct. :* 8 h30-16 h30. ☎ *250-840-8836. www.bcparks.ca)* fait l'exposé des différentes zones végétales du parc : à l'Ouest, dense forêt humide des régions côtières de la Colombie-Britannique ; au centre, zone de transition ; à l'Est, steppe semi-aride semblable au plateau intérieur de la province. Le parc Manning est l'un des deux seuls endroits au Canada où les visiteurs ont accès, en voiture, à des paysages de type subalpin *(l'autre étant le Mt. Revelstoke National Park).*

Après Hope, la vallée se rétrécit progressivement, la route longe des saillies rocheuses ou descend au niveau du fleuve. Le paisible hameau de Yale, entouré d'impressionnantes falaises, fut, au temps de la ruée vers l'or, une ville fort active de 20 000 habitants, charnière entre la partie navigable du Fraser et la route des Cariboo. Au Nord de Yale, les falaises sont verticales, la vallée étroite, et l'on rencontre de nombreux tunnels perchés à mi-paroi au-dessus du fleuve bouillonnant. Juste après Spuzzum, la Transcanadienne franchit le Fraser et continue en longeant la rive Est du fleuve.

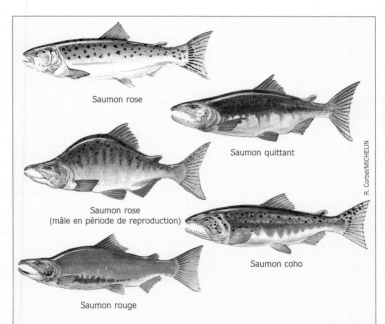

Saumon rose

Saumon quittant

Saumon rose
(mâle en période de reproduction)

Saumon coho

Saumon rouge

R. Corbel/MICHELIN

■ Le saumon du Pacifique

On distingue cinq espèces de saumons en Colombie-Britannique : le rouge, le rose, le kéta, le coho et le quinnat. Le saumon naît dans les torrents de montagne, puis vit un ou deux ans dans un lac avant d'entreprendre sa descente vers l'océan. Il passe en mer une ou plusieurs années, puis remonte le fleuve vers sa frayère natale (fin de l'été). C'est dans le Fraser que les saumons sont les plus nombreux, parcourant jusqu'à 48 km par jour. Quand il a pondu, le saumon du Pacifique meurt, contrairement à son cousin de l'Atlantique, capable d'exécuter plusieurs migrations.

★★Hell's Gate – À cet endroit, le canyon atteint une profondeur de 180 m. Le fleuve, large d'à peine 36 m, s'y engouffre violemment à la vitesse de 8 m par seconde. Ce sont les travaux de la voie du Canadien National qui sont responsables de cette furie, quand en 1914, ils firent s'effondrer une partie de la falaise, obstruant partiellement le lit du fleuve. Incapables de remonter le courant, les saumons du Fraser ne purent rejoindre leurs frayères de la Colombie-Britannique intérieure et, dans les années qui suivirent, l'industrie du saumon connut de graves difficultés. Il fallut construire dans les années 1940 des échelles à poissons pour permettre à ceux-ci de poursuivre leur montaison et de se reproduire normalement.

Un **téléphérique★** (♿ *de mi-mai à fin août : 9 h30-17 h30 ; de mi-avr. à déb. mai. 12 $.* ☎ *604-867-9277. www.hellsgateairtram.com)* descend dans la gorge *(150 m)* d'où l'on appréciera l'incroyable puissance du courant. Les eaux boueuses et les tourbillons empêchent généralement de voir les saumons emprunter les couloirs, mais une exposition et un film *(20mn)* fournissent d'intéressants détails sur ces poissons migrateurs. En descendant une route escarpée *(500 m)* près du parking, les visiteurs apercevront l'étroit défilé.

Après Hell's Gate, les versants s'écartent et les arbres se raréfient sur les parois rocheuses. Près du **mont Jackass**, la route en corniche offre de belles **vues★** sur la vallée très boisée et Cisco Creek, où deux ponts ferroviaires franchissent le fleuve.

Lytton – Bâtie au confluent du Fraser boueux et des eaux pures de la Thompson, cette communauté enregistre régulièrement les températures les plus élevées du Canada (elle partage son record de 44 °C avec la ville plus septentrionale de Lillooet). Le paysage trahit une certaine sécheresse, et son tapis d'arbres clairsemé annonce la steppe semi-aride des plateaux intérieurs.

★★② CANYON DE LA THOMPSON – De Lytton au lac Shuswap
230 km (excursion non comprise)

Quittant la vallée du Fraser, la Transcanadienne et les deux voies ferrées s'engagent dans le **canyon★★** rocheux et encaissé de la Thompson. La route serpente tantôt au bord de l'eau, tantôt à flanc de coteau. Juste avant Spences Bridge, où elle traverse la rivière, remarquer les traces d'un important glissement de terrain qui eut lieu en 1905. La **vallée★** s'élargit ensuite en collines semi-arides parsemées de buissons de sauge.

★★Hat Creek Ranch – *Excursion : 22 km AR au départ de Cache Creek par la route 97 et la route 99. De mi-mai à fin sept. : 10 h-18 h. 7 $.* ☎ *250-457-9722 ou 800-782-0922.* Ce site provincial, autrefois relais routier de la route des Cariboo, est constitué d'un magnifique ensemble de bâtiments restaurés du 19ᵉ s. Élégante demeure victorienne, **Hat Creek House** fut jadis un hôtel ; l'**écurie du relais** a conservé son sol usé en bois. Les visiteurs pourront aussi profiter de ce lieu ravissant en voiture à cheval. Légèrement en amont, une tribu amérindienne organise une démonstration de **campement d'été** traditionnel.

Hat Creek fait revivre chaque année, lors de sa **compétition de top hand** *(de fin août à déb. sept.)*, la tradition des rodéos du 19ᵉ s., lorsque les cow-boys de la région aimaient montrer leur savoir-faire. La manifestation, discrète et authentique (sans rodéo sur bovin), plaît à de nombreux amateurs, autant attirés par la cuisine maison et les danses *country* que par les épreuves à cheval et au lasso.

© Robert Holmes

Hat Creek Ranch

Marché fermier de Horsting

2 km au Nord de Cache Creek sur la route 97. ☎ *250-457-6546.* À Horsting, tôt le matin, le pain frais est mis à cuire au four, immédiatement suivi par les tartes aux fruits frais. Tout sera prêt pour le déjeuner, qui offre un large choix de sandwichs généreux, de soupes reconstituantes et d'irrésistibles tartes maison. Quasiment tous les produits utilisés sont issus de la ferme. De nombreux voyageurs en route vers le Nord font ici leurs provisions.

Gouda de Gort

Salmon River Rd., 2 km au Sud de la route 1, à l'Ouest de Salmon Arm. ☎ *250-832-4272. www.gortsgoudacheese.bc.ca.* Nichée au creux d'une vallée pastorale au pied des monts Monashee, la fromagerie de Gort produit son gouda, ainsi que ses autres fromages européens, à partir du lait de la région. La fabrique organise des visites guidées.

Quaaout Lodge

Rive Nord du petit lac Shuswap. Suivre la route 1 et franchir le pont Squilax ☎ *800-663-4303. www.quaaout.com.* Cette auberge, qui fait partie des quelques établissements hôteliers de Colombie-Britannique tenus par des Indiens, est paisiblement sise au milieu d'une pinède sur la meilleure plage du petit lac Shuswap. Ses portes massives en sapin sculpté sont de véritables œuvres d'art. En été, les visiteurs ont la possibilité de dormir dans l'une des 72 chambres ou sous un tipi au bord du lac ; tous les clients ont accès aux bains de vapeur, à la piscine intérieure et au jacuzzi.

On rencontre parfois des cultures en terrasses, rendues possibles par l'irrigation. Au lieu dit **Walhachin** *(terre d'abondance)*, 17 km après Cache Creek, se trouvait entre 1907 et 1914 une de ces exploitations florissantes. Les propriétaires disparurent lors de la Première Guerre mondiale et, depuis, la nature a repris ses droits dans ce lieu désert.

Juste avant Savona, la Thompson s'élargit pour former le **lac Kamloops** sur lequel la Transcanadienne – surplombant les eaux bleues cernées de collines désolées – ménage de belle **vues**★. Là aussi, l'irrigation a permis de transformer un environnement aride en terres cultivables. La route passe à hauteur de **Kamloops**★, ville administrative et commerciale en plein essor, qui abrite l'un des sites indiens les plus beaux de l'Ouest du Canada.

★★**Secwepemc Museum and Native Heritage Park** – *À Kamloops, 355 Yellowhead Hwy. (route 5). Près du pont sur la Thompson Sud.* ♿ *Juin-août : 8 h30-20 h, w.-end 10 h-18 h ; le reste de l'année : tlj sf w.-end 8 h30-16 h30. Fermé j. fériés. 6 $.* ☎ *250-828-9801. www.secwepemc.org.* Le parc comprend un petit musée qui rend compte de la vie quotidienne du peuple Shuswap dans un environnement parfois très rude. Un **village traditionnel** a été reconstitué, avec ses *kekulis*, maisons d'hiver creusées dans le sol et recouvertes d'un toit de terre.

La Transcanadienne remonte la Thompson Sud jusqu'au **lac Shuswap** où elle prend sa source. Cette région de forêts et d'eaux miroitantes contraste étonnamment avec la zone aride précédente. Chaque année, à la saison du frai, les nombreux bras du lac accueillent une multitude de saumons arrivés au terme d'une pénible montaison. Le petit bras au Nord du lac Shuswap abrite tous les quatre ans l'un des plus grands rassemblements de saumons au monde : près de 2 millions de poissons repartent en octobre *(prochaine « grande année » : 2006).* Pour célébrer l'événement, les habitants de la région et les employés des pêcheries organisent un **festival**★ coloré. Les visiteurs connaîtront mieux le fascinant cycle de vie des saumons après avoir observé leur frai au **Parc provincial Adams River** *(7 km au Nord*

■ **Le ginseng**

L'explosion de la phytothérapie a profondément influencé l'agriculture des vallées intérieures de la Colombie-Britannique. Le ginseng, apprécié depuis longtemps des cultures asiatiques pour ses vertus tonifiantes pour l'organisme, pousse à l'état sauvage en Colombie-Britannique. Avant d'être couramment cultivé, il a été introduit près de Kamloops en 1982 : il occupe aujourd'hui plus de 2 000 ha dans les vallées de la Thompson, du Fraser et de l'Okanagan. Sa culture sur claies surélevées surmontées de filets noirs, bien qu'elle le rende coûteux à la plantation, s'avère souvent rentable. La maturation des racines, généralement utilisées en infusion ou en poudre, prend cinq ans. Deux cultivateurs de Kamloops ouvrent leur exploitation au public. Pour toute information, s'adresser au **Centre informatif de Kamloops** *(1290 Transcanadienne Ouest.* ☎ *250-374-3377 ou 800-662-1994. www.adventurekamloops.com).*

de la route 1 ; à Squilax, prendre la direction d'Anglemont). En été, les eaux chaudes du lac Shuswap attirent des milliers de vacanciers. En louant une **péniche**, il est possible de naviguer sur les bras moins fréquentés du lac ; c'est à Sicamous que l'on trouvera le plus grand choix *(pour toute information sur la location de péniches, contacter Three Buoys Houseboats ☎ 800-663-2333 ; www.three-buoys.com ou Twin Anchors ☎ 800-663-4026, www.twinanchors.com).*

Les KOOTENAY★
Colombie-Britannique

La zone montagneuse des Kootenay, au Sud-Est de la province, est parcourue par la rivière et le lac qui lui ont donné son nom. Le Kootenay prend sa source dans les Rocheuses, traverse le Parc national Kootenay, manque d'à peine 2 km le cours supérieur de la Columbia à Canal Flats, puis descend vers les États-Unis avant de remonter au Canada pour former le lac Kootenay et rejoindre enfin la Columbia à Castlegar. C'est un beau pays de montagnes boisées, de lacs et de vallées cultivées, en même temps qu'une riche zone d'extraction minière.

On vint d'abord ici pour chercher de l'or. Quand, en 1864, on en découvrit dans la vallée du Wild Horse, une petite localité nommée Galbraith's Ferry se forma au confluent du Kootenay, près de la boutique du passeur John Galbraith. De nouvelles découvertes minières dans les dernières années du siècle drainèrent une activité intense dans la région. Il fallut construire une route jusqu'à la capitale d'alors, New Westminster. Un ingénieur anglais, **Edgar Dewdney**, allait en diriger les travaux. Aujourd'hui, la route 3, qui porte encore son nom, suit son tracé tortueux entre les montagnes. La vie était parfois violente à Galbraith's Ferry. En 1886, une vive tension entre mineurs et Amérindiens Kootenay fit appeler un détachement de la Police montée, sous les ordres de **Sam Steele** (1849-1919). Le conflit apaisé, les policiers regagnèrent leurs casernes à Fort Macleod, laissant à la ville son nom de Fort Steele.

La région du **lac Kootenay** est particulièrement riche en attractions touristiques. Le lac lui-même, qui mesure 92 km, est célèbre pour son espèce spécifique de truite arc-en-ciel (certains spécimens atteignent 15 kg). De nombreux visiteurs évoquent les Alpes à la vue des pics coiffés de glace des monts Purcell et Selkirk qui l'entourent. Dans la région de **Creston**, au Sud du lac Kootenay, parcelles céréalières et vergers caractérisent le paysage agricole. Les environs du **col Crow's Nest** contiennent parmi les plus riches gisements de charbon d'Amérique du Nord, tandis que plus à l'Ouest, plomb, cuivre, zinc et argent sont traités à l'impressionnante fonderie de **Trail**.

CURIOSITÉS

★**Fort Steele Heritage Town** – 🎥 *16 km au Nord-Est de Cranbrook par la route 95. De déb. mai à mi-oct. : 9 h30-17 h30 (juil.-sept. 20 h). 8,50$. ☎ 250-417-6000. www.fortsteele.bc.ca.* Dans un joli **site** au pied des Rocheuses, ce parc évoque une communauté minière typique de la région vers la fin du 19ᵉ s., dominée par une grande roue de bois qui pompait jadis l'eau d'infiltration des galeries de mine.

Après son âge d'or, Fort Steele stagna. Lorsqu'en 1898 le chemin de fer préféra passer par Cranbrook, ce fut le coup de grâce, et la ville serait restée à l'abandon si le gouvernement provincial n'avait décidé, en 1961, d'en entreprendre la restauration, lui apportant ainsi un second souffle.

Remarquer l'excellente présentation historique de la région proposée au centre d'accueil des visiteurs. L'établissement le plus intéressant est l'ancien hôtel, reconstitué, qui abrite le **musée** consacré à la région. On pourra voir les quartiers de la Police montée ainsi que l'unique bâtiment d'origine et ses expositions sur le régiment, assister aux spectacles du **Wildhorse Theatre** *(de fin juin à la fête du Travail : tlj sf dim. 14 h, 20 h. 8,50 $. ☎ 250-426-5682),* monter dans un ancien train à vapeur *(20mn. 5 $)* ou prendre la diligence. Des acteurs costumés incarnent d'anciens habitants de Fort Steele et, même, des hommes politiques que les mécontents prennent à parti. De nombreux cafés et boutiques vendent (de la salsepareille aux caleçons longs en laine) divers objets et aliments typiques des années 1890.

Kimberley – *43 km à l'Ouest de Fort Steele par les routes 95 et 95A.* Située à une demi-heure de route de Fort Steele, la ville minière de Kimberley devient peu à peu une destination touristique. La place principale, **Platzl**, où se trouvent boutiques et cafés, revêt une tournure de village alpin bavarois. La station de ski Kimberley Alpine Resort, à 10 mn du centre-ville, connaît un essor rapide grâce à son enneigement assuré. L'affluence y est, pour le moment, moindre que dans les stations plus cotées des Rocheuses.

Nelson – *234 km à l'Ouest de Kimberley par les routes 95, 3 et 6.* À mi-chemin de la vallée lacustre, cet ancien centre minier a su admirablement conserver les traces de son passé : plus de 350 bâtiments et demeures du 19ᵉ s. et du début du 20ᵉ s. ont été restaurés. Ceux qui ont vu le film *Roxanne* de Steve Martin, tourné ici en 1984, ont pu apprécier le charme rétro de Nelson.

Kaslo – *66 km au Nord de Nelson par les routes 3A et 31.* Bourgade ancienne située sur les rives du lac, elle a connu la prospérité il y a un siècle, car c'est d'ici que les propriétaires des mines d'argent expédiaient le minerai. La beauté de ses rues bordées d'arbres, de ses demeures et églises bien conservées ainsi que de son site incomparable lui confère son attrait. À noter, la visite du **SS Moyie**.

SS Moyie National Historic Site – *Au bord du lac sur Front Street. De mi-mai à mi-oct. : 9 h30-17 h ; le reste de l'année : horaires restreints. 5$.* ☎ *250-353-2525. www.klhs.org.* Il s'agit du dernier bateau à aubes du lac Kootenay. À l'apogée de son activité, au début du 20e s., il transportait passagers, marchandises et minerai d'argent jusqu'à la gare de Creston. Lorsqu'il a cessé de naviguer en 1957, les habitants de Kaslo ont immédiatement mis sa restauration en chantier. Ses boiseries d'acajou, ses cuivres et ses ornements recherchés (jusqu'à la feuille d'or qui décore une frise du pont supérieur), demeurés intacts, brillent de mille feux. Les cabines, les quartiers de l'équipage et la cale ont conservé leur aspect de 1920. Sur le rivage, la reconstitution d'une cabane de prospecteur fait apparaître par contraste la dureté de l'existence des mineurs.

■ Le bandit gentilhomme

Billy Miner (env. 1847-1913), un Américain passé à la postérité pour avoir attaqué de nombreux convois du Canadien Pacifique au début du 20e s., serait curieusement à l'origine de l'expression : « Haut les mains et que personne ne bouge ! ». Selon la légende, ce bandit de grand chemin faisait en effet preuve de courtoisie à l'égard des personnes qu'il s'apprêtait à détrousser...

Les monts MONASHEE et SELKIRK★★

Colombie-Britannique

Les Selkirk et les Monashee, qui appartiennent à la chaîne des monts Columbia, se situent dans la partie Sud-Est de la Colombie-Britannique, entre le sillon des Rocheuses et le plateau intérieur. La Transcanadienne franchit les deux et offre sans discontinuer des paysages fortement heurtés de pics rocheux, de crêtes acérées et de glaciers, ou d'agréables vallées boisées à moindre altitude.

DE SICAMOUS À GOLDEN *219 km par la Transcanadienne*

De **Sicamous**, bâtie entre les lacs Shuswap et Mara, la Transcanadienne remonte la vallée de la rivière Eagle et atteint, après 26 km, **Craigellachie** où fut planté, le 7 novembre 1885, le dernier crampon du Canadien Pacifique (*remarquer sur la droite la plaque commémorative en bordure de la voie ferrée*).

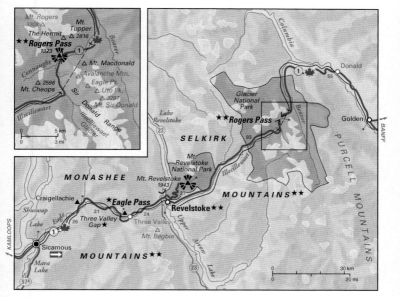

■ Un col dans les neiges

Les premières difficultés apparurent rapidement, car les Selkirk reçoivent chaque année d'énormes chutes de neige (940 cm en moyenne), causant de multiples avalanches le long des parois abruptes et dénudées qui dominent Rogers Pass. On construisit des kilomètres de galeries de protection sur la voie ferrée, mais la lutte contre les éléments restait si coûteuse qu'il fallut, en 1916, percer le **tunnel Connaught** *(8 km)* sous le mont Macdonald, pour écarter les trains de la zone la plus dangereuse.

En 1959, les travaux reprirent dans le col, cette fois-ci pour y faire passer la route : ce fut le tronçon le plus difficile à construire et le plus onéreux de toute la Transcanadienne. Ce fut aussi le dernier, et son achèvement en 1962 permit l'inauguration de la route. Un second tunnel ferroviaire, destiné à doubler la voie sous le mont Macdonald, fut ouvert en 1988. Ses 14 km en font le plus long tunnel ferroviaire d'Amérique du Nord.

Le danger d'avalanches existe toujours, mais un système sophistiqué de protection (digues de déviation, tas freineurs, paravalanches en béton, contrôle des conditions d'enneigement et déclenchements préventifs) a quelque peu diminué les risques de coulées dévastatrices.

Provincial Archives of Alberta (B6011)

Construction d'un paravalanche (vers 1903)

La vallée se resserre et la pente s'accentue. La route passe par **Three Valley Gap**★ *(47 km)*, qui jouit d'un fort joli **site**★ au bord du lac Three Valley où plongent d'abruptes falaises. Peu après, la Transcanadienne franchit le col *(55 km)*, puis descend rapidement vers la vallée du Tonakwatla.

★★**Eagle Pass** – *71 km de Sicamous à Revelstoke.* Découvert en 1865 par **Walter Moberly** alors qu'il suivait le vol d'un aigle dans les montagnes, ce col à travers les monts Monashee (d'un mot gaélique signifiant « montagnes de la paix ») devint une voie de passage pour le Canadien Pacifique et la Transcanadienne.

★★ **Revelstoke** – Cette petite communauté au confluent de la Columbia et de l'Illecillewaet occupe un joli **site**★ montagneux entre les Monashee à l'Ouest et les Selkirk à l'Est. La ville doit son nom à **Lord Revelstoke**, directeur d'une grande banque londonienne qui finança en 1885 l'achèvement du Canadien Pacifique. C'est un centre de villégiature d'hiver et d'été, grâce à la proximité du **Mount Revelstoke National Park** *(randonnée, pêche, ski alpin, ski de fond ; ouv. toute l'année. 5 $/jour.* ☎ *250-837-7500. www.parkscanada.gc.ca).*

Juste au Nord de la ville, le **Revelstoke Dam** s'élève à 175 m au-dessus de la Columbia. Au centre d'accueil *(à 4 km au Nord par la route 23.* ♿ *De mi-juin à déb. sept. : 8 h-20 h ; de déb. mai à déb. juin et de mi-sept. à mi-oct. : 9 h-17 h.* ☎ *250-837-6515),* une exposition décrit la construction de ce barrage, et une maquette représente tous les ouvrages hydrauliques aménagés le long du fleuve.

★★ **Mount Revelstoke Summit Parkway** – 27 km de route non goudronnée, déconseillée aux caravanes. Départ de la Transcanadienne à 1,6 km à l'Est de la sortie pour Revelstoke. Compter 45 mn pour la montée (les visiteurs doivent effectuer les 1 500 derniers mètres à bord de la navette gratuite du parc). Cette route escalade le flanc Sud-Ouest du mont Revelstoke par une série de lacets en épingle à cheveux. À 5,6 km du bas de la route, un **point de vue**★ dévoile toute la ville de Revelstoke, dominée par les deux cimes enneigées du mont Begbie. À l'Est, l'étroite vallée du Tonakwatla se faufile à travers les montagnes.

Au sommet, **vue**★★ générale *(table d'orientation)* sur la vallée encaissée de la Columbia et les pics glacés de la chaîne Clachnacudainn. De nombreux sentiers offrent des promenades parmi de typiques **alpages** de haute montagne, qui contrastent avec les forêts de cèdres de l'Ouest, de sapins du Canada et d'épicéas qui couvrent les pentes à moindre altitude. Ici, il n'y a plus que quelques épinettes et sapins rabougris, tandis que le sol est tapissé de maigres buissons et de fleurs aux couleurs vives, notamment la castillège (écarlate), le lupin (bleu), l'arnica (jaune) et la valériane (blanche).

Un peu plus loin sur la route 1 *(20 km à l'Est de Revelstoke),* la promenade en planches **Giant Cedars Trail** *(0,5 km)* traverse un bois insolite de vénérables cèdres rouges (thuyas géants), que l'on ne rencontre normalement pas aussi loin à l'intérieur des terres. Des panneaux permettent d'identifier les essences de cet écosystème de forêt pluviale.

★★ **Rogers Pass** – *148 km de Revelstoke à Golden.* Après avoir franchi les Rocheuses au col Kicking Horse, le chemin de fer du Canadien Pacifique (CP) devait suivre la tortueuse vallée de la Columbia, car les Selkirk étaient réputés infranchissables. C'est un arpenteur du CP, **Albert Rogers**, qui, en remontant la vallée de l'Illecillewaet, découvrit le col qui porte son nom, écourtant de 240 km le voyage en chemin de fer.

★★ **La route jusqu'à Golden** – *Fermeture provisoire possible en cas de risques d'avalanche. En hiver, les visiteurs sont tenus de suivre les directives du personnel du parc.* La Transcanadienne remonte la pittoresque vallée de l'Illecillewaet aux versants encaissés, et pénètre, après 48 km, dans le **Glacier National Park** *(randonnée, pêche, ski alpin et ski de fond ; ouv. toute l'année. 4 $/jour. ☎ 250-837-7500. www.parkscanada.gc.ca).* À l'Est pointent les quatre principaux sommets

Mulvehill Creek Wilderness Inn

4200 Hwy. 23 South, au bord du lac Upper Arrow à 20 km au Sud de Revelstoke, ☎ *250-837-8649. www.mulvehillcreek.com.* Occupant sur le lac une bande de terre privée avec jardin, cascade et plages, la petite auberge respire la solitude. Elle propose également une piscine extérieure chauffée et un jacuzzi. Les 18 convives qu'elle peut recevoir pourront faire leur choix entre les deux grandes suites et les six chambres accueillantes et confortables. Le tarif comprend un solide petit-déjeuner et les repas sont préparés avec des produits issus de la propriété.

de la **chaîne Sir Donald** : *(de gauche à droite)* le mont Avalanche, les pics Eagle et Uto, et la grande dalle inclinée du mont Sir Donald. Au Nord, le **mont Cheops** se distingue par sa forme pyramidale, tandis qu'au Sud se dressent des glaciers au-delà de la rivière.

Au sommet du col Rogers *(72 km)*, un double arc de bois commémore l'achèvement de la Transcanadienne en 1962. Le **centre d'accueil de Roger Pass**★ *(& mai-oct. : 8 h-18 h ; le reste de l'année : 7 h-17 h. 4 $. ☎ 250-837-7500. www.parkscanada.gc.ca)* présente une exposition, des maquettes et des films sur l'histoire du col et l'éternelle lutte contre les éléments. Du col se découvre un beau **panorama**★ : au Nord, les **monts Tupper** et **Hermit**, aux flancs meurtris par des couloirs d'avalanches ; au Sud, la chaîne Asulkan et les champs de neige du glacier Illecillewaet, ainsi que les cimes de la chaîne Sir Donald et du mont Cheops.

■ Vacances en or à Golden

Les activités liées au milieu aquatique prennent, dans la région de Golden, tous les aspects : du sensationnel (descente de rapides sur la célèbre rivière Kicking Horse) au serein (observation de la faune des marais de la Columbia, le plus grand marécage sauvage de Colombie-Britannique avec ses 243 000 ha). Pour le rafting, contacter entre autres **Alpine Rafting** *(☎ 250-344-6778 ou 888-599-5299. www.alpinerafting.com)* qui propose des descentes guidées ; pour les excursions dans les marais, contacter **Kinbasket Adventures** *(☎ 250-344-6012. www.bcrockiesadventures.com).*

L'auberge **Alpine Meadows Lodge** *(☎ 250-344-5863 ou 888-700-4477. www.alpinemeadowslodge.com)*, à 6 km environ à l'Ouest de Golden, offre un séjour bien agréable. Les pins dont on a tiré les remarquables parquets de cette accueillante auberge de dix chambres ont été abattus sur place. Son emplacement sur les hauteurs dominant la Columbia en fait le point de départ idéal pour la marche, le canoë, le ski et la pêche.

La station **Kicking Horse Mountain Resort** *(☎ 250-439-5400. www.kickinghorseresort.com)*, à 13 km à l'Ouest de la ville, offre de multiples activités toute l'année. On y accède par un téléphérique de 8 places qui survole la vallée. L'été, des sentiers de randonnée partant du terminus sillonnent un milieu alpin fragile. Un point de location de VTT et 12 pistes de basse montagne permettent aux mordus de s'adonner à leur sport. Le gîte offre un repos bien mérité l'hiver aux skieurs et snowboarders qui se sont dépensés sur les pistes jamais encombrées de la station. Le restaurant d'altitude (3 433 m) **Eagle's Eye Restaurant** *(☎ 250-439-5400 ; accès par le téléphérique)* est réputé pour être le plus haut du Canada. Que l'on y mange en salle, devant l'impressionnante cheminée de pierre, ou dehors en terrasse, on y bénéficie d'un panorama à couper le souffle. Le coucher de soleil y rend l'âme romantique et le saumon du Pacifique crème vanille au safran prend un goût d'aventure.

La route amorce sa descente entre les monts Tupper et Hermit au Nord et le **mont Macdonald** au Sud, dans la vallée du Connaugh, puis elle rejoint la vallée du Beaver qui sépare les pics des Selkirk des pentes plus douces des monts Purcell. Elle quitte ensuite le parc, et à hauteur de Donald, franchit la Columbia dont elle suit le cours jusqu'à **Golden**, au creux du sillon des Rocheuses.

Golden – Au cœur de la vallée de la Columbia supérieure, le nœud ferroviaire de Golden est davantage connu aujourd'hui pour les multiples activités récréatives que l'on y pratique. De nombreux amateurs de rafting, de randonnée, de ski et d'observation de la faune se retrouvent ici. Les férus de deltaplane viennent du monde entier se lancer du mont Steven, à l'Est de la ville, dans un vol qui les mènera aux États-Unis. On trouvera au centre d'accueil de la ville (☎ *250-344-7125 ou 800-622-4653. www.go2rockies.com*) des informations sur Golden, les diverses activités de plein air et les possibilités d'hébergement offertes par les nombreux gîtes et auberges de la région.

Vallée de l'OKANAGAN★★
Colombie-Britannique
Carte Michelin n° 585 C/D 1-2

Réputée pour ses vignes et vergers, cette région agricole et touristique au Sud de la province, dans la zone aride de l'intérieur, s'étire autour du lac et de la rivière Okanagan qui rejoint la Columbia au Sud de la frontière. La beauté des paysages lacustres, le climat ensoleillé et la création de nombreux terrains de golf ont fait de cette vallée un important lieu de villégiature très fréquenté en saison, et l'utilisation massive de l'irrigation a transformé un environnement, sinon inculte, en un arrière-pays nourricier, producteur de pommes et de fruits plus délicats : poires, cerises, abricots, prunes et raisin.

DE OSOYOOS À VERNON
177 km par la route 97 (excursion non comprise). Voir carte pages suivantes.

Osoyoos – Cette petite localité, à qui son architecture de style méditerranéen est censée conférer une apparence de station balnéaire, se situe non loin de la frontière américaine, au bord du **lac Osoyoos**, aux eaux les plus chaudes du pays. Les opulents vergers qui en occupent les rives contrastent étrangement avec les collines arides des environs, où poussent buissons de sauge, cactus et autres plantes grasses. Du **mont Anarchist** *(6 km à l'Est par la route 3)*, très belle **vue★★** sur toute la région.

Bien que le Canada occidental compte de nombreux paysages arides et semi-arides, Osoyoos s'est autoproclamée « unique désert canadien ». Des visites guidées *(45mn)* sont organisées par **Desert centre★** *(4 km au Nord de la route 97. De mi-avr. à mi-oct. : visite guidée 9 h-18 h. 5 $. ☎ 250-495-2470)* sur une promenade en planches, sur les contreforts du « désert de poche » (ainsi l'ont surnommé les habitants de la région).

Similkameen River Valley – *Excursion : 138 km AR au départ d'Osoyoos par la route 3.* En quittant Osoyoos pour **Keremeos**, la route traverse les contreforts du désert à l'Ouest de la ville, puis atteint un col peu élevé, avant de redescendre enfin vers la vallée de la Similkameen. Là, entre les remparts abrupts des monts Cathedral, la vallée se dévoile, bucolique, agrémentée de peupliers, de vignes et de vergers. Une des plus anciennes exploitations agricoles biologiques du pays, **Harker's Fruit Ranch** *(route 3. ☎ 250-499-2751 en saison)*, qui fait partie des meilleurs producteurs de la vallée, est installée à Cawston *(36 km au Nord-Ouest d'Osoyoos)*. On y trouve, de juin à octobre, une incroyable diversité de fruits et légumes. Keremeos est une charmante bourgade où l'on croise des étals de fruits à chaque coin de rue, mais elle abrite également un moulin (1877) ou **gristmill★** *(3 km environ au Nord-Est de Keremeos par la route 3A ; suivre les panneaux jusqu'à Upper Branch Rd. ☎ 250-499-2888)*. Cet ancien moulin à grain *(démonstrations et vente de farine de blé complète)* a été transformé en parc provincial et des tables de pique-nique s'alignent le long du petit cours d'eau qui actionne la roue. Au Sud-Ouest de Keremeos *(22 km)*, **Cathedral Provincial Park★** *(mai-sept. : du lever au coucher*

British Columbia Orchard Industry Museum
CANADIAN APPLES
McLEAN & FITZPATRICK LIMITED
KELOWNA OLIVER & OSOYOOS B.C.
Kelowna, B.C.

Étiquette ancienne, musée de l'Industrie fruitière de Colombie-Britannique

du soleil. ☎ 250-494-6500. www.bc-parks.ca), un des tout premiers sites de randonnée de la province, est accessible par une route presque entièrement gravillonnée. On ne peut le parcourir qu'à pied. Une haute cuvette alpine et ses cinq lacs aux eaux saphir (les lacs Cathedral) en constituent le cœur ; les sentiers de crête bien entretenus montent, bien au-dessus de la limite de la forêt, jusqu'à des alpages fleuris. Deux des lacs accueillent des terrains de camping ; une maison de vacances se trouve au centre du parc.

★★ **Route 97 jusqu'à Penticton** – D'Osoyoos à **Oliver**, les vergers et les étals de fruits et légumes se multiplient au bord de la route. En approchant du **lac Vaseux★**, le paysage devient plus spectaculaire, avec d'énormes rochers et des pentes dénudées. Prendre garde en roulant aux troupeaux de mouflons sur les coteaux ; les abords du lac sont une réserve pour les oies, les canards et les cygnes. Les collines qui entourent le **lac Skaha★★★** sont sablonneuses, couvertes de sauge et d'arbustes, formant un parfait contraste avec les eaux bleues de ce ravissant point d'eau.

Penticton – La ville tire son nom de l'amérindien salish *Pen-tak-tin*, « endroit où rester pour toujours ». Située sur un isthme entre les lacs Skaha et Okanagan, elle doit à ses plages et à son **site★** enchanteur une intense activité touristique. Penticton n'était accessible que par bateau lorsque la route 97 n'existait pas encore. Sur la rive du lac Okanagan repose le **SS Sicamous**, ancien bateau à aubes du Canadien Pacifique *(de mi-juin à fin août : 9 h-21 h ; le reste de l'année : horaires variables. Fermé j. fériés. 5 $. ☎ 250-492-0403. www.sssicamous.com).* La meilleure préparation à la visite des exploitations viticoles se fera au **centre d'accueil de Penticton et du Wine Country** *(888,*
Westminster Ave. ☎ 250-492-2464 ou 800-663-5052)* qui, en sus de la distribution de cartes et brochures, organise des dégustations de vins.

★★ **Route 97 jusqu'à Kelowna** – Après Penticton, la route suit les rives du **lac Okanagan★★** sur lequel elle offre de jolies vues. Vers Summerland, elle court au pied d'impressionnantes falaises blanches, et se poursuit à travers les vignes et vergers irrigués qui occupent les terrasses limoneuses dominant le lac. Eaux bleues miroitantes, espaces agricoles verdoyants et collines sèches et rocailleuses produisent d'harmonieux contrastes.
La route longe ensuite le coude que dessine le lac à hauteur de Peachland. Selon les légendes amérindiennes, le monstre **Ogopogo** (qui, bien que personne ne l'ait jamais vu, est représenté par une statue dans le Parc municipal de Kelowna) vivrait là, sous les falaises. Son corps offre la particularité de posséder des extrémités parfaitement

● **Cathedral Lakes Lodge**
Au bord du lac Quiniscoe. Mai-oct. ☎ *250-492-1606 ou 888-255-4453. www.cathedral-lakes-lodge.com.* De nombreux visiteurs adoptent cet hôtel de style bavarois situé face au terrain de camping provincial, en particulier les randonneurs pour lesquels il fait office de camp de base. Accessible uniquement à pied ou par sa navette 4x4, l'établissement (privé) offre un hébergement confortable, que ce soit dans les six chambres du bâtiment principal à deux étages (dont les chambres sur le devant ont vue sur le lac), les quatre bungalows ou les sept gîtes en bois. La grande cheminée de pierre du salon rustique et le jacuzzi spacieux de la mezzanine attirent les âmes lasses (et solitaires) après une journée de randonnée. Les plats, généreux (flétan grillé ou bœuf Strogonoff), sont cuisinés sur place. De solides petits-déjeuners roboratifs (muesli, œufs et pain perdu) revigorent les sportifs avant chaque expédition. À noter : l'infrastructure de l'auberge intensifie les bruits nocturnes, ce qui aide certains à dormir, mais peut aussi parfois déranger.

■ **Le train de la vallée de la Kettle**

13 km au Sud-Est de Kelowna à Myra Canyon Trestles. À sa construction en 1910, le **Kettle Valley Railway★** permit de rallier par chemin de fer la côte Ouest à l'Okanagan et même au-delà, défiant les prédictions pessimistes des sceptiques convaincus que les monts Cascade et Cathedral tiendraient les ingénieurs en échec. La voie, abandonnée en 1963 lorsque la construction de l'autoroute rendit le train obsolète, fut récemment transformée sur la majorité de son tracé en une splendide piste de randonnée pédestre et cycliste. La portion la plus empruntée, qui longe Little White Mountain au Sud de Kelowna, contourne la montagne et passe, en une vertigineuse randonnée, par 16 ponts sur chevalets. Au loin, bien plus bas, le lac Okanagan scintille. Pour obtenir toute information sur le départ de la piste *(carte indispensable)* ou sur l'organisation des randonnées, contacter le *centre d'accueil des visiteurs de Kelowna, 544 Harvey Ave.* ☎ *250-861-1515 ou 800-663-4345.*

identiques, comme l'exprime son nom, lisible dans un sens comme dans l'autre. Après Peachland, la route s'élève au-dessus du lac, dont elle s'éloigne momentanément, et traverse une zone d'exploitations fruitières avant d'arriver sur Kelowna.

★**Kelowna** – Un pont flottant (construit en 1958, c'est le plus ancien d'Amérique du Nord), dont une partie peut s'élever pour laisser passer les bateaux, permet à la route 97 de rejoindre Kelowna, sur la rive Est du lac.

La ville, fondée en 1859 par le **père Pandosy**, un missionnaire oblat qui encouragea les colons à cultiver la terre, occupe un très beau **site** au pied de collines tourmentées. La **mission**★ du père Pandosy, au carrefour des routes de Benvoulin et Carorso au Sud de Kelowna, est un site provincial. Ses six bâtiments de bois, restaurés, présentent de rares assemblages en queue d'arondes de l'époque des pionniers.

Kelowna, aujourd'hui destination touristique en plein essor, est également prisée des retraités. Elle connaît par ailleurs un développement économique rapide. Son **musée du Vin** et son **musée du Fruit** *(1304 Ellis St. ☎ 250-763-0433)*, voisins, accueillent des expositions communes relatant l'exploitation de ces produits phares de la région. Un pâté de maisons plus loin, près de l'hôtel de ville, le **jardin japonais** *(Queensway Ave. en face de Pandosy St.)* est une oasis de sérénité.

Route 97 jusqu'à Vernon – Quittant le lac Okanagan, la route rejoint le lac Wood, toujours dans une région fruitière, puis offre de fort belles vues en serpentant au bord du **lac Kalamalka**★★★. Les collines annoncent la verdoyante région d'élevage qui s'étend au Nord de Vernon.

★**Vernon** – Petite ville discrète, Vernon est située au cœur de la région septentrionale de l'Okanagan, dans une vallée célèbre pour son cheptel bovin et sa production laitière, mais qui succombe aux sirènes de l'immobilier. Au centre-ville, le **parc Polson** borde le cours de la Vernon, le long de la route 97. Les bâtiments de l'hôtel de ville abritent un musée de curiosités locales.

★★**O'Keefe Ranch** – *À Spallumcheen, 14 km au Nord-Ouest de Vernon par la route 97. Mai-oct. : 9h-17h ; le reste de l'année sur demande. 7 $. ✕ ☎ 250-542-7868. www.okeeferanch.bc.ca.* ⬜ Autrefois consacrée à l'élevage, cette ferme occupe un ravissant site pastoral à l'extrémité Nord du lac Okanagan. Le ranch que Cornelius O'Keefe fonda ici en 1867 demeura dans la famille jusqu'en 1977, puis devint un parc d'attractions. La visite passe par **O'Keefe Mansion**, élégante demeure victorienne (1887) remarquable par ses boiseries, puis par le **magasin** où étaient entreposées les marchandises figurant à l'inventaire du début des années 1920, l'**église Ste-Anne**, spartiate chapelle campagnarde de 1889, ainsi que par une splendide collection de poêles à bois. Les enfants apprécieront particulièrement les promenades en diligence.

La fin du mois de juin marque la période du **Festival des cowboys**, où les cow-boys de la région convergent vers le ranch pour y rivaliser d'habileté à cheval et au lasso. On y trouvera également abondance de mets faits maison, de danses nocturnes et de convivialité rurale.

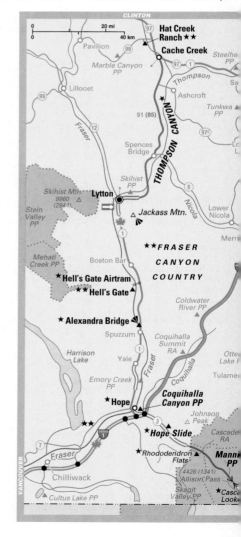

■ Visite des domaines vinicoles

Le mieux est de consacrer une pleine journée d'automne à rayonner autour de Kelowna ou de Penticton pour visiter et déguster. Les tournées d'été en bus négligent parfois les caves les plus importantes. Les Offices du tourisme d'Osoyoos, de Penticton et de Kelowna peuvent apporter leur concours à la préparation d'un itinéraire et procurent des cartes essentielles à une visite individuelle ; néanmoins, la signalisation routière mentionne les principales exploitations, qui proposent presque toutes des dégustations et des offres spéciales.

Parmi les caves les plus intéressantes autour de Kelowna, citons Quail's Gate, Mission Hill, Summerhill, Gray Monk, St. Hubertus, Cedar Creek, Hainle Vineyards et Calona. Autour de Penticton, Sumac Ridge, Stag's Hollow, Jackson Triggs, Tinhorn Creek, Gehringer Brothers, Hester Creek et Inniskillin méritent une visite. De plus, Quail's Gate, Summerhill, Cedar Creek, Tinhorn Creek, Gehringer Brothers et Hester Creek sont particulièrement réjouissantes pour l'œil. Quant aux vins, la plupart des connaisseurs les tiennent pour d'intéressants vignobles de terrains frais, en grand progrès. Le vin de glace de l'Okanagan (obtenu à partir de grappes cueillies gelées), très apprécié, accompagne les desserts. Les visiteurs qui arpentent la région en automne n'auront pas à subir les embouteillages du Nord de la Californie vinicole. *Pour obtenir cartes et renseignements, contacter la chambre de commerce d'Osoyoos, au croisement des routes 3 et 97, ☎ 250-495-7142 ; www.osoyooschamber.bc.ca ou le centre d'accueil du Wine Country, à Penticton, 888 Westminster Ave., ☎ 250-492-4103 ou 800-663-5052 ; www.penticton.org*

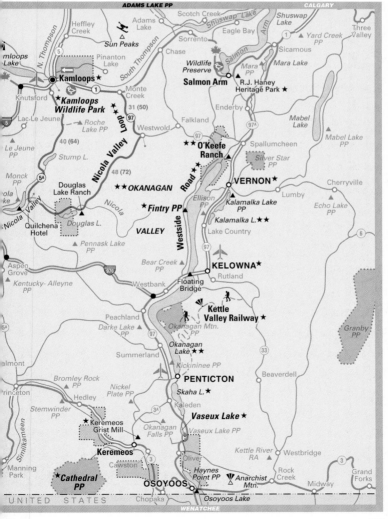

Le PASSAGE INTÉRIEUR★★

Colombie-Britannique

Née des anciennes glaciations, cette voie d'eau à l'abri des houles de l'océan s'étire de Puget Sound (État de Washington) à Skagway (Alaska) sur une distance de 1 696 km, et passe entre la côte déchiquetée du Nord-Ouest et une véritable guirlande d'îles. Des bacs (les *traversiers* canadiens) sillonnent le Passage intérieur (*Inside Passage* en anglais) de Port Hardy à Prince Rupert, et se taillent ainsi un parcours de 507 km à travers d'admirables paysages sauvages empreints de silence et de beauté.

■ L'ours-esprit

Bien qu'il ne soit en réalité qu'une sous-espèce très rare de l'ours noir (lui-même omniprésent au Canada), n'en différant que par sa couleur, l'**ours kermode** de Colombie-Britannique a toujours revêtu une importance spirituelle majeure pour les Indiens de la région. L'ours kermode, dont la couleur varie du blanc pâle au beige clair, est également nommé ours-esprit (son appellation indienne) ; on le croise le plus souvent au début de l'automne, près des voies de montaison du saumon. On ne le rencontre que dans la forêt pluviale qui recouvre les îles et les vallées côtières au Sud de Prince-Rupert : seuls subsistent aujourd'hui 60 à 100 spécimens dans le monde. Les écologistes font actuellement pression sur le gouvernement de Colombie-Britannique pour que soit préservé l'habitat de l'ours-esprit et que l'exploitation intensive des forêts longeant la côte centrale soit interdite.

VISITE

Croisière – ♿ *Dép. de Port Hardy (au Nord de l'île de Vancouver) de mi-mai à fin sept. : tous les 2 j. 7 h30 ; arrivée à Prince Rupert 22 h30 (juin-juil. et sept. j. impairs ; mai et août j. pairs) ; le reste de l'année : service hebdomadaire. Réservations requises. Aller simple 332 $/voiture + conducteur (l'été, 99 $ supplémentaires pour chaque passager adulte). Se présenter 1 h avant l'embarquement. BC Ferries, 1112 Fort St., Victoria BC V8V 4V2. ☎ 250-386-3431. www.bcferries.com*

Le bac atteint la pleine mer au niveau du détroit de la Reine-Charlotte, puis pénètre dans les eaux calmes du Fitz Hugh Sound. Du bateau, les **vues**★★ sont magnifiques. Grâce à l'étroitesse du Passage intérieur, on a, par beau temps, tout loisir d'admirer à l'Ouest d'innombrables îles et, à l'Est, un littoral échancré. Les rives abruptes des fjords, couvertes d'épicéas et de sapins du Canada, plongent soudainement dans la mer. La région, peu peuplée ne compte qu'une véritable agglomération, Bella Bella, patrie des Amérindiens Heiltsuk. De loin en loin, la présence humaine se révèle par la découverte d'un petit port de pêche orné de quelques mâts totémiques ou d'une usine de pâte à papier.

Au cours des migrations de printemps et d'automne, on rencontre aigles, oiseaux de mer et mammifères marins. La traversée atteint son apogée à l'entrée du **chenal de Grenville**★★, tout au Nord. À son point le plus étroit, il ne mesure que 549 m de largeur, pour une longueur totale de 40 km et une profondeur maximale de 377 m.

■ King Pacific Lodge

À Barnard Harbour ; ☎ 604-987-5452 ou 888-592-5464. www.kingpacificlodge.com. Ancrée dans une baie calme de Princess Royal Island, cette luxueuse retraite flottante n'est accessible que par hydravion au départ de Prince Rupert *(1 h)*. L'établissement est un ravissant bâtiment de bois à trois niveaux ; il propose un sauna et un bain de vapeur collectifs, mais aussi de profondes baignoires et d'immenses baies vitrées dans chacune des 17 chambres spacieuses. La cuisine est préparée sur place, avec des spécialités de poissons et crustacés de la région. Dans un paysage exceptionnel, les visiteurs auront l'occasion d'apercevoir la faune et de pratiquer des activités sportives le long du célèbre Passage intérieur (pêche, canoë-kayak, observation des baleines, des otaries, des ours et des loups). Hélicoptères et embarcations à moteur permettent de se déplacer sur l'île et de profiter de ses fjords profonds, de ses abruptes falaises de granit et de ses lacs intérieurs isolés.

Îles de la REINE-CHARLOTTE★★

Colombie-Britannique
4 307 habitants

Séparé de la côte Nord-Ouest de la Colombie-Britannique par le vaste détroit d'Hécate (50-130 km), cet archipel isolé (**Queen Charlotte Islands** en anglais) représente une superficie totale d'environ 10 126 km². Il comprend quelque 150 îles dont les principales sont Graham (au Nord), la plus grande et la plus peuplée, et Moresby (au Sud), principalement composée d'une réserve naturelle. Mammifères marins, oiseaux de mer et poissons foisonnent dans cet archipel à la nature encore vierge.

Ces îles à l'atmosphère éternellement éthérée, où les nappes de brouillard viennent effleurer des rubans de soleil baignant des criques à perte de vue et des falaises abruptes, ont une apparence quasi mystique. La vie se déroule ici à un rythme bien plus lent que sur le continent. L'archipel est également la célèbre patrie ancestrale des Haïda dont les immenses mâts totémiques sont généralement considérés comme l'expression de l'apogée artistique des **cultures de la côte Nord-Ouest**.

Un peu d'histoire

Haida Gwaii – Connues depuis longtemps sous le nom d'*Haida Gwaii*, « Terre des Haïda », ces îles seraient, croit-on, peuplées depuis plus de 7 000 ans par des autochtones dont l'origine ethnique diffère de celle des autres tribus de la côte Nord-Ouest. Traditionnellement, les Haïda étaient d'excellents artisans, marins et guerriers téméraires adonnés au pillage. Leurs villages étaient richement décorés d'imposants **mâts totémiques** aux motifs d'animaux et aux courbes ovales bien marquées. Ces mâts-totems avaient divers usages sociaux et rituels, et certains ornaient l'entrée des habitations collectives. Les Haïda élevaient également des mâts commémoratifs à la gloire des chefs, des mâts héraldiques qui relataient les mythes associés à un clan, et enfin des mâts potlatch érigés à l'occasion de fêtes cérémoniales. Fondée sur le principe de la filiation matrilinéaire, la civilisation haïda était divisée en deux clans : les Corbeaux et les Aigles, eux-mêmes divisés en familles.

© Robert Frerck/Odyssey

Mâts totémiques à Nan Sdins

Arrivée des Européens – Le navigateur espagnol Juan Perez Hernandez fut le premier Européen à découvrir ces îles en 1774, lors d'une expédition partie de Californie. Durant les années 1780 et 1790, d'autres Européens naviguèrent le long de la côte Nord-Ouest, pratiquant le troc des précieuses peaux de loutres de mer avec les indigènes. Un capitaine de la marine marchande anglaise, George Dixon, baptisa les îles en l'honneur de la **reine Charlotte**, épouse du roi George III.

Au contact des Européens, les Haïda acquirent les outils en métal qui leur facilitèrent le travail du bois. Des mâts plus grands et plus élaborés furent érigés (certains existent encore aujourd'hui) et d'autres pirogues furent creusées, leur permettant ainsi de faire du commerce et des incursions plus au Sud. Néanmoins, vers la fin du 19ᵉ s., la civilisation haïda était sur le déclin : les maladies d'Europe avaient décimé la population, tandis que les potlatch et la sculpture totémique – traditions « païennes » – avaient cessé sous l'influence des missionnaires. La plupart des villages traditionnels furent abandonnés au début du 20ᵉ s. lorsque les Haïda émigrèrent sur Graham.

Les îles aujourd'hui – Situées à 55 km à peine au Sud de l'Alaska, les îles jouissent néanmoins d'un climat tempéré grâce à l'influence modératrice d'un courant chaud, le Kuro-Shio. Des précipitations importantes et un sol fertile entretiennent des forêts d'épicéas de Sitka, de sapin du Canada et de cèdres. Le tiers méridional de l'archipel est une réserve nationale contenant un site du patrimoine mondial. Les résidents permanents vivent dans six communautés sur Graham et une sur Moresby, et dépendent principalement de l'exploitation forestière, de la pêche et du tourisme. Aujourd'hui, la présence de sculpteurs sur bois et sur argile et de sérigraphes sur Graham témoigne de la renaissance de l'art et des traditions ancestrales haïda, renaissance amorcée vers la fin des années 1950 sous la houlette du célèbre artiste **Bill Reid**. Les Haïda conservent jalousement le secret sur l'emplacement de l'unique carrière d'argilite, une roche noire.

Renseignements pratiques

Comment s'y rendre – **Avion** : Vancouver-Sandspit : Air Canada Jazz : *(☎ 514-393-3333 ou 888-247-2262. www.flyjazz.ca)* ; Prince Rupert-Masset, Sandspit-Queen Charlotte City : Harbour Air *(☎ 250-627-1341)* ; voitures de location *(Budget Rent-a-Car, ☎ 800-577-3228)* disponibles aux deux aéroports. Limousines : Eagle Cab *(☎ 250-559-4461)*. Bacs (« traversiers ») : liaison Prince Rupert-Skidegate *(basse saison ; 89,75 $/voiture et conducteur plus 19 $/passager adulte. réservations requises ; BC Ferries, 1112 Fort St., Victoria BC V8V 4V2. ☎ 250-386-3431. www.bcferries.com)* ; la mer est souvent houleuse dans le détroit d'Hécate ; il est conseillé aux passagers sujets au mal de mer de prendre leurs dispositions. Liaison Skidegate-Alliford Bay *(départ toute l'année ; 20mn ; traversée payante)*.

À savoir – Les visiteurs apprécieront le **guide** *(gratuit)* portant sur l'histoire de l'archipel, ses points d'intérêt, parcs et différentes formules d'hébergement, qu'ils pourront se procurer auprès de l'Observer Publishing Co. *(PO Box 205, Queen Charlotte BC V0T 1S0. ☎ 250-559-4680. www.qciobserver.com)*. Pour tout renseignement complémentaire (hébergement, expéditions en kayak, croisières, etc.), ils s'adresseront à Parks Canada *(☎ 250-559-8818. www.parkscan. harbour.com)* ou contacteront le centre d'information de Queen Charlotte Islands*)*.

ÎLE GRAHAM

La plus grande des îles de la Reine-Charlotte, Graham est, de loin, la plus peuplée. Ses habitants vivent principalement dans les villages haïda et les petites communautés de l'Est de l'île dont l'économie repose largement sur l'exploitation forestière et la pêche. Prolongement de la route Yellowhead (sur le continent), la route 16 traverse la partie orientale de l'île entre Queen Charlotte et Masset.

Queen Charlotte City – Cette petite ville est le centre administratif de l'archipel. Beaucoup des visiteurs qu'elle accueille arrivent par bac au débarcadère de **Skidegate Landing**, tout proche. Le centre-ville rassemble hôtelleries, boutiques de souvenirs et restaurants disséminés le long de Skidegate Inlet.

★ **Haida Gwaii Museum** – *À 1 km du débarcadère.* ♿ *Tlj sf lun. 10 h-17 h, w.-end 13 h-17 h. 3 $.* ☎ *250-559-4643.* Expositions d'histoire naturelle et d'artisanat autochtone, dont sculptures sur argilite et mâts totémiques.

Un hangar adjacent *(juin-août : tlj sf w.-end 9 h-16 h30 et sur demande ; Gwaalagaa Naay Corp. ☎ 250-559-8149)* contient la superbe **Loo Taas**, pirogue de 15 m creusée à la main dans le plus pur style haïda pour l'Expo'86 de Vancouver. Non loin de là, la réplique d'une habitation communautaire indigène abrite les bureaux des Gardiens de Haida Gwaii, organisme indien de protection et de conservation du patrimoine haïda.

Skidegate – *À 1,5 km du débarcadère.* Située face à la baie Rooney, cette vieille communauté haïda – que la population locale appelle « le Village » – est le centre politique et culturel de la nation haïda contemporaine. Les bureaux du Conseil de tribu de Skidegate se trouvent dans l'impressionnante réplique d'une **longue maison** (habitation communautaire) en cèdre. Artiste haïda de renom international, **Bill Reid** (né en 1920) en a créé le **mât totémique**★★ frontal. Plusieurs échoppes arborent les œuvres d'artistes haïdas ; les visiteurs désireux d'observer le travail des artisans peuvent se renseigner sur les possibilités auprès du bureau tribal de Skidegate *(☎ 250-559-4496)*.

Dans la communauté-carrefour de **Tlell**, les bureaux du Naikoon Provincial Park procurent des renseignements sur les loisirs et l'accès aux plages *(♿ 9 h-16 h30. ☎ 250-557-4390)*. Il n'existe que deux terrains de camping sur l'île, dont celui du parc, Misty Meadows. Une randonnée moyenne *(10 km)* mène par la plage jusqu'à l'épave du *Pesuta*, embarcation de bois échouée en 1928.

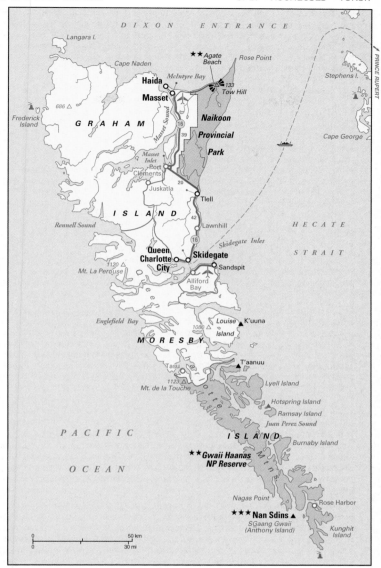

Masset – Cette localité se trouve non loin de l'endroit où les eaux d'un petit bras de mer, le Masset Sound, rejoignent celles de la baie McIntyre. Autrefois la principale ville de l'île, en partie grâce à la présence d'un poste des forces canadiennes aujourd'hui fermé, Masset accueille pêcheurs et promeneurs attirés par les plages du Nord de l'île.

Haida – Important centre de la culture haïda. On y remarquera plusieurs mâts-totems récents, notamment celui qui se trouve devant la St. John's Anglican Church, réalisé par un célèbre artiste haïda, **Robert Davidson**. Les œuvres d'artistes haïda sont en vente dans plusieurs boutiques du village, dont une à la façade ornée de motifs traditionnels et d'un mât totémique finement sculpté par le frère de Robert Davidson, **Reg Davidson**.

Naikoon Provincial Park – *9 km à l'Est de Masset. Accès par une route de plage non goudronnée. Ouv. toute l'année ; mai-sept. : accès payant. Bureaux du parc à Tlell. Randonnée, pêche, promenades le long de la plage.* Ce parc de 72 640 ha englobe le littoral Nord-Est de Graham, avec ses vastes plages et ses dunes faisant face au détroit d'Hécate (à l'Est) et au détroit de Dixon (au Nord). À **Agate Beach**★★ *(25 km de Masset ; parking et chemin d'accès à la plage au terrain de camping)*, les minéralogistes amateurs trouveront peut-être quelques-unes de ces gemmes auxquelles la plage doit son nom. Le terrain de camping le plus fréquenté de l'île étant celui d'Agate Beach, il convient d'arriver tôt le matin pour obtenir un emplacement. Au Nord, aire de stationnement pour **Tow Hill** *(26 km de Masset)*, affleurement de basalte boisé qui s'élève à 133 m au-dessus de la mer. Un sentier *(1 h AR)* mène au sommet, offrant un **panorama★** sur la vaste étendue de plages à l'Est et à l'Ouest. Par beau temps, on peut voir l'Alaska par-delà le détroit de Dixon.

ÎLE MORESBY

Deuxième de l'archipel par sa taille, cette île profondément découpée de fjords et de criques et bordée d'îlots abrite, dans sa partie méridionale, l'essentiel de la réserve du Parc national Gwaii Haanas. Ancien centre d'exploitation forestière, sa seule ville, **Sandspit**, est devenue le rendez-vous des kayakistes et des excursionnistes faisant le tour de la réserve en bateau.

Moresby subit, au cours du 20ᵉ s., les ravages (encore visibles) du déboisement. S'ensuivit, vers le milieu des années 1970, un conflit entre l'industrie forestière d'une part, et les Haïda et écologistes de l'autre, qui aboutit finalement à la création de la réserve. Les versants boisés des montagnes de la Reine-Charlotte (élévation maximale d'environ 1 000 m), qui forment l'arête dorsale de l'île, plongent souvent à pic dans la mer. D'abondantes précipitations entretiennent d'impressionnantes **forêts denses★★** d'épicéas, de thuyas géants, de fougères luxuriantes et de mousses. Cette nature sauvage abrite une faune variée ; citons notamment les pygargues à tête blanche, cerfs de Sitka, loutres et ours noirs. Phoques, otaries, marsouins et orques fréquentent les eaux de la région qui regorgent également de poissons, parmi lesquels des rascasses, saumons, harengs, flétans et cabillauds.

★★**Gwaii Haanas National Park Reserve** – *Accessible uniquement par bateau ou avion. Mai-sept. 10 $/jour. ☎ 250-559-8818. www.parkscan.harbour.com. Mer dangereuse et conditions météorologiques changeantes. Pour pouvoir visiter Gwaii Haanas, s'inscrire préalablement auprès du bureau du parc et suivre un cours obligatoire (1 h30). Les places étant limitées, il est fortement conseillé aux visiteurs individuels de réserver. Parks Canada (coordonnées dans l'encadré pratique) procure sur demande la liste des excursions en kayak et des croisières.* Le parc fut créé en 1988 afin de protéger les trésors naturels et culturels de l'archipel. Ses 1 400 km² de nature vierge et luxuriante contiennent les vestiges d'anciens villages haïda. Beaucoup d'entre eux ont été reconquis par la forêt, mais des mâts totémiques existent encore dans plusieurs endroits et les traces de « longues maisons » sont clairement visibles.

Dans le but de préserver leur patrimoine, les Haïda établirent, vers le milieu des années 1980, un organisme chargé de la surveillance des sites les plus visités. Ses représentants, les **Haida Gwaii Watchmen** (gardiens de Haida Gwaii) assurent ainsi la garde des anciens villages. *Attention : le nombre des visiteurs est strictement limité toute l'année.*

Croisière – *Exemple de croisière organisée le long des côtes Est et Sud de Moresby, avec étape aux sites décrits. Remarque : certaines croisières ne couvrent pas tous ces sites.* Situé sur la côte Est de l'île Louise *(hors de la réserve)*, l'ancien village de **K'uuna (Skedans)** contient encore les traces de plusieurs « longues maisons », quelques mâts mortuaires et commémoratifs dressés et d'autres renversés, dont les restes pourrissants sont envahis par la végétation. Le site de **T'aanuu**, sur la côte orientale de l'île Tanu, contient lui aussi des vestiges de mâts-totems écroulés et quelques traces d'habitations communautaires. Sur l'île Hotspring, trois **bassins naturels** creusés dans le roc donneront l'occasion de se baigner dans un cadre côtier admirable.

Ajoutée à la Liste du patrimoine mondial de l'Unesco en 1981, l'île de SGaang Gwaii (également appelée Anthony) occupe un site spectaculaire au bord du Pacifique. Le célèbre village de **Nan Sdins★★★** donne sur une crique abritée. Habité, selon toutes probabilités, pendant 1 500 ans, c'était l'un des plus grands villages du Sud de l'archipel, avec une population de 400 personnes. De nombreux mâts mortuaires et commémoratifs ont résisté aux intempéries, et la plupart d'entre eux, encore dressés, offrent un rare aperçu de la civilisation haïda du 19ᵉ s.

Parcs des ROCHEUSES★★★

Alberta, Colombie-Britannique

Véritables joyaux de l'Ouest canadien, cette chaîne de quatre parcs nationaux contigus – Banff, Yoho, Jasper et Kootenay – représente l'une des attractions naturelles les plus courues du pays. Renommés dans le monde entier, leurs merveilleux paysages à la topographie heurtée, leur végétation et leur faune variées attirent chaque année quelque six millions de visiteurs. Des routes modernes parcourent les larges vallées de la région tandis que des sentiers de randonnée sillonnent l'arrière-pays, permettant de découvrir de remarquables étendues sauvages composées de sommets aux neiges éternelles, de lacs, de cascades et de glaciers majestueux.

Les quatre parcs nationaux sont regroupés dans la partie méridionale des Rocheuses et forment, avec le Parc provincial du Mont Robson, l'une des plus grandes réserves naturelles du monde, couvrant plus de 22 000 km². La région abrite d'autres parcs d'une grande beauté, notamment ceux du **Mont Assiniboine** *(entre Banff et Kootenay ; inaccessible par la route)* et de **Kananaskis Country**, à 40 km au Sud-Est de Banff. Également inclus dans les parcs des Rocheuses, mais plus à l'écart, le Parc national Waterton Lake s'inscrit dans le Sud-Ouest de l'Alberta.

Un peu de géographie

Le toit du Canada – Les Rocheuses canadiennes, dont la crête forme une partie de la **ligne de partage des eaux**, s'élèvent fréquemment au-dessus de 3 000 m. Elles se dressent en une barrière continue d'environ 1 550 km qui s'étend du Sud-Ouest de l'Alberta à l'Est de la Colombie-Britannique. Cet arc montagneux constitue la chaîne la plus à l'Est de la **Cordillère canadienne**. Il est limité au Nord par la vaste plaine de la rivière aux Liards, à l'Est par les plaines de l'intérieur, et à l'Ouest par le **sillon des Rocheuses** *(voir carte p. 123)*, l'une des plus longues dépressions du continent américain.

Les Rocheuses doivent leur apparence stratifiée caractéristique à des dépôts sédimentaires marins vieux d'environ un milliard et demi d'années. Elles commencèrent à surgir 120 à 70 millions d'années avant notre ère à la suite du mouvement des plaques tectoniques. La dernière glaciation (75 000 à 11 000 ans) imprima sa marque sur le terrain en laissant vallées en auge, glaciers, lacs, canyons, cirques cratériformes et vallées suspendues agrémentées de cascades. Depuis la fin du « petit âge glaciaire » de 1870, les glaciers des Rocheuses connaissent un recul marqué.

Faune et flore – Vaste étendue sauvage, les Rocheuses abritent une grande variété d'animaux et de plantes. Ours noirs, coyotes, wapitis, orignaux, cerfs-mulets et mouflons de montagne sont nombreux, même au bord des routes, sans compter les écureuils et les tamias rayés. On croise parfois des chèvres des Rocheuses et des mouflons à grosses cornes. Les grizzlis sont un spectacle fort rare, réservé aux lieux plus isolés.

Les étages montagnard, subalpin et alpin s'accompagnent chacun d'une végétation bien caractéristique. Les fleurs sauvages, qui abondent à toute altitude, fleurissent après la fonte des neiges à flanc de montagne de fin juin à début août. Des forêts de douglas, de pins lodgepoles, d'épicéas blancs et de trembles couvrent souvent les vallées, cédant progressivement la place aux sapins subalpins, aux mélèzes de Lyall et aux épicéas d'Engelmann sur les pentes plus élevées. La ligne supérieure de la forêt (généralement 2 200 m pour les versants exposés au soleil, moins pour ceux à l'ombre) comporte des espèces ligneuses réduites au nanisme par les rigueurs du climat. Au-dessus de la limite de croissance des arbres ne survit qu'une végétation alpine caractérisée par des associations de mousses, de lichens, de fleurs sauvages naines et de plantes herbacées.

■ Canmore

Ancienne petite ville minière près de la route 1 à une demi-heure à l'Est de Banff *(22 km)*, Canmore est aujourd'hui, par sa situation au pied des Rocheuses, une destination prisée des sportifs. Son essor récent a permis la création de nombreux services et activités (chambres d'hôte, restaurants, golf, randonnée, VTT, deltaplane, escalade, kayak et rafting). Canmore, située dans la large vallée de la Bow, est également la porte vers la Kananaskis, réserve de l'Alberta très appréciée pour sa nature et ses activités récréatives, qui englobe la plupart des montagnes au Sud-Est de Canmore. Le centre-ville, ensemble ordonné de boutiques, cafés et petites auberges, est très agréable à parcourir à pied et moins encombré que celui de Banff. *Pour toute information, ☎ 403-678-1295. www. tourismcanmore.com*

RENSEIGNEMENTS PRATIQUES Indicatif téléphonique : 403

Comment s'y rendre

Voiture – Banff se trouve à 128 km à l'Ouest de Calgary par la Transcanadienne, et Jasper à 366 km à l'Ouest d'Edmonton par la route 16.

Avion – **Calgary International Airport** *(à 17 km du centre-ville)*, ☎ 735-1372. www.calgaryairport.com. Service de **navettes** à destination de Banff/Lake Louise : Brewster Tours ☎ 762-6767 ou 800-661-1152 *(40/47 $)* ou Banff Airporter ☎ 762-3396 *(42 $)*. Sociétés de location de voitures (Avis, Hertz, Tilden et autres) à l'aéroport de Calgary et à Banff.

Train et autocar – Les trains de **VIA Rail** *(☎ 604-669-3050)* relient Jasper à Edmonton et Vancouver. La ligne Rocky Mountaineer relie Banff et Jasper à Vancouver *(☎ 604-669-3050 ou 800-561-8630)*. **Greyhound** *(☎ 762-1092)* permet de se rendre en autocar de Calgary à Banff/Lake Louise *(aller simple 24 $)*.

À savoir

Quand s'y rendre – Les parcs des Rocheuses sont ouverts toute l'année. Durant la haute saison touristique *(juil.-août)*, il fait jour jusqu'à 22 h. S'équiper pour le froid, les chutes de neige en août et septembre n'étant pas rares. L'hiver, la plupart des routes des parcs restent ouvertes. Malgré un déneigement régulier, les pneus neige sont recommandés de novembre à avril.

Où s'informer – Chaque parc des Rocheuses possède son propre centre d'accueil où le visiteur pourra se procurer brochures, cartes, horaires et permis divers. Quatre adresses électroniques à retenir :

www.parkscanada.ca/banff

www.parkscanada.ca/kootenay

www.parkscanada.ca/jasper

www.parkscanada.ca/yoho

Le droit d'entrée est, pour chaque parc, de 6 $ par jour *(valable jusqu'au lendemain 16 h)*, mais il existe des forfaits spéciaux, valables plusieurs jours, qui donnent accès aux quatre parcs. Renseignements sur le Parc national Banff : **Banff Visitor Centre** *(224 Banff Ave.* ☎ *762-1550)* ; renseignements sur les commerces, services et activités de la zone : Banff/Lake Louise Tourism Bureau *(même adresse.* ☎ *403-762-8421)* ; renseignements sur le Parc national Banff et sur les différentes gammes de services et activités de Lake Louise : **Lake Louise Visitor Centre** *(près du centre commercial Samson Mall.* ☎ *522-3833)*. Le guide de tourisme *Where* comporte toutes sortes de détails sur la région et son infrastructure touristique (cartes, activités récréatives, hébergement, restaurants et commerces). Pour obtenir des informations sur Jasper, contacter **Jasper Visitor Centre.** ☎ 780-852-6176.

Hébergement – Les **gîtes de l'arrière-pays** des Rocheuses sont réputés. La plupart de ces établissements sont uniquement accessibles à pied, à skis ou en hélicoptère. Entreprises souvent familiales, ils vont du chalet rustique au confortable chalet alpin bénéficiant d'une bonne table. Il est possible de réserver de simples cabanes *(14/24 $/nuit et par personne)* par l'intermédiaire de l'Alpine Club of Canada, PO Box 8040, Canmore AB T1W 2T8 ☎ 678-3200. Beaucoup de terrains de camping privés jouxtent les parcs nationaux. Pour camper à l'intérieur même des parcs, se renseigner directement auprès du parc concerné. *(pour plus d'informations : www.parkscanada.gc.ca)*. D'autres formules d'hébergement sont également possibles : hôtels, motels, chambres d'hôte, location d'appartements, etc. Pour plus de renseignements, contacter Banff/Lake Louise Tourism Bureau. ☎ 403-762-8421. www.bannflakelouise.com.

Numéros utiles   ☎

Gendarmerie royale du Canada (Police montée)	762-2226
Service météorologique des parcs	762-2088
État des sentiers (été) / **Risques d'avalanche** (hiver)	760-1305

Activités récréatives

Randonnée, bicyclette, équitation, canoë, pêche, baignade (sauf à Yoho) et **sports d'hiver** dans les quatre parcs nationaux. Promenades en bateau et location de canoës également possibles *(s'informer auprès de Parcs Canada, www.parkscanada.gc.ca)*. **Tennis** et **golf** à Banff et Jasper : le Banff Springs Hotel possède un terrain de golf de 27 trous ; réservations ☎ 762-6801. Le Kananaskis Country Golf Course offre deux parcours de 18 trous ; réserver si possible 60 jours à l'avance ☎ 591-7272. D'autres hôtels sur place disposent aussi de terrains de golf.

Sunshine Village (environs de Banff)

Travel Alberta

Pour les amateurs d'aventure, des organisateurs proposent différentes formules de **voyage-découverte** et fournissent équipement, guides et moyens de transport. Les excursions en hélicoptère commencent à partir de 80 $. S'informer auprès de Banff/Lake Louise Tourism Bureau ☎ 762-8421. www.banfflakelouise.com

Sports d'hiver : ski de fond et de descente, héliski, patinage, traîneau à chiens et autres activités hivernales se pratiquent dans la région de Banff/Lake Louise de la mi-novembre à la mi-mai. Noter les stations de ski de Lake Louise *(☎ 522-3555. www.skilouise.com)*, Sunshine Village *(☎ 877-542-2633. www.sunshinevillage.com)*, Banff Mt. Norquay *(☎ 762-4421. www.banffnorquay.com)* et près de Jasper, Marmot Basin *(☎ 780-852-3816. www.skimarmot.com)*. Garderies, location de skis, écoles de ski accréditées et chalets ; un forfait de remontée par station *(54/62 $ /jour)*. Une navette gratuite circule entre les hôtels de Banff et les trois stations de ski *(5/10 $ aller simple)*. Pour plus d'information, contactez le Banff/Lake Louise Tourism Bureau *(☎ 762-8421. www.banfflakelouise.com)* ou Jasper Tourism *(☎ 780-852-3858. www.jaspercanadianrockies.com)*.

Le site des épreuves de ski de fond des Jeux olympiques de 1988 comporte 70 km de pistes pour skieurs moyens et confirmés ; pour plus de détails, s'adresser à Canmore Nordic Centre, Suite 100, 1988 Olympic Way, Canmore AB T1W 2T6. ☎ 678-2400.

CARNET D'ADRESSES

Se loger dans les Rocheuses

Les établissements ont été choisis pour leur atmosphère, leur emplacement ou leur rapport qualité/prix. Les prix (indiqués hors taxes) correspondent à ceux d'une chambre double standard en haute saison. Certains hôtels proposent des offres spéciales le w.-end. Les tarifs peuvent varier considérablement d'une saison à l'autre. La présence d'une piscine est indiquée par le symbole ⌇ et celle d'un centre de remise en forme (ou spa) est indiquée par le symbole Spa.

$$$$$	plus de 300 $	$$	de 75 $ à 125 $
$$$$	de 200 $ à 300 $	$	moins de 75 $
$$$	de 125 $ à 200 $		

Emerald Lake Lodge – *Parc national de Yoho. 85 ch. réparties dans 24 chalets. ✕ ⴲ ▯ ⌇ ☎ 403-609-6150 ou 800-663-6336. www.crmr.com.* **$$$$** Encadré par de grands espaces vierges, idéal pour les escapades en montagne, l'établissement trône sur les hauteurs de l'un des plus pittoresques lacs de la région. Les vastes chambres aménagées dans les chalets, dotées d'une entrée privée, arborent cheminées de pierre et mobilier en pin. Prenez vos repas dans le bâtiment principal ou à l'un des sympathiques cafés des berges du lac. L'hôtel propose randonnée, pêche, canoë et équitation.

Fairmont Banff Springs, à **Banff** – *Spray Ave. 770 ch.* ✗ ♿ P 🏊 Spa ☎ *506-863-6310 ou 800-257-7544. www.fairmont.com.* **$$$$$** Cette hostellerie aux allures de château qui domine la Bow de ses tourelles est un des établissements de montagne les plus connus au monde. L'hôtel The Springs de 1888 a connu de larges modernisations. Les chambres, malgré leur sobriété, sont décorées avec élégance. Le véritable intérêt du lieu se trouve dans son atmosphère opulente et l'abondance de ses installations : luxueux centre de remise en forme, golf 27 trous et écuries. Il contient douze restaurants, du bar à vin intime au très branché **Banffshire Club ($$$$)** avec ses spécialités d'agneau rôti, de bison et autres classiques canadiens. Chacun des restaurants accueille à midi les visiteurs non résidents, pour lesquels une visite gratuite (et vivement conseillée) de l'hôtel est organisée.

Fairmont Chateau Lake Louise, à **Lake Louise** – *489 ch.* ✗ ♿ P ☎ *506-863-6310 ou 800-257-7544. www.fairmont.com.* **$$$$$** Le célèbre établissement bénéficie d'un point de vue sur le lac Louise inégalé dans les Rocheuses. Si les chambres donnant sur le lac sont les plus chères, les prestations sont équivalentes dans tout l'hôtel. Les immenses baies du célèbre salon Lakeside Lounge forment un écrin parfait aux eaux cristallines si souvent photographiées. Parmi les nombreux restaurants de l'hôtel figure la table raffinée du **Fairview Room ($$$)**, qui allie festin et panoramas d'exception. Les jardins colorés mènent à une promenade pavée qui longe la berge.

Fairmont Jasper Park Lodge – *Parc national de Jasper. 446 ch. et bungalows.* ✗ ♿ P 🏊 ☎ *780-852-3301 ou 800-257-7544. www.fairmont.com.* **$$$$$** Le domaine historique, qui s'étire le long des eaux turquoise du lac Beauvert, est fier de son terrain de golf de compétition et de ses diverses installations (équitation, tennis, canoë). La clientèle peut choisir les sobres chalets ou les anciens bungalows de bois, qui ont accueilli la reine Élisabeth II. L'établissement propose une grande variété de restaurants, parmi lesquels l'illustre **Edith Cavell Room ($$$$)** où gibier et poissons du pays sont servis dans une atmosphère européenne.

Post Hotel, à **Lake Louise** – *Village Road. 94 ch.* ✗ ♿ P 🏊 ☎ *403-522-3989 ou 800-661-1586. www.posthotel.com.* **$$$$$** Situé à quelques pas du village, cet établissement chic borde les eaux tumultueuses de la Pipestone. Les chambres, spacieuses et élégantes, arborent rondins polis, lits confortables et luxueuses salles de bains ; toutes possèdent un balcon, beaucoup sont dotées d'un jacuzzi et d'une cheminée. Le ravissant salon s'avère idéal pour siroter un cocktail vespéral avant de passer dans la **salle à manger ($$$)** voisine, renommée pour sa cuisine canadienne préparée avec une touche européenne.

Brewster's Mountain Lodge, à **Banff** – *208 Caribou St. 71 ch.* ☕ *inclus.* ✗ ♿ P ☎ *403-762-2900 ou 888-762-2900. www.brewsteradventures.com.* **$$$$** Le style « Ouest canadien » de cette hostellerie moderne, située à deux pas de la rue la plus animée du centre-ville, saute aux yeux dès que l'on

© Andrew Hempstead

Post Hotel à Lake Louise

aperçoit sa silhouette de rondins écorcés. Un impressionnant escalier de bois mène aux chambres spacieuses au décor rustique. Le petit déjeuner, généreux, est servi dans une attrayante salle du rez-de-chaussée.

Buffalo Mountain Lodge, à Banff – *Tunnel Mountain Rd. 108 ch.* ✗ ♿ 🄿 🛝 ☎ *403-762-2400 ou 800-661-1367. www.crmr.com.* **$$$$** Immense, l'établissement offre une retraite paisible contrastant avec l'activité des rues de Banff voisines. Les chambres, de belle taille, à la jolie décoration contemporaine à base de bois, comprennent une cheminée et un balcon ou une terrasse. Les salles de bains sont grandes, parfois dotées d'une baignoire à pieds griffus ou du chauffage par le sol. Réputée pour sa « cuisine des Rocheuses », la **salle à manger ($$$$)** sert une cuisine où entrent des produits locaux et la viande d'un ranch des environs.

Lake O'Hara Lodge, dans le **parc national du Yoho** – *23 cabanes et ch.* ✗ *(pension complète et transport par autocar compris)* ☎ *250-343-6418 ou 403-678-4110 (hors saison). www.lakeohara.com.* **$$$$.** Le Canada connaît peu de sites comparables au lac O'Hara, un plan d'eau magique entouré d'innombrables sentiers de randonnée. Une nuit sur place ajoute un plus à une visite déjà mémorable. Le vieux bâtiment principal comprend un restaurant et huit chambres standard, mais les cabanes au bord du lac, avec leur balcon, sont les plus convoitées. On accède à la propriété en autocar au départ de la Transcanadienne *(parking à 15 km à l'Est de Field)*.

Baker Creek Chalets – *Bow Valley Pkwy. 33 cabanes et suites.* ✗ ♿ 🄿 ☎ *403-522-3761. www.bakercreek.com.* **$$$** Situés entre Banff et Lake Louise, les confortables chalets de bois composent un hébergement de bon rapport qualité/prix pour les visiteurs dotés d'un moyen de transport. Composés d'une ou deux chambres, tous les chalets ont un balcon et une kitchenette. Un bâtiment plus récent comprend des suites aux tons chauds. Prévoir de manger au **Baker Creek Bistro ($$$)**, restaurant sans prétention à l'atmosphère montagnarde, qui sert des plats copieux préparés avec des produits canadiens.

Paradise Lodge and Bungalows, à **Lake Louise** – *Lake Louise Dr. Fermé de mi-oct. à mi-mai. 45 cabanes et suites.* ♿ 🄿 ☎ *403-522-3595. www.paradise-lodge.com.* **$$$** Le charme indéniable de cette propriété classée située sur une parcelle boisée entre le fond de la vallée et Lake Louise attire une clientèle fidèle. Des jardins bien entretenus agrémentent les cabanes voisines, dont certaines arborent des plafonds voûtés et des baignoires à pieds griffus. Plus vastes, les suites, dotées de cheminées, offrent une meilleure vue ; certaines ont une cuisine sommairement équipée.

Spruce Grove Inn, à Banff – *Banff Ave. 89 ch.* ♿ 🄿 ☎ *403-762-3301 ou 800-879-1991. www.banffvoyagerinn.com.* **$$$** D'un bon rapport qualité/prix, l'établissement est le dernier-né d'une série de motels installés le long de la voie séparant la Transcanadienne du centre-ville. Bien que sobrement aménagées afin de conserver leur tarif raisonnable, les chambres sont spacieuses et confortables. Un casier à skis et un emplacement en parking souterrain chauffé sont inclus dans le prix. On trouvera de nombreux restaurants dans un rayon de 10mn de marche.

Tekarra Lodge – *Route 93A, à 1 km au S de Jasper. 52 cabanes.* ☎ *780-852-3058 ou 888-404-4540. www.tekarralodge.com.* **$$$** Lorsqu'en 1913 les véhicules à moteurs eurent l'autorisation de pénétrer dans les parcs, les « campements de bungalows » se multiplièrent dans les Rocheuses canadiennes. Certains existent toujours. La forêt qui domine l'Athabasca a été parsemée de cabanes rustiques aux lits confortables, avec cuisine et cheminée. L'absence de téléphone et de télévision est appréciée par la plupart des résidents, presqu'autant que la « cuisine familiale inspirée » servie par le restaurant.

Blue Mountain Lodge, à Banff – *137 Muskrat St. 10 ch.* 🄿 ☎ *403-762-5134. www.bluemtnlodge.com.* **$$** Ancien immeuble de chambres à louer, cette petite maison d'hôtes offre un hébergement à prix raisonnable, qui conviendra aux petits budgets. En dépit de leur décoration simple et peu récente, les chambres possèdent toutes une salle de bains. Un copieux buffet froid de petit déjeuner est compris dans le prix. Une cuisine commune et des casiers à ski sont également mis à la disposition des résidents.

HI-Lake Louise Alpine Centre, à **Lake Louise** – *Village Rd. 150 lits* ✗ ♿ 🄿 ☎ *403-760-7580 ou 866-762-4122. www.hihostels.ca.* **$** Les voyageurs non familiers des auberges de jeunesse seront surpris de l'aspect soigné de cet établissement aux poutres apparentes, ainsi que de ses prestations. Les dortoirs *(2 à 6 lits)* sont impeccables, mais le centre propose aussi des chambres privées. Les clients ont accès à une cuisine, une salle de lecture, une laverie et un café. L'établissement est un des 13 sites gérés par Hostelling International, les autres sont situés à Banff, Jasper et le long de l'Icefields Parkway.

Se restaurer dans les Rocheuses canadiennes

Les prix indiqués correspondent à un menu pour une personne (entrée, plat, dessert ; taxes, pourboire et boissons en sus). Se renseigner par téléphone pour les réservations et les horaires d'ouverture.

De nombreux établissements figurent au fil des pages du guide dans des encadrés qui leur sont consacrés.

$$$$	plus de 50 $	$$	de 20 $ à 35 $
$$$	de 35 $ à 50 $	$	moins de 20 $

Maple Leaf, à **Banff** – *137 Banff Ave.* ☎ *403-760-7680. www.banffmapleleaf. com.* **$$$$ Cuisine continentale.** Le thème canadien est décliné ici avec la plus grande élégance à l'aide de cèdre, de pierre et autres matières naturelles. Les convives se restaurent sous la surveillance d'une tête d'orignal qui ne laisse planer aucun doute sur le pays où ils se trouvent. Parmi les spécialités régionales du déjeuner, on appréciera un flétan à la bière. Les choses sérieuses commencent au dîner avec des côtelettes braisées marinées au whiskey d'érable canadien. Demander une table à l'étage pour avoir une meilleure vue et une atmosphère plus calme.

Becker's Gourmet Restaurant – *6 km au S de Jasper. Mai-oct. : fermé le midi.* ☎ *780-852-3535.* **$$$ Cuisine canadienne.** Tout en se régalant, les convives pourront admirer les montagnes s'élevant au-delà de l'Athabasca ; bœuf de l'Alberta, bison, gibier et flétan sont de mise dans cet établissement historique. Lorsque le temps fraîchit, le feu ronronne dans la cheminée de pierre. Les habitués savent qu'il faut, en dépit du froid extérieur, réserver leur part de crème glacée maison.

Lake Louise Station Restaurant, à **Lake Louise** – *200 Sentinel Rd.* ♿ ☎ *403-522-2600.* **$$$ Cuisine internationale.** Bien que désaffectée, la gare de Lake Louise, élégant bâtiment de rondins datant de 1910, accueille toujours les visiteurs puisqu'elle a été convertie en un restaurant très fréquenté. Élégamment rénové et redécoré d'un mobilier de style Arts and Crafts, de photos anciennes et d'objets ayant trait au chemin de fer, l'intérieur dégage une atmosphère prestigieuse et rétro renforcée par le grondement du passage du train. Le menu est composé de plats de brasserie de bonne tenue, souvent mêlés à des ingrédients asiatiques. Que les amateurs de poisson n'hésitent pas : le bar en croûte de canneberge est délicieux.

The Pines, à **Banff** – *Rundlestone Lodge, 537 Banff Ave. Matin et soir uniquement.* ♿ ☎ *403-760-6690, www.rundlestone.com.* **$$$ Cuisine canadienne.** La plupart des voyageurs ratent ce restaurant raffiné, en raison de sa situation à l'écart de la zone commerçante. Il vaut néanmoins le détour pour l'excellence de sa cuisine contemporaine (bien que parfois conservatrice). Réputée pour son gibier canadien (bœuf musqué, caribou et venaison), la carte offre également un bien tentant saumon en croûte d'amande accompagné d'une quiche au riz sauvage. Un personnel qui connaît son affaire et une belle représentation des vins canadiens (le dessert se doit d'être bu avec un vin de glace de Colombie-Britannique) parachèvent un moment agréable.

Un peu d'histoire

La présence humaine dans les Rocheuses remonterait, comme l'indiquent certaines découvertes archéologiques, à plus de 10 000 ans. Au début du 18e s., avant même l'arrivée des premiers Européens, la tribu des **Stoney** avait soumis les peuplades autochtones et investi la région. La seconde moitié du 18e s. allait être marquée par le commerce des fourrures, le 19e s. par la venue d'alpinistes et d'explorateurs. Dès 1885, le **Canadien Pacifique** traversait les montagnes et atteignait la côte Ouest. Réalisant le potentiel touristique de cette nature splendide, la compagnie ferroviaire convainquit le gouvernement de créer des réserves, ancêtres des parcs actuels. À la fin du 18e s. et au début du 19e s., elle fit construire toute une série de chalets et d'hôtels de qualité, dont un grand nombre ouvrent encore aujourd'hui. Établis dès les années 1920, les quatre parcs nationaux furent désignés « site du patrimoine mondial » en 1984.

★★★① BANFF NATIONAL PARK *schémas p.117 et p.123*

Premier parc national du Canada, et le plus célèbre, **Banff** se trouve à l'extrémité Sud-Est de la chaîne des quatre parcs. Il se distingue par son relief extraordinaire et ses fameuses stations de villégiature de Banff et de Lake Louise.

Dans les années 1880, Banff devait acquérir une renommée nationale grâce à la venue du chemin de fer et à la présence de sources sulfureuses découvertes dans la région par **James Hector** en 1858. En 1883, une bourgade nommée Siding 29 (par la suite rebaptisée Banff, du Banffshire en Écosse) s'était formée près d'une voie de garage (*siding* en anglais) du Canadien Pacifique. Trois employés du chemin de fer à la recherche de minerais « redécouvrirent », 25 ans après l'expédition Palliser, des sources chaudes naturelles dans une caverne souterraine au pied du mont Sulphur. La tête emplie de rêves de fortune, ils tentèrent de faire valoir leurs droits, mais les intérêts des magnats du chemin de fer prévalurent. En 1885, la création d'une réserve naturelle de 26 km² autour des sources de Cave and Basin allait marquer les tout premiers débuts d'un remarquable réseau de parcs. En 1887, la réserve fut agrandie et rebaptisée Rocky Mountains Park Reserve ; la même année vit la construction d'établissements de bains et d'une gare. En 1888, le Canadien Pacifique ouvrit le **Banff Springs Hotel** (ce « château » était alors le plus grand établissement hôtelier du monde) au confluent de la Bow et de la Spray, et fit venir de Suisse des guides de haute montagne pour accompagner les clients jusqu'aux sommets environnants.

Banff était ainsi devenue une station mondaine pour voyageurs opulents se déplaçant en train. Ce ne fut qu'en 1915, après une lutte acharnée, que les automobiles furent admises dans la réserve, la rendant ainsi plus accessible au grand public. En 1930, elle devint officiellement parc national. Aujourd'hui, le thermalisme est oublié, mais Banff demeure l'un des plus grands centres touristiques du Canada.

★★Banff et environs *schéma p.117*

Ce célèbre centre de villégiature s'est développé dans la vallée large et plate de la Bow, et siège à 1 380 m d'altitude parmi des montagnes majestueuses. En dépit d'une activité touristique quasi constante, la communauté a réussi à conserver le charme d'une petite bourgade alpestre.

Chaque été *(juin-août)*, le **Banff Arts Festival** donne l'occasion d'assister à des concerts et des spectacles de danse, d'opéra et de théâtre. Un **centre d'accueil** *Parks Canada (224 Banff Ave. de mi-juin à fin août : 8 h-20 h ; le reste de l'année : 9 h-17 h. Fermé 25 déc. ☎ 403-762-1550. www.parkscanada.ca)* procure tout renseignement sur les activités du parc, les commerces et les services.

★**Whyte Museum of the Canadian Rockies (A)** – *111 Bear St. 10 h-17 h.* ♿ *Fermé 1er janv., 25 déc. 6 $. ☎ 403-762-2291. www.whyte.org.* Inauguré en 1968, ce bâtiment contemporain abrite une galerie consacrée à l'histoire de l'alpinisme et du tourisme dans les Rocheuses canadiennes, et présente des expositions temporaires d'artistes régionaux et internationaux. Le musée parraine également des visites de demeures historiques.

★**Banff Park Museum (B)** – *93 Banff Ave. Fermé pour une période indéfinie pour raisons de sécurité. Pour plus d'information, contactez ☎ 403-762-1558.* Construit dans le style « pagode » typique des gares du début du 20ᵉ s., ce musée a un cachet très Belle Époque. Il possède une belle collection de minéraux et d'animaux naturalisés, ainsi qu'une série de gravures de **Robert Bateman**, artiste contemporain célèbre pour ses représentations d'animaux sauvages.

★**Cascade Gardens (C)** – *À l'extrémité Sud de Banff Ave., au-delà du pont sur la Bow. De mi-juin à fin sept.* De ces jardins en terrasses agrémentés de bassins rocailleux et de cascades, **vue★** superbe sur

● En bateau !

L'affluence estivale au centre-ville de Banff peut s'avérer oppressante ; pourtant, un interlude remarquablement apaisant attend les amateurs à quelques pâtés de maisons. Une petite agence de **Banff Canoe Rentals** *(☎ 403-762-3632)* loue des canoës ; une heure de rame sépare le quai de la vallée de l'Écho puis des trois lacs Vermillon. L'excursion longe des forêts silencieuses et l'on a de fortes chances d'apercevoir orignaux, cerfs, ours ou aigles. Les eaux émeraude et dormantes du lac ainsi que ses berges intactes constituent un parfait antidote à la frénésie de Banff.

le **mont Cascade** dont les 2 999 m dominent l'extrémité Nord de Banff Avenue. Au centre, un édifice de pierre de style néogothique abrite les bureaux administratifs du parc.

★**Luxton Museum of the Plains Indian** – *1 Birch Ave., sur la rive Sud de la Bow.* ♿ *De mi-mai à mi-oct. : 10 h-18 h ; le reste de l'année : 13 h-17 h. Fermé 25 déc. 6,75 $.* ☎ *403-762-2388. http://collections.ic.gc.ca/luxton.* 🖼 Réplique d'un fort de l'époque du commerce des fourrures, ce bâtiment en rondins expose des objets indigènes et des dioramas grandeur nature évoquant certains aspects de la vie des Amérindiens des Plaines.

★**Bow Falls** – Une promenade au pied du Fairmont Banff Springs Hotel offre un bel aperçu de la rivière : à gauche, la chute tumultueuse, et en face, les rapides qui contournent le promontoire rocheux du mont Tunnel ; à droite, la Spray, petit affluent de la Bow.

★★**Cave and Basin National Historic Site** – ♿ *De mi-mai à mi-sept. : 9 h-18 h ; le reste de l'année : 11 h-16 h, w.-end 9 h30-17 h. Fermé 1ᵉʳ janv. 2,25 $.* ☎ *403-762-1566. www.parkscanada.ca.* C'est à cet endroit que fut créé le premier parc canadien. L'ancien établissement de bains a été restauré selon son aspect de 1914. Ce bâtiment en pierre orné de fenêtres cintrées comporte une piscine découverte et un bassin naturel, tous deux alimentés par des sources thermales *(température moyenne 30-35 ℃ ; baignade interdite)*. À l'intérieur du même complexe, un musée retrace l'histoire des parcs canadiens.

★★**Mont Sulphur** – *3,5 km du centre-ville.* ♿ *Télécabine (8mn) toute l'année. Horaires variables. Fermé de déb. janv. à mi-janv. 19,95 $.* ☎ *403-762-2523.* ☎ *403-762-5438. www.banffgondola.com.* Du sommet du mont Sulphur (2 285 m) se développe une **vue panoramique**★★★ sur le site de Banff et les montagnes qui l'entourent, avec au Nord le mont Norquay, la vallée de la Bow, Banff et son hôtel Fairmont ; au Nord-Est, le lac Minnewanka et la chaîne Fairholme ; à l'Est, le mont Rundle et la vallée de la Spray ; et au Sud-Ouest, la chaîne Sundance. Il n'est pas rare d'apercevoir des mouflons à grosses cornes en bordure des sentiers.

★**Upper Hot Springs** – *3,5 km du centre-ville par Mountain Ave.* ♿ *De mi-mai à mi-sept. : 9 h-23 h ; le reste de l'année : 10 h-22 h, ven.-sam. 10 h-23 h. 5,50/7,50 $.* ☎ *403-762-1515. www.parkscanada.ca.* 🖼 Découvertes un an après celles de Cave et de Basin, ces sources minérales (température moyenne 38 ℃) alimentent aujourd'hui une grande piscine publique perchée à flanc de montagne ; les baigneurs dominent la vallée de la Bow.

■ Les hôtels de la ligne Grand Railway

L'achèvement de la voie de chemin de fer plaça les merveilles des Rocheuses à la portée des voyageurs de l'Est, mais encore restait-il à mettre en place une infrastructure hôtelière de luxe. William Van Horne, président de la compagnie du Canadien Pacifique, décida de résoudre le problème à sa manière grandiose : son **hôtel Banff Springs** était, à son ouverture en 1888, le plus vaste (250 chambres) et le plus somptueux du monde. Bien qu'il n'exploite plus les sources thermales, l'établissement accueille un vaste centre de remise en forme disposant d'un bassin d'eau minérale qui rappelle les sources voisines de Cave et Basin.

Édifié en 1890, le **Chateau Lake Louise**, jadis simple gîte de montagne, est le berceau de la tradition canadienne des randonnées avec guides. Situé au bord du lac, il est un des sujets les plus photographiés en Amérique du Nord. Plusieurs excellents restaurants et le Wallister Stube à l'atmosphère intime, dont la cuisine suisse classique accompagne les spécialités de fondue, y régalent les voyageurs. Construit près de la ligne Grand Trunk Pacific Railway en 1922, **Jasper Park Lodge** est un bâtiment de bois d'un seul niveau. Grâce à son parcours de golf 18 trous créé par le canadien Stanley Thompson, il était très apprécié des célébrités hollywoodiennes des années 1950 (Bing Crosby et Marilyn Monroe entre autres) et servit de cadre au film *La Rivière sans retour*. Les golfeurs du 21ᵉ s. jouent sur le terrain qu'affectionnait Bing Crosby et descendent les rapides de l'Athabasca qui promurent Marilyn Monroe au rang de star.

Les trois établissements, qui appartiennent aujourd'hui à la chaîne Fairmont, ont tous été détruits par le feu, reconstruits et agrandis. Plusieurs millions de dollars furent employés à restaurer la vision originale de William van Horne : des châteaux-hôtels somptueux à l'ombre des Rocheuses. Chaque établissement est une composition unique d'œuvres d'art, d'accueil chaleureux et d'arcades commerçantes. Conscients de leur intérêt historique, tous trois accueillent les visiteurs dans la majorité de leurs espaces communs. *Voir le carnet d'adresses.*

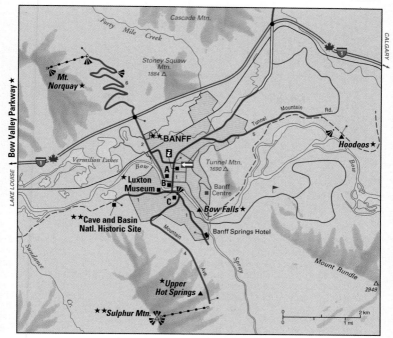

★ **Hoodoos** – Un pittoresque sentier de nature *(1 km ; départ de Tunnel Mountain Rd.)* offre des vues sur la vallée de la Bow et sur des curieuses cheminées de fées, formations naturelles coiffées de blocs plus résistants que la roche environnante.

★ **Lake Minnewanka Loop** – *Débute à 4 km du centre-ville.* Les trois lacs qui agrémentent ce circuit de 16 km se prêtent à toutes sortes de sports nautiques. Il s'agit des lacs Johnson et Two Jack, et du lac de retenue Minnewanka. Ce dernier constitue la plus grande étendue d'eau du parc de Banff ; on peut le parcourir en bateau jusqu'à hauteur du Devil's Gap *(départ de mi-mai à fin oct. : 8 h30-19 h. 28 $. Minnewanka Tours.* ☎ *403-762-3473. www.minnewankaboattours.com)* La route passe également par **Bankhead**, mine de charbon abandonnée au début du 20ᵉ s. Un sentier d'interprétation relate l'histoire du site.

★ **Mont Norquay** – *8 km du centre-ville.* ♿ *Télésiège de déb. déc. à mi-avr. : 9 h-16 h (janv.-mars : ven. 21 h). 49 $. Navette gratuite depuis de nombreux hôtels de Banff.* ☎ *403-762-4421. www.banffnorquay.com.* Une route sinueuse mais bien dessinée gravit le mont Stoney Squaw vers le télésiège du mont Norquay, offrant des **vues** sans cesse plus belles vers le Sud et l'Est sur la vallée de la Bow, le site de Banff, et en toile de fond, le pan incliné du **mont Rundle**.

★**Bow Valley Parkway jusqu'à Lake Louise (route 1A)**

48 km. Commence à 5,5 km à l'Ouest de la ville. Schéma p.123.

Alternative à la Transcanadienne plus rapide, la pittoresque « route de la vallée de la Bow » était le seul moyen de se rendre de Banff à Lake Louise dans les années 1920. Elle serpente à travers les forêts d'arbres à feuilles persistantes le long de la rive Nord de la Bow et offre des **vues**★ de la chaîne Sawback au Nord-Est – particulièrement les crénelures du mont Castle – et des sommets de la ligne de partage des eaux au Sud-Ouest. De nombreux belvédères présentent une interprétation de la géologie, de la flore et de la faune régionales. On aperçoit parfois ours noirs, cerfs et coyotes au bord de la route. Au **canyon Johnston**★★ *(17 km)*, un sentier goudronné, souvent en corniche, surplombe l'étroite gorge de calcaire et mène aux **chutes inférieures**★★ *(environ 1 km)* et **supérieures**★★ *(environ 1,6 km)*. Dans une prairie au-dessus du canyon sourdent les sources d'eau froide des « pots d'encre » *(6 km)*.

À Castle Junction, la route 93 mène vers le Parc national de Kootenay.

★★★**Lake Louise et environs**★ *schéma p.119.*

Plus petite et moins encombrée que Banff, la localité de Lake Louise se situe dans la partie centre-Ouest du parc, célèbre pour ses pics glacés et ses étendues d'eau

Chateau Lake Louise

limpide. Ce furent les Amérindiens Stoney qui, en 1882, firent découvrir le fameux lac Louise – qu'ils appelaient le « lac aux petits poissons » – à **Tom Wilson**, membre de l'équipe chargée des relevés topographiques pour le futur chemin de fer. Wilson le baptisa Emerald Lake en raison de sa couleur, mais le nom fut changé deux ans plus tard en Lake Louise, en l'honneur de la fille de la reine Victoria, épouse du gouverneur général du Canada. Après l'achèvement de la voie ferrée, le lac devint une étape appréciée au milieu des Rocheuses et attira bientôt des alpinistes du monde entier, fascinés par les abruptes falaises qui l'entourent. Aujourd'hui, le **Chateau Lake Louise**, imposant hôtel du Canadien Pacifique achevé en 1925, trône élégamment près du lac.

Village de Lake Louise – Cette petite station-carrefour située à la sortie de la Transcanadienne offre des installations en tout genre. Le **centre d'accueil** du parc *(de fin juin à fin oct. : 8 h-20 h ; le reste de l'année : horaires variables. Fermé 25 déc. ☎ 403-522-3833. www.parkscanada.ca)* présente d'excellentes **expositions** sur l'histoire naturelle de la région, notamment sur les schistes de Burgess, et fournit des renseignements touristiques divers (circuits routiers, randonnées, curiosités locales, etc.).

★★★**Lac Louise** – *À 4 km du village.* Enserré dans les puissantes montagnes qui forment la ligne de partage des eaux, caché dans une vallée suspendue au-dessus du large sillon de la Bow, ce magnifique lac glaciaire demeure l'un des points les plus célèbres des Rocheuses canadiennes.

● **Laggan's Mountain Bakery**
Samson Mall, Lake Louise.
☎ *403-552-2017.* Nichée dans un coin de l'unique centre commercial de Lake Louise, cette boulangerie réputée procure au voyageur un en-cas à peu de frais. De longues vitrines proposent un alléchant assortiment de croissants, pâtisseries, muffins et gâteaux, et chacun se sert son café. Les sandwiches sont préparés à la demande. Il faut s'attendre à faire la queue, car le personnel s'occupe aussi bien de servir en boutique que de préparer les commandes pour la clientèle de restaurants à travers les Rocheuses. Si l'on ne trouve pas de table, on peut toujours franchir l'allée pour s'asseoir au bord de la Pipestone qui coule derrière les arbres.

On aperçoit au loin le **glacier Victoria** qui s'avançait autrefois jusqu'à l'emplacement actuel du Château Lake Louise. En se retirant, le glacier laissa derrière lui un énorme barrage morainique (sur lequel fut d'ailleurs bâti l'hôtel) qui boucha en partie la vallée, provoquant ainsi la formation d'un petit lac de montagne (longueur : 2 km ; largeur : 0,5 km, profondeur et température maximales : 75 m et 4 ℃). En été, le fin limon glaciaire en suspension dans les eaux de fonte du lac réfléchit les rayons du spectre solaire et émet des nuées virant, selon la luminosité, du bleu-vert à l'émeraude.

L'extrémité du lac est dominée par le **mont Victoria** (3 464 m), flanqué à gauche de la paroi rocheuse du **mont Fairview** (2 744 m), et à droite du **Big Beehive** (« la grande ruche »), ainsi nommé en raison de sa forme arrondie. Un sentier de 2 km longe la rive Nord du lac, tandis que d'autres montent vers l'arrière-pays. Des randonnées d'une journée mènent à deux salons de thé : l'un sur le lac Agnes *(à 3,5 km du lac)* et l'autre à la plaine des Six-Glaciers *(à 5,5 km du lac). Renseignements disponibles à l'hotel Chateau Lake Louise et aux centres d'accueil du parc.* L'escalade est une activité très couramment pratiquée autour du lac Louise.

© Andrew Hempstead

★★★**Lac Moraine** – *À 13 km du village.* Ce joli lac jouit d'un **site** splendide, bordé d'un côté par la barrière aiguisée des pics Wenkchemna et de l'autre par l'épaisse forêt qui descend doucement jusqu'à la rive. La route *(Moraine Lake Rd.)* s'élève au-dessus de la vallée de la Bow et offre tour à tour une **vue**★★ impressionnante du **mont Temple** (3 549 m), puis des pics glacés des **Wenkchemna**, également appelés **Ten Peaks**. Un court sentier mène à un éboulis de roches qui barre l'extrémité Nord du lac, d'où l'on obtiendra la meilleure **vue**★ des alentours. Cet énorme amas de pierres aurait été causé par l'éboulement d'une partie de la « Tour de Babel », sommet adjacent. D'autres sentiers serpentent jusqu'à l'extrémité du lac Moraine et permettent d'accéder aux vallées et lacs avoisinants de l'arrière-pays.

★**Mont Whitehorn** – *Télécabine (15mn) de mi-mai à fin sept. : 8 h30-18 h. 18,95 $.* ☎ *403-522-3555. www.skilouise.com.* Du sommet se découvre un **panorama**★★ spectaculaire sur la vallée de la Bow : au Sud, les pics Wenkchemna et le mont Temple, et à l'Ouest le lac Louise, niché sous le glacier Victoria.

★★ ② YOHO NATIONAL PARK *Voir cartes p.119 et p.123.*

Dans le dialecte amérindien local, le mot *yoho* exprime un sentiment d'admiration respectueuse ; et à en juger par ses majestueux glaciers, ses cascades, ses cours d'eau bondissants et ses fabuleux gisements fossilifères, le parc mérite décidément bien son nom.

La Transcanadienne fend **Yoho** en diagonale en franchissant le **col Kicking Horse** (1 625 m). Ce dernier, sur la ligne de partage des eaux, marque la limite entre l'Alberta et la Colombie-Britannique, et entre les parcs nationaux de Banff et du Yoho. Il doit son pittoresque nom de « col du cheval qui rue » à un incident dont **James Hector**, géologue de l'expédition Palliser (1857-1860), fit les frais. Assommé par son cheval, le pauvre homme resta si longtemps inconscient que ses hommes, le croyant mort, faillirent l'enterrer.

Pivot central du parc, la petite ville de **Field**, dans l'étroite vallée du Kicking Horse, possède un **centre d'accueil** (& *de fin juin à fin août : 9 h-19 h ; le reste de l'année : 9 h-16 h. Fermé 25 déc.* ☎ *250-343-6783. www.parkscanada.ca)* où sont présentés des expositions et des programmes vidéo sur les schistes de Burgess et sur les autres curiosités du parc.

★**Spiral Tunnels** – Lorsqu'en 1884 la voie ferrée franchit le col, elle descendait droit vers la vallée du Kicking Horse par une pente de 4,5 %, ce qui occasionna plusieurs déraillements. C'est pourquoi deux tunnels en spirale furent construits en 1909, ce qui réduisit la pente à 2,2 %. À environ 9 km de l'entrée Nord-Est du parc, un belvédère présente des panneaux d'interprétation retraçant l'histoire de ces deux tunnels du Canadien Pacifique. De ce point de vue, on aperçoit l'orifice du tunnel inférieur creusé dans le mont Ogden.

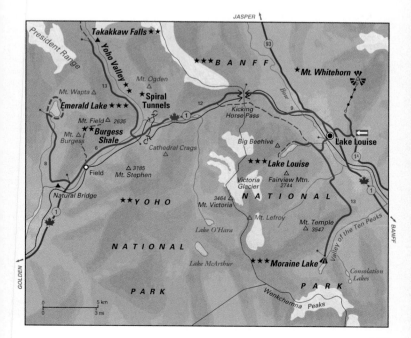

Canoë sur le lac Emerald (parc national de Yoho)

★★**Vallée du Yoho** – *Route d'accès en lacet de 13 km. Caravanes interdites.* Logée entre le mont Field et le mont Ogden, la charmante vallée du Yoho est accessible par une route escarpée dotée d'un point de vue sur le confluent du Yoho et du Kicking Horse. Vers la fin de son parcours, la route fait face au pic et au glacier Yoho, flanqués à droite des chutes Takakkaw.

★★**Takakkaw Falls** – En dévalant la falaise qui domine la vallée du Yoho, le torrent d'eau de fonte du glacier Daly forme un long jet vertical, visible de la route et coupé d'un seul rebond. Un sentier goudronné mène au pied de ces chutes qui comptent parmi les plus hautes du Canada (254 m).

★★**Burgess Shale** – *La fragilité des gisements fossilifères rend l'accompagnement d'un guide obligatoire. Il faut compter 6 km aller-retour jusqu'aux lits de trilobites du mont Stephen et 20 km AR jusqu'aux schistes de Burgess. Ces deux randonnées ardues par des sentiers escarpés prennent la journée. Réservation à l'avance requise. Contactez Yoho-Burgess Shale Foundation : tlj sf w.-end 9 h-12 h.* ☎ *250-343-6006 ou 800-343-3006. www.burgess-shale.bc.ca. Les visiteurs qui ne souhaitent pas faire l'excursion à pied pourront voir des expositions sur les schistes de Burgess aux centres d'accueil de Field et de Lake Louise.* Au Nord de la petite ville de Field, un site unique sur le **mont Field** (2 635 m) – connu des paléontologues amateurs et professionnels sous le nom de Burgess Shale – renferme des traces de vie pluricellulaire marine vieilles de quelque 515 millions d'années. Il s'agit là des plus riches gisements fossilifères du monde datant de la période cambrienne.

En 1886, un employé du Canadien Pacifique découvrit de remarquables lits de trilobites sur le **mont Stephen** (3 185 m). En 1909, le paléontologue **Charles Walcott** trouva sur le mont Field un rare fossile d'invertébré dans un morceau de schiste argileux et se rendit compte de la présence d'une couche fossilifère exceptionnelle. Walcott passa trois étés à excaver le site. Depuis sa mort, d'autres chercheurs ont pris la relève et y travaillent par intermittence.

Un sentier difficile mène jusqu'aux schistes de Burgess et offre des **vues**★★ splendides du lac Emerald et de la chaîne President. Dans une petite carrière à flanc de colline, les visiteurs ont parfois l'occasion d'observer le travail de fouille des chercheurs et d'admirer leurs plus récentes découvertes.

★★★**Lac Emerald** – *Accès par une route de 8 km depuis la Transcanadienne. Possibilités d'hébergement.* Les écoulements glaciaires de la chaîne President, au pied de laquelle il se situe, ont donné à ce ravissant lac la belle couleur émeraude qui lui valut le nom choisi par Tom Wilson en 1882.

Peu après avoir quitté la Transcanadienne, la route du lac offre, depuis une aire de stationnement, des vues d'un **pont naturel** creusé dans le calcaire par le Kicking Horse. Le **site** est agréable, dominé au Nord-Est par le mont Stephen et à l'Ouest par la chaîne Van Horne. La route s'arrête au lac, mais un joli **sentier** *(5 km)* permet d'en faire le tour. À l'extrémité Sud-Est du lac, sur la toile de fond du mont Burgess, se dresse Emerald Lake Lodge, ancien chalet du Canadien Pacifique transformé en hôtel. Au Nord-Est se distingue la silhouette du mont Wapta.

Après le détour par le lac Emerald, la Transcanadienne suit la pittoresque **gorge inférieure** du torrentueux Kicking Horse jusqu'à sa jonction avec la Columbia et la ville de Golden.

★★★③ ICEFIELDS PARKWAY (route 93) *233 km. Schéma p.122-123.*

Parallèle à l'axe des Rocheuses dont la crête définit la ligne de partage des eaux, la « promenade des Champs de glace » relie Banff et Jasper en offrant un inoubliable spectacle d'amples vallées, de chutes, de lacs, de glaciers et de sommets majestueux. C'est une large voie réservée au tourisme, qui fut expressément construite pour mettre en valeur la splendeur des paysages. De nombreux points de vue aménagés le long de la route présentent à cet effet l'histoire humaine et naturelle de la région.

Dès le départ, la route s'élève rapidement au-dessus de la Transcanadienne et offre de belles vues de la chaîne Waputik.

★**Lac Hector** – *km 16.* Cette ravissante étendue d'eau fut nommée en l'honneur du géologue James Hector. Elle est surplombée par la chaîne Waputik au Sud, le mont Hector à l'Est et le pic Bow au Nord.

★★**Glacier Crowfoot** – *km 33.* Après avoir contourné le pic Bow, la route atteint un point de vue de ce glacier qui recouvre les plateaux rocheux inférieurs du mont Crowfoot. En reculant, le glacier a perdu une partie de sa calotte qui le faisait ressembler à une patte de corbeau.

★★**Lac Bow** – *km 37.* Ce joli lac est situé en bordure de la route, mais on le voit mieux depuis le belvédère menant à Num-ti-jah Lodge, bâtiment historique dont on aperçoit le toit rouge sur la rive Nord. Remarquer le glacier Bow qui s'avance au-dessus du lac, entre les pics Portal et St. Nicholas.

La route traverse une verte prairie de bouleaux et de saules avant d'atteindre le col Bow (2 069 m), point culminant du parcours.

★★★**Lac Peyto** – *Route d'accès au km 40. Se garer sur le parking supérieur d'où un petit sentier mène jusqu'au belvédère.* Nommé, comme le glacier qui l'alimente, d'après un guide de montagne du début du 20ᵉ s., ce lac superbe est célèbre pour sa couleur bleu-vert qui vire progressivement au turquoise à mesure que les eaux de fonte y mêlent leurs alluvions. Sur la rive opposée se détache l'impressionnante silhouette du **mont Mistaya**, à droite du pic Peyto, tandis qu'au-delà du lac commence la vallée de la Mistaya.

La route descend dans la vallée et longe plusieurs lacs. Au belvédère du **lac Lower Waterfowl** *(km 56)*, belle **vue**★ sur la formidable étendue rocheuse des sommets de la ligne de partage des eaux, particulièrement le pic Howse (3 290 m) et la pyramide du mont Chephren (3 307 m).

★**Canyon de la Mistaya** – *Route d'accès au km 72.* ▣. *Suivre le sentier vers la vallée sur 400 m.* La Mistaya s'est creusée dans le calcaire une gorge étroite et sinueuse fort pittoresque.

Continuant vers le Nord, la route longe le mont Murchison (3 337 m) à l'Est, puis passe sous les parois abruptes du mont Wilson (3 261 m). Tous deux font partie d'une chaîne de synclinaux connue sous le nom de **Castle Mountain Syncline**, qui s'étire du mont Castle, à l'extérieur de Banff, au mont Kerkeslin, près de Jasper.

On débouche ensuite dans la vallée de la Saskatchewan Nord. Un belvédère *(km 76 ; sentier parmi les arbres)* révèle une **vue** de la vallée de la Howse. C'est la voie que suivit l'explorateur David Thompson en 1807, lorsqu'il fonda le premier comptoir à l'Ouest de ces montagnes, près d'Invermere.

Après la jonction avec la route 11, dite route David Thompson *(stations-service)*, la promenade se poursuit sous les parois abruptes du mont Wilson (à l'Est), tandis que des vues se révèlent d'abord le pic Survey et le mont Erasmus à l'Ouest, puis sur la façade stratifiée du **mont Amery**.

Au km 105, la route passe au pied du mont Cirrus, dont les falaises abruptes portent le nom très évocateur de **Weeping Wall** (mur des lamentations) à cause des torrents qui s'en échappent. Elle escalade ensuite très rapidement le col Sunwapta (on gagne 430 m d'altitude en un seul tournant, nommé « big bend ») et offre, d'un premier belvédère, un **panorama**★★ spectaculaire sur toute la vallée de la Saskatchewan Nord. Un second belvédère, presque adjacent, fait face aux embruns des **Bridal Veil Falls** (chutes du voile de la mariée).

★★**Parker Ridge** – *km 118.* Cette crête offre une **vue**★★★ splendide des montagnes de l'arrière-pays et tout particulièrement du **glacier Saskatchewan**, l'un des principaux émissaires du champ de glace Columbia *(voir plus loin)*. Un sentier *(2,4 km)* grimpe en serpentant à travers une forêt subalpine, puis une toundra dépourvue d'arbres, tapissée en été de fleurs naines.

Au km 122, la route franchit le col Sunwapta (2 035 m) pour pénétrer dans le Parc national Jasper, découvrant le mont Athabasca et les autres sommets qui entourent le champ de glace Columbia.

★★★**Glacier Athabasca** – *km 127.* Le **champ de glace Columbia**, qui s'étire entre la Colombie-Britannique et l'Alberta, représente la plus vaste calotte glaciaire (325 km²) non polaire du continent. De son flanc Est s'écoulent le glacier Athabasca (3 000 m)

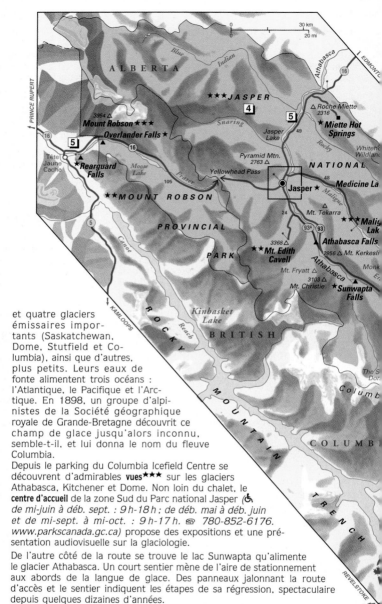

et quatre glaciers importants (Saskatchewan, Dome, Stutfield et Columbia), ainsi que d'autres, plus petits. Leurs eaux de fonte alimentent trois océans : l'Atlantique, le Pacifique et l'Arctique. En 1898, un groupe d'alpinistes de la Société géographique royale de Grande-Bretagne découvrit ce champ de glace jusqu'alors inconnu, semble-t-il, et lui donna le nom du fleuve Columbia.

Depuis le parking du Columbia Icefield Centre se découvrent d'admirables **vues**★★★ sur les glaciers Athabasca, Kitchener et Dome. Non loin du chalet, le **centre d'accueil** de la zone Sud du Parc national Jasper *(&. de mi-juin à déb. sept. : 9 h-18 h ; de déb. mai à déb. juin et de mi-sept. à mi-oct. : 9 h-17 h. ☎ 780-852-6176. www.parkscanada.gc.ca)* propose des expositions et une présentation audiovisuelle sur la glaciologie.

De l'autre côté de la route se trouve le lac Sunwapta qu'alimente le glacier Athabasca. Un court sentier mène de l'aire de stationnement aux abords de la langue de glace. Des panneaux jalonnant la route d'accès et le sentier indiquent les étapes de sa régression, spectaculaire depuis quelques dizaines d'années.

★★ **Excursion sur le glacier en véhicule tout-terrain** – &. *Dép. de l'Icefield Centre toutes les 15mn de mi-avr. à mi-oct. : 9 h-17 h. AR 1 h20. 27,95 $. Longue attente juil.-août. Brewster Tours ☎ 403-762-6700 ou 877-423-7433. www.brewster.ca.* Ces navettes sont spécialement conçues pour couvrir la courte distance jusqu'au sommet du glacier Athabasca et pour permettre aux passagers d'en explorer la surface.

★ **Sunwapta Falls** – *km 176. Route d'accès au parking (400 m) de la route 93A.* La Sunwapta contourne un îlot, dévale une falaise, fait un brusque coude autour d'une ancienne moraine et pénètre dans un profond canyon de calcaire.

Peu après les chutes, la Sunwapta se jette dans l'**Athabasca** dont la route suit jusqu'à Jasper l'impressionnante vallée, dominée à l'Ouest par la forme pyramidale excentrée du **mont Christie** (3 103 m) et les trois pics du mont Fryatt (3 361 m). Au Nord-Ouest apparaît peu à peu le sommet enneigé du mont Edith Cavell *(voir plus loin)*, tandis qu'à l'Est de la route se dresse le **mont Kerkeslin** (2 956 m), dernier massif de la chaîne des synclinaux.

★★ **Athabasca Falls** – *km 199. Prendre à gauche la route 93A sur 400 m.* Les eaux limoneuses de l'Athabasca dévalent un rebord de quartzite et s'engouffrent dans un canyon spectaculaire aux parois devenues lisses sous l'action érosive d'un ruissellement constant. En arrière-plan, les roches siliceuses légèrement rougeâtres du mont Kerkeslin rappellent, par leur aspect stratifié, celles que l'on trouve à proximité des chutes.

En arrivant sur Jasper, on distingue à l'Ouest le mont Whistlers, droit devant le mont Pyramid et, à l'Est, la cime du **mont Tekarra**. Au crépuscule, des wapitis viennent souvent paître le long de la route, non loin d'un terrain de camping.

★★★ 4 JASPER NATIONAL PARK *schéma p. 122–123.*

Des quatre parcs nationaux des Rocheuses, **Jasper** est à la fois le plus grand (10 878 km²) et le plus septentrional. Remarquablement belles, ses immensités reculées présentent un large éventail de paysages et permettront à maintes reprises d'observer une faune variée dans son environnement naturel.

★ Jasper et environs *schéma p. 124.*

Bâtie dans la vaste vallée de l'Athabasca, au confluent de la Miette, cette importante station de villégiature est entourée de ravissants petits lacs : **Pyramid**, **Patricia**, **Annette**, **Edith** et **Beauvert** (où se trouve le fameux **Jasper Park Lodge**, hôtel du Canadien National). Au Sud se dressent les parois enneigées du mont Edith Cavell, tandis qu'au Nord pointent les formes déchiquetées du **mont Pyramid**, haut de 2 763 m.

La ville doit son nom à un employé de la Compagnie du Nord-Ouest, Jasper Hawes, qui établit vers 1801 un comptoir (Jasper House) sur le lac Brûlé, à 35 km au Nord du site actuel de Jasper. Au fil des ans, les autochtones virent venir de plus en plus d'Européens dans la foulée des marchands de fourrures qui faisaient route par la rivière et

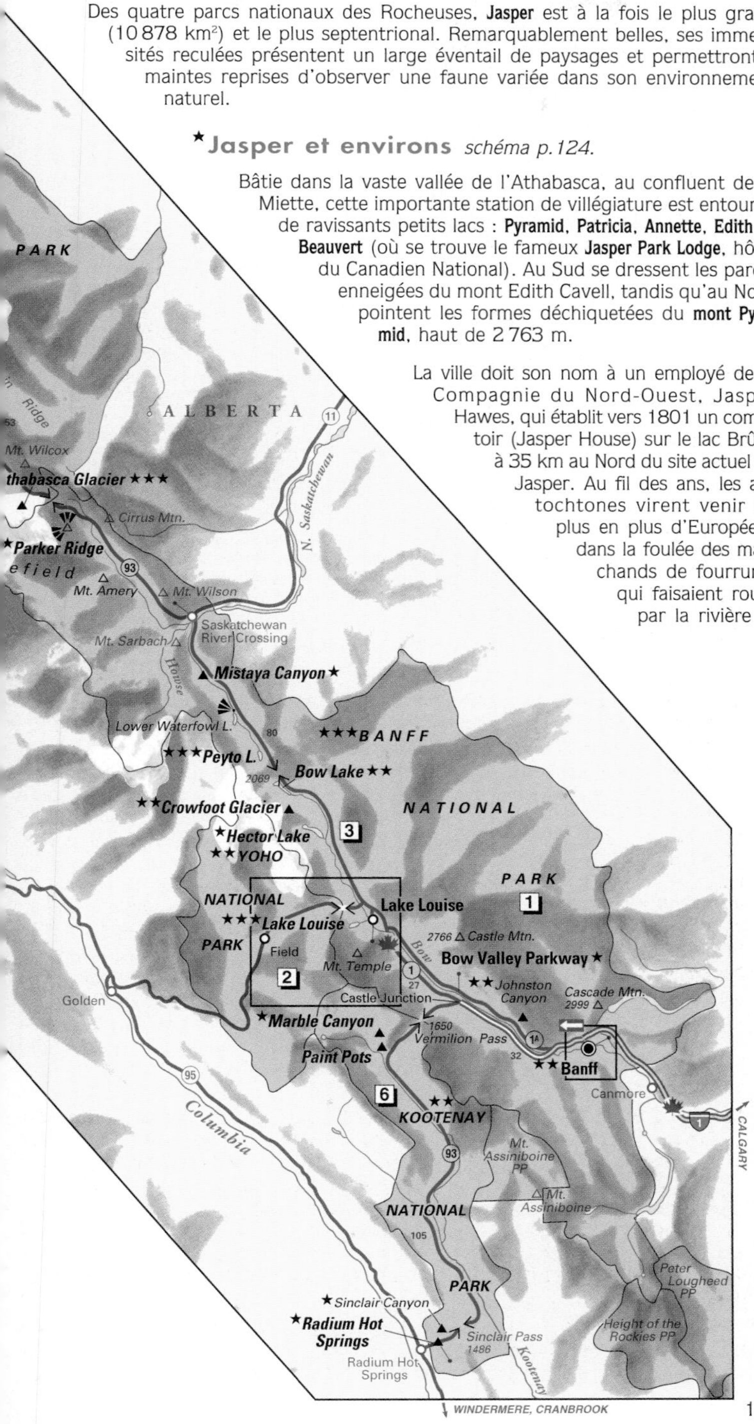

PARK
ALBERTA
Mt. Wilcox
Athabasca Glacier ★★★
Cirrus Mtn.
★ Parker Ridge
efield
Mt. Amery
Mt. Wilson
Mt. Sarbach
Saskatchewan River Crossing
House
▲ Mistaya Canyon ★
Lower Waterfowl L.
★★★ BANFF
★★★ Peyto L.
Bow Lake ★★
★★ Crowfoot Glacier ▲
NATIONAL
★ Hector Lake
★★ YOHO
3
NATIONAL
★★ Lake Louise
PARK
Field
Mt. Temple
2766 △ Castle Mtn.
Lake Louise
PARK 1
Bow Valley Parkway ★
★★ Johnston Canyon
Cascade Mtn. 2999 △
Golden
Castle Junction
1650 Vermilion Pass
▲ Marble Canyon
Paint Pots
32
★★ Banff
Canmore
Columbia
95
6
★★ KOOTENAY
93
Mt. Assiniboine PP
△ Mt. Assiniboine
NATIONAL
105
Peter Lougheed PP
PARK
★ Sinclair Canyon
Height of the Rockies PP
★ Radium Hot Springs
Sinclair Pass 1486
Radium Hot Springs
Kootenay
CALGARY

WINDERMERE, CRANBROOK

● **Des explorateurs au théâtre**

David Thompson fut un découvreur, sur le plan géographique comme sur le plan intellectuel. Non content de tracer la première carte de l'Ouest canadien, il pressentit la valeur marchande de son idée et convainquit les dirigeants de la Compagnie du Nord-Ouest de financer ses voyages. Jeff Shea, né à Jasper, donne à voir quelques aspects de la vie et de la personnalité de David Thompson dans *The David Thompson Story*, pièce à un personnage montée plusieurs fois par été à Jasper. Autre hommage théâtral, *Edith Cavell Returns*, avec Grace Kohn, dépeint la vie de l'héroïne qui donna son nom à l'un des fameux sommets de Jasper. *Pour toute information, contacter Jasper Heritage Theatre* ☎ 780-852-4204.

Un penchant pour l'art

Les artistes de Jasper, environnés par l'un des paysages les plus spectaculaires du monde, ne sont jamais en panne d'inspiration. Néanmoins, il est difficile de trouver de véritables galeries parmi l'amoncellement de colifichets pour touristes. Trois d'entre elles, se consacrant aux artistes locaux, gratifient le visiteur de merveilleuses œuvres sur les Rocheuses. **Artist's Own Downstairs Gallery** *(718 Connaught Dr.* ☎ *780-852-3117)* propose un choix étendu d'aquarelles à un prix abordable. **Sunrise Gallery** *(627 Patricia; au 1ᵉʳ étage de Jasper Marketplace.* ☎ *780-852-5446)* expose et vend des bijoux en plus des peintures et des sculptures. **Our Native Land** *(601 Patricia St.* ☎ *780-852-5592)* vend d'authentiques objets d'art et d'artisanat indiens; on y trouvera des mocassins de peau et des bijoux en jade.

le col Athabasca. Dans les années 1860, un groupe de 125 chercheurs d'or, les **Over-landers**, passèrent dans les environs, en route vers les champs aurifères des monts Cariboo. Mais alpinistes et trappeurs mis à part, la région fut peu habitée avant le début du 20ᵉ s. En 1907, les projets de construction d'un chemin de fer passant par le col Yellowhead amenèrent la création de la réserve du Jasper Park. En 1911, le Grand Trunk atteignit le parc, doublé en 1915 du Canadian Northern. Le site de Jasper se développa autour d'un camp de base établi pour le chantier ferroviaire. Aujourd'hui, située à la jonction des routes Yellowhead et Icefields, la ville est au cœur des activités du parc dont elle abrite le **centre d'accueil** *(à l'angle de Connaught Dr. et Miette Ave.* ♿ *De mi-juin à fin oct.: 8h-19h; le reste de l'année: 9h30-horaire de fermeture variable. Fermé 1ᵉʳ janv., 25 déc.* ☎ *780-852-6176. www.parkscanada.ca).*

★★ **Mont Whistlers** – *Téléphérique (7mn) de déb. avr. à déb. sept.: 8h30-22h; de mi-sept. à mi-oct.: 9h30-horaire de fermeture variable. 17,75 $.* ☎ *780-852-3093. www.jaspertramway.com.* Le téléphérique s'élève de plus de 900 m jusqu'au terminus, perché sur la crête de ce mont (2 470 m) qui doit son nom au sifflement *(whistle)* strident des marmottes, nombreuses sur ses flancs. À cette

★ **Miette Hot Springs** \ EDMONTON
★★ **Maligne Canyon**
★★★ **Maligne Valley**
Pyramid Lake
Edith Lake
Annette Lake
Patricia Lake
Jasper Park Lodge
★ **JASPER**
Beauvert Lake
Miette
Maligne Lake ★★★, Medicine Lake ★
TÊTE JAUNE CACHE
★ **The Whistlers** ★★
★★ **Mt. Edith Cavell** ↓ LAKE LOUISE

hauteur, le **panorama**★★★ embrasse le site de la ville, la vallée de l'Athabasca parsemée de lacs et la chaîne des monts Colin au Nord-Est, puis le mont Yellowhead et la chaîne Victoria Cross au Nord-Ouest. Par temps clair, on aperçoit au-delà la grande pyramide blanche du mont Robson. Un joli sentier mène au sommet même du mont Whistlers d'où se découvrent vers le Sud des **vues** des monts Edith Cavell et Kerkeslin.

★★ **Mont Edith Cavell** – *À 24 km de la ville par l'Icefields Parkway jusqu'à la jonction avec la 93A, puis par Mt. Edith Cavell Rd.* Jadis, les voyageurs nommaient ce pic majestueux (3 368 m) « la montagne de la grande traverse ». Il fut rebaptisé, après la Première Guerre mondiale, du nom d'une infirmière anglaise exécutée par les Allemands pour avoir prêté secours à des prisonniers alliés.

Étroite et sinueuse, la route d'accès longe la spectaculaire vallée de l'Astoria et remonte une pente abrupte pour atteindre les hauteurs. Du terrain de stationnement d'où part le chemin pour la vallée Tonquin *(26 km)*, une courte marche permet de se rendre en bordure du **lac Cavell**, d'où les **vues** sur la montagne sont belles. D'un joli vert, les eaux lacustres proviennent du **glacier Angel** dont les ailes glacées, qui se déploient sur la roche, sont aujourd'hui en recul. Au bout de la route *(2 km en voiture)*, on atteint le début du sentier qui longe cette mer de glace.

★★★ Vallée de la Maligne

96 km AR par la route 16 et Maligne Lake Rd. Schémas p.122 et 124.

Cette pittoresque vallée, l'une des plus belles des Rocheuses, abrite un canyon et un lac magnifiques. Ce sont les voyageurs, au temps du commerce des fourrures, qui nommèrent ainsi la rivière, pour les dangereux courants qu'elle crée en se jetant dans l'Athabasca au sortir de sa gorge.

★★ **Canyon de la Maligne** – *À 7 km de la jonction avec la route 93.* Ce long défilé taillé dans la roche calcaire constitue la gorge la plus spectaculaire des Rocheuses. Il atteint 50 m de profondeur sur une portée de moins de 3 m par endroits. Un chemin goudronné et plusieurs ponts permettent d'en suivre les bords et de voir les marmites de géants creusées dans la roche par les tourbillons, ainsi que les cascades qui jalonnent le cours de la rivière.

★ **Lac Medicine** – *km 22.* Cette belle étendue d'eau est dominée au Sud par la chaîne Maligne et au Nord par la crête en dents de scie de la chaîne Colin. Après la montée des eaux à la fonte des neiges *(début de l'été)*, le niveau du lac baisse progressivement à mesure qu'avance la saison, jusqu'à atteindre le fond vaseux. Curieusement, en l'absence de déversoir, les eaux s'infiltrent dans la roche calcaire pour réapparaître plus loin dans la rivière Maligne. La route longe le lac sur 8 km et offre plusieurs points de vue agréables.

★★★ **Lac Maligne** – *Location de bateaux, randonnées ou rafting : Maligne Tours ☎ 780-852-3370. www.jaspertravel.com/malignelake.* Ce lac glaciaire de 23 km de long est le plan d'eau le plus grand et l'un des plus renommés des Rocheuses. Un géomètre nommé Henry MacLeod, qui cherchait alors un passage pour le Canadien Pacifique, le découvrit en 1875 et le nomma Sorefoot (pied endolori). En 1908, l'exploration minutieuse du lac et des pics voisins allait être menée par Mary Schaffer, veuve de Philadelphie qui aimait passer l'été dans les Rocheuses.

Spirit Island (lac Maligne)

De la route, qui prend fin sur la rive Nord du lac, on aperçoit les sommets jumeaux des **monts Unwin** (3 300 m) et **Charlton** (3 260 m) au Sud-Ouest. Mais ces pics, et ceux qui bordent l'extrémité Sud du lac, ne peuvent être véritablement admirés qu'en faisant le tour du lac en bateau.

★★★ **Promenade en bateau** – *Dép. du chalet du lac Maligne de déb. mai à déb. sept. : 10 h-17 h. AR 1 h30. Commentaire à bord. 35 $. Maligne Tours ☎ 780-852-3370 ou 866-625-4463. www.malignelake.com.* On notera le changement de couleur des eaux glaciaires, vertes à l'extrémité Nord du lac et d'un bleu-vert profond au Sud. Passé le détroit Samson Narrows, le bateau fait un arrêt non loin d'un îlot nommé **Spirit Island** pour permettre aux passagers de descendre. Ils pourront alors bénéficier de **vues★★★** extraordinaires sur les sommets gelés qui dominent l'extrémité méridionale du lac.

★★⑤ YELLOWHEAD HIGHWAY (route 16) *schéma p.122-123*

La route 16 traverse deux parcs, Jasper et Mt. Robson, et poursuit sa course en direction de l'Ouest jusqu'à Prince Rupert, au bord du Pacifique. Cette grande voie de traversée de l'Ouest canadien doit son nom à un Iroquois blond surnommé « Tête Jaune » *(Yellow Head)* qui, vers les années 1820, s'était constitué une cache où il entreposait fourrures et provisions dans une petite localité qui porte aujourd'hui son nom.

★★De Jasper aux sources de la Miette *60 km*

De Jasper, la route part en direction de l'Est et s'engage dans l'immense vallée de l'Athabasca. À l'horizon paraissent, en ombres chinoises, les crêtes déchiquetées de la chaîne Colin.

On obtiendra, sur les 40 km restants, de remarquables **vues★★★** sur la rivière dont les méandres dessinent comme une chevelure offerte au regard des sommets environnants. La route passe entre le **lac Talbot** (Est) et le **lac Jasper** avec, en toile de fond, la **chaîne De Smet**. Plus loin, à **Disaster Point★**, des mouflons des Rocheuses et des chèvres à poil blanc, plus rares, viennent lécher le sel qui affleure dans de petites mares en bordure de la route. Les animaux se font régulièrement renverser par les automobiles, d'où le nom du lieu. La route poursuit ensuite sa course en offrant des vues quasi constantes de **Roche Miette** (2 316 m).

★**Miette Hot Springs** – *42 km jusqu'à la jonction avec Miette Hot Springs Rd.* &. *De mi-juin à fin oct. : 8 h30-22 h30 ; de déb. mai à déb. juin et de déb. sept. à mi-oct. : 10 h30-21 h. 6 $. ☎ 800-767-1611.* De tous les établissements thermaux des parcs, celui-ci occupe sans aucun doute le **site★★** le plus spectaculaire, enserré de puissantes montagnes aux versants imposants. On y accède en empruntant une route qui serpente sur 18 km à travers une agréable gorge verdoyante. Riches en minéraux, les sources de la Miette sont les plus chaudes des Rocheuses canadiennes (température maximale 54 °C). Les curistes ont le choix entre la piscine chaude, la tiède et la froide avec plongeoir.

Après la jonction, la route continue en direction de l'Est sur 7 km jusqu'à l'entrée du Parc national Jasper.

★De Jasper aux chutes Rearguard *100 km*

À l'Ouest de Jasper, la route 16 longe la vallée de la Miette qui va en se rétrécissant. Au **col Yellowhead** (le moins élevé de tous les cols situés sur la crête des Rocheuses), à la limite de l'Alberta et de la Colombie-Britannique, la route quitte le Parc national Jasper *(km 24)* et pénètre dans un parc provincial de toute beauté.

★★Mt. Robson Provincial Park – *Entrée Est au km 24.* &. *Ouv. toute l'année ☎ 250-566-4325.* Ce parc de 224 866 ha, inscrit dans un remarquable site montagneux, englobe le **mont Robson★★★** (3 954 m), point culminant des Rocheuses canadiennes.

Une fois dans le parc, la route 16 se met à suivre le cours du Fraser, longeant au passage les rives des lacs Yellowhead et Moose. Aux **chutes Overlander★** *(km 88 ; accessibles par un sentier)*, les eaux bleu-vert du Fraser dévalent une grande plate-forme rocheuse et s'engouffrent avec puissance dans une gorge étroite. Non loin de là, dominé par l'imposante silhouette du mont Robson, le **centre d'accueil** du parc (&. *juil.-août : 9 h-20 h ; de mi-mai à mi-oct. : 9 h-17 h. ☎ 250-566-9174)* présente une exposition sur l'histoire naturelle de la région.

★**Rearguard Falls** – *3,2 km à pied.* Cette large cascade de faible hauteur fait partie d'un petit parc provincial du même nom. Elle plonge dans le Fraser en faisant bouillonner les eaux turquoise du fleuve. À la saison du frai *(août)*, des saumons du Pacifique s'offrent en spectacle alors qu'ils remontent par bonds successifs le fleuve à contre-courant, au terme d'une montaison de 1 200 km.

La ville-carrefour de Tête Jaune Cache se trouve à 5 km à l'Ouest.

★★⑥ KOOTENAY NATIONAL PARK *schéma p.122-123.*

Dixième du pays, le parc **Kootenay** s'étend de part et d'autre de la route 93. Il fut créé en 1920 aux termes d'un accord avec le gouvernement fédéral, alors qu'avaient pris fin les travaux de percement de l'importante artère Banff-Windermere reliant le Sud-Ouest de l'Alberta à la vallée de la Columbia.

De Castle Junction aux sources Radium

105 km par la route 93.

Cette **route★★** pittoresque à travers le Parc national Kootenay quitte la Transcanadienne au lieu-dit Castle Junction et se met à escalader le **col Vermilion** (1 650 m), sur la crête des Rocheuses. Celui-ci marque à la fois la limite des parcs nationaux Banff et Kootenay et la frontière provinciale entre l'Alberta et la Colombie-Britannique.

★**Canyon Marble** – *À 17 km de la jonction.* Ici se trouve le **centre d'accueil** de l'entrée Nord du parc (♿ *de mi-mai à fin sept. : 9 h-18 h30 ; de déb. avr. à déb. mai et de déb. oct. à mi-oct. : ven.-dim. et j. fériés 11 h-18 h. ☎ 250-347-9505, hiver 250-347-9615).* Un sentier en sous-bois *(1,6 km)* mène à une étroite gorge calcaire dans laquelle s'engouffrent les eaux du Tokumm, avant qu'elles ne se jettent dans le Vermilion. Des panneaux d'interprétation fournissent des explications sur les affleurements de marbre blanc du canyon et sur les autres curiosités rencontrées en chemin, dont un pont naturel.

Paint Pots – *À 20 km de la jonction. Sentier de 1,2 km.* Ces **sources minérales★** furent un haut lieu de la spiritualité indigène. En jaillissant, leurs eaux froides fortement ferrugineuses ont formé des mares de glaise ocre dont se servaient jadis les autochtones pour les peintures de guerre et les décorations des tipis et des vêtements. Plus tard, les champs d'ocre furent exploités par les Européens pour alimenter une usine de colorants à Calgary.

La route suit la vallée du Vermilion jusqu'à son confluent avec le Kootenay. Au km 89, un belvédère offre une **vue★** complète de la **vallée du Kootenay**, immense et boisée, avec la **chaîne Mitchell** sur son flanc Ouest. Après avoir franchi le col Sinclair (1 486 m), la route rejoint la **vallée du Sinclair★**, bordée de falaises rouges nommées **Iron Gates** (portes de fer) en raison de l'oxyde de fer qui les colore.

★**Radium Hot Springs** – *km 103.* 📷 Ces eaux chaudes (température moyenne 47 °C) alimentent un complexe thermal (♿ *de mi-mai à mi-oct. : 9 h-23 h ; le reste de l'année : 12 h-21 h, ven.-sam. 12 h-22 h. 6,25 $. ☎ 250-347-9485).* Leur teneur en minéraux est généralement moins forte que celle des autres sources des Rocheuses. La grande piscine principale, adossée à la paroi du canyon, borde le Sinclair. On trouvera un **centre d'accueil** (♿ *de fin juin à fin août : 9 h-19 h ; le reste de l'année : tlj sf dim. 9 h-17 h. ☎ 250-347-9505, hiver 250-347-9615. www.parkscanada.ca)* à l'angle de Main Street East et de Redstreak Campground Road.

On traverse bientôt le **canyon du Sinclair★**, où deux murailles abruptes enserrent la route comme dans un étau, pour atteindre l'entrée Sud du parc.

Vallée du SKEENA★★

Colombie-Britannique

Né dans les monts Skeena, le « fleuve des brumes » s'écoule vers le Sud jusqu'à New Hazelton, puis continue en direction du Sud-Ouest jusqu'au détroit d'Hécate, ses 565 km en faisant le deuxième fleuve de Colombie-Britannique. Creusée à la période glaciaire, la vallée du Skeena est réputée pour ses paysages grandioses et pour la riche culture tsimshian de la tribu des **Gitxsan** qui vit toujours en bordure du fleuve. De nombreuses auberges pour pêcheurs sont installées sur les berges du Skeena (dont les connaisseurs du monde entier apprécient la truite arc-en-ciel).

Un peu d'histoire

Territoire ancestral – Les Gitxsan peuplent le Skeena et ses affluents depuis près de 10 000 ans. Rattachés aux **tribus de la côte Nord-Ouest**, ils vivaient traditionnellement de la pêche au saumon et de la cueillette des baies ; ils utilisaient le cèdre rouge pour fabriquer leurs maisons communautaires, leurs canoës et leurs vêtements, ainsi que leurs mâts totémiques. Chaque événement marquant (mariage, funérailles, etc.) s'accompagnait d'un rituel bien particulier : le **potlatch**.

Arrivée des Européens – Au 19e s., sous la tutelle de la Compagnie de la baie d'Hudson, des Européens établirent des comptoirs en bordure du Skeena. La région s'ouvrit à la colonisation dans les années 1880 et les bateaux à aubes firent leur apparition sur le fleuve. La pêche et les conserveries établies près de l'embouchure du fleuve attirèrent de nouveaux colons venus d'Europe et d'Asie. En 1912, la construction de la voie ferrée du Grand Trunk Pacific permit de relier la vallée au reste du continent et d'en faciliter l'accès. Aujourd'hui, la route Yellowhead suit le cours du Skeena de l'Est de Prince Rupert à New Hazelton.

D'après photo Otto Nelson. Denver Art Museum

Couverture chilkat

Déclin et renouveau de la culture gitxsan – L'arrivée des Européens bouleversa la vie des tribus indigènes. Les Amérindiens délaissèrent peu à peu leur mode de vie traditionnel et se firent trappeurs pour les compagnies de fourrures. Le zèle missionnaire conduisit à la destruction des mâts-totems et à l'interdiction de la pratique du potlatch de 1884 à 1951 ; l'apparition de maladies comme la variole fit de terribles ravages parmi la population. Malgré tout, les Gitxsan réussirent à préserver un peu de leur culture ancestrale et à maintenir leur structure sociale fondée sur l'existence de clans et la filiation matrilinéaire. Dans les années 1970 s'est amorcé un mouvement de renaissance de leur patrimoine culturel. On enseigne aujourd'hui le tsimshian dans les écoles des réserves, et l'artisanat traditionnel, comme la sculpture du bois et de la pierre, jouit d'un regain d'activité. Introduite au cours des dernières décennies, la sérigraphie permet aux artistes d'insuffler un style nouveau aux motifs classiques.

PRINCE RUPERT

Desservi par BC Ferries ; coordonnées au chapitre Passage intérieur. Informations touristiques ☎ 250-624-5637 ou 800-667-1994. www.tourismprincerupert.com. Bâti sur l'île Kaien, près de l'estuaire du Skeena, Prince Rupert abrite un beau port maritime – libre de glaces toute l'année – entouré d'un chapelet d'îles. Cette ville du littoral fut fondée en 1906 comme terminus du Grand Trunk Pacific. Située non loin de la frontière de l'Alaska, elle aurait pu devenir le premier port canadien du Pacifique si Vancouver ne l'avait devancée dès 1922. De nos jours, pêche, conserveries, exportation du charbon, des céréales, de la pâte à papier et du bois jouent un rôle économique majeur. Surnommée « la ville des arcs-en-ciel » (il y tombe en moyenne 2 564 mm de pluie par an), Prince Rupert est le principal centre urbain du Nord-Ouest de la Colombie-Britannique. De belles reproductions de **mâts totémiques**★ tsimshian et haïda sont disséminées à travers la ville.

Cow Bay Café

205 Cow Bay Rd. Tlj sf dim. et lun. ☎ 250-627-1212. Ce petit restaurant de 10 tables fait salle comble presque tous les soirs, tant sa cuisine créative et sa situation exceptionnelle sur le port de Prince Rupert attirent les gourmets. Adrienne Johnston, propriétaire et chef du Cow Bay Café, accommode les produits de la mer locaux et propose le meilleur pâté de crabe des environs *(en saison)* ainsi que de délicieux desserts maison. Bonne carte des vins.

Cow Bay a du charme avec ses quais, ses cafés, ses petites auberges et ses boutiques. La petite **gare de Kwinitsa**★ *(juin-août : 9 h-12 h, 13 h-17 h. Contribution requise. ☎ 250-624-3207 ou 800-667-1994),* que desservait le Grand Trunk Pacific, a été transférée au bord des quais. Transformée en musée, elle retrace avec objets et photos d'époque l'épopée du chemin de fer dans la région.

★★**Museum of Northern British Columbia** – ♿ *Juin-sept. : 9 h-20 h (dim. 17 h) ; le reste de l'année : 9 h-17 h. 5 $. ☎ 250-624-3207. www.museumofnorthernbc.com.* Cet étonnant musée en cèdre rouge massif abrite une belle collection de plus de 8 000 objets d'artisanat des tribus de la côte Nord-Ouest (vannerie, sculptures en argilite et en bois). Remarquer le **vêtement de deuil** tsimshian, unique exemplaire retrouvé. À l'atelier, des artisans amérindiens font des démonstrations de leurs talents.

★★DE PRINCE RUPERT À 'KSAN

307 km par la route 16.

★★**North Pacific Historic Fishing Village** – *22 km à l'Est de Prince Rupert, au Sud-Est de Port Edward, 1889 Skeena Dr. ♿ Mai-sept. : 9 h-18 h. 10 $. ☎ 250-628-3538. www.district.portedward.bc.ca/northpacific.* À la fin du 19e s., la Colombie-Britannique comptait plus de 220 conserveries de poisson.

Construit en 1889 sur un bras du Skeena, ce village pittoresque qui appartenait en grande partie à la conserverie constitue le plus ancien témoignage de l'industrie sur la côte Nord. Les employés, venus de tous les horizons, vivaient et travaillaient sur place. L'usine est restée telle qu'au temps de sa fermeture, en 1972. Une visite guidée *(été : 5 fois/jour ; 45mn)* permet de se familiariser avec les techniques de pêche et de mise en conserve. Certaines visites guidées comprennent une évocation historique de Prince Rupert. Un gîte peut loger quelques visiteurs pour la nuit, le restaurant propose poissons et fruits de mer, et le café sert des repas légers.

À l'Est de Port Edward, la route rejoint le Skeena et longe sa magnifique vallée. Dominant le cours du fleuve tumultueux de leurs 2 000 m, les sommets enneigés de la chaîne Côtière, auréolés de nuages, s'offrent au regard tout au long de la route. À **Terrace**, **Heritage Park** évoque la vie des pionniers dans la région avec ses huit cabanes en rondins d'époque. Le fleuve serpente autour de la ville, puis de Kitimat *(à 52 km au Sud)*, offrant ses nombreux saumons et truites aux joies de la pêche. Après Terrace, la vallée s'ouvre un temps pour laisser la route s'élancer vers les monts Hazelton. À 12 km à l'Est de Terrace se trouve le village d'**Usk**, d'où l'on brave les tourbillons du Skeena en bac à câbles.

★★ **Route des totems** – *Visite libre en voiture. Renseignements sur les villages amérindiens disponibles au centre d'accueil de New Hazelton (route 16 ; ♿ juin-sept. ☎ 250-842-6071).*
De nos jours, cinq villages situés sur le cours du Skeena et de ses affluents sont encore peuplés de Gitxsan. Quatre d'entre eux sont ornés d'impressionnants alignements de **mâts totémiques**★★★ de la fin du 19e s. Battus par les intempéries, ces poteaux de 5 à 9 m ont aujourd'hui perdu leur peinture polychrome.

Kitwanga – *Traverser le Skeena, continuer jusqu'à la jonction avec la route 37 Nord, puis tourner à droite sur Bridge St.*

Une douzaine de mâts-totems du 19e s. ont été élevés dans un pré verdoyant en bordure du Skeena. La silhouette impressionnante des **monts Seven Sisters** (2 755 m) se détache au loin.

Kitwancool – *Route 37, à 18 km au Nord de Kitwanga.* Ce village contient le plus ancien alignement de mâts-totems gitxsan, même si certains d'entre eux sont aujourd'hui entreposés à l'abri des intempéries dans un bâtiment adjacent. La pratique ancestrale de la sculpture totémique se poursuit toujours sur le site.

Reprendre la route 16 en direction de l'Est.

Kitseguecla – *Route 16, à 19 km à l'Est de la jonction avec la route 37.* Sur l'ensemble du village, de nouveaux mâts-totems sont venus remplacer les plus anciens, victimes des incendies (1872) et des inondations.

Continuer vers l'Est jusqu'à New Hazelton, et prendre à gauche la route 62.

'Ksan – *Route 62, à 7 km au Nord-Ouest de New Hazelton. Site : ouv. toute l'année. Bâtiments : avr.-sept. 9 h-17 h ; musée et magasins : oct.-mars tlj sf w.-end 9 h30-16 h30. 10 $ ☎ 250-842-5544. www.ksan.org.* Situé au confluent du Skeena (*'Ksan* en gitxsan) et du Bulkley, ce village reconstitué occupe un joli site dominé par les sommets aigus du Rocher Déboulé. La visite fournira l'occasion de découvrir certains aspects de la culture gitxsan.
Le village se compose de sept maisons principales comprenant un atelier de sculpture et de sérigraphie (où des artistes amérindiens exercent leurs talents), ainsi que d'un musée et une boutique de souvenirs logés dans l'une des trois maisons communautaires, et dont la vaste **collection**★★ d'objets artisanaux témoigne de la richesse des cultures autochtones. Un spectacle réputé de danses 'ksan se donne chaque été *(juil.-août : ven. 20 h. 8 $. ☎ 250-842-6666).*

Kispiox – *Kispiox Valley Rd. à 19 km au Nord de 'Ksan.* Ce bourg au confluent du Skeena et du Kispiox abrite une douzaine de mâts-totems dressés de toute leur hauteur dans un champ au bord de l'eau.

VANCOUVER★★★

Agglomération 1 986 965 habitants

Carte Michelin n° 585 B2

Office de tourisme ☎ 604-683-2000 ou www.tourism-vancouver.com

Métropole de la Colombie-Britannique, troisième agglomération canadienne derrière Toronto et Montréal, Vancouver occupe un **site**★★★ superbe entre le chenal Burrard et le delta du Fraser. La ville couvre une superficie de 113 km². Tournée vers l'Asie, dotée d'un port libre de glaces et bien abrité des remous du large par le détroit de Géorgie, cette métropole du Pacifique bénéficie d'atouts naturels à l'origine de sa spectaculaire croissance.

Elle est cernée de toutes parts par la mer et dominée par de hautes montagnes souvent enneigées : au Nord de la rade se dressent le **mont Hollyburn**, la double bosse des **Lions**, le **mont Grouse** et ses pistes de ski, tandis qu'à l'Ouest, de l'autre côté du détroit de Géorgie, pointent les montagnes de l'île de Vancouver et, loin au Sud-Est, la chaîne Cascade dominée par la cime enneigée du **mont Baker**, dans l'État de Washington (États-Unis).

Vancouver jouit d'un climat exceptionnel pour le Canada. Il y fait doux et humide (environ 1 500 mm de pluie par an), il y neige rarement. La palmeraie municipale de la baie English ne pourrait exister sans cette douceur.

Son climat, sa beauté et sa prospérité ne cessent d'attirer de nouveaux citoyens vers Vancouver. Il en résulte une remarquable et plutôt rare diversité culturelle et sociale, toutes les ethnies étant représentées : des Sikhs aux Suisses et aux Sushwap, chacun contribue à forger l'incomparable atmosphère de la ville, sa gastronomie, sa musique, ses arts et sa vie politique.

Un peu d'histoire

De modestes débuts – La région de Vancouver était jadis peuplée d'Amérindiens Salish. Le premier Européen à en explorer la côte fut l'Espagnol José Maria Narvaez en 1791, suivi un an plus tard de l'Anglais **George Vancouver**. Des recherches laissent néanmoins à penser que Francis Drake parvint jusqu'à la côte Nord-Ouest deux siècles plus tôt. En 1808, Simon Fraser traversa la région à l'issue de son expédition sur le fleuve qui porte désormais son nom. En dépit de ces voyages de reconnaissance, le site de Vancouver ne suscitait guère d'intérêt. Lorsque fut créée en 1858 la colonie de Colombie-Britannique, New Westminster en devint la capitale. Mais la ville se situait en bordure du Fraser, pris par les glaces en hiver alors que les eaux marines voisines restaient libres. Dès 1859, l'armée dut tracer une route jusqu'à la rade la plus proche : ainsi naquit Port Moody *(voir plan p. 145)*, tout au fond du chenal Burrard, l'un des nombreux bras de mer qui entaillent profondément la côte de la province. En 1862, trois Anglais bâtirent une briqueterie sur le site actuel du centre-ville (qui compte aujourd'hui la plus forte concentration humaine du pays). En 1867, John Deighton ouvrit une taverne pour les ouvriers de quelques scieries avoisinantes. Une bourgade se développa autour de son établissement ; elle prit le nom de Gastown, puis fut officiellement rebaptisée Granville en 1869.

Vancouver (de l'île de Granville)

L'arrivée du Canadien Pacifique – Après avoir hésité entre plusieurs tracés, le premier chemin de fer transcanadien choisit en 1880 de faire arriver sa voie au chenal Burrard. Aussitôt, à Port Moody, le prix des terrains se mit à monter vertigineusement. **William Van Horne**, directeur de la compagnie ferroviaire, décida finalement, en 1884, de prolonger la ligne le long de la rade jusqu'à Granville. Ainsi naquit la ville. En avril 1886, elle allait officiellement être baptisée Vancouver. Ravagée la même année par un incendie, elle fut aussitôt rebâtie et en mesure d'accueillir le premier train de voyageurs du Canadien Pacifique en mai 1887.

Exposition universelle – À l'occasion de son centenaire, elle a abrité l'Exposition universelle **Expo'86** dont la transformation du site se poursuit, sur les rives Nord et Est de False Creek *(voir plan p. 132)*, en zone résidentielle et commerciale au sein d'un ambitieux projet baptisé Concord Pacific Place *(www.concordpacific.com)*.

Port et métropole – Grâce à ses quelque 2 millions d'habitants Vancouver est devenue la première ville de la province (dépassée uniquement par Toronto et Montréal). Centre financier, commercial et industriel de la Colombie-Britannique, bénéficiant d'un système bancaire favorable et de liens solides avec Hong-Kong et la Chine, elle est le premier port du Canada et de toute la côte pacifique nord-américaine. Céréales et potasse des Prairies, bois, charbon, soufre et minerais venant de l'intérieur de la province y arrivent par train, pour être exportés principalement vers l'Asie (notamment vers le Japon).

Pêcheries, foresterie, malgré un certain déclin dû à la diminution des ressources (en 1998, la population active était plus nombreuse dans les technologies qu'en foresterie), jouent aussi un rôle important dans l'économie de la ville et de ses environs. Le **tourisme** (plus particulièrement les bateaux de croisière) est devenu le premier employeur de la ville, les 8,3 millions de visiteurs par an procurant une manne annuelle de 3,6 milliards de dollars. Vancouver est, il ne faut pas l'oublier, un haut lieu de l'**industrie cinématographique**, attirant les cinéastes aussi bien canadiens qu'américains, séduits par son critère économique, par la douceur du climat, la beauté des décors ou encore la diversité culturelle. La série *X Files*, entre autres, a été tournée ici jusqu'en 1998, où l'équipe partit pour Los Angeles. L'apport annuel de l'industrie cinématographique à l'économie de la ville est estimé à un milliard de dollars.

Sur le plan urbanistique, Vancouver ne manque pas d'intérêt. De nouvelles structures sont venues apporter à la ville un aspect bien distinctif, comme par exemple Cathedral Place, version délibérément moderne de son vénérable voisin, le **Fairmont Hotel Vancouver★** (1939), de style « château ». Autre établissement digne d'attention, le Waterfront Centre Hotel compte 23 étages. Mentionnons aussi la bibliothèque municipale de Library Square *(à l'angle de Robson St. et Homer St.)* avec, non loin de là, le Centre in Vancouver for Performing Arts (1 800 places assises). Notons enfin le complexe Price Waterhouse, près de Harbour Centre Tower et, surplombant False Creek, le General Motors Place où s'entraînent les Canucks, la fameuse équipe de hockey de Vancouver.

Bien que la banlieue de Vancouver soit envahie par les grands magasins et les enseignes franchisées, le centre de la ville accueille des centaines de boutiques, de cafés et d'entreprises indépendantes, qui la font davantage ressembler à une ville européenne qu'à une agglomération urbaine standard d'Amérique du Nord. Les amateurs de lèche-vitrine trouveront leur bonheur au centre-ville dans **Robson Street** *(entre Burrard St. et Denman St.)* ainsi qu'au Sud de False Creek, dans les quartiers de **Broadway Avenue** et **Fourth Avenue**. Encore en chantier, le quartier naissant de **Yaletown** *(Davie St. et Nelson St. aux environs de Homer St.)* est en train de devenir la nouvelle Mecque des boutiques et des sorties. L'ancien quartier d'entrepôts de Yaletown remonte à 1886, lorsque le Canadien Pacifique y transféra ses services d'entretien auparavant installés à Yale. Les entrepôts sont aujourd'hui convertis en élégants cafés, en magasins à la mode, en épiceries de luxe et en bureaux chics.

★★★STANLEY PARK *plan p. 144*

Principale attraction de Vancouver, Stanley Park (405 ha) jouit d'un **site** magnifique à l'extrême pointe de la péninsule qui ferme presque la rade au détroit **First Narrows**. Près du cœur de la ville, à l'entrée d'un port extrêmement actif, il offre un espace de nature et de détente avec ses plages et ses promenades parmi les arbres géants, restes de la forêt primitive qui couvrait jadis toute la région.

Créé dès 1886 sur une ancienne réserve militaire qui occupait une situation stratégique de premier ordre à l'entrée de cette rade, l'endroit (nommé en l'honneur du gouverneur général de l'époque : **Lord Stanley**) est devenu si célèbre qu'un séjour à Vancouver ne se conçoit pas sans une promenade dans le parc et une visite à son aquarium.

Visite du parc – ♿ *Ouv. toute l'année ; cartes disponibles au kiosque d'information ; attention : il est formellement interdit de nourrir les animaux du parc* ☎ *604-257-8400. www.parks.vancouver.bc.ca.* Pour s'y rendre en voiture, prendre Georgia Street *(file de droite)* et suivre les indications. La superbe pro-

VANCOUVER

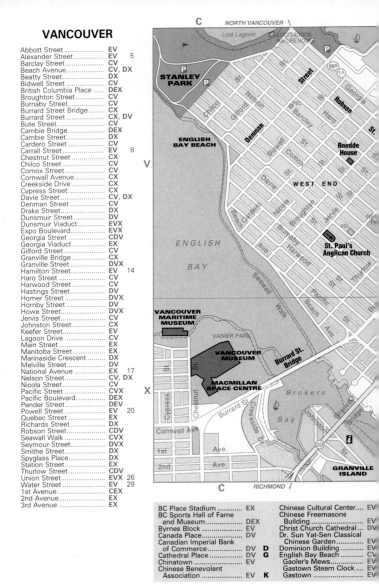

menade panoramique *(voir ci-dessous)* qui fait le tour de Stanley Park est presque toujours à sens unique ; elle se suit dans le sens contraire des aiguilles d'une montre, à l'exception de Pipeline Road *(près du lac Beaver)*. Le parc est équipé de parcmètres *(avr.-sept. : 1 $/45mn ou 4 $/jour ; le reste de l'année : 1 $/2 h ou 3 $/jour)*. À noter de début juin à fin août, les places de stationnement se font très rares et leur prix augmente. De nombreux sentiers pédestres parcourent les lieux, dont le fameux seawall *(9 km, voir plus loin)*, au bord de l'eau. Stanley Park offre par ailleurs de nombreux aménagements : terrains de cricket, courts de tennis, jeu de palet, aires de pique-nique et de loisirs, piscine *(à Second Beach)*. Une navette gratuite *(14 arrêts ; fonctionnant de mi-juin à fin sept.)* fait le tour du parc. Des promenades en voitures attelées sont également possibles *(1 h ; dép. du parking situé près du kiosque d'information, sur Park Drive. Juil.-août : 9 h30-17 h30 ; sept. et avr.-juin : 9 h40-17 h ; de mi-mars à fin mars et oct. : 9 h40-16 h. 18,65 $; Stanley Park Horse-Drawn Tours Ltd. ☎ 604-681-5115. www.stanleyparktours.com)*.

★**Promenade panoramique** – *Au départ de Georgia Street - circuit de 10 km à faire dans le sens inverse des aiguilles d'une montre.* Cette route-promenade épouse les courbes du rivage et offre de nombreux points de vue sur Coal Harbour, le centre-ville et la rive Nord de la rade. Peu avant d'arriver à la **pointe Brockton**, qui révèle de jolies **vues** du chenal Burrard et des montagnes de la rive Nord, remarquer un alignement de **mâts totémiques**★ face au port de plaisance et aux gratte-ciel de la

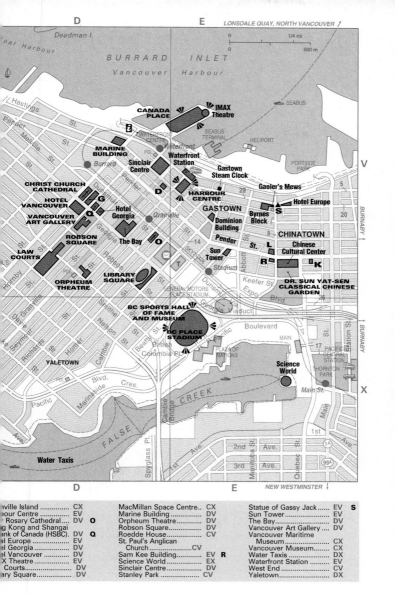

LONSDALE QUAY, NORTH VANCOUVER

BURRARD INLET

Vancouver Harbour

Deadman I.

SEABUS

CANADA PLACE — IMAX Theatre — SEABUS TERMINAL — HELIPORT — PORTSIDE PARK

MARINE BUILDING — Sinclair Centre — Waterfront Station — Gastown Steam Clock — Gaoler's Mews

CHRIST CHURCH CATHEDRAL — HOTEL VANCOUVER — Hotel Georgia — HARBOUR CENTRE — GASTOWN — Byrnes Block — Hotel Europe

VANCOUVER ART GALLERY — The Bay — Dominion Building — CHINATOWN — Chinese Cultural Center

ROBSON SQUARE — Pender — Sun Tower — DR. SUN YAT-SEN CLASSICAL CHINESE GARDEN

LAW COURTS — ORPHEUM THEATRE — LIBRARY SQUARE — Stadium — GENERAL MOTORS PLACE STADIUM

YALETOWN — BC SPORTS HALL OF FAME AND MUSEUM — BC PLACE STADIUM — British Columbia Pl. — PLAZA OF NATIONS — Science World — PACIFIC CENTRAL STATION — THORNTON PARK

FALSE CREEK

Water Taxis — NEW WESTMINSTER

| --- | --- | --- |
...ville Island CX	MacMillan Space Centre.. CX	Statue of Gassy Jack ...... EV **S**
...our Centre .... EV	Marine Building .... DV	Sun Tower...................... EV
... Rosary Cathedral.... DV **O**	Orpheum Theatre............. DV	The Bay.......................... DV
...g Kong and Shangai	Robson Square................ DV	Vancouver Art Gallery .... DV
...nk of Canada (HSBC). DV **Q**	Roedde House................. CV	Vancouver Maritime
...el Europe .... EV	St. Paul's Anglican	Museum.................... CX
...el Georgia .... DV	Church CV	Vancouver Museum........ CX
...el Vancouver .... DV	Sam Kee Building........... EV **R**	Water Taxis .... DX
...X Theatre .... EV	Science World................. EX	Waterfront Station .... EV
... Courts...................... DV	Sinclair Centre................ DV	West End CV
...ary Square................. DV	Stanley Park CV	Yaletown......................... DX

ville. Étape suivante du circuit, la **pointe Prospect★** fournit l'occasion d'observer l'intense activité portuaire. La route s'écarte ensuite de la rive, mais des sentiers permettent de descendre voir **Siwash Rock★**, un rocher qui se dresse comme un obélisque sur le rivage. À la **pointe Ferguson** s'offrent des **vues** sur **Third Beach★**, l'une des plages de la presqu'île ; on distingue également la pointe Grey, où se situe l'université de Colombie-Britannique, et les montagnes de l'île de Vancouver. Une paillote sur Third Beach vend des rafraîchissements et le **restaurant Teahouse** (☎ 604-669-3281), à la pointe Ferguson, propose des repas préparés sur place tout en laissant savourer de magnifiques vues. La route passe enfin par une autre plage (Second Beach) aux activités sportives variées, puis par Lost Lagoon avant de revenir à son point de départ.

Le parc à pied – Le visiteur trouvera un avantage pratique (la résolution du problème du stationnement) et un avantage esthétique (la proximité des beautés du lieu) à visiter le parc à pied. L'approche classique consiste à faire le tour par **seawall★★** (9 km) : la promenade requiert deux bonnes heures, ce qui laisse du temps pour profiter des attractions (mâts totémiques, aquarium et Siwash Rock). La vue offerte sous le pont Lions Gate est spectaculaire. Third Beach, paradisiaque bande de sable réchauffée au soleil de l'après-midi, dévoile à l'horizon l'île de Vancouver et se révèle un parfait emplacement de pique-nique. De nombreux sentiers offrent une solitude inattendue dans la forêt du parc ; ils sont néanmoins à éviter après le crépuscule.

RENSEIGNEMENTS PRATIQUES   Indicatif téléphonique : 604

L'indicatif téléphonique de Greater Vancouver est 778. Il faut impérativement composer les 10 chiffres du numéro lorsque l'on effectue un appel local (que l'indicatif téléphonique soit 778 ou 604).

Comment se déplacer

Transports publics – La régie Vancouver Regional Transit System exploite un réseau intégré de transports urbains express (train) et autres (bus, bacs, *voir ci-dessous*). Les horaires varient en fonction du mode de transport, mais le prix du billet reste le même. Le **SkyTrain** dessert le centre-ville, Burnaby, New Westminster et Surrey *(dép. toutes les 2 à 8mn 5h30-1h15. Tarification par zones ; faire l'appoint)*. Carnets de 10 tickets ou FareSaver *(18/36$)* et forfait à la journée ou DayPass *(8$)* s'obtiennent aux distributeurs ou aux guichets. Les correspondances sont gratuites pendant 90 mn de déplacement illimité. À chaque arrêt, un service de **bus** *(7 jours/7)* assure la correspondance entre les lignes du SkyTrain et du SeaBus. Une carte du réseau, *Transit Guide*, se vend aux guichets Ticketmaster et dans certains magasins de quartier *(1,50$)*. Renseignements (lignes et horaires) ☎ 604-521-0400. www.translink.bc.ca

Voiture – La meilleure façon de découvrir Vancouver est de marcher et, pour les longues distances, d'emprunter les transports publics, car les rues sont souvent encombrées et le stationnement parfois problématique. **Location de voitures** : Avis ☎ 604-606-2847 ; Hertz ☎ 604-688-2411 ; Tilden ☎ 604-685-6111.

Bac – Les bacs (ou *traversiers*) **SeaBus** effectuent le trajet entre Vancouver et la rive Nord *(12mn de traversée ; dép. toutes les 15 à 30mn 6h-0h46, dim. 8h-23h)*. Le billet adulte coûte 3$ *(faire l'appoint)*. À chaque arrêt, un service de **bus** *(7 jours/7)* assure la correspondance entre les lignes du SkyTrain et du SeaBus. Un bateau à aubes effectue une **visite du port** *(dép. de Harbour Cruises Marina de mi-mai à déb. sept. : 11h, 13h, 14h30 ; de déb. avr. à déb. mai et de mi-sept. à fin oct. : 14h30. AR 1h15. Commentaire à bord. Réservation requise. 19$. Harbour Cruises Ltd. ☎ 604-688-7246. www.boatcruises.com)*.

Taxis – Advance Cabs, ☎ 604-876-5555. Black Top and Checker Cabs, ☎ 604-681-2181. Yellow Cabs, ☎ 604-681-1111.

À pied – Visiter Vancouver à pied est très agréable car la plupart des curiosités sont situées dans un rayon de 15 à 20mn de la majorité des hôtels du centre-ville (ces derniers proposent très souvent une navette vers Stanley Park et l'île de Granville). *Éviter West Hastings St. entre Hamilton St. et Main St., où sévissent les trafiquants de drogue. Emprunter Pender St. pour se rendre au quartier chinois.*

À savoir

Où s'informer – **Vancouver Tourist InfoCentre**, 200 Burrard St, Plaza Level. *(de mi-mai à fin sept. : 8h-18h ; le reste de l'année : tlj sf dim. 8h30-17h, sam. 9h-17h)*. Hôtels et motels : contacter **Tourism Vancouver**, 200 Burrard St., Vancouver, BC V6C 3L6, ☎ 604-683-2000 ; www.tourism-vancouver.org Chambres d'hôte : Beachside B&B Registry, ☎ 604-922-7773 ; BC Bed & Breakfast Assn., ☎ 604-734-3486 ; Best Canadian B&B Network, ☎ 604-738-7207. Il est vivement conseillé de réserver à l'avance pour un séjour en haute saison *(mai-sept.)*.

Presse locale – Quotidiens : *The Vancouver Sun* et *The Province*. Hebdomadaire : *The Georgia Straight*, guide *(gratuit)* des spectacles et activités à Vancouver. Mensuels : *Where*, guide *(gratuit)* des spectacles, commerces, restaurants ; *BC Bookworld* : publication *(gratuite)* d'information sur les manifestations littéraires.

Info-loisirs – Consulter les suppléments Arts et Spectacles de la presse locale pour obtenir la liste des manifestations culturelles au programme et l'adresse des principaux théâtres et salles de concert *(numéro du jeudi)*. Réservation possible des billets pour les événements culturels par l'intermédiaire de **Ticketmaster** ☎ 604-280-4444 *(principales cartes de crédit acceptées)*. The Alliance for Arts and Culture est un bureau central procurant des informations sur les principales manifestations artistiques *(938 Howe St. ☎ 604-684-2787)*.

Sports-spectacles – **Football américain** : BC Lions Football Club (BC Place Stadium) ; saison : juin-nov. ; renseignements ☎ 604-583-7747. **Base-ball** : Vancouver Canadians (Nat Bailey Stadium) ; saison : avr.-sept. ; renseignements ☎ 604-872-5232. **Hockey sur glace** : Vancouver Canucks (General Motors Place) ; saison : oct.-avr. ; renseignements ☎ 604-899-7400. **Basket-ball** : Vancouver Grizzlies (General Motors Place) ; saison : oct.-avr. ; renseignements ☎ 604-899-4667. Réservation possible des billets pour les événements sportifs par l'intermédiaire de **Ticketmaster** ☎ 604-280-4400 *(principales cartes de crédit acceptées)*.

Numéros utiles

☎

Police/Ambulances/Pompiers		**911**
		ou 604-717-3535
BC Rail (North Vancouver)	*1311 W. 1st St.*	604-984-5246
VIA Rail	*1150 Station St.*	604-640-3741
		ou 800-835-3037
BC Ferries		888-223-3779
Greyhound (autocars)		604-661-8747
Vancouver International Airport		604-276-6101
Canadian Automobile Assn.	*999 W. Broadway*	604-268-5000
Dépannage CAA (24 h/24)		604-293-2222
Pharmacie (24 h/24)	*1125 Davie St.*	604-669-2424
Bureau de poste principal	*349 W. Georgia St.*	604-662-5722
État des routes		604-660-9770
Météo (24 h/24)		604-664-9010

CARNET D'ADRESSES

Se loger dans la région de Vancouver
Voir légende p. 114.

The Fairmont Waterfront, à **Vancouver** – *900 Canada Place Way. 489 ch.* ✗ ♿ 🅿 ☎ *604-691-1991 ou 800-441-1414. www.fairmont.ca.* $$$$$ Établissement moderne et élégant pour clientèle d'affaires, situé face à Canada Place. Tonalités pastel chaudes et boiseries blondes dans les chambres, dont plus de la moitié ont vue sur le port. La salle de sport du 3e étage bénéficie d'une vue sur Stanley park et sur les montagnes.

The Fairmont Château Whistler, à **Whistler** – *4599 Chateau Blvd. 558 ch.* ✗ ♿ 🅿 ⛲ Spa ☎ *604-938-8000 ou 808-606-7740. www.fairmont.ca.* $$$$ Proche des ascenseurs au pied du mont Blackcomb, cet établissement élégant entoure sa clientèle d'une élégance de bon ton grâce à une décoration champêtre et de grandes salles de bains. La plupart des chambres contiennent un canapé-lit et des banquettes de fenêtre pour profiter de la vue superbe sur la vallée. Le **restaurant Wildflower ($$$$)** est un haut lieu de la gastronomie de la côte Ouest.

The Fairmont Hotel Vancouver, à **Vancouver** – *900 W. Georgia St. 555 ch.* ✗ ♿ 🅿 ⛲ Spa ☎ *604-684-3131 ou 800-441-1414. www.fairmont.ca.* $$$$ Ce château historique (1939) coiffé de cuivre incarne l'élégance du style Canadien Pacifique. Grâce à une récente rénovation, le hall a retrouvé son fascinant décor Art déco-Modern Style. Les chambres sont calmes et confortables ; le salon spacieux est un lieu de choix pour la détente vespérale au son d'un orchestre de jazz. Installés au bar du restaurant **900 West ($$$$)**, les dîneurs pourront observer le bal des cuisiniers au travail.

Listel Vancouver, à **Vancouver** – *1300 Robson St. 129 ch.* ✗ ♿ 🅿 ⛲ ☎ *604-684-8461 ou 800-663-5491. www.listel-vancouver.com.* $$$$ Cet excellent hôtel de 6 étages, proche de West End et de Stanley Park, et distant d'une courte marche du quartier de la finance, attire les hommes d'affaires comme les touristes. Messagerie vocale, prises Internet et service de voiturier attirent particulièrement la clientèle d'affaire, mais tous les résidents apprécient les couettes en duvet, le restaurant et les œuvres d'art parsement le hall. Les amoureux de l'art optent pour les chambres de style « Côte Nord-Ouest » de l'étage-musée, ou pour les chambres de l'étage-galerie où ils trouveront des œuvres originales ou à édition limitée venant des Buschlen Mowatt Galleries voisines.

Metropolitan Hotel, à **Vancouver** – *645 Howe St. 197 ch.* ✗ ♿ 🅿 ⛲ ☎ *604-687-1122 ou 800-667-2300. www.metropolitan.com.* $$$$ Ce petit hôtel luxueux de grand style soigne les voyageurs d'affaires, qu'il gratifie d'un club de remise en forme exceptionnel avec piscine intérieure, chambre de vapeur et court de squash. Une touche luxueuse (linge de maison italien, literie en duvet, marbre et baignoires profondes dans la salle de bains) agrémente des chambres spacieuses. Boutiques, Canada Place et salles de spectacles à proximité. Très fréquenté pour les dîners d'avant-spectacle, le restaurant **Diva ($$$)** doit son renom à sa cuisine créative de la Côte Ouest servie dans une salle au fastueux décor de cuivre et de cristal.

Sutton Place Hotel Vancouver, à **Vancouver** – *845 Burrard St. 397 ch.* ✗ ♿ ▣ ⛱ 🈁 ☎ *604-682-5511 ou 800-961-9555. www.suttonplace.com.* **$$$$** À un jet de pierre de Robson Street, cette splendide tour moderne rose a la faveur des gens de cinéma, dont les limousines se pressent devant le portique. Somptueuses chambres au cadre soigné (mini-bar, coffre-fort dans la chambre, TV connectée à Internet) ; personnel efficace et discret. Il faut essayer le gargantuesque brunch du Dimanche du **Fleuri ($$$)** avec ses produits de la mer et son pudding au croissant. Le salon voisin du **Gerard's** est un favori du monde du cinéma.

Wedgewood, à **Vancouver** – *845 Hornby St. 89 ch.* ✗ ♿ ▣ ☎ *604-689-7777 ou 800-663-0666. www.wedgewoodhotel.com.* **$$$$** À quelques pas de la bruyante Robson Street, cet élégant hôtel confortable et spacieux, a été personnellement décoré par la propriétaire, Eleni Skalbania, d'un mobilier ancien et d'œuvres d'art originales. Des chocolats belges en cadeau de bienvenue et des cookies maison ajoutent une touche personnalisée. La cuisine française du **Bacchus ($$)** est épicée d'accents méditerranéens ; une nombreuse clientèle se presse après les heures de bureau dans le salon, qui devient piano-bar en soirée.

Edgewater Lodge, à **Whistler** – *8841 route 99. 12 ch.* ✗ ♿ ▣ ☎ *604-932-0688 ou 888-870-9065. www.edgewater-lodge.com.* **$$$** Ce petit établissement calme au bord du lac Green, légèrement en retrait du centre touristique parfois bruyant, bénéficie d'un paysage montagnard et lacustre exceptionnel. Chaque chambre donne sur le lac.

Hôtel Georgia, à **Vancouver** – *801 W. Georgia St. 313 ch.* ✗ ♿ ▣ ☎ *604-682-5566 ou 800-663-1111. www.hotelgeorgia.bc.ca.* **$$$** Le hall Art déco, récemment rénové, de cet hôtel historique (1927) est une merveille d'acajou sculpté et de cuivres. Les chambres bleu et crème, hautes de plafond, sont dotées de profondes baignoires. Le Georgia, admirablement situé près des commerces, fut jadis au cœur de la vie mondaine de Vancouver.

Residences on Georgia, à **Vancouver** – *1288 W. Georgia St. 100 appartements.* ♿ ▣ ☎ *604-891-6100 ou 800-663-1815. www.vancouverextendedstay. com.* **$$$** Ces tours jumelles sophistiquées et ultramodernes connaissent un grand succès auprès du monde du cinéma. Elles conviennent à merveille à un long séjour (il y a même une salle de projection). Les appartements, meublés avec élégance, comprennent une cuisine américaine, un petit bureau et un coin repas. Le dernier étage bénéficie d'une vue magnifique sur la mer et les montagnes.

Thistledown House, à **North Vancouver** – *3910 Capilano Rd. 5 ch.* ▣ ☎ *604-986-7173. www.thistle-down.com.* **$$$** Demeure de style Craftsman (1920) superbement rénovée, l'hôtel propose un élégant séjour au calme près du mont Grouse et du canyon Capilano. On passera quelques après-midi sereins dans le paisible jardin. Omelettes au saumon fumé et crêpes à la chantilly figurent au menu des somptueux petits-déjeuners gastronomiques. Le prix comprend un petit-déjeuner, un thé et un apéritif en soirée.

Sylvia Hotel, à **Vancouver** – *1154 Gilford St. 119 ch.* ✗ ♿ ☎ *604-681-9321. www.sylviahotel.com.* **$$** Ce ravissant bâtiment de brique (1912) enfoui sous le lierre se situe dans la baie English, près du parc Stanley. La plupart des chambres étant dotées d'une kitchenette, les plus grandes représentent un exceptionnel rapport qualité-prix pour une famille, qui peut y préparer tous ses repas et profiter des activités récréatives du parc en bas de la rue.

Hostelling International Vancouver, à **Vancouver** – *1114 Burnaby St. 226 lits.* ☎ *604-684-4565 ou 888-203-4302. www.hihostels.ca.* **$** Cet hôtel propret ne se contente pas d'offrir aux voyageurs à petit budget une solution d'hébergement économique au centre de Vancouver. Il procure un accès pratique au parc Stanley et à l'île de Granville, et il est à proximité des cafés et boutiques de la bourdonnante Davie Street.

Se restaurer dans la région de Vancouver

Beach Side Cafe, à **West Vancouver** – *Côte Nord, 1362 Marina Dr.* ♿ ☎ *604-925-1945. www.beachsidecafe.ca.* **$$$ Cuisine de la côte Ouest.** L'élégant et confortable bistrot est plébiscité comme étant le meilleur de la côte Nord. Le blanc de canard rôti côtoie le mérou en saumure d'érable ; la cave est impressionnante.

★★Aquarium de Vancouver – ♿ *De fin juin à fin août : 9 h 30-19 h ; le reste de l'année : 10 h-17 h 30. 14,95 $.* ☎ *604-659-3474. www.vanaqua.org.* 📷 Riche de plus de 60 000 créatures aquatiques, l'aquarium de Vancouver est particulièrement célèbre pour son impressionnante collection de mammifères marins : baleines, blanches de l'Arctique dites **bélugas** *(de grands hublots permettent d'observer leurs*

Bishop's, à Kitsilano – *2183 W. 4th Ave. Le soir uniquement.* ☎ *604-738-2025. www.bishopsonline.com.* **$$$$ Cuisine de la côte Ouest**. Hospitalité, service impeccable et élégance de bon aloi sont la marque de cette institution. Son propriétaire, John Bishop, fut l'un des créateurs de la cuisine de la côte Ouest à base de produits bio régionaux. La carte, renouvelée chaque semaine, propose par exemple un fromage de chèvre de l'île Saltspring, du crabe de Dungeness, du saumon sauvage et des chanterelles.

C Restaurant, à Vancouver – *1600 Howe St., dans False Creek.* ♿ ☎ *604-681-1164. www.crestaurant.com.* **$$$$ Poissons/fruits de mer**. Dans cet écrin chic dont les immenses baies dominent False Creek, la cuisine « Nord-Ouest » de Robert Clark prend d'insolites accents asiatiques. Le ton est donné dès l'entrée, avec les trois caviars (Beluga, Osetra et Sevruga) enveloppés dans une feuille d'or 24 carats. Viennent ensuite un thon albacore en croûte d'herbes, un tartare de coquilles Saint-Jacques et sa salade de radis et agrumes, ou une poêlée de saumon sauvage du Skeena au beurre blanc. Garder une petite place pour la crème brûlée au gorgonzola.

Lumiere, à Vancouver – *2551 W. Broadway. Le soir uniquement.* ♿ ☎ *604-739-8185.* **$$$$ Cuisine française**. Robert Feenie introduit des touches continentales dans sa cuisine innovatrice, jugée par beaucoup comme étant la meilleure de la province. Le nouveau menu servi chaque soir propose ses crevettes et coquilles Saint-Jacques sauce soja et gingembre ou ses jarrets d'agneau à l'olive et au citron.

Blue Water Cafe, à Yaletown – *1095 Hamilton St.* ♿ ☎ *604-688-8078. www. bluewatercafe.net.* **$$$ Poissons**. Dès son ouverture en 2000, ce restaurant chic est devenu le cœur du quartier des docks récemment réhabilité. Boiseries chaudes et éclairage tamisé mettent en valeur sa riche carte, dans laquelle figure sa célèbre tour d'entrées, pièce montée de délicieux produits de la mer, du sushi au pâté de crabe. Les produits régionaux dominent la sélection des plats : mérou de Colombie-Britannique en croûte de miso, langouste de Nouvelle-Écosse, osso buco au veau du Québec ou omble de l'Arctique bardé de bacon, et tant d'autres encore.

LaRua, à Whistler – *Hôtel Le Chamois, 4557 Blackcomb Way.* ♿ ☎ *604-932-5011. www.larua-restaurante.com.* **$$$ Cuisine du Nord-Ouest**. Une cuisine de la côte Ouest saupoudrée de touches internationales. On choisit une table dans l'une des deux salles que relie un couloir voûté ressemblant à une ruelle (appelé *la rua* en espagnol). Daim de Colombie-Britannique aux myrtilles ou roulades de brocheton et de crabe ravissent autant l'œil que le palais.

Lilliget Feasthouse, à Vancouver – *1724 Davie St., West End. Le soir uniquement.* ☎ *604-681-7044 ou 888-681-7044. www.lilliget.com.* **$$ Cuisine amérindienne**. Le chef a choisi d'accommoder la cuisine salish traditionnelle à la manière contemporaine, en utilisant principalement les poissons et fruits de mer de la côte Nord-Ouest. En témoignent son saumon grillé au bois d'aulne ou ses beignets de palourdes.

Sawasdee, à Vancouver – *4250 Main St.* ♿ ☎ *604-876-4030. www.sawasdee.com.* **$$ Cuisine thaï**. Premier et meilleur restaurant thaï de Vancouver, le Sawasdee concocte des currys et des soupes extrêmement parfumés, ainsi que des desserts exotiques. Le festin peut commencer par un *pad thai*, et le poulet au curry vert vaut le détour.

Buddhist Vegetarian Restaurant, à Vancouver – *137 E. Pender St., Chinatown.* ♿ ☎ *604-683-8816.* **$ Cuisine asiatique**. Ce restaurant apparemment banal du quartier chinois sert des soupes, des plats en sauce et des légumes sautés particulièrement parfumés. La soupe aux huit trésors (champignons, légumes et wontons) calera les appétits les plus voraces. Les dim sum comprennent quelques éléments végétariens (boulettes de cacahuètes) Excellent rapport qualité/prix.

Stepho's Souvlakia, à Vancouver – *1124 Davie St.* ♿ ☎ *604-683-2555.* **$ Cuisine grecque**. Les autochtones se pressent dans ce restaurant pour ses portions généreuses et ses prix modestes. La file d'attente déborde souvent sur la rue. Le plat de base accumule agneau, riz, pommes de terre, salade et petit pain... pour moins de 10 $.

ébats), phoques, loutres de mer et autres. L'aquarium fut le premier à présenter au public des **orques** (ou épaulards), qui se distinguent par leur couleur noir et blanc ainsi que par leur nageoire dorsale. Leur célèbre spectacle a cessé en 2000 lorsque la dernière orque a quitté cet aquarium pour un autre. Dauphins et bélugas continuent néanmoins à se produire chaque jour.

On remarquera à l'entrée une sculpture en bronze représentant une orque, réalisée par Bill Reid, artiste haïda de renom. Plusieurs sections sont consacrées à la faune marine et d'eau douce de Colombie-Britannique, ainsi qu'aux poissons exotiques.

De nouvelles attractions sont offertes au public : une section Pacifique canadien consacrée principalement au détroit de Géorgie et à la côte de Colombie-Britannique, ainsi qu'une montaison de saumons créée par l'homme dont les spécimens (saumons kétas et cohos) reviennent chaque année à l'aquarium.

Les baleines blanches de l'Arctique dites **bélugas** *(de grands hublots permettent d'observer leurs ébats)* font la popularité de la section Arctique canadien.

L'une des principales attractions est la **forêt amazonienne** où crocodiles, anacondas, tortues, lézards et paresseux à deux doigts vivent dans une atmosphère chaude et humide, entourés de plantes tropicales et accompagnés d'une multitude d'oiseaux aux couleurs vives. Juste à côté, des bassins renferment requins, piranhas, anguilles électriques, murènes et autres créatures des tropiques. La visite des coulisses ainsi que les rencontres avec dauphins et bélugas sont proposées contre un supplément.

Tout près de l'aquarium se trouve également le **Children's Zoo and Miniature Railway** 🖪 (♿ *juin-août : 10 h-17 h ; le reste de l'année téléphoner. 4 $. ☎ 604-257-8531)* avec un groupe d'animaux domestiques et des répliques de locomotives anciennes. Les enfants adoreront les promenades à cheval dans le bois.

★★CENTRE-VILLE *plan p. 132-133*

C'est sur l'isthme étroit qui sépare False Creek du chenal Burrard que se pressent les gratte-ciel de verre et d'acier, banques, grands hôtels, bureaux et immeubles d'habitation. Le cœur de ce quartier est marqué par The Mall, longue section piétonne de Granville Street fermée à toute circulation, bus exceptés. On y trouve notamment des centres commerciaux souterrains (Pacific Centre, Vancouver Centre) qui relient entre eux les bâtiments sous la chaussée. Le mail mène à Granville Square, espace également réservé aux piétons, d'où l'on peut observer les activités du port et les jetées. Des escaliers conduisent à la gare ferroviaire, agréablement rénovée. Tout à côté se trouve le quai du SeaBus, traversier assurant la liaison avec North Vancouver par le chenal Burrard ; le passage offre de belles **vues** sur la rade et la ville.

★★**Canada Place** – Cette réalisation de l'architecte Eberhard Zeidler ressemble à une flottille de voiliers amarrés dans les eaux du chenal Burrard. Construit pour être le pavillon canadien de l'Expo' 86, Canada Place comprend un hôtel, des bureaux et

---

■ Poissons et fruits de mer de la côte Ouest

Vancouver est, par sa situation au bord de l'océan Pacifique Nord bouillonnant de vie, le lieu rêvé où savourer des poissons et des fruits de mer sans pareil, accommodés de toutes les manières imaginables. Huîtres, clams, crabes, flétans, une demi-douzaine d'espèces de saumons vivent à l'état sauvage ou dans les fermes aquacoles de la Colombie-Britannique, côtoyant d'autres habitants plus exotiques des fonds marins comme les concombres de mer, les calmars et les poulpes. Les recettes traditionnelles brillent par leur simplicité : saumon grillé au bois d'érable, clams à l'étouffée, flétan cuit au four. Les variantes contemporaines y ajoutent une note asiatique ou continentale (filets de saumon au curry, *cioppino* façon côte Nord-Ouest, fruits de mer préparés avec de la tomate, du vin, des herbes et des épices). Il convient de rappeler que, contrairement aux idées reçues, il n'existe aucune espèce de homard vivant le long de la côte Nord-Ouest et qu'il faut l'acheminer des Provinces Maritimes. *Les visiteurs devront veiller à s'informer sur la fraîcheur et l'origine des produits figurant au menu.*

Les principales espèces de saumons de la côte Nord-Ouest sont le rouge, le rose, le Kéta, le coho, le quinnat et l'arc-en-ciel, ce dernier étant en réalité une variété maritime de truite arc-en-ciel. Les fermes aquacoles élèvent généralement le saumon de l'Atlantique. Leurs enclos sont installés dans des canaux protégés, situés le long de la côte centrale de Colombie-Britannique et de l'île Vancouver. Une vive controverse s'élève sur le bien-fondé de l'introduction d'une espèce non indigène dans les eaux du Pacifique. Le saumon sauvage chinook (dit aussi quinnat ou royal) est considéré comme le meilleur, mais de nombreux connaisseurs préfèrent néanmoins le coho ou le rouge, naturellement plus gras, plus colorés et plus goûteux. Peu importe en réalité, dans la mesure où il est frais, où il vient de la côte Nord-Ouest et où il est bien accommodé : le festin sera mémorable.

un palais des congrès. Les « voiles » en fibre de verre armés de Téflon, qui semblent capter les vents de l'océan, abritent les halls d'exposition. Le bâtiment, que d'aucuns croient inspiré du célèbre opéra de Sydney, est à son tour à l'origine de la silhouette du nouvel aéroport international de Denver. Avec les bateaux de croisière ancrés à ses côtés, Canada Place a complètement transformé le visage du front de mer.

★ **Marine Building** – *355 Burrard St. Ouv. pendant les heures de bureau.* Cet édifice historique de 21 étages, construit à l'époque où le Canada sombrait dans la dépression et inauguré en 1930, est l'un des plus beaux exemples Art déco du monde. Les ornements de céramique, en particulier celui qui surmonte l'arche d'entrée, dépeignent des scènes marines en hommage aux liens privilégiés de Vancouver avec la mer. Le vestibule, quasi fantasmagorique, rappelle un temple maya.

★ **Harbour Centre Tower** – ♿ *Poste d'observation : mai-oct. 8 h 30-22 h 30 ; le reste de l'année 9 h-21 h. 10 $. ☎ 604-689-0421. www.vancouverlookout.com.* Du haut de cette tour de 167 m, les visiteurs auront une vue★★★ incomparable sur le port, la ville et le site de Vancouver. On embrasse d'un coup d'œil les quais et l'activité portuaire, le chenal Burrard et la rive Nord de la rade où plongent les montagnes aux sommets parfois enneigés ; vers le Sud s'étendent à perte de vue les quartiers résidentiels et le plat delta du Fraser. Au pied de la tour, on reconnaît les artères du centre-ville et ses bâtiments les plus marquants.

Cathedral Place – Situé face au fameux Fairmont Hotel Vancouver, cet élégant édifice de verre et de pierre calcaire abritait jusqu'à une époque récente le Canadian Craft Museum *(fermé définitivement)*, relié au bâtiment principal par une petite cour extérieure.

★★ **Vancouver Art Gallery** – ♿ *De fin avr. à mi-oct. : 10 h-17 h 30 (jeu. 21 h) ; le reste de l'année : tlj sf lun. 10 h-17 h 30 (jeu. 21 h). Fermé 1er janv., 25 déc. 12,50 $, 5 $, jeu. après 17 h. ☎ 604-662-4719. www.vanartgallery.bc.ca.* Conçu en 1907 par Francis Rattenbury, cet édifice néoclassique fut pendant 70 ans le palais de justice de Vancouver avant d'abriter le musée d'Art. Il fut réaménagé avec goût par Arthur Erickson. Les salles ouvrent sur une rotonde centrale dont le dôme de verre permet à la lumière d'entrer à flots.
L'un des points forts du musée est la collection de peintures et de dessins d'**Emily Carr**, grand peintre canadien originaire de la Colombie-Britannique, célèbre pour ses paysages de la côte Ouest et ses villages amérindiens. Cette collection comprend des œuvres bien connues telles que *Big Raven* (vers 1931) et *Scorned as Timber, Beloved of the Sky* (vers 1936). Le musée présente également des expositions temporaires d'intérêt régional, national et international.
Il arrive fréquemment que la pelouse Nord et les escaliers Sud soient occupés par des manifestations politiques.

★ **Robson Square** – Œuvre de l'architecte Arthur Erickson, ce projet urbanistique (1979) a transformé la physionomie du centre-ville. C'est une vaste esplanade qui couvre trois blocs entre Georgia Street et Nelson Street. Tantôt elle passe sous Robson Street et accueille une patinoire, des terrasses de café et un centre des congrès. Tantôt elle enjambe Smithe Street pour rejoindre, en gradins couverts de jardins et de fontaines, l'entrée du **palais de justice**, spectaculaire bâtiment de sept étages revêtu d'une vaste verrière oblique.

★★ **Library Square** – *350 W. Georgia St. à l'angle de Homer St.* ♿ *Sept.-mai : 10 h-20 h, ven.-sam. 10 h-17 h, dim. 13 h-17 h. Fermé dim. le reste de l'année, j. fériés. ☎ 604-331-3600. www.vpl.vancouver.bc.ca.* La bibliothèque de Vancouver (1995) est un bâtiment convivial censé évoquer le colosse de Rome. L'étonnant édifice, flanqué de sa tour de bureaux de 9 étages, est l'œuvre de l'architecte canadien Moshe Safdie ; il accueille la section principale de la bibliothèque de Vancouver. Celle-ci, semi-circulaire, de ciment mêlé de granit concassé, fait pendant à son annexe également semi-circulaire. plus d'un million d'ouvrages s'alignent dans la bibliothèque, une des plus importantes d'Amérique du Nord. L'esplanade, ponctuée de salons de thé et d'échoppes, est un lieu de rencontres apprécié, où l'on savoure une tasse de café à une table baignée de lumière. La construction de la bibliothèque est la plus grande réalisation publique de l'histoire de Vancouver.

★ **BC Place Stadium** – ♿ *Possibilité de visite guidée (1 h 30). De mi-juin à fin août : ven. 11 h, 13 h. 6 $. ☎ 604-669-2300. www.bcplacestadium.com.* Le stade de Vancouver est le plus grand amphithéâtre à dôme aéroporté du monde. Conçu par Phillips Barratt, ce complexe sportif en forme de chapiteau de cirque fut inauguré en 1983. Son toit en Téflon et fibre de verre est gonflé par le souffle d'énormes ventilateurs et maintenu par des câbles d'acier. Le toit contient également des éléments chauffants pour faire fondre la neige en hiver ; il est autonettoyant grâce aux chutes de pluie, et translucide, de sorte qu'il est rarement nécessaire de recourir à la lumière artificielle. Le stade peut contenir jusqu'à 60 000 personnes et ne comporte pas de piliers porteurs qui gêneraient la vue. Au niveau supérieur, un hall vitré offre un **panorama** de la ville.

Canada Place

★★ Chinatown – *Sur Pender St., entre Carrall St. et Gore Ave.* Enseignes et affiches en caractères chinois, restaurants, magasins d'articles asiatiques caractérisent ce pittoresque secteur où se concentre l'importante communauté chinoise de la ville.

● **Dim Sum**

Haut lieu de la culture chinoise en Amérique du Nord, Vancouver accueille une belle collection de restaurants proposant des dim sum, petites assiettes de bouchées cuites à la vapeur pouvant revêtir littéralement toutes les formes, généralement à base de poissons et fruits de mer. Souvent le point d'orgue d'un déjeuner détendu, le dim sum peut également se savourer au dîner ; mais, dans tous les cas, il faut s'apprêter à consacrer au moins deux heures à faire un sort au dim sum... et à tout essayer. Les palais du dim sum comptent dans leurs rangs **Pink Pearl Chinese Restaurant** *(1132 E. Hastings St. ☎ 604-253-4316)*, vénérable établissement de 600 places, extrêmement prisé des membres du gouvernement, ou **Imperial Chinese Seafood Restaurant** *(355 Burrard St. ☎ 604-688-8191)*, qui mêle une cuisine d'exception à un emplacement sans pareil dans Marine Building, ainsi que **Sun Sui Wah Seafood Restaurant** *(3888 Main St. ☎ 604-872-8822)*, qui rafle tous les suffrages des critiques gastronomiques.

Le quartier, où il fait bon flâner toute l'année durant, s'anime particulièrement lors du Nouvel An chinois.

★ Dr. Sun Yat-Sen Classical Chinese Garden – *578 Carrall St., derrière le centre culturel chinois sur Pender St.* ♿ *De mi-juin à fin août : 9h30-19h ; de déb. mai à déb. juin et sept. : 10h-18h ; le reste de l'année : 10h-16h30. 8 $. ☎ 604-689-7133. www.vancouverchinesegarden.com.* Aménagé sur le modèle des jardins tels qu'on les trouvait dans la ville de Suzhou pendant la dynastie des Ming (14e-17e s.), ce havre de paix est un endroit où pins, bambous et pruniers en fleurs poussent dans un harmonieux paysage de cascades, de ponts et de passages couverts.

Non loin du jardin se trouve le Dr. Sun Yat-Sen Park, serein îlot de verdure doté d'un joli étang.

★ Gastown – *Entre Carrall St. et Richards St.* Sur Maple Tree Square, au cœur même du quartier de Gastown, se dresse la statue de John Deighton, plus connu sous le nom de **Gassy Jack**, ou « Jack le bavard ». C'était un personnage entreprenant qui, le 29 septembre 1867, arriva en ces lieux avec « sa femme indienne, sa belle-mère, un chien, deux poulets, deux chaises et un tonneau de whisky », et s'installa aux portes d'une scierie, Hastings Mills. Les compagnies interdisaient alors la vente d'alcool sur leur propriété. Aussi le nouveau venu eut-il un succès immédiat ; il parvint même à persuader les ouvriers assoiffés de bâtir eux-mêmes leur rudimentaire taverne ! Bientôt naquit alentour une petite localité qui reçut officiellement le nom de Granville mais qui, pour la population, demeura Gassy's town.

Devenue un quartier d'entrepôts et de taudis, puis rénovée, la « ville de Gassy » est aujourd'hui pleine d'attraits pour le promeneur, avec ses façades de briques, ses rues pavées, ses lanternes à l'ancienne et ses courettes pittoresques où se cachent des boutiques originales. Le soir, les restaurants en font un quartier toujours vivant. À l'angle de **Water Street** et Cambie Street, une étonnante **horloge à vapeur** ponctue l'heure, la demie et le quart, d'un sifflement de train.

Un musée interactif consacré à l'histoire doit ouvrir ses portes dans Water Street au printemps 2004. Il a été conçu par Historical Xperiences Inc., entreprise spécialisée dans les attractions historiques (☎ 604-685-8133. www.hxp.ca).

AUTRES CURIOSITÉS

★★**Vancouver Museum** – *Vanier Park.* ♿ *10 h-17 h (jeu. 9 h) Fermé 25 déc. 8 $.* ☎ *604-736-4431. www.vanmuseum. bc.ca.* Devant la rotonde de ce musée d'histoire et d'art se trouve une énorme fontaine d'acier due au sculpteur George Norris. Elle représente le **crabe**★ qui, selon les légendes amérindiennes, garde le port de Vancouver. À l'intérieur du bâtiment, expositions permanentes et temporaires donneront au visiteur l'occasion d'obtenir un excellent aperçu des cul-

● **Sikora's Classical Records**
432 W. Hastings St. ☎ *604-685-0625.* Une vitrine banale à l'extrémité de Gastown cache une caverne d'Ali Baba regorgeant des trésors d'un amoureux de musique, presque tous ayant trait à la musique classique. Le stock avoisinant les 10 000 titres représente environ cinq fois le choix habituel des magasins spécialisés. Les clients peuvent non seulement butiner parmi les douze interprétations présentes de la *Résurrection* de Mahler, par exemple, mais ils peuvent également poser des questions sur leur qualité... et obtenir des réponses documentées. Des sections plus petites sont consacrées à la musique celtique et la musique New Âge ; Sikora's propose également des CD d'occasion, des disques vinyles et des ouvrages consacrés à la musique classique.

tures autochtones et de la ville même de Vancouver, et d'admirer une belle collection d'art oriental.

La section historique, intitulée **Exploration and Settlement**★, retrace l'évolution de Vancouver et sa région depuis l'arrivée des Européens par la reconstitution d'un magasin de la Compagnie de la baie d'Hudson et de l'entrepont d'un bateau d'immigrants. Elle montre la naissance de Vancouver, village de bûcherons, et son développement lié à l'arrivée du chemin de fer. Plusieurs reconstitutions de l'époque 1910 illustrent la rapide croissance de la ville devenue métropole.

Consacrées aux **tribus indigènes de la côte Nord-Ouest**, les expositions temporaires présentent des pièces d'une extraordinaire finesse artistique, tirées de la collection permanente. Remarquer notamment les minuscules ouvrages de vannerie, les sculptures d'argilite et les masques (certains représentent un animal et s'ouvrent pour laisser voir un visage humain, symbole de l'union étroite entre l'homme et le monde animal).

Du parking, magnifiques **vues**★★ sur le centre-ville et les montagnes de la rive Nord. À gauche du musée s'élève l'un des édifices les plus marquants de la ville : le **MacMillan Planetarium.** Inauguré en 1968, ce bâtiment de forme conique fait partie du **H.R. MacMillan Space Centre**★★ ▣ (♿ *juil.-août : 10 h-17 h ; le reste de l'année : tlj sf lun. 10 h-17 h. 12,75 $.* ☎ *604-738-7827. www.hrmacmillanspacecentre.com*), gigantesque complexe comprenant une station spatiale, un simulateur de vol, toutes sortes d'expositions interactives et d'autres sur la recherche spatiale. L'observatoire Southam permet aux visiteurs d'apercevoir le soleil, la lune, les planètes et les étoiles au travers d'un télescope géant.

★★**Maritime Museum** – *Vanier Park. Des bacs pour l'île de Granville partent du quai où se trouve le musée.* ♿ *De fin mai à fin août : 10 h-17 h ; le reste de l'année : tlj sf lun. et j. fériés 10 h-17 h, dim. 12 h-17 h. Fermé 25 déc. 8 $.* ☎ *604-257-8300. www.vmm.bc.ca.* ▣ Modèles réduits et expositions diverses évoquent l'histoire maritime de Vancouver et de la province. Le **St. Roch**, bateau de la Gendarmerie royale du Canada qui, dans les années 1940, franchit dans les deux sens le passage du Nord-Ouest, constitue la principale attraction du musée.

Le Norvégien Roald Amundsen ayant réussi cette traversée le premier, divers pays envisagèrent de prendre position dans les îles de l'Arctique. Aussi, pour affirmer la souveraineté canadienne sur ces immensités quasi inoccupées, le *St. Roch* fut-il envoyé, sous le commandement du capitaine Henry Larsen. Parti de Vancouver en juin 1940, il ne put joindre Halifax qu'en octobre 1942, tant il fut bloqué par les glaces. Le voyage de retour fut plus rapide : parti le 22 juillet 1944, il arriva à

■ False Creek Fishermen's Wharf

Extrémité Est de W. 1st St. près de l'île de Granville. Les étals de fruits de mer ne manquent pas à Vancouver, mais c'est ici que l'on pourra se ravitailler auprès des pêcheurs. Cette adresse vous garantira non seulement une fraîcheur incomparable, mais elle vous permettra aussi de connaître avec exactitude le lieu et l'heure de pêche, ainsi que de se faire conter les difficultés du métier. On peut s'y rendre en toute saison dénicher des crabes et du saumon aussi bien que des raretés comme la crevette, le poulpe ou la rascasse.

Vancouver le 16 octobre, après avoir parcouru 13 510 km en moins de trois mois. C'était le premier bateau à franchir le passage dans les deux sens et à faire le voyage Est-Ouest en une seule saison. Aujourd'hui, cette embarcation en bois de 32 m a été entièrement restaurée et munie d'éléments d'origine dans toutes les cabines.

★ **Île de Granville** – *Accessible en voiture (par le pont de Granville et W. 4th Ave.) ou en bac (départ du Maritime Museum ou du Vancouver Aquatic Centre sur Beach Ave.).* ♿ *Centre d'accueil (1398 Cartwright St.) : 9 h-17 h. Fermé 1er janv., 25-26 déc.* ☎ *604-666-5784. www.granvilleisland.com.* Cette ancienne zone industrielle située sur l'île de Granville a été rénovée et abrite, à côté de quelques usines subsistant encore, des restaurants, galeries et studios d'art, boutiques, théâtres et hôtels. Les visiteurs pourront observer, dans les nombreux ateliers du quartier, différents artisans à l'œuvre (bijoux, textiles, céramique, verre, etc.). Le **marché** (♿ *9 h-18 h.* ☎ *604-666-6477. www.granvilleisland.com)*, où les étals de produits frais côtoient les articles fabriqués par les nombreux groupes ethniques de Vancouver, constitue la principale attraction de l'île. Noter aussi la présence de l'Emily Carr Institute of Art and Design qui attire sur l'île une importante population estudiantine.

● Cartes à la pelle

Jack Joyce, grand voyageur devant l'Éternel, n'avait jamais cherché à devenir cartographe ; mais les demandes réitérées des clients de son magasin le convainquirent de se lancer dans l'élaboration de cartes d'obscures régions (à cette époque) comme le Costa Rica et l'Amérique du Sud. Aujourd'hui, International Travel Maps publie plus de 200 titres couvrant le monde entier, de la Mongolie au Mozambique ; les deux magasins de Vancouver *(530 W. Broadway* ☎ *604-879-3621 et 539 W. Pender St.* ☎ *604-687-3320)* regorgent de cartes, mappemondes et guides touristiques sur tous les horizons. Remarquer tout particulièrement la plus grande carte sur soie du monde (1,65 m x 2,30 m) : contrairement à la plupart, elle est centrée sur le Pacifique plutôt que sur l'Atlantique. Une conversation avec Jack vaut le détour : sa connaissance de l'Amérique du Sud et de l'Asie est encyclopédique.

Science World – *À l'angle de Quebec St. et Terminal Ave.* ♿ *10 h-18 h. Fermé 25 déc. et Fête du travail 12,75 $.* ☎ *604-443-7443. www.scienceworld. bc.ca.* ▣ Ce centre d'animation scientifique fut créé en 1989 sur le site de l'Expo'86, face à False Creek. Ses expositions interactives et ses démonstrations en font un agréable musée de vulgarisation. Parmi les activités proposées, noter la salle de cinéma Omnimax dont l'écran hémisphérique permet des projections à 360°, la salle des matières et des forces où l'on revoit les bases de la physique, la galerie des enfants destinée aux plus jeunes et la salle des tornades, spécialement conçue pour en reproduire les vents terribles.

West End – *Centre-ville, au Nord-Ouest de Broughton St.* Le quartier de West End s'affiche fièrement comme étant le plus densément peuplé d'Amérique du Nord, avec ses tours dominant Stanley Park, False Creek et la Côte Nord. **Denman Street** mérite une promenade avec ses échoppes, boutiques et cafés. Les services des espaces verts entretiennent à **English Bay Beach**★★ *(Beach Ave. and Denman St.)* une série de jardins complantés de palmiers pour témoigner de la douceur du climat (et de la vie) à Vancouver. Les habitants du quartier se délectent de l'atmosphère langoureuse, presque méditerranéenne, des après-midi d'été, lorsque les jardins sont en fleurs, que les palmiers s'élancent vers le ciel et que le soleil réchauffe le sable. Artistes et artisans installent leurs tréteaux sur la promenade qui rejoint Stanley Park, dès que le temps le permet.

Roedde House Museum – *1415 Barclay St. (à l'angle de Broughton St.). Juin-août : visite guidée (45mn) tlj sf lun. et sam. 14 h-16 h ; le reste de l'année : mer.-jeu. et 2ᵉ et 4ᵉ dim. du mois 14 h-16 h. Fermé j. fériés. 4 $.* ☎ *604-684-7040. www.roeddehouse.org.* Flanquée d'une tour polygonale bien caractéristique, cette demeure de style Queen Anne fut construite en 1893 pour Gustav Roedde, relieur de son état. La maison aurait été conçue par le célèbre architecte Francis Rattenbury, qui dessina les plans du musée Vancouver Art Gallery et du célèbre hôtel Empress à Victoria. Neuf pièces du rez-de-chaussée et du 1ᵉʳ étage, meublées selon l'époque, sont ouvertes au public. La demeure donne d'un côté sur un jardin victorien doté d'un petit kiosque, et de l'autre sur un parc des plus charmants : Barclay Heritage Square.

CURIOSITÉS HORS DU CENTRE-VILLE *schéma p. 144*

★★★**UBC Museum of Anthropology** – ♿ *Mai-août : 10 h-17 h (mar. 21 h) ; le reste de l'année : tlj sf lun. 11 h-17 h (mar. 21 h). Fermé 24-25 déc. 7 $, gratuit mar. 17 h-21 h.* ☎ *604-822-3825. www.moa.ubc.ca.* Située à la pointe Grey, à l'extrémité de la péninsule, l'université de Colombie-Britannique est célèbre pour son site magnifique, face au détroit de Géorgie et aux montagnes de l'île de Vancouver. Outre ses remarquables secteurs de recherche en agronomie, sylviculture et océanographie, l'université possède une célèbre collection d'art amérindien de la côte Nord-Ouest.

Dessiné par Arthur Erickson, le **bâtiment** du musée (1976) est un chef-d'œuvre d'architecture contemporaine dont la structure de béton et de verre s'inscrit harmonieusement dans le site. Dès l'entrée, le regard est attiré vers le fond du **Grand Hall** où l'on descend doucement : soudain, la pièce prend de l'amplitude, s'élève, s'élargit et s'éclaire, tandis que le mur de verre, haut de 14 m, efface toute barrière entre la remarquable collection de **mâts totémiques** et la nature, arbres, mer et ciel, qui composent leur site originel. Ces magnifiques pièces, d'origine haïda ou kwakwaka'wakw, datent pour beaucoup du 19ᵉ s. Celles exposées à l'extérieur du musée sont la reproduction d'anciennes sculptures aujourd'hui altérées par la décomposition du bois.

Tout un coin du musée abrite **Raven and the First Men**, grande sculpture moderne taillée dans le cèdre jaune par Bill Reid *(voir p. 62)* : un énorme corbeau se tient sur un coquillage que des petites figurines essaient d'ouvrir, symbolisant la naissance.

Dans le reste du bâtiment, des galeries exposent les réserves du musée ; parmi des milliers d'objets provenant du monde entier, classés par continent et par civilisation, se trouvent de fort belles pièces. D'autres salles sont consacrées à des expositions temporaires.

★★**Van Dusen Botanical Garden** – *37th Ave., à l'angle de Oak St.* ♿ *Dès 10 h, horaires de fermeture variables. Fermé 25 déc. 7 $ (oct.-mars 5$)* ☎ *604-878-9274. www.vandusengarden.org.* Ce vaste espace (22 ha) fut un terrain de golf jusqu'en 1964, puis fut acquis par l'association du jardin botanique VanDusen afin de convertir le site en un jardin paysager. Remarquablement riche, il comprend 7 500 espèces différentes poussant dans des paysages divers. La répartition des plantes se fait par famille et par zone géographique, de telle sorte qu'il y a toujours des fleurs. L'entrée du bâtiment principal donne un avant-goût de l'intérieur et des possibilités offertes par le climat maritime de Vancouver, où les palmiers et les bambous se nichent sous un grand sapin Douglas. Parmi les particularités du parc, on rencontrera le jardin de bruyères et les hamamélis l'hiver, un jardin canadien, plusieurs jardins orientaux (dont un jardin de méditation dans une forêt de sapins Douglas), un labyrinthe, un jardin de l'Est du continent nord-américain, un luxuriant vallon de fougères et un longue allée bordée de rhododendrons. À la roseraie et au jardin de magnolias viennent s'ajouter des sections dédiées à l'hémisphère Sud, la Méditerranée et l'Himalaya.

© Robert Holmes

Raven and the First Men (Bill Reid, 1980)

★**Queen Elizabeth Park** – *À l'angle de W. 23rd Ave. et Cambie St.* Situé au centre géographique de la cité, ce joli parc occupe une colline (150 m) d'où l'on

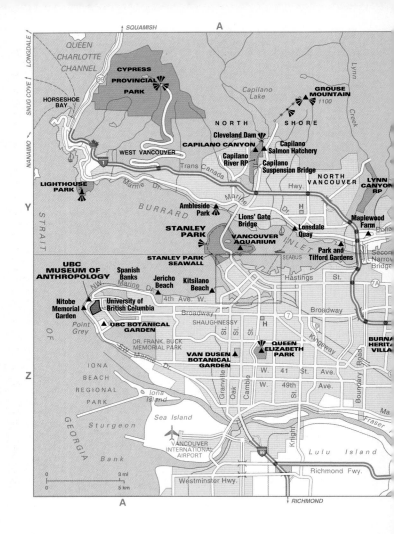

a, par temps clair, des **vues**★★ splendides sur la ville et les montagnes environnantes, jusqu'au sommet enneigé du mont Baker à plus de 110 km et aux deux Lions sur la côte Nord. S'enroulant autour de la colline, la route d'accès traverse l'arboretum avant de parvenir au dôme de verre et d'aluminium du **Bloedel Floral Conservatory** (& *avr.-sept. : 9 h-20 h, w.-end 10 h-21 h ; le reste de l'année : 10 h-17 h. Fermé 25 déc. 3,90 $. ☎ 604-257-8584)*, immense serre abritant un merveilleux jardin tropical où vivent en liberté des oiseaux exotiques aux couleurs vives. On remarquera, tout près de la fontaine du parc, une sculpture de Henry Moore intitulée *Knife Edge, Two Piece*.

Autre point d'intérêt, le **jardin de rocailles** niché au creux d'une ancienne carrière. Ses allées sinueuses serpentent parmi les massifs de fleurs multicolores au pied d'une cascade. Du pont sur la cascade se découvrent de jolies vues sur le jardin et la ville. Le restaurant **Seasons in the Park** (☎ *604-874-8008. www.seasoninthepark.com)*, hôte de Bill Clinton et Boris Eltsine lors du sommet de Vancouver (1993), sert des spécialités de la côte Ouest.

LA RIVE NORD *schéma p. 144*

Les versants boisés de la chaîne Côtière plongent directement sur la rive Nord du chenal Burrard. De petits cours d'eau (Capilano, Lynn et Seymour, pour n'en nommer que quelques-uns) ont creusé des gorges et vallées encaissées, et des fjords (Indian Arm, Howe Sound) ont formé de très profondes échancrures. Quelques banlieues résidentielles s'accrochent aux basses pentes, bénéficiant de belles vues du chenal et de la ville. La route touristique 1 (ou route 99) suit la côte Nord à 800 m d'altitude, déroulant ses 12 km de lacets jusqu'à la **baie Horseshoe**, d'où appareillent les bacs BC Ferries pour l'île de Vancouver, l'île Bowen et la côte Sunshine au Nord du détroit de Howe.

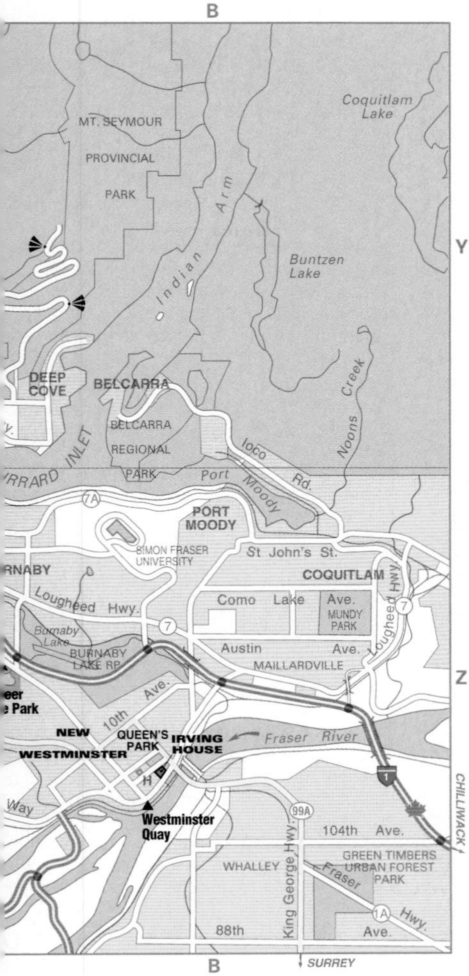

MT. SEYMOUR

PROVINCIAL

PARK

Coquitlam
Lake

Indian Arm

Buntzen
Lake

DEEP
COVE

BELCARRA

BELCARRA

REGIONAL

PARK

RRARD INLET

Port Moody

ioco Rd.

Noons Creek

PORT
MOODY

SIMON FRASER
UNIVERSITY

St John's St.

COQUITLAM

Lougheed Hwy.

RNABY

Como Lake Ave.

MUNDY
PARK

Burnaby
Lake

BURNABY
LAKE RP

Austin Ave.

MAILLARDVILLE

10th Ave.

NEW
WESTMINSTER

QUEEN'S
PARK

IRVING
HOUSE

Fraser River

Way

Westminster
Quay

104th Ave.

WHALLEY

King George Hwy

88th Ave.

GREEN TIMBERS
URBAN FOREST
PARK

Fraser

CHILLIWACK

B

SURREY

★★**Lighthouse Park** – *10 km à l'Ouest de West Vancouver par Marine Drive.* ☎ *604-925-7000. www.westvancouver.net.* Les habitants de Vancouver aiment à se promener dans cette ancienne forêt intacte, la plus belle de Vancouver. Des promontoires rocheux de ce parc de 79 ha sur le détroit de Howe, le regard traverse le détroit de Georgia et parcourt le parc Stanley, apercevant au loin la silhouette de Vancouver et du mont Baker en des **vues**★★★ à couper le souffle. Son classement en parc permit à la forêt de voir se développer ses gigantesques **douglas**, cèdres et sapins du Canada. Les arbres étaient auparavant officiellement protégés, dès la construction du premier phare (1874) destiné à signaler la très périlleuse pointe Atkinson. Se détachant sur le fond sombre de la forêt, dont le bois alimentait sa chaudière, le phare se distinguait même par temps de brouillard. D'innombrables sentiers à travers la forêt mènent au phare actuel (1912), le meilleur emplacement de la ville pour apprécier le coucher du soleil sur le détroit de Géorgie. Le parc est fréquemment utilisé pour des tournages.

★★**Cypress Provincial Park** – *12 km du centre-ville par le pont Lions Gate, l'Highway 1 et la route 99.* ⅊ *7 h-23 h. Carte des sentiers disponible auprès de BC Parks.* ☎ *604-924-2200. www.elp.bc.ca/bcparks.* Rendez-vous des skieurs locaux qui fréquentent les pistes de Cypress Bowl et Hollyburn Ridge, ce parc de 3 000 ha doit son nom aux cyprès de Nootka qui parsèment ses pentes. La route d'accès mène, à travers une forêt de douglas et de sapins du Canada, jusqu'à un belvédère d'où se dévoilent de superbes **vues**★★★ de Vancouver et de sa région. Par temps clair, la masse enneigée du mont Baker vient ajouter à ce tableau déjà spectaculaire une touche presque magique.

★**Canyon du Capilano** – *9 km du centre-ville par le pont Lions Gate et Capilano Rd.* Construit en 1889, un **pont suspendu** *(de mi-mai à fin août : 8 h30-20 h ; le reste de l'année : dès 9 h, horaire de fermeture variable. Fermé 25 déc. 14,95 $.* ☎ *604-*

● Hiwus Feasthouse

Au sommet du mont Grouse ; accès par tram aérien. ☎ 604-980-9311. L'architecture impressionnante du bâtiment est rehaussée par les poutres, les mâts totémiques et les montants de cèdre gravés par des artistes indiens. Le charme de cet établissement serait incomplet sans les délices offerts aux visiteurs : un festin de six plats composé de saumon sur planche de cèdre, de champignons des bois, de fruits rouges et autres plats traditionnels, le tout accompagné de chants et de contes traditionnels exécutés par des danseurs salish. Après avoir appris comment la femme du saumon convainquit le corbeau, l'ours, l'aigle, le loup et l'oiseau-tonnerre de laisser l'homme venir au monde, chacun prend part à une dernière danse autour de la longue maison.

985-7474. *www.capbridge.com)* enjambe le canyon à 70 m au-dessus du ruisseau, dévoilant un à-pic impressionnant. Long de 137 m, ce pont piétonnier se balance à chaque pas. De l'autre côté se dressent des arbres superbes : thuyas géants et douglas.

Plus loin sur Capilano Road, le **Parc régional de Capilano River** offre des promenades et de jolies vues sur le canyon. À l'extrémité Nord du parc *(accès par Nancy Greene Way)*, on arrive au barrage Cleveland et au lac Capilano, réservoir d'eau potable pour la ville de Vancouver. Au-delà du lac bordé de montagnes, belle **vue★** sur le double sommet des Lions.

★ **Mont Grouse** – *13 km du centre-ville par le pont Lions Gate, Capilano Rd. et Nancy Greene Way.* ♿ *Téléphérique : 9h-22h. 21,95 $.* ☎ *604-984-9311. www.grousemountain. com.* La montée en téléphérique vers ce sommet à 1 100 m d'altitude révèle d'excellentes **vues★★** sur la vallée du Capilano et son lac, puis sur Vancouver, le chenal Burrard, le delta du Fraser et l'île de Vancouver, au loin dans la brume. Un des plus populaires sentiers de randonnée de Vancouver, **Grouse Grind** *(3 km)*, monte au sommet.

EXCURSIONS *schéma p. 147*

★★ **De la mer à Sky Highway** – Accrochée à flanc de montagne et dominant le golfe où plongent de puissantes falaises boisées, la route 99 *(102 km)* promet une magnifique promenade en voiture. Elle offre, au-delà du pittoresque port de **Horsheshoe Bay** *(meilleure vue au retour)* à l'Ouest de Vancouver, entre Squamish et Whistler, des **panoramas★★★** spectaculaires des eaux profondes de **Howe Sound** (qui s'enfonce de près de 50 km dans la chaîne Côtière) et des montagnes environnantes. Les conducteurs pourront, s'ils le désirent, continuer jusqu'aux stations de ski.

★★ **BC Museum of Mining** – *Britannia Beach, à 38 km au Nord de Horseshoe Bay. Visite guidée uniquement (1 h30). De déb. mai. à mi-oct. : visite guidée (1 h30) 9h-16h30 ; le reste de l'année : tlj sf w.-end 9h-16h30. 12,95 $.* ☎ *800-896-4044. www.bcmuseumofmining.org.* Le musée est installé dans l'ancienne mine de cuivre Britannia, qui fut l'une des plus importantes de l'Empire britannique. Une présentation audiovisuelle *(20mn)* retrace son histoire, depuis sa découverte en 1888 jusqu'à sa fermeture en 1974. On effectue ensuite une **visite guidée** dans l'une des

Howe Sound

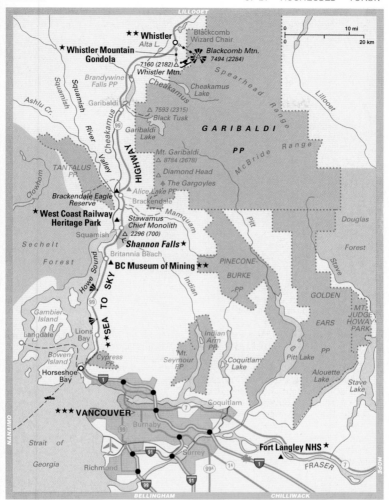

galeries de la mine, avec démonstration du matériel, et dans l'ancienne raffinerie à alimentation par gravité. La Maison de la mine présente, sur trois niveaux, l'industrie minière en Colombie-Britannique.

★**Shannon Falls** – *45 km.* Haute de 335 m, cette superbe cascade impressionne par la puissance de la falaise qu'elle dévale et par les énormes éboulis dispersés à ses pieds et les arbres géants qui complètent la beauté sauvage du site.

Avant d'arriver à Squamish, les visiteurs remarqueront au passage une impressionnante masse granitique surnommée **Stawamus Chief**, dont les parois abruptes (700 m) attirent des alpinistes du monde entier.

Jadis centre de l'industrie du bois, Squamish est devenue une station sportive (surnommée « Squish ») fréquentée par de nombreux randonneurs, amateurs de VTT ou de kayak, alpinistes et véliplanchistes.

★★**Whistler** – *Centre d'accueil au Whistler Conference Centre* ☎ *604-932-3928 ou 800-944-7853. www.whistler-resort.com.* Whistler bénéficie d'attraits la plaçant au premier rang des villégiatures mondiales. Elle engrange les superlatifs : la plus longue descente de ski verticale d'Amérique du Nord (1,6 km) et l'une des trois plus fortes fréquentations du monde (2 millions de skieurs chaque année). Dans sa vallée boisée dominée par la silhouette massive du **mont Blackcomb** (2 284 m) et celle du **mont Whistler** (2 182 m), cet agréable lieu de vacances se divise en trois villages distincts : Whistler Village, Village North et Upper Village.

En hiver, le ski règne en maître. L'été se prête à toutes sortes d'activités récréatives : nautisme sur le lac Alta *(location de canoës)* et River of Golden Dreams, natation, pêche, équitation, tennis et golf, cyclisme, ski *(jusqu'en août sur le glacier Blackcomb)* et randonnée pédestre *(cartes disponibles au centre d'accueil ou dans*

147

Sports d'hiver à Whistler

les hôtels des environs). La visite du village, dédié aux piétons, est un régal en toute saison grâce à ses ravissantes boutiques, à de nombreux établissements hôteliers, ainsi qu'à certains restaurants et discothèques figurant parmi les plus célèbres de la province.

Les amateurs d'histoire locale pourront se rendre au **Whistler Museum and Archives** *(4329 Main St. ☎ 604-932-2019)* où ils apprendront comment l'endroit, d'abord consacré à la foresterie, devint un camp de pêcheurs, puis connut en trente ans un développement stupéfiant grâce au ski. La **forêt interprétative de Whistler** *(route 99, 5 km à l'Ouest du village principal)* comprend des sentiers pour tous les goûts, dont une sente de 200 m où toutes les espèces végétales indigènes sont identifiées.

Exclusivement réservé à la randonnée, le **Parc provincial Garibaldi** offre des pistes de difficultés diverses et propose des aménagements à l'intention des campeurs *(ouv. toute l'année ; route d'accès au parking, non goudronnée, depuis Whistler Village ; carte du parc disponible auprès du centre d'accueil de Whistler ou de BC Parks ☎ 604-898-3678. www.bcparks.ca).*

★**Fort Langley National Historic Site** – *56 km au Sud-Est de Vancouver par la Transcanadienne, Glover St. et Mavis Ave.* ♿ *Mars-oct. : 10 h-17 h. 5 $. ☎ 604-513-4777. www.parkscanada.ca/langley.* ▣ Édifié en 1827, le fort était un comptoir de fourrures, à l'époque où la Compagnie de la baie d'Hudson détenait le monopole dans la région. Mais il possédait également une grande ferme et une conserverie de saumon.

Une palissade carrée entoure les bâtiments du fort. On peut aujourd'hui visiter l'entrepôt (seul bâtiment d'époque ayant subsisté), avec sa belle **collection de fourrures** et de produits de troc, ainsi que les quartiers des officiers. Noter la forge et l'atelier du tonnelier, où des artisans costumés font des démonstrations de techniques d'antan.

Île de VANCOUVER ★★★

Colombie-Britannique

Carte Michelin n° 585 B2/3

Sa superficie de plus de 32 000 km² fait de cette étendue de terre la plus grande île du littoral pacifique nord-américain. Montagneuse (quelques sommets dépassent les 2 000 m), l'île de Vancouver possède une côte occidentale profondément échancrée, très ouverte aux assauts de l'océan, tandis que sa côte orientale, en pente douce, offre de belles plages vers le Sud et des reliefs plus escarpés vers le Nord.

Le climat est tempéré, mais on y relève des différences sensibles : il tombe ainsi 680 mm de pluie par an à Victoria, dans le Sud-Est de l'île, alors que Zeballos, sur la côte Ouest, enregistre des précipitations presque dix fois plus importantes. Cette forte pluviosité favorise, comme sur toute la frange côtière de la province, la croissance d'une forêt géante et dense qui couvre toute l'île et constitue sa principale ressource. La population est surtout concentrée à la pointe Sud-Est, autour de Victoria, et le long du détroit de Géorgie qui sépare l'île du continent.

Accès – *Plusieurs compagnies maritimes desservent l'île de Vancouver.*

Compagnie	Ligne	☎
Washington State Ferries	D'Anacortes (WA, USA) à Sidney (BC)	206-464-6400 ou 888-808-7977 www.wsdot.wa.gov/ferries
Black Ball Transport	De Port Angeles (WA, USA) à Victoria (BC)	360-457-4491 250-386-2202 www.cohoferry.com
BC Ferries	Du continent (BC) à l'île de Vancouver	250-386-3431 ou 888-223-3779 www.bcferries.bc.ca
Clipper Navigation Co.	De Seattle (WA, USA) à Victoria (BC)	206-448-5000 ou 800-888-2535 www.victoriaclipper.com

★★★**Victoria** – *Voir ce nom.*

★★DE PARKSVILLE À PACIFIC RIM

154 km par la route 4.

La route 4, qui traverse les montagnes de l'île, est par endroits très sinueuse. Les paysages qu'elle offre en chemin permettent à la fois d'apprécier la beauté d'une nature intacte et de réaliser l'importance économique de l'exploitation forestière.

★**Englishman River Falls** – *De Parksville, prendre la route 4 sur 5 km, tourner à gauche et continuer sur 8 km.* Aux chutes supérieures, la rivière Englishman se faufile dans un canyon étroit et profond. Puis le sentier mène, à travers la luxuriante forêt, jusqu'aux chutes inférieures où deux cataractes jumelles de plus de 30 m plongent dans un très beau cirque rocheux.

La route 4 quitte la plaine côtière pour aborder la montagne.

■ En pleine nature

La myriade de baies, bras de mer et fjords bordant la côte occidentale de l'île de Vancouver constitue un environnement sauvage, non balisé mais généralement accessible par bateau. Un berceau où viennent se nicher deux auberges isolées d'où l'on peut confortablement observer faune et paysages marins. **Eagle Nook Ocean Wilderness Resort** (☎ *250-728-2370. www.eaglenook.com*), au creux de la baie Jane de Barkley Sound, est environnée d'un paysage spectaculaire et serein. Les visiteurs y pratiquent le kayak, l'exploration d'épaves, la pêche et la baignade, entre deux copieux repas de poissons et fruits de mer régionaux. Les chambres sont spacieuses et calmes. On rejoint généralement l'auberge au départ de Port Alberni. Située dans la baie Quait, l'auberge **Clayoquot Wilderness Resorts** (☎ *250-726-8235. www.wildretreat.com*) comprend un luxueux gîte flottant ainsi que des « avant-postes » à terre où les visiteurs sont logés dans des bungalows de toile sur des pontons en bois. Ici, l'équitation et la randonnée viennent compléter les activités nautiques. On rejoint généralement l'auberge au départ de Tofino.

★**Little Qualicum Falls** – *26 km de Parksville. Parking sur la droite.* Les **chutes supérieures** de la Little Qualicum se composent de deux cascades superposées séparées par un bassin naturel creusé dans le roc. Un agréable sentier dans la forêt permet d'y accéder et de jouir des vues du canyon dans lequel s'engouffre la rivière. Aux chutes inférieures, moins importantes, le torrent traverse un chaos de rochers blancs encombrés de troncs d'arbres morts.

La route 4 longe ensuite le **lac Cameron** sur lequel elle offre de belles échappées à travers les arbres.

★★**Cathedral Grove** – *Parc provincial MacMillan, à 35 km de Parksville. Parking près de la route.* ◙ Préservée et donnée à la province par la compagnie MacMillan Bloedel Paper, cette forêt pluviale, humide et sombre, doit à ses arbres géants le surnom de « forêt-cathédrale ». Une promenade à pied parmi ces gigantesques centenaires ne manquera pas d'impressionner le visiteur. Partout ailleurs, les douglas ont été coupés pour leur bois, mais ici leurs troncs droits comme des colonnes s'élancent vers le ciel en toute liberté. Un bon nombre d'arbres s'élèvent à 60 m et plus ; l'un d'entre eux, vieux de 8 siècles, atteint 76 m de haut et 3 m de diamètre. Entre les sapins poussent également des thuyas géants et des sapins du Canada, tandis qu'au sol s'épanouissent de grandes fougères. Une plate-forme d'observation permet de constater les dégâts causés par une tempête au début des années 1990.

La route 4 descend vers **Port Alberni**, important centre forestier et nautique situé à l'extrémité d'un bras de mer si profond que 19 km seulement le séparent à vol d'oiseau de la côte Est de l'île. Port Alberni est le port d'attache du *MV Lady Rose*, petit cargo qui sillonne le fjord d'Alberni et Barclay Sound depuis plus d'un demi-siècle *(départs du dock d'Argyle St. Juin-sept. : tlj sf dim. 8 h ; dép. suppl. juil., août dim. 8 h ; le reste de l'année : mar., jeu. et sam. 8 h ; 8-10 h AR. 45/50 $. Réservation requise. Alberni Marine Transportation ☎ 250-723-8313 ou 800-663-7192. www.ladyrosemarine.com).* Bien que sa fonction première soit de transporter des marchandises, le *Lady Rose* embarque des passagers pour l'archipel Broken *(voir plus loin)* ou Bamfield. Les adeptes du kayak en mer l'empruntent également pour rallier Barclay Sound, l'une des destinations les plus courues de Colombie-Britannique dans cette discipline *(pratiquants très confirmés uniquement ; renseignements et licences : bureau du Parc national Pacific Rim, voir plus loin).*

Après avoir quitté Port Alberni, la route 4 longe le **lac Sproat**, d'où l'on aperçoit le mont Klitsa couronné de blanc et le mont Gibson, puis elle suit la vallée de la Taylor. On remarquera, ici et là, les traces de l'activité forestière en traversant des zones entièrement abattues ou en cours de reboisement, et en croisant d'énormes camions qui charrient les troncs.

La route atteint bientôt le col, puis entreprend sa sinueuse descente le long de la rivière Kennedy vers le Pacifique, offrant au passage de jolies **vues**★ sur les sommets enneigés du mont Klitsa. La rivière s'élargit pour former le **lac Kennedy**, plus grande étendue d'eau douce de l'île, que l'on suit longuement en gravissant par moments la colline, avant d'atteindre l'entrée de la réserve du Parc national Pacific Rim, non loin de la jonction avec la route menant de Tofino à Ucluelet.

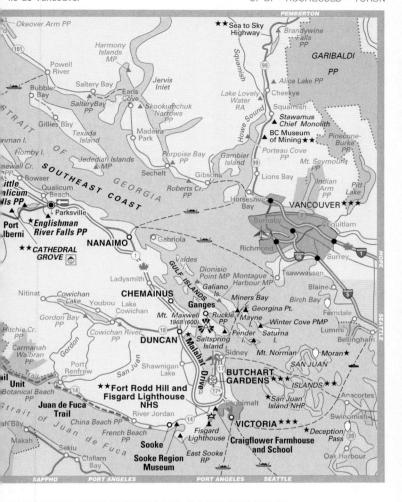

★★★PACIFIC RIM NATIONAL PARK RESERVE

Ouv. toute l'année. Randonnée, canoë-kayak, voile, baignade. Bureau du parc ouv. toute l'année. Permis voiture 8 $/jour. ☎ 250-726-7721. www.parkscanada.ca

Son nom, qui signifie « le bord du Pacifique », décrit bien le parc, étroite bande de littoral sur la côte Ouest de l'île qui s'étire sur 130 km, de Port Renfrew à Tofino, en trois sections distinctes : au Sud, **West Coast Trail**, sentier de randonnée entre Port Renfrew et Bamfield *(77 km ; accessible par la route à chaque extrémité. Mai-sept. Réservation et permis requis. ☎ 800-435-5622)* ; au centre, les innombrables îles et îlots rocheux de Barkley Sound, connus sous le nom de **Broken Group Islands** ; au Nord, Long Beach.

■ Juan de Fuca Trail

Inutile de braver la légendaire piste West Coast Trail pour obtenir un bon aperçu de l'île de Vancouver. La piste Juan de Fuca, récemment tracée au Sud, est une version plus conviviale que l'on peut fractionner en randonnées d'une journée ou en deux à cinq jours. Elle démarre sur China Beach, à une demi-heure à l'Ouest de Sooke ; il existe également plusieurs points de départ le long de la route 14. Son parcours côtier, magique, dévoile de larges plages ventées, des promontoires rocheux, des bassins de marée basse, et multiplie les occasions d'entrevoir la faune sauvage. Son extrémité Nord aboutit à Botanical Beach *(à la sortie de Port Renfrew). Renseignements, cartes et permis* ☎ *250-391-2300 ou www.bcparks.ca*

Sooke Harbour House
À Sooke, 1528 Whiffen Spit Rd. Réservation de la table et de la chambre plusieurs mois à l'avance. ☎ 250-642-3421 *ou* 800-889-9688. *www.sookeharbourhouse.com.* Rien ne semble trop exotique pour la cuisine de Fredrica et Sinclair Philip, récompensée à plusieurs reprises. Les jardins de cet établissement situé à 45mn à l'Ouest de Victoria ont une fonction à la fois décorative et fonctionnelle, puisque certaines de leurs 400 espèces d'herbes aromatiques, de légumes, de fleurs comestibles seront utilisées en cuisine. Les autres ingrédients proviennent des fermes et ranchs de l'île, ainsi que de la mer environnante. Les festins dégustés ici sont parmi les plus exceptionnels d'Amérique du Nord. La carte, modifiée chaque jour, propose entre autres entrées une purée chaude de basilic à la capucine et au thon frais ou une soupe froide de radis, concombre, yaourt et coriandre à la tomate jaune et aux haricots noirs. La carte marine du Sooke comprend un crabe Dungeness entier, un maquereau à la croûte de coriandre sauce vinaigrette à l'abricot et à la noisette, une julienne de Port Renfrew et un saumon coho sauvage. Le Sooke propose également un menu gastronomique. L'hôtel, avec ses 28 chambres différemment décorées, est confortable et romantique. Quelques chambres sont équipées d'un jacuzzi et d'une cheminée.

★★**Long Beach** – *Possibilités de baignade et de surf, mais l'eau est froide (10 °C) et la marée ou les courants peuvent être extrêmement dangereux. Se renseigner auprès du bureau du parc.* Entre Tofino et Ucluelet s'étend, au pied des montagnes, une longue plage de sable fin *(11 km)* où déferlent les vagues du Pacifique. Elles déposent sur le rivage d'énormes troncs flottés, parfois enlevés à la marée suivante. La puissance de ces lames est immense, et le niveau du sable peut varier de presque 2 m entre l'été et l'hiver d'une même année. À marée basse, la plage est découverte sur près de 1 km et l'on peut y observer toute une faune marine. Plus loin sur les rochers, des otaries se prélassent au soleil tandis que des baleines grises croisent parfois dans les parages. Un très grand nombre d'oiseaux vivent en permanence ou séjournent régulièrement sur la rive et dans la forêt proche.

D'importantes précipitations et le climat relativement tempéré de cette côte ont favorisé l'existence d'une dense forêt pluviale où prospère l'épicéa de Sitka (principalement sur une bande de rivage de 15 m, appelée « frange ») et où poussent également le thuya géant et le tsuga.

Plusieurs sentiers mènent à l'océan, traversant brièvement la forêt pluviale aux troncs immenses et aux sous-bois aérés tapissés de fougères. On rencontre en chemin des plages sablonneuses entrecoupées de promontoires rocheux où la marée laisse en se retirant des mares grouillantes de vie. Le sentier **Shooner Trail** *(2 km)* coupe à travers une forêt ancienne et la frange d'épicéas de Sitka pour aboutir à une plage isolée. **Wickaninnish Trail** *(3 km)* mène à Florencia Bay à travers une forêt d'épicéas. De Combers Beach, on aperçoit au large **Sea Lion Rocks**, « l'île aux otaries » *(se munir de jumelles).*

★★**Radar Hill** – *22 km après la route d'Ucluelet, prendre à gauche une route de 1,6 km qui mène à un belvédère avec longue-vue.* D'une colline dominant les alentours se découvre par temps clair un splendide **panorama**★★ sur la forêt, le bras de mer qui enserre la presqu'île de Tofino et l'océan, parsemé d'îlots rocheux ou boisés et sillonné de larges ondes blanchies d'écume.

■ Observation des baleines

Les baleines ont acquis une cote de popularité singulière dans le monde animal et, comme toutes les vedettes de cinéma, subissent les revers de leur célébrité. Leur observation est une des activités les plus pratiquées dans le Pacifique Nord-Ouest et les biologistes marins craignent que l'excès de bruit et d'attention n'affecte leur comportement (celui des orques, en particulier). Les écologistes réclament une diminution du nombre des embarcations dans les eaux où croisent les mammifères marins. Les visiteurs adhérant à ce point de vue peuvent contribuer à leur action en exigeant des organisateurs de croisières d'observation qu'ils respectent la déontologie et demeurent à distance des animaux (une centaine de mètres au moins), sans les harceler ni les poursuivre. *Pour plus d'informations, contacter le musée de la Baleine à Friday Harbor (WA)* ☎ *360-378-4710 ou 800-946-7227 (poste 22). www.whale-museum.org*

★TOFINO

La route s'achève dans ce petit port de la péninsule de Long Beach, qui accéda à la célébrité mondiale à l'été 1993 au cours d'une campagne écologiste contre l'exploitation forestière du littoral de Clayoquot Sound. L'abattage a pratiquement cessé depuis et Tofino demeure à la fois un foyer de la contre-culture et une destination touristique équipée de nombreux motels et modestes auberges. *Chambre de commerce de Tofino* ☎ *250-725-3414.*

Le peuplement de Clayoquot Sound commença avec une tribu Nootka, menée par son **chef Wickaninnish**. Cette tribu vit toujours sur l'île Meares, dans son village d'Opitsat. Malgré la venue de James Cook en 1778, la ville fut baptisée en hommage à un Espagnol. Calme et discrète en hiver, la bourgade de Tofino s'anime dès le printemps et bourdonne de l'activité des sportifs attirés par la réserve du Parc national Pacific Rim.

Le **Centre interprétatif de la forêt pluviale** *(451 Main St.* ☎ *250-725-2560)* offre un point de vue impartial sur Clayoquot Sound et son écologie naturelle et humaine. Des croisières touristiques et d'**observation des baleines** partent également de Tofino pour Clayoquot Sound, ainsi que des excursions d'une journée aux magnifiques bassins de Hot Springs Cove. Jamie's Whaling Station *(*☎ *250-725-3919 ou 800-667-9913)* est un organisateur de croisières apprécié dans la région.

Wickaninnish Inn

Chesterman Beach, Osprey Lane, Tofino. ☎ *250-725-3100 ou 800-333-4604. www.wickinn.com*
En dépit de la beauté des étés de Long Beach, c'est en hiver que l'établissement connaît sa haute saison. Construit sur un promontoire rocheux afin de recevoir de plein fouet les vents du Pacifique, cet hôtel luxueux propose un forfait spécial tempêtes. Chacune de ses 46 chambres spacieuses et lambrissées comprend une chaise en bois flotté, une cheminée, des baies vitrées donnant sur l'océan et un balcon privé surplombant les vagues. Couettes et peignoirs d'éponge ajoutent leur note. Les visiteurs se délectent de la cuisine à base de poissons et fruits de mer frais, fruits rouges et autres produits régionaux, et profitent des services d'un centre de remise en forme à l'européenne quand les éléments se déchaînent en mer.

Common Loaf Bake Shop

180 1st St., Tofino ☎ *250-725-3915.* Le bulletin du Common Loaf est l'organe d'information central de la contre-culture de Tofino, mais les visiteurs de tous les horizons sont davantage attirés au salon de thé par ses délicieux *muffins*, pâtisseries et pains maison. Café fort et différents thés agrémentent ces merveilles. Le mélange éclectique de chaises, tables et lampes dépareillées confère à l'établissement une note de détente et de confort sans prétention. Au menu du déjeuner : soupes, salades et sandwichs.

VICTORIA ★★★

Colombie-Britannique

74 125 habitants

Carte Michelin n° 585 B2

Office de tourisme ☎ 250-953-2033 ou www.tourismvictoria.com

La capitale de la Colombie-Britannique occupe la pointe Sud-Est de l'île de Vancouver, le long du **détroit Juan de Fuca**, face aux **monts Olympic** et **Cascades** dans l'État de Washington. Son climat particulièrement doux et son calme y attirent de nombreux retraités à la recherche d'une vie paisible, tandis que l'atmosphère très britannique qui règne en ville et les jardins qui la parent expliquent l'affluence de visiteurs avides de dépaysement. La fête annuelle de comptage des fleurs *(fév.)* à travers la ville entière, destinée à promouvoir la douceur du climat, aboutit régulièrement à un chiffre de plus de 3 milliards de fleurs.

Vers 1840, la colonisation américaine s'intensifiait dans l'Oregon, vaste territoire à l'Ouest des Rocheuses. Craignant d'être chassée de son fort qu'elle avait établi à l'embouchure de la Columbia, la Compagnie de la baie d'Hudson résolut en 1843 de fonder au Sud de l'île de Vancouver un comptoir de fourrures qu'elle baptisa en l'honneur de la reine Victoria. La communauté se développa peu à peu sous l'influence des différentes ruées vers l'or *(voir p. 75)*. En 1849, l'île de Vancouver fut érigée en colonie de la Couronne. En 1866, la colonie de Colombie-Britannique (née sur le continent en 1858) et celle de l'île de Vancouver s'unirent, choisissant d'abord comme capitale New Westminster, puis Victoria en 1869. Vancouver devenant le terminus de la ligne du Canadien Pacifique, Victoria échappa à l'industrialisation. Aujourd'hui, son isolement – encore réel malgré les liaisons régulières avec les villes canadiennes et américaines du continent – lui a permis de conserver en partie son caractère original. Ses principales activités découlent de son rôle de capitale provinciale, de la base navale des forces canadiennes, qu'abritent les rades découpées d'**Esquimalt** et, bien sûr, du tourisme.

★★CENTRE-VILLE *plan p. 159*

Il fait bon flâner autour de la baie James aux quais bordés de promenades où accostent les bacs, et de Government Street, principale artère commerçante de Victoria. Le **centre d'accueil des visiteurs** *(812 Wharf St.)*, à l'extrémité Nord du port intérieur (quartiers anciens), se reconnaît à sa tour Art déco ; les visiteurs s'y procureront brochures et informations touristiques. Trounce Alley et **Bastion Square** ont du charme avec leurs restaurants, leurs cafés et leurs boutiques élégantes. Quartier lui aussi commerçant, **Market Square** se compose d'anciens immeubles rénovés qui s'organisent autour d'espaces verts. Fort Street est un quartier d'antiquaires étendu.

Plus au Sud, à proximité de Belleville Street, se trouve Heritage Court, ensemble de bâtiments modernes qui abritent notamment le musée royal de Colombie-Britannique *(voir ci-dessous)* et les archives provinciales. Une certaine influence mauresque se fait sentir dans cette remarquable réalisation architecturale. Le clocher isolé de Netherlands Carillon Tower domine l'esplanade du haut de ses 27 m. Le carillon, offert à la province par les Canadiens d'origine hollandaise, compte un jeu de 62 cloches *(concerts avr.-déc. ☎ 250-387-1616)*.

★Parliament Buildings – *De fin mai à fin août : 9 h-17 h ; le reste de l'année : tlj sf w.-end 9 h-16 h. Fermé j. fériés.* ☎ 250-387-3046. Conçu par l'illustre **Francis Rattenbury** (1867-1935), le Parlement fut achevé en 1898. Sa façade sur le port ne manque pas de majesté, avec son dôme central surmonté d'une statue dorée de George Vancouver et son porche très travaillé. Dans les jardins, une statue en bronze de la **reine Victoria** regarde vers la baie James. La nuit, on croirait voir un palais des mille et une nuits illuminé d'une myriade d'ampoules qui se reflètent dans les eaux du port.

★★★Royal British Columbia Museum – ♿ *9 h-17 h. Fermé 1er janv., 25 déc. 10 $ (17,75 $ musée et IMAX).* ☎ 250-356-7226. *www.royalbcmuseum.bc.ca.* Consacrée à la mise en valeur du patrimoine naturel et culturel de la Colombie-Britannique, cette éminente institution (1968) accueille chaque année plus de 850 000 visiteurs.

Le musée est précédé, au Nord, par la **Glass House**, galerie vitrée reliée au bâtiment principal par un passage couvert, dans laquelle de fort beaux mâts totémiques sont offerts à l'admiration de tous.

Le second niveau s'attache à l'**histoire naturelle** de la province. De remarquables **dioramas** représentent la faune et la flore de la zone littorale. Une évocation de la **haute mer** prend comme point de départ les plongées effectuées en 1930 dans sa bathysphère par l'Américain William Beebe. Dioramas, plates-formes d'observation, maquettes et autres donnent au visiteur l'occasion de pénétrer dans l'univers du grand large et de la vie sous-marine *(30mn ; certains lieux confinés sont dans une quasi-obscurité)*.

Le troisième niveau comprend deux sections. Celle d'**histoire moderne** prend le parti de remonter dans le temps. On se retrouve, avec la reconstitution d'une rue au début du 19e s., puis à l'époque des premiers explorateurs (réplique grandeur nature de l'arrière du *Discovery* de George Vancouver). Une scierie, une usine d'emballage de poisson, une ferme et une mine font également revivre les débuts de l'ère industrielle. Avec sa belle collection d'art indigène, présentée en dioramas saisissants, la section d'**histoire amérindienne★★** dépeint quant à elle le mode de vie des autochtones avant l'arrivée des Européens et relève les bouleversements induits par leur présence (épidémies de variole, conflits territoriaux, interdiction des *potlatch*). Noter les mâts totémiques, la **maison de chef** kwakiutl reconstituée avec son mobilier et la réplique d'une **maison semi-souterraine**. Un splendide ensemble de masques de cérémonie couronne l'exposition. Une nouvelle exposition

Coiffe de danse tsimshia
(musée royal de Colombie-Britannique, Victoria)

© Malak, Ottawa

intitulée **Nisga'a : People of the Nass River** s'attache à retracer la vie contemporaine, mais aussi les artefacts culturels du peuple Nisga'a. Noter, dans la salle voisine, la collection d'œuvres haïda gravées dans de l'argilite.

Voisin du musée, le petit **parc Thunderbird** contient une belle collection de mâts totémiques. Il est possible de voir les artistes indiens au travail *(mai-sept.)* à l'atelier. En 1952, un sculpteur renommé, le chef Mungo Martin, ouvrit au public la grande maison Wa'waditla, où la population se réunissait lors des cérémonies.

Derrière les arbres du parc se cache **Helmcken House★** *(mai-oct. : 10 h-17 h ; le reste de l'année : tlj sf mar. et merc. 12 h-16 h. Fermé dim. de Pâques, 25-26 déc. 5 $. ☎ 250-361-0021. www.heritage.gov.bc.ca)*, maison en bois dont la partie centrale fut bâtie en 1852 pour John Helmcken et son épouse. Médecin pour le compte de la Compagnie de la baie d'Hudson à Fort Victoria, père de sept enfants, John Helmcken fit agrandir sa maison en 1856 puis en 1884. L'intérieur contient ses instruments médicaux ainsi que des objets de famille.

Crystal Garden – ♿ *Mai-sept. : 9 h-19 h ; le reste de l'année horaires variables. Fermé 25 déc. 8 $. ☎ 250-381-1213. www.bcpcc.com/crystal.* Construite en 1925 pour la bonne société victorienne qui venait y écouter des concerts, cette vaste serre rénovée abrite aujourd'hui une luxuriante végétation tropicale animée d'oiseaux exotiques, de petits singes et de papillons.

★**Empress Hotel** – *721 Government St. ☎ 250-384-8111 ou 800-257-7544. www.fairmont.ca.* Symbole de Victoria, cet imposant hôtel à tourelles couvert de vigne vierge règne depuis de nombreuses années. Les promoteurs immobiliers du début du 20e s., prévoyant l'essor touristique de la côte Pacifique, conclurent un accord avec le Canadien-Pacifique qui visait à établir une liaison rapide depuis le continent, et

● **Alcheringa Gallery**
665 Fort St. ☎ 250-383-8224. La raison pour laquelle la galerie explore l'art aborigène de la bordure du Pacifique sans se limiter à la côte Nord-Ouest devient évidente devant les masques, sculptures et objets d'art qu'elle place sous nos yeux émerveillés. Les similitudes entre les arts côtiers de la Nouvelle-Zélande, de la Nouvelle-Guinée et de la Colombie-Britannique sont frappantes. Formes et motifs des totems haïda se retrouvent sur les masques de cérémonie de Papouasie-Nouvelle-Guinée par exemple, et les canoës du Pacifique Sud ressemblent tant à ceux de la côte Nord-Ouest de Colombie-Britannique. La majeure partie des œuvres présentées est moderne, signe de la récente renaissance de l'art traditionnel en bordure du Pacifique.

CARNET D'ADRESSES

Voir légende p. 111 et 114.

Se loger dans la région de Victoria

The Fairmont Empress, à **Victoria** – *721 Government St. 476 ch.* ✕ 🅿 ⌁ 🆂🅿🅰
☎ *250-384-8111 ou 800-257-7544. www.fairmont.ca.* **$$$$$** Pierre angulaire
de la réputation bon chic-bon genre de la ville depuis son ouverture en 1908,
l'établissement d'Inner Harbour a reçu des résidents distingués, de Rudyard
Kipling à la reine Élisabeth II. Lambris et parquets importés, lustres d'origine
et portes d'acajou aux gonds de cuivre donnent le ton dès le hall, somptueux
espace restauré tel qu'il était au début du 20e s. Les chambres sont richement
décorées d'un mobilier ancien accompagné d'arrangements floraux. Si le rituel
du **thé** de l'Empress *(12 h30-17 h. Réservation et tenue correcte requises)* tient
aujourd'hui davantage de l'attraction touristique, il reste néanmoins de
rigueur : sandwichs délicats, tartes aux fruits ou scones à la crème chantilly et
aux fruits au sirop sont servis dans le vénérable salon Tea Lobby dont le décor,
jusqu'aux palmiers en pots, revêt une splendeur toute victorienne. Il faut, pour
clôturer cette visite hors du commun, faire un tour au nouveau centre de remise
en forme Willow Stream Spa, qui propose une gamme de services dignes d'une
reine.

Haterleigh Heritage Inn, à **Victoria** – *243 Kingston St. 7 ch.* 🅿 ☎ *250-384-9995.
www.haterleigh.com.* **$$$$$** Les vitraux de cette élégante demeure de 1901, proche
du port intérieur, laissent pénétrer des flots de lumière. Cristal, cuivres et boiseries
aux couleurs chaudes éclairent l'intérieur. Les sept chambres possèdent leur salle de
bains et un mobilier d'époque ; la plupart ont également un jacuzzi. Le petit-déjeuner anglais propose des omelettes, des quiches, des *scones* et des pâtisseries (thé
d'après-midi et apéritif en soirée inclus dans le prix de la chambre). Le Parlement
et le musée royal de Colombie-Britannique sont à moins de cinq minutes de marche
de l'établissement.

The Aerie, à **Malahat** – *600 Ebedora Lane. 29 ch.* ✕ 🅿 ⌁ 🆂🅿🅰 ☎ *250-743-7115
ou 800-518-1933. www.aerie.bc.ca.* **$$$$** Cet exotique bâtiment de stuc Relais &
Châteaux situé sur les hauteurs de Malahat bénéficie d'un panorama exceptionnel
sur Finlayson Arm et la péninsule de Saanich en contrebas. Les chambres, toutes
différentes, présentent la même opulence : ameublement éclectique de villa
romaine et, souvent, terrasse, tapis persans et lit à baldaquin. On trouve même
une piste d'atterrissage pour hélicoptères ! Le **restaurant ($$$$)** de l'hôtel est célèbre
pour ses emprunts imaginatifs à la cuisine continentale et ses produits régionaux
(fromages, champignons, poissons et fruits de mer).

Bedford Regency, à **Victoria** – *1140 Government St. 40 ch.* ✕ 🅿 ☎ *250-384-
6835 ou 800-665-6500. www.bedfordregency.com.* **$$$** Cet hôtel de 4 étages est
situé à quelques pas du port intérieur et des commerces de Government Street.
La décoration élégante des chambres est rehaussée d'une cheminée, de grandes
chaises et de couettes en duvet d'oie. Certaines chambres donnent sur la baie
James ou présentent des fenêtres fleuries. Jacuzzi dans quelques-unes. Cuisine de
pub au **Garrick's Head ($)**.

Fairholme Manor, à **Victoria** – *4638 Rockland Pl. 6 suites.* ☎ *250-598-3240 ou
877-511-3322. www.fairholmemanor.com.* **$$$** Construite par le docteur John
Davie en 1885, la demeure de style italianisant est campée au sommet d'une col-
line bucolique du quartier de Rockland. Les visiteurs sont logés dans des appartements de bois blond ou des suites plus formelles avec cheminées, hauts plafonds,
baies vitrées et grandes salles de bains (certaines chambres bénéficient d'une
véranda ou d'un jacuzzi). Les nombreux plats du petit déjeuner sont l'œuvre du
chef français.

entamèrent la construction d'une série d'hôtels de prestige. Le projet immobilier, qui vit le jour en 1904, comprenait le remblaiement des terrains d'ordures
malodorants et vaseux situés à l'Est de l'actuel port intérieur et la construction
d'une chaussée pavée (devenue Government Street). L'Anglais Francis
Rattenbury dessina l'édifice original de l'Empress, qui reçut par la suite plusieurs
ailes. L'hôtel d'origine ouvrit ses 116 chambres en fanfare en 1908 et tira sa
renommée de ses jardins, ses palmiers en pots, son thé et les sompteux spectacles qu'il donnait en soirée. Fréquenté par les familles royales, les célébrités,
la haute société et les jeunes mariés, l'hôtel fut rénové en 1989. Le salon **Palm
Court**, la salle de bal, la salle à manger et le salon de thé purent ainsi retrouver
leur éclat d'antan.

Laurel Point Resort, à Victoria – *680 Montreal St. 200 ch.* ✗ 🅿 ⚓ ☎ *250-386-8721 ou 800-663-7667. www.laurelpoint.com.* **$$$** Moderne, scintillant de verre et d'acier, l'édifice occupe une petite péninsule à l'entrée du port intérieur. Il jouit à la fois de la quiétude (parfois troublée par le décollage d'un d'hydravion) et de magnifiques vues sur la baie. Chacune des chambres, claires et spacieuses, possède un balcon et les lits sont couverts de couettes douillettes. Ses aménagements comptent une piscine, des saunas et des jacuzzis. Le jardin japonais agrémenté d'un bassin et d'une cascade est un havre de paix pour les visiteurs.

Se restaurer dans la région de Victoria

Cafe Brio, à Victoria – *944 Fort St. Le soir uniquement.* ☎ *250-383-0009. www.cafe-brio.com.* **$$$ Cuisine du Nord-Ouest.** Le décor reste discret dans ce bâtiment restauré : planchers, œuvres d'art sur les murs de stuc dans la salle à manger. La table, inspirée de cuisine toscane, propose une saucisse au fenouil maison, un confit de canard aux fèves et des côtelettes braisées à l'ail vert. La carte varie selon la saison.

Cassis Bistro, à Victoria – *253 Cook St. Le soir uniquement. Fermé dim.–lun.* ☎ *250-384-1932.* **$$$ Île de Vancouver.** John Hall accommode les produits de l'île à la façon continentale. La carte, changée selon les saisons, peut offrir un canard élevé en plein air, un cassoulet de crustacés ou un risotto de pommes et coquilles Saint-Jacques parfumé à la sauge. La carte des vins est revisitée selon les plats de la carte.

Da Tandoor, à Victoria – *1010 Fort St. Le soir uniquement.* ☎ *250-384-6333.* **$$ Cuisine indienne.** Bien entendu, l'agneau et le poulet tandoori (cuits dans un four en argile) sont la spécialité de ce restaurant dont le succès ne se dément pas. L'opulence de la décoration s'allie à la cuisine traditionnelle indienne et pakistanaise (vindaloo et curry).

Paprika Bistro, à Victoria – *2524 Estevan Ave. Fermé dim.* ♿ ☎ *250-592-7424.* **$$ Cuisine internationale.** Cet établissement soigné a su mêler une cuisine provinciale française aux produits de l'île de Vancouver. On pourra commencer par une bisque de homard et poursuivre avec un agneau de l'île rôti ou braisé. Parmi les spécialités de la maison, le confit de canard servi sur un lit de sauerkraut, ou le goulash hongrois. Enfin, on pourra clôturer le repas avec une crème glacée maison menthe-chocolat. La carte des vins affiche des crus exceptionnels et rarissimes de Colombie-Britannique.

Spinnaker's, à Kitsilano – *308 Catherine St.* ☎ *250-386-2739 ou 877-838-2739. www.spinnakers.com.* **$$ Cuisine canadienne.** Premier pub du Canada à posséder une licence de brasseur (1984), le Spinnaker's est une véritable institution. Il occupe deux niveaux d'un édifice Tudor sur la partie Nord-Ouest du port intérieur. Il sert principalement des pizzas cuites au four de briques, des hamburgers au bœuf élevé aux céréales, des soupes, du poisson-frites et une tourte à la dinde (volaille fermière de la région). Pour le dîner, une carte éclectique propose un flétan poêlé, un satay de poulet ou des côtelettes. Bières selon la saison : de la bière blanche à la bière brune de Noël. Le Spinnaker's concocte également des vinaigres de malt particulièrement parfumés à partir de ses propres *ales*.

Blue Fox, à Victoria – *919 Fort St.* ☎ *250-380-1683.* **$ Cuisine canadienne.** Les amateurs des petits-déjeuners servis toute la journée dans ce bistrot du quartier des antiquaires font la queue jusque sur le trottoir. Ce qui les attire ? D'énormes assiettes de « pain perdu très épais », de *huevos rancheros* et d'omelettes à trois œufs. Ils peuvent également opter pour des sandwichs généreux ou des hamburgers.

De passage à l'Empress, ne pas manquer de déjeuner d'un curry au **Bengal Lounge**, souvenir de l'Empire britannique avec ses ventilateurs au plafond, la peau de tigre offerte par un maharajah indien et, au-dessus du bar, ses fresques murales, cadeau du roi et de la reine du Siam.
À côté, vers Humboldt Street, se trouve **Miniature World** 🖼 (♿ *de mi-juin à fin août : 8 h30-21 h30 ; le reste de l'année : 9 h-17 h. 9 $.* ☎ *250-385-9731. www.miniatureworld.com)* où l'on admirera plusieurs reproductions à échelle réduite : bataille de Waterloo, Canadien Pacifique, etc.

★**Maritime Museum of British Columbia** – ♿ *9 h30-16 h30. Fermé 25 déc. 6 $.* ☎ *250-385-4222. www.mmbc.bc.ca.* Occupant l'ancien palais de justice, le Musée naval présente d'intéressants documents sur les explorateurs de la côte Pacifique,

Hôtel Empress

de nombreuses maquettes de bateaux et des instruments de navigation. Remarquer le *Tilikum*, une pirogue amérindienne qui, équipée, quitta Victoria en 1901 pour rallier l'Angleterre en 1904, ainsi que le *Trekka*, voilier de 6 m construit à Victoria et qui fit le tour du monde de 1955 à 1959 (il s'agit d'ailleurs du plus petit bateau qui ait jamais entrepris un tel voyage).

★★PROMENADE PANORAMIQUE *13 km*

Cette splendide promenade en bord de mer permet d'apprécier Victoria, son site superbe sur le détroit Juan de Fuca ainsi que ses ravissants jardins.

Départ de Thunderbird Park. Prendre Douglas St. vers le Sud.

Elle contourne d'abord **Beacon Hill Park** agrémenté de massifs de fleurs, de petits lacs et de sentiers, puis passe devant la borne zéro de la **Transcanadienne** qui commence là son parcours de presque 8 000 km jusqu'à St. John's, à Terre-Neuve.

Prendre Dallas Rd. à gauche.

Des pointes Finlayson et Clover, les **vues**★★ s'étendent par temps clair jusqu'aux monts Olympic, dans l'État de Washington.

Continuer jusqu'à Hollywood Crescent. À la hauteur de Robertson St., prendre à droite Ross St., qui devient Crescent Rd. Tourner ensuite à gauche sur King George Terrace et gravir la colline.

● Gourmandises et friandises

Une pause chez **Murchie's** *(1110 Government St. ☎ 250-381-5451. www.murchies.com)* constitue une agréable coupure entre deux visites. La famille Murchie, dont les thés et les cafés ont fait la renommée depuis 1894, présente également un assortiment de délices pour le petit-déjeuner ou le déjeuner *(à déguster sur place ou à emporter)*. En-cas, pâtisseries et sucreries..., tout est succulent. On pourra déguster un thé complet puis pousser la porte du magasin adjacent pour choisir une variété de thés, un café fraîchement moulu, des herbes aromatiques, des épices et tout le nécessaire à la préparation d'un thé selon les règles de l'art ; un excellent choix d'articles canadiens se niche parmi la porcelaine et la vaisselle. Dans l'édifice néoclassique voisin, la librairie **Munro's Books** *(1108 Government St. ☎ 250-382-2464. www.munrobooks.com)* propose plus de 50 000 titres à ceux qui souhaitent marier les nourritures terrestres aux spirituelles. Au bas de la rue, dans un bâtiment de 1903, **Rogers Chocolates** *(913 Government St. ☎ 250-384-702. www.rogerschocolates.com)* s'est spécialisé dans les truffes au chocolat. Le chêne patiné de la boutique évoque les bonbons à un penny du 19e s. (bien que les prix soient modernes) ; de nombreux visiteurs ne quitteraient pour rien au monde Victoria sans une boîte de chocolats Rogers.

La route pénètre dans la commune d'**Oak Bay**, banlieue résidentielle au cachet très britannique, puis suit la côte, laissant apercevoir la mer, le rivage déchiqueté et les villas cossues aux jardins florissants. Des belvédères aménagés par endroits permettent d'apprécier la beauté des **vues**, en particulier à la pointe Harling d'où l'on domine la mer face aux îles Trial.

Prendre Beach Dr.

La route longe la baie McNeill puis traverse, à la hauteur de la pointe Gonzales, le terrain de golf d'Oak Bay. Ce dernier, l'un des plus beaux du continent, dévoile, par temps clair, de splendides **vues★★** sur le détroit, les îles San Juan et les pics enneigés de la chaîne des Cascades, dominée par le mont Baker.

La route longe ensuite la baie Oak jusqu'au **parc Uplands** et la **pointe Cattle**, d'où le regard embrasse la côte.

AUTRES CURIOSITÉS

★Craigdarroch Castle – *1050 Joan Crescent. De mi-juin à fin août : 9 h-19 h ; le reste de l'année : 10 h-16 h30. Fermé 1er janv., 25-26 déc. 10 $. ☎ 250-592-5323. www.craigdarrochcastle.com.* Hérissée de pignons pointus, de tourelles et de cheminées, cette imposante demeure en pierre qui trônait jadis au milieu d'un parc de 11 ha fut construite dans les années 1880 par Robert Dunsmuir, industriel d'origine écossaise qui fit fortune dans le charbonnage. La famille Dunsmuir faisait partie de la haute société de Victoria : l'un des fils devint Premier ministre puis lieutenant-gouverneur de la province. Remarquer le porche, qui permettait de descendre de fiacre à l'abri des intempéries, la cage d'escalier coupée d'un palier où s'installaient les musiciens lors des réceptions, et la myriade de vitraux qui, au soleil, créent autant d'arcs-en-ciel. Le dernier étage est une immense salle de bal, d'où l'on accède à la tour qui offre de belles vues sur Victoria.

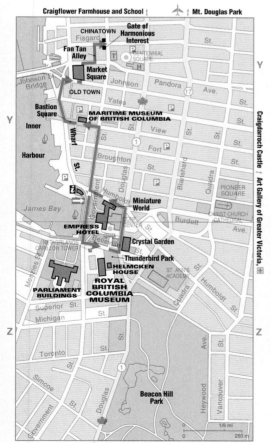

VICTORIA

■ Sanctuaire et solitude

Ceux qui aspirent à prendre un peu de recul entre deux visites doivent passer un après-midi réparateur à **Swan Lake Christmas Hill Nature Sanctuary** (*3873 Swan Lake Rd.* ☎ *250-479-0211. www.swanlake.bc.ca*). Marécages, champs et étendues boisées caractérisent cette paisible réserve de 45 ha. ⬚ La Maison de la nature qui fait office de centre d'accueil, propose des expositions conçues à l'intention des plus jeunes et met une petite bibliothèque à la disposition des visiteurs. Gibier d'eau et oiseaux nicheurs fréquentent volontiers le petit lac du parc, couvert de nénuphars. Un sentier *(2,5 km)* mène au sommet de la colline Christmas d'où l'on peut jouir d'un agréable **panorama**★ sur Victoria et ses environs, avec le lac Elk au Nord.

Art Gallery of Greater Victoria – *1040 Moss St.* ♿ *10 h-17 h (jeu. 21 h). dim. 13 h-17 h. Fermé le 2ᵉ mer. de nov., 25 déc. 5 $.* ☎ *250-384-4101. http://aggv.bc.ca/.* Une demeure victorienne de la fin du siècle dernier (1889) accueille désormais les œuvres d'**Emily Carr**, célèbre peintre de la Colombie-Britannique. Le musée est également réputé pour ses collections éclectiques mêlant l'Est et l'Ouest, l'ancien et le moderne ; l'art oriental, présenté par roulement, trouve ici son point d'orgue dans le petit jardin japonais doté d'un ravissant temple shintoïste (1899-1900).

★★**Fort Rodd Hill** – *Voir carte p. 151. 14 km à l'Ouest par les routes 1 et 1A, puis par Ocean Blvd. Mars-oct. : 10 h-17 h30 ; le reste de l'année : 9 h-16 h30. Fermé 25 déc. 4 $.* ☎ *250-478-5849. www.parkscanada.gc.ca.* Désaffectée depuis 1956, cette ancienne base navale britannique reprise par le Canada en 1906, qui commande l'entrée de la rade d'Esquimalt, occupe un terrain de 18 ha. On peut visiter ses trois batteries d'artillerie et lire d'amples explications sur les défenses du fort et de la côte. Du **phare Fisgard**, belles **vues**★ sur la rade, le détroit Juan de Fuca et les monts Olympic aux États-Unis.

Craigflower Farmhouse – *Voir carte p. 151. À l'angle de la route 1A (Craigflower Rd.) et d'Admirals Rd. Ouv. sur demande. 5 $.* ☎ *250-356-5137. www.heritage.gov.bc.ca.* Construit en 1856 par Kenneth McKenzie, intendant de la Puget Sound Agricultural Co., ce manoir de style georgien, l'un des plus anciens édifices de la ville, était jadis au cœur d'une vaste exploitation agricole. La plus grande partie du bâtiment, dans son état d'origine, contient des meubles d'époque. Les visiteurs pourront, s'ils le désirent, jouer du piano dans le salon et essayer des costumes anciens. La propriété contient deux jardins potagers dont les légumes viennent garnir le garde-manger.

● **English Inn and Resort**
À Esquimalt, 429 Lampson St. ☎ *250-388-4353 ou 877-688-4353. www.bctravel.com/oeinn. html.* Cet ensemble de style Tudor plonge le visiteur dans l'Angleterre du 16ᵉ s. : auberge et habitations reconstituées ainsi qu'un jardin paysager créent l'atmosphère. On dînera d'un rôti de bœuf au *Yorkshire pudding* ou d'une tourte à la viande *steak and kidney pie* au Knight's Dining Room, servi par un personnel costumé. Faites absolument une halte dans la réplique (l'original est à Stratford, en Angleterre) du cottage où vécut Anne Hathaway, épouse de William Shakespeare. À noter également la reconstitution de la maison natale du poète. Les chambres de l'auberge, prolongeant l'atmosphère « vieille Angleterre », contiennent un mobilier d'époque, des lits à baldaquin et, pour certaines, une cheminée et une kitchenette.

EXCURSIONS *schéma p. 150*

★★★**Butchart Gardens** – *21 km au Nord par la route 17 et Keating Rd. ou par la route 17A.* ♿ *Dès 9 h (1ᵉʳ janv. et 25 déc. à 13 h), horaires de fermeture variables. 10/20 $.* ☎ *250-652-5256. www.butchartgardens.com.* Ces admirables jardins s'étendent sur 20 ha. Créés en 1904 par Jennie Butchart, dont le mari possédait une cimenterie, ils occupent le site d'une ancienne carrière de pierre à chaux métamorphosée à force de soins en un lieu superbe qui ne cesse, depuis le début du 20ᵉ s., d'attirer les visiteurs.

Véritable joyau du parc, le **jardin en contrebas** *(sunken garden)* offre un ravissant paysage de massifs de fleurs, de pelouses et d'arbres harmonieusement disposés, auquel on accède par de petits sentiers parmi la rocaille ; on peut pleinement en apprécier la beauté depuis l'îlot rocheux qui en marque le centre.

© Dick Dietrich

Butchart Gardens (jardin en contrebas)

Le parc comprend en outre la **fontaine Ross**, animée en permanence de jeux d'eau sans cesse renouvelés, la **roseraie** *(floraison juin-sept.)*, le **jardin japonais**, avec ses petits ponts laqués et ses pavillons de thé, ainsi que le **jardin italien**, orné de statues et d'un bassin de plantes aquatiques en forme d'étoile. Illuminé les soirs d'été *(de mi-juin à mi-sept. ; juil.-août : sam. feux d'artifice)*, le parc prend alors un aspect totalement différent.

★**Malahat Drive** – *Prendre Douglas St. vers le Nord jusqu'à la route 1 (Transcanadienne). Malahat Drive commence à 18 km env. au Nord de Victoria.* Cette jolie section de la Transcanadienne *(19 km env. entre le Parc provincial Goldstream et Mill Bay Rd.)* s'élève en corniche au flanc de la crête Malahat et ménage de belles **vues★** des bras de mer Finlayson et Saanich, des îles du golfe et de la côte continentale. Par temps clair, on entrevoit le mont Baker à travers les arbres.

Quw'utsun Cultural and Conference Centre – *À Duncan, à env. 60 km au Nord par la route 1.* & *Juin-sept. : 9 h-18 h ; le reste de l'année : 10 h-17 h. 11 $.* ☎ *250-746-8119. www.quwutsun.ca.* Les Cowichan, la plus importante tribu de Colombie-Britannique, gèrent ce village. Clos par une haute palissade, étonnamment paisible, il est constitué de rues pavées et de bâtiments de bois. Les visiteurs verront un film *(23mn)* sur les Cowichan et pourront admirer de belles pièces d'artisanat autochtone : masques, objets de vannerie, bijoux, vêtements, etc. Ils apprendront comment les femmes filent la laine puis confectionnent leurs célèbres tuniques. La pratique ancestrale de la sculpture totémique se poursuit dans un immense **atelier** où des artistes exercent leurs talents et invitent le public à se joindre à eux *(si l'on veut suivre un cours, mieux vaut réserver à l'avance)*.

★**BC Forest Discovery Centre** – *65 km au Nord par la route 1, juste après Duncan.* & *De mi-mai à fin août : 10 h-18 h ; de mi-avr. à déb. mai et de déb. sept. à mi-oct. : 10 h-16 h. 9 $.* ☎ *250-715-1113. www.bcforestmuseum.com.* Les énormes machines désuètes disposées dans un domaine de 40 ha, la forêt de douglas, les expositions du petit musée, le camp de bûcherons reconstitué dressent un tableau impressionnant de l'industrie forestière de Colombie-Britannique. Les visiteurs pourront monter à bord d'une locomotive à vapeur *(mai-août)*.

Chemainus – *78 km au Nord par la route 1. Centre d'accueil au 9796 Willow St.* ☎ *250-246-3944. www.muraltown.com.* Une trentaine de peintures murales évoquant l'histoire de Chemainus viennent égayer les bâtiments de cette bourgade du bord de mer, attirant chaque année quelque 400 000 visiteurs. Parmi les œuvres les plus réussies, noter *Native Heritage*, symbolisant les trois tribus Salish du littoral, et *Arrival of the 'Reindeer' in Horseshoe Bay*, sur laquelle figure une Amérindienne regardant un voilier entrer dans le port.

WATERTON LAKES NATIONAL PARK★★

Alberta
Carte Michelin n° 585 E3

Situé sur le versant Est des Rocheuses, Waterton occupe l'angle Sud-Ouest de l'Alberta, à la limite de la Colombie-Britannique et du Montana (États-Unis) dont il prolonge le Parc national Glacier. Les deux parcs fusionnèrent en 1932 pour former un parc international de la Paix. Deux traits caractéristiques marquent le paysage des environs. D'abord, sa situation à la limite de la Prairie et de la montagne : à l'entrée du parc, les pâturages vallonnés viennent buter sur la muraille rocheuse tapissée de forêts à sa base. Ensuite, la forte empreinte des glaciers qui y ont creusé de larges vallées en auge occupées aujourd'hui par des lacs, et abandonné d'importantes moraines.

Jadis fief des Amérindiens Blackfeet, ces montagnes furent explorées en 1858 par Thomas Blakiston, de l'expédition Palliser, qui donna aux trois principaux lacs (supérieur, moyen et inférieur) le nom du naturaliste anglais du 18e s. **Charles Waterton**. Quelques années plus tard, du pétrole ayant été découvert dans les environs, on fora le premier puits de la future province d'Alberta, mais le gisement ne s'avéra pas rentable. La région fut déclarée parc national en 1895.

Lacs Waterton et hôtel Prince of Wales

© Wolfgang Kaehler

VISITE

Ouv. toute l'année. Randonnée, équitation, pêche, nautisme, golf, sports d'hiver. 5 $/jour. ☎ 403-859-5133 ou 403-859-5121. www.parkscanada.ca/waterton

Waterton – Bâtie sur les alluvions du ruisseau Cameron, près du détroit de Bosphore qui sépare le lac supérieur et le lac moyen, cette petite station occupe un **site★★** ravissant dominé par le **mont Richards** et le **mont Bertha** dont les flancs vert foncé portent les traces plus claires de ses couloirs d'avalanche. De l'autre côté du lac supérieur, qui se prolonge dans le Montana par les montagnes de la chaîne Lewis et Clark, se dressent le **pic** et la **crête Vimy**. En été, des **croisières** sont organisées sur le lac jusqu'à son extrémité Sud aux États-Unis *(dép. de Waterton Marina. De fin juin à fin août : 9 h-19 h ; mai et de fin sept. à déb. oct. : 10 h, 14 h30 ; visite supplémentaire 16 h le lundi suivant le 24 mai, déb. juin et sept. AR 2 h. Commentaire à bord : 15mn. 25 $. Waterton Inter-Nation Shoreline Cruise Co. Ltd. ☎ 403-859-2362).* On aperçoit les **chutes du Cameron** derrière la bourgade.

★★**Lac Cameron** – *À 17 km de Waterton par l'Akamina Hwy.* La route passe devant les vestiges du premier puits de pétrole de l'Ouest canadien, puis monte jusqu'au joli site du lac, logé au creux d'un ancien cirque glaciaire au pied de la crête montagneuse marquant la ligne de partage des eaux. De l'autre côté du lac qui, comme le lac Waterton, chevauche la frontière, se dresse à droite le **pic Forum** et à gauche le **mont Custer**.

★**Red Rock Canyon** – *À 19 km de Waterton. Tourner à gauche juste après le pont sur le ruisseau Blakiston.* La route jusqu'au petit canyon offre de jolies **vues★** des montagnes environnantes. Un **sentier de découverte** *(2 km)* permet de longer l'étroite gorge qui doit son nom à la couleur grenat de la roche, témoin de la présence d'oxyde de fer ; les filets grisâtres qui s'y mêlent sont dus à une oxydation moins achevée.

■ Buffles et bisons

Les Nord-Américains emploient généralement le terme de « buffle » *(buffalo)* pour qualifier le bison d'Amérique, car les premiers colons voyaient en lui des similitudes avec le buffle d'Asie et celui d'Europe. On suppose que les ancêtres du bison moderne, venus d'Asie, traversèrent le détroit de Béring il y a plusieurs milliers d'années, lorsque les deux continents étaient reliés par une bande de terre. Il y a deux siècles, le bison des plaines abondait dans les prairies. Plus grand, le bison des bois est une espèce menacée qui a élu domicile dans les confins boisés de la prairie du Nord-Ouest. Les bisons sont des bovidés sauvages de la famille des bovins domestiques. Un mâle adulte peut peser plus d'une tonne. Son apparence lente et lourde ne doit pas faire oublier qu'un bison est capable de charger à près de 70 km/h. Les petits pèsent environ 35 kg à la naissance et marchent en 20mn. Adultes à trois ans, ils peuvent vivre 30 ans.

Source : Parks Canada

★**Buffalo Paddock** – *À 400 m au Nord de l'entrée du parc. Circuit de 3 km.* 🖭 Un petit troupeau de bisons paît dans un vaste enclos au pied des premières hauteurs des Rocheuses. Le **site** est pittoresque, avec les monts Bellevue et Galway en arrière-plan.

WHITEHORSE★

Yukon
19 058 habitants
Office de tourisme ☎ 867-667-6401 ou www.city.whitehorse.yk.ca

Capitale territoriale du Yukon, Whitehorse offre les commodités d'un chef-lieu moderne. La ville occupe, sur la rive Ouest du Yukon, un site plat où le fleuve dessine un beau méandre. Un plateau en surplomb, parcouru par la route de l'Alaska, retombe en abruptes falaises ; là se trouve également l'aéroport. Sur la rive Est du fleuve, des collines arides marquent les débuts de la chaîne Big Salmon.

La ville est issue de la **ruée vers l'or du Klondike**. Les prospecteurs remontant le Yukon éprouvaient de grandes difficultés à franchir le canyon Miles et les rapides de Whitehorse (aujourd'hui domptés par une centrale hydroélectrique). La compagnie ferroviaire White Pass et Yukon Route allait révolutionner les modes de transport. La ville fut bientôt un actif centre de transbordement : passagers et marchandises débarqués du train continuaient leur périple en bateau ou en traîneau, selon la saison. En décidant d'arrêter sa ligne à Whitehorse au lieu de la prolonger jusqu'à Dawson City, la compagnie ferroviaire fit littéralement naître la ville.

Lorsque la décision fut prise en 1942 de tracer la route de l'Alaska, la présence à Whitehorse du chemin de fer et de l'aéroport furent des éléments déterminants et la ville devint la base opérationnelle du grand projet routier alors que Dawson City déclinait. Signe révélateur de cette évolution, la capitale territoriale fut transférée à Whitehorse en 1953.

La ville est aujourd'hui le centre du tourisme et des transports au Yukon. Fière de son passé, elle le fait revivre chaque année lors du **Sourdough Rendezvous**, le « Rendez-vous des chercheurs d'or » *(fév.)* où la population, costumée, organise des courses de traîneaux à chiens sur le fleuve gelé. C'est également la saison des aurores boréales *(voir p. 429)*, qui attirent des milliers de visiteurs, en particulier du Japon.

CURIOSITÉS

Si Whitehorse a perdu son aspect de ville de pionniers, elle a conservé quelques édifices d'intérêt historique, notamment la vieille **église en rondins** *(à l'angle d'Elliott St. et 3rd Ave.)* bâtie en 1900, les **gratte-ciel** *(Lambert St., entre 2nd Ave. et 3rd Ave.)* construits après la Seconde Guerre mondiale pour pallier la crise du logement, et la **gare** en rondins *(à l'angle de 1st Ave. et Main St.)*. Par contraste, le siège d'acier et d'aluminium du gouvernement territorial, **Administration Building** *(2nd Ave.)*, semble résolument moderne (1976). L'intérieur clair et aéré, lambrissé, contient un faux vitrail en résine acrylique. Le bâtiment abrite la collection d'art permanente du Yukon, qui mêle art contemporain et artisanat autochtone traditionnel (costumes et objets divers). Autre édifice moderne et lumineux, **Philipsen Law Centre★** *(à l'angle de 2nd St. et Jarvis St.)* accueille dans son atrium une considérable collection d'art régional contemporain, où figure une immense **tapisserie** du célèbre artiste Ted Harrison. Remarquer à l'extérieur le groupe d'Alyx Jones en pierre, intitulé *The Conversation*.

163

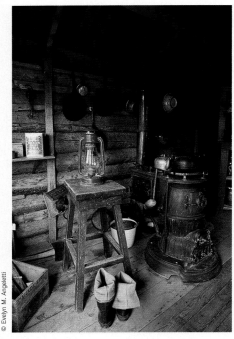

© Evelyn M. Angeletti

Cabane de Sam McGee, musée MacBride

★**MacBride Museum** – *À l'angle de 1st Ave. et Wood St. De mi-mai à fin août : 10 h-18 h ; le reste de l'année : jeu.-sam. 12 h-17 h. Fermé j. fériés. 6 $.* ☎ *867-667-2709. www.macbridemuseum. com.* Construit en 1967, le bâtiment de rondins contient des souvenirs de la ruée vers l'or, des objets artisanaux amérindiens, un équipement de trappeur et une magnifique exposition de **photographies** anciennes d'habitants du Yukon. Le musée renferme également une importante collection d'animaux empaillés placés côte à côte pour une meilleure comparaison de leur taille et de leurs caractéristiques (et appréhender par exemple la différence entre les bois d'orignal, de wapiti et de caribou). À l'extérieur du bâtiment, remarquer les vestiges de divers moyens de transport utilisés au Yukon, d'anciennes machines, la cabane du légendaire Sam McGee (immortalisé par Robert Service) et un bureau du télégraphe (début 20ᵉ s.).

★★**SS Klondike** – *6 Robert Service Way.* ♿ *De mi-mai à mi-sept. : 9 h-18 h. 5 $.* ☎ *867-667-3910. www.parkscanada.ca.* Construit en 1937, rénové depuis et classé site historique national, le *SS Klondike* fut l'un des quelque 200 bateaux à aubes qui effectuaient la navette sur le Yukon de Whitehorse à Dawson City. Unique bateau à vapeur du territoire à être désormais ouvert au public, il fut transporté sur des billes de bois le long de 1st Street jusqu'à son emplacement actuel, après que des spécialistes eurent échoué à le déplacer.

Le bateau transportait passagers, minerais et marchandises ; le voyage (700 km) jusqu'à Dawson City durait 40 heures et consommait 32 cordes de bois, contre 96 heures et 112 cordes de bois au retour (à contre-courant). La visite passe par l'énorme chaudière, la salle des machines, les cales, la timonerie, les cuisines et l'espace réservé aux premières classes, la salle panoramique et les tables de son restaurant décorées avec élégance.

Après avoir traversé la rivière en empruntant le pont Robert Campbell, le visiteur se rendra à la **passe migratoire** de **Whitehorse Dam**. Elle permet aux quinnats (saumons géants) de contourner le barrage pour atteindre leurs frayères en amont *(généralement en août)* au terme d'une montaison de 3 200 km. Le poste d'observation *(panneaux d'interprétation ; hublots d'où l'on voit les poissons « monter » l'échelle)* offre la meilleure vue du barrage.

★**Miles Canyon** – *9 km au Sud de Whitehorse par Canyon Rd.* Longeant le lac Schwatka, **Canyon Road** passe devant l'embarcadère du *MV Schwatka (voir ci-dessous)* puis domine le canyon *(virages en épingle, forte dénivellation)*. Le belvédère et le parking surplombant le canyon offrent tous deux une belle **vue**★ de ses à-pics, que l'on pourra également admirer en empruntant la passerelle qui enjambe le Yukon.

Le fleuve se faufile sur plus d'un kilomètre à travers la gorge encaissée dont les parois de basalte en forme de tuyaux d'orgue doivent leur aspect au refroidissement de la roche volcanique. Le canyon élève (9-12 m) sa muraille rouge grisâtre au-dessus d'un fleuve puissant et par endroits tourbillonnant, comme à hauteur du Devil's Whirlpool (tourbillon du Diable), mais dont le barrage (construit en aval) a assagi les flots et diminué les risques pour la navigation.

Une **croisière panoramique** *(à bord du MV Schwatka.* ♿ *Dép. de déb. juin à mi-sept. : 14 h. AR 2 h. Commentaire à bord. Réservation requise. 24 $. Air and River Yukon* ☎ *867-668-3225 ; pour se rendre à l'embarcadère, prendre South Access Rd. en direction du centre-ville et tourner à droite juste après la voie ferrée, sur un chemin non goudronné)* sera probablement la meilleure façon d'apprécier la formidable puissance du courant. Du bateau, **vues**★ splendides sur les eaux vert émeraude du Yukon et sur les abruptes falaises du canyon. Intéressant commentaire historique.

■ Cabaret et French cancan

Bien que les prospecteurs aient probablement assisté à des attractions fort différentes de celles d'aujourd'hui, les cabarets de Whitehorse et Dawson City *(voir ce nom)* font partie des animations les plus courues.

À Dawson City, **Gaslight Follies**, spectacle burlesque avec chansons, danses et comédies grivoises, est joué par la troupe Klondike Visitors Association *(de fin mai à déb. sept. : 19 h-22 h. 1 h. 15/17 $. Réservation à l'avance l'été. Palace Grand Theatre ☎ 867-993-6217)*. Un autre spectacle, plus paillard, comprend un french cancan endiablé et coloré *(& Mai-sept. : 21 h15. 6 $. Diamond Tooth Gertie's ☎ 867-993-6217)*.

Plus sophistiqué, **Frantic Follies** se donne dans un hôtel de Whitehorse. Les plaisanteries qui fusent au son d'un ragtime nous en disent davantage sur notre époque que sur celle de la ruée vers l'or. Le clou du spectacle est une parodie de la célèbre *Crémation de Sam McGee*, de Robert Service ; le french cancan est de rigueur *(Mai-sept. : en soirée. 19 $. Hôtel Westmark, à l'angle de 2nd Ave. et Wood St. ☎ 867-668-2042)*.

Les spécialistes de l'histoire du Klondike doutent fort que l'ancienne Dawson City ait jamais assisté au french cancan. Celui-ci aurait, le cas échéant, connu un succès aussi vif qu'aujourd'hui.

Yukon Transportation Museum – *Route de l'Alaska, près de l'aéroport. & De mi-mai à mi-sept. : 10 h-18 h. 6 $. ☎ 867-668-4792.* Étant donné l'importance des transports aériens dans une si vaste région, le musée consacre une section entière aux exploits des pilotes. Il expose des photos d'archives sur l'histoire aérienne du Yukon, une réplique du *Queen of the Yukon*, hydravion postal des années 1920, des traîneaux à chiens et des voitures anciennes.

★ **Beringia Interpretive Centre** – *Voisin du musée du Transport sur la route de l'Alaska. & Juin-août : 8 h30-21 h ; de mi-mai à fin mai et sept. : 9 h-18 h ; le reste de l'année sur demande. 6 $. ☎ 867-667-8855. www.beringia.com.* Le centre, exploitant les découvertes paléontologiques effectuées dans le Yukon, offre un aperçu concis mais vivant du passé préhistorique de la région. On appelle Beringia l'époque où le détroit de Béring se traversait à pied sec. La région était alors peuplée par les mammouths, les ours et les chevaux, mais aussi par leur prédateur, l'homme. Le musée présente cette période dans un excellent **film** *(20 mn)*.

Yukon Arts Centre – *300 College Dr., au Nord-Ouest de Whitehorse. Juin-août : 11 h-17 h, w.-end 12 h-17 h ; le reste de l'année : tlj sf lun. 11 h-17 h, w.-end 13 h-16 h. ☎ 867-667-8578.* La galerie d'art, publique, est consacrée aux œuvres d'artistes régionaux. La petite collection permanente est complétée par des expositions temporaires.

● Java au Yukon

La modernité de Whitehorse est soulignée par deux extraordinaires salons de thé servant un café *(java* en américain populaire) torréfié dans la région. Le **Midnight Sun** *(à l'angle de 4th Ave. et Black St. ☎ 867-633-4563)* propose des grains de café frais moulus sur place et sert une carte variée de cafés de qualité supérieure, *muffins*, pâtisseries et déjeuners légers. L'établissement est toujours bondé. **The Chocolate Claim** *(305 Strickland St. ☎ 867-667-2202)* confectionne des pâtisseries et des chocolats succulents ou des en-cas et propose le café d'un torréfacteur concurrent du Midnight Sun, Bean North.

Tincup Wilderness Lodge

De mi-juin à mi-sept. ☎ 604-762-0382 ou 600-700-0654 www.tincup.yk.ca. On ne parvient dans cet établissement isolé que par la voie des airs. Son propriétaire, Larry Nagy, pilote ses visiteurs *(décollage de Whitehorse en général)* jusqu'à son établissement sur le ravissant lac Tincup. Pêche à la truite, randonnée et cueillette de fruits rouges préparent à la dégustation d'un merveilleux dîner de poisson frais ou de bœuf canadien. Gastronomie française et hongroise figurent souvent au menu. Les visiteurs peuvent même prendre des cours de cuisine durant leur séjour ! Après le dîner, Larry Nagy allume le feu de bois du sauna. Les quatre confortables cabanes au toit de cèdre rouge offrent des prestations de luxe (douche et poêle à bois) pour un tel endroit. Le bâtiment principal comprend la salle à manger, un salon et une grande terrasse avec jacuzzi.

★★EXCURSION À SKAGWAY *schéma p. 166.*

Remarque : Skagway se trouve en Alaska. Voir les formalités d'entrée aux É.-U. auprès d'un consulat américain.

Cet impressionnant parcours franchit la chaîne Côtière et rejoint le Pacifique à hauteur de Skagway jusqu'où remonte la marée. La ville, au Sud-Est de l'Alaska, marque le terminus de la route du Klondike. Minuscules bourgades de pionniers, formidable enchevêtrement de lacs, étendues plates et arides, mines abandonnées, côte spectaculaire... le voyage, frappant par sa variété, est empli du souvenir des aventuriers d'antan et de leur terrible lutte pour atteindre les filons aurifères.

À l'époque de la ruée vers l'or, la majorité des prospecteurs remontaient la côte Pacifique par le Passage intérieur jusqu'à Skagway ou Dyea *(voir plus loin)* et continuaient sur le Yukon en traversant la chaîne Côtière. De Skagway, une piste étroite et glissante conduisait au **col White** (888 m). En 1897, plus de 3 000 chevaux l'empruntèrent, dont la plupart périrent avant d'atteindre le sommet, leurs cadavres promptement piétinés par la foule qui déferlait sur les lieux. Tristement baptisée la « route aux chevaux morts » (Dead Horse Trail), cette piste allait être fermée le même hiver. Les chercheurs d'or les plus obstinés se tournèrent vers le col Chilkoot, encore plus difficile.

★**Skagway par la route du Klondike** – *180 km par les routes 1 et 2 (route de l'Alaska et route du Klondike). Poste frontière américain : ouv. 24 h/24 ☎ 907-983-2325. Poste de douane canadien à Fraser : avr.-oct. 24 h/24 ; nov.-mars 8 h-0 h. ☎ 867-821-4111.* Les routes de l'Alaska et du Klondike se confondent sur plusieurs kilomètres au Sud de Whitehorse, puis la route du Klondike s'enfonce dans la forêt et s'achemine vers les montagnes dont on distingue au loin les sommets enneigés. Le paysage change brusquement à partir de **Carcross**, petite localité historique où la White Pass and Yukon Route posa son dernier rail. La route longe les rives du **lac Tagish**, du **lac Windy Arm** et du **lac Tutshi** en révélant un saisissant spectacle d'énormes masses montagneuses aux flancs lisses qui plongent à pic dans les eaux bleues. Elle monte ensuite vers le col White et dévoile cette fois de plates étendues lunaires caractérisées par la présence de rochers tapissés de lichen et l'absence de couverture boisée. Vertigineuse, parfois même effrayante, la descente sur Skagway et sa côte dévoile **Taiya Inlet** en prolongement du chenal Lynn.

★**Skagway** – Caressée par les eaux du Pacifique, cette petite communauté historique aux portes du Klondike occupe un joli **site** agrémenté de montagnes en arrière-plan. Port d'escale sur la route du Passage intérieur, ce centre touristique au charme très rétro attire chaque année de nombreux visiteurs.

Skagway est née avec la ruée vers l'or du Klondike. Avant que le premier bateau de prospecteurs n'y débarque en juillet 1897, l'endroit ne comptait que deux colons européens : le capitaine William Moore et son fils, arrivés en 1887. Tentes et cabanes surgirent parmi l'entassement de marchandises, de chevaux et d'équipement. Trois mois plus tard, Skagway comptait environ 20 000 habitants et le quadrillage de ses rues exhibait saloons, casinos, salles des fêtes et magasins en tout genre. Le désordre régnait dans cette ville peuplée de personnages douteux, parmi lesquels **Soapy Smith**, un escroc qui délesta de leur argent bien des pionniers naïfs. En 1898, la construction du chemin de fer White Pass and Yukon Route et le raffermissement de l'ordre transformèrent Skagway en une communauté respectable. Terminus Nord de la ligne maritime du Sud-Est, c'est aujourd'hui un petit port actif où les bateaux font régulièrement escale depuis 1963. Le tronçon Skagway-Carcross fut ajouté à la route du Klondike en 1978 et le chemin de fer fut rétabli en 1988.

★ **Whitehorse**

Visite – *Office de tourisme (Arctic Brotherhood Hall, 240 Broadway. ♿ Mai-sept. : 8 h-18 h ; le reste de l'année : tlj sf w.-end 8 h-17 h. Fermé j. fériés. ☎ 907-983-2854 ou 888-762-1898. www.skagway.org).* Site historique classé, la section de **Broadway** entre 1st Avenue et 7th Avenue comprend plusieurs constructions en bois du début du 20e s. : hôtels, saloons et magasins restaurés selon leur aspect au temps de la ruée vers l'or.

Bel édifice bâti en 1898, l'ancien hangar ferroviaire sert de **centre d'accueil** au Service des parcs *(à l'angle de 2nd Ave.et Broadway. ♿ Mai-sept. : 8 h-18 h ; mar. et mer. 8 h-20 h. ☎ 907-983-2921. www.nps.gov/klgo)* et de point de départ aux visites guidées *(à pied)* de la ville. On remarquera tout particulièrement **Arctic Brotherhood Hall** *(sur*

■ Le col Chilkoot

Un sentier plus éprouvant et bien plus escarpé que celui du col White (déclivité atteignant par endroits 70 %) partait de Dyea et passait par le col Chilkoot (1 062 m). La roche, nue en été, se transformait l'hiver, par des températures de –50 °C, en un cauchemar de neige et de glace. 22 000 personnes l'empruntèrent pourtant au cours de l'hiver 1897-1898, en effectuant parfois jusqu'à 40 fois l'ascension ! Le Yukon étant difficilement ravitaillable, la Police montée du Nord-Ouest, postée à la frontière, ne laissait entrer au Canada que les personnes munies de provisions pour un an. Mais que d'épuisants va-et-vient pour satisfaire à cette stricte exigence ! Le col Chilkoot fut, l'hiver durant, le théâtre d'une activité fébrile.

Aujourd'hui, les plus audacieux pourront revivre l'épopée des chercheurs d'or en empruntant à leur tour la **piste Chilkoot** *(53 km)* qui part du site abandonné de **Dyea** *(15 km au Nord de Skagway par un chemin non goudronné)*, ancienne rivale de Skagway, pour aboutir au lac Bennett. Cette difficile randonnée, qui nécessite un équipement adéquat, peut durer cinq jours *(cartes, renseignements et autorisations, ☎ 907-983-2921. www.nps.gov/klgo)*.

Broadway, entre 2nd Ave. et 3rd Ave.), à la façade un peu fantasque en bois flotté. L'immeuble McCabe *(à l'angle de 7th St. et Spring St.)* accueille un petit **musée** *(♿ mai-sept. : 9 h-17 h. 2 $. ☎ 907-983-2420)* consacré à la pittoresque histoire de Skagway.

★★**Chemin de fer White Pass and Yukon Route** – ♿ *Dép. de Skagway (à l'angle de 2nd St. et Spring St.) : mai-sept. : 8 h15, 12 h45 (dép. supplémentaire de fin mai à mi-sept. tlj sf ven. et w.-end 16 h30). AR 3 h Commentaire à bord 82 $. Ligne directe pour Whitehorse : de mi-mai à mi-sept., dép. de Skagway 8 h, correspondance à Fraser (C.-B.) avec l'autocar, arrivée à Whitehorse 13 h. Aller simple 95 $. Commentaire à bord. Réservation requise. White Pass et Yukon Route ☎ 907-983-2217 ou 800-343-7373. www.whitepassrailroad.com.*

Conçue en 1898 comme alternative à la dangereuse traversée des cols White et Chilkoot, cette étroite voie ferrée atteste l'ingéniosité et la persévérance de l'esprit pionnier. Le chemin de fer, qui reliait Skagway à Whitehorse, fut en exploitation de 1900 à 1982. Ses wagons remis à neuf, il n'est plus qu'une attraction touristique depuis 1988. Le trajet, au dénivelé de 873 m sur 32 km, révèle des **vues**★ spectaculaires de Skagway et des pics déchiquetés qui la dominent. Le commentaire à bord signale les points dignes d'intérêt : cascades, ponts, vestiges de la piste White. Après avoir franchi le col White, le train achève son remarquable parcours de 45 km à la gare de Fraser, en Colombie-Britannique.

Courtesy of Yukon Railroad

Circuit du YUKON★★

Yukon, Alaska

Rivières tumultueuses… sommets enneigés… vallées désertes… hivers interminables… soleil de minuit… rêves d'or et de fortune… Autant d'images qui évoquent le Yukon, légendaire domaine de 483 450 km² aux confins du Nord-Ouest canadien. Véritable aventure au bout du monde, ce circuit permettra au voyageur de découvrir une contrée lointaine à la nature splendide et au passé fascinant. Aventure vécue au rythme du grand fleuve dont la silencieuse présence dominera la moitié du parcours.
À l'époque de la ruée vers l'or, des milliers de prospecteurs empruntèrent la redoutable piste Chilkoot pour gagner les filons du Klondike. La partie pédestre de ce périlleux voyage s'achevait alors au **lac Bennett** où l'on construisait des embarcations avant d'amorcer la descente finale sur Dawson City. Ce parcours de 800 km n'était certes pas sans danger mais, après la traversée de la chaîne Côtière, Miles Canyon et les rapides Five Finger semblaient presque inoffensifs…
Ils sont aujourd'hui des milliers à suivre la trace des chercheurs d'or, non par appât du gain mais par soif de découverte. Et, comme jadis les aventuriers du Klondike, ils tomberont sous le charme envoûtant de cette sauvage terre du Nord, immortalisée par les vers du poète Robert Service.

Fleuve Yukon vu de Midnight Dome (Dawson City)

VISITE

Circuit au départ de Whitehorse. Environ 1 500 km par la route 2 (route du Klondike), la route 9 (Top of the World), l'US-5 (route Taylor) et la route 1 (route de l'Alaska). Fréquents tronçons non goudronnés. Plusieurs routes du Yukon (Silver Trail et Top of the World surtout) sont recouvertes d'un gravier gras, qui s'avère glissant par temps pluvieux. Il est conseillé de vérifier l'état de la route avant le départ (voir p. 80). Stations-service très espacées. Bien s'équiper avant de prendre la route : vivres, vêtements chauds, outils de secours. Prendre ses précautions contre les intempéries et animaux sauvages. The Milepost (voir p. 80) est une mine de renseignements utiles.

■ Majestueux Yukon

Le fleuve tire son nom de l'amérindien *Yu-kun-ah*, qui signifie « grande rivière », à juste titre d'ailleurs puisque ses 3 185 km en font l'un des géants d'Amérique septentrionale. Né dans le lac Tagish à la frontière avec la Colombie-Britannique, il s'écoule vers le Nord à travers les rudes terres du Yukon et de l'Alaska avant de se jeter dans la mer de Béring. Ses principaux affluents canadiens sont les rivières Teslin, Pelly, Stewart et White. Au cours des siècles, le Yukon subvint aux besoins des populations autochtones ; ses richesses séduisirent marchands de fourrures et chercheurs d'or et ses courants transportèrent chalands et bateaux à aubes. Aujourd'hui, la singulière beauté de ses eaux bleu-vert attire les aventuriers de tous horizons.

★De Whitehorse à Dawson City

540 km, excursion non comprise, par la route 2 (route du Klondike).

★**Whitehorse** – *Voir ce nom.*

Bien que la **route du Klondike** longe le lac Laberge (traversé par le Yukon), il ne s'entrevoit que fugitivement. Mais en remontant le chemin d'accès *(non goudronné)* au terrain de camping, on obtiendra une ravissante **vue** du lac et des montagnes à l'horizon. Après avoir parcouru un arrière-pays vallonné et dans l'ensemble désert, la route rejoint le Yukon à **Carmacks** *(km 178)* dont le nom rend hommage au découvreur de l'or du Klondike. Plusieurs petits îlots rocheux surgissent brusquement au milieu d'un coude du fleuve *(km 196)*, divisant le cours en cinq chenaux, les « doigts » des **rapides Five Finger**★. Le courant traître qui rend aujourd'hui le passage dangereux posa bien des problèmes aux bateaux d'antan, qui empruntaient souvent le chenal le plus étroit, halés par des câbles. Le belvédère *(panneau d'information)* offre une belle vue des rapides.

À hauteur de Minto, une route non goudronnée *(1,6 km)* mène aux rives du Yukon, la **vue**★ est splendide. Parmi les vestiges d'anciens bâtiments en rondins, un panneau signale l'emplacement de la piste carrossable Overland (1902), par laquelle le courrier était acheminé l'hiver de Whitehorse à Dawson City.

La route s'écarte ensuite de la vallée du Yukon pour s'engager sur le plateau central, enjambant au passage les rivières Pelly et Stewart. À Pelly Crossing, des **panneaux** d'interprétation relatant l'histoire des **Selkirk** qui, bien avant l'arrivée des Européens dans la région, venaient y pêcher au printemps.

Route de l'argent – *Excursion : 224 km AR de la route du Klondike.* La route 11 *(Silver Trail)* offre, au cours de sa traversée de la région minière du Yukon, une vision du passé mais aussi de la sauvagerie d'un paysage subarctique typique. Première étape, **Mayo** *(km 53)*, ancien port de bateaux à va-

Épilobe, emblème floral du Yukon

peur, subissait jadis un des climats les plus extrêmes du monde avec des températures pouvant atteindre 36 °C l'été (record du Yukon) et –62 °C l'hiver. Le **centre interprétatif de Binet House** *(à l'angle de Center St. et 2nd Ave. Mai-sept. : 10 h-18 h. ☎ 867-996-2926)*, installé dans un ravissant bâtiment édouardien (1922), présente une intéressante exposition sur la formation du pergélisol ainsi qu'une collection de photographies sur la vie des tribus amérindiennes locales. Le hameau de **Keno City** *(km 112)* prospéra jusqu'à la fermeture de sa dernière mine en 1989 : 14 % de la production canadienne d'argent sortit de ses seules mines en 1930. Aujourd'hui, l'exposition privée du **musée de la Mine de Keno City** *(Elsa-Mayo Rd. Mai-sept. : 10 h-18 h. 4$. ☎ 867-995-2792)* est une collection de **photographies★** passionnantes, faisant revivre la bourgade minière des années 1950, réalisées par un mineur autodidacte aujourd'hui décédé.

Peu après Stewart Crossing, on remarquera un vaste fossé d'effondrement parallèle à l'axe de la route : le **sillon de Tintina**. Illustration de la tectonique des plaques *(voir p. 414)*, il s'étire à travers le Yukon et l'Alaska. Un belvédère *(signalé)*, à environ 61 km au Sud de Dawson City, offre une jolie vue sur la vallée.

Au km 483, un **point de vue** domine la vallée du Klondike, tandis que se découpent au Nord-Est les monts Ogilvie. La route longe la rivière dont la vue est obstruée par d'innombrables monceaux de déblais laissés par les dragues minières.

Au km 494, remarquer la **route de Dempster** *(ouv. toute l'année, sauf fonte des neiges au printemps et prise des glaces en automne, qui interrompent le déplacement des bacs sur la Peel et la Mackenzie)* qui part vers le Nord et se fraye un passage à travers les monts Ogilvie et Richardson avant d'aboutir à Inuvik sur le delta du Mackenzie. Elle doit son nom au caporal Dempster de la Police montée du Nord-Ouest, l'un des premiers à la parcourir en traîneau à chiens au début du 20ᵉ s. Elle fut l'unique route d'Amérique septentrionale à franchir le cercle arctique jusqu'à l'ouverture, en 1995, de la route Dalton en Alaska qui rejoint la baie Prudoe.

Le km 538 voit enfin la traversée du légendaire Klondike puis l'entrée dans Dawson City. Le nom Klondike dérive de l'appellation han des pieux que cette tribu plantait dans la rivière pour pêcher le saumon.

★★ Dawson City – *Voir ce nom.*

De Dawson City à Whitehorse

945 km par la route 9 (Top of the World), l'US-5 (route Taylor) et l'US-1 (route de l'Alaska), les deux premières étant fermées l'hiver. Remarque : route en lacet souvent mal entretenue (la route de l'Alaska est goudronnée), conduite prudente nécessaire (vitesse généralement limitée à 40-65 km/h). Allumer ses phares en permanence. Routes 9 et 5 : postes de douane américain et canadien. De mi-mai à mi-sept. : 9 h-21 h (8 h-20 h, heure de l'Alaska). Route 9 et 5 : frontière ouv. toute l'année 9 h-21 h (soit 8 h-20 h, heure de l'Alaska). Route de l'Alaska : frontière ouv. toute l'année 24 h/24. Douane canadienne ☎ 867-862-7230, douane américaine ☎ 907-774-2252.

★★ Top of the World Highway – *108 km jusqu'à la frontière. Route fermée en hiver. Accessible uniquement aux heures d'ouverture du poste de douane américain (voir ci-dessus).* De la route 9 – appelée « Sommet du monde » car son parcours s'effectue en majorité au-dessus de la zone boisée – la **vue★★★** est magnifique. Le bac de Dawson City *(service 24 h/24 mai-sept.)* permet tout d'abord de franchir le Yukon. À cet endroit, les eaux du fleuve ne sont plus d'un vert scintillant comme à la hauteur de Miles Canyon, mais plutôt d'un bleu grisâtre dû à l'apport de terre charriée par ses principaux affluents (les rivières Pelly, White et Stewart). La route s'élève sur environ 5 km, puis offre au détour d'un virage un **point de vue** sur Dawson City et son site ; 14 km plus loin, un second **panorama** s'ouvre sur les monts Ogilvie, la vallée du Yukon et au Nord, le sillon de Tintina. La route monte encore avant de redescendre le long des crêtes en serpentant sur 90 km, découvrant des panoramas sans cesse renouvelés de montagnes et de vallées.

Parcours en Alaska – *306 km. À la frontière américaine, retarder sa montre d'une heure.* La route 9 rejoint la route Taylor (US-5) 23 km après la frontière *(ravitaillement à Boundary, en Alaska)* et se dirige vers le Sud en longeant la vallée de la Fortymile. On y trouva de l'or peu avant la grande découverte du Klondike et les ruisseaux parallèles à la route ont conservé des traces de cette activité minière.

Chicken *(alimentation et essence ; www.chickenalaska.com)*, très pittoresque, est empreinte de l'histoire des pionniers. Les mineurs voulaient, dit-on, baptiser leur campement Ptarmigan (terme anglais pour « lagopède », un oiseau de la région) mais, ne sachant pas l'écrire, optèrent finalement pour Chicken (« poulet ») ! L'écrivain Ann Hobbs est née puis a enseigné à Chicken ; elle raconte cette vie d'institutrice dans son ouvrage *Tisha*. Le Chicken Creek Cafe *(Airport Rd.)* sert des en-cas. À **Tetlin Junction**, prendre la route de l'Alaska en direction du Sud jusqu'à la frontière canadienne *(avancer sa montre d'une heure)*.

★★ **Route de l'Alaska (Alaska Highway)** – *491 km de la frontière à Whitehorse. La route est jalonnée de bornes kilométriques numérotées à partir de Dawson Creek (C.-B.). Le kilométrage ci-dessous, respectant ce bornage, est exprimé dans l'ordre décroissant.* Au Nord de la frontière, non loin de Northway (en Alaska), la réserve **Tetlin National Wildlife Refuge** *(ouv. toute l'année)* couvre 385 000 ha de forêt boréale, de marécages,

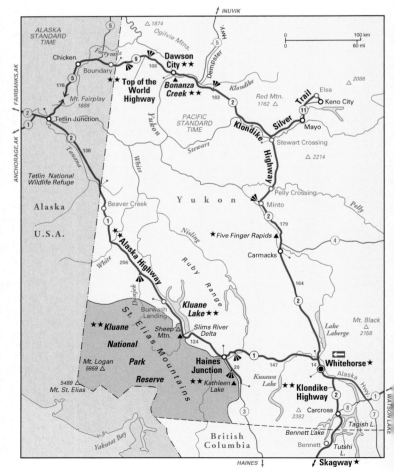

de lacs et de rivières d'origine glaciaire. Au km 1982, un **centre d'accueil** (&. *De déb. nov à fin mai : 8 h-16 h30.* ☎ *907-883-5312. www.r7.fws.gov/nwr/tetlin)* des Eaux et Forêts américaines présente des expositions sur la faune et la flore de la vallée de la Tanana supérieure.

Après avoir franchi la frontière canadienne au km 1969, la route *(attention : route bosselée par endroits)* traverse une plate étendue de tourbières et enjambe tour à tour deux rivières chargées de limon glaciaire, la White puis la Donjek. Cette dernière offre, au km 1810, une *vue* de la chaîne Icefield, elle-même partie intégrante de la **chaîne St. Elias**.

★★**Lac Kluane** – Peu avant Burwash Landing *(km 1759)*, la route s'approche de cet immense lac qu'elle longe sur 64 km, offrant de très belles **vues**★★. Le lac Kluane, le plus grand et le plus élevé du Yukon, doit son extraordinaire couleur aux montagnes qui l'entourent et aux glaciers qui l'alimentent. Au Sud et à l'Ouest, la **chaîne Kluane**, au Nord et à l'Est, la **chaîne Ruby**. Leurs sommets se reflètent dans les eaux bleues glacées du lac dont la surface trompeusement sereine peut subitement se déchaîner.

À Burwash Landing, un bâtiment hexagonal en rondins abrite le **musée d'Histoire naturelle de Kluane** (&. *De juin à déb. sept. : 9 h-21 h. 4,75 $.* ☎ *867-841-5561)* qui présente plusieurs **dioramas**★ de la faune locale, une montagne miniature couverte d'animaux empaillés, ainsi qu'une grande carte en relief des massifs du Parc national Kluane.

★★**Kluane National Park Reserve** – &. *Centre d'accueil à Haines Junction (voir plus loin). Randonnée, pêche, rafting, ski de fond. Pour toute visite à l'intérieur du parc, enregistrement préalable obligatoire auprès des autorités ; accès des véhicules tout terrain limité (passage à gué des ruisseaux).* ☎ *867-634-7250. www.parkscanada.ca. Survol des glaciers en avion :* &. *toute l'année sur demande ; 200 $-325 $/pers. ; Sifton Air* ☎ *867-634-2916. Excursions en hélicoptère : mai-sept. 100 $/pers. (3 pers. minimum) ; Trans-North Air* ☎ *867-634-2242.* Son éblouissante beauté et la formidable variété de ses paysages ont valu à ce parc d'être inscrit sur la liste du patrimoine mondial en 1980. Occupant la totalité de l'angle Sud-Ouest du Yukon (22 000 km^2), il englobe presque entièrement la partie canadienne de la chaîne St. Elias. Les pics enneigés de la chaîne Kluane, qui peuvent atteindre 2 500 m, se distinguent de la route de l'Alaska. Séparée de la chaîne Kluane par l'étroite dépression Duke, la **chaîne Icefield**, généralement peu visible de la route, s'élève en arrière-plan. Les plus hauts sommets canadiens se trouvent dans cette « chaîne des glaciers », dont plusieurs dépassent 4 500 m : parmi les plus célèbres figurent le **mont St. Elias** (5 489 m) et le **mont Logan**, dont les 5 959 m en font le second point culminant d'Amérique du Nord derrière le **mont McKinley** (6 194 m) en Alaska. Ces pics émergent d'un champ de glace à 2 500 m–3 000 m d'altitude, d'où partent de nombreux glaciers.

Au km 1707, la route de l'Alaska passe par le **mont Sheep** *(kiosque d'information)*, croupe rocheuse aride qui doit son nom au mouflon de Dall, aperçu parfois le long des pentes. La route traverse alors le vaste **delta de la Slims** *(km 1707-2)* dont la traînée blanchâtre d'alluvions charriées depuis le glacier Kaskawulsh pénètre les eaux bleues du lac Kluane avant de s'y dissiper.

Haines Junction – *km 1635. Centre d'accueil de la réserve du Parc national Kluane.* &. *De mi-mai à mi-sept. : 8 h-20 h ; reste de l'année : lun.-ven. 10 h-12 h, 13 h-16 h.* ☎ *867-634-7250.* Située au croisement des routes 1 (route de l'Alaska) et 3 (route Haines), cette petite ville occupe un joli **site**★ au pied de la chaîne Auriol. Elle héberge les bureaux de la réserve du Parc national Kluane, ainsi qu'un **centre d'accueil** où les visiteurs pourront se renseigner, se faire enregistrer, voir des expositions interprétatives et assister à une présentation audiovisuelle *(25mn)* poétique du parc.

La route Haines longe la partie Sud du parc, offrant au passage des vues sur le **lac Kathleen**★★, puis elle franchit le col Chilkat avant de pénétrer en Alaska et d'atteindre la ville de Haines, sur le chenal Lynn.

À environ 20 km au Sud de Haines Junction *(route 3)*, un belvédère découvre de très belles **vues**★★ sur le lac. De l'unique terrain de camping du parc, les visiteurs pourront se rendre au bord de ses ravissantes eaux bleues. Lorsque les vents fréquents de la région n'en troublent pas la surface, elles offrent le reflet des monts King's Throne et Worthington dressés en arrière-plan.

Les voyageurs peuvent revenir à Haines Junction puis continuer *(route de l'Alaska)* sur Whitehorse *(km 1474)*, bénéficiant au passage d'agréables vues de la chaîne Côtière au Sud. La route remonte la vallée de la Dezadeash et, 13 km environ après l'embranchement, dispense une **vue**★ *(par temps clair)* sur les monts Hubbard et Kennedy (de la chaîne Icefield) dont les cimes enneigées émergent des chaînes Auriol et Kluane.

Provinces des Prairies

Southey Saskatchewan — ©Maak, Ottawa

L'Alberta, le Manitoba et la Saskatchewan couvrent une vaste zone d'environ 1 963 000 km². Théâtre permanent d'un grand spectacle de lumière, d'espace et de vent, les plaines du Canada central présentent une surface unie, légèrement bosselée, comme écrasée sous un ciel trop grand, sans cesse frissonnant sous la brise, sans cesse balayé de nuages changeants. Ces étendues à n'en plus finir, très cultivées et pourtant peu peuplées (5 millions d'habitants), offrent davantage de variété qu'il n'y paraît à première vue. Dénominateur commun de la topographie, la platitude du modelé est en effet rompue çà et là par la présence de quelques escarpements et, surtout, de vallées fortement encaissées abritant les formes sculptées des **badlands** de l'Alberta et de la Saskatchewan.

Les épis de blé, verts ou dorés selon l'époque de l'année, la couleur jaune du tournesol, celle blanche ou bleue du lin, font des Prairies un costume d'Arlequin toujours changeant. Le quadrillage régulier des champs, d'où s'élève la silhouette caractéristique (bien que de moins en moins fréquente) des grands **silos élévateurs**, recouvre aujourd'hui la Plaine.

Un peu de géographie

Diversité naturelle – Malgré la variété insoupçonnée de leurs paysages, l'Alberta, le Manitoba et la Saskatchewan sont collectivement qualifiées de provinces des Prairies en référence aux vastes étendues herbeuses d'Amérique du Nord où erraient jadis en toute liberté d'immenses troupeaux de bisons, chassés par les Indiens des Plaines. Peu de pâturages ont survécu et les poches restantes de la Saskatchewan et du Manitoba sont protégées.

Sud-Ouest semi-aride – La frange méridionale de l'Alberta et de la Saskatchewan est une zone relativement aride d'herbe rase. En 1857, une expédition scientifique fut ordonnée par le gouvernement britannique afin d'étudier les possibilités de colonisation des Prairies. **John Palliser**, qui la dirigeait, déclara la région impropre à la culture, sans envisager le développement de l'irrigation, qui permet désormais l'exploitation d'une grande partie des terres, et sans reconnaître la valeur nutritive des herbages naturels. Ces derniers constituent aujourd'hui de riches pâturages qui ont contribué à faire de la région, et plus particulièrement des Cypress Hills et de la vallée de la Pembina, la seconde zone d'élevage du pays derrière les Cariboo de Colombie-Britannique.

Croissant céréalier – Au Nord des terres arides se trouve une riche région agricole, plus arrosée, où l'herbe poussait jadis à hauteur d'homme. C'est aujourd'hui le grenier à blé du Canada, la « Prairie », où des fermes modèles parsèment d'immenses exploitations : blé, orge, colza et lin. Malgré le remplacement progressif des greniers de bois par des silos modernes, les anciens silos élévateurs dressent toujours leur silhouette en un repère visible à plusieurs kilomètres à la ronde.

Forêt-parc – La majorité de la population des trois provinces se concentre au Nord des grands espaces céréaliers, dans le croissant de forêt-parc, zone de transition entre la Prairie et la forêt boréale. Les bosquets de trembles parsèment le paysage et l'agriculture mixte y prospère.

Forêt boréale et toundra – Le Bouclier canadien s'étend sur près de la moitié de la surface totale des trois provinces. Amalgame de roches précambriennes, de forêts et d'un essaim de lacs, cette région encore sauvage est marquée par une population amérindienne et de petites communautés. Rébarbative en hiver, la petite région de toundra située sur les bords de la baie d'Hudson, dans le Nord du Manitoba, se couvre en été d'un tapis de busseroles rouge vif, et d'autres plantes et fleurs subarctiques qui lui confèrent une beauté saisissante.

« Marches » des Prairies – Les Prairies forment un plateau légèrement incliné qui s'élève progressivement de l'Est (240 m à Winnipeg) vers l'Ouest (1 050 m à Calgary) en trois paliers : le premier s'achève par l'**escarpement du Manitoba** (altitude maximum 831 m) ; le second se termine par le **coteau du Missouri**, dont les 879 m sont visibles depuis Moose Jaw ; le troisième prend fin au pied des Rocheuses. En bien des endroits, d'anonymes vallonnements ou quelques faibles formes structurelles rompent la platitude du paysage, tandis que les rivières dessinent un relief en creux caractéristique. Au Nord, les Prairies sont interrompues par de nombreuses chaînes de collines, par les Cypress Hills et la vallée de la Pembina au Sud.

Climat – Les provinces des Prairies connaissent un climat rude et fortement continental variant d'une année sur l'autre. Les hivers sont généralement longs et rigoureux, les étés courts et chauds. Les précipitations sont faibles (380-500 mm par an), parfois sous forme de blizzard en hiver et de violentes pluies d'orage en été. Elles bénéficient d'un fort ensoleillement toute l'année, particulièrement en juillet, le mois le plus chaud et le plus sec de l'année (la moyenne maximale pour Calgary est de 24 °C, 27 °C pour Regina, 27 °C pour Winnipeg). Au Sud-Ouest, l'hiver est adouci par le chinook, vent chaud du Pacifique qui traverse les Rocheuses et peut, en quelques heures, élever la température à 28 °C, faisant fondre la neige.

Un peu d'histoire

Les Amérindiens des Plaines – Avant l'arrivée des Européens dans la région, les Assiniboines, Pieds-Noirs, Cris, Gros-Ventres et Sarcee vivaient principalement du bison, dont ils tiraient le **pemmican** (mélange nutritif de viande séchée réduite en poudre, de graisse animale et parfois de baies d'amélanchier) qui pouvait se garder un an. La peau servait à la confection des vêtements (décorés de franges, et par la suite, de perles), des mocassins et des jambières, et recouvrait les fameux **tipis**, tentes coniques à mâts de bois (pouvant atteindre 12 m).
Ces tribus nomades se déplaçaient à pied en petites bandes isolées, et utilisaient des **travois** (assemblage de perches fixées aux flancs d'un chien et, dès le milieu du 18e s., d'un cheval) pour transporter leurs effets personnels. Elles suivaient les troupeaux de bisons tout l'été, chassant les animaux à l'arc ou les poussant vers des enclos ou des précipices, puis elles se dispersaient en hiver, avant de se regrouper au printemps pour attendre le retour des bisons et célébrer la **danse du soleil**.
L'apparition successive du cheval (introduit par les Espagnols), du fusil et des colons devait cependant bouleverser cette vie traditionnelle. Rivalités et guerres entre tribus devinrent plus meurtrières à mesure que les marchands de fourrures leur fournissaient armes et munitions. Dès les années 1880, les grands troupeaux de bisons avaient disparu, victimes d'un véritable jeu de massacre et des clôtures posées par les agriculteurs. Réduits à la famine, peu à peu dépossédés de leurs terres par les colons, les Amérindiens des Plaines se virent contraints de s'installer dans des réserves.

Les trappeurs – Le commerce lucratif des peaux incita les Français à établir les premiers postes permanents sur le continent au 17e s., et à explorer l'intérieur dans l'espoir d'en rapporter de riches cargaisons. Souhaitant raccourcir le long voyage en canoë entre Ville-Marie (aujourd'hui Montréal) et le lac Supérieur, deux marchands, **Pierre Radisson** et **Médard Chouart des Groseilliers**, proposèrent de transporter les fourrures vers l'Europe plus rapidement et moins coûteusement, par la baie d'Hudson. Ne trouvant pas de capitaux français pour arriver à leurs fins, ils convainquirent les Anglais du bien-fondé de leur projet. Partis de Londres à bord du *Nonesuch* en juin 1668, les deux hommes revinrent à bon port l'année suivante, munis d'un précieux chargement de fourrures. La **Compagnie de la baie d'Hudson** (CBH) doit sa création au succès de cette expédition : en 1670, une charte royale octroyait au « Gouverneur et à la Compagnie des aventuriers » le monopole de la traite sur la Terre de Rupert, immense territoire drainé par les fleuves se jetant dans la baie. Des comptoirs furent rapidement établis sur ses berges et le commerce des fourrures put prospérer.

Premier Européen à explorer l'intérieur de cette vaste région, **Henry Kelsey** traversa le Nord du Manitoba et de la Saskatchewan au début des années 1690. Menacé par les contacts de Kelsey avec les Amérindiens, **La Vérendrye** établit en 1730 les premiers comptoirs français des Plaines. Lors de son voyage pour la CBH à travers l'Alberta en 1754, **Anthony Henday** vit les Français si bien implantés dans les Prairies qu'il recommanda à la compagnie d'établir des comptoirs à l'intérieur des terres plutôt que de laisser les Amérindiens apporter leurs fourrures jusqu'à la baie. Cependant, la chute de la Nouvelle-France en 1759 *(voir p. 308)* semblant réduire la menace, la suggestion de Henday ne fut pas adoptée.

Vers la fin du 18ᵉ s. et le début du 19ᵉ s., le commerce des fourrures entraîna dans la région d'acerbes rivalités. Fondée par des Écossais établis à Montréal, la Compagnie du Nord-Ouest fut bientôt une concurrente acharnée de la CBH. Des comptoirs rivaux naquirent le long des rivières, chaque cargaison étant prétexte à querelle. La fusion des deux compagnies en 1821 mit fin à cette compétition féroce.

Les Métis et la création du Manitoba – Un nouveau groupe ethnique dut son existence au commerce des fourrures. Issus de femmes amérindiennes et de **coureurs des bois** français (qui pratiquaient le commerce indépendant des fourrures), puis plus tard de marchands écossais et anglais, les Métis formaient un peuple à part : pour la plupart catholiques et francophones, semi-nomades, ils chassaient le bison comme leurs ancêtres amérindiens et vendaient leur pemmican aux négociants de fourrures. L'arrivée de colons sur la rivière Rouge en 1812 représenta la première atteinte à leur mode de vie. En 1870, le nouveau Dominion du Canada racheta la Terre de Rupert à la Compagnie de la baie d'Hudson et procéda à son arpentage, traçant les lots des futurs colons sans tenir compte des terres déjà occupées par les Métis.

Ceux-ci, inquiets, se regroupèrent sous l'autorité de **Louis Riel**, jeune homme de 25 ans revenu au pays après avoir reçu une solide éducation au collège de Montréal. Il s'empara de Fort Garry, créa un gouvernement provisoire et présenta au gouvernement fédéral la « liste des droits » revendiqués par les Métis. Le gouvernement céda : en juillet 1870, la nouvelle province du Manitoba (dont le nom, choisi par Riel, signifie « l'esprit qui parle »), dotée d'une assemblée élue, fut créée ; les propriétés des Métis furent reconnues, et la tenue des actes officiels et des procès en deux langues, le français et l'anglais, fut adoptée.

Les Métis obtinrent donc gain de cause, mais une péripétie de la rébellion fut lourde de conséquences : au cours de la prise de Fort Garry, Riel avait fait quelques prisonniers ; l'un d'eux, **Thomas Scott**, jeune orangiste ontarien, fut si provocant que, pour faire un exemple, Riel le fit condamner à mort. Élu au Parlement à plusieurs reprises, Riel ne put jamais siéger à Ottawa en raison de la colère suscitée en Ontario par la mort de Scott. Finalement exilé aux États-Unis, il fit reparler de lui 15 ans plus tard.

Une mosaïque humaine – La Compagnie de la baie d'Hudson ayant cédé la Terre de Rupert au gouvernement, plusieurs questions restaient à résoudre. Il fallait d'une part négocier avec les peuples indigènes : des traités furent signés en 1877, lesquels n'empêchèrent pourtant pas la rébellion du Nord-Ouest en 1885. Il s'agissait d'autre part de procéder à la distribution des terres : par le **Dominion Lands Act** de 1872, les nouveaux venus recevaient des lots de 65 ha dont ils devenaient officiellement propriétaires au bout de trois ans, à condition d'y avoir construit une ferme et cultivé une partie du sol. Il était également nécessaire d'assurer la loi et le maintien de l'ordre dans ce vaste territoire, d'où la création en 1873 de la **Police montée du Nord-Ouest**. Il fallait enfin ouvrir la région à la colonisation en la rendant plus accessible. La construction du **Canadien Pacifique**, commencée en 1881, eut de très fortes répercussions sur le peuplement des Prairies. Celles-ci ne comptaient guère que 150 000 habitants à l'achèvement du chemin de fer (1885) ; moins de 30 ans plus tard, la population avait atteint 1,5 million d'habitants. 1905 vit la création des provinces de l'**Alberta** et de la **Saskatchewan**. Le gouvernement de **Wilfrid Laurier** ne ménagea pas ses efforts pour attirer les immigrants, proposant des terres « gratuites », payant aussi une partie de la traversée et offrant le voyage en train à prix réduit. Ils vinrent nombreux du Canada de l'Est, des États-Unis et d'une Europe surpeuplée où la révolution industrielle avait provoqué un exode massif. Les colons européens, pour la plupart Hongrois, Ukrainiens ou Scandinaves, formèrent de petites communautés conservant leur langue et leurs traditions. Aux huttérites et mennonites de langue allemande, aux doukhobors d'origine russe persécutés en Europe vinrent s'ajouter catholiques, protestants, orthodoxes, juifs, mormons et, à partir de 1915, réfugiés politiques d'horizons divers. Tous participèrent à la formation d'une société multiculturelle dont la population passe aujourd'hui la barre des 5 millions (Alberta : 2 974 807 habitants, Manitoba : 1 119 583 habitants, Saskatchewan : 978 933 habitants).

Économie

Agriculture – Entre 1876 et 1915, le paysage de la Prairie, où s'épanouissaient autre-fois toutes sortes de plantes herbacées et où poussaient par millions des fleurs des champs, devait considérablement changer de physionomie sous l'action de l'homme. Plusieurs facteurs contribuèrent à cette étonnante mutation : d'une part, l'avènement des chemins de fer transcontinentaux, qui ouvrirent les Plaines à la colonisation, jouant ainsi un rôle primordial dans leur mise en valeur agricole ; d'autre part, l'introduction en 1842 de **Red Fife**, variété de blé bien adaptée aux sols des Prairies, à la fois résis-tante à la rouille des tiges et capable de donner une bonne récolte malgré un été court et sec. Dès 1915, les régions productrices de blé étaient méconnaissables pour qui les avait connues 40 ans auparavant.

La terrible dépression économique des années 1930, aggravée par une longue période de sécheresse, paralysa l'activité agricole. Mais l'addition d'un sol fertile, d'étés ensoleillés, d'un terrain plat et d'une pluviosité adéquate se révèle idéale pour la culture céréalière. Près de 80 % des terres agricoles du Canada se trouvent dans l'Alberta, le Manitoba et la Saskatchewan. Les provinces des Prairies, avec quelque 25 millions de tonnes de blé et 11 millions de tonnes d'orge par an, produisent 5 % des récoltes mondiales, soit plus de 20 % de part de marché. Elles exportent leur blé vers plus de 60 pays. Blé, orge, seigle, avoine et autres céréales constituent le fondement de l'agriculture régionale, qui se diversifie néanmoins avec la présence de colza (utilisé de mille manières, de l'huile de table à l'antigel) et du lin. Les exploitations mixtes, mêlant culture et élevage bovin, ainsi que l'aviculture (viande et œufs) et l'élevage porcin ont également leur rôle à jouer.

Élevage – Si la culture des céréales demeure incontestablement l'épine dorsale de l'éco-nomie des Prairies, l'élevage vient en seconde position grâce en particulier aux contreforts de l'Alberta du Sud (l'Alberta est la province possédant le plus grand nombre de fermes d'élevage). Après la signature des traités amérindiens dans les années 1870, l'élevage se développa dans le Sud de l'Alberta et de la Saskatchewan, dont les vastes espaces constituaient d'excellents pâturages, même en hiver : le chinook, faisant

---

■ Les cathédrales des Plaines

Visibles à plusieurs kilomètres sur l'horizon des Prairies, peints de couleurs gaies, les silos élévateurs en bois scandent le tracé de la voie ferrée qui des-sert de nombreuses communes rurales. Les premières sentinelles silencieuses se dressèrent dès les années 1800, puis elles suivirent l'avancée vers l'Ouest des rails à travers le Manitoba, la Saskatchewan et l'Alberta, protégeant les céréales des insectes et des éléments. On dénombrait 6 000 silos élévateurs à la fin des années 1920.

La technique dont ils tirent leur nom consiste à verser le grain dans une tré-mie de chargement, puis à le faire remonter, généralement à une vingtaine de mètres du sol, par une longue bande d'acier équipée de cuvettes nommée la « gaine », jusqu'aux compartiments de stockage et de nettoyage. Les céréales prêtes pour l'expédition sont versées sur une immense échelle où elles sont pesées, puis remontées dans leur compartiment d'où elles se déversent par la trémie dans les véhicules.

Les authentiques silos élévateurs de bois, généralement peints de couleurs vives, rectangulaires et coiffés d'un toit pointu, présentent certaines caracté-ristiques architecturales telles que l'étroit dôme traditionnel. La poussière de céréales étant extrêmement volatile, les premiers silos de bois brûlaient sou-vent : une étincelle pouvait engendrer une explosion dévastatrice. Ils furent par la suite doublés d'une feuille métallique ou construits en béton, afin de limiter les risques d'incendie. Les cuvettes furent tout d'abord remontées par un che-val, mais la mécanisation fit son apparition avec l'arrivée des moteurs à vapeur au début du 19e s. ; en 1897, l'électricité supplanta la vapeur.

Les silos élévateurs jouant un rôle essentiel dans la culture et la commerciali-sation des céréales, leur histoire s'enchevêtre dans la vie quotidienne des Prairies. Malheureusement, ces symboles des communautés rurales disparais-sent. Le gouvernement ne les subventionnant plus, de nombreuses lignes secondaires sont abandonnées par les compagnies ferroviaires. Et d'immenses terminaux de ciment et d'acier, gérés par ordinateur et situés dans des villes plus importantes, remplacent peu à peu les anciens silos de bois, démolis par centaines. Les silos élévateurs robotisés traitent les grains plus rapidement et plus efficacement, remplissant près de 15 autorails par heure, contre deux par heure pour les silos de bois.

On estime à près de 900 les silos élévateurs traditionnels qui ponctuent encore l'horizon de la prairie comme autant de points d'exclamation colorés. La com-munauté d'**Inglis**, dans le Manitoba, associée à Parks Canada pour conserver la dernière rangée complète de silos des années 1920, a pu la faire classer **site historique national**. Ces silos (désaffectés depuis 1995) sont en cours de restau-ration ; convertis en écomusée, certains sont d'ores et déjà ouverts au public *(mai-sept. : 9 h-16 h. ☎ 204-564-2243. www.ingliselevators.com).*

RENSEIGNEMENTS PRATIQUES

Comment s'y rendre et s'y déplacer

Avion – Aéroports de Calgary, Edmonton, Regina, Saskatoon et Winnipeg : vols intérieurs et internationaux. Parmi les compagnies les desservant : Air Canada, ☎ 888-247-2262 ; www.aircanada.ca. Parmi les compagnies assurant la liaison entre les villes des Prairies : Westjet Airlines, ☎ 800-538-5696 ; www.westjet.com

Train – **VIA Rail** assure des services réguliers dans les trois provinces : ☎ 800-561-8630, www.viarail.ca

Autocar – **Greyhound** dessert les grandes villes, mais aussi des communes plus petites des Prairies : ☎ 800-661-8747, www.greyhound.ca

À savoir

Hébergement et informations touristiques – Les Offices de tourisme gouvernementaux mettent gracieusement à la disposition des visiteurs des cartes routières et brochures (très rarement disponibles en français) procurant d'utiles renseignements (hébergement, camping, pêche et chasse : règlements, espèces d'animaux et limites de prises, etc.) :

Travel Alberta : 17811 116th Ave., Edmonton AB T5S 2J2 ; ☎ 780-427-4321 ou 800-661-8888 ; www.travelalberta.com

Travel Manitoba : 155 Carlton St. (7e étage), Dept. RA6, Winnipeg MB R3C 3 H8 ; ☎ 204-945-3777 ; www.travelmanitoba.com

Tourism Saskatchewan : *1922 Park St., Regina, SK S4P 3V7* ; ☎ 306-787-2300 ou 877-237-2273 ; www.sasktourism.com

La plupart des grandes chaînes hôtelières *(voir p. 32)* ont des établissements dans les Prairies. Chambres d'hôte et hôtels sont nombreux sur les itinéraires fréquentés. Possibilité de **vacances à la ferme** dans les trois provinces. L'Alberta dispose de nombreux ranchs d'accueil avec randonnées équestres et camping pour cavaliers de tous âges, débutants ou confirmés.

Législation routière – *(Permis de conduire et assurance, voir p. 30)* Les trois provinces possèdent de bonnes routes goudronnées. Sauf indication contraire, la vitesse est limitée sur les routes provinciales à 100 km/h (60 miles/h) en Alberta et en Saskatchewan, à 90 km/h (55 miles/h) au Manitoba. Partout, le port de la **ceinture de sécurité** est obligatoire. L'annuaire local indique les coordonnées des bureaux de l'**Association canadienne des automobilistes** ou CAA.

Heure locale – L'Alberta vit à l'heure des Rocheuses, le Manitoba à celle du Centre. Les deux provinces adoptent l'heure d'été du premier dimanche d'avril au dernier dimanche d'octobre. La plus grande partie de la Saskatchewan vit à l'heure du Centre toute l'année, et se trouve ainsi à l'heure de l'Alberta l'été, à celle du Manitoba l'hiver. Néanmoins, certaines localités frontalières préfèrent s'aligner toute l'année sur l'heure de la province voisine.

Taxes – En plus de la taxe nationale sur les produits et les services (TPS) de 7 % *(voir les modalités de recouvrement p. 37)*, le Manitoba et la Saskatchewan prélèvent une taxe provinciale à la vente de 7 %. L'Alberta impose une taxe hôtelière de 5 %, mais aucune taxe provinciale sur les ventes ou la restauration.

Loi sur les alcools – Âge légal pour la consommation d'alcool : 18 ans en Alberta et au Manitoba, 19 ans en Saskatchewan. Vente d'alcool dans les magasins d'État et certains détaillants autorisés au Manitoba et en Saskatchewan ; en Alberta, vente d'alcool exclusivement dans les magasins d'État ; dans les régions reculées du Nord, où n'existe aucun magasin d'État, vente d'alcool dans les épiceries autorisées.

Jours fériés provinciaux – *(Voir liste des principaux jours fériés p. 36)*

Journée de la Famille (Family Day), *Alb.*	3e lundi de février
Fête civique (Civic Holiday), *Man., Sask. et Alb.*	1er lundi d'août

À faire

Activités récréatives – Les Prairies font le bonheur des amateurs de plein air. L'abondance de lacs et de cours d'eau permet la pratique de nombreux **sports nautiques** : bateau, voile, canoë, ski nautique et baignade. La Saskatchewan est renommée pour les **descentes de rapides** en canot pneumatique, notamment sur la rivière Clearwater ; l'Alberta propose des excursions en rafting d'une demi-journée à 4 jours. Dans les nombreux parcs nationaux et régionaux se pratiquent, l'été : randonnée, cyclisme, équitation et camping ; l'hiver : ski de fond, ski de descente, raquette et motoneige. Excursions d'observation de la faune : grues en Saskatchewan, ours polaires au Manitoba, mouflons en Alberta.

La **pêche** est bonne dans les trois provinces, mais le Nord du Manitoba et le Nord de la Saskatchewan sont renommés pour leurs gîtes accessibles par avion. La région du lac La Ronge, en Saskatchewan, est très réputée pour la pêche sportive. Le permis requis pour la pêche ou la chasse s'obtient dans la plupart des magasins de sport. Des guides *(distribués gratuitement par les offices de tourisme provinciaux)* procurent tous les renseignements sur les règlements de chasse et de pêche, les limites de prises, etc.

Tourisme découverte – Excursions ornithologiques *(mai-juin)*, observation des baleines chantantes **bélugas** *(juil.-août, certaines excursions avec hydrophones)* et des **ours polaires** *(oct.-nov.)* à Churchill, au Manitoba *(excursions d'un ou plusieurs jours ; réservation conseillée 6-9 mois à l'avance ; Natural Habitat Wildlife Adventures ☎ 303-449-3711 ou 800-543-8917 ; Sea North Tours ☎ 204-675-2195)*. Contacter Travel Manitoba *(voir plus haut)* pour obtenir la liste complète des organisateurs.

Descente de rivière sur la Churchill en Saskatchewan *(mai-sept. ; 5/15 jours ; ☎ 306-635-4420 ; www.churchillrivercanoe.com)*.

Randonnées à cheval et avec monture de bât. Les organisateurs proposent des randonnées tous niveaux *(1/10 jours)*. Contacter Travel Manitoba *(voir plus haut)* pour plus d'informations.
Pour revivre l'épopée de l'Ouest sauvage, la **randonnée en chariot bâché** à travers les grands espaces de la Saskatchewan s'impose *(1/4 jours ; mai-sept. ; accompagnateur expérimenté ; dîner autour du feu de camp)*. Contacter Tourism Saskatchewan *(voir plus haut)* pour plus d'informations.

Principales manifestations

Fév.	**Northern Manitoba Trappers' Festival**	*The Pas, Man.*
	Festival du Voyageur *(voir p. 218)*	*Saint-Boniface, Man.*
	Winter Festival	*Prince Albert, Sask.*
Juin	**Manitoba Summer Fair**	*Brandon, Man.*
	Western Canada Farm Progress Show	*Regina, Sask.*
	Red River Exhibition	*Winnipeg, Man.*
Juil.	**Folk Festival**	*Winnipeg, Man.*
	Saskatoon Exhibition	*Saskatoon, Sask.*
	Manitoba Highland Gathering	*Selkirk, Man.*
	Manitoba Threshermen's Reunion *(voir p. 179)*	*Austin, Man.*
	Calgary Exhibition and Stampede *(voir p. 184)*	*Calgary, Alb.*
	Klondike Days *(voir p. 197)*	*Edmonton, Alb.*
	Big Valley Jamboree	*Craven, Sask.*
Juil.-août	**National Ukrainian Festival** *(voir p. 208)*	*Dauphin, Man.*
	Pioneer Days	*Steinbach, Man.*
	Buffalo Days	*Regina, Sask.*
Août	**Whoop-Up Days and Rodeo**	*Lethbridge, Alb.*
	Icelandic Festival	*Gimli, Man.*
	Corn and Apple Festival	*orden, Man.*
	Folklorama *(voir p. 212)*	*Winnipeg, Man.*
	Folkfest	*Saskatoon, Sask.*
Nov.-déc.	**Canadian Western Agribition**	*Regina, Sask.*

Alberta Economic Development & Tourism

fondre la neige, découvrait l'herbe. Aujourd'hui encore, ces deux régions sont le domaine des cow-boys qui, malgré la mécanisation, accomplissent une tâche indispensable. Le spectacle de cavaliers au milieu de leurs troupeaux est chose commune, et les nombreux rodéos (Calgary Stampede a même acquis une renommée internationale) font revivre le folklore de l'Ouest.

Industrie – Bien que l'agriculture soit la première source de revenus de la Saskatchewan, elle ne vient qu'en seconde position au Manitoba et en troisième (après la pétrochimie et l'extraction minière) en Alberta. Le Manitoba s'intéresse à tous les secteurs : agroalimentaire, matériel agricole, engins de transport, imprimerie, textile et ameublement. La production pétrochimique de l'Alberta n'est surpassée que par celle du Québec et de l'Ontario.

Richesses du sous-sol – C'est l'Alberta qui produit aujourd'hui la grande majorité des hydrocarbures et du **gaz naturel** canadiens. Découvert à Lethbridge (Alb.) en 1869, puis près d'Estevan (Sask.) et à Canmore (Alb.), le **charbon** fut la première ressource naturelle extraite dans les Prairies.

Dans les années 1880, Kootenay Brown trouva du **pétrole** dans la région des lacs Waterton (Alb.). La découverte des gisements de Turner Valley *(voir p. 185)* en 1914, puis de Leduc en 1947 marqua le développement de l'industrie extractive albertaine. L'extraction de **potasse** (utilisée comme fertilisant) débuta en 1951 près d'Esterhazy (Sask.) : la province est aujourd'hui le premier producteur mondial ; elle est également riche en hydrocarbures et **sulfate de sodium** (Lloydminster, Swift Current et Estevan). L'exploitation des gigantesques gisements de **zinc**, de **cadmium** et de **cuivre** de Fin Flon (Man.) démarra en 1915 pour s'étendre aujourd'hui jusqu'à la Saskatchewan. Du cuivre fut également découvert près de Lynn Lake (Man.) et de l'or dans la région du lac Athabasca (Sask.). Vers la fin des années 1940, on découvrit de l'**uranium** dans la région de Beaverlodge (Sask.), au Nord du lac Athabasca. Dans les années 1960 commença l'exploitation de l'énorme gisement de **nickel** de Thompson (Man.).

AUSTIN★

Manitoba

Carte Michelin n° 583 K3

Cette plaisante communauté rurale se trouve à 123 km à l'Ouest de Winnipeg, au cœur de la Prairie manitobaine, dans une zone de polyculture à grande échelle. Sa fête annuelle est renommée.

■ Le curling, l'autre sport d'hiver canadien

Plus d'un million de Canadiens s'adonnent à cette activité hivernale, devenue sport olympique lors des Jeux de Calgary (1988) ; son principe est le suivant : Deux équipes de 4 joueurs s'affrontent au cours de 8 à 10 manches *(ends)*. Les joueurs, qui portent des chaussures à semelle en caoutchouc (non des patins), lancent à tour de rôle leur palet (une pierre de granit pesant 20 kg), qu'ils font glisser sur un couloir de glace de 42 m sur 4,30 m vers un **œil-de-bœuf**. Des joueurs nommés *sweepers* (les balayeurs) nettoient la glace devant le palet de leur équipier afin d'augmenter sa vitesse et d'optimiser sa trajectoire. Les capitaines signalent à leurs joueurs quand ils doivent rejeter le palet d'un adversaire loin de la cible. L'équipe marque un point pour le palet le plus proche de la marque.

Bien qu'un jeu similaire ait été représenté en 1565 par le peintre flamand Pieter Bruegel, c'est en **Écosse** que le curling a probablement vu le jour au 16e s. Les troupes écossaises basées au Canada jouaient au curling en 1760 avec des boulets de canon qu'elles avaient fondus. Plus tard, les tailleurs de pierre écossais fabriquaient en Ontario le palet de granit actuel avec sa poignée en bec de cane. La fondation des premiers clubs de curling canadiens remonte à 1807 et la formation de la Fédération canadienne de curling à 1935. La haute saison dure de janvier à mars. Le **Manitoba**, qui possède davantage de clubs que le Québec et l'Ontario réunis, est le haut lieu du curling au Canada. Deux tournois majeurs ont lieu chaque année : Canadian Mixed Curling Championship de Weyburn (Sask.) qui se déroule en janvier, et Canadian Senior Men's and Women's Curling Championships de Calgary, également en janvier.

De nombreux clubs possèdent des tribunes ou une galerie pour les spectateurs ; seuls les tournois sont généralement payants. Les matchs de curling sont télévisés (principalement sur les chaînes sportives). *Canadian Curling Association (www.curling.ca).*

CURIOSITÉ

★**Manitoba Agricultural Museum** – *Route 34, à 3 km au Sud de la Transcanadienne.* ♿ *De fin mai à fin oct. : 9 h-17 h. 5 $.* ☎ *204-637-2354. www.agmuseum.mb.ca.* Le principal attrait du musée est sa magnifique collection de machines agricoles d'époque, présentées dehors ou rassemblées sous hangar : locotracteurs, batteuses, premiers tracteurs à essence. Ces monstres de fonte, en parfait état de marche, défilent durant la **Manitoba Threshermen's Reunion and Stampede** (grande assemblée des batteurs de grains), qui se déroule chaque année au musée (🗓 *fin juil. ; la totalité des bâtiments du musée, village de colons inclus, est ouverte pendant la manifestation).* Après la parade ont lieu des courses de machines à vapeur et des concours de battage, puis un rodéo, des quadrilles, un concours de violon et, enfin, des promenades à cheval pour les plus jeunes. Vente de spécialités culinaires variées et d'objets artisanaux.

Le musée, outre une belle collection d'objets de pionniers, comprend également un **petit village reconstitué** de la fin du 19e s. peuplé de figurants costumés, avec son église, ses maisons en rondins et son école.

Les BADLANDS de l'ALBERTA★★★

Alberta

Il y a plus de 10 000 ans, les eaux de fonte des derniers glaciers continentaux creusè-rent dans le Sud de l'Alberta une vallée profonde et très large par endroits, maintenant occupée par la rivière Red Deer. Ce travail d'érosion mit à nu des roches du crétacé (entre -140 et -64 millions d'années), créant un remarquable paysage de falaises striées et de buttes ravinées par les eaux de ruissellement. Vers la fin du secondaire, la région était une plaine au climat subtropical habitée par des sauriens dont les restes fossilisés ont été préservés jusqu'à nos jours. Depuis la découverte des premiers ossements en 1884, des centaines de squelettes complets et os divers ont été exhumés et exposés dans plusieurs grands musées, dont le Royal Ontario Museum (à Toronto) et le Canadian Museum of Nature (à Ottawa). Les Badlands de l'Alberta comptent parmi les plus riches gisements fossilifères du monde.

■ Les dinosaures

Du grec *deinos* (terrible) et *sauros* (lézard), ce mot évoque volontiers l'image de gigantesques prédateurs. Il existait en fait une grande variété de dinosaures. La plupart étaient herbivores, et si certains dépassaient les 20 m et pesaient plusieurs tonnes, d'autres n'étaient guère plus gros qu'un poulet. Les **dinosaures à bec de canard** étaient de grands bipèdes adaptés à la locomotion terrestre et aquatique ; les **dinosaures à cornes**, des quadrupèdes marcheurs caractérisés par une énorme tête cornue reposant sur un cou protégé d'une collerette osseuse ; les **dinosaures cuirassés** avaient le corps revêtu d'une carapace bombée munie de plaques osseuses dressées ou d'épines en guise de protection. La plupart de ces végétariens à locomotion lente étaient la proie des **dinosaures carnivores**, bipèdes coureurs à la longue mâchoire pourvue de dents redoutables.

DINOSAUR TRAIL *Circuit de 51 km. Schéma ci-dessous.*

La « route des dinosaures », aux environs de Drumheller, offre de beaux points de vue sur les Badlands et permet de mieux apprécier l'étrangeté de ces « mauvaises terres ».

★ **Drumheller** – *Centre d'accueil 60 1st Ave. W.* ♿ *Juil.-août : 9 h-21 h ; le reste de l'année : tlj sf lun. et mar. 9 h-18 h. Fermé 1er janv., 25 déc.* ☎ *403-823-8100. www.dinosaurvalley.com.* Ancienne bourgade minière à 138 km au Nord-Est de Calgary, Drumheller se situe, comme le Parc provincial des Dinosaures, au cœur des Badlands dans la vallée de la rivière Red Deer. La ville est entourée de riches terres à blé que seuls entrecoupent çà et là quelques puits de pétrole. L'arrivée sur

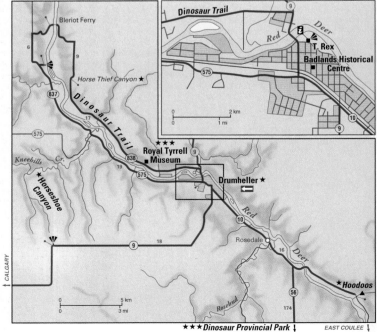

■ La chasse aux fossiles

Il est préférable de chercher les fossiles sur les roches sédimentaires exposées (carrières, bordures de route, falaises et bord de mer). Toujours obtenir une **autorisation préalable** des autorités locales ou des propriétaires des terrains. **Se renseigner sur les restrictions légales** : par exemple, le ramassage des fossiles est interdit dans les parcs fédéraux et provinciaux de l'Alberta. Interdiction également de vendre ou sortir des fossiles de la province sans un certificat du gouvernement. Le musée royal Tyrrel peut apporter son concours pour les autorisations de fouilles (☎ 403-823-7707).

Prévoir un sac ou un sac à dos solide. Que l'on ramasse en surface ou que l'on creuse, un équipement de base est nécessaire : carte, boussole, loupe, carnet, petit pinceau, couteau, truelle et marteau de géologue. Gants et lunettes protectrices sont utiles lorsque l'on se sert du marteau ; un casque également en cas de chute de débris. Ne pas oublier le papier d'emballage et un sac de transport pour les fossiles.

Numéroter les spécimens et les manipuler avec précaution afin de conserver les données scientifiques qu'ils renferment. Enregistrer dans le carnet leur emplacement et la date de la trouvaille. Décrire également la couleur et la texture de la roche qui les emprisonne (par exemple : bloc de calcaire dur).

Exposition-vente de fossiles : **Badlands Historical Centre** *(voir ci-dessous)* ; vente de fossiles, d'équipement et d'ouvrages spécialisés : **The Fossil Shop** *(61 Bridge St. ☎ 403-823-6774. www.thefossilshop.com)*. Répliques et livres sont disponibles à la **boutique** du musée Tyrrell. Ce dernier propose des stages d'une journée ou d'une semaine avec une équipe de paléontologues *(âge minimum requis 18 ans). Pour toute information, appeler le musée ☎ 403-823-7707.*

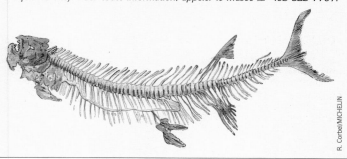

R. Corbel/MICHELIN

Drumheller offre le saisissant spectacle d'une rude vallée d'environ 120 m de profondeur et 1,6 km de large. Autre surprise de taille, un dinosaure se dessine au loin. Dominant de ses 26 m l'entrée du centre d'accueil se dresse la réplique en acier et fibre de verre d'un *Tyrannosaurus rex*, achevée l'été 2000. Ce **tyrannosaure**, qui se veut « le plus grand du monde », contient un escalier intérieur menant à une plate-forme panoramique *(2 $. Horaires identiques à ceux du centre d'accueil)* située dans sa gueule béante. La **vue★** sur la vallée et les plaines vaut l'escalade (106 marches).

Badlands Historical Centre – *335 1st St. E.* ⅋ *De fin mai à fin oct. : 10 h-18 h ; le reste de l'année sur demande. 4 $. ☎ 403-823-2593.* Consacré à l'histoire, l'écologie, la faune et la flore de la région, le musée propose des expositions, des vitrines interactives, des objets d'artisanat et des fossiles de dinosaures. Les articles (livres, fossiles) vendus dans la boutique sont en relation avec les sujets explorés.

★★★Royal Tyrrell Museum – *6 km au Nord-Ouest de Drumheller par la route 838 (North Dinosaur Trail).* ⅋ *De fin mai à fin août : 9 h-21 h ; de déb. sept. à déb. oct. : 10 h-17 h ; le reste de l'année : tlj sf lun. 10 h-17 h. Fermé 1er janv., 24-25 déc. 10 $. ☎ 403-823-7707 ou 888-440-4240. www.tyrrellmuseum.com.* Ce remarquable musée, l'un des plus grands du monde à étudier les êtres vivants des temps géologiques, fut inauguré en 1985. Ses structures horizontales blanc et ocre, conçues par un architecte de Calgary, Douglas Craig, se fondent harmonieusement dans l'environnement austère des Badlands.

Fidèlement reproduits à partir d'authentiques fossiles ou de moulages, les principaux types de dinosaures ayant jadis occupé la région ornent la fascinante **galerie des dinosaures**. On notera le gigantesque tyrannosaure, le stégosaure à plaques osseuses, ainsi que des dinosaures à forme d'oiseau, plus petits. Une partie de la galerie représente le fond de l'ancienne mer crétacée qui recouvrait l'Ouest du Canada intérieur il y a quelque 70 millions d'années. De cette époque, on peut voir de grands reptiles marins, les mosasaures, qui atteignaient 15 m de long.

Autre section particulièrement intéressante, la **paléoserre** réunit une importante collection de plantes actuelles – descendantes ou proches parentes de la végétation contemporaine des dinosaures – qui, dans certains cas, n'ont guère évolué en

140 millions d'années. Des expositions diverses et des films évoquent par ailleurs l'histoire de la Terre, les théories de l'évolution, l'époque des dinosaures et les causes possibles de leur disparition, les mammifères actuels et éteints, les périodes glaciaires et l'apparition des hominiens.

Passant souvent sur un plateau, le circuit n'atteint des paysages vraiment sauvages qu'aux points de vue sur la vallée. Après avoir dépassé le musée Tyrrell, le premier d'entre eux, **Horse Thief Canyon**★, offre une jolie vue sur les Badlands. Le circuit traverse ensuite la rivière sur un bac halé rustique, le **Bleriot Cable Ferry**. En remontant sur le plateau, belles **vues**★ sur toute la vallée dont les falaises arides contrastent avec les verts pâturages en bordure de la Red Deer.

AUTRES CURIOSITÉS

★**Horseshoe Canyon** – *18 km au Sud-Ouest de Drumheller par la route 9.* Des sentiers à travers les collines mènent à la rivière en procurant l'une des meilleures **vues** des Badlands et de leurs paysages ruiniformes.

★**Hoodoos** – *17 km au Sud-Est de Drumheller par la route 10.* L'érosion a sculpté, dans les talus ravinés au bord de la route, ces cheminées de fées, curieux piliers naturels faits de roches peu consolidées.

★★★**Dinosaur Provincial Park** – *174 km au Sud-Est de Drumheller. Prendre la route 56, puis la Transcanadienne en direction de l'Est jusqu'à Brooks. Prendre ensuite la 873 sur 10 km, tourner à droite sur la 544, puis à gauche sur la 551. Ouv. tous les jours de l'année. Centre d'accueil : Tyrrell Museum Field Station (voir horaires plus loin)* ☎ *403-378-4342. www.gov.ab.ca/env/parks/prov_parks/dinosaur.* Inscrit sur la Liste du patrimoine mondial de l'Unesco en 1979, ce remarquable parc se situe dans la partie la plus spectaculaire de la vallée de la rivière Red Deer, et englobe les plus riches terrains fossilifères de la région. Ici pousse également le rarissime peuplier de Virginie dont l'espèce continue à décliner malgré des efforts soutenus de préservation.

À l'entrée du parc, un excellent **point de vue**★★★ dévoile 3 000 ha de terres rudement érodées de part et d'autre de la rivière. La route descend ensuite vers la vallée. Un **circuit routier**★ *(5 km)* offre un aperçu de ce paysage désolé, presque lunaire, où ne pousse guère que l'armoise. Plusieurs courtes promenades conduisent à des vitrines où l'on peut voir, tels qu'ils furent découverts, des ossements de dinosaures ; des panneaux explicatifs identifient chaque espèce et en indiquent la taille. Plus longs, les sentiers de nature permettent aux visiteurs de mieux apprécier cette terre sauvage. La plus grande partie du parc ne reste cependant accessible que lors d'**excursions en minibus**★ *(dép. de Tyrrell Museum Field Station. De fin mai à fin août. 2 h. Réservation requise la veille. 6,50 $.* ☎ *403-378-4344)* ou de randonnées pédestres guidées *(contacter le centre d'accueil du parc).*

★★**Tyrrell Museum Field Station** – *À 1,6 km de l'entrée du parc.* ♿ *De fin mai à fin août : 8 h30-21 h ; le reste de l'année : tlj sf w.-end 9 h-17 h. 3 $.* ☎ *403-378-4342. www.gov.ab.ca/env/parks/prov_parks/dinosaur.* Située dans le parc même pour faciliter les recherches sur le terrain, cette annexe du musée royal Tyrrell ouvrit ses portes en 1987. Elle présente diverses expositions paléontologiques, et offre surtout la possibilité de visiter le laboratoire de recherche où a lieu le travail de préparation des fossiles.

Travel Alberta

Cheminées de fées (Badlands de l'Alberta)

Les BATTLEFORD★

Saskatchewan
17 512 habitants
Carte Michelin n° 585 H1
Office de tourisme ☎ 306-445-6226

En vis-à-vis de part et d'autre de la Saskatchewan Nord, les deux villes jumelles se situent à 138 km au Nord-Ouest de Saskatoon, dans un cadre vallonné.
En 1876, la Compagnie de la baie d'Hudson et la Police montée fondaient chacune un fort au confluent de la Saskatchewan Nord et de la Battle, sur la future ligne de chemin de fer alors à peine entreprise. L'année suivante, **Battleford** devenait capitale des Territoires du Nord-Ouest et espérait un brillant avenir. Mais l'histoire est ingrate. Le tracé Nord du Canadien Pacifique fut abandonné pour un itinéraire plus court par le col Kicking Horse, la capitale des Territoires fut transférée à Regina (1883) et la ville stagna. Deux ans plus tard, durant la rébellion du Nord-Ouest, elle fut mise à sac par les Crees. Puis en 1903, quand arriva enfin le chemin de fer Canadian Northern, la compagnie préféra éviter Battleford et créer autour de la gare sa propre ville, **North Battleford**, dans un joli **site**★ sur un plateau dominant la rivière, large, plate et encombrée de bancs de sable. La nouvelle localité se développa rapidement. À la fois desservie par la route Yellowhead et par le train, elle joue aujourd'hui le rôle d'une ville-relais non négligeable.

CURIOSITÉS

★**Fort Battleford** – *À Battleford, Central Ave.* ♿ *De fin mai à fin août : 9 h-17 h. 4 $.* ☎ *306-937-2621.* 📷 Désaffecté depuis 1924, aujourd'hui restauré et classé site historique national, l'ancien fort de la Police montée a conservé plusieurs bâtiments d'intérêt. La **résidence du commandant**, à l'allure bourgeoise, les **quartiers des officiers**, les écuries et la salle de police évoquent particulièrement bien la vie des policiers au fort dans les années 1880. Hors de l'enceinte, un **centre d'interprétation** donne un fascinant aperçu de la rébellion du Nord-Ouest (1885) durant laquelle le fort joua le rôle clé de QG régional pour la police et de refuge pour les 500 colons des alentours. Les enfants sont invités à revêtir l'uniforme et à prendre part à des manœuvres.

★**Western Development Museum** – *À North Battleford, au croisement des routes 16 et 40.* ♿ *Mai-sept. : 9 h-17 h ; le reste de l'année : tlj sf lun. et mar. 12 h30-16 h30. 6 $.* ☎ *306-445-8033. www.wdm.ca.* Essentiellement consacrée à l'agriculture, cette section du Western Development Museum (il en existe trois autres : à Moose Jaw, Saskatoon et Yorkton) possède une importante collection de matériel agricole et d'objets domestiques utilisés dans les fermes des années 1920. Noter le **village reconstitué** (1925) à l'extérieur, avec son silo élévateur aux abords de l'inévitable gare et, perpendiculaires à la voie ferrée, ses maisons, boutiques, poste de police et ateliers d'artisans reliés par des trottoirs de bois. Remarquer particulièrement l'église orthodoxe ukrainienne avec son dôme à bulbe et la datcha d'un des premiers immigrants ukrainiens, décorée à l'intérieur d'objets artisanaux et domestiques.

● **Galerie Allen Sapp**
À North Battleford, 1 Railway Ave. East. ☎ *306-445-1760. www.allensapp.com.* Puissantes et emplies de sensibilité, les peintures de l'artiste cree Allen Sapp exposées dans un grand bâtiment à la sortie de la route 16 (route de Yellowhead) reproduisent les paysages des plaines du Nord. Descendant du chef Poundmaker, Allen Sapp est né (1928 env.) dans une réserve au Sud de la ville. Doué dès l'enfance pour le dessin, il a été encouragé par sa grand-mère. Ses toiles dressent un panorama vivant des traditions et de la rude vie du peuple cree. Les reproductions de ses œuvres, dont certaines à tirage limité, sont en vente à la boutique, de même que des ouvrages sur l'artiste, des bijoux indiens en perles, sculptures et objets artisanaux.

CALGARY★★

Alberta
878 866 habitants
Carte Michelin n° 585 F2
Office de tourisme ☎ 403-263-8510 ou www.tourismcalgary.com

Bâtie en terrain plat au confluent de la Bow et de l'Elbow, entourée de collines peu à peu submergées par les quartiers résidentiels, Calgary est aujourd'hui l'une des deux métropoles de l'Alberta et se signale de loin par la gerbe de tours qui jaillissent du centre-ville, tandis qu'à l'horizon se découpent les crêtes enneigées des Rocheuses. Grand nœud de communication, cette ville prospère, dont la croissance est due en grande partie à la richesse pétrolière de la province et à l'absence de taxes sur les ventes, fut le site des Jeux olympiques d'hiver en 1988.

Un peu d'histoire

Des débuts modestes – En 1875, la Police montée fondait Fort Brisebois, un poste de contrôle du trafic des spiritueux, baptisé par la suite Fort Calgary. Autour s'était greffé un hameau qui se développa vite avec, en 1883, l'arrivée du chemin de fer et la marée de colons qui s'ensuivit. La terre fut divisée en ranchs et les éleveurs, dont certains Nord-Américains encouragés par le Dominion Lands Act, y conduisirent leurs troupeaux. Commençait l'ère des cow-boys et des rodéos dont la tradition est encore vivante.

■ Stampede de Calgary

En anglais, le mot *stampede* désigne un troupeau emballé. C'est dire combien la grande fête de Calgary, début juillet, est aussi celle du bétail, du cheval et du cow-boy ; dix jours ininterrompus de réjouissances attirent des milliers de spectateurs et de participants. À cette occasion, la quasi-totalité de la population de Calgary arbore une tenue western et participe aux festivités. Citons notamment la grande **parade**, qui se déploie dans les rues de la ville en un impressionnant défilé de chars, d'orchestres, de majorettes et de groupes équestres. Au Stampede Park se tiennent des compétitions qui font la renommée de la fête *(réservation conseillée ; calendrier des manifestations disponible auprès de l'Office de tourisme ☎ 800-661-1678. www.calgarystampede.com)* : les **rodéos** et **courses de cantines ambulantes** rappellent les courses de chariots auxquelles se livraient souvent les cow-boys après avoir rassemblé le bétail.

Étroitement associé à la vie des pionniers de l'Ouest nord-américain, le **rodéo** (de l'espagnol *rodear*, « encercler, tourner ») aurait pourtant des origines beaucoup plus lointaines. C'est en effet au Mexique que, dès le 16e s., les premiers cow-boys (dits *vaqueros*, c'est-à-dire « vachers ») rassemblaient le bétail espagnol à dos de cheval. Ils utilisaient déjà une corde *(reata)* pour attraper les veaux, et portaient des jambières ou *chaperajos*. Aujourd'hui, les rodéos sont de véritables concours d'adresse au cours desquels les participants testent leur force et leur rapidité.

Le Stampede de Calgary

Mike Ridewood/Alberta Economic Development & Tourism

L'or noir – Au sein d'une vaste région agricole traditionnellement associée à l'élevage et à la viande, Calgary doit sa prospérité nouvelle et son développement fulgurant au pétrole depuis la découverte, en 1914, d'un gisement à Turner Valley, au Sud-Ouest de la ville, puis celle, en 1947, d'un autre gisement à Leduc. Si les plus récentes découvertes ont été faites dans la région d'Edmonton, la capitale, Calgary joue cependant le rôle de centre administratif de l'industrie pétrolière dont elle abrite la majeure partie des sièges sociaux. Elle fait également figure, au plan national, d'important centre de la finance.

CENTRE-VILLE

Au pied de la célèbre tour de Calgary s'étend au Nord le quartier des boutiques, des banques et des compagnies pétrolières, où s'élèvent de nouveaux gratte-ciel dont le plus haut, en marbre brun, abrite le siège de **Petro-Canada**. Une partie de 8th Avenue a été aménagée en **rue piétonne**. Côté Ouest se trouve le quartier financier ; le Royal Bank Centre, le Scotia Centre et le Toronto Dominion (TD) Square sont reliés entre eux par des passerelles qui permettent également d'accéder aux grands magasins, The Bay et Eaton's (le réseau de passerelles aériennes permet aux piétons d'échapper au froid de l'hiver). Noter aussi CIBC Place, bâtiment de facture postmoderne.

> ### ■ Chocolats Callebaut
>
> *1313 1st St. SE.* ☎ *403-265-5777 ou 800-661-8367.* Bernard Callebaut s'est installé à Calgary après le rachat de la célèbre chocolaterie familiale belge. À la création de sa fabrique en 1983, il déclara son ambition de créer les meilleurs chocolats du Canada, en utilisant un cacao d'excellente qualité et des produits frais venant d'Alberta. Dorénavant renommées dans tout le continent nord-américain, les confiseries de Bernard Callebaut sont disponibles à la fois en magasin et par correspondance. Parmi les spécialités de la maison figurent des truffes, des nougats et autres délices. Les touristes sont invités à visiter l'usine tous les jours *(téléphoner auparavant)* où ils recevront des échantillons gratuits.

La partie Est de la rue piétonne, baptisée Stephen Avenue Walk, compose le quartier historique de la ville : de nombreux édifices de grès bâtis par les viticulteurs albertins du début du 20e s. sont dorénavant convertis en boutiques et salons de thé. À l'angle Nord-Est de ce quartier, le bâtiment néoroman (1907) de l'hôtel de ville *(à l'angle de 7th Ave. et Macleod Trail)* est ravissant. À l'Est de la rue piétonne, **Municipal Building** élève son architecture de verre aux reflets bleutés autour d'un atrium de 12 étages. En face sur 2nd Street SE., un ensemble de bâtiments en brique, le **Centre for the Performing Arts**, est consacré aux arts du spectacle.

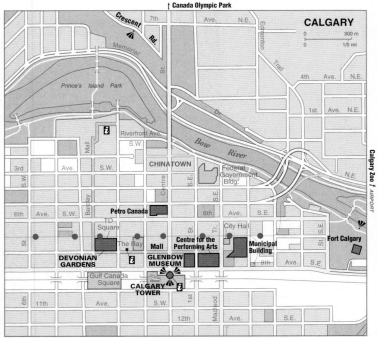

Bar U Ranch, Heritage Park ┊ Grain Academy, Saddledome

CARNET D'ADRESSES

Voir légende p. 111 et 114.

Se loger à Calgary

Fairmont Palliser, à Calgary – *133 9th Ave. SW. 405 ch.* ✗ ♿ 🅿 ⚊ ☏ *403-262-1234 ou 800-257-7544. www.fairmont.com.* **$$$$** Moins voyant que les châteaux du Canadien Pacifique, cet hôtel (1914) du quartier historique est une oasis de quiétude et d'élégance au milieu du bourdonnement de la ville. L'établissement en grès de l'Alberta dresse ses onze étages à proximité du quartier financier, attirant une clientèle d'hommes d'affaires ou de vacanciers. Les chambres, quoique petites, sont dotées d'accessoires agréables (couettes, peignoirs), d'une messagerie vocale et d'un accès Internet haut débit.

Kensington Riverside Inn, à Kensington – *1126 Memorial Dr. NW. 19 ch.* ♿ 🅿 ☏ *403-228-4442 ou 877-313-3733. www.kensington riverside inn.com.* **$$$$** Situé face au centre-ville, sur la rive opposée de la Bow, l'hôtel offre un cadre qui reflète l'attention que ses propriétaires portent aux détails : linge de maison en coton égyptien, séchoirs pour serviettes et peignoirs en polaire. Dans les chambres règnent hauts plafonds, portes-fenêtres, fauteuils confortables et lits profonds ; certaines bénéficient d'un balcon ou d'une terrasse fleurie. Le prix comprend un service de hors d'œuvres en soirée, la gratuité des appels locaux, un journal quotidien et un mémorable petit déjeuner gastronomique.

Big Springs Estate B&B, sur la route 567 – *35 km au Nord-Ouest de la ville. 4 ch.* 🅿 ☏ *403-948-5264 ou 888-948-5851. www.bigsprings-bb.com.* **$$$** Passer la nuit dans ce ranch moderne donne une idée de la vie dans une ferme, sans pour autant que soit négligé un luxe que les cow-boys d'antan n'ont jamais connu. Les hôtes accueillants, toujours heureux de fournir moult renseignements, sont fiers de l'atmosphère vraiment conviviale du ranch. Confortables et toutes dissemblables, les chambres possèdent une salle de bain privée ; couettes en duvet, peignoir et pantoufles ajoutent au charme du séjour. Le prix comprend un en-cas le soir et un petit-déjeuner particulièrement varié, servi dans une salle à manger pimpante.

Inglewood B&B, à Calgary – *1006 8th Ave. SE. 3 ch.* 🅿 ☏ *403-262-6570. www.inglewoodbedandbreakfast.com.* **$$** Une agréable cour intérieure et une salle de bains dans chacune des chambres sobrement aménagées font de l'établissement un bon choix pour les voyageurs sans prétentions à l'extravagance. Située à la limite du centre-ville, la maison d'hôtes reste à courte distance du Stampede Park et autres sites touristiques. Excellent petit déjeuner compris dans le prix.

Lord Nelson Inn, à Calgary – *1020 8th Ave. SW. 56 ch.* 🅿 ☏ *403-269-8262 ou 800-661-6017.* **$$** Cet hôtel rénové du centre-ville présente des chambres de taille et de décoration modestes mais confortables, ce qui lui confère un excellent rapport qualité/prix. Certaines chambres sont équipées d'une climatisation. En dépit de sa situation, le Lord Nelson ne souffre pas du bruit. Le bar de l'hôtel sert une cuisine de pub à prix modérés.

Westways B&B, à Calgary – *216 25th Ave. SW. 5 ch.* 🅿 ☏ *403-229-1758. www.westways.ab.ca.* **$$** Cette demeure de 1912 récemment restaurée située à 20 mn du centre-ville offre une atmosphère accueillante. Les cinq chambres, toutes différentes, possèdent leur propre salle de bains. Les deux plus grandes (avec un grand lit double et une cheminée à gaz) sont idéales pour un couple. Un gargantuesque petit déjeuner attend chaque matin les résidents, qui pourront entamer leur visite de Calgary avec style en demandant de se faire acheminer de l'aéroport avec la Rolls-Royce rouge cerise de l'établissement.

Se restaurer à Calgary

Owl's Nest, à Calgary – *Hôtel Westin. 320 4th Ave. SW.* ♿ ☏ *403-266-1611. www.westin.com.* **$$$$** **Cuisine continentale.** Il est difficile de trouver mieux si l'on désire faire un festin de roi à Calgary, ou même au Canada. Boiseries sombres et nappes en lin servent de décor à un service discret et attentif (les dames se voient offrir une rose rouge) qui caractérise la salle de restaurant du Westin. La carte légendaire, tournée vers la tradition, propose des plats préparés avec panache (le bœuf de l'Alberta en particulier). La carte des vins mêle crus canadiens et internationaux.

Latin Corner Cantina, à Calgary – *109 8th Ave. SW.* ♿ ☏ *403-262-7248.* **$$$** **Cuisine sud-américaine.** Animé par son service véritablement sympathique, ses musiciens et la sangria servie à volonté, ce restaurant du centre commercial de

Stephen Avenue respire le bonheur. La formule El Gaucho *(pour 2 personnes)*, composée de brochettes de viande, de chorizo et de côtelettes accompagnés d'une montagne de haricots noirs, permet de goûter aux spécialités brésiliennes en s'amusant au spectacle des serveurs qui traversent la longue salle en sifflant.

The Ranche, à Calgary – *Bow Bottom Trail SE*. ☎ 403-225-3939. **$$$ Cuisine canadienne**. Le cadre de ce ranch de 1896 magnifiquement restauré est majestueusement « ancienne mode », le service professionnel et la table distinguée. L'établissement joue la carte de l'originalité (bison, orignal et caribou) tout en conservant les classiques : bœuf de l'Alberta et produits de la mer sont accompagnés avec créativité de fruits rouges et de légumes biologiques. Le brunch du dimanche servi dans la véranda vaut le détour.

River Café, à Calgary – *Prince's Island Park* ☎ 403-261-7670. **$$$ Cuisine canadienne**. Avec son atmosphère rustique de cabane de pêcheur, cet établissement prépare de succulents plats régionaux cuits au feu de bois, avec des produits canadiens : bison, sirop d'érable, canneberges, saumon et céréales des Prairies. Accès par une passerelle piétonne partant du parking du marché Eau Claire.

Bistro Jo Jo, à Calgary – *917 17th Ave. SW. Fermé dim.* ☎ 403-245-2382. **$$ Cuisine française**. Ce petit bistro intime de style parisien arbore des tableaux sur ses murs nus de toute autre décoration, une carte rédigée en français et un personnel passionné. Parmi les entrées figurent une soupe à l'oignon, des escargots, des cailles et du saumon fumé ; le veau farci au prosciutto accompagné d'une sauce au marsala n'est qu'une des spécialités tentantes de la carte. La plupart des convives optent pour le menu à trois plats qui propose des plats traditionnels tels que le confit de canard.

Buzzards Cowboy Cuisine, à Calgary – *140 10th Ave. SW*. ☎ 403-264-6959, *www.cowboycuisine.com*. **$$ Steaks**. Son cadre rustique aux poutres apparentes décoré d'authentiques objets de ferme ainsi que sa carte de spécialités de l'Ouest font de l'établissement un lieu recherché par ceux qui désirent s'immerger dans la culture locale. Les huîtres des Prairies peuvent surprendre, la plupart des convives restent donc attachés à ce qui fait la renommée de Calgary : le bœuf de l'Alberta. Apportez une paire de vieilles bottes de cowboy destinées à rejoindre le reste de la décoration, et votre repas vous sera offert.

Deane House, à Calgary – *806 9th Ave. SE. Midi uniquement*. ☎ 403-269-7747, *www.fortcalgary.com*. **$ Cuisine contemporaine**. La maison de bois construite en 1906 pour le commandant de la Police montée du Nord-Ouest, aujourd'hui restaurée, s'avère idéale pour apprécier un dîner léger et sain après la visite de Fort Calgary, du zoo ou d'autres sites touristiques voisins. L'établissement tient sa renommée de ses salades originales, mais il tire également parti des produits saisonniers pour proposer des quiches ou une friture d'omble de l'Arctique. Choisir une table dans la véranda pour avoir la meilleure vue.

Thai Sa-On, à Calgary – *351 10th Ave. SW*. ☎ 403-264-3526. **$ Cuisine thaï**. La carte reflète toute la diversité et la complexité de la gastronomie thaï et, bien que de nombreux plats aient été simplifiés, les repas proposés par cet établissement familial sans prétention demeurent authentiquement frais et parfumés. Des étoiles indiquant le goût relevé des plats rend la carte moins intimidant aux personnes peu habituées à la cuisine thaï. Les bons appétits apprécient le ludjanidé *(ou snapper)* entier ; le poisson, épicé, est servi avec de savoureux légumes et du riz à la noix de coco. Les végétariens préféreront un *pad paq tua*, curry à base de cacahouètes.

Entre les tours noires du TD Square, de grandes verrières obliques abritent les plantes tropicales de **Devonian Gardens★** *(4ᵉ niveau, entrée par Eaton's ou, après fermeture des magasins, par un ascenseur à l'entrée de TD Square, sur 8th Ave. &. 9 h-21 h. ☎ 403-221-3782).*

★★**Glenbow Museum** – *Convention Centre, 130 9th Ave. S.E. &. Mai-août : 9 h-17 h ; le reste de l'année : tlj sf lun. 9 h-17 h, dim. 12 h-17 h Fermé 1ᵉʳ janv., 25 déc. 11 $. ☎ 403-268-4100. www.glenbow.org.* Inauguré en 1976, l'édifice de 7 étages accueille le plus grand musée de l'Ouest du Canada. 21 salles sur 3 étages passent en revue l'histoire humaine de l'Alberta. De plus, le musée accueille des expositions temporaires d'objets d'art.

Une des fiertés du musée est sa **section nitsitapiisinni** *(3ᵉ niveau)*, qui retrace la longue histoire haute en couleurs des indiens blackfoot, s'attachant à la période des années 1870. Remarquer le travail des perles, l'immense tipi et la coiffe de chef Stoney ornée de 96 plumes.

Mais ce musée présente aussi la colonisation européenne de la province autour des thèmes suivants : rôle des missionnaires, de la Police montée du Nord-Ouest et du chemin de fer, commerce des fourrures, agriculture, vie des Métis, développement des exploitations d'élevage, découverte du pétrole et vie en Alberta dans les années 1920 et 1930.

Également à noter, une belle collection d'armes et d'équipement militaire du Moyen Âge à nos jours et une immense œuvre sculptée en aluminium et acrylique de James Houston intitulée **Aurora Borealis**, qui occupe les quatre étages de la cage d'escalier. La section artistique comprend un trésor national : une riche collection de toiles de **Carl Rungius**, peintre animalier allemand venu à la fin du 19ᵉ s. croquer l'histoire naturelle de l'Alberta *(œuvres exposées en fonction de la programmation du musée).*

★★**Calgary Tower** – *Palliser Square, 101 9th Ave. S.W. &. Galerie panoramique : de mi-mai à déb. oct. 7 h30-0 h ; le reste de l'année 8 h-23 h. 7,95 $ ☎ 403-266-7171. www.calgarytower.com.* Le champignon géant (hauteur : 191 m) ménage d'excellentes **vues★★** de la ville dont on découvrira le tracé des rues, l'inextricable réseau de voies ferrées et les vertes frondaisons des parcs, tandis qu'à l'Ouest se profile le rempart crénelé des Rocheuses.

■ Eau Claire Market

À l'angle de 2nd Ave. et 2nd St. SW. ☎ 403-264-6450. www.eauclairemarket. com. Les bâtiments rouge, vert et jaune vif du marché Eau Claire sont proches du parc de l'île du Prince, sur la rivière Bow. Les quelque 40 boutiques proposent un choix exceptionnel de cadeaux, gravures, livres et vêtements. De splendides pommes rouges et l'arôme des petits pains chauds font signe au visiteur, alors que ses oreilles et ses yeux sont attirés par des musiciens et des jongleurs. Un marché consacré aux aliments et une dizaine de restaurants proposent toutes sortes de spécialités, des cajun-créoles aux thaïes et aux libanaises en passant par la cuisine italienne. Pour les cinéphiles : projections quotidiennes sur l'écran géant de la salle IMAX.

AUTRES CURIOSITÉS

★★**Crescent Road Viewpoint** – *Plan p. 185.* Dominant la vallée de la Bow et Prince's Island Park, le visiteur aperçoit les gratte-ciel du centre-ville et, par beau temps, les Rocheuses à l'Ouest.

Fort Calgary – *Plan p. 185. 750 9th Ave. S.E. &. De déb. mai à déb. oct. : 9 h-17 h. 6,50 $. ☎ 403-290-1875. www.fortcalgary.com.* Un **centre d'interprétation** raconte l'histoire du fort et des débuts de la ville en suivant la chronologie. Les visiteurs peuvent revêtir un uniforme de la Police montée. Le poste de police est en reconstruction, mais les écuries, l'atelier du maréchal-ferrant, celui du menuisier et les quartiers des hommes sont ouverts à la visite *(acteurs costumés).* La visite passe également par **Deane House**, ancienne maison du surintendant aujourd'hui convertie en restaurant *(repas servis sur la véranda et en salle).* Du parc, **vues** sur les rives verdoyantes de la Bow. Un pont piétonnier permet d'accéder à l'île St-George et au zoo.

★★**Calgary Zoo** – *Île St-George, 1300 Zoo Rd. N.E. &. (sur St. George's Dr. au Nord de Fort Calgary) 9 h-17 h. 12 $. ☎ 403-232-9300. www.calgaryzoo.ab.ca.* ⬜ Immense et agréable, le zoo présente une riche diversité d'animaux du monde entier. L'une de ses réussites est la serre tropicale où évoluent papillons et oiseaux multicolores parmi une végétation exotique. Le **parc préhistorique** cherche à recréer l'Ouest canadien au temps des dinosaures. Des reproductions grandeur nature de ces animaux géants ont été disposées dans un décor de montagnes, volcans, cheminées de fées, marais et paysages du Bouclier canadien. La section **Canadian Wilds**,

■ Train Canadien Pacifique royal

Luxe et élégance ont connu leur apogée au Canada à la fin du 19ᵉ s. et au début du 20ᵉ s. dans la somptuosité des voitures créées pour les dirigeants du Canadien Pacifique. Désaffectés depuis longtemps, ces wagons ont été réhabilités à des fins touristiques. Le train Canadien Pacifique Royal, tracté par des locomotives anciennes, part du centre-ville de Calgary pour sa traversée des superbes paysages des Rocheuses. Les excursions *(4 ou 5 jours)* comprennent cabines de luxe, repas gastronomiques dans les wagons-restaurants confortables et haltes pour la nuit dans des sites agréables (Golden en Colombie-Britannique, par exemple). *Été et automne uniquement.* ☎ *403-508-1400. www.cprtours.com*

voisine du parc préhistorique, reproduit admirablement de nombreux habitats de l'Ouest du Canada : taïga (forêt boréale), tourbière, toundra, forêt de trembles et paysages des Rocheuses, peuplés d'orignaux, d'ours, de castors, de mouflons, de chèvres, de cerfs et autres habitants naturels de ces contrées. Le zoo mène une action remarquable pour le sauvetage de la grue blanche d'Amérique et de la marmotte de l'île de Vancouver, espèces en voie d'extinction.

★**Grain Academy** – *Au Sud du centre-ville par Macleod Trail, dans le Roundup Centre (Stampede Park), à l'angle de 17th Ave. et 2nd St. S.E.* ♿ *Tlj sf w.-end 10 h-16 h. Fermé j. fériés.* ☎ *403-263-4594.* Unique centre pédagogique dédié aux céréales en Alberta, l'académie possède une maquette de silo élévateur équipée d'un mécanisme de levage en état de marche. Un chemin de fer miniature montre l'acheminement des céréales à travers les Rocheuses et un film *(12mn)* retrace l'histoire de la culture céréalière dans l'Ouest canadien.

Dans le Stampede Park, on remarquera la silhouette bien particulière du **Saddledome**★ *(tlj sf w.-end 8 h-17 h.* ☎ *403-777-2177. www.pengrowthsaddledome.com).* Construit en 1983, le stade olympique peut contenir plus de 20 000 spectateurs. Son toit en forme de selle de cheval atteste que la ville demeure empreinte de l'histoire et des mœurs des cow-boys.

★**Heritage Park** – *16 km au Sud-Ouest du centre-ville. Suivre Macleod Trail S.W. jusqu'au 1900 Heritage Dr. S.W. De mi-mai à fin août : 9 h-17 h ; de déb. sept. à mi-oct. : w.-end 9 h-17 h. 11 $ (tour à cheval en supplément).* ☎ *403-259-1900. www.heritagepark.ca.* Des bâtiments de l'époque des pionniers provenant des environs ont été réunis dans un agréable **site** sur les rives d'un lac artificiel, le réservoir Glenmore, pour former une sorte de village du passé. On y voit notamment l'église, le bureau de poste, la boulangerie, le poste de police, la salle de billard, le magasin général, la gare avec son train à vapeur qui fait le tour du parc, et le silo élévateur en bordure de la voie ferrée. En retrait du village, quelques bâtiments de ferme ainsi qu'un moulin à vent. La réplique du *SS Moyie*, bateau à aubes qui naviguait autrefois sur le lac Kootenay en Colombie-Britannique, permet d'effectuer des promenades sur le lac Glenmore *(toutes les 35mn).* Les enfants pourront faire un tour à cheval dans le **parc d'attractions** de l'époque.

Canada Olympic Park – *12 km à l'Ouest de Calgary par la Transcanadienne.* ♿ *De mi-mai à déb. nov. : 8 h-21 h ; de mi-nov. à fin mars : 9 h-21 h, w.-end 9 h-17 h. Fermé*

Olympic Plaza

© Andrew Hempstead

■ Chapeau de cow-boy et bottes de cuir

Calgary n'a pas tout perdu de son passé : en témoigne la constante pléthore de magasins proposant vêtements et équipement de cow-boy. **Alberta
Boot** *(614 10th Ave. SW. ☎ 403-263-4605. www.albertaboot.com)* se spé-
cialise dans la botte de cow-boy faite à la main (la Police montée en est
équipée). Des centaines de modèles s'offrent à l'amateur alléché et les prix
varient de l'économique à l'astronomique. La chaîne de magasins albertins
d'authentique matériel pour cow-boy **Lammle's Western Wear** *(211 Stephen
Ave. Walk. ☎ 403-266-5226)* possède cette boutique de 1911 à la façade
classée. **Chase Cattle Co.** *(Willow Park Village, 10816 Macleod Trail SE.
☎ 403-269-6450)* fournit des vêtements haut de gamme (chemises, jupes
et vestes à l'ornementation chargée) davantage adaptés au spectacle qu'à
la vie quotidienne.

---

25 déc. 15 $. ☎ 403-247-5452. www.coda.ab.ca. Cet immense complexe accueillit
les épreuves de saut à ski, de luge, de bobsleigh et de ski acrobatique lors des Jeux
olympiques d'hiver de 1988. Les athlètes l'ont quitté depuis longtemps, mais un
hommage leur est rendu dans le plus grand musée olympique d'Amérique du Nord,
Olympic Hall of Fame, qui met l'accent sur le rôle joué par le Canada au cours des
Jeux passés. En été, un télésiège permet de rejoindre le tremplin de saut (90 m)
ouvert à la visite. Les plus aventureux pourront s'y élancer en luge et connaître le
grand frisson. Il est possible de visiter les sites un par un, mais la formule Grand
Olympic Tour permet de n'en oublier aucun.

EXCURSIONS

★★**Bar U Ranch** – *92 km au Sud de Calgary par la route 2 Sud (Macleod Trail), la
route 22X Ouest et la route 22 Sud.* ♿ *De déb. juin à mi-oct. : 10 h-18 h. 7,75 $.
☎ 403-395-2212 ou 800-568-4996.
www.parkscanada.gc.ca/alberta.* 🅿 Datant de 1882, le ranch fut le stéréotype
de l'exploitation agricole en Alberta jusqu'à la cessation de son activité en 1950.
Campé parmi l'arrondi des collines au
Sud de la ville, le ranch (classé site national historique) conserve de nombreux
bâtiments rénovés du début du 20ᵉ s.
Points d'orgue de la visite : la réplique
d'un campement de cow-boy et sa cantine ambulante, la chambre froide et le
bureau de poste. Plusieurs granges immenses, dont l'**écurie des chevaux de selle**,
contiennent de passionnantes descriptions de la vie d'un ranch. Les visiteurs
pourront partir en promenade en calèche tirée par les percherons qui ont fait
la renommée du Bar U. Au-dessus de la
magnifique vallée environnante, où
coule le Pekisko, se découpe la silhouette des Rocheuses. L'été, le ranch
met en scène presque chaque week-end
des activités de sa vie quotidienne,
comme le travail d'un chien de berger
ou le petit-déjeuner des cow-boys, au ra-
vissement des *greenhorns* (les « blancs-
becs » citadins).

La route 541, qui croise la route 22 au
Nord du ranch, offre pour le retour vers
Calgary un splendide **parcours
touristique**★ au détour de ses courbes.
Prenant d'assaut les contreforts des
Rocheuses couverts d'une forêt de
trembles, elle prend le nom de route 40
pour traverser **Kananaskis Country**, une réserve avec activités de loisirs couvrant
des sommets pointus, des glaciers et des
cours d'eau de fonte, sillonnée d'innombrables sentiers menant vers les hauteurs.

● Spruce Meadows

*Au Sud-Ouest du centre-ville
par MacLeod Trail, puis par
la route 22X. ☎ 403-254-
3200.
www.sprucemeadows.com.*
L'un des plus beaux centres
de saut d'obstacles du
monde est une oasis de
raffinement installée entre
les limites de la ville et des
ranchs d'élevage. Le site, qui
couvre 120 ha, a été créé
dans les années 1970 ; il
comprend des carrières,
des manèges, des écuries
pouvant accueillir
700 chevaux et un complexe
de 3 étages destiné aux
concours hippiques. Parmi
les manifestations majeures
organisées chaque année
figurent les Masters
(2ᵉ week-end de sept.), le
concours hippique de saut
d'obstacles le mieux doté du
monde, qui attire plus de
50 000 spectateurs par jour
et recueille une audience
télévisée de plusieurs millions
de personnes. Il ne faut pas
oublier de mentionner le
National *(1ʳᵉ semaine de
juin)*, le Canada One *(dernier
week-end de juin)* et le North
American *(début juil.)*, qui
coïncide avec le Stampede
de Calgary.

★ Rocky Mountain House National Historic Site – *225 km au Nord-Ouest de Calgary par la route 8 Ouest et la route 22 Nord. Emprunter la route 11A Ouest sur 7 km à Rocky Mountain House.* ♿ *De fin mai à fin sept. : 10h-17h. 2,50 $.* ☎ *403-845-2412. www.parkscanada.gc.ca.* Niché parmi les peupliers de Virginie sur les rives de la Saskatchewan, le comptoir (1799) fut le quartier général de David Thompson durant ses explorations cartographiques de l'Ouest du Canada. Dorénavant administré par Parks Canada, le **centre interprétatif** comprend une exposition sur les débuts du commerce des fourrures et quelques films sur David Thompson. Un agréable sentier mène aux vestiges des bâtiments anciens, à un village de tipis, à un fort de jeu pour les enfants et à une plate-forme panoramique permettant d'apercevoir le troupeau de bisons du parc.

Danseur amérindien (Heritage Park)

© Robert Holmes

Un ensemble moderne, voisin du parc, exploite des ressources inimaginables pour les anciens trappeurs : gaz naturel et pétrole. Remontant la vallée de la Saskatchewan, la **route 11** se prolonge vers les Rocheuses en un parcours particulièrement réjouissant pour les yeux et rejoint Icefields Parkway 174 km à l'Ouest de Rocky Mountain House. Il est possible alors de rallier Jasper ou Banff.

CARDSTON

Alberta
3 745 habitants
Office de tourisme ☎ 403-653-2798

Situé à 25 km à peine de la frontière du Montana (États-Unis), Cardston fut créé en 1887 par un groupe de mormons venus de l'Utah sous la conduite de **Charles Ora Card**, gendre de Brigham Young. Ils introduisirent dans la région l'irrigation et la culture de la betterave sucrière qui, aujourd'hui encore, constitue une activité locale majeure.

CURIOSITÉS

★★ Remington-Alberta Carriage Centre – *623 Main St.* ♿ *De mi-mai à mi-sept. : 9h-18h ; le reste de l'année : 10h-17h. Fermé 1ᵉʳ janv., dim. de Pâques, 24-25 déc. 6,50 $.* ☎ *403-653-5139. www.remingtoncentre.com.* 📷 Ce fascinant musée des transports possède l'une des collections les plus complètes de voitures à cheval d'Amérique du Nord. L'épopée des pionniers y est évoquée de façon fort originale à travers une collection de véhicules restaurés de main de maître, et dont la variété ne peut que surprendre : chariot bâché, diligence, cantine ambulante, phaéton, corbillard et bien d'autres. Un film *(14mn)* intitulé ***Wheels of Change***, d'abondantes photos d'archives et la reconstitution de plusieurs scènes typiques de l'Ouest (campement des Prairies, entreprise de fabrication des carrosses, poste d'incendie, etc.), accompagnées d'effets sonores, viennent apporter à l'ensemble une note humaine. Le musée contient également une **sellerie** où sont entreposées toutes sortes de harnais, un **atelier de restauration** et, à l'extérieur du bâtiment principal, un relais de diligences et des écuries *(promenades en voiture à cheval en saison ; se renseigner à l'accueil)*.

Temple mormon – *348 3rd St. W.* ⚬ *Centre d'accueil : mai-sept. 9 h-21 h. Temple même, fermé au public.* ☎ *403-653-1696.* Important centre de l'Église mormone au Canada, la petite localité se développa autour de cet imposant temple de granit blanc dont la construction fut achevée en 1923. Mouvement religieux d'origine américaine fondé en 1830 par **Joseph Smith**, l'Église de Jésus-Christ des saints des derniers jours s'établit d'abord en Illinois où son chef fut assassiné en 1844 puis, sous la direction de **Brigham Young**, en Utah où ses fidèles fondèrent Salt Lake City en 1847. La secte, dont la doctrine repose sur la Bible et le Livre de Mormon, compte environ 135 000 adeptes au Canada, regroupés pour la plupart en Alberta, en Colombie-Britannique et en Ontario.

CHURCHILL★★

Manitoba

1 963 habitants

Ce port maritime en eau profonde, le plus septentrional du Canada, se trouve sur la baie d'Hudson à l'embouchure du fleuve Churchill, dans une région de toundra à quelques kilomètres au Nord de la zone boisée. Malgré la rudesse des hivers et de l'environnement, la faune et la flore y sont variées : un riche tapis de fleurs couvre la toundra l'été, tandis qu'ours polaires et bélugas partagent la vedette avec les aurores boréales. En automne, les **ours polaires** migrateurs traversent – non sans piller quelques poubelles ! – la région de Churchill lorsqu'ils remontent la côte jusqu'à leur habitat d'hiver, la baie d'Hudson *(voir p. 177 les excursions d'observation des ours polaires)*. Les aurores boréales, qui atteignent ici leur plus grande intensité sur Terre, ont attiré l'attention de la communauté scientifique sur la ville : les scientifiques se mêlent aux milliers de visiteurs venus contempler le phénomène *(pour observation sous dôme de plexiglas chauffé, contacter Aurora Canada Tours ☎ 204-942-8104)*.
Churchill possède une histoire intéressante. Un explorateur danois, Jens Munk, alors qu'il cherchait un passage vers le Nord-Ouest, prit ses quartiers d'hiver au bord du fleuve Churchill en 1619. Quelque 70 années plus tard, la Compagnie de la baie d'Hudson tenta sans succès d'établir un comptoir à l'embouchure du fleuve ; une seconde tentative réussit en 1717. Le fleuve reçut le nom du gouverneur de la Compagnie, **John Churchill**, futur duc de Marlborough. Le comptoir remplacé par le fort Prince of Wales afin de défendre les intérêts de la compagnie, Churchill fut transféré sur l'autre rive du fleuve en 1931, alors que le transport des céréales modifiait la physionomie de l'économie. Ainsi, à la construction du chemin de fer en 1929, accélérée par les exigences des producteurs céréaliers, succédèrent celles d'un silo élévateur et d'un port.
La bourgade, aujourd'hui port céréalier, expédie vers l'Europe le blé et l'orge des Prairies pendant la courte période où la baie et le détroit d'Hudson sont navigables *(de mi-juil. à mi-nov.)*. La population active, composée pour moitié d'aborigènes et de non-aborigènes, travaille dans le transport, le tourisme ou la santé.

Accès – *Avion : vols réguliers Calm Air au départ de Winnipeg ☎ 204-778-6471 ou 888-225-6247. www.calmair.com. Train : service VIA Rail au départ de Winnipeg (voir p. 29).*

Courtesy Travel Manitoba

Excursion d'observation des ours polaires

■ Ours polaires à portée de main

L'immense ourse s'assied soudain, fichée dans la neige, pour allaiter ses petits. Surveillant l'horizon, elle hume l'air à petits coups, à la recherche d'odeurs. Les caméras ronronnent. Avec un bel ensemble, les observateurs humains venus de Suisse, du Japon et du continent nord-américain s'extasient devant l'énorme créature (300 kg pour une femelle adulte, 600 kg pour un mâle). Les observateurs sont installés dans leur Tundra Buggy® chauffé avec salle de bains, sorte de large autobus rectangulaire équipé de pneumatiques tout terrain d'une hauteur suffisante (1,80 m) pour maintenir les vitres (et les passagers) hors de portée des ours curieux, qui n'hésitent pas à se dresser de toute leur hauteur pour mieux voir l'intérieur (qui observe qui ?). Les excursionnistes peuvent, de la plate-forme d'observation arrière, photographier les ours polaires qui mordillent les pneus, se roulent en boule derrière un rocher ou se vautrent dans la neige. Les jeunes mâles se bagarrent souvent debout, au grand amusement des visiteurs, à qui le spectacle fait oublier la puissance et l'imprévisibilité de ces carnivores.

Lorsque le réchauffement printanier fait fondre la glace, les grands ours blancs, poussés par les vents dominants, dérivent le long de la côte occidentale sur d'énormes blocs de glace. Ils accostent et passent l'été à se reproduire, se nourrissant d'herbe et d'algues. Vers le mois d'octobre, affamés et sentant venir l'époque où les eaux vertes de la baie d'Hudson vont se couvrir de glace, les mâles retournent passer l'hiver sur la banquise et se gorger de phoques. De la mi-octobre à la mi-novembre, la prise des glaces commence le long des pointes et des caps proches de Churchill. C'est là que les ours se rassemblent, faisant de Churchill un poste propice d'observation de leurs mœurs. Les excursions sont réservées très tôt. Un des opérateurs, International Wildlife Adventures, propose un forfait comprenant l'hébergement dans le **Tundra Buggy Lodge**, train de véhicules dont chacun a sa fonction (voiture-lit, voiture-cantine, voiture pour l'équipement, etc.), reliés entre eux par des passerelles d'observation.

Travel Manitoba fournit la liste des organisateurs d'excursions (1 ou plusieurs jours). Par exemple : excursion de 2 jours avec retour par avion de Winnipeg et hébergement au Tundra Buggy Lodge : 1 900/2 100 $/pers. (☎ 204-949-2050 ou 800-593-8881. www.wildlifeadventures.com)

CURIOSITÉS

La ville – Churchill est assise sur une étroite péninsule plate séparant le Churchill et la baie d'Hudson. Elle consiste en une douzaine de rues goudronnées bordées de maisons, de commerces et d'hôtels. Du haut de sa silhouette, le silo élévateur domine le port. Couvrant un pâté de maisons, **Town Centre Complex** (1976), qui rassemble les services de la ville sous un même toit – installations récréatives (dont une piscine, une patinoire de curling, une cafétéria, un théâtre), médicales, scolaires et autres –, accueille également des expositions colorées d'art inuit ; jolies **vues** sur la baie d'Hudson. Le **centre d'accueil** Parks Canada *(Bayport Plaza, Munck St. ♿ De juin à mi-nov. : 13 h-21 h ; le reste de l'année se renseigner. ☎ 204-675-8863. www.parkscanada.ca)* propose des présentations avec diapositives et des expositions sur la nature et l'histoire régionales, le fort Prince of Wales *(voir plus loin)* et le **site historique national York Factory** *(près de l'embouchure de la rivière Hayes à 240 km au Sud-Est ; accessible uniquement en canoë ou en avion)*, où subsistent les vestiges d'un ancien comptoir de la Compagnie de la baie d'Hudson. Kelsey Boulevard traverse la ville en suivant la voie ferrée jusqu'à Arctic Trading Co., charmant magasin où le visiteur trouvera pléthore d'objets artisanaux, de vêtements et de souvenirs. Le public désireux d'en savoir plus peut suivre les stages sur l'écologie et l'ornithologie des régions arctiques du **Northern Study Centre** *(24 km à l'Est. ☎ 204-675-2307)*.

★★**Eskimo Museum** – *Près de la mission catholique. De déb. juin à mi-nov. : tlj sf dim. 9 h-12 h, 13 h-17 h, lun. 13 h-17 h ; le reste de l'année : tlj sf dim. 13 h-16 h30. Fermé j. fériés. Contribution requise. ☎ 204-675-2030.* Le musée possède une **collection** de belles sculptures inuit sur pierre, ivoire (défenses de morse) et os, rassemblée pendant plus de 50 ans par les missionnaires oblats. Un commentaire enregistré souligne l'intérêt documentaire des pièces. Certaines illustrent des scènes de la vie quotidienne inuit ; d'autres évoquent les légendes traditionnelles et les nouveautés introduites par les Européens dans la vie de ce peuple des terres arctiques, comme l'avion et la motoneige.

★**Prince of Wales Fort** – *De l'autre côté de l'estuaire. Accès par bateau ou hélicoptère selon les marées et les conditions météorologiques. Juil.-août : visite guidée (1 h). 5 $. Centre d'accueil Parks Canada (voir plus haut). ☎ 204-675-*

8863 ou 888-748-2928. www.parkscanada.ca. La construction de cet imposant fort de pierre, qui dura 40 ans (1731-1771), fut entreprise par la Compagnie de la baie d'Hudson (CBH) afin de protéger ses intérêts commerciaux des ambitions françaises. Après la défaite de la France aux plaines d'Abraham en 1759, cette crainte retomba. Mais le monopole de la CBH était menacé de l'intérieur par un groupe de marchands montréalais (qui devaient plus tard former la Compagnie du Nord-Ouest). Aussi, l'explorateur Samuel Hearne, alors gouverneur du fort, fut-il surpris lorsqu'en 1782 une flotte française commandée par le célèbre navigateur La Pérouse se prépara à attaquer ses murailles. Hearne ignorait même que l'Angleterre et la France étaient à nouveau en guerre ! La plus grande partie de la garnison s'étant rendue à l'intérieur des terres pour surveiller les commerçants de Montréal, Hearne ne put que capituler ; aucun coup de feu ne fut échangé. La Pérouse mina les murs et incendia la forteresse ; malgré le départ rapide des Français, le fort ne fut jamais réutilisé, la CBH préférant s'installer en amont.

L'excursion en bateau jusqu'au fort procure l'occasion idéale d'approcher les bélugas qui fréquentent les eaux de l'estuaire en juillet et en août *(visites du fort et excursions d'observation des baleines organisées conjointement).*

Dans le fort même, remarquer le mur d'enceinte à redans, épais de 12 m et haut de 5 m, ainsi que l'impressionnante batterie de canons.

Sur la rive Est du Churchill, faisant face au fort, les vestiges de la batterie de pierres (18e s.) du **site historique national du cap Merry** (☎ *204-675-8863)* constituent un bon poste d'observation de la faune : les bélugas pénètrent dans le fleuve avec les marées et les phoques se dorent au soleil sur la glace flottante. Des oies des neiges survolent l'endroit, où viennent se nourrir sternes de l'Arctique, harles huppés, plongeons catmarins et plusieurs centaines d'autres espèces subarctiques.

Les CYPRESS HILLS★★

Alberta-Saskatchewan

Non loin de la frontière américaine, à cheval sur l'Alberta et la Saskatchewan, le relief arrondi des Cypress Hills émerge d'une vaste plaine semi-aride d'herbe rase. Entrecoupées de ravines, de lacs et de nombreux cours d'eau, ces molles collines verdoyantes sont coiffées de pins tordus latifoliés dont les Amérindiens se servaient pour construire leurs tipis. Ce sont les Métis qui, prenant à tort ces arbres pour les pins gris de l'Est ou « cyprès » (sans rapport avec le cyprès méditerranéen), donnèrent son nom à la région.

Un peu de géographie

Une oasis dans le désert – En 1859, lors de son voyage d'exploration des Prairies pour le compte du gouvernement britannique, John Palliser parcourut ces collines dont il écrivit qu'elles constituaient une « parfaite oasis dans le désert ». Plus tard, jugeant l'endroit propice à l'élevage, des colons établirent des **ranchs** dans ces vastes étendues où, de nos jours, l'exploitation du bétail continue à jouer un rôle prépondérant.

D'une remarquable beauté, les Cypress Hills présentent une morphologie bien particulière. Leur altitude pourtant modeste (inférieure à 1 500 m au point culminant) en fait l'ensemble topographique le plus élevé du Labrador aux Rocheuses. L'épaisse calotte glaciaire qui recouvrait jadis la région laissa à découvert ces hautes terres moutonnantes dont la crête forme la ligne de partage des eaux des bassins du Mississippi-Missouri (qui s'écoulent vers le Sud) et de la baie d'Hudson (qui s'épanchent en direction du Nord). La mixité du milieu naturel a favorisé le développement d'une faune et d'une flore étonnamment variées, tour à tour caractéristiques de la Prairie, de la zone boréale et de l'étage montagnard. Partout, des fleurs sauvages et des oiseaux chanteurs... Sur les coteaux exposés au Sud poussent des cactus tandis que les orchidées fleurissent en bordure de paisibles étangs.

Un peu d'histoire

Le massacre de Cypress Hills – La vénérable **Gendarmerie royale du Canada** (Royal Canadian Mounted Police) doit sa création à un épisode malheureux dont les Cypress Hills furent le théâtre. Vers les années 1870, des commerçants américains établirent plusieurs comptoirs dans la région. Ils fournissaient aux indigènes des marchandises diverses, notamment la fameuse « eau de feu », whisky de contrebande extrêmement fort, voire même mortel. En 1873, un groupe de chasseurs de loups venu du Montana accusa (à tort) les Amérindiens assiniboines qui campaient sur la colline voisine, non loin des postes de Farwell et Solomon, du vol de ses chevaux. Le whisky aidant, la querelle dégénéra en bagarre sanglante et 36 Assiniboines furent tués.

Craignant un soulèvement général des peuplades autochtones si de telles scènes se reproduisaient, le Premier ministre John A. Macdonald ordonna la création immédiate de la **Police montée du Nord-Ouest** (rebaptisée Gendarmerie royale du Canada en 1920) qu'il dépêcha dans le Nord-Ouest pour mettre fin aux incursions américaines et au trafic des spiritueux. Les responsables du massacre furent arrêtés, puis relâchés, faute de preuves. Cependant, l'impartialité de la Police montée dans cette affaire, impressionnant favorablement les Amérindiens, contribua à établir la réputation du corps policier.

CURIOSITÉS

★★**Cypress Hills Interprovincial Park** – *En Alberta, à 65 km au Sud-Est de Medicine Hat par la Transcanadienne et la route 41 Sud. Se renseigner sur l'état des routes auprès du bureau du parc (Elkwater)* ☎ *403-893-3777.* ♿ *Parc : ouv. toute l'année. Centre d'accueil : juin.-août 9 h-17 h.* ☎ *403-893-3833. www.cypresshills.com.* Le parc englobe la zone la plus élevée et l'une des collines les plus accidentées et pittoresques. Depuis le lac Elkwater, un joli circuit *(40 km)* passe par **Horseshoe Canyon** et rejoint le sommet du parc, **Head of the Mountain**, d'où les vues s'étendent jusqu'aux collines Sweet Grass et aux monts Bear Paw du Montana. Le circuit mène ensuite au lac Reesor et à la limite Est du parc.

La route franchit la frontière entre l'Alberta et la Saskatchewan et continue sur Fort Walsh *(à environ 18 km au Sud)*.

★**Fort Walsh National Historic Site** – *En Saskatchewan, à 52 km au Sud-Ouest de Maple Creek par la route 271.* ♿ *De fin-mai à fin août : 9 h30-17 h30 ; de déb. sept. à mi-sept. : tlj sf lun. et mar. 9 h30-17 h30. 7 $.* ☎ *306-662-3590. www.parkscanada.ca.* Non loin du site où se déroula le massacre de Cypress Hills, un fort de la Police montée du Nord-Ouest bâti en 1875 joua un rôle capital dans les rapports entre le gouvernement canadien et les Amérindiens des Plaines. Le fort, à qui son fondateur John Walsh donna son nom, fut le quartier général de la police de 1878 à 1882. Réhabilité en 1942 pour abriter son haras, il fut désaffecté en 1968.

Au **centre d'accueil**, des expositions et des films constituent une bonne introduction à la visite du fort *(accessible à pied ou en autocar)*. Les bâtiments blanchis à la chaux comprennent la caserne, les écuries, l'atelier et la demeure du chef de garnison.

Comptoir aux grossiers bâtiments et au crâne de bison au-dessus de la porte d'entrée, **Farwell's Trading Post★** 📷 *(à 2,5 km au Sud, accès en autocar depuis le fort ; visite guidée uniquement 45mn)* permettra aux visiteurs de découvrir, grâce aux guides costumés, la rude atmosphère d'une époque sans foi ni loi marquée par de douteuses activités clandestines.

■ Sitting Bull au Canada

Après la bataille de Little Big Horn aux États-Unis (1876) où ils exterminèrent les troupes du général **George Custer**, les Sioux s'attendaient à de terribles représailles. Sous la conduite de leur chef Sitting Bull, ils vinrent nombreux se réfugier au Canada. **James Walsh**, de la Police montée, reçut la délicate mission de leur faire regagner le territoire américain ; car il s'agissait non seulement d'éviter une crise diplomatique entre les deux pays, mais aussi d'empêcher une guerre entre les Sioux et leurs ennemis de longue date, les Pieds-Noirs et les Cris, qui habitaient la région. Seulement accompagné de quatre policiers et de deux éclaireurs, Walsh se rendit au campement sioux près du mont Wood *(à 350 km à l'Est de Fort Walsh)* et intima à Sitting Bull l'ordre d'obéir à la loi. Si cet acte de bravoure ne manqua pas d'impressionner le chef amérindien, les Sioux ne consentirent cependant à regagner le sol américain que quatre ans plus tard.

EDMONTON★★

Alberta
666 104 habitants
Carte Michelin n° 585 F1
Office de tourisme ☎ 780-496-8400 ou www.tourism.ede.org

Au centre de la province, dominant les méandres encaissés de la Saskatchewan Nord, la dynamique capitale de l'Alberta possède des liens anciens avec l'agriculture et les hydrocarbures. Edmonton présente aujourd'hui un visage plus diversifié, son économie étant marquée par l'industrie manufacturière et les technologies avancées qui accentuent son rôle majeur sur les marchés pétroliers internationaux. Elle demeure un centre de conditionnement de la viande et de manutention du blé, et sa position géographique lui vaut d'être un grand nœud de communication et de distribution pour l'Ouest du Canada.

Un peu d'histoire

Du comptoir à la capitale provinciale – À la fin du 18ᵉ s., la Compagnie de la baie d'Hudson et sa rivale, la Compagnie du Nord-Ouest, possédaient chacune un comptoir près de l'actuelle ville d'Edmonton et troquaient avec les Cris et les Pieds-Noirs des couvertures, des fusils et des objets usuels contre des fourrures. À la fusion des deux compagnies en 1921, le fort appelé **Edmonton House** devint le principal comptoir de fourrures de l'Ouest. Il étendit ses activités de l'Oregon au bassin du fleuve Mackenzie dans les régions arctiques, et de Le Pas, au Nord-Ouest du lac Winnipeg, jusqu'à l'Ouest des Rocheuses.

Station de pompage de pétrole près de Leduc

Une petite colonie s'établit autour du poste. Les marchandises arrivaient de York Factory *(voir p. 193)* sur les fameux « bateaux d'York », ou de Winnipeg sur les « charrettes de la rivière Rouge ». La croissance se ralentit quelque peu avec le passage plus au Sud de la ligne du Canadien Pacifique, pour reprendre à la fin du siècle quand d'autres lignes ferroviaires arrivèrent à Edmonton. La ville devint alors un important centre d'approvisionnement pour toutes les régions du Nord-Ouest, en particulier pendant la ruée vers l'or du Klondike (1896-1899). Sa nouvelle vocation de « porte du Nord » et sa situation stratégique entre les terres agricoles au centre et les ressources énergétiques au Nord expliquent principalement son statut de capitale de la nouvelle province de l'Alberta en 1905.

Une importante présence pétrolière – Edmonton aurait pu demeurer un paisible centre administratif et commercial si l'on n'avait pas trouvé de pétrole à **Leduc**, en 1947. D'autres découvertes suivirent, notamment celle de Redwater en 1948. La ville est aujourd'hui le centre de l'industrie pétrolière du Canada, la majorité des réserves d'hydrocarbures du pays se trouvant en Alberta, principalement dans la région d'Edmonton.

■ Klondike Days

Chaque année en juillet, Edmonton tout entière célèbre avec effusion l'époque des chercheurs d'or, quand les aventuriers en route pour le **Klondike** affluaient dans la jeune localité avant de s'élancer sur les pistes hasardeuses du Nord-Ouest. Pendant dix jours, habitants et visiteurs costumés à la mode des années 1890 se joignent aux festivités. On défile, on danse, on joue au poker dans des casinos de fortune après avoir avalé un déjeuner de *flapjacks* (grosses crêpes). Bref, on fait la fête (*whoop it up* en anglais). Les batées se pressent autour d'un ruisseau aurifère aménagé pour l'occasion tandis que, sur la rivière, d'invraisemblables rafiots font la course pour rire. Par le passé, les attractions comptaient Family Fun Zone, avec des jeux pour enfants et un zoo, des démonstrations de bûcherons, une course de cantines ambulantes entre une cinquantaine de concurrents, une foire gastronomique internationale, une foire artisanale, ainsi que des vaudevilles et des feux d'artifice. Rien n'est plus facile, dans un tel tourbillon, que d'être atteint par la gaieté contagieuse régnant dans Edmonton pendant dix jours.

CENTRE-VILLE

Le centre-ville se situe dans le quartier de Jasper Avenue et de Sir Winston Churchill Square. La vaste pelouse du square est entourée de bâtiments modernes, dont **City Hall** (l'hôtel de ville), **Court House** (le palais de justice), Art Gallery *(voir plus loin)*, l'élégante architecture du **Citadel Theatre (A)** doté de trois scènes, la bibliothèque **Stanley A. Milner Library (B)** et le centre commercial Edmonton Centre. Deux rues plus au Sud se dresse le **centre de conférence** d'Edmonton. En face, Canada Place abrite les bureaux du gouvernement fédéral et le syndicat d'initiative de la ville.

★**Art Gallery** – *2 Sir Winston Churchill Sq. ♿ 10 h30-17 h (jeu. 20 h.), w.-end 11 h-17 h. Fermé j. fériés. 5 $. ☎ 780-422-6223. www.edmontonartgallery.org.* ☺ Construit en 1969, ce musée d'art présente des expositions temporaires, puisées en partie dans la collection permanente de 4 000 pièces retraçant le développement de l'expression artistique canadienne. Moderne, le bâtiment bénéficie de l'éclairage naturel qui filtre par le bel escalier central menant à l'étage supérieur. Les plus jeunes apprécieront la galerie interactive.

★**Muttart Conservatory** – *9626 96 A St. ♿ 9 h-18 h, w.-end 11 h-18 h. Fermé 25 déc. 5,25 $. ☎ 780-496-8755. www.gov.edmonton.ab.ca/muttart.* Trois audacieuses pyramides de verre reconstituent la végétation des zones désertique, tropicale et tempérée, tandis qu'une quatrième est réservée aux plantes ornementales.

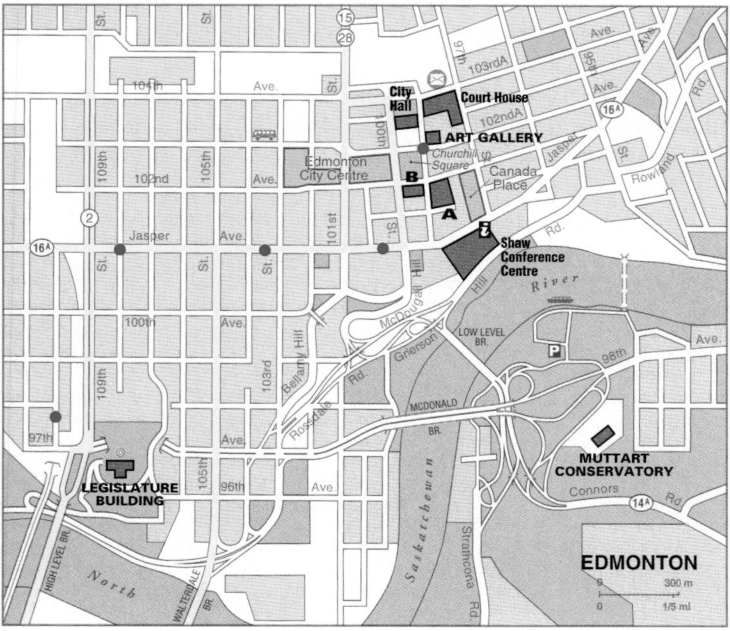

Hardware Grill

9698 Jasper Ave. ☎ 780-423-0969. www.hardwaregrill.com. Ce restaurant du centre-ville à l'atmosphère chaleureuse réussit l'exploit d'avoir à l'unisson une carte et une salle lambrissée modernes et branchées. Installé dans un ancien magasin de matériel informatique du quartier historique Goodridge Block, le vaste établissement collectionne les récompenses grâce à une cuisine canadienne régionale strictement de saison. Le carpaccio de bison au riz sauvage et salade de pleurotes gris (les célèbres « huîtres des Plaines ») connaît un succès sans démenti. Essayer aussi une spécialité de la maison, le saumon sur planche de cèdre accompagné d'une purée de céleri au léger parfum de bourbon.

Jack's Grill

5842 111th St. ☎ 780-434-1113. www.jacksgrill.ca. Prestigieuse adresse depuis plus de dix ans en dépit de son invraisemblable emplacement dans Lendrum au Sud d'Edmonton, l'établissement respire le luxe : planchers de chêne, murs ocre, éclairage subtil, salle intime aux tables bien espacées. Les habitués comme les nouveaux venus, accueillis par un personnel courtois, sont attirés par la carte moderne de bistrot : blanc de canard grillé et sa saucisse de canard maison, carré d'agneau rôti accompagné d'un risotto au parmesan. Garder une place pour le pudding (généreusement parfumé de raisins et de vanille puis nappé de crème fouettée et d'un caramel au rhum).

Amarré près de la berge non loin de la serre Muttart, le vapeur à aubes *Edmonton Queen* offre à ses passagers une agréable **croisière** sur la Saskatchewan Nord *(mai-oct. : jeu.-sam. 12 h, 15 h, dim. 12 h, 14 h, 16 h. 1 h AR. Réservations requises. 15 $. Dîners-croisières et croisières au clair de lune également possibles. ☎ 780-424-2628. www.edmontonqueen.com).*

★ **Legislature Building** – *Interpretive centre, 10800 97th Ave.* ♿ *De déb. mai à mi-oct. : visite guidée (45mn) 8 h30-17 h, w.-end 9 h-17 h ; le reste de l'année : 9 h-16 h30, w.-end 12 h-17 h. Fermé 1ᵉʳ janv., Ven. saint, 25 déc. ☎ 780-427-7362. www.assembly.ab.ca.* Situé dans un joli cadre de jardins en bordure de la Saskatchewan Nord, le Parlement est un majestueux édifice en grès ocre coiffé d'un élégant dôme à lanternon. Bâti en 1912, il occupe le site original de Fort Edmonton. L'entrée principale *(côté Nord)* s'ouvre sur un impressionnant vestibule d'où un escalier mène jusqu'à la **Salle de l'Assemblée**. Au cinquième niveau, dans la galerie circulaire qui surplombe le vestibule, une intéressante exposition raconte l'histoire de la province.

AUTRES CURIOSITÉS *plan p. 201*

★★ **Fort Edmonton Park** – *À l'angle de Fox Dr. et Whitemud Dr. De mi-mai à mi-juin : 10 h-16 h, w.-end et j. fériés 10 h-18 h ; de fin juin à fin août : 10 h-18 h ; sept. : dim. 10 h-18 h. 8,25 $. ☎ 780-496-8787. www.gov.edmonton.ab.ca/fort.* ▣ Occupant la verte vallée de la Saskatchewan Nord, ce parc est destiné à faire

---

■ Old Strathcona

Sur la rive opposée du fleuve, face au centre-ville, le quartier historique Old Strathcona se reconnaît aux magnifiques édifices restaurés de l'avenue Whyte (82nd Ave). Ses dix pâtés de maisons bourdonnent d'activité : salons de thé, restaurants, pubs et boutiques. On vient se fournir chez **Fort Door** *(10308 81st Ave. ☎ 780-432-7535)* en objets d'art canadien ou amérindien, et en cadeaux et objets d'artisanat *(pièces uniques)* chez **The Treasure Barrel** *(8216 104th St. ☎ 780-439-9372)*. La pause-thé se prend à **Second Cup** *(à l'angle de Whyte St. et 104th St. ☎ 780-439-8097)* après un déjeuner italien au **Chianti's** *(10505 82nd Ave. ☎ 780-439-9829)* dans l'immeuble de l'ancien bureau de poste. **O'Byrnes Irish Pub** *(10616 82nd Ave. ☎ 780-414-6766)* séduira les amateurs de bière et de whisky irlandais, **King & I** *(8208 107th St. ☎ 780-433-2222)* concocte une excellente cuisine thaïe et l'orchestre du **Blues on Whyte** *(10329 82nd Ave. ☎ 780-439-3981)* ravira chaque soir les mordus de blues. Old Strathcona arbore fièrement ses cinq théâtres et le quartier prend des allures de ruche au mois d'août lorsque le plus grand festival de théâtre d'avant-garde du Canada *(☎ 780-448-9000)* attire une foule d'amoureux du théâtre vers la scène du Fringe Theatre ou du Walterdale Playhouse. Artisanat et produits régionaux se pressent au **marché fermier** *(10310 83rd Avenue. Sam. 8 h-15 h)*.

revivre les grandes étapes de la colonisation européenne d'Edmonton. Un train d'époque *(gratuit ; service continu)* mène au comptoir de **Fort Edmonton** (1846), dont les bâtiments ont été reconstitués à l'intérieur d'une haute palissade. De la galerie extérieure de la Grande Maison (Big House), qui domine l'ensemble, l'intendant général, ou gouverneur, pouvait surveiller son domaine. Le fort abritait environ 130 personnes (employés, artisans, ouvriers, domestiques, etc.) dont les quartiers ont été soigneusement recréés. On visite

également les bâtiments de commerce et les entrepôts, la forge, l'écurie et la cale où sont construits les célèbres « bateaux d'York » *(voir p. 219)*, lourdes barques de bois dont on verra un exemple sur la rivière ; enfin, la chapelle méthodiste construite pour le révérend **Robert Rundle**, premier missionnaire en Alberta, qui demeura à Fort Edmonton de 1840 à 1848. Une visite du fort en charrette part toutes les heures *(tlj sf dim. 11 h-15 h)*.

Le **pre-railway village** contient la reconstitution de Jasper Avenue telle qu'elle se présentait en 1885, avant l'arrivée du chemin de fer : une très large rue boueuse où passent des chariots, des trottoirs de bois le long desquels s'alignent de modestes bâtiments, parmi lesquels des échoppes de commerçants, le bureau du cadastre, le poste de la Police montée et l'imprimerie du journal local. Seul bâtiment d'époque, le premier temple protestant d'Alberta, construit en 1873 par le pasteur **George McDougall** et qui, en 1976, se trouvait encore au centre-ville. La promenade dans le temps se poursuit par la **rue de 1905** qui présente Edmonton à une époque de grande expansion. Un tramway *(gratuit ; service continu)* circule au milieu de la chaussée bordée de bâtiments du début du 20e s. tels une salle de jeux, une loge maçonnique, deux églises, une caserne de pompiers et un foyer municipal, pour n'en nommer que quelques-uns.

Un bond de quinze ans et de quelques mètres, voici la **rue de 1920**. De récents ajouts ont été effectués : un golf miniature dans le style des années 1920 et une confiserie où les visiteurs pourront déguster des glaces.

West Edmonton Mall – *De 170th St. à 178th St. et de 87th Ave. à 90th Ave.* & *10 h-21 h, sam. et j. fériés 10 h-18 h, dim. 12 h-18 h. Horaires et tarifs spécifiques au parc aquatique et autres attractions.* ☎ *780-444-5200. www.westedmontonmall.com.* Avec une surface dépassant 483 000 m², ce gigantesque centre commercial et de loisirs à la façade animée d'un dragon cracheur de feu est le plus grand du monde. Il dispose d'un parc d'attractions, d'une patinoire de bonne taille, d'un parc aquatique, de deux hôtels et de plus de 800 magasins et restaurants divers. L'immense

Fort Edmonton Park

● **Salon de beauté et centre de remise en forme Eveline Charles**

Centre commercial West Edmonton Mall, deuxième niveau, près de la patinoire. Réservation conseillée (requise pour les forfaits). ☎ *780-424-5666 ou 888-624-2626. www.evelinecharles.com.* L'Attraction, avec un A majuscule, des promeneurs épuisés pourrait être ce centre de remise en forme. Derrière la fontaine, l'escalier de marbre mène au salon en cuir. L'éventail des prestations d'un salon de beauté est couvert : salon de coiffure, boutique et vestiaires pour hommes et femmes, douches, massages, hydrothérapie, soins du visage et du corps (gommages, enveloppements) ainsi que pédicure. Les plus pressés se contenteront des 45 mn d'un massage du dos et de la nuque, ou encore d'une pédicure. Ceux qui disposent de tout leur temps choisiront le programme « Scots Hose and Vichy Shower », qui débute par une hydrothérapie vivifiante suivie d'une douche relaxante. Ils pourront également opter pour « European Hydro Tub », bain à remous de 144 jets. Le salon propose une douzaine de forfaits, parmi lesquels « Ultimate EC Experience » *(398 $)* : massage intégral, soins du visage, épilation des sourcils, manucure, pédicure, maquillage, coupe de cheveux et déjeuner.

Playdium Edmonton accueille la dernière attraction en date, un centre de loisirs high-tech comprenant 150 attractions virtuelles et interactives pour enfants et adultes.

★★**Provincial Museum** – *12845 102nd Ave.* ♿ *9h-17h (ven. 21h). Fermé 24-25 déc. 8 $.* ☎ *780-453-9100. www.pma.edmonton.ab.ca.* 📷 Ce musée d'ethnologie et d'histoire naturelle de l'Ouest du Canada occupe en bordure de la rivière un joli **site** voisin de l'ancienne résidence du lieutenant-gouverneur. Deux sections sont réservées à des expositions internationales et des présentations temporaires.

Le niveau principal accueille la **section habitats** qui propose des **dioramas** d'animaux de l'Alberta dans leur cadre naturel, donnant ainsi un aperçu des principaux paysages morphologiques de la province.

À l'étage, la section multimédia amérindienne ou **Gallery of Aboriginal Culture** offre une excellente introduction à la civilisation et au mode de vie des Amérindiens des Plaines par de remarquables objets brodés de perles, des pièges, des pointes de flèche et autres objets de la riche collection du musée venant compléter une chasse au bison dans une plaine battue par les vents ou la visite d'un tipi. Également à l'étage, la **section d'histoire naturelle** contient une salle très appréciée, Bug Room, remplie d'animaux vivants, ainsi que Bird Gallery, la plus grande collection d'oiseaux empaillés du pays. Noter également la section géologique Reading the Rocks et l'exposition de pierres précieuses et de minéraux Treasures of the Earth. La collection de fossiles comprend des squelettes de dinosaures et de mammifères.

★**Odyssium** – *11211 142nd St.* ♿ *De fin juin à fin août : 10h-21h ; le reste de l'année : 10h-19h (ven. 21h). Fermé 25 déc. 10,95 $.* ☎ *780-451-3344. www.odyssium.com.* 📷 Sa structure d'acier blanc en forme de soucoupe volante confère au bâtiment une allure très futuriste. Outre sa salle de projection Imax (écran géant) et son planétarium, ce centre d'animation scientifique offre diverses expositions. Les visiteurs gravissent l'escalier de la galerie Nord où une section de science médico-légale permet de suivre des interrogatoires de police, de prélever des empreintes digitales et, même, de résoudre un crime. Les enfants pourront construire des bâtiments en brique molle et percer les secrets d'une station hydraulique dans la section Discovery Zone. La galerie de l'Univers traite des planètes, des météorites et de l'exploration spatiale. Des démonstrations interactives sur le pétillement des boissons gazeuses, la cryogénie et autres sujets aident les visiteurs à appréhender le monde scientifique. Trois nouvelles galeries sont consacrées à l'environnement, à la science médico-légale et à la santé. Installé dans un bâtiment annexe, l'**observatoire** fournit l'occasion de contempler de près étoiles et planètes *(♿ selon les conditions météorologiques ; téléphoner pour connaître les horaires).*

EXCURSIONS

★**St. Albert** – *19 km au Nord par la route 2.* En 1861, le père oblat **Albert Lacombe** (1827-1916) fondait une mission catholique sur les rives de la Sturgeon. De cette époque a subsisté la modeste **chapelle** de bois *(St. Vital Ave.* ♿ *De mi-mai à fin août : 10h-18h ; le reste de l'année sur demande.* ☎ *780-459-7663)* qu'il avait fait construire et que l'on considère désormais comme le plus ancien bâtiment de la province.

La crypte de l'église moderne (1922) abrite les tombeaux du père Lacombe et de Mgr **Vital Grandin** (1829-1902), dont on peut visiter la résidence.

Elk Island National Park – *Route 16, à environ 35 km à l'Est.* ♿ *Ouv. toute l'année. Randonnée, canoë, ski de fond, golf. Centre d'accueil : mai-juin w.-end et juil.-août tous les j. 4 $.* ☎ *780-992-2950. www.parkscanada.ca.* Le Parc national Elk Island est l'un des plus petits du Canada. Malgré sa superficie relativement réduite (194 km²), il abrite une faune étonnamment variée : bisons, élans, orignaux, castors et coyotes, mais aussi musaraignes pygmées et bien d'autres. Le lac Tawayik regorge de gibier d'eau. Le rarissime cygne trompette fréquente de temps à autre le lac Astotin, autre plan d'eau au Nord du parc. Les visiteurs bénéficient d'une centaine de kilomètres de sentiers de nature aménagés à travers de paisibles paysages de marais, de forêts de trembles et d'étendues herbeuses. Ils pourront aussi, avec un peu de chance, observer l'étrange phénomène de l'aurore boréale.

★**Ukrainian Cultural Heritage Village** – *Route 16, à environ 50 km à l'Est.* ♿ *De fin mai à fin août : 10 h-18 h ; de déb. sept. à déb. oct. : w.-end 10 h-18 h. 8 $.* ☎ *780-662-3640. www.cd.gov.ab.ca/mcd/mhs/uchv.* Le village reconstitué évoque la colonisation ukrainienne en Alberta depuis les années 1890. Le centre d'accueil aborde le thème de l'immigration massive des Ukrainiens vers les Prairies canadiennes. Des guides costumés expliquent le développement des habitations, depuis les abris creusés dans le sol et recouverts de mottes de terre jusqu'aux maisons plus importantes, plâtrées de boue et blanchies à la chaux. On pourra également visiter une communauté rurale et une ville ukrainienne d'antan avec son silo élévateur, sa gare, son poste de police, son église à dôme et ses magasins. Des animations contribuent à faire renaître l'atmosphère ukrainienne : une foire agricole avec compétition de chevaux de trait, une journée ukrainienne où les visiteurs goûtent la cuisine traditionnelle et assistent à des danses folkloriques, une fête de l'automne où ils sont invités à participer aux moissons et à préparer le *sauerkraut* (choucroute) ; d'autres manifestations se déroulent toute l'année. Des promenades *(gratuites)* en charrette à cheval sont proposées aux visiteurs.

FORT MACLEOD★

Alberta
2 990 habitants
Carte Michelin n° 585 F3
Office de tourisme : www.town.fortmacleod.ab.ca

Située à 165 km au Sud de Calgary, cette petite localité naquit autour du premier fort de la Police montée à être érigé dans l'Ouest. En octobre 1874, le commissaire adjoint **James Macleod** choisissait d'établir les quartiers d'hiver de sa troupe sur une île de la rivière Oldman. Ses hommes, épuisés, venaient d'effectuer une terrible marche forcée à travers les Prairies pour mettre fin aux incursions américaines en territoire canadien et au trafic du whisky, cause du massacre de Cypress Hills.
Fort Macleod est aujourd'hui un centre agricole prospère dans une région de ranchs et de cultures irriguées.

CURIOSITÉS

★**Fort Museum** – *Route 3, à un pâté de maisons du centre-ville.* ♿ *Juil.-août : 9 h-20 h ; mars-juin et sept.-déc. : 9 h-17 h. 6 $. (juil.-août 7,50 $).* ☎ *403-553-4703. www.nwmpmuseum.com.* ⌖ Ce fort, dont la palissade abrite plusieurs bâtiments en rondins, est une évocation de la vie en Alberta vers 1875. On notera **Kanouse House**, bâtiment au toit de terre consacré aux premiers colons de la région, et **Mounted Police Building**, avec sa maquette du fort original et ses expositions sur la Police

---

■ **Camper sous un tipi**

À ceux qui ont toujours rêvé de dormir sous un tipi, voici l'occasion de réaliser enfin leur souhait, et le campement est assez isolé pour assurer un ciel étoilé par temps clair. Les visiteurs peuvent apporter leurs propres sacs de couchage ou en louer *(15 $/nuit)* ; tipis de toile, matelas gonflables, réchauds et lampes torches sont fournis et l'on peut prendre une douche au centre interprétatif. Les visiteurs aident à monter un tipi, dînent d'un hamburger de bison et d'un ragoût de bison au *bannock* (pain traditionnel), écoutent des légendes blackfeet autour du feu et font une rapide promenade guidée avant de dévorer un petit-déjeuner de pain frit et de confiture de Saskatoon. Le forfait deux nuits comprend un déjeuner puis une randonnée guidée au site voisin de fouilles archéologiques où l'on découvrira les pétroglyphes aborigènes. *À Head-Smashed-In Buffalo Jump. Avr.-oct. Forfaits une ou deux nuits. Réservation requise 90 jours à l'avance.* ☎ *403-553-2731. www.head-smashed-in.com*

Courtesy Alberta Economic Development & Tourism

Head-Smashed-in Buffalo Jump

montée. Indian Artefacts Building contient par ailleurs une belle collection d'art et d'artisanat amérindien.

En été *(juil.-août)*, des étudiants en uniforme de la Police montée de 1878 donnent des spectacles équestres en musique.

★★ Head-Smashed-In Buffalo Jump – *18 km au Nord-Ouest par la route 785 (Spring Point Rd.).* ♿ *De mi-mai à mi-sept. : 9 h-18 h ; le reste de l'année : 10 h-17 h. Fermé 1er janv., dim. de Pâques, 24-25 déc. 6,50 $ (de mi-mai à mi-sept. 8,50 $).* ☎ *403-553-2731. www.head-smashed-in.com.* Inscrit sur la liste du patrimoine mondial de l'Unesco en 1981, ce site exceptionnel abrite l'un des précipices à bisons les plus anciens, les plus grands et les mieux préservés d'Amérique du Nord. Durant plus de 5 000 ans, les bisons furent conduits à la mort du haut de cette falaise au pied de laquelle gît une impressionnante pile d'ossements de plus de 9 m de profondeur. Principale ressource des tribus des Plaines, les bisons fournissaient la viande pour l'alimentation, les peaux qui servaient à confectionner les vêtements et à fabriquer les abris, et les os qui étaient transformés en outils. Les films et expositions du **centre d'accueil** édifié dans la falaise explorent différents thèmes relatifs aux populations autochtones dont la survie dépendait de ce mode de chasse. La cafétéria permet de goûter la cuisine de l'Ouest et celle des Amérindiens, comme le pain frit blackfoot *(iimistsikitaan)*. Des sentiers grimpent au sommet de la falaise, d'où se dévoile un **panorama★★** extraordinaire de la région, ou descendent au pied du précipice, où les bisons blessés étaient achevés, puis dépecés.

LETHBRIDGE★

Alberta
67 374 habitants
Carte Michelin n° 585 F3
Office de tourisme ☎ 403-320-1222 ou chinookcountry.com

Cette ville du Sud de l'Alberta se trouve en bordure de la rivière Oldman, à 216 km au Sud-Est de Calgary. Le cours d'eau est encaissé dans un profond couloir enjambé par le High Level Railway Bridge, pont ferroviaire de 1,5 km de long et 96 m de haut. Les versants accueillent les remarquables bâtiments de l'université de Lethbridge.
Né en 1870 sur une mine de charbon, Lethbridge est aujourd'hui le centre d'une riche région agricole. La pratique de l'irrigation et la douceur relative des hivers due aux effets du chinook ont encouragé la culture des céréales et des légumes, notamment de la betterave à sucre et du colza. L'élevage tient également une place dans l'économie régionale.

CURIOSITÉS

★ Nikka Yuko Japanese Garden – *Henderson Lake Park, Mayor Magrath Dr.* ♿ *De fin juin à fin août : 9 h-21 h ; de déb. mai à mi-juin et de déb. sept. à mi-oct. : 10 h-16 h. 5 $.* ☎ *403-328-3511. www.japanesegarden.ab.ca.* Lorsque le Canada entra en guerre avec le Japon en 1941, quelque 22 000 personnes d'origine japonaise – taxées d'ennemies alors qu'un bon nombre d'entre elles avaient acquis la nationalité canadienne – furent déportées dans des camps de travail à l'intérieur du pays, dont 6 000 à Lethbridge. Après la guerre, beaucoup décidèrent de rester sur place. Créé en 1967, ce parc merveilleusement serein rend hommage à la contribution japonaise au pays.
Des allées sinueuses, se faufilant à travers cinq types de paysages typiquement japonais, mènent jusqu'à un charmant pavillon consacré à la cérémonie du thé.

★Fort Whoop-Up – *Indian Battle Park (accès par la route 3).* ⟨♿⟩ *Mai-sept. : tlj sf dim. 10 h-18 h, sam. 12 h-17 h ; le reste de l'année : tlj sf lun. et sam. 13 h-16 h. Fermé 25 déc. 5 $.* ✆ *403-329-0444. www.fortwhoopup.com.* De tous les comptoirs de trafic illicite de whisky qui se développèrent dans le Sud de l'Alberta et de la Saskatchewan vers les années 1870, Fort Whoop-up était à la fois le plus important et le plus mal famé. Il fut construit en 1869 par des Américains venus de Fort Benton, dans le Montana. En échange de peaux de bisons, fourrures et autres, ces commerçants peu scrupuleux fournissaient aux Amérindiens des marchandises diverses et de « l'eau de feu » – terrible mixture à base de tabac à chiquer, de poivrons rouges, de gingembre de la Jamaïque, de mélasse et d'alcool – qui n'avait guère de rapport avec le whisky écossais.

Le gouvernement canadien créa la Police montée du Nord-Ouest pour mettre fin aux incursions américaines et à ce trafic de spiritueux qui démoralisait les Amérindiens. En 1874, les policiers se présentèrent aux portes de Fort Whoop-up mais le trouvèrent abandonné, les trafiquants ayant été prévenus de leur arrivée. La création de Fort Macleod et Fort Calgary allait enfin mettre un terme à ces activités illégales et rétablir l'ordre dans l'Ouest.

Une palissade carrée où flotte le drapeau de la compagnie de Fort Benton entoure le Fort Whoop-up reconstitué. Le **centre d'accueil** présente un film *(20mn)* replaçant l'histoire du comptoir dans le contexte de l'Ouest canadien.

MOOSE JAW★

Saskatchewan

32 131 habitants

Office de tourisme : ✆ 306-693-8097 ou 866-693-8097 ; www.citymoosejaw.com

Situé à 71 km à l'Ouest de Regina au cœur d'une plate région à blé, Moose Jaw est un nœud ferroviaire important pour l'agriculture de la région, ainsi qu'un centre industriel pourvoyant aux besoins d'une population de 260 000 âmes. La ville doit apparemment son nom au coude en forme de mâchoire d'orignal que la rivière dessine à cet endroit, mais il est plus probable qu'il provienne du mot cree *Mossegaw*, qui signifie « vents chauds ».

La ville devint pendant la Prohibition la capitale de la contrebande d'alcool dans les Prairies : les **tunnels** *(visite toute l'année.* ✆ *306-693-5261. www.tunnelsofmoosejaw.com)*, creusés près de Main Street pour alimenter les chaudières des entreprises de la ville, furent également utilisés pour le trafic d'alcool.

La ville arbore aujourd'hui une trentaine de fresques immenses qui rappellent son passé mouvementé ; elle accueille une école de pilotage de l'OTAN, une escadrille d'acrobates aériens de premier plan, les Snowbirds, et un nouveau casino. Groupes musicaux, chœurs et groupes de jazz de toute l'Amérique du Nord y convergent chaque année pour participer au **Kinsmen International Band and Choral Festival** *(mai)*.

CURIOSITÉS

En saison, n'hésitez pas à suivre une visite guidée de la ville à bord d'une réplique de tramway de 1911 (mai-oct. 9 $. Moose Jaw Trolley Co. ✆ *306-693-8537).*

★Western Development Museum – *À la jonction de la Transcanadienne et de la route 2.* ⟨♿⟩ *Avr.-déc. : 9 h-18 h ; le reste de l'année : tlj sf lun. 9 h-18 h. Fermé 1er janv., 25-26 déc. 6 $.* ✆ *306-693-5989. www.wdm.ca.* Le musée du développement de l'Ouest possède quatre établissements, dont celui de Moose Jaw (les trois autres sont à North Battleford, Saskatoon et Yorkton), qui retrace l'histoire des moyens de transport en Saskatchewan. La section navigation évoque le vapeur *Northcote*, qui approvisionnait l'armée pendant la rébellion du Nord-Ouest, et les bacs à câbles, notamment ceux qui étaient en service sur le St-Laurent. La section

---

■ Prairie Paintings and Mineral Waters

Faites une halte dans l'édifice classé qui abrite la **galerie d'Yvette Moore** *(76 Fairford St. West.* ✆ *306-693-7600. www.yvettemoore.sk.ca),* où celle-ci expose quelques-unes de ses œuvres dépeignant la vie et les paysages des Prairies, ainsi que des objets d'artisanat régional. Le minuscule Copper Cafe y sert des déjeuners légers et l'une des meilleures tourtes aux fruits rouges à la ronde.

Plongez-vous, après une journée de visite, dans la piscine d'eau minérale du **Temple Gardens Resort Hotel**, alimentée par de l'eau chaude tirée d'anciens fonds marins à 1 350 m sous la surface. Des soins de remise en forme sont également dispensés aux non-résidents *(24 Fairford St. East.* ✆ *306-694-5055. www.templegardens.sk.ca).*

ferroviaire possède une locomotive du Canadien Pacifique, une gare reconstituée et une Buick de 1934 aménagée pour rouler sur les rails et utilisée comme véhicule d'inspection des voies pendant plus de 20 ans. Une intéressante collection d'automobiles forme la section routière. La section aérienne contient plusieurs avions canadiens, dont l'unique Red Pheasant (1927) du pays, ainsi qu'une exposition consacrée à l'École de l'air du Commonwealth.

Burrowing Owl Interpretive Centre – *250 Thatcher Dr. East, dans Exhibition Grounds.* ⟨ *De fin mai à fin août : 10 h-18 h ; le reste de l'année sur demande.* ☎ *306-693-8710. www.sboic.ca.* Ce centre offre la chance rare d'observer une espèce en danger (la chevêche des terriers) dans son habitat naturel. Le visiteur pourra se promener à ciel ouvert ainsi que dans une galerie souterraine reconstituée à taille humaine, manière pour lui de voir les chouettes à la fois en captivité et à l'état sauvage.

Sukanen Ship Pioneer Village and Museum – *13 km au Sud sur la route 2. De fin mai à mi-sept. : 9 h-17 h. 4 $.* ☎ *306-693-7315. http://sukanen.tripod.com.* Des voitures anciennes et quelque 30 bâtiments originaux ou reconstitués (parmi lesquels une forge, une épicerie et une église) forment un village du début des années 1900. La principale attraction est le bateau construit par le colon finlandais Tom Sukanen, qui avait l'intention de rentrer dans son pays natal par la Saskatchewan et la baie d'Hudson.

PRINCE ALBERT NATIONAL PARK★
Saskatchewan
Carte Michelin n° 585 H1

Situé au centre de la Saskatchewan, ce vaste parc aux paysages vallonnés parsemés de marais entretenus, de grands lacs et de cours d'eau fut modelé par la dernière glaciation. Il doit son caractère unique à sa position géographique à mi-chemin entre le Sud et le Nord du Canada. On y retrouve des éléments de la Prairie (limitée à une étroite bande dans la vallée de la rivière Sturgeon), de la forêt de trembles (zone de transition) et de la forêt boréale. La faune reflète cette variété des espaces végétaux : au Sud, espèces typiques des Prairies comme le bison, le coyote, le blaireau et le spermophile ; plus au Nord, le loup, l'orignal, le wapiti, l'ours noir, le castor, le renard roux, le vison et le caribou ; enfin, la région du lac Lavallée, à l'extrême Nord du parc, accueille la seconde colonie de pélicans blancs d'Amérique du Nord.

Accès – *80 km au Nord de Prince Albert par les routes 2 et 264.*

VISITE

⟨ *Ouv. toute l'année. Randonnée, canoë, baignade, bicyclette, golf, tennis, sports d'hiver. 4 $/jour. Carte disponible au centre d'accueil. Juin-août : 8 h-20 h ; horaires variables le reste de l'année.* ☎ *306-663-4500 ou 877-255-7267. www.parkscanada.gc.ca. Hébergement et commerces à Waskesiu Lake.*

Le village de Waskesiu Lake regroupe les bureaux administratifs du parc et le **Centre de la nature** *(Lakeview Dr. Juin-août : 10 h-17 h ; sept. : w.-end 12 h-16 h)* qui procure une introduction à la visite ainsi que des renseignements sur les randonnées et les excursions nautiques. Des **promenades en bateau** à aubes *(dép. juil.-août à 14 h, 16 h et 18 h. 1 h AR. 8 $. Neo-Watin Marine, ☎ 306-663-5253)* sont organisées sur le lac, que l'on peut admirer à loisir depuis les deux routes qui longent ses berges. Des locations de bateaux, de canoës et de barques sont possibles à la marina principale *(à Waskesiu ☎ 306-663-1999)*. Le parc offre de nombreux parcours de canoë et sentiers de randonnée. L'une des excursions favorites conduit à la cabane et à la tombe de Grey Owl au bord du lac Ajawaan *(19 km)*.

■ Grey Owl

Fervent défenseur de l'environnement, ce curieux personnage qui se disait de sang apache travailla, en qualité de naturaliste, pour deux parcs nationaux : Riding Mountain et Prince Albert. Auteur passionné (ses ouvrages les plus connus étant *Récits de la cabane abandonnée* suivis de *Ambassadeur des bêtes*, *Un homme et des bêtes* et *Sajo et ses castors*), orateur talentueux, Grey Owl fit campagne pour la protection de la faune et des espèces menacées d'extinction, le castor en particulier. Ses tournées de conférences le menèrent à travers l'Amérique du Nord et l'Europe. À sa mort en 1938, le public découvrit que Grey Owl était en vérité un Anglais nommé **Archie Belaney** qui avait pris le nom amérindien de *Wa-sha-Quon-Asin* (hibou gris) vers 1920. Malgré cette imposture, il demeure l'un des meilleurs chantres de la nature et figure au rang des précurseurs de l'écologie.

REGINA★★

Saskatchewan
178 225 habitants
Carte Michelin n° 585 I3
Office de tourisme ☎ 306-789-5099 ou www.tourismregina.com

La capitale de la Saskatchewan est située au sein d'une riche région à blé d'une platitude exemplaire. À la fois desservi par la Transcanadienne et le Canadien Pacifique, cet important centre agricole (siège de l'une des plus grandes coopératives du monde : la Saskatchewan Wheat Pool) anime également l'industrie provinciale de la potasse.

Un peu d'histoire

Un tas d'ossements – Lorsque le tracé Nord du Canadien Pacifique fut abandonné pour un itinéraire méridional par le col Kicking Horse, on décida de transférer plus au Sud la capitale des Territoires du Nord-Ouest, alors à Battleford. Le site choisi pour la nouvelle capitale portait le nom de « Pile of Bones », ou *Oskana* en amérindien cree. Chaque année, Amérindiens et Métis y organisaient une chasse aux bisons pour renouveler leurs provisions de pemmican et de cuir, et rabattaient les animaux dans des enclos provisoires avant de les tuer. La pile de leurs ossements donna son nom à l'endroit et au ruisseau voisin, le Wascana. Le choix de ce site était controversé, notamment parce que le lieutenant-gouverneur des Territoires du Nord-Ouest de l'époque, Edgar Dewdney, possédait des terres dans la région. Lorsqu'en août 1882 l'arrivée du chemin de fer fut célébrée en grande pompe, la princesse Louise, épouse du gouverneur général du Canada et fille de la reine Victoria, baptisa la ville Regina en l'honneur de sa mère.

La reine de la Prairie – Lorsque la Saskatchewan devint une province du Canada en 1905, Regina devint sa capitale et dut l'accélération de sa croissance à l'arrivée massive d'immigrants de tous les horizons. Au départ, la ville jouissait d'atouts naturels peu favorables dont les colons, grâce à leur esprit entreprenant, réussirent à triompher : ils construisirent par exemple un barrage sur le Wascana, créant ainsi un lac de retenue pour remédier à la pénurie d'eau dans cette région sèche, et parvinrent même, en le boisant soigneusement, à faire du site morne et désolé de Regina un endroit agréablement verdoyant.

Malgré un essor quelque peu fragile au cours du 20e s., la capitale de la Saskatchewan connaît un développement soutenu depuis la Seconde Guerre mondiale. D'imposants bâtiments ont été construits et, telle un mirage, Regina émerge aujourd'hui d'un véritable océan de blé, sa grâce sereine lui valant à juste titre l'épithète de « reine de la Prairie ».

CENTRE-VILLE *plan p. 206*

★★**Royal Saskatchewan Museum** – *À l'angle de College Ave. et Albert St.* ♿ *Mai-août : 9 h-17 h30 ; le reste de l'année : 9 h-16 h30. Fermé 25 déc. 2 $.* ☎ *306-787-2815. www.royalsaskmuseum.ca.* Ce musée d'histoire naturelle, l'un des meilleurs du Canada, contient notamment à l'étage supérieur une fascinante **galerie des sciences de la vie**, présentant plusieurs dioramas remarquables sur la faune et les habitats de la Saskatchewan. Volcans précambriens, ère paléozoïque, dinosaures du

---

■ Le procès de Louis Riel

Après la défaite des Métis à Batoche, l'arrestation de leur chef Louis Riel et son procès à Regina divisèrent l'opinion publique. Pour les Canadiens français qui le comptaient comme un des leurs (catholique et francophone, il avait fait ses études à Montréal), Riel était un patriote qui s'était battu pour les droits de son peuple. Les Ontariens au contraire, et surtout les Orangistes, ne voyaient en lui qu'un rebelle et le meurtrier impuni de Thomas Scott. La défense choisit de plaider la folie de Riel, qui se disait inspiré de Dieu et se faisait appeler David. Mais l'accusé rejeta lui-même cet argument et revendiqua la responsabilité de ses actes : le jury le condamna à mort. Le Premier ministre, Sir John A. Macdonald, pouvait encore le gracier ; assailli de pétitions des partisans et des adversaires de Riel, il tenta de temporiser, mais la pression orangiste l'emporta et Louis Riel fut pendu au poste de police de Regina le 16 novembre 1885.

Chaque été, *The Trial of Louis Riel*, la pièce écrite d'après les minutes de son procès, relate cet épisode *(MacKenzie Art Gallery, 3475 Albert St. Représentations de mi-juil. à mi-août : mer.-ven. 19 h30. 12 $, billets disponibles sur place ou sur réservation. ☎ 306-584-8890 ou 306-525-1185. www.mackenzieartgallery.sk.ca).*

crétacé, mastodontes de la forêt tertiaire, mammouths de la période glaciaire... n'ont plus de secrets pour qui visite la galerie des sciences de la vie. La **galerie des Amérindiens** offre quant à elle l'occasion de découvrir l'histoire des peuples autochtones de la province. Exposant de beaux exemples d'art et artisanat, elle contient la reconstitution d'un campement d'hiver au tipi recouvert de peau de bison.

★**Legislative Building** – *2405 Legislative Dr. ⅙ De fin mai à fin août : visite guidée (30mn) 8 h-20 h30 ; le reste de l'année : 8 h-16 h30. Fermé 1ᵉʳ janv., Ven. saint, 25 déc. ☎ 306-787-5358. www.legassembly.sk.ca.* Achevé en 1912, le majestueux bâtiment cruciforme du Parlement, coiffé du traditionnel dôme central, jouit d'un **site** agréable sur des jardins à la française en bordure du lac.
La visite passe par la Chambre de l'Assemblée parlementaire, la bibliothèque, la rotonde, et plusieurs galeries de portraits portant le nom des rivières de la province.

★**Wascana Centre** – *Ouv. toute l'année. Pique-nique, baignade, canotage. ☎ 306-522-3661. www.wascana.sk.ca. Centre d'information dans le parc sur Waskana Place (accès par Broad St).* Ce parc urbain de 930 ha, l'un des plus grands d'Amérique du Nord, fait la fierté de la ville. À l'Ouest du lac Wascana se trouvent des jardins soigneusement dessinés et entretenus. Un petit bac *(de fin mai à fin août : tlj sf w.-end 12 h-16 h. 3 $. Réservation requise)* permet d'accéder à l'**île Willow**, aire de pique-nique agrémentée de tables et de barbecues.
Le parc englobe plusieurs bâtiments publics (notamment le Parlement) ainsi qu'une réplique de modeste cabane de pionniers, **Diefenbaker Homestead** *(fermé au public, en voie de déménagement).* Jadis située à Borden, non loin de Saskatoon, elle abrita quelque temps la famille de John George Diefenbaker, Premier ministre du Canada de 1957 à 1963.
À l'Est de Wascana Parkway, une réserve ornithologique accueille de nombreux oiseaux aquatiques, dont la fameuse **bernache du Canada**. Un étang donne également aux visiteurs l'occasion d'admirer leurs ébats pendant les mois d'été.

★**Mackenzie Art Gallery** – *3475 Albert St. ⅙ 10 h-17 h30 (jeu.-ven. 22 h). Fermé 1ᵉʳ janv., Ven. saint, 25-26 déc. ☎ 306-522-4242. www.mackenzieartgallery.sk.ca.* Situé dans la partie Ouest du T.C. Douglas Building, ce musée d'art offre au public sept salles essentiellement consacrées à des expositions temporaires ou itinérantes. La collection permanente se composait à l'origine de 374 œuvres léguées par un avocat de Regina, Norman MacKenzie. Elle comprend aujourd'hui plus de 3 000 œuvres d'art contemporain et canadien (notamment inuit, amérindien et de la Saskatchewan) exposées par roulement.

AUTRES CURIOSITÉS

★**Royal Canadian Mounted Police Training Academy** – *À l'Ouest du centre-ville par Dewdney Ave. ⅙ De mi-mai à fin août : 8 h-18 h45 ; le reste de l'année : 10 h-16 h45. Fermé 1ᵉʳ janv., 25 déc. ☎ 306-780-5838.* Le fameux corps policier canadien, qui possède ici son centre de formation, est devenu une image du pays largement popularisée par les films et la littérature. Créé en 1873 sous le nom de **Police montée du Nord-Ouest** (Northwest Mounted Police) pour établir et faire respecter la loi dans l'Ouest canadien, il joua un rôle essentiel dans l'histoire du pays en mettant notamment fin au trafic de « l'eau de feu », en négociant avec les tribus amérindiennes les traités qui permirent une colonisation pacifique des Prairies, et en aidant les pionniers à s'établir dans l'Ouest.

Rebaptisé en 1920 **Gendarmerie royale du Canada** ou GRC (Royal Canadian Mounted Police ou RCMP), il poursuit aujourd'hui son activité, faisant respecter la loi fédérale et, en dehors de l'Ontario et du Québec, faisant également fonction de police provinciale. Son **carrousel** est un spectacle renommé, dans la grande tradition de l'art équestre militaire, rehaussé par l'éclat du célèbre uniforme.

★**Musée** – *Horaires identiques à ceux de l'académie (www.rcmpmuseum.com).* Retraçant le développement de la Gendarmerie royale des débuts jusqu'à nos jours, il évoque son rôle dans plusieurs épisodes marquants du passé canadien : le séjour de Sitting Bull en Saskatchewan, la rébellion du Nord-Ouest, la ruée vers l'or du Klondike et la fascinante épopée du *St. Roch.*

EXCURSION

★**Vallée de la Qu'Appelle** – *Voir carte des principales curiosités.* Creusée il y a quelque 12 000 ans par les eaux de fonte des glaciers, la verdoyante vallée de la Qu'Appelle s'étend du lac Diefenbaker jusqu'à la frontière Saskatchewan-Manitoba, formant un vaste sillon vallonné aux rebords abrupts et au fond plat parsemé de lacs. Dans ce couloir large de plus de 2 km et profond d'environ 120 m coule un petit cours d'eau qui doit son nom à l'écho que renvoie la vallée dans ses méandres. Selon une légende amérindienne, un brave qui traversait l'un des lacs de la vallée en canoë entendit crier son nom. « Qui appelle ? » aurait-il lancé, mais seul l'écho lui répondit. De retour dans son village, il apprit que sa fiancée avait rendu l'âme en invoquant son nom.

★**Les lacs Fishing** – *73 km à l'Est de Regina ; prendre la Transcanadienne puis la route 10 (en direction du Nord-Est).* La meilleure façon de découvrir la vallée de la Qu'Appelle est de longer les lacs Fishing, qui se composent des lacs Pasqua, Echo, Mission et Katepwa. Pour un parcours particulièrement agréable, suivre la route 56 qui longe la rive Nord du lac Echo jusqu'au **Parc provincial d'Echo Valley★** *(ouv. toute l'année. Centre d'accueil : de mi-mai à fin -août horaires variables. ☎ 306-332-3215),* où l'on pourra passer un délicieux séjour au bord de l'eau.

RIDING MOUNTAIN NATIONAL PARK★★
Manitoba

Le mont Riding est une butte luxuriante parsemée de lacs et à l'aspect vallonné, qui s'élève à 457 m au Sud-Ouest du Manitoba. Ses paysages de forêts de trembles, de marais, de prairies et de bois attirent une faune riche et abondante : croiser des orignaux et des élans, mais aussi des ours et des renards n'a rien d'exceptionnel étant donné leur grand nombre.

Les premiers voyageurs nommèrent ce haut plateau Riding Mountain, car ils y échangeaient leurs canots contre des chevaux pour continuer vers l'Ouest leur quête de fourrures. Il fait partie de l'**escarpement du Manitoba**, chaîne morcelée en buttes distinctes par de nombreuses rivières et qui s'étend sur 1 600 km à travers le Dakota du Nord, le Manitoba et la Saskatchewan.

Le parc, créé en 1933, se trouve au point de jonction de trois milieux naturels : celui de la forêt de conifères, de la forêt caduque et de la Prairie. Les secteurs les plus élevés du parc sont le domaine des épicéas, pins, sapins et mélèzes, tandis qu'à plus basse altitude poussent arbres feuillus, arbrisseaux, plantes grimpantes et fougères. À l'Ouest, des prairies de fétuques – parmi les dernières du continent – se couvrent en été d'un tapis de fleurs sauvages.

Accès – *197 km à l'Ouest de Winnipeg par la Transcanadienne, puis à 91 km au Nord de Brandon par la route 10.*

VISITE
Ouv. toute l'année. 4 $/jour. Randonnée pédestre, canotage, pêche, bicyclette, équitation, golf, sports d'hiver. Carte disponible au centre d'accueil. ☎ 800-707-8480 ou ☎ 204-848-7275. www.parkscanada.gc.ca. Hébergement à Wasagaming.

● **Triangle Ranch**
À Onanole. Réservation conseillée. ☎ 204-848-4583. Voisines du ranch Elkhorn, les écuries du Triangle sont ouvertes au public pour des promenades d'une ou deux heures, mais aussi pour des randonnées d'une journée aux alentours du ranch ou dans le parc national lui-même. L'été permet les promenades en charrette de foin avec un repas de saucisses grillées ; l'hiver, les promenades en traîneau sont un moyen reposant d'apprécier le paysage. Équitation tous niveaux ; guides expérimentés.

À Wasagaming, un **centre d'accueil** (&. juil.-août : 9 h30-20 h ; mai-juin et sept.-oct. : 9 h30-17 h30) présente, par des expositions et des films, l'histoire géologique du mont Riding, sa flore et sa faune.

L'été, les sentiers de randonnée sont très prisés des marcheurs et des cyclistes ; l'hiver, ils sont sillonnés par les skieurs de fond. Les ornithologues accourent du monde entier en quête des grands hiboux gris et des nombreuses espèces d'oiseaux chanteurs peuplant le parc. Le bureau du parc organise des excursions d'observation des loups et des élans, au cours desquelles les guides attirent les animaux en imitant leurs hurlements et brames.

Non loin du lac Audy (47 km de Wasagaming), un troupeau de bisons erre à l'intérieur d'un vaste enclos (route 10 puis Lake Audy Rd.) que l'on peut contourner en voiture. Un point de vue interprétatif dominant la plaine d'Audy, qui doit son absence d'arbres à un sol sablonneux, permet d'observer les animaux dans leur environnement naturel.

Sur la route 10, non loin de l'entrée Nord du parc, une tour d'observation offre de belles **vues**★ de l'escarpement du Manitoba.

■ Festival national ukrainien

À Selo Ukraina ; 60 km au Nord de Wasagaming et 12 km au Sud de Dauphin, près de l'intersection des routes 5 et 10. Début août. Renseignements ☎ 204-622-4600 ou 877-474-2683. www.cnuf.ca. Danses folkloriques et contemporaines, musique et gastronomie sont au programme de cette fête, qui connaît chaque année une affluence considérable. Depuis 1966, les Canadiens d'origine ukrainienne (le pays en compte environ 1 million) y font pendant trois jours la démonstration de leurs talents et traditions. Les temps forts du festival comptent un défilé, des danses de rue, un concours de broderie, la présence d'artistes et d'artisans, le concours du meilleur pain (un four est installé pour l'occasion), des jardins de brasserie, des démonstrations de sculpture sur bois et une fête enfantine. Des groupes folkloriques venus de Colombie-Britannique, de l'Ontario et des provinces des Prairies se produisent. Les cérémonies d'inauguration n'oublient pas l'accueil traditionnel des officiels avec le pain et le sel, symboles de santé et de prospérité (les pains rituels revêtaient autrefois une grande importance religieuse et culturelle). Les visiteurs peuvent acheter des pains et des pâtisseries décorés et tressés : rouleaux aux graines de pavot, gâteaux au miel, croissants... et des livres de cuisine. Les offices qui se déroulent dans les églises ouvertes au public permettent de faire connaissance avec les rites orthodoxes ukrainiens.

SASKATOON★

Saskatchewan

196 811 habitants

Carte Michelin n° 585 H2

Office de tourisme ☎ 306-242-1206 ou www.city.saskatoon.sk.ca/tourism

Bâtie sur les rives de la Saskatchewan Sud, la ville (la plus grande de la province) se situe à 259 km au Nord-Ouest de Regina. Elle occupe un joli **site** mis en valeur par de larges rues bordées d'arbres et par d'agréables jardins, notamment **Kiwanis Park**, avec vue sur les ponts et sur l'université de la Saskatchewan. Saskatoon est le centre d'une riche région agricole (blé, colza, élevage) et minière (potasse). La région, à peine ondulée, est dominée par le **mont Blackstrap** (91 m), butte artificielle édifiée au Sud de la ville (40 km) pour les amateurs de ski.

Saskatoon fut fondé en 1883 par des méthodistes adeptes d'une société de tempérance qui fuyaient les tentations d'un Ontario « perverti ». Un de leurs chefs, **John Lake**, baptisa la ville du nom de la baie d'amélanchier (saskatoon en langue indienne), abondante dans la région. L'arrivée du chemin de fer en 1908, provoquant un afflux de nouveaux immigrants allemands, scandinaves, ukrainiens et anglais, mit fin aux vertueux idéaux des premiers occupants. Chaque année, lors des **Pioneer Days** (juil.), la ville célèbre le temps de ces sobres colons.

L'Université de la Saskatchewan accueille, dans un bâtiment flambant neuf, l'un des plus puissants synchrotrons du monde, baptisé **Canadian Light Source**. Cet exceptionnel outil participera, dès sa mise en service en janvier 2004, à la recherche de solutions aux problèmes de santé et d'environnement de la planète (☎ 306-657-3500. www.cls.usask.ca).

CURIOSITÉS

★**Mendel Art Gallery** – *950 Spadina Crescent E.* ♿ *9 h-21 h. Fermé 25 déc.* ☎ *306-975-7610. www.mendel.ca.* Au bord de la rivière, face au campus de l'université, ce musée abrite des objets d'art réunis en partie par **Fred Mendel**, un prospère industriel. La collection permanente comprend des œuvres canadiennes (groupe des Sept, Emily Carr, David Milne) et européennes (Feininger, Chagall, Utrillo, Pissarro). Le musée accorde également une place importante aux expositions temporaires. Une petite serre de plantes et de fleurs exotiques orne un côté du bâtiment.

Ukrainian Museum – *910 Spadina Crescent E.* ♿ *Tlj sf lun. 10 h-17 h, dim. et j. fériés 13 h-17 h. Fermé 7 janv., ven. de Pâques orthodoxes. 2 $.* ☎ *306-244-3800. www.umc.sk.ca.* Le musée présente une exposition de beaux costumes traditionnels, de tapisseries et de tissages, d'outils de pionniers, d'instruments de musique, d'objets marquetés et de divers produits de l'artisanat ukrainien, représentatifs d'une ethnie qui joua un rôle prépondérant dans la mise en valeur des Prairies. À noter les mannequins entièrement costumés et coiffés. L'art du *pysanki* n'est pas oublié ; le visiteur aura droit à une explication détaillée de la décoration complexe des œufs de Pâques crus ou durs, en bois ou en plastique.

■ Souvenirs d'Ukraine

Qui désire apprendre l'art des *pysanky* et, peut-être, créer ses propres œuvres pourra acheter le matériel nécessaire à la **boutique du musée de l'Ukraine** qui déborde de souvenirs et d'informations. L'amateur y trouvera des ouvrages sur la décoration de tous les œufs, même d'autruche. Y figurent également des livres de cuisine traditionnelle, des ouvrages sur les coutumes ukrainiennes, des dictionnaires et des méthodes linguistiques. Le rayon vidéo couvre, entre autres, mariages, chants et danses, anciennes traditions et documentaires de voyage. Le visiteur pourra également choisir parmi céramiques et broderies, papeterie et gravures, vêtements et accessoires, cassettes et disques, poupées et jouets, ainsi qu'un grand choix d'œufs de Pâques.

Promenade en bateau – ♿ *Dép. de Riverside Park (embarcadère situé derrière la galerie Mendel) : mai-sept. 50mn AR. Commentaire à bord. 12 $. Shearwater Properties Ltd.* ☎ *888-747-7572. www.shearwatertours.com.* Cette courte croisière sur la Saskatchewan Sud est une façon à la fois originale et agréable de découvrir la ville.

★**Diefenbaker Canada Centre** – *Sur le campus de l'université de la Saskatchewan (accès par la route 5).* ♿ *9 h30-16 h30, w.-end 12 h-16 h30. Fermé j. fériés.* ☎ *306-966-8384. www.usask.ca/diefenbaker.* Célèbre homme politique canadien né en Ontario, mais venu très jeune en Saskatchewan, **John Diefenbaker** (1895-1979)

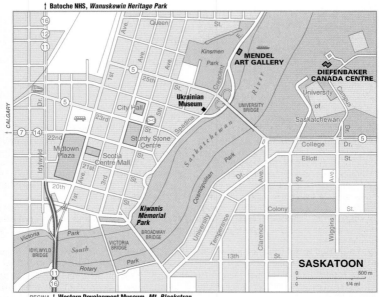

fut chef du Parti conservateur de 1956 à 1967 et Premier ministre fédéral de 1957 à 1963. Cet avocat de formation, défenseur des petites gens, légua à l'université de la Saskatchewan (où il fit ses études) ses collections, sa bibliothèque et ses documents personnels, réunis ici.

Outre les photos, caricatures et souvenirs divers qui retracent sa carrière et forment un véritable sanctuaire de l'homme politique, on notera une réplique grandeur nature du bureau du Premier ministre et de la Chambre du Conseil ministériel du temps où Diefenbaker était en fonction.

★★ **Western Development Museum** – *Prairieland Exhibition Grounds, 8 km au Sud du centre-ville par la route 11/16.* ♿ *9 h-17 h. Fermé 1ᵉʳ janv., 25-26 déc. 6 $.* ☎ *306-931-1910. www.wdm.ca.* 📷 Reproduction fidèle d'une ville-champignon comme il en existait des dizaines dans les Prairies vers 1910, **Boomtown** est la grande attraction de cette section du Western Development Museum (il en existe trois autres : à North Battleford, Moose Jaw et Yorkton). Tout y a été minutieusement reconstitué (banque, garage, boutiques, blanchisserie chinoise, école, salle de billard, cinéma, hôtel, gare), à l'exception de l'église, seul bâtiment d'origine. Des véhicules d'époque, motorisés ou tirés par des chevaux, attendent le long des trottoirs. Des bâtiments séparés abritent une belle collection d'automobiles et de machines agricoles, dont des tracteurs à vapeur. Les visiteurs peuvent se faire photographier en costumes anciens au Boomtown Studio avant de se restaurer au Boomtown Cafe à l'aspect victorien (à ne pas manquer).

★★ **Wanuskewin Heritage Park** – *5 km au Nord du centre-ville par la route 11.* ♿ *De fin mai à fin août : 9 h-21 h ; de déb. sept. à déb. oct. : 9 h-17 h ; le reste de l'année : tlj sf lun. et mar. 9 h-17 h. 6,50 $.* ☎ *306-931-6767. www.wanuskewin.com.* Consacré à la culture des tribus amérindiennes des Plaines, ce parc de 120 ha englobe plusieurs sites archéologiques en bordure de la Saskatchewan Sud, notamment un **précipice à bisons** ainsi qu'une rare **roue de médecine**, mystérieux groupe de pierres disposées en cercle. *Wanuskewin* est un terme cree signifiant « en quête de sérénité ». Pendant plus de 6 000 ans, les tribus autochtones nomades fréquentèrent ces lieux et y chassèrent, jusqu'à ce qu'elles soient confinées dans des réserves vers 1870. Ouvert en 1992, un remarquable **centre d'accueil** fait l'exposé de la culture indigène et permet d'observer fouilles et travaux en laboratoire. Le spectacle de la troupe de danse de Wanuskewin est toujours un grand moment ; fondée en 1997, la troupe est composée de danseurs à la fois contemporains et traditionnels, titulaires de nombreux prix. Le mouvement des costumes colorés, les pas variés, la musique et les instruments traditionnels demeurent gravés dans la mémoire des spectateurs. *Pour connaître le programme,* ☎ *306-931-6767.*

■ Gastronomie et artisanat

Il est possible de goûter les plats amérindiens au **restaurant de Wanuskewin Heritage Park** qui donne sur le parc. Les gourmets essaieront la charcuterie de bison ou le steak grillé de bison ; figurent également à la carte des grillades de poissons comme le doré ou sandre et le corégone, ainsi que le *bannock* (pain traditionnel) et différentes soupes maison. On se régalera ensuite d'un dessert à base de baies d'amélanchier servi avec une infusion. La boutique propose de splendides objets d'artisanat et des vêtements, dont la plupart proviennent des environs : sacs en peau de caribou et mocassins cree, poupées dakota en tunique de cuir de cerf brodée de perles, bourses en porc-épic, bijoux de perles et de métal, sculptures sur bois, paniers et couvertures tissés côtoient gravures, livres, disques et cassettes.

EXCURSION

★★ **Batoche National Historic Site** – *88 km au Nord-Est de Saskatoon par la route 11 jusqu'à Rosthern, puis par les routes 312 Est et 225 Nord.* ♿ *Mai-sept. : 9 h-17 h. 5 $.* ☎ *306-423-6227. www.parkscanada.ca.* Ce **site** sauvage et tranquille sur les rives de la Saskatchewan Sud fut le théâtre de la dernière bataille des Métis en 1885. Le parc est un poignant hommage aux Métis. Quelques rares vestiges du temps de leur dernière bataille sont demeurés parmi les prés et les bosquets.

Sur une falaise dominant la rivière, on peut voir le petit cimetière métis et la tombe de Gabriel Dumont. L'**église**, dédiée à saint Antoine de Padoue, et le **presbytère**, marqué de quelques impacts de balles, ont été restaurés et abritent des objets évoquant la tragédie.

Le **centre d'accueil** offre une émouvante présentation audiovisuelle de la rébellion et une exposition sur l'histoire et la culture des Métis.

Le retour vers Saskatoon pourra s'effectuer par le bac à câbles *St-Laurent (10 km au Nord de Batoche)*, et par le village de Duck Lake sur la route 11, où commença la rébellion du Nord-Ouest.

■ La rébellion du Nord-Ouest

Le soulèvement de 1885, qui fut le dernier conflit armé sur le sol canadien, a pour origine la colonisation de la vallée de la rivière Rouge au début du 19ᵉ s., lorsque les Métis durent apprendre que la terre n'appartenait pas forcément à ceux qui y étaient nés et en vivaient. Ceci conduisit au gouvernement provisoire de Louis Riel (1869), à la création de la province du Manitoba (1870) et à la mise à disposition de 567 000 ha de terres pour la colonisation métisse.

Hélas, privés de chef depuis le bannissement pour cinq ans de Louis Riel, les Métis devinrent la proie des spéculateurs qui rachetaient leurs terres bien en dessous de leur valeur. Nombre d'entre eux quittèrent le Manitoba pour le Nord-Ouest jusqu'à la vallée de la Saskatchewan Sud où ils espéraient reprendre leur vie traditionnelle de chasse au bison et de transport de marchandises. Cependant, le progrès les poursuivait ; trop chassé, le bison disparaissait, et avec le chemin de fer arrivaient de nouveaux colons et des arpenteurs. Les Métis constatèrent une fois encore qu'ils n'avaient aucun droit sur la terre qu'ils exploitaient et que le gouvernement du Dominion persistait à ignorer leurs revendications. En 1884, se sentant menacés, ils demandèrent à Riel de quitter son refuge aux États-Unis et de reprendre leur cause en main.

Pensant renouveler son exploit de 1870, ce dernier instaura à Batoche un gouvernement provisoire et s'allia à la tribu des Cris. Malheureusement, l'affrontement de **Duck Lake** entre Métis et Police montée tua plusieurs policiers, provoquant la fureur du gouvernement canadien. Des troupes furent immédiatement dépêchées à Batoche sous le commandement du général **Frederick Middleton**. À leur arrivée, elles se trouvèrent devant un véritable camp retranché. Le combat dura quatre jours, du 9 au 12 mai. À court de munitions, les Métis durent céder. Riel se rendit quelques jours plus tard et fut jugé puis condamné à mort à Regina. Quant à **Gabriel Dumont**, le chef des troupes métisses, il réussit à s'enfuir aux États-Unis ; plus tard, amnistié, il alla vivre à Batoche où il finit ses jours. Mais la lutte n'avait pas été vaine, les Métis obtinrent la terre qu'ils attendaient depuis tant d'années.

WINNIPEG★★★

Manitoba

619 544 habitants

Carte Michelin n° 583 K3

Office de tourisme ☎ 204-943-1970 ou www.tourism.winnipeg.mb.ca

Sise au confluent des rivières Rouge et Assiniboine, au cœur même du pays, la capitale du Manitoba joue depuis plus d'un siècle le rôle de ville-relais pour de nombreux immigrants en route vers le Canada occidental, d'où son épithète de « porte de l'Ouest ». Non loin de Winnipeg, à l'Est et au Nord, le relief calme de la grande Plaine canadienne fait brusquement place à un affleurement de roches, boisé et criblé d'un véritable chapelet de lacs : la ligne de contact entre la Prairie et le Bouclier marque ainsi la division entre l'Ouest et l'Est de façon spectaculaire.

Winnipeg doit son nom au lac immense et peu profond au Nord de la ville, que les Amérindiens cree appelaient *win-nipi* (eau boueuse). Son rôle de centre industriel, commercial et financier de l'Ouest subit depuis plusieurs années la concurrence de Vancouver et des villes de l'Alberta. Malgré tout, Winnipeg possède la plus importante **bourse de marchandises** du Canada, contient d'énormes dépôts de chemin de fer et parcs à bestiaux, et abrite le siège de la Compagnie de la baie d'Hudson, dont les efforts contribuèrent largement au développement du commerce des pelleteries dans les Prairies.

En décidant d'y faire passer une ligne de chemin de fer, la compagnie ferroviaire Canadien Pacifique fut le véritable moteur du développement de la communauté. Winnipeg (dont le nom date de la rébellion), important centre d'entretien et de réparation des voies, devint la plaque tournante de l'approvisionnement et de la distribution dans le Nord-Ouest. Au 19e s., la population se composait d'Écossais, d'Irlandais, d'Anglais, de Français, de Métis et d'Amérindiens. Le 20e s. vit l'arrivée d'Allemands et d'Européens de l'Est, notamment d'Ukrainiens. Aujourd'hui, l'architecture de la ville, avec ses églises catholiques, protestantes et orthodoxes, reflète éloquemment la diversité culturelle de la société winnipegoise, diversité célébrée chaque année en août lors de **Folklorama**, festival qui se déroule dans tous les quartiers de la ville. Autre événement populaire, le Folk Festival se tient quant à lui au mois de juillet.

Winnipeg offre de très nombreuses manifestations culturelles : les représentations du Manitoba Theatre Centre et de la Manitoba Opera Company, les concerts de l'orchestre symphonique et les spectacles du Royal Winnipeg Ballet, célèbres dans le monde entier.

CENTRE-VILLE

Au croisement de **Portage Avenue** et de **Main Street** bat le cœur de la ville. Ce carrefour – lieu le plus venté, dit-on, du Canada – est dominé par les gratte-ciel des banques et des grands hôtels, reliés les uns aux autres par les galeries marchandes souterraines du **Winnipeg Square**. À l'Ouest, entre Vaughan Street et Carlton Street, s'étendent **Portage Place★**, un vaste ensemble de commerces et de bureaux comprenant restaurants et cinémas, et la salle de spectacles Prairie Theatre Exchange. Au Sud du croisement de Portage Avenue et Main Street, dans un petit jardin au pied du Fort Garry Hotel, seule une porte d'enceinte en pierre marque l'emplacement d'**Upper Fort Garry**, ancien siège de la **Compagnie de la baie d'Hudson** dont les bureaux actuels **(A)** se trouvent une rue plus loin.

■ La colonie de la rivière Rouge

Au début du 19e s., fasciné par les perspectives qu'offrait l'Amérique du Nord, le comte Selkirk investit ses intérêts dans la Compagnie de la baie d'Hudson et reçut un énorme domaine de 300 000 km² englobant presque toute la partie Sud du Manitoba actuel, qu'il nomma **Assiniboia**. Ému par la misère des fermiers écossais, ce philanthrope décida d'établir la vallée de la rivière Rouge une communauté de paysans originaires des Highlands. Mais le succès de la nouvelle colonie fut entravé par de nombreux obstacles : les rigueurs de l'hiver, les inondations, les invasions de sauterelles, et surtout la lutte sourde que leur livraient les employés de la Compagnie du Nord-Ouest, alliés aux Métis qui voyaient leur mode de vie menacé.

Cette hostilité conduisit en 1816 au **massacre de Seven Oaks**, qui coûta la vie à une vingtaine d'immigrants et faillit entraîner la disparition pure et simple de la colonie. Mais cette dernière fut reconstituée et se développa peu à peu. D'importants échanges commerciaux s'établirent avec St. Paul (Minnesota), soit par les fameuses « charrettes de la rivière Rouge », soit par les nouveaux bateaux à vapeur. Largement tributaire du réseau commercial américain, la région serait peut-être passée sous l'hégémonie des États-Unis, mais la rébellion du Nord-Ouest et la création du Manitoba en 1870 empêchèrent toute possibilité d'annexion.

Folklorama

Tout près de là, un ambitieux complexe baptisé **The Forks** (La Fourche) en raison de sa situation au confluent des rivières Rouge et Assiniboine offre au public toutes sortes d'activités commerciales, récréatives et culturelles. Dans ce parc de 26 ha, d'anciennes écuries abritent un **marché couvert**, tandis qu'une promenade au bord de l'eau offre de jolies vues de la ville *(promenades en bateau sur la rivière Rouge ; dép. à proximité du pont Provencher (Paddlewheel River Rouge Tours ☎ 204-942-4500. www.paddlewheelcruises.com).* Le parc donne au visiteur l'occasion de découvrir la riche histoire de ces lieux. Noter aussi des boutiques, des restaurants et un musée pour enfants.

Au Nord se trouve le quartier historique **Exchange District**, qui a conservé de remarquables exemples de l'architecture du début du 20e s. *(promenades guidées 1 h30 ; dép. du centre d'info de Old Market Sq. Mai-sept. : jeu.-dim. 11 h, 14 h. 5 $. ☎ 204-942-6716).* **Old Market Square** *(à l'angle de King, Albert St. et Bannatyne St.)* connaît une nouvelle jeunesse grâce à ses boutiques et ses restaurants. Tout proche, le **Centennial Centre** comprend une salle de concert, un théâtre, un musée et un planétarium reliés par des jardins en terrasses. **Chinatown**, le quartier chinois de Winnipeg, est un peu plus loin au Nord.

Autre secteur animé de galeries marchandes, cafés et restaurants, **Osborne Village** se trouve au Sud de la rivière Assiniboine, entre River Avenue et Stradbook Avenue.

★★★**Manitoba Museum** – *190 Rupert Ave., en face de l'hôtel de ville.* ♿ *Juin-août : 10 h-18 h ; le reste de l'année : tlj sf lun. 10 h-16 h, w.-end et j. fériés 10 h-17 h. 3/10$. ☎ 204-956-2830. www.manitobamuseum.mb.ca.* ⊡ Ce remarquable musée fait l'historique du peuplement du Manitoba au moyen de dioramas, d'expositions et de montages audiovisuels, et introduit le visiteur aux grandes régions naturelles de la province. Sa toute nouvelle section, la galerie des Sciences, est dotée d'un ordinateur parlant et de plus d'une centaine de vitrines interactives qui familiarisent le visiteur avec les lois naturelles.

Dès l'entrée, le magnifique diorama d'un Métis chassant le bison frappe l'imagination. La **galerie de l'histoire de la Terre** comprend une exposition sur la géologie manitobaine. Remarquer l'œuvre murale de Daphne Odjig, qui relate la création du monde selon la tradition amérindienne odawa.

À l'entrée de la **galerie de l'Arctique et du Subarctique**, dédiée à l'extrême Nord de la province, est dressé un **inukshuk**. Cette sorte de sculpture de pierre anthropomorphique, utilisée comme aide à l'orientation et au marquage des campements, jouait souvent un rôle stratégique lors de la chasse, mais pouvait aussi revêtir une fonction commémorative. Une collection d'objets et de photographies souligne la profonde dépendance des Inuit et des Amérindiens Chipewyan envers la nature ; des exposés sur la vie marine de la baie d'Hudson et sur les aurores boréales complètent cette présentation.

La **galerie de la forêt boréale** recrée cet immense milieu naturel, avec ses tourbières, ses falaises de granit, ses cours d'eau et sa faune. Un diorama particulièrement impressionnant représente un Amérindien cri peignant sur un rocher les symboles religieux de la chasse. La vie des trappeurs et le développement actuel de la région sont également représentés. Un tableau mural de Jackson Beardy traduit la vision indigène du monde.

CARNET D'ADRESSES

Voir légende p. 111 et 114.

Se loger à Winnipeg

Charter House Hotel – *330 York Ave. 90 ch.* ⚄ ⚄ 🅿 ⚄ ☏ *204-942-0101 ou 800-782-0175.* **$$$** L'hôtel élève ses cinq étages à deux pas du centre de conférences et à proximité du Forks. L'affabilité de son personnel et la piscine extérieure ajoutent à son charme, attirant une clientèle plutôt familiale. Les tarifs abordables du restaurant **Rib Room ($)** le font apprécier de la population active du centre-ville, qui aime ses côtes de veau et ses produits de la mer.

Delta Winnipeg – *350 St. Mary's Rd. 392 ch.* ⚄ ⚄ 🅿 ⚄ ☏ *204-942-0551 ou 800-268-1133. www.deltahotels.com.* **$$$** Un emplacement privilégié face aux boutiques et aux restaurants de Citi Place ainsi qu'une passerelle le reliant au centre de conférences font du Delta Winnipeg l'établissement favori des congressistes comme des voyageurs. Récemment refait, il bénéficie aujourd'hui de deux piscines (intérieure et extérieure) ainsi que d'un accès Internet haut débit. Le pub de l'hôtel, **The Elephant & Castle ($)**, rendez-vous des joueurs de fléchettes, sert une cuisine anglaise traditionnelle : *steak and kidney pie* (tourte au bœuf et aux rognons), *fish-and-chips* (poisson frit et pommes de terre frites), côte première au *Yorkshire pudding* (pâte cuite).

The Fairmont Winnipeg – *Two Lombard Pl. 340 ch.* ⚄ ⚄ 🅿 ⚄ ☏ *204-957-1350 ou 800-441-1414. www.fairmont.com.* **$$$** Le plus prestigieux établissement du centre-ville de Winnipeg trône sur le célèbre carrefour de Portage St. et de Main St. Les chambres spacieuses, bien aménagées, donnent sur Exchange District. Les visiteurs peuvent, selon leur tempérament, s'entraîner ou se prélasser à la salle de sports et à la piscine intérieure. Les gourmets sont assurés de faire un dîner exceptionnel au restaurant **The Velvet Grove ($$$)**, dont la réputation n'est plus à faire et où seul le service surpasse la cuisine, qui propose un chateaubriand et des dorés (sandres) de la région.

Fort Garry Hotel – *222 Broadway. 242 ch.* ⚄ ⚄ 🅿 ⚄ ☏ *204-942-8251 ou 800-665-8088. www.fortgarryhotel.com.* **$$$** Cet imposant édifice historique, à quelques pas du carrefour de Portage St. et de Main St., orne Winnipeg depuis 1913. Idéalement situé à 5 minutes de marche du Forks, des commerces et du principal quartier d'affaires, l'hôtel propose des chambres spacieuses, un centre de remise en forme, une piscine intérieure et un traiteur ouvert 24 h/24. Le hall d'entrée, avec ses murs revêtus de marbre et ses lustres en cristal, est remarquable. Le restaurant **Broadway Room ($$)** est réputé pour son plantureux brunch du dimanche.

Beechmount Bed & Breakfast – *134 West Gate. Juin-août séjour minimum 2 nuits. 5 ch.* 🅿 ⚄ ☏ *204-775-1144. www3.mb.sympatico.ca/~kerr/beech.htm.* **$** Un petit parc ombragé d'ormes et de chênes entoure la demeure victorienne au bord de la rivière dont l'emplacement, calme bien que central, est proche d'Osborne Village. Le séjour est agrémenté par la taille des chambres et la présence d'une piscine extérieure.

Ivey House International Hostel – *210 Maryland St. 40 lits superposés dans 10 ch. (salle de bains et cuisine communes).* 🅿 ☏ *204-772-3022.* **$** Les visiteurs accoutumés aux auberges de jeunesse pourront opter pour cet établissement chaleureux situé à 10 minutes de marche de la gare routière. Chambres semi-privées *(2 à 5 lits)* propres et bon marché.

Maison Grosvenor Bed & Breakfast – *824 Grosvenor Ave. 4 ch.* 🅿 ☏ *204-475-9630. www.bbcanada.com/4770.html.* **$** La maison de style néo-Queen Anne date de 1912. Cinq minutes de marche la séparent des commerces et des restaurants de Corydon Avenue, dans Little Italy, ou d'Osborne Village. Les visiteurs ont le choix entre un petit-déjeuner continental ou complet, avec salade de fruits, *muffins*, bacon et omelette aux épinards.

Se restaurer à Winnipeg

Café La Scala – *725 Corydon Ave.* ☏ *204-474-2750.* **$$$$ Cuisine italienne.** Cet étroit restaurant est agrandi par les œuvres d'art couvrant ses murs. Les entrées (boulettes chinoises avec une sauce à l'ail et au persil chinois ou moules Sambuca) seront suivies par exemple de crevettes tigrées aux vermicelles dans une sauce aux haricots noirs. Toujours appréciée, la salade Arugula au fromage Asiago et aux pignons s'accompagne d'une sauce au vinaigre balsamique.

Amici – *326 Broadway, centre-ville.* ☎ *204-943-4997.* **$$$ Cuisine italienne**. Le chef Heinz Kattenfeld a su depuis plus de dix ans attirer une clientèle d'affaires mais aussi le monde du show-business (Mick Jagger, Jane Seymour, Kiefer Sutherland entre autres) grâce à ses spécialités d'inspiration toscane. L'atmosphère raffinée de l'Amici, tout de lin et d'argent, sert de cadre à un risotto de homard et un grand choix de pâtes qui partagent la vedette avec veau, steak et volailles. Situé au rez-de-chaussée, le **Bombolini** *(☎ 204-943-5066)*, dont le succès demeure constant et les prix plus abordables, propose ses pizzas, panini et pâtes

Green Gates Country House – *6945 Roblin Blvd., à l'Ouest de la rocade (Perimeter Hwy). Dim. brunch uniquement.* ☎ *204-897-0990. www.star-pages.com/greengates.* **$$$ Cuisine régionale canadienne**. Dîner dans cette immense ferme sur les rives ombragées et arborées de la rivière est très agréable en toute saison. La carte, composée selon la saison, comprend les meilleurs produits de la région ; essayer le médaillon de porc glacé au sirop d'érable ou le filet de flétan sauté à la vinaigrette aux herbes. Une promenade dans le parc après le dîner vous permettra d'admirer le jardin d'herbes aromatiques et les écuries.

Restaurant Dubrovnik – *390 Assiniboine Ave., centre-ville.* ☎ *204-944-0594.* **$$$ Cuisine continentale**. Restaurant chic installé dans une demeure du début du 20e s. au bord de l'eau, le Dubrovnik est une des meilleures tables du Canada. Foie gras d'oie, filet de sanglier sauvage, venaison rôtie dans sa croûte au cumin et autres délices viennent compléter le menu classique, où figurent un saumon rose en croûte de noix de cajou et un blanc de poulet fourré à la crevette. La carte des vins propose plus de 150 crus.

Tavern in the Park – *55 Pavilion Crescent (dans le parc Assiniboine, entrée Shaftesbury sur Corydon Ave.). Fermé lun.* ☎ *204-896-7275.* **$$$ Cuisine continentale**. De la vaste salle panoramique de l'édifice récemment restauré, les dîneurs peuvent admirer la luxuriance du parc Assiniboine en dégustant leur saumon en croûte de pistache ou leur blanc de canard grillé aux fruits rouges. Les convives ont le choix entre l'élégante salle ensoleillée du bâtiment restauré ou la terrasse.

Chutneys – *101-102 Forks Market, The Forks.* ☎ *204-957-7767.* **$$ Cuisine indienne**. Les convives dégusteront des moules Masaladar à la crème ou un poulet indochinois au piment (force selon les goûts) dans ce restaurant luxueux mais chaleureux (tables en marbre et antiquités de l'Inde) situé dans le deuxième établissement de la Compagnie des Indes orientales. Si vous ne parvenez pas à vous décider, choisissez le buffet, qui vous permettra d'essayer un large éventail de plats traditionnels.

Civita – *691 Corydon Ave.* ☎ *204-453-4616.* **$$ Cuisine italo-californienne**. L'établissement branché doit son succès à ses pizzas californiennes à pâte fine cuites dans un four à bois en argile. L'été, les convives peuvent, selon leurs goûts, apprécier pizzas et pâtes dans le patio animé donnant sur la rue ou dans le paisible jardin intérieur.

Pasta La Vista – *Eaton Place, niveau principal.* ☎ *204-956-2229.* **$$ Cuisine italo-californienne**. Le restaurant du centre-ville, branché, moderne et fréquenté par des hommes d'affaires et des congressistes, propose de grandes parts de pizza à la poire et au camembert (cuites au feu de bois) et des paninis au porc grillé ou aux champignons et légumes grillés, mais aussi les classiques plats de poulet ou de pâtes.

River City Brewing Co. – *437 Stradbrook Ave., Osborne Village.* ☎ *204-452-2739.* **$$ Pub**. Une bouteille géante miroite sur la façade de la première brasserie de Winnipeg, incitant les passants à venir goûter son *fish-and-chips* (poisson frit et pommes de terre frites) ou son hamburger d'aloyau, arrosés d'une des huit bières maison, comme la brune traditionnelle *(ale)* Bison Brown au goût caramélisé et à l'arôme malté, ou la Golden Jet, blonde de consommation courante.

Tap & Grill – *137 Osborne St., Osborne Village.* ♿ ☎ *204-284-7455.* **$$ Cuisine méditerranéenne**. Cours intérieure et extérieure, originale décoration artistique, personnel chaleureux et délicieuses *tapas* portugaises font le succès de ce bistrot informel. Spécialités de viandes et poissons rôtis à la broche ou grillés au feu de bois (partager un plat à deux).

L'exposition trouve sans doute son apogée dans la **salle du Nonsuch**, immense diorama abritant la réplique du premier bateau qui, en 1668, quitta l'Angleterre en quête des peaux de castors de la baie d'Hudson. Le succès de cette expédition conduisit à la création, deux ans plus tard, de la Compagnie de la baie d'Hudson. Reconstruit à l'occasion du tricentenaire de la Compagnie en 1970, le ketch de 15 m est ancré dans un port anglais du 17ᵉ s., avec boutiques et tavernes aux portes basses et fenêtres à petits carreaux. Du pseudo-fleuve, les visiteurs pénètrent dans la **galerie de la Compagnie de la baie d'Hudson** aux 10 000 objets retraçant les 330 années de la plus ancienne entreprise canadienne. Son histoire mouvementée est dévoilée en musique, en film et par de superbes objets amérindiens ornés de plumes (début 19ᵉ s.). Des vestiges témoignent de la malheureuse expédition arctique de John Franklin. Des kayaks de peau et des pirogues de bouleau sont accrochés au plafond ; un authentique bateau d'York domine de sa présence, et des rouleaux de tissu garnissent un comptoir reconstitué.

Le thème principal de la **galerie de la Prairie** est l'histoire du Sud du Manitoba, de ses Amérindiens assiniboines et de ses colons européens. La visite fournira l'occasion de voir une **charrette de la rivière Rouge**. Terriblement grinçant, ce moyen de transport jadis essentiel aux pionniers pouvait, grâce à ses roues démontables, se transformer en bateau pour franchir les cours d'eau. D'intéressantes expositions illustrent également la diversité ethnique et religieuse de la population manitobaine. Dans la **galerie citadine**, le temps s'est arrêté un soir d'automne des années 1920 à Winnipeg. Une rue, avec ses trottoirs de bois, sa gare, ses boutiques, son restaurant, son hôtel garni, sa mission et même son théâtre où l'on peut voir des films d'époque, évoque l'atmosphère d'alors.

Au niveau inférieur se trouvent le **planétarium** *(5 $)* ainsi que la **galerie des Sciences** *(horaires identiques à ceux du musée. 5 $)* qui passe en revue les perceptions sensorielles à travers une centaine de vitrines interactives.

★**Ukrainian Cultural and Educational Centre** – *184 Alexander Ave. E.* ♿ *10 h-16 h. Fermé j. fériés.* ☎ *204-942-0218. www.oseredok.org.* Cet important centre culturel est l'un des plus grands du genre au monde hors d'Ukraine. Il constitue une intéressante introduction à la culture et l'histoire de la communauté ukrainienne au Manitoba, et à la richesse de son patrimoine culturel.
Outre sa galerie d'art, sa bibliothèque, sa boutique et ses archives, le centre abrite un **musée** *(5ᵉ niveau)* où l'on pourra notamment admirer quelques vêtements brodés, des sculptures sur bois, des céramiques et des *pysanky* (œufs de Pâques peints).

★**Art Gallery** – *300 Memorial Blvd.* ♿ *Juin-août : 10 h-17 h (mer. 21 h) ; le reste de l'année : tlj sf lun. 11 h-17 h (mer. 21 h). 6 $.* ☎ *204-786-6641. www.wag.mb.ca.* Conçu par l'architecte Gustavo Da Roza, ce bâtiment ultramoderne à la silhouette élancée abrite un beau musée d'art. On y voit des expositions sans cesse renouvelées ainsi qu'une importante collection permanente surtout réputée pour ses tableaux gothiques et Renaissance (collection de Lord et Lady Gort) et ses **sculptures inuit**.

© Y. Derome/PUBLIPHOTO

The Forks

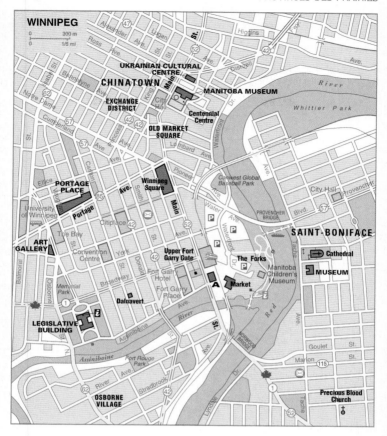

★**Legislative Building** – À l'angle de Broadway et Osborne St. N. ♿ Bâtiment : 8 h-
20 h. Fermé 25 déc. Possibilité de visites guidées. Centre d'accueil : de mi-mai à
fin août 8 h-19 h ; le reste de l'année tlj sf w.-end 8 h30-16 h30. Fermé j. fériés.
☎ 204-945-5813 ou 204-945-5813. www.travelmanitoba.com. L'élégant bâtiment néoclassique du Parlement (1920) en calcaire de Tyndall se tient dans un
beau jardin anglais, non loin de la résidence du lieutenant-gouverneur de la province. Au sommet du dôme se dresse une sculpture en bronze doré de Charles
Gardet, **Golden Boy**, qui tient d'une main une gerbe de blé (richesse de la province)
et, de l'autre, brandit le flambeau symbolisant l'esprit d'entreprise du Manitoba.
Le haut-relief à l'antique qui orne le fronton de l'entrée principale *(côté Nord)*
illustre la devise du Canada : *A mari usque ad mare* (d'un océan à l'autre). Au
centre trône le Manitoba, province clé du pays, à mi-chemin entre l'Atlantique et
le Pacifique.
À l'intérieur, le hall d'entrée s'ouvre sur un escalier monumental encadré de deux
bisons en bronze, emblèmes de la province. La visite passe par la **salle parlementaire** en
forme de fer à cheval et par deux salles de réception.
Des statues dispersées dans les jardins représentent d'importants personnages du
Manitoba. En face, sur Assiniboine Avenue s'élève une **statue**, création de Miguel
Joyal, à la gloire de Louis Riel.

■ **L'Italie à Winnipeg**

Lorsque la chaleur s'installe, entre juin et août, quelques centaines de mètres
de Corydon Avenue, entre Stafford Street et Osborne Street, sont envahis
de piétons en goguette, qui dégustent des glaces italiennes en faisant les
boutiques de cette artère très fréquentée, bien pourvue en restaurants. Pour
ceux qui cherchent à améliorer la décoration de leur intérieur, **Room for Style**
(875 Corydon. ☎ *204-287-8833)* propose des accessoires et du mobilier
renouvelant le concept du fer forgé. Son voisin **Radiance Books & Treasures** *(875
Corydon.* ☎ *204-284-4231)* mérite une visite, ne serait-ce que pour ses
apaisantes fontaines de table.

Dalnavert – *61 Carlton St. Juin-août : visite guidée (45mn) tlj sf lun. et ven. 10 h-16 h30 ; mars-mai et sept.-déc. : tlj sf lun. et ven. 12 h-16 h ; janv.-fév. : w.-end 12 h-16 h. 4 $.* ☎ *204-943-2835. www.mhs.mb.ca.* Brillamment restaurée, cette demeure victorienne en brique fut construite en 1895 pour Hugh John Macdonald, avocat et homme politique, Premier ministre du Manitoba de 1899 à 1900. Ce philanthrope distingué, qui réservait une partie de son sous-sol à l'hébergement des sans-abri, était le fils de John A. Macdonald, artisan de la Confédération et du gouvernement du Dominion dont il présida le premier cabinet.

La visite permettra de découvrir une maison parée, selon le goût du temps, de sombres boiseries et de lourdes tentures, et pourvue du confort le plus moderne pour l'époque : chauffage central, électricité, eau courante, penderies.

★**Saint-Boniface** – Son origine remonte à 1818, lorsque les pères Provencher et Dumoulin, venus du Québec, établirent une mission catholique au bord de la rivière Rouge. Ils furent bientôt suivis de colons canadiens français et de Métis qui fondèrent une active communauté. Rattachée depuis 1972 à la ville de Winnipeg, la paroisse de Saint-Boniface a gardé son caractère marqué de quartier francophone. En février, le **Festival du voyageur** célèbre le temps des premiers marchands de fourrures par des activités de plein air, des danses et la dégustation de plats traditionnels.

★**Musée** – *494, av. Taché.* ♿ *De fin mai à fin sept. : 9 h-17 h, sam. 10 h-17 h, dim. 10 h-20 h ; le reste de l'année : tlj sf sam. 9 h-17 h. dim. 12 h-16 h. 4 $* ☎ *204-237-4500.* Le musée occupe l'ancien couvent des Sœurs Grises. Excellent exemple du type d'architecture des débuts de la colonisation de la rivière Rouge, ce vaste bâtiment de chêne blanc fut achevé en 1846. Il s'agit là du plus vieil édifice winnipegois. Le musée présente des meubles et des souvenirs historiques sur la vie des premières religieuses et sur les habitants de Saint-Boniface, notamment Louis Riel.

Cathédrale – Ravagée par un incendie en 1968, l'ancienne église ne dresse plus que sa façade de pierre blanche, derrière laquelle l'architecte Étienne Gaboury a construit la nouvelle cathédrale, au bel intérieur recouvert de boiseries. C'est le sixième sanctuaire érigé à cet endroit depuis 1818. Louis Riel repose dans le **cimetière** attenant.

Église catholique du Précieux-Sang – Cette charmante petite église en brique et en bois, dont la forme rappelle un tipi, fut elle aussi conçue par Étienne Gaboury. Remarquer son curieux toit en bardeaux.

AUTRES CURIOSITÉS *plan ci-dessous*

★**The Mint** – *À la jonction de la Transcanadienne et de la route 59.* ♿ *Juin-août : tlj sf dim. 9 h-17 h. sam. 10 h-14 h ; le reste de l'année tlj sf w.-end 10 h-14 h. Fermé les principaux jours fériés. 2 $.* ☎ *204-983-6429.www.rcmint.ca.* La succursale winnipegoise de la Monnaie canadienne dresse ses facettes de verre rose reflétant le ciel, comme un signal sur la Plaine. Depuis le hall d'entrée, orné de fontaines et de plantes exotiques, l'itinéraire de visite expose l'historique de la Monnaie au Canada et les procédés de fabrication des pièces, avant de mener le long des ateliers vitrés où l'on voit fonctionner les machines.

Riel House – *330 River Rd.* ♿ *De fin mai à fin août : visite guidée (30mn) 10 h-18 h. Contribution requise. 2 $.* ☎ *204-257-1783.* Bâtie en 1881, soigneusement restaurée depuis, la modeste maison de bois resta la propriété de la famille Riel jusqu'en 1968. Louis Riel n'y vécut jamais, mais son corps y fut solennellement exposé après son exécution. La visite permettra de découvrir des détails sur la vie des parents du chef métis et sur la colonie de la rivière Rouge.

Seven Oaks House Museum – *115 Rupertsland Ave. E. De fin mai à fin août : 10 h-17 h. Contribution requise.* ☎ *204-339-7429.* Ce bâtiment en rondins est, dit-on, la plus ancienne maison (1853) encore habitable au Manitoba. Bâtie par John Inkster, riche négociant de la région, la spacieuse demeure se situe sur la paroisse de West Kildonan où s'établirent dès 1814 les colons écossais envoyés par Lord Selkirk, non loin du site du massacre de Seven Oaks (1816). À côté de la maison se trouvent le magasin d'Inkster et la poste, comportant tous deux des meubles d'époque.

Zoo – *Assiniboine Park.* &. *Avr.-sept. : 9 h-19 h ; le reste de l'année : 10 h-16 h. 3 $.* ☎ *204-986-2327. www.city.winnipeg.mb.ca.* 🎦 Ce vaste zoo contient une grande **serre tropicale** où singes et oiseaux exotiques s'ébattent librement parmi la végétation luxuriante.

Non loin du zoo *(dans Assiniboine Park)*, **Leo Mol Sculpture Garden** offre aux œuvres de l'artiste ukrainien un charmant cadre paysager. La galerie voisine contient tableaux et esquisses ; la représentation de l'ours Winnie (qui tire son nom de la ville) est censée avoir inspiré le personnage de Winnie l'Ourson créé par A. A. Milne.

★**Western Canada Aviation Museum** – *À l'angle de Ferry Rd. Et d'Ellice Rd., près de l'aéroport.* &. *10 h-16 h, dim. 13 h-16 h. Fermé j. fériés. 4 $.* ☎ *204-786-5503. www.wcam.mb.ca.* 🎦 Une trentaine d'appareils sont réunis, allant des premiers coucous des temps héroïques aux jets contemporains. D'autres engins en cours de restauration sont exposés. À l'étage, une terrasse d'observation vitrée permet d'assister aux décollages.

● **Winnipeg Outfitters**
Voir la carte de la zone urbaine. 250 McPhillips St. ☎ *204-775-9653. www.outfitters.ca.* Le spécialiste de l'habillement le plus réputé du Nord du Canada fut un jour taxé d'être « le Winnipeg authentique », et la description vaut toujours. Un imposant bœuf musqué naturalisé accueille les visiteurs à l'entrée du bâtiment de briques situé à cinq minutes du centre-ville. On s'adresse depuis plus de 30 ans à la Bourse aux fourrures et à son catalogue de 7 000 articles pour se procurer son attirail de chasse, sa panoplie d'homme de l'Ouest, ses mocassins, son manteau de cuir et son équipement contre le froid extrême (comme ces bottes réchauffant les pieds par –40 °C). Le plus large choix de couvre-chefs en fourrure du pays se rencontre également ici : loutre, raton laveur, renard bleu, sconse, coyote, lapin, rat musqué, chinchilla… il suffit de demander ; les enfants et les alpinistes ne sont pas oubliés.

EXCURSIONS

★★**Lower Fort Garry National Historic Site** – *32 km au Nord de Winnipeg par la route 52 et la route 9.* &. *De mi-mai à fin août : 9 h-17 h. 5.50 $.* ☎ *204-785-6050. www.parkscanada.ca.* Ce fort en pierre, bâti entre 1830 et 1847 par la Compagnie de la baie d'Hudson pour remplacer Upper Fort Garry *(voir p. 212)*, trop souvent victime d'inondations, fit office de comptoir jusqu'en 1911. On y entreposait les fourrures achetées aux Amérindiens, que les **bateaux d'York** (lourdes barques en bois, moins maniables mais plus grandes que les canoës) transportaient chaque été jusqu'à York Factory, sur la baie d'Hudson, revenant chargés de marchandises. Au **centre d'accueil**, un montage audiovisuel *(20mn)* sur l'histoire du fort forme une bonne introduction à la visite. Dans son enceinte carrée aux angles renforcés de bastions, le fort a peu changé au fil des ans. On y voit au centre la demeure du gouverneur, confortable et coquette avec sa véranda et ses hautes cheminées. Non loin de là, noter l'**entrepôt des fourrures**, avec sa magnifique **collection** de peaux (castor, renard, loup, vison, etc.), ainsi que les diverses denrées en magasin. La visite permettra également de voir un bateau d'York et une charrette de la rivière Rouge.

★**Costume Museum of Canada** – *À Dugald, à 20 km à l'Est du centre-ville. Suivre la route 15 jusqu'au croisement avec la route 206.* &. *De déb. avr. à déb. nov. : tlj sf lun. 10 h-17 h (jeu. 20 h), w.-end 12 h-17 h. 5 $.* ☎ *204-853-2166 ou 866-853-2166. www.costumemuseum.com.* Ouvert en 1983, l'établissement, de grande taille, retrace 400 ans de l'histoire de l'habillement en Amérique du Nord, des origines aux défilés de mode des années 1950. Des tableaux vivants sont illustrés, selon la saison, par des pièces choisies parmi les 35 000 de la collection. Se distinguent notamment un corset en trois parties (1730 env.), une robe en taffetas de soie (1765) avec les chaussures assorties et trois robes en papier des années 1960. Les visiteurs sont invités à essayer les chapeaux originaux rangés dans une malle près de l'entrée.

★**Mennonite Heritage Village** – *À Steinbach, à 61 km au Sud-Est de Winnipeg par la Transcanadienne et la route 12.* &. *Mai-sept. : 10 h-17 h, dim. 12 h-17 h ; le reste de l'année : 10 h-16 h, w.-end 12 h-16 h. 6 $.* ☎ *204-326-9661. www.mennoniteheritagevillage.com.* Ce village reconstitue l'atmosphère d'une communauté

Restaurant The Livery Barn

Faites une pause au cours de la visite du **village mennonite** pour goûter quelques plats traditionnels au restaurant The Livery Barn. La séance peut commencer par un bortsch, potage russe au chou avec des oignons, des pommes de terre, de la crème et du bouillon de bœuf (mais sans la betterave de la recette originale). Il sera accompagné d'un pain de froment maison préparé avec la farine moulue au village. On peut également se laisser tenter par la *pluma moos*, soupe froide à base de trois fruits secs. Les saucisses et la salade de chou cru doivent impérativement s'accompagner de *vareniki* (ou *pierogi*), petites boulettes de pâte en demi-lune fourrées de fromage blanc, arrosées d'un jus de viande ou d'une crème aigre. Tarte à la rhubarbe ou tourte aux fruits termineront agréablement le repas.

mennonite au Manitoba vers 1874. Descendants des disciples du prédicateur anabaptiste **Menno Simons** (1496-1561), les mennonites se distinguent par une foi profonde et le refus obstiné de prendre les armes. À l'origine, ils formaient des communautés rurales dispersées en Europe, mais leur esprit d'indépendance les obligea à s'expatrier à plusieurs reprises pour échapper aux persécutions dont ils étaient victimes. Au Canada, la communauté compte environ 100 000 adeptes, divisés en deux groupes : un premier d'origine suisse alémanique (Ontario), l'autre d'origine slave (Manitoba).

Le village comprend une ferme, originale par la disposition des pièces autour du four de brique qui fait ainsi office de chauffage central, et par l'accès direct à la grange. On remarquera également l'église, l'école et le moulin à vent. Dans le centre d'interprétation, une galerie rassemble des souvenirs de ces pionniers au passé errant et retrace leur histoire. Une ancienne grange abrite un restaurant servant des plats typiques *(voir encadré The Livery Barn)*.

Prairie Dog Central – *Départ d'Inkster Junction à Winnipeg (1 km au Nord d'Inkster Blvd. entre Sturgeon Rd. et Metro route 90). Mai-sept. : dép. dim. 10 h, 15 h (juil.-août w.-end 10 h, 15 h). 2 h30 AR. 18 $. Réservation requise. Vintage Locomotive Society Inc.* ☎ *204-832-5259. www.vintagelocomotivesociety.mb.ca.* Le trajet entre Winnipeg et Warren avec ce vieux train à vapeur (fin 19ᵉ s.) entraîne les voyageurs dans des bourgades dont les marchés leur procureront objets artisanaux, conserves maison et denrées alimentaires.

YORKTON

Saskatchewan

15 107 habitants

Carte Michelin n° 583 I2

Office de tourisme ☎ 306-783-8707 ou www.tourismyorkton.com

Cette ville-relais sur la route Yellowhead se situe à 187 km au Nord-Est de Regina. Elle fut fondée vers 1882 par des colons originaires du comté d'York en Ontario, bientôt suivis d'une vague d'immigrants de nationalités diverses, dont beaucoup d'Ukrainiens. Aujourd'hui, parcs à bestiaux et production de matériel agricole caractérisent l'économie locale.

CURIOSITÉ

★**Western Development Museum** – *Route 16, à l'Ouest de la ville.* ♿ *De fin avr. à mi-août : 9 h-18 h ; de fin août à déb. sept. : 9 h-17 h, w.-end 12 h-17 h ; le reste de l'année : dim.-mar. 14 h-17 h. 6 $.* ☎ *306-783-8361. www.wdm.ca.* Cette section du Western Development Museum (il en existe trois autres : à North Battleford, Moose Jaw et Saskatoon) est consacrée à l'histoire du peuplement de la Saskatchewan. Remarquer des expositions sur la vie des peuples autochtones, des dioramas représentent les maisons des premiers colons ukrainiens, allemands, scandinaves, anglais et américains ; à l'extérieur, on peut voir de vieilles machines agricoles, parmi lesquelles des locomobiles à vapeur et à essence.

Ontario

Front Street, Toronto – © Robert Holmes

Cœur économique et financier du Canada, l'Ontario est sa province la plus peuplée (11 410 046 habitants) et la plus riche. Son territoire, qui s'étend des Grands Lacs, au Sud, à la baie d'Hudson, au Nord, offre une variété infinie de paysages : villes modernes et dynamiques, campagnes paisibles, immensités sauvages du Bouclier canadien... Avec environ 200 000 km² de lacs, l'Ontario, « belle eau » en iroquois, mérite décidément bien son nom.

Un peu de géographie

Les Grands Lacs – Ce vaste ensemble lacustre, dû en partie à l'érosion causée par le retrait des inlandsis aux périodes postglaciaires, est une véritable mer intérieure couvrant une superficie égale à environ la moitié de la France. Il se compose de cinq étendues d'eau douce reliées entre elles par un complexe réseau de chenaux, qui se déversent aujourd'hui dans l'Atlantique par le Saint-Laurent. Il s'agit des lacs **Supérieur** (à la fois le plus grand, le plus profond et le plus froid), **Huron**, **Érié**, **Ontario** et **Michigan**. Tous, à l'exception de ce dernier, bordent l'Ontario dont ils adoucissent sensiblement le climat.

L'Ontario du Nord – Cette région correspond grossièrement aux terres situées au Nord d'une ligne imaginaire allant de la rivière des Outaouais à la baie Georgienne, en passant par le lac Nipissing *(voir carte p. 222)*. L'altitude n'y dépasse guère 460 m, à l'exception de quelques crêtes rocheuses plus élevées à proximité du lac Supérieur. Le vieux socle cristallin du **Bouclier canadien**, dont les paysages de forêts sauvages, de lacs et de rivières feront le bonheur des amateurs de sports de plein air, se confond dans l'ensemble avec le Nord de la province, bien qu'une large bande sur la côte de la baie d'Hudson soit recouverte de sédiments primaires, et que le Bouclier pénètre dans le Sud à hauteur des Mille Îles.

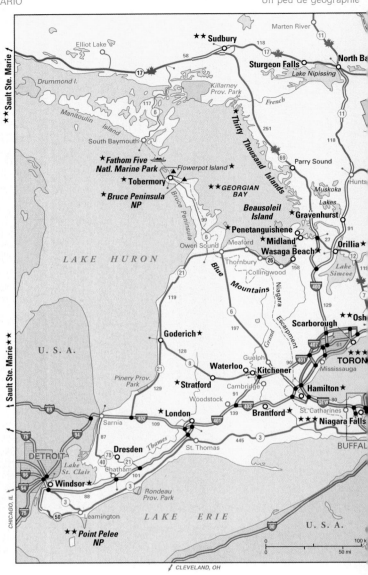

La population du Nord ontarien est très clairsemée, sauf dans les zones d'exploitation minière *(voir p. 227)*. À l'exception de quelques fermes dans le Nord-Est, l'agriculture est virtuellement inexistante. Les vastes étendues forestières de la région alimentent toutefois scieries et usines de pâte à papier.

L'Ontario péninsulaire – Comme dans toutes les provinces, la grande majorité de la population est massée dans le Sud, formé ici par une péninsule oblique cernée de lacs et de rivières : baie Georgienne, lacs Huron, Érié et Ontario, Saint-Laurent et rivière des Outaouais. C'est une riche plaine sédimentaire semée de douces ondulations, dépôts alluvionnaires laissés par les glaciers, dont le seul relief marquant est l'**escarpement du Niagara**. Jardin du Canada de l'Est, la péninsule ontarienne est également la plus grande région industrielle du pays, surtout à l'extrémité occidentale du lac Ontario, dans la zone comprise entre Toronto et Hamilton, communément appelée **Golden Horseshoe**.

Climat – Les données climatiques varient d'un bout à l'autre de la province. Dans le Nord, les hivers sont longs, froids et secs, et les étés ensoleillés, avec des journées chaudes et des nuits fraîches. Le Sud bénéficie d'un climat assez doux, dû à l'influence modératrice des Grands Lacs : les étés y sont longs, mais parfois humides, et les hivers moins sévères qu'ailleurs.

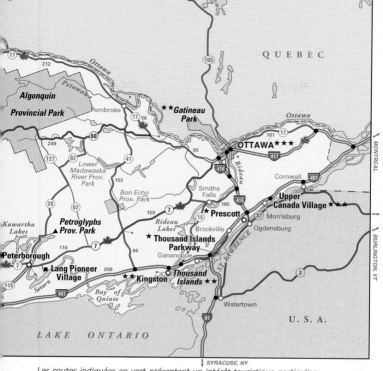

Les routes indiquées en vert présentent un intérêt touristique particulier.

Températures moyennes en journée

	Janvier		Juillet	
	minima	maxima	minima	maxima
Ottawa	-15 °C	-6 °C	15 °C	26 °C
Toronto	-7 °C	-1 °C	17 °C	27 °C
Thunder Bay	-21 °C	-8 °C	11 °C	23 °C
Windsor	-9 °C	-1 °C	17 °C	28 °C

Les précipitations sont généralement étalées de façon équitable sur toute l'année. À titre indicatif, Toronto et Thunder Bay reçoivent une moyenne de 76 mm de pluie au mois de juillet, contre 100 mm à Ottawa. Le coefficient de nivosité est plus élevé dans les régions exposées aux vents d'Ouest des Grands Lacs que dans celles protégées par l'escarpement du Niagara, et le nombre de nuits sans gelée varie de 179 sur la Pointe Pelée (au Sud) à 60 sur les bords de la baie d'Hudson (au Nord).

Un peu d'histoire

Algonquins et Iroquois – À l'arrivée des Européens vivaient auprès des Grands Lacs des **Amérindiens des forêts de l'Est** *(voir carte p. 53)* divisés en deux familles linguistiques, Algonquins et Iroquois, mais dont les modes de vie, adaptés au même milieu, présentaient de nombreux points communs. Les Algonquins vivaient surtout au Nord des lacs Supérieur et Huron. Chasseurs et pêcheurs, ils logeaient dans des huttes d'écorce en villages semi-sédentaires. Ils se déplaçaient en canots d'écorce de bouleau, ou l'hiver marchaient sur la neige les pieds chaussés de raquettes, utilisant aussi de petits traîneaux appelés « toboggans ».

Les Iroquois occupaient les régions autour des lacs Érié et Ontario. Eux aussi chassaient et utilisaient canots d'écorce et raquettes, mais ils étaient bien plus sédentarisés et pratiquaient l'agriculture (maïs, fèves, tabac, tournesol). Quand, après une quinzaine d'années, la terre était épuisée, ils partaient défricher ailleurs et construire un autre village où, derrière la palissade protectrice, s'alignaient les **longues maisons**. Couvertes d'écorce, celles-ci pouvaient atteindre 50 m de long sur 10 m de large, et loger une douzaine de familles. La maison et les champs appartenaient aux femmes, très influentes dans cette société matriarcale ; ce sont elles qui choisissaient les chefs, et à qui revenait la charge de travailler la terre.

Guerriers organisés, les Iroquois assirent leur puissance sur la **Ligue des cinq nations** (qui devint, après 1722, la Ligue des six nations, lorsque les Tuscaroras eurent rejoint les

Mohawks, Onondagas, Senecas, Cayugas et Oneidas), confédération guerrière qui tenta d'exterminer les premiers colons français et réussit à anéantir les **Hurons**, groupe iroquois qui n'appartenait pas à la Ligue. Parmi les sociétés secrètes actives chez les Iroquois, il faut citer la **Société des faux-visages**, aux masques de bois grimaçants et garnis de vrais cheveux : taillés sur l'arbre vivant, ces masques avaient la propriété magique d'éloigner les mauvais esprits des bois causant les maladies.

La Nouvelle-France – Aux 17e et 18e s., l'intérêt sans cesse accru pour le commerce des fourrures joua un rôle fondamental dans l'exploration des vastes espaces canadiens. De nombreux Français parcoururent en tous sens le territoire correspondant à l'Ontario d'aujourd'hui. Le premier fut **Étienne Brûlé**, suivi par **Champlain**, puis par **Radisson** et **Groseilliers** qui cherchaient une voie d'accès à la baie d'Hudson. **Marquette** et **Jolliet**, et enfin **La Salle**, entreprirent également des voyages dans la région au cours de leurs expéditions. En 1639, les **jésuites** établirent une mission sur les bords de la baie Georgienne afin de convertir les Hurons au christianisme, mais les attaques répétées des Iroquois forcèrent les Français à abandonner les lieux dix ans plus tard. Au début du 18e s., des colons s'installèrent sur les bords de la rivière Detroit, au Sud-Ouest de l'Ontario ; environ 400 d'entre eux y vivaient au moment de la chute de la Nouvelle-France. La **Compagnie de la baie d'Hudson** s'établissait entre-temps dans la partie Nord de la province. En 1673, un comptoir fut fondé à **Moosonee**, sur la baie James.

Les loyalistes – Dans les « treize colonies » américaines régnait alors une sorte de guerre civile, plus d'un million de colons britanniques attachés à la mère patrie refusant de se joindre aux rebelles. On les appelait « Tories », c'est-à-dire conservateurs, pour leur refus du changement, ou encore « loyalistes », pour leur fidélité au roi George III.
À la victoire des révolutionnaires, bien des loyalistes furent persécutés et forcés de fuir. Le gouvernement britannique ne pouvait rester insensible au sort de ses loyaux sujets et leur distribua de nouvelles terres au Canada. On estime ainsi à environ 80 000 le nombre de Loyalistes venus s'installer en Nouvelle-Écosse, au Nouveau-Brunswick, sur l'île du Prince-Édouard, dans les cantons de l'Est, dans la vallée du Saint-Laurent et dans la péninsule du Niagara. Parmi ceux qui s'établirent en Ontario, tous n'étaient pas anglo-saxons. Sous la conduite de leur chef **Joseph Brant**, les Amérindiens de la Ligue des six nations, dite **Confédération iroquoise**, avaient combattu aux côtés des Britanniques et, à ce titre, reçurent une concession près de Brantford.
L'arrivée de cette vague de réfugiés (l'un des plus grands mouvements de population de l'époque) amena dès 1791 la création de la colonie du Haut-Canada, avec pour capitale Niagara-on-the-Lake, puis Toronto. Entre-temps, les lacs et les rivières de la province bourdonnaient de l'activité des brigades de coureurs des bois qui récoltaient les fourrures pour la Compagnie de la baie d'Hudson et la Compagnie du Nord-Ouest.

La guerre de 1812-1814 – De fortes tensions subsistaient entre la Grande-Bretagne et ses anciennes colonies, devenues États-Unis, qui voyaient dans le Canada une gêne à leur expansion sur le continent. Tandis que la métropole était engagée dans les guerres napoléoniennes, les Américains envahirent le Canada, sûrs de bénéficier du soutien de ses habitants. Quelle ne fut leur surprise de se trouver en face d'une population unie, sinon par sa fidélité à l'Angleterre, du moins par son aversion pour les États-Unis ! La guerre se déroula surtout dans le Haut-Canada : combats dans la péninsule du Niagara au cours desquels s'illustrèrent **Isaac Brock** et **Laura Secord**, mise à sac de Toronto, batailles navales sur les Grands Lacs. En outre, quelques engagements eurent lieu le long du Saint-Laurent, particulièrement à Crysler Farm *(voir p. 303)*. Malgré la fréquente indécision de ces batailles, les Américains furent contenus hors des frontières.

Vers la Confédération – Conséquence du conflit anglo-américain, le gouvernement britannique favorisa l'immigration vers le Haut-Canada afin d'en augmenter la population et d'en diminuer la vulnérabilité face à d'éventuelles incursions étrangères. Entre 1820 et 1840, environ 1,5 million de personnes, fuyant la grave crise économique qui frappait alors la Grande-Bretagne, traversèrent l'Atlantique, attirées par l'offre de terres gratuites et par l'espoir d'une vie meilleure en Ontario. Ces nouveaux arrivants, frais émoulus d'un combat pour imposer des réformes électorales en Angleterre, entendaient participer au pouvoir. Mais ce dernier reposait *de facto* dans les mains d'un petit groupe de fonctionnaires, le **Family Compact**, qui devait en grande partie son homogénéité à la pratique du népotisme. Chef de l'opposition à ce régime oligarchique, **William Lyon Mackenzie** finit par fomenter une rébellion armée en 1837. L'insurrection fut rapidement matée par les troupes coloniales, ce qui n'empêcha pas l'Angleterre de convenir de la nécessité d'établir un « gouvernement responsable » *(voir p. 54)*.
En 1841, le Haut et le Bas-Canada furent regroupés en une province : le Canada-Uni. Cette union, marquée par des tensions entre forces conservatrices et libérales et par des luttes de pouvoir entre francophones et anglophones, donna naissance à un courant fédéraliste dominé par l'Ontarien **John A. Macdonald** et le Québécois **Georges-Étienne Cartier**. Lorsqu'en 1867, la création de la Confédération canadienne concrétisa l'union des colonies britanniques d'Amérique du Nord, le Haut-Canada prit officiellement le nom d'Ontario.

RENSEIGNEMENTS PRATIQUES

Comment s'y rendre et s'y déplacer

Avion – Toronto's Pearson International Airport (à 25 km du centre-ville), ☎ 905-676-3506 ou 416-247-7678 ; www.lbpia.toronto.on.ca. Compagnies assurant la liaison entre les villes de l'Ontario : Air Canada, ☎ 888-247-2262, et ses filiales. Transport à destination du centre-ville : taxis *(40 $)* ; **navette** Airport Express Aeroport, ☎ 905-564-6333 *(14 $)*. Sociétés de location de voitures *(voir p. 30)* à l'aéroport.

Train et autocar – Les trains de **VIA Rail** assurent des services réguliers à travers la province. Pour obtenir les coordonnées du bureau VIA Rail le plus proche, consulter l'annuaire local. **Greyhound** (☎ 416-367-8747 ; www.greyhound.ca) exploite des réseaux d'autocars en Ontario. Là aussi, pour obtenir les coordonnées de leur bureau le plus proche, consulter l'annuaire local.

À savoir

Où s'informer et se loger – **Ontario Travel** (☎ *800-668-2746*) met gracieusement à la disposition des visiteurs des cartes routières et des brochures procurant des renseignements utiles sur la province : hébergement, camping, points d'intérêt, etc. *Adventure Guide* et *Winter Experience* (uniquement disponibles en anglais) fournissent par exemple des détails sur les loisirs. Pour tous renseignements spécifiques sur les terrains de camping, les conditions d'enneigement, la floraison printanière et les couleurs de l'automne, contacter Ontario Travel ou www.ontariotravel.net

Législation routière – *(voir permis de conduire et assurance p. 29)*. L'Ontario possède de bonnes routes goudronnées. Sauf indication contraire, la vitesse est limitée à 100 km/h sur voies rapides, 90 km/h sur la Transcanadienne, 80 km/h sur la plupart des routes et 50 km/h en agglomération. Le port de la **ceinture de sécurité** est obligatoire. Pour les numéros de l'**Association canadienne des automobilistes** ou CAA, consulter l'annuaire local.

Heure locale – La majeure partie de l'Ontario vit à l'heure de l'Est. L'heure d'été s'applique du premier dimanche d'avril au dernier dimanche d'octobre. Le tiers Ouest de la province, au-delà du 90e méridien, vit à l'heure du Centre.

Taxes – En plus de la taxe nationale sur les produits et les services (TPS) de 7 % *(voir modalités de recouvrement p. 37)*, l'Ontario prélève une taxe provinciale à la vente de 8 %, une taxe sur les alcools de 10 % et une taxe d'hébergement de 5 %. Les non-résidents peuvent bénéficier d'un abattement de la taxe provinciale (d'un total de 50 $ ou plus) en s'adressant au Retail Sales Tax, 5 Park Home Ave., Suite 200, North York ON M2N 6W8. ☎ 416-222-3226.

Loi sur les alcools – Âge légal de consommation d'alcool : 19 ans. Bouteilles d'alcool en vente dans les magasins d'État.

Fête provinciale – *(Voir liste des principaux jours fériés p. 36)*
Fête civique : 1er lun. d'août.

À faire

Activités récréatives – Les nombreux lacs et cours d'eau de la province se prêtent à toutes sortes de **sports nautiques**. Les plaisanciers apprécieront particulièrement le canal Rideau et les lacs entre Ottawa et Kingston, ainsi que la voie navigable Trent-Severn qui va de Trenton à la baie Georgienne en passant par les lacs Kawartha et le lac Simcoe. Le **canoë** a beaucoup d'adeptes, aussi bien sur lacs et rivières que dans les rapides.

De nombreux voyagistes offrent un éventail d'excursions comprenant le transport, l'hébergement, l'équipement et les services de guides compétents. Les destinations les mieux connues sont le **Parc provincial Algonquin** (☎ 705-633-5572. www.ontarioparks.com/algo.html), avec 1 500 km navigables pour les canoës, et le Parc provincial Quetico (☎ 807-597-2735. www.ontarioparks.com/quet.html), où passe la Boundary Waters Fur Trade Canoe Route (523 km et 43 portages). Renseignements : Canadian Recreational Canoeing Association, PO Box 398, 446 Main St. W., Merrickville ON K0G 1N0. ☎ 613-269-2910. www.paddlingcanada.com
Parmi les **sentiers de randonnée** fréquentés l'été, le Bruce Trail longe l'escarpement du Niagara sur 692 km, dans la partie Sud de la province *(voir carte p. 222)*, tandis que le Coastal Trail traverse des contrées sauvages sur les rives du lac Supérieur dans le **Parc national Pukaskwa** (☎ 807-229-0801. www.parkscanada.gc.ca)

Ontario Ministry of Tourism & Recreation

L'Ontario est aussi le paradis de la pêche, dans le Nord surtout où s'organisent de nombreuses expéditions. Le permis, requis pour les non-résidents, s'obtient dans les magasins de sport locaux. Renseignements sur les saisons de pêche et les limites de prise : Ministry of Natural Resources, Information Centre, 900 Bay St., McDonald Block, Toronto ON M7A 2C1. ☎ 416-314-2000. www.mnr.gov.on.ca

Ski de fond et motoneige se pratiquent en hiver. On distingue parmi les stations de ski alpin de la province : Thunder Bay, Blue Mountain, Burrie et Searchmont.

Pour plus de renseignements sur les activités de plein air, contacter Ontario Travel.

Tourisme-découverte – La rivière des Outaouais se prête à la pratique du **rafting**, sous la conduite de guides compétents *(mai-sept. AR 4/6 h. À partir de 59 $, équipement et repas compris ; hébergement en sus. Réservation requise. Wilderness Tours, Box 89, Beachburg ON K0J 1C0. ☎ 613-646-2291 ou 800-267-9166. www.wildernesstours.com).*

Le train **Polar Bear Express** traverse les immenses forêts, la brousse et les tourbières de la ligne de partage des eaux de l'Arctique en un fascinant voyage d'une journée de Cochrane à Moosonee, en bordure de la baie d'Hudson. L'arrivée vers midi permet de visiter tranquillement la plus vieille implantation anglaise en Ontario, fondée en 1673 par la Compagnie de la baie d'Hudson sur l'île Moose Factory *(dép. de fin juin à fin août : tlj sf ven. 8 h30 ; retour à Cochrane 22 h05. Commentaire à bord. Réservation requise. AR 56 $. Ontario Northland. ☎ 705-472-4500 ou 800-268-9281. www.polarbearexpress.ca).*

Une croisière de luxe sur le vapeur **MV Canadian Empress** emprunte les voies d'eau que suivirent les premiers explorateurs de l'intérieur, avec la visite de lieux historiques, d'Ottawa, de Montréal, de Québec et d'autres villes *(dép. de Kingston de mi-mai à fin oct. 5-7 jours. Réservation requise. St. Lawrence Cruise Lines, Inc., 253 Ontario St., Kingston ON K7L 2Z4. ☎ 613-549-8091. www.stlawrencecruiselines.com).*

Principales manifestations

Fév.	Winterlude	Ottawa
Avr.	Maple Syrup Festival	Elmira
Avr.-nov.	Shaw Festival *(voir p. 248)*	Niagara-on-the-Lake
Mai	Blossom Festival Canadian Tulip Festival	Niagara Falls Ottawa
Mai-nov.	Stratford Festival *(voir p. 270)*	Stratford
Juin	Metro International Caravan *(voir p. 278)*	Toronto
Juin-juil.	International Freedom Festival *(voir p. 303)*	Windsor

Juil.	**Great Rendezvous** *(voir p. 273)* **Molson Indy**	*Thunder Bay* *Toronto*
Juil.-août	**Caribana** *(voir p. 278)*	*Toronto*
Août	**Rockhound Gemboree** **Glengarry Highland Games** **Six Nations Native Pageant** *(voir p. 278)* **Summerfolk**	*Bancroft* *Maxville* *Brantford* *Owen Sound*
Août-sept.	**Canadian National Exhibition** *(voir p. 278)*	*Toronto*
Sept.	**International Film Festival** **Niagara Grape and Wine Festival**	*Toronto* *St. Catharines*
Oct.	**Oktoberfest** *(voir p. 241)*	*Kitchener-Waterloo*
Nov.	**Royal Agricultural Winter Fair**	*Toronto*
Nov.-janv.	**Winter Festival of Lights**	*Niagara Falls*

Glengarry Highland Games

© Malak, Ottawa

Économie

Agriculture – L'Ontario méridional bénéficiant de sols fertiles, d'un climat assez doux et de la saison sans gelée la plus longue de toute la province, l'agriculture y est florissante : maïs blanc, maïs doux, soja, betterave à sucre, riches cultures maraîchères, surtout dans la péninsule de Windsor (tomates autour de Leamington), **vergers** (pêches, cerises) dans la péninsule du Niagara autour de St. Catharines, où l'on cultive aussi les fraises et où la vigne a fait naître une prospère **industrie vinicole**, élevage et produits laitiers dans le Sud-Est de la province, sur les rives du lac Ontario et dans la vallée de l'Upper Thames.

Industries extractives – Riche en gisements de toutes sortes (nickel, cuivre, zinc, or, argent, platine, uranium, etc.), le Bouclier assure à l'Ontario la première place parmi les provinces pour la production des principaux minerais métallifères, à laquelle viennent s'ajouter d'importantes quantités de sel, de gypse et de syénite néphélinique. Plus grande concentration connue de nickel du monde, le **bassin de Sudbury** *(voir p. 272)* fournit 66 % de la production canadienne ; on y extrait également platine, cuivre, or, argent, sélénium, tellure et dérivés du soufre.

Si le Bouclier renferme sans aucun doute l'essentiel des ressources naturelles de la province, l'Ontario péninsulaire produit tout de même une modeste quantité de pétrole et de gaz depuis 1859, exploite le gypse, et possède des mines de **sel gemme** à Goderich et Windsor.

Autres ressources – Foresterie, pêche, pelleterie et hydroélectricité jouent un rôle important dans l'économie ontarienne. Malgré une exploitation forcenée de ses ressources forestières au 19e s., la province fournit en abondance bois de sciage et bois de pulpe pour lesquels elle vient au troisième rang après la Colombie-Britannique et le Québec. Ses 250 000 plans d'eau et quatre des cinq Grands Lacs en font le premier producteur de poissons d'eau douce du pays. Ressource la plus ancienne de la province, la pelleterie (sauvage ou d'élevage) contribue toujours à son économie. Particulièrement importante dans une province pauvre en combustibles fossiles, la production ontarienne d'énergie hydroélectrique (troisième du pays derrière celle du Québec et de la Colombie-Britannique) est abondante, grâce à l'aménagement de différents cours d'eau (Saint-Laurent et Niagara en particulier).

Industrie manufacturière – L'industrie canadienne, traditionnellement tournée vers la transformation des ressources naturelles (bois, minéraux, produits agricoles), s'est largement diversifiée. Véhicules à moteur et pièces détachées sont un secteur majeur en Ontario, mais l'industrie des télécommunications, l'électronique, le matériel électrique, la transformation des métaux, l'industrie du caoutchouc, la chimie, l'alimentation, l'imprimerie et l'édition ont également un rôle à jouer. La plupart de ces industries sont concentrées autour de Toronto et le long de la route 401 entre Windsor et Kingston, dans ce qui constitue la plus vaste zone industrielle du Canada. Les régions de Sarnia (pétrochimie), Niagara (pièces détachées), Sault Ste. Marie (sidérurgie, pâtes et papiers) et Ottawa-Carleton (télécommunications, informatique) contribuent également à la puissance économique torontoise.

Voie maritime des Grands Lacs et du Saint-Laurent – Ouverte à la navigation en 1959, cette voie de passage ne se limite pas à la section reliant le Saint-Laurent au lac Ontario, mais représente un ensemble de canaux et d'écluses (soit 15 325 km de voies navigables) offrant aux Grands Lacs un débouché sur l'Atlantique. D'une importance économique capitale pour les États-Unis et le Canada, elle permet une pénétration peu coûteuse des marchandises (fer, charbon et céréales venant en tête du palmarès) par voie maritime. Les matières premières sont transportées aux fonderies et aux usines tandis que les produits finis sont acheminés vers les marchés. Les quatre écluses américaines de Sault Ste. Marie, au carrefour des voies de transport, enregistrent l'un des trafics les plus denses du réseau.

La spectaculaire diminution (plus d'un mètre) du niveau des cinq lacs occasionnée par la chaleur et la sécheresse a dramatiquement affecté la navigation, la pêche et le tourisme pendant plusieurs années ; le processus s'inverse néanmoins depuis peu.

Nouvelles technologies – Biotechnologie, informatique et télécommunications sont principalement centrées sur Toronto et Ottawa, bien que l'économie de la province soit toujours dominée par les industries de transformation. Toronto, à la pointe des nouveaux médias et de la **production cinématographique et télévisée**, contribue à l'économie de l'Ontario à hauteur de 834 millions de dollars. La province est la première du pays sur le plan touristique, avec 44 % des visiteurs du Canada et 37 % environ du revenu issu du **tourisme** : les 7,8 milliards de dollars générés par le tourisme en Ontario en 1998 ont dépassé le revenu de son agriculture, de l'exploitation de son sous-sol et de celle de ses forêts.

BRANTFORD★

86 417 habitants
Carte Michelin n° 583 R6 – Schéma : ONTARIO
Office de tourisme ☎ 519-751-9900 ou www.city.brantford.on.ca

Cette petite ville industrielle doit son nom, littéralement « le gué de Brant », à **Joseph Brant** (1742-1807), célèbre chef de la Confédération iroquoise *(voir p. 224)*. Ici vécut le célèbre inventeur **Alexander Graham Bell** *(voir ci-dessous)*. Le grand joueur de hockey **Wayne Gretzky** y est né et la ville, autoproclamée « capitale du hockey en Ontario », attire chaque année des milliers de supporters à son championnat, Wayne Gretzky International Hockey Tournament. Mais elle organise également des compétitions de judo, de natation, de gymnastique, de basket-ball et de rugby, entre autres.

Brantford se trouve dans la vallée de la rivière Grant et fait partie de la vaste concession reçue par les tribus de la Ligue des six nations, dite Confédération iroquoise ; ces Amérindiens, alliés des Anglais durant la guerre d'Indépendance américaine, et donc traités comme les autres Loyalistes à la fin de la guerre, avaient dû fuir les États-Unis. En 1830, des colons européens leur rachetèrent leurs terres pour fonder Brantford. Plus réduite qu'autrefois, la réserve existe cependant toujours, et fait revivre chaque année *(août)* son histoire et sa culture au cours du **Six Nations Native Pageant**.

CURIOSITÉS

★**Bell Homestead National Historic Site** – *94 Tutela Heights Rd. Du centre-ville, prendre Colborne St. W. Traverser la rivière Grand, prendre à gauche Mt. Pleasant St., puis encore à gauche Tutela Heights Rd.* ♿ *Visite guidée (45mn) tlj sf lun. 9 h30-16 h30. Fermé 1ᵉʳ janv., 24-26 déc. 3,50 $.* ☎ *519-756-6220. www.citybrantford.on.ca.* Venu d'Écosse avec ses parents en 1870, Alexander Graham Bell (1847-1922) choisit de poursuivre la carrière de son père et s'installa à Boston où il enseigna le langage des signes aux sourds-muets. Ses recherches le conduisirent à s'intéresser à l'électricité et à son application dans la propagation des sons. C'est à Brantford, tandis qu'il était en vacances chez ses parents, qu'il conçut en 1874 l'idée du téléphone, mais ce n'est qu'en mars 1876 qu'il put, à Boston, transmettre par ce moyen le premier message intelligible. L'été suivant, il réalisa la première liaison interurbaine (11 km environ) entre Brantford et la ville voisine de Paris, et put reconnaître la voix de son père.

Située sur les hauteurs bordant la rivière Grand, la maison (1858), meublée comme à l'origine, abrite une exposition sur la vie de Bell et ses inventions.

■ Gretzky la Merveille

Né à Brantford en 1961, **Wayne Gretzky**, adulé des Canadiens, fait partie des plus grands joueurs de la Ligue nationale de hockey. Il chausse les patins à glace dès l'âge de 2 ans ; entraîné par son père, il devient le plus jeune joueur puis le meilleur buteur (1977) du championnat du monde junior. Devenu professionnel, il est le premier joueur à marquer en moyenne plus de deux points par match. Il mène son équipe (Edmonton) à la victoire de la Stanley Cup pendant quatre ans et bat le record des points au cours de la saison 1981-1982. Sacré sept années de suite meilleur buteur de la ligue, il obtient le trophée du meilleur joueur de la Ligue huit années consécutives. Wayne Gretzky est le joueur ayant récolté le plus de points dans l'histoire du hockey. Sa ville natale lui voue un culte évident : une route (Wayne Gretzky Parkway), un tournoi annuel (Wayne Gretzky International Hockey Tournament) et un complexe sportif (Wayne Gretzky Sports Centre) lui rendent hommage. Le centre sportif (🅒 *254 North Park St.* ☎ *519-756-9900. www.city.brantford.on.ca)* constitue un lieu de détente idéal, en particulier pour les plus jeunes, grâce à une piscine de 65 m et un toboggan nautique, le « torpedo tube ».

À côté, transporté du centre-ville, se trouve le bâtiment qui accueillit le premier bureau de téléphone au Canada (1877-1880) ; l'intérieur abrite un des premiers standards téléphoniques et une exposition sur le développement du téléphone. Un petit salon de thé sert également des déjeuners sur le pouce.

Woodland Cultural Centre – *184 Mohawk St.* ♿ *9 h-16 h, w.-end 10 h-17 h. Fermé j. fériés. 5 $.(musée)* ☎ *519-759-2650. www.woodland-centre.on.ca.* Ce centre gère un **musée** dont l'intéressante collection se compose d'objets d'artisanat autochtone. Noter les calumets iroquois et les sacs ojibway ornés de motifs floraux en perles, ainsi qu'un exemplaire de la Constitution de la Ligue des Cinq Nations (1452) en ficelle et coquillages. Plusieurs expositions et l'intérieur d'une « longue maison » illustrent le mode de vie des tribus des forêts de l'Est dont font partie les Amérindiens des Six Nations.

À proximité, remarquer le plus ancien temple protestant d'Ontario : **Her Majesty's Royal Chapel of the Mohawks** *(mai-sept. : 10 h-18 h ; le reste de l'année sur demande. Contribution requise.* ☎ *519-756-0240).* Édifié grâce à des donations du gouvernement britannique, il est doté de vitraux commémorant l'histoire des tribus des Six Nations.

Kanata Iroquois Village – *440 Mohawk St.* ♿ *Mai-oct. : 9 h30-15 h30 ; le reste de l'année : tlj sf w.-end 9 h30-15 h30. Fermé j. fériés, 24 déc.-2 janv. 7 $.* ☎ *519-752-1229 ou 888-503-5056. www.kanatavillage.net.* Le campement et sa palissade sont la reconstitution d'un hameau iroquois des années 1600. L'entrée, qui devait protéger des animaux sauvages et des éléments, est un véritable labyrinthe. La longue maison, munie de banquettes de bois, se tient parmi des claies de séchage, une chambre de vapeur (ancêtre du sauna) et les emplacements dédiés à la confection des repas et à la fabrication des pirogues, des poteries ou des outils.

John Peel Dining Room

48 Dalhousie St. ☎ *519-753-7337. www.weare.ca/johnpeel.* Situé au centre-ville, l'établissement est une figure de proue de la gastronomie locale depuis 1974. Il s'enorgueillit de servir « d'excellents steaks accompagnés de la plus belle carte des vins de la région ». Côte première, filet mignon et aloyau de New York sont inscrits au menu, ainsi que poissons, fruits de mer et pâtes fraîches. Escargots de Bourgogne et harengs Bismark à la crème aigre font des entrées remarquées. Le dîner pourra se clôturer sur une crème caramel ou sur des beignets de pomme chauds servis avec une glace. Un orchestre de jazz se produit certains mercredis de printemps et d'été.

Olde School Restaurant

À l'angle de la route 2 (dir. Paris) et Powerline Rd. ☎ *519-753-3131 ou 888-448-3131.* Une ancienne école en brique (19e s.) des faubourgs de Brantford a été convertie en un restaurant à la mode inondé de confort victorien, apprécié de la reine Élisabeth II elle-même, qui y vint en 1997. Plusieurs salles à manger sont ornées de vitraux et de luminaires aux motifs compliqués. Un grand piano-bar et un fumoir rencontrent un vif succès. L'aspect culinaire n'a pas été négligé, avec des calamars, des poulpes marinés, du saumon fumé ou des moules en entrée ; des pâtes fraîches, du poisson et des fruits de mer, de l'agneau, du veau ou une côte première prennent la suite. L'addition s'accompagne d'un questionnaire d'appréciation, que l'on peut remplir ou conserver en souvenir.

DRESDEN

Schéma : ONTARIO

Les premiers colons de la région furent d'anciens esclaves Noirs qui avaient fui les États-Unis pour chercher asile et liberté au Nord de la frontière. Parmi eux, **Josiah Henson**, venu du Kentucky avec sa famille, arriva sur ces terres en 1830. Avec l'aide de ligues antiesclavagistes, il y fonda un refuge où ses compagnons purent cultiver leurs propres terres et faire instruire leurs enfants. Henson, qui ne savait pas écrire, dicta l'histoire de sa vie, publiée sous le titre de *La Vie de Josiah Henson, ancien esclave*. Son témoignage impressionna tant **Harriet Beecher Stowe** qu'elle s'en inspira pour son célèbre roman : *La Case de l'oncle Tom*.

CURIOSITÉ

★**Uncle Tom's Cabin Historic Site** – *1,6 km à l'Ouest par la route 21.* ♿ *De fin mai à fin oct. : tlj sf lun. 10 h-16 h, dim. 12 h-16 h. 6,25 $.* ☎ *519-683-2978. www.uncletomscabin.org.* On y voit plusieurs bâtiments en bois, dont la maison de Henson (la case de l'oncle Tom à proprement parler), une église de l'époque de celle où il prêchait (Henson était pasteur méthodiste), et une cabane d'esclaves. Un petit musée *(commentaire enregistré)* contient également des affiches faisant l'annonce de ventes d'esclaves, un boulet similaire à ceux que l'on attachait à leurs pieds pour les empêcher de s'enfuir, des fouets, des gourdins, etc. À l'extérieur, remarquer la tombe de Josiah Henson.

Baie GÉORGIENNE★★

Carte Michelin n° 583 R5 – Schéma : ONTARIO

Cette immense baie (**Georgian Bay** en anglais), nommée en hommage au roi George IV d'Angleterre, est séparée du lac Huron par la péninsule Bruce et l'île Manitoulin. La variété de ses paysages en fait une région de villégiature très populaire. Les peintres du groupe des Sept en immortalisèrent les rives Nord et Est, sauvages, parsemées d'une véritable poussière d'îlots (parfois un simple rocher piqué de quelques pins). En contraste total avec ces rivages rocheux et ceux de l'escarpement du Niagara, la péninsule de Midland est sablonneuse, en particulier la région de Wasaga Beach, connue pour sa longue plage de sable blanc. De nombreuses résidences d'été bordent les côtes et les îles, où l'on pratique beaucoup la voile et tous les sports nautiques. Mais ce n'est pas seulement un pays de vacances, car Owen Sound, Collingwood, Midland, Port McNicoll et Parry Sound sont des villes industrielles et des ports commerciaux dotés de silo élévateurs.

Un peu de géographie – Parmi les sédiments qui composent la plaine du Sud de l'Ontario, une couche calcaire exceptionnellement résistante forme une crête presque continue, redressée ici vers l'Est et plongeant doucement vers l'Ouest, qui dessine un arc autour du bassin du Michigan. De la frontière américaine où il donne naissance aux célèbres chutes du Niagara, cet **escarpement** passe à Hamilton, s'étire le long de la péninsule Bruce, affleure à nouveau dans l'île Manitoulin après une brève immersion, et se prolonge dans la péninsule qui sépare le lac Michigan de Green Bay sur son flanc Ouest.

Un peu d'histoire – En 1610, un jeune éclaireur de Champlain, **Étienne Brûlé**, explorait la région. Une alliance commerciale s'établit bientôt entre les Français et les Hurons, qui devinrent leurs principaux fournisseurs de fourrures. Désireux de convertir ces Amérindiens amicaux, les jésuites élevèrent en 1639 leur mission de Sainte-Marie au cœur du pays huron, sur le site actuel de Midland. Dix ans plus tard, un sort dramatique devait anéantir la mission en pleine prospérité. Les Iroquois ayant entrepris d'exterminer les Hurons, leurs ennemis jurés, les Français se virent entraînés dans le conflit entre les deux peuplades. Les Iroquois dévastèrent le pays, soumirent leurs rivaux affaiblis par les maladies venues d'Europe, et massacrèrent plusieurs jésuites après leur avoir infligé d'atroces tortures. Les survivants abandonnèrent la mission en 1649 et regagnèrent le Québec. La région allait être, pour la dernière fois, le théâtre de conflits lors de la guerre anglo-américaine de 1812.

CURIOSITÉS HISTORIQUES

★**Midland** – Ville active et petit centre régional, Midland est au cœur d'une région riche de souvenirs historiques et de beautés naturelles.

★★**Sainte-Marie-au-Pays-des-Hurons** – *5 km à l'Est de Midland sur la route 12.* ♿ *De mi-mai à mi-oct. : 10 h-16 h45 ; de déb. avr. à déb. mai et de fin oct. à déb. nov. téléphoner pour connaître les horaires. 9,75 $.* ☎ *705-526-7838. www.saintemarieamongthehurons.on.ca.* Reconstitution fidèle de la mission jésuite (1639-1649), Sainte-Marie-au-Pays-des-Hurons, protégée par sa haute palissade, évoque ce qu'était la vie en Nouvelle-France au 17ᵉ s., au tout début de la colonie. Une présentation audiovisuelle *(17mn)* sur l'histoire de la mission constitue une bonne introduction à la visite. À l'intérieur de la palissade, la chapelle, les ateliers, les logements sont tels qu'au 17ᵉ s. et animés par toute une population en costumes d'époque. Remarquer la nette séparation entre les bâtiments des missionnaires, ceux des laïcs et l'enclos des Hurons, avec sa « longue maison » et son dispensaire. Le **musée** développe certains événements, replacés dans leur contexte historique : l'Europe du 17ᵉ s., la Nouvelle-France, le mode de vie des Amérindiens, la Compagnie de Jésus et le rôle politique du clergé de l'époque.

À proximité de Sainte-Marie, le **Wye Marsh Wildlife Centre** *(&. De déb. juil. à mi-oct. : 9 h-18 h, dim. 7 h-19 h ; le reste de l'année : 10 h-18 h. 6,50 $. ☎ 705-526-7809. www.wyemarsh.com),* centre consacré à la faune et la flore, propose des sentiers d'observation de la nature à travers le marais, ainsi que des montages audiovisuels et des expositions. Le barrissement sonore des cygnes trompette attire les visiteurs vers l'étang.

★ **Martyrs' Shrine** – *5 km à l'Est de Midland, sur la route 12, près de Wye Marsh Wildlife Centre. &. De mi-mai à mi-oct. : de 8 h30 à la tombée de la nuit. 3 $. ☎ 705-526-3788. www.jesuits.ca/martyrs-shrine.* Cette chapelle fut édifiée en 1926 à la mémoire des martyrs de la Nouvelle-France tombés sous les coups des Iroquois entre 1642 et 1649, et béatifiés en 1930 : les pères jésuites Jean de Brébeuf, Gabriel Lalemant (tous deux affreusement torturés avant de mourir et dont les **statues** ornent le portique d'entrée), Garnier, Daniel, Chabanel, Jogues et Goupil, et le laïc Jean de la Lande. À l'**intérieur**, remarquer l'inhabituelle forme en accolade de la voûte tapissée de bois de santal.

★ **Huron Ouendat Village** – *Dans le parc Little Lake, sur King St. &. Avr.-déc. : 9 h-17 h ; le reste de l'année : tlj sf dim. 9 h-17 h. Fermé Ven. saint, 25-26 déc. 6 $ (musée inclus). ☎ 705-526-2844. www.huroniamuseum.com.* Les visiteurs peuvent voir, derrière la palissade, la reconstitution d'un village huron du 16ᵉ s. : les « longues maisons », quelques silos, la maison de l'« homme-médecine », le bain de vapeur, l'atelier de fabrication des pirogues.

Près du village, dans le parc, le **musée Huronia** *(horaires identiques)* expose des peintures ainsi que des objets amérindiens ou ayant appartenu aux pionniers.

★ **Penetanguishene** – *12 km à l'Ouest de Midland par les routes 12 et 93.* Durant la guerre de 1812, des forts britanniques établis à l'Ouest du lac Huron furent conquis par les Américains et abandonnés. Leurs habitants refluèrent à Penetanguishene (« Penetang » selon une abréviation courante), et parmi eux des coureurs des bois francophones. Deux anges symbolisent l'harmonie entre les cultures française et anglaise gardent l'entrée Sud de cette localité, dont la communauté francophone reste aujourd'hui vivante.

★ **Discovery Harbour** – *93 Jury Dr. De fin juin à fin août : 10 h-16 h30, de fin mai à mi-juin : tlj sf w.-end 10 h-17 h. Fermé lun. suivant 24 mai. 5,50 $. ☎ 705-549-8064. www.discoveryharbour.on.ca.* Dans un joli site dominant la rade de Penetang, les bâtiments de la garnison britannique et l'arsenal installés ici après la guerre de 1812 ont été reconstitués.

Un montage audiovisuel *(15mn)* en évoque l'histoire au centre d'accueil. Dans l'arsenal, qui fonctionna de 1817 à 1834, des guides en costume d'époque font revivre le chantier naval et l'entrepôt. Les répliques de trois goélettes du 19ᵉ s. sont à quai. La visite passe par le quartier des officiers de la garnison qui se trouvait ici de 1828 à 1856.

★ **Wasaga Beach** – *Schéma p. 222.* Station balnéaire très populaire, connue pour sa plage de sable fin longue de 14 km, ses parcs de loisirs nautiques et son toboggan géant **Super Slide** ⌂.

■ Se restaurer à Tobermory

La bourgade de Tobermory, à la pointe de la péninsule, est une villégiature particulièrement appréciée des estivants. Touristes, passionnés de pêche ou de navigation, plongeurs et passagers du bac se pressent dans les motels, les boutiques, les tavernes et les restaurants du village. Situés au port de Little Tub, le **motel Harborside** *(☎ 519-596-2422. www.blueheronco.com)* et le **motel Blue Bay** *(☎ 519-596-2392. www.bluebay-motel.com)* proposent des chambres sobres et propres. La vue sur le chenal et le *Chi-Cheemaun* à quai, offerte par le patio du très fréquenté **motel Grandview** *(☎ 519-596-2220. www.grandview-tobermory.com),* à l'entrée du port, attire les visiteurs ; ses autres attraits sont culinaires : les convives peuvent s'attabler en terrasse ou en salle pour déguster leur corégone pêché dans la baie, leur filet de porc, leur canard rôti et leur plateau de fruits de mer de l'île Russell. Le **restaurant Leeside** *(☎ 519-596-8375)* sert un repas complet de corégone à un prix abordable, ainsi que d'autres spécialités de la mer, des hamburgers et des sandwichs. Son immense patio est particulièrement agréable par grosse chaleur. Le restaurant ouvrant bien avant le premier départ du bac, les lève-tôt peuvent avaler une tasse de café ou un petit-déjeuner complet.

■ Se restaurer à Thornbury

Le village de Thornbury, à proximité de Meaford, constitue une halte rafraîchissante. Les visiteurs auront du mal à choisir parmi l'abondance de boutiques et restaurants, particulièrement nombreux près du croisement de Bruce St. et King St. Le restaurant **SiSi on Main** *(27 Bruce St. ☎ 519-599-7769)* est un bon choix, avec ses poissons et fruits de mer, ses pâtes ou son bœuf. Un peu plus loin, dans sa confortable maison ancienne, le **White House on the Hill** *(53 Bruce St. ☎ 519-599-6261)* sert un panachage de plats asiatiques, californiens et italiens. Le pub anglais **Carriages Country Inn** *(route 26, à proximité du barrage. 5 ch. ☎ 519-599-2217)* invite convives et visiteurs à déguster paella, filet de porc et autres délices. Avant de quitter Thornbury pour Meaford, une halte sera bienvenue au restaurant **Sterios** *(81 King St. Route 26, près de King's Court. ☎ 519-599-5319)* pour goûter à ses spécialités de steak et de poissons.

★**Nancy Island Historic Site** – *Dans le Parc provincial Wasaga Beach, sur Mosley St. (accès par la route 92).* ♿ *De fin juin à fin août : 10 h-18 h ; de fin mai à mi-juin : w.-end 10 h-18 h. ☎ 705-429-2728 ou 705-429-2516 (hors saison). www2.georgian.net/~nancyisland.* L'île Nancy, sur la rivière Nottawasaga, est formée d'alluvions agglomérées autour de l'épave du **Nancy**, coulé pendant la guerre de 1812. Dernier bateau britannique en service sur les Grands Lacs après la destruction de la flotte sur le lac Érié en septembre 1813, réquisitionné pour assurer le ravitaillement des troupes, le *Nancy*, poursuivi par trois navires américains, cherchait dans la rivière un abri précaire quand il fut découvert et attaqué. Le musée expose son épave, dégagée en 1927 ; il évoque également la guerre de 1812.

CURIOSITÉS NATURELLES

★**Les Trente Mille Îles (Thirty Thousand Islands)** – Trois croisières permettent d'apprécier les beautés naturelles de la baie Georgienne : depuis les quais de **Midland** *(♿ dép. mai-oct. : 13 h45 ; dép. supplémentaires de fin juin à fin sept. AR 2 h30. Commentaire à bord. 18 $. Midland Tours Inc. ☎ 705-549-3388. www.midlandtours.com)*, de **Penetanguishene** *(dép. de mi-juil. à déb. sept. : 14 h ; dép. supplémentaire mer.-jeu. 19 h ; fréquence réduite au printemps et en automne. AR 3 h20. Commentaire à bord. Réservation requise. 20 $. Argee Boat Cruises.Ltd. ☎ 705-549-7795. www.georgianbaycruises.com)*, ou de **Parry Sound** *(♿ dép. de déb. juin à mi-oct. : 14 h ; dép. supplémentaire juil.-août 10 h. AR 3 h. Commentaire à bord. Réservation requise. 20 $. 30,000 Island Cruise Lines Inc. ☎ 705-746-2311 ou 800-506-2628. www.island-queen.com)*.

★**Tobermory** – À la pointe de la péninsule Bruce où l'escarpement du Niagara disparaît sous les eaux mêlées de la baie Georgienne et du lac Huron, la localité de Tobermory, minuscule, n'en procure pas moins aux plaisanciers des centaines d'excellents mouillages dans ses ports jumeaux appelés Big Tub et Little Tub. Les cristallines eaux turquoise recouvrant des fonds rocheux où dorment des épaves attirent bon nombre de plongeurs. Les marcheurs peuvent faire le tour du port de plaisance et suivre le chemin longeant le lac, qui offre de beaux aperçus du port, de l'embarcadère et des îles voisines.

Le **MS Chi-Cheemaun** fait la navette avec l'île Manitoulin *(♿ dép. de fin juin à fin août : 7 h, 11 h20, 15 h40, 20 h ; de déb. mai à mi-juin et de déb. sept. à mi-oct. : 8 h50, 13 h30 ; dép. supplémentaire ven. 18 h10. Aller simple 1 h45. Commentaire à bord. 25,65 $/voiture plus 11,75 $/adulte. Owen Sound Transportation Co. ☎ 519-376-6601 ou 800-265-3163. www.bmts.com/~northland)*. Emmené par un équipage de 36 personnes, le bateau peut embarquer 143 véhicules et 638 passagers, qui bénéficient de repas complets à la cafétéria.

★**Bruce Peninsula National Park** – ♿ *Ouv. toute l'année. Centre d'accueil (port de Little Tub) : de déb. mai à mi-juin 8 h-16 h30 ; de fin juin à fin août 8 h-12 h. ☎ 519-596-2233. www.parkscanada.pch.gc.ca.* Ouvert en 1987, le parc national tire sa renommée des pistes qui longent le spectaculaire escarpement du Niagara. Terrain de camping à Cyprus Lake, à 15 km au Sud de Tobermory *(242 emplacements ; réservations ☎ 519-596-2263)*.

★**Fathom Five National Marine Park** – *Centre d'accueil (port de Little Tub) : juin-août 8 h-21 h, mar.-jeu. 8 h-16 h30, avr.-mai et sept.-oct. tlj sf dim. et lun. 8 h-16 h30. ☎ 519-596-2233. www.parkscanada.gc.ca.* Le premier parc marin national du Canada englobe 20 îles, baignées par les eaux traîtresses de la région de Tobermory. Les plongeurs peuvent explorer les 22 épaves recensées d'embarcations à voile ou à vapeur qui ont fait naufrage ici depuis le milieu du 19e s. Quelques îles et deux des épaves peuvent être observées de **bateaux à fond transparent** (*pour plus d'informations, contacter Blue Heron Co.* ☎ *519-596-2999. www.blueheronco.com ; autres bateaux : Seaview III* ☎ *519-596-2950)*. L'**îlot Flowerpot** doit son nom à deux piliers rocheux sur le rivage, dont la forme en « pot de fleurs » vient d'une couche supérieure de calcaire résistant, isolée sur un pied de grès plus friable rongé par les vagues. L'île était autrefois entièrement recouverte par les eaux du lac Huron, comme en témoignent les grottes creusées par l'érosion au sommet des rochers. Il est possible de se rendre à pied jusqu'aux **pots de fleurs** (d'une hauteur respective de 7 m et 11 m). On peut également observer de près ces curieuses formations naturelles en faisant le tour de l'île en bateau *(location 2 $/jour)*.

Île Beausoleil – *Accès par bateau privé ou bateau-taxi au dép. de Honey Harbour (40 km env. au Nord-Est de Midland par les routes 12, 400 et 5). De mi-mai à déb. oct. 3 $/jour. Renseignements et cartes disponibles au bureau du Parc national Georgian Bay Islands à Honey Harbour.* ☎ *705-756-2415. www.parkscanada.ca.* L'île est dotée de sentiers de promenade et d'un centre d'accueil (*De fin juin à fin août : 12 h-14 h)*. Elle fait partie du **Parc national Georgian Bay Islands**, qui englobe 58 autres îles.

Blue Mountains – *56 km de Wasaga Beach par la route 26 en direction de Meaford.* Agréable parcours le long de la baie Georgienne, au pied des Blue Mountains, les plus élevées de l'escarpement du Niagara.

GODERICH★

7 604 habitants
Carte Michelin n° 583 Q6 – Schéma : ONTARIO

Petite ville bâtie sur une falaise dominant la jonction des eaux de la rivière Maitland et de celles du **lac Huron**, Goderich doit son charme singulier à ses rues bordées d'arbres et à son urbanisme particulier. Fondée en 1828 à l'extrémité de Huron Road, route tracée de Guelph au lac Huron pour y encourager la colonisation, elle fut construite selon un plan en étoile, les rues résidentielles rayonnant autour du **Court House Square**. Aujourd'hui, le port accueille les immenses bateaux des Grands Lacs venus charger les céréales de l'arrière-pays agricole et le sel gemme extrait sur place d'une veine qui plonge sous le lac.

CURIOSITÉS

Quais – *Suivre West St. à partir de Court House Sq.* Le port de Goderich est actif, surtout depuis que le dragage du lac en 1984 a permis l'accès aux cargos de gros tonnage, pilotés par une flottille de remorqueurs (*tours de remorqueur juil.-août ; MacDonald Marine* ☎ *519-524-9551. www.mactug.com)*. Les céréales vont et viennent des silos élévateurs du port et près des trois quarts du sel gemme extrait de la mine sont expédiés de ces quais. De petits bateaux mouillent au port de plaisance. Logé dans la roue d'un ancien cargo, un petit musée naval retrace la vie du port de Goderich. Les plages de sable, les snack-bars et les grandes **promenades en planches**, où l'on fait de l'exercice, bavarde et observe l'activité du lac, sont très fréquentés.

Huron County Museum – *110 North St.* *De fin mai à fin août : 10 h-16 h30, dim. 13 h-16 h30 ; le reste de l'année tlj sf sam. 10 h-16 h30, dim. 13 h-16 h30. 5 $ (7,50 $ prison comprise)* ☎ *519-524-2686. www.huroncountymuseum.on.ca.* Ce vaste musée présente l'histoire de la région sous tous ses aspects à travers, entre autres, des équipements agricoles, des objets et du mobilier militaires.

Condamnations et amendes

Voici un échantillon de méfaits avec le montant des amendes réclamées en juin 1879 par le juge de paix du comté de Huron :

Nature du méfait	Montant de l'amende
Vagabondage	0,25 $
Insultes	1 $
Rixe	2 $
Trouble de l'ordre	1 $
Dire la bonne aventure	2 $
Conduite trop rapide sur le pont Brussels	1 $

The Little Inn of Bayfield

Ancien relais de diligences (1832) à l'extrémité Nord de la rue principale de Bayfield, cette charmante auberge combine la simplicité d'un long passé et le progrès (cheminées et bains à remous). Ses 30 chambres, décorées d'un mobilier campagnard ancien, sont toutes différentes. La carte, en phase avec la production locale, change selon la saison. L'été, l'auberge servira un canard fumé au *chutney* de myrtilles, un porc huron mariné au gingembre, ou un poisson blanc du lac Huron à la mousse de saumon dans une papillotte d'algues. Mariez votre plat avec l'un des crus de la carte des vins primée. *Ouv. toute l'année. 30 ch. Réservation conseillée.* ☎ *519-565-2611 ou 800-565-1832. www.littleinn.com*

Huron Historic Gaol – *181 Victoria St. N. De fin mai à fin août : 10 h-16 h30, 5 $. (7,50 $ musée compris).* ☎ *519-524-2686. www.huroncountymuseum.on.ca.* L'ancienne prison du comté, en usage de 1842 à 1972, est un étonnant petit bâtiment de pierre au plan octogonal. Les visiteurs peuvent pénétrer dans les cellules, la bibliothèque, la cuisine et la lingerie. La salle qui servait de tribunal se trouve à l'étage supérieur. La maison du gouverneur accueillait le geôlier et sa famille. Pour un prix modique, les visiteurs peuvent se faire photographier 🖻.

EXCURSION

Bayfield – *21 km au Sud par la route 21.* L'attrait de ce petit village proche du lac Huron tient en sa rue principale, petite mais très vivante, ombragée de grands arbres et débordante de boutiques, restaurants, auberges, églises et temples. Loin de l'agitation urbaine, le village historique est très fréquenté. Dès les beaux jours, résidents et visiteurs arpentent la rue commerçante et se détendent aux terrasses flanquant auberges et restaurants. Des résidences secondaires et des maisons bien entretenues aux jardins manucurés où attendent les bateaux sur leur remorque bordent les rues plantées d'arbres.

GRAVENHURST★

10 899 habitants
Carte Michelin n° 583 R5 – Schéma : ONTARIO

Avec ses rues bordées d'arbres, ses élégantes maisons et son opéra (aujourd'hui transformé en centre des arts du spectacle), Gravenhurst est une jolie petite ville victorienne au Sud de la pittoresque région des **lacs Muskoka**, la principale région de villégiature d'Ontario. Sur les rives déchiquetées et les nombreuses îles des lacs Joseph, Rosseau et Muskoka, le nautisme est roi.

Ancien centre d'exploitation forestière (elle eut jusqu'à 14 scieries), elle sera la première communauté à obtenir le statut officiel de ville (1887). De nos jours, grâce sa situation méridionale, elle est devenue le point de passage obligé vers les lacs Muskoka. **Norman Bethune** (1890-1939), chirurgien, inventeur, défenseur de la médecine sociale et héros national en Chine, a vu le jour à Gravenhurst.

CURIOSITÉS

★**Bethune Memorial House National Historic Site** – *235 John St. Juin-oct. : visite guidée (1 h) 10 h-16 h ; le reste de l'année tlj sf w.-end 13 h-16 h. 3,50 $.* ☎ *705-687-4261. www.parkscanada.ca.* Fils de pasteur presbytérien, Bethune fait ses études de médecine à Toronto puis s'installe à Detroit où il contracte la tuberculose. Confiné dans un sanatorium, il apprend la méthode, alors peu répandue, du traitement de la tuberculose par collapsus du poumon et la fait appliquer sur lui-même. Guéri, il exerce la pneumologie à Montréal (1928-1936), mais, déçu par le tiède accueil de la médecine sociale au Canada, il part combattre auprès des républicains espagnols et met en place la première unité mobile de transfusion sanguine. Il rejoint les communistes chinois en 1938, organise leur dispositif médical militaire, mais meurt d'une septicémie en 1939. Vénéré en Chine, il a acquis la célébrité dans son propre pays.

La maison natale de Norman Bethune, meublée dans le style des années 1890, contient une excellente présentation *(en trois langues : anglais, français et chinois)* de sa vie et de son œuvre. Film explicatif *(15mn)* au centre d'accueil.

Excursion en bateau à vapeur – ♿ *Dép. de Gravenhurst de fin mai à mi-oct. ; se renseigner sur les horaires. AR 1-8 h. Commentaire à bord. Réservation requise. 23,50/73,50 $. Muskoka Lakes Navigation* ☎ *705-687-6667. www.segwun.com.* La promenade en bateau à bord du **RMS Segwun** permet d'apprécier la beauté des lacs, en bordure desquels de somptueuses résidences d'été ont été bâties. L'ancien Royal Mail Ship (1887) transportait courrier, passagers et fret jusqu'en 1958.

■ Pays des cottages

Tout nouveau venu en Ontario entendra inévitablement parler du « pays des cottages » ; pour la plupart des habitants de Toronto, il s'agit des lacs Muskoka et de la baie Georgienne. D'autres pensent plutôt à la partie Sud du Bouclier canadien entre la baie Georgienne et la rivière des Outaouais en direction du parc Algonkin. Presque chaque virage des routes qui découpent la roche, révélant des dentelures de granit rose, dévoile un des quelque 1 600 lacs parsemant le paysage boisé.

Les lacs appellent les loisirs et les vacances. Durant la saison (traditionnellement du jour de Victoria, fin mai, à Thanksgiving, mi-octobre), familles et pêcheurs abandonnent leur résidence principale pour se ruer dans les cabanes, les maisonnettes et les demeures (le tout baptisé « cottage » par les Canadiens) fourmillant autour des eaux bleues. Du strict nécessaire au grandiose, tout est possible : les hangars à bateaux du lac Muskoka eux-mêmes ont été convertis en antres convenables. L'essence même de la décoration cottage est fournie par **The Muskoka Store** *(route 11 près de Gravenhurst.* ☎ *705-687-7751. www.muskokastore.com).* Cet immense magasin de décoration intérieure et de matériel de loisirs propose des meubles en bois (dont les éternelles chaises Muskoka), des vêtements confortables, des jouets, des outils de jardin, des canoës et des kayaks, des ustensiles de cuisine, du matériel de pique-nique et absolument tout l'attirail nécessaire aux « cottagers » pour profiter pleinement de leurs congés.

EXCURSION

Algonquin Provincial Park *– 100 km env. au Nord-Est de Gravenhurst par les routes 11 et 60. Ouv. toute l'année. Kiosques d'information à chaque entrée, centre d'accueil à 13 km de la porte Est (East Gate). Permis requis pour circuler dans le parc 12 $.* ☎ *705-633-5583. www.ontarioparks.com.* Destination de loisirs très appréciée couvrant près de 8 000 km² de forêts à l'Est de la province, le parc comprend des sentiers de randonnée, des cours d'eau navigables en canoë, des terrains de camping, des lieux réservés à la pêche et à la baignade, des pistes de ski et une faune abondante. La route 60 (Parkway Corridor) traverse la partie Sud du parc. Un **musée de la foresterie** près de la porte Est retrace cette activité dans la région ; le centre d'accueil des visiteurs comprend un salon de thé, une librairie, un théâtre, des expositions et une terrasse panoramique. Commerces, locations de canoës et organisateurs d'excursions sont disséminés à l'intérieur et à la périphérie du parc. Les affamés trouveront à se restaurer aux rustiques **Killarney Lodge** *(lac Two Rivers* ☎ *705-633-5551 ; www.killarney.com)* et **Arowhon Pines** *(lac Little Joe* ☎ *705-633-5661 ; www.arowhonpines.ca),* un hôtel isolé ouvrant sa salle de restaurant aux non-résidents. La beauté et la variété des paysages du parc ont attiré l'artiste canadien **Tom Thomson**, amateur de vie en plein air, qui sut saisir la rudesse de la nature algonquine dans un style qui influença le groupe des Sept.

HAMILTON★

490 268 habitants
Carte Michelin n° 583 R6 – Schéma : ONTARIO
Office de tourisme ☎ 905-546-2666 ou 800-263-8590 ; www.tourismhamilton.info

Hamilton, à la pointe Ouest du lac Ontario, jouit d'une vaste rade séparée du lac par un cordon littoral. Un canal y laisse entrer les bateaux chargés de minerai de fer pour alimenter ses aciéries, tandis qu'une route, Burlington Skyway, passe au-dessus du cordon littoral ; elle fait partie de **Queen Elizabeth Way (QEW)**, voie rapide reliant Toronto aux chutes du Niagara. Hamilton s'étend au pied de l'escarpement du Niagara et sur le plateau même, qui domine ici la plaine de 76 m. Sur le bord de l'escarpement, plusieurs parcs offrent de jolies vues sur la ville.

CURIOSITÉS

★**Centre-ville** – Plusieurs bâtiments modernes, administratifs et culturels, marquent le centre-ville *(le long de Main St., entre Bay St. et James St.)* : City Hall (hôtel de ville), Education Centre (centre éducatif), Art Gallery (musée d'Art), et Hamilton Place, doté de salles de concert et de théâtre.

Un peu à l'Ouest *(à l'angle de George St. et Hess St.)* se trouve **Hess Village★**, quartier de vieilles maisons joliment restaurées, où nichent boutiques d'art, restaurants et cafés. Non loin de là, **Farmers' Market** *(55 York Blvd. ;* & *mar. et jeu. 7 h-18 h, ven. 7 h-18 h, sam. 6 h-18 h.* ☎ *905-546-2096)* écoule les produits de la péninsule du Niagara, importante région d'arboriculture fruitière. Il s'agit d'un des plus grands marchés fermiers couverts d'Ontario.

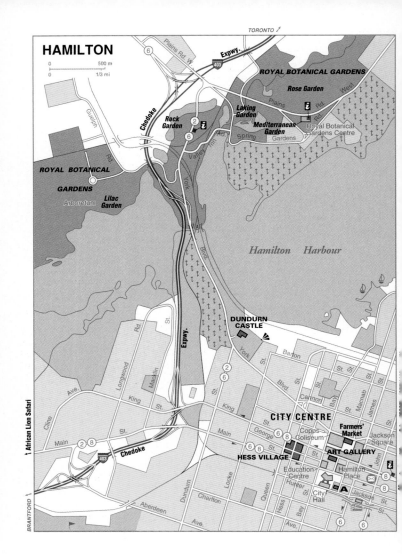

★**Art Gallery** – ⚘ *Tlj sf lun. 11 h-17 h (jeu. 21 h).* ☎ *905-527-6610. www. artgalleryofhamilton.on.ca.* Ce curieux édifice de béton anime le fond de la grand-place qui se trouve devant l'hôtel de ville. Les vastes espaces intérieurs présentent des expositions itinérantes ou tirées de la collection permanente.

Whitehern (A) – *De mi-juin à fin août : visite guidée (1 h) tlj sf lun. 11 h-16 h ; le reste de l'année : tlj sf lun. 13 h-16 h. Fermé 1ᵉʳ janv., Ven. saint, 25-26 déc. 3,50 $.* ☎ *905-546-2018. www.city.hamilton.on.ca.* Dans cette maison bourgeoise de style georgien, dotée d'un agréable petit jardin, vécut une famille aisée de 1840 à 1968. Les **McQuesten**, établis à Hamilton depuis le début du 19ᵉ s., furent des pionniers de la sidérurgie, qui devint la grande activité de la ville, et participèrent largement à la vie publique. Ils furent à l'origine des jardins botaniques de la ville et de Niagara Parkway. La maison contient ses meubles d'origine.

★**Dundurn Castle** – *Dans Dundurn Park. Juin-août : visite guidée (1 h) 10 h-16 h30 ; le reste de l'année : tlj sf lun. 12 h-16 h. Fermé 1ᵉʳ janv., 25 déc. 6 $.* ☎ *905-546-2872.* Sur la colline dominant la rade se dresse l'élégant château de pierre blanche construit de 1832 à 1835 par **Allan Napier MacNab**, brillant soldat, juriste et homme politique lié au Family Compact, qui fut Premier ministre du Canada-Uni de 1854 à 1856.

La richesse et la puissance des familles privilégiées du 19ᵉ s. s'étalent dans cette somptueuse demeure (dont les meubles ne sont pas d'origine). La visite du sous-sol, réservé à l'armée de serviteurs nécessaire à une demeure de cette importance, est particulièrement intéressante. Le jardin, qui abrite également un petit musée militaire, offre une belle **vue** sur Hamilton et sa baie.

★**Royal Botanical Gardens** – *680 Plains Rd. Ouest. Mai-oct. : de 9 h30 au coucher du soleil ; le reste de l'année : 9 h30-18 h. Fermé 25 déc. 8 $.* ☏ *905-527-1158. www.rbg.ca.* Ces jardins occupent près de 1 000 ha à l'extrémité Ouest du lac Ontario. Si la majeure partie, laissée à l'état naturel, est sillonnée de sentiers, plusieurs jardins de styles divers ont été aménagés. Au Royal Botanical Gardens Centre, on visite le **jardin méditerranéen**. Cette serre abrite une végétation provenant des cinq régions du monde où l'on retrouve ce climat : le pourtour de la Méditerranée, l'Afrique du Sud, l'Australie, la Californie et le Chili. De l'autre côté de la route, la **roseraie** fleurit de juin à octobre. À côté, le **jardin Laking** présente des iris, des pivoines *(mai-juin)* et des plantes vivaces *(mai-oct.)*. Plus loin, le **jardin de rocailles** offre en été une féerie de couleurs. Dans l'arboretum *(rejoindre York Blvd. et tourner à droite)*, le **jardin des lilas** est splendide *(fin mai-déb. juin)*.

> ### The Gardens' Café
> *680 Plains Rd. W. Ouv. déjeuner, dîner jeu.-ven.* ☏ *905-529-2920. www.rbg.ca.* Lorsqu'une pause entre roses et rhododendrons s'avère nécessaire, le visiteur peut s'adonner aux délices de cet agréable restaurant situé dans le centre d'accueil du jardin botanique, qui donne sur Spicer Court. Sur la carte, sandwichs, potages et salades côtoient des plats de saison tels qu'un poulet accompagné d'une quiche à la ricotta et aux brocolis nappée de sauce à la tomate fumée, ou d'un sauté de pétoncles au cidre sur un lit de jeunes épinards.

★**Museum of Steam and Technology** – *900 Woodward Ave., au sud de la route QEW. Juin-août : tlj sf lun. 11 h-16 h ; le reste de l'année : tlj sf lun. 12 h-16 h. Fermé j. fériés. 4 $.* ☏ *905-546-4797. www.city.hamilton.on.ca.* L'ancienne station de pompage de Hamilton (1859) est un des rares exemples de la technologie de la vapeur au 19ᵉ s. Intéressant par son architecture (arcs et colonnes doriques en fonte), le bâtiment des machines accueille deux engins à balancier Gartshore de 1859 en parfait état de marche, qui pompèrent jusqu'à 20 millions de litres d'eau par jour jusqu'à leur remplacement par des pompes électriques en 1910. L'ancien bâtiment des chaudières abrite une exposition sur l'usage de la vapeur comprenant le modèle réduit d'une machine à balancier.

EXCURSION

★**African Lion Safari** – *32 km au Nord-Ouest par les routes Hwy 8, rte 52 Nord (après Rockton), puis Safari Rd. à gauche.* ♿ *Juil.-août : 10 h-17 h30 ; de fin avr. à fin juin et de déb. sept. à mi oct. : 10 h-16 h. 22,95 $.* ☏ *519-623-2620. www.lionsafari.com.* 📷 Le parcours pour voitures *(petit train en sus)* traverse divers enclos où s'ébattent en liberté des animaux sauvages d'Afrique et d'Amérique du Nord. Dans l'enclos des singes, une centaine de babouins africains grimpent parfois sur les voitures pour dérober ce qu'ils peuvent.

> ### ■ Old Mill Inn
> *À Ancaster, 548 Old Dundas Rd. Prendre la route 403 Ouest, sortie Mohawk Rd.* ☏ *905-648-1827. www.ancasteroldmill.com.* Installé dans un ancien moulin en pierre du 18ᵉ s., le restaurant chic donne le choix entre sept salles à manger, dont la plus prisée domine la cascade de ses immenses baies vitrées. Le chef, qui prépare chaque jour deux menus, concocte par exemple des huîtres de la baie Malpèque suivies d'un filet d'émeu ou d'une cassolette de saumon de l'Atlantique. Le repas est complété par un assortiment de pains artisanaux maison préparés à partir de farine biologique, de sel français et d'un levain naturel. Il faut absolument goûter la spécialité de la maison, l'assiette de fromages (brie, cheddar et ermite du Québec) servie avec des noix confites et des poires pochées au porto.

KINGSTON et les MILLE ÎLES★★

Carte Michelin n° 583 S5 – Schéma : ONTARIO

Kingston, à la pointe Nord-Est du lac Ontario où débouche la rivière Cataraqui, est un centre touristique réputé, inséparable des Mille Îles (**Thousand Islands** en anglais) et de la pittoresque région des lacs Rideau. Les parcs au bord de l'eau composent un agréable décor.

★★KINGSTON

Office de tourisme ☎ 613-548-4415

Situé à la naissance du Saint-Laurent, Kingston joua, au cours des siècles, un double rôle de centre commercial et stratégique.

En 1673 s'établit sur le site de la ville un comptoir de commerce des fourrures, appelé Fort Cataraqui ou Fort Frontenac. Abandonnée à la chute de la Nouvelle-France, la région fut recolonisée plus tard par les loyalistes qui donnèrent à leur communauté son nom actuel. Ce fut bientôt une importante base navale britannique, et un arsenal qui se renforça durant la guerre de 1812. Après la guerre, la construction du canal Rideau et celle de Fort Henry, puissante forteresse de pierre, augmentèrent l'importance de la ville qui, entre 1841 et 1843, fut capitale du Canada-Uni.

Elle demeure aujourd'hui un important centre militaire, avec le **Collège militaire royal** (Fort Frederick), le Collège d'état-major de l'armée et le Centre des études sur la sécurité nationale. La ville possède de nombreux édifices publics construits en grès du pays : l'hôtel de ville ou **City Hall**★, en bordure de Confederation Park, sur le port, initialement bâti pour abriter le Parlement canadien avant que la reine Victoria ne choisisse Ottawa pour capitale ; le palais de justice ou **Court House**★, doté d'une coupole semblable à celle de l'hôtel de ville ; un bel édifice religieux, **Cathedral of St. George**, dont le style rappelle les églises londoniennes de Christopher Wren ; enfin, **Grant Hall** (Queen's University) et plusieurs bâtiments du Collège militaire royal.

Un office du tourisme a été aménagé dans l'ancienne gare ferroviaire qui fait face au Prince George Hotel *(209 Ontario Street.* ☎ *613-548-4415 ou 888-855-4555. www.tourism.kingstoncanada.com).*

CURIOSITÉS

★**Marine Museum of the Great Lakes** – ♿ *Mai-oct. : 10h-17h ; le reste de l'année : tlj sf w.-end 10h-16h. Fermé j. fériés. 5,25 $.* ☎ *613-542-2261. www.marmuseum.ca.* Installé dans un ancien chantier naval le long du lac Ontario, ce musée est consacré aux différents navires à voile et à vapeur qui sillonnaient jadis les Grands Lacs. Une galerie présente les techniques de construction des bateaux tandis qu'une section évoque Kingston au 19e s., époque à laquelle la ville était l'un des principaux centres de construction navale des Grands Lacs. Présentations audiovisuelles et expositions temporaires font connaître divers aspects de la navigation.

Pump House Steam Museum – ♿ *De déb. juin à déb. sept. : 10h-16h. 5,25 $.* ☎ *613-542-2261. www.marmuseum.ca.* Ce musée est logé dans l'ancienne station de pompage de Kingston construite en 1849, où sont restées les deux énormes pompes à vapeur d'origine. Les machines, restaurées dans leur état de 1897, sont à même de fonctionner. De nombreuses maquettes complètent l'exposition.

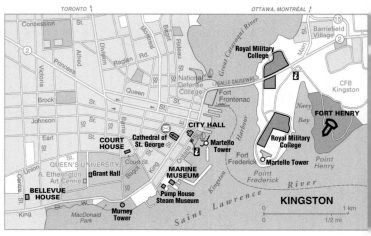

■ Le kaléidoscope de Kinsgton

La ville, ancienne et animée, fourmille de cafés, restaurants, boutiques et hôtels divers. Voici quelques idées :

Partant de Brock Street, Sydenham Street est une rue colorée dont plusieurs demeures grandioses ont été converties en maisons d'hôte. Aménagée dans un vaste hôtel particulier italianisant (vers 1848), **Rosemount Inn** *(46 Sydenham St. S.* ☎ *613-531-8844 ou 888-871-8844. www.rosemountinn.com)*, d'où l'on peut rallier le centre-ville à pied, encourage ses résidents à profiter des fauteuils en osier du porche, de son ravissant jardin et de ses petits déjeuners gastronomiques. Idéalement situé, l'**Hôtel Belvedere** *(141 King St. E.* ☎ *613-548-1565 ou 800-559-0584. www.hotelbelvedere.com)*, joyau de King Street, est un bastion de l'élégance édouardienne, que l'on retrouve dans son salon au mobilier ancien comme dans les chambres munies d'une cheminée et d'une literie en plume. Les tables ombragées et les fleurs du patio offrent un cadre enchanteur aux repas.

Lorsqu'arrive l'heure de la pause, **Le Chien Noir Bistro** *(69 Brock St.* ☎ *613-549-5635. www.lechiennoir.com)* propose une cuisine française le midi, le soir et le dimanche matin *(brunch)* ; l'établissement **Chez Piggy** *(2360 Princess St.* ☎ *613-546-4233)* a été aménagé dans une ancienne écurie, et son patio connaît un certain succès. Ses plats internationaux accompagnent un pain et des desserts maison. Pour étancher sa soif, rien ne vaut la brasserie **Kingston Brewing Company** *(34 Clarence St.* ☎ *613-542-4978)* et le pub du **Prince George Hotel** *(200 Ontario St.* ☎ *613-547-9037)*.

Parmi les plus belles boutiques de Kingston figure **Earth to Spirit Trading Company** *(340 King St. E.* ☎ *613-536-5252. www.earthtospirit.com)*, où l'on trouve de la vannerie, des coussins, des articles de papeterie, des bijoux et autres exemples de cadeaux en provenance d'Afrique, du Canada, d'Europe, des États-Unis et d'Australasie. Dans la même rue se tient **A-1 Clothing Ltd.** *(358 King St. E.* ☎ *613-548-8732. www.aoneclothing.com)*, boutique familiale qui fournit tout l'équipement nécessaire aux activités et sports de plein air, à la grande joie des nombreux amateurs de voile de Kingston.

Murney Tower – *De mi-mai à fin août : 10 h-17 h. 2 $.* ☎ *613-544-9925.* Ronde, trapue, renforcée de solides voûtes, cette tour Martello en pierre fut construite en 1846 pour protéger le port. On y voit les quartiers de la garnison ainsi qu'une plate-forme à canon dotée d'une pièce d'artillerie sur un anneau de pointage.

★**Bellevue House** – &. *Juin-août : 9 h-18 h ; avr.-mai et sept.-oct. : 10 h-17 h. 3,50 $.* ☎ *613-545-8666. http://parkscanada.ca.* Son style italianisant (tour carrée et balcons) fit sensation à Kingston quand fut construite cette villa en 1840, et les sobriquets les plus divers lui furent attribués, comme « Tea Caddy Castle » (la boîte à thé), allusion à l'épicerie que tenait son propriétaire.

La maison fut brièvement habitée, de 1848 à 1849, par John A. Macdonald (1815-1891), qui tenait alors un cabinet d'avocat à Kingston. Il devait devenir Premier ministre du Canada dès la naissance de la Confédération, de 1867 à 1873, puis de 1878 à 1891. Né en Écosse, mais élevé à Kingston où il fit ses études, Macdonald connut une brillante carrière politique à la tête du Parti conservateur. On lui reconnaît le mérite d'avoir été l'un des principaux artisans de la Confédération canadienne, et d'avoir soutenu la réalisation du chemin de fer Canadien Pacifique, un de ses grands rêves. La maison est meublée dans le goût de l'époque à laquelle y résidait Macdonald. Expositions et projection d'un film *(8 mn)* au centre d'accueil.

★★**Fort Henry** – *De mi-mai à déb. oct. : 10 h-17 h. 10,95 $.* ☎ *613-542-7388. www.forthenry.com.* Situé sur une presqu'île dominant le lac Ontario, cet ouvrage défensif en pierre (1837) est renforcé surtout au Nord pour protéger l'accès terrestre à l'arsenal sur la pointe Frederick, son accès naval étant gardé par une série de tours Martello construites vers 1846. Le fort n'eut à subir aucune attaque et fut finalement abandonné. Restauré en 1938 et classé site historique national, c'est aujourd'hui un musée vivant de la vie militaire au 19e s., que recrée la **Garde de Fort Henry**. Elle est constituée d'étudiants entraînés avec précision qui exécutent des manœuvres et animent les visites des quartiers et des entrepôts. Ne pas rater la **parade de la garnison** *(tous les jours)*.

★★ LES MILLE ÎLES   Office de tourisme ☎ 315-482-2520

À sa sortie du lac Ontario, le Saint-Laurent est encombré d'un millier d'îles et d'îlots, sur les 80 km où le socle granitique du Bouclier canadien se prolonge jusqu'aux monts Adirondack, aux États-Unis, avec l'**axe de Frontenac**.

Les eaux scintillantes, bordées de forêts, et les rochers de granit rose lentement érodés par les glaciers, attirent les habitants des deux pays dont la frontière passe entre les îles. C'est, pour le Nord-Est du continent, l'une des régions de vacances les plus anciennes et les plus courues, naturellement dédiée au nautisme.

● **Centre de remise en forme Spa at the Mill**

8 Cataraqui St. ☎ *613-544-1166 ou 877-424-4417. www.spaatthemill.com.* Dominant la Cataraqui des murs de brique de l'ancienne filature qui l'abrite, cet établissement raffiné au personnel attentif procure toute la gamme des soins de jour : massages, enveloppements, soins du visage, soins du corps, aromathérapie et salon de coiffure pour les deux sexes *(peignoirs et mules fournis).* Il est spécialisé dans le traitement de la cellulite. Jus de fruits, eau minérale et autres boissons sont en vente et l'on peut prendre un déjeuner léger dans le salon *(à faire préparer à l'avance).*

Visite

★★ **Excursion en bateau** – ♿ *Dép. de Crawford Wharf (Kingston) de mi-mai à mi-oct. AR 3 h. Commentaire à bord. Réservation conseillée. 19,65 $. Kingston 1000 Islands Cruises* ☎ *613-549-5544. www.1000islandcruises.on.ca. Dép. de Gananoque (28 km au Nord de Kingston par la route 2) de déb. mai à mi-oct. AR 3 h. Commentaire à bord. 16 $. Gananoque Boat Line* ☎ *613-382-2144. www.ganboatline.com. Dép. de Ivy Lea (10 km au Nord de Gananoque par la route 648) mai-oct. AR 1 h. Commentaire à bord. 12 $. Gananoque Boat Lines* ☎ *613-659-2293. www.ganboat-line.com. Dép. de Rockport (7 km au Nord de Ivy Lea par la route 648) mai-oct. : 9 h-17 h. AR 1 h. Commentaire à bord. Réservation requise. 12 $. Rockport Boat Line* ☎ *613-659-3402. www.rockportcruises.com.* Ces promenades constituent une détente à travers le dédale des îles. Les arbres, l'eau et les rochers sont agrémentés çà et là de chalets ou de résidences d'été, depuis la simple cabane sur un îlot rocheux jusqu'aux extravagants palaces de « Millionaire's Row » sur l'île Wellesley. Le long de la rive américaine passent les grands navires de la voie maritime du Saint-Laurent, tandis qu'entre les îles s'égaie une nuée de bateaux de plaisance, yachts et canots. Les trois heures d'excursion permettent de faire escale à l'île Heart *(passeport et carte d'identité requis)* pour visiter **Boldt Castle**, château resté inachevé que s'était fait construire un richissime immigrant allemand.

★ **Thousand Islands Parkway** – *Voir carte p. 223. 37 km entre l'échangeur 648 (route 401), 3 km à l'Est de Gananoque, et l'échangeur 685 (route 401), au Sud de Brockville.* Cette route pittoresque longe le Saint-Laurent et offre de nombreuses vues sur le fleuve. Peu après Ivy Hill, prendre le pont jusqu'à Hill Island *(péage 2 $: ne pas pénétrer aux États-Unis).* Du haut du **Skydeck**, tour d'observation de 120 m *(♿ de mi-avr. à fin oct. : de 8 h30 au coucher du soleil. 7,95 $.* ☎ *613-659-2335. www.1000islandsskydeck.com),* jolie **vue**★ sur l'ensemble des îles.

Les Mille Îles

Excursion en bateau dans les Mille-Îles

Une halte s'impose à Mallorytown Landing pour visiter le centre d'accueil du **Parc national St. Lawrence Islands** (*&. de mi-mai à mi-oct. Contacter le bureau du parc pour les tarifs à la journée ; ☎ 613-923-5261. www.parkscanada.ca*), qui comprend plusieurs îles uniquement accessibles par bateau. À proximité, une cabane abrite les débris d'une canonnière du début du 19ᵉ s.

KITCHENER–WATERLOO

276 942 habitants

Carte Michelin n° 583 Q6 – Schéma : ONTARIO

Office de tourisme ☎ 519-745-3536 ou www.region.waterloo.on.ca

Cités jumelles nettes, ordonnées et agréables, Kitchener et Waterloo furent fondées au début du 19ᵉ s. par des immigrants d'origine allemande qui exercèrent sur la région une forte influence.

Leur empreinte est encore visible. Aussi trouve-t-on de nombreuses spécialités allemandes dans les **marchés fermiers** (*à Kitchener, entrée sur Market Sq. à l'angle de Frederick St. et de Duke St. Sam. 6 h-14 h (juin-sept. mer. 8 h-14 h). À St. Jacobs, entrée sur King St. N. ou Farmers Market Rd. jeu. et sam. 7 h-15 h30 (juin-août mar. 8 h-15 h)*). Et chaque automne, l'**Oktoberfest** est l'occasion de déguster pendant neuf jours bières et spécialités gastronomiques au son d'orchestres bavarois. Doté d'une salle de concert, d'un atelier-théâtre et d'une galerie d'art, **Centre in the Square** (*à Kitchener, Queen St.*) permet aux habitants de la région d'assister à diverses manifestations culturelles.

■ Les mennonites de St. Jacobs

Les **mennonites** étaient membres d'une secte protestante issue du mouvement anabaptiste (prônant le baptême à l'âge adulte) fondée au 16ᵉ s. par Menno Simons. Ils quittèrent au début du 18ᵉ s. l'Ancien Monde, où ils étaient persécutés, pour la Pennsylvanie, mais leur pacifisme les rendit impopulaires durant la guerre d'Indépendance. Beaucoup s'installèrent alors en Ontario avec les loyalistes, où ils reçurent des terres dans la région de Kitchener, dont ils furent les premiers colons européens. Les mennonites du mouvement de l'Ordre Ancien, qui est le plus strict, n'utilisent ni voitures, ni téléphone, ni machines modernes. On rencontre parfois dans la campagne environnante ces fermiers menant une vie simple et frugale, les hommes en costume noir et large chapeau, les femmes en robe longue et bonnet serré. Ils se déplacent en carriole à cheval munie à l'arrière, seule concession au 20ᵉ s., d'un triangle fluorescent. Pour en savoir plus sur le mode de vie des mennonites de l'Ontario, allez voir le film vidéo (*15mn*) projeté au centre d'accueil de St. Jacobs (*33A King St. ☎ 519-664-3518. www.stjacobs.com*) et visitez une ferme mennonite (*départ de l'arrêt du trolley au marché fermier de St. Jacobs ; Country Livery Services Inc. ☎ 519-888-0302. www.countrylivery.com*).

Gastronomie allemande

À ceux qui recherchent *schnitzel* (escalopes viennoises), charcuterie et bière, les autochtones recommandent plusieurs tavernes, datant toutes des années 1800. Décor fonctionnel et portions généreuses sont le mot d'ordre de ces établissements sans façon, auxquels on accède par des routes sillonnant de splendides campagnes. On y boit entre autres des bières locales et importées ou du vin.

Olde Heidelberg Restaurant and Brew Pub *(à North Waterloo, King St. par les routes 15 et 16.* ☎ *519-699-4413)* s'est fait une spécialité des roulades de porc, mais sert également de belles galettes de pomme de terre ou des queues de porc rôties. Des photographies des différents plats affichées à l'entrée aident les clients à choisir.

Kennedy's Restaurant & Pub *(à St. Agatha, à l'Ouest de Kitchener, 1750 Erb's Road West, au croisement des routes 9 et 12.* ☎ *519-747-1313)*, à l'atmosphère de vieux pub irlandais, est renommé pour ses côtelettes et ses garnitures. **E.J.'s** *(à Baden, à l'Ouest de Kitchener, 39 Snyder's Rd. W.* ☎ *519-634-5711)* sert des *schnitzel* de porc, une charcuterie d'Oktoberfest produite localement, ainsi que la cuisine classique de pub. Le menu spécial week-end *(ven.-sam.)* propose des côtes premières, du *Yorkshire pudding* (spécialité anglaise accompagnant le rôti de bœuf : sorte de brioche salée imprégnée du jus de la cuisson), des pommes de terre au four, des roulades de porc, de la *sauerkraut* (choucroute), des potages et des salades.

CURIOSITÉS

Woodside National Historic Site – *À Kitchener, 528 Wellington St. N. De mi-mai à mi-déc. : 10 h-17 h. Fermé le 2ᵉ mer. de nov. 2,50 $.* ☎ *519-571-5684. www.parkscanada.pch.ca.* C'est dans cette maison (1853) située dans un agréable parc, que **William Lyon Mackenzie King** (Premier ministre du Canada de 1921 à 1930, puis de 1935 à 1948) passa une partie de son enfance. Remeublée dans le style victorien, la demeure montre, au sous-sol, une projection audiovisuelle *(14mn)* et propose une **exposition** sur la vie de cet homme politique qui subit fortement l'influence de son grand-père, le rebelle William Lyon Mackenzie.

Joseph Schneider Haus Museum – *À Kitchener, 466 Queen St. S. Juil.-août : 10 h-17 h, dim. 13 h-17 h ; de mi-fév. à fin juin et de déb. sept. à mi-déc. : tlj sf lun. et mar. 10 h-17 h, dim. 13 h-17 h. 2,25 $.* ☎ *519-742-7752. www.region.waterloo.on.ca.* Cette maison en bois de style georgien, construite vers 1820 par Joseph Schneider, fondateur de Kitchener, a été restaurée et meublée dans le style des années 1850. Une aile supplémentaire accueille une exposition d'arts décoratifs et d'art populaire allemand. Les manifestations culturelles et les activités saisonnières (tonte des moutons, journées patchwork) rappellent les origines mennonites allemandes de la famille.

© Robert Frerck/Odyssey

Motifs mennonites de patchwork

Doon Heritage Crossroads – *3 km de la route 401 (sortie 275, puis direction Nord).* ♿ *Mai-août : 10h-16h30 ; sept.-déc. : tlj sf w.-end 10h-16h30. 6 $.* ☎ *519-748-1914. www.region.waterloo.on.ca.* 🔲
D'anciens bâtiments de la région ont été réunis en ce lieu de manière à évoquer la vie d'un petit village du comté de Waterloo vers 1914. Le centre d'accueil propose une courte présentation audiovisuelle *(8mn)* incorporant des photographies d'archives. Dans le village, des guides costumés illustrent des activités rurales d'antan. Particulièrement intéressante, la **ferme Peter Martin** illustre la vie d'une famille mennonite d'alors. Construite vers 1820, elle a retrouvé l'aspect qu'elle avait à la veille de la Première Guerre mondiale.

EXCURSION

Elora – *37 km env. au Nord-Est par les routes 22 et 18.* Charmant village sur les rives de la Grand, Elora est parvenu à conserver son âme de bourgade industrielle du 19e s. Certains bâtiments de pierre (1805 env.) sont occupés aujourd'hui par des boutiques pittoresques et des restaurants. La curiosité locale est la **gorge** spectaculaire (21 m) que domine l'ancienne scierie convertie en auberge, Elora Mill Inn ; le salon et plusieurs chambres surplombent la cascade vertigineuse. L'été, les villageois aiment à se plonger dans les eaux froides de **Elora Quarry** 🔲 *(18 Country Rd. : ouv. l'été à la baignade).* Le festival de musique classique et contemporaine d'Elora *(de mi-juil. à déb. août)* rencontre chaque année un vif succès. *Pour plus d'informations,* ☎ *519-846-9841. www.eic.elora.on.ca*

● **Se restaurer à Elora**
La pittoresque auberge **Elora Mill Inn** *(77 Mill St.* ☎ *519-846-5356. www.eloramill.com)* connaît un succès constant tout au long de l'année.
Confortablement installés à l'intérieur des murs de pierre de la vaste salle à manger à se délecter d'un flétan de l'Alaska, les convives perçoivent le grondement de la cascade et le craquement des bûches dans la cheminée. À moins qu'ils n'optent pour un chateaubriand pour deux ou un filet de bœuf de l'Alberta flambé et découpé devant eux. Par ailleurs, 32 chambres aménagées dans le corps du moulin et trois bâtiments anciens charment leurs occupants par leurs couvertures colorées en patchwork et leur mobilier ancien. Campé dans la principale rue d'Elora, le restaurant végétarien **Desert Rose Café** *(130 Metcalfe St.* ☎ *519-846-0433)*, sans prétention, propose savoureux potages, salades et sandwichs à emporter ou à consommer en terrasse.

LONDON★

336 539 habitants
Carte Michelin n° 583 Q6 – Schéma : ONTARIO
Office de tourisme ☎519-661-5000 ou www.londontourism.ca

Grand centre industriel au cœur d'une riche région agricole, London est une ville dynamique, siège de l'université de l'Ontario de l'Ouest, renommée pour ses recherches médicales et ses nombreuses activités culturelles. Parmi ses enfants célèbres figurent le peintre Paul Peel (19e s.) et le chef d'orchestre Guy Lombardo (20e s.). Ses jolies maisons et ses rues bordées d'arbres en font un agréable chef-lieu.
En 1792, **John Graves Simcoe**, lieutenant-gouverneur du Haut-Canada, choisit le site d'une nouvelle capitale car, pensait-il, Niagara-on-the-Lake qui jusqu'alors en tenait lieu était trop proche des États-Unis. Il nomma la ville London, comme la capitale britannique, et Thames la rivière qui l'arrosait. Mais les autorités refusèrent son choix, lui préférant la ville d'**York** (future Toronto), ce qui n'empêcha pas London de croître et prospérer.
London est devenue une métropole bourdonnante et embouteillée, mais on y trouve encore de paisibles rues ombragées bordées de belles maisons, ainsi que de grands espaces verts. Le **parc Springbank**, où les habitants s'adonnent aux activités de plein air, offre une oasis de nature à l'Ouest du centre-ville. Les visiteurs pourront se joindre aux promeneurs flânant au bord de l'eau sur Maurice Chapman Parkway ou monter sur les chevaux de bois du manège. Les plus jeunes vont adorer **Storybook Gardens** 🔲, ensemble fantaisiste conçu sur le thème des chansons enfantines traditionnelles, abritant animaux et jeux.

● **Café Milagro**
1271 Commissioners Rd. W. (à l'angle de Boler Rd.) ☎ *519-473-0074.* Avant leur promenade matinale au parc Springbank, les visiteurs pourront s'attarder sous le store de la terrasse de ce café à l'européenne pour déguster un petit déjeuner ou simplement siroter un expresso : l'établissement est ouvert du matin au soir.

CURIOSITÉS

★★ **Museum London** – *421 Ridout St. N.* ♿ *Tlj sf lun. 12 h-17 h. Fermé j. fériés. Contribution requise.* ☎ *519-661-0333*. Dominant les rives de la Thames, cet étonnant édifice, œuvre de l'architecte Raymond Moriyama, utilise au maximum la lumière du jour tout en évitant un éclairage trop cru sur les œuvres présentées (expositions temporaires et sélection du fonds permanent d'art canadien des 18e et 19e s. comprenant des portraits par Paul Peel qui, né à London, installa son atelier sur Richmond Street). Une section historique évoque le passé de la ville. De grandes baies ouvrent des perspectives sur la rivière et sur le parc qui descend vers ses rives.

★ **Eldon House** – *481 Ridout St. N. Juin-sept. : tlj sf lun. 12 h-17 h ; le reste de l'année téléphoner pour connaître les horaires. Fermé j. fériés. 4 $, gratuit mer. et dim.* ☎ *519-661-0333*. Eldon House, la plus vieille maison de la ville (1834), se trouve au Nord d'une rangée de maisons victoriennes remises en valeur. C'est une belle demeure, bâtie par John et Amelia Harris pour leur famille nombreuse et habitée par leurs descendants jusqu'en 1960. Au 19e s. y brillait un foyer de vie sociale et culturelle, comme en témoignent les vastes pièces de réception. Il est intéressant de visiter la maison, garnie de beaux meubles de famille et d'objets raffinés. La bibliothèque et le salon de réception sont remarquables.

EXCURSIONS

Fanshawe Pioneer Village – *Fanshawe Conservation Area, 15 km au Nord-Est. Mai-sept. : tlj sf lun. 10 h-16 h30 ; oct.-déc. : tlj sf lun. et w.-end 10 h-16 h30. 5 $.* ☎ *519-457-1296. www.pioneer.wwdc.com.* 🎧 Situé au bord du lac Fanshawe, qui régularise le cours de la Thames, ce village reconstitue une localité du 19e s. animée par des guides en costume.

Parmi les bâtiments, transportés depuis le voisinage, on notera plusieurs maisons et boutiques, l'église presbytérienne, le local des pompiers et celui des **orangistes**. Cette confrérie de protestants radicaux fondée en Irlande en 1795 et dont l'influence en Ontario fut considérable, soutenait à l'origine l'accès au trône d'Angleterre de Guillaume d'Orange contre le catholique Jacques II.

Ska-Nah-Doht Iroquoian Village – *Longwoods Rd. Conservation Area, 32 km au Sud-Ouest par la route 401 puis la route 402, sortie 86.* ♿ *De fin mai à fin août : 9 h-16 h30 ; le reste de l'année : tlj sf w.-end 9 h-16 h30. 3 $. Il est recommandé de se munir d'un répulsif contre les insectes.* ☎ *519-264-2420. www.lowerthames-conservation.on.ca.* Protégé derrière une palissade traditionnelle de bois, ce village reconstitué recrée l'ambiance d'une communauté iroquoise de l'Ontario il y a de cela environ 1 000 ans.

Présentations audiovisuelles et expositions sont visibles au centre d'accueil du parc *(à l'entrée)*. À l'approche du village *(prendre à droite)*, les visiteurs apercevront un grand piège à cerf en pieux, ainsi qu'une butte funéraire. Le village comprend notamment trois « longues maisons », un *sweat lodge*, sorte de hutte, ancêtre du sauna, des claies pour fumer la viande et une nasse. Hors de l'enceinte sont cultivés le maïs, le tabac, les courges et le tournesol.

■ Se restaurer à London

Il existe à London de nombreux établissements susceptibles de charmer le palais. La salle au bord de l'eau du **Michael's on the Thames** *(1 York St. près du pont.* ☎ *519-672-0111. www.michaelsonthethames.com)* n'est pas son unique attrait ; les huîtres et les moules marinées y sont le prélude à une venaison de l'Ontario, des pâtes « penne arrabiata », un faux-filet de l'Alberta, des pétoncles du Canada à la crème. Spécialité de la maison : les desserts flambés à la table. De la terrasse dominant la Thames du **restaurant The Riverview** *(284 Wonderland Rd. S.* ☎ *519-471-4662)* près du parc Springbank, les convives suivent l'incessant ballet des embarcations des clubs nautiques. Le repas pourra commencer par une brochette ou des escargots et se poursuivre avec un saumon de l'Atlantique ou des fettuccine Alfredo aux fruits de mer. Il sera parachevé par un chariot de desserts tentants.

Pour un repas romantique au centre-ville, essayer le **Villa Cornelia** *(142 Kent St. entre Richmond St. et Talbot St.* ☎ *519-679-3444)*, qui occupe une demeure à tourelles, propose des blinis russes au saumon fumé ou une assiette Normandy (crevettes, pétoncles, lotte et saumon sur pâtes fraîches). Salle intime proche de l'hôtel Delta London Armouries, le **Miestro** *(352 Dundas St.* ☎ *519-439-8983)* s'est fait une spécialité du *rijsttafel*, version hollandaise du propriétaire Mies Bervoets d'un repas indonésien constitué de 10 plats.

■ Guy Lombardo et ses Royal Canadians

Le chef d'orchestre Guy Lombardo (1902-1977), originaire de London a, pendant près de 50 ans, fait son apparition chaque Nouvel An dans les foyers américains et canadiens, grâce à ses émissions radiophoniques et télévisées new-yorkaises. Après s'être produit pendant de nombreuses années au Roosevelt Grill à New York, il instaure une nouvelle tradition américaine le 1er janvier 1954 en interprétant **Auld Lang Syne** avec son orchestre à l'hôtel Waldorf Astoria.

Violoniste de formation, Guy Lombardo est le fils aîné d'une famille de musiciens doués. Trois de ses frères et une de ses sœurs font partie de son orchestre, créé à Londres en 1924. Devenu dans les années 1930 « the Royal Canadians », l'orchestre a joué dans plusieurs films américains et s'est produit à la soirée d'investiture de six présidents américains. La légendaire formation a vendu plus de 300 millions de disques.

Depuis de nombreuses années, la salle de danse des jardins Wonderland *(Wonderland Rd. S., au bord de la Thames)* fait virevolter de nombreux passionnés des grands ensembles orchestraux. Aujourd'hui, les jardins accueillent le festival Big Band Music et un petit musée consacré à Guy Lombardo et ses Royal Canadians *(Guy Lombardo Music Centre, 205 Wonderland Rd. S. De mi-juin à fin août : tlj sf lun. et mar. 9 h-17 h. ☎ 519-473-9003).*

Chutes du NIAGARA★★★

Carte Michelin n° 583 R6 – Schéma : ONTARIO
Office de tourisme ☎ 905-356-6061 ou 888-948-3255 ; www.discoverniagara.com

En dévalant une immense falaise à mi-chemin entre les lacs Érié et Ontario, le Niagara crée de spectaculaires chutes d'eau (Niagara Falls) dont la beauté attire chaque année quelque 12 millions de visiteurs. Leur hauteur (50 m environ) n'est pas exceptionnelle, mais leur ampleur et la puissance des eaux qui s'y engouffrent ne peuvent manquer d'impressionner.

Sur la rive américaine de la rivière s'étend la grande ville industrielle de Niagara Falls, tandis que son homonyme canadien est vouée à l'industrie touristique. Le texte suivant ne décrit que les chutes et leurs abords, où l'on oublie l'agitation et les néons bigarrés de la ville.

Chutes du Niagara

Un peu de géographie

À la dernière époque glaciaire, le Niagara, déversoir du lac Érié dans le lac Ontario, dévalait l'escarpement du Niagara à hauteur de Queenston, rongeant les tendres roches schisteuses à la base de la falaise, puis sapant la couche de calcaire dur du sommet. L'érosion a depuis fait reculer la chute de 11 km (au rythme de plus d'un mètre par an), creusant la gorge que nous voyons aujourd'hui (voir carte p. 249).

La première relation de l'existence des chutes nous vient du père **Louis Hennepin**, un récollet qui en 1678 accompagnait l'explorateur Cavelier de La Salle sur le lac Ontario. Intrigué par un grondement lointain, il remonta jusqu'aux chutes. Si aujourd'hui la rumeur de la cataracte ne porte plus si loin, la cause est peut-être imputable aux aménagements modernes qui captent, en amont des chutes, jusqu'à 75 % des eaux de la rivière pour alimenter les centrales hydroélectriques tant américaines que canadiennes. La prise d'eau présente en outre l'avantage de ralentir le recul inexorable des chutes.

Un peu d'histoire

La fin du 19e s. vit une floraison de casse-cou en quête de gloire défier la mort sur le Niagara devant un public amateur de frisson. Le plus célèbre de ces téméraires cascadeurs fut, en 1859, le funambule français **Blondin** qui, sur un fil tendu au-dessus des rapides, transporta son imprésario sur ses épaules, puis revint se faire cuire un repas avant de traverser la gorge à bicyclette et de revenir les yeux bandés... D'autres tentèrent, sans toujours éviter la noyade, de traverser les rapides à la nage ou de les descendre dans des tonneaux. Les plus hardis, ou les plus inconscients, voulurent sauter les chutes dans des embarcations spécialement conçues, mais la plupart n'y survécurent pas. Désormais, la police interdit toute tentative de cet ordre.

CURIOSITÉS

Gérés par Niagara Parks Commission, les bus People Mover font une vingtaine d'arrêts le long de Niagara Parkway, des chutes jusqu'au parc Queenston Heights. Navettes de mi-juin à déb. sept. : 9 h-23 h toutes les 20mn ; de mi-sept. à fin oct. : 10 h-18 h (sam. 22 h). Commentaire à bord. Se procurer le ticket de bus (5,50 $, *valable une journée trajet illimité) au 7369 Niagara Parkway (au Sud-Ouest des chutes) ou en été, dans l'un des guichets People Mover situés le long de Niagara Parkway. ▣ Rapids View Parking Lots, en été 9 $/voiture, le reste de l'année Falls Parking Lot 10 $/voiture. ☎ 877-642-7275. www.niagaraparks.com*

★★★Les chutes

L'île américaine de Goat Island divise la rivière en deux bras : à l'Est passent les **chutes américaines**, larges de 300 m, et à l'Ouest les chutes canadiennes (**Horseshoe Falls**) en forme de fer à cheval, qui s'étalent sur 800 m. Éclairées le soir de lumières multicolores, gelées en hiver, les chutes du Niagara sont un spectacle permanent.

★★★**Promenade de Rainbow Bridge à Table Rock** – *1,6 km env.* Les visiteurs passent d'abord par **Queen Victoria Park**, très en beauté en avril à la saison des jonquilles. Ils font alors face aux chutes américaines, amples, majestueuses et étrangement apaisantes. Ils continuent ensuite sur Table Rock, au bord de la chute canadienne. À Table Rock House, de vastes ascenseurs les descendent jusqu'aux **tunnels** *(.& de mi-mai à fin août : 9 h-23 h ; le reste de l'année se renseigner sur les horaires. Fermé 25 déc. 7,50 $. ☎ 877-642-7275. www.niagaraparks.com)* au bord de l'immense mur d'eau.

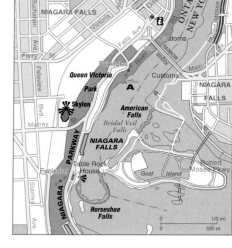

★★★**Maid of the Mist (A)** – *Accès par River Rd. Ascenseur et excursion en bateau (si le temps le permet). & Dép. de Maid of the Mist Plaza de fin mai à fin août : dès 9 h, horaires de fermeture variables ; de déb. avr. à mi-mai et sept.-oct. : dès 9 h45, horaires de fermeture variables. AR 30mn. Commentaire à bord. Prêt d'imperméables & de capuches. 12,25 $. Maid of the Mist Steamboat Co. Ltd. ☎ 905-358-0311. www.maidofthemist.com.* Du bateau, qui longe la chute américaine avant de s'immobiliser devant le « fer à cheval » au milieu de tourbillons furieux, la formidable puissance de la cataracte est saisissante, tandis que les imperméables des passagers ruissellent sous les embruns.

★★★**Vue panoramique** – Trois tours offrent des **vues** spectaculaires des chutes, mais le meilleur point de vue s'obtient de la tour **Skylon** *(Robinson St. & Juin-oct. : 8 h-1 h ; le reste de l'année : 11 h-22 h. 9,50 $. ☎ 905-356-2651. www.skylon.com)*, face à Goat Island. Cette version miniature de la tour du CN s'élève à 236 m au-dessus de la rivière. Ses ascenseurs vitrés ajoutent de multiples angles de vision au panorama que l'on découvre du sommet.

AUTRES CURIOSITÉS

La route **Niagara Parkway (Nord)**★★, qui longe la rivière jusqu'à son embouchure sur le lac Ontario, est riche de vues et de jardins, ce qui en fait une agréable promenade. Après les chutes, la route passe sous un pont, le Rainbow Bridge, et traverse un charmant quartier résidentiel.

★★**White Water Boardwalk (anciennement Great Gorge Adventure)** – *De mi-mai à fin août : 9 h-21 h ; le reste de l'année se renseigner sur les horaires. Fermé 25 déc. 5,75 $. ☎ 877-642-7275. www.niagaraparks.com.* Un ascenseur mène au fond de la gorge du Niagara. Puis on accède à la passerelle de bois qui longe les **rapides** où le torrent large et puissant du Niagara se déchaîne avec fureur dans l'étroit chenal de la gorge.

★★**Whirlpool** – Suspendue à un câble, la nacelle de l'« aérocar » *(si le temps le permet : de mi-mai à fin août : 9 h-21 h ; le reste de l'année se renseigner sur les horaires. Fermé 25 déc. 6 $. ☎ 877-642-7275. www.niagaraparks.com)* amène les visiteurs au-dessus du courant, où se forme un impressionnant tourbillon, et leur permet de jouir d'excellentes **vues**★★ sur les gorges. Environ 1,5 km plus loin, au lieu dit Thompson's Point, on atteint le point opposé d'où s'offre une belle **vue**★ sur le tourbillon.

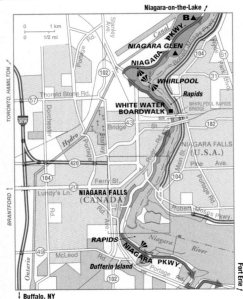

★ **Niagara Glen** – Un sentier amorce la descente le long de la falaise jusqu'au bord de l'eau furieuse *(descente 15mn, montée 30mn)*.

★ **Niagara Parks Botanical Gardens (B)** – ♿ *Du lever au coucher du soleil. Fermé 25 déc.* ☎ *877-642-7275. www.niagaraparks.com.* Dans cette école horticole, la Commission des parcs du Niagara dispense un diplôme sur trois ans. Les jardins, entretenus par les élèves, sont variés. Ne pas manquer la **roseraie**, en pleine floraison début juin, et la **volière** *(de fin mai à fin août : 9 h-21 h ; le reste de l'année se renseigner sur les horaires. Fermé 25 déc. 8,50 $)*, où évoluent quelque 2 000 papillons.

Bientôt, la route traverse une petite zone industrielle, proche de deux centrales qui captent les eaux de la rivière : **Robert Moses Generating Station** (côté États-Unis) et **Sir Adam Beck Generating Station** (côté Canada). Un peu plus loin, une grande **horloge florale** décore le bord de la route.

★ **Queenston Heights** – *Ouv. toute l'année.* Voici le bord de l'escarpement que jadis dévalaient les chutes. Aujourd'hui, un parc y entoure la colonne élevée à la mémoire du général **Isaac Brock**, qui, durant la guerre de 1812, fut l'âme de la défense contre les Américains et mourut ici même, en montant à l'assaut d'une troupe ennemie campée sur les lieux. Du sommet du monument, la vue s'étend sur la vallée du Niagara.

EXCURSIONS

De Queenston à Niagara-on-the-Lake *12 km*

★ **Queenston** – Ce charmant village aux jolies maisons noyées de verdure est l'une des plus anciennes localités de la péninsule.

Laura Secord Homestead – *Partition St. De fin avr. à fin juin : visite guidée (20mn) 11 h-16 h ; juil.-août : 10 h-17 h. 2,50 $.* ☎ *905-262-4851.* C'est dans cette simple maison de bois que vécut l'héroïne du Haut-Canada. En 1813, quand Queenston était occupée par les troupes américaines, Laura Secord courut par les taillis à travers les lignes ennemies pour prévenir l'armée britannique, stationnée à 30 km de là, qu'une attaque surprise se préparait. Cet acte courageux allait permettre, deux jours plus tard, la victoire anglaise de Beaver Dams.

La route jusqu'à Niagara-on-the-Lake est bordée de parcs et d'aires de pique-nique, et offre quelques jolies vues de la rivière. L'été, les produits des vergers de la région sont vendus au bord de la route.

★★ **Niagara-on-the-Lake** – *12 km.* On croirait un pittoresque village d'Angleterre, posé par magie à l'embouchure du Niagara sur le lac Ontario. Fondée par les loyalistes, première et éphémère capitale du Haut-Canada en 1792, reconstruite après avoir été rasée par les Américains en 1813, la ville semble n'avoir pas changé depuis. Ses gracieuses demeures du 19ᵉ s. entourées de jardins et ses rues bordées d'arbres en font une agréable villégiature d'été. **Queen Street★**, la rue principale, incite à la promenade. Près de la tour de l'horloge se groupent de charmantes boutiques, salons de thé, restaurants, hôtels, et une authentique pharmacie de 1866, **Niagara Apothecary** *(♿ mai-août : tous les jours 12 h-18 h.* ☎ *905-468-3845).* Niagara-on-the-Lake abrite également le **Shaw Festival**, consacré au théâtre de **George Bernard Shaw** (1856-1950).

Le théâtre principal, à l'angle de Queen's Parade et de Wellington Street, est une construction de brique au bel intérieur de bois. La ville possède deux autres théâtres *(représentations avr.-nov. : tlj sf lun. 12 h, 14 h, 20 h. Renseignements : Box Office* ☎ *800-267-4759. www.shawfest.sympatico.ca).*

★**Fort George** – *River Rd., près du théâtre.* ᕕ *Avr.-oct. : 10h-17h ; le reste de l'année sur demande. 6 $.* ☎ *905-468-6614.* Construit par les Anglais peu avant 1800, ce fort eut une histoire mouvementée durant la guerre de 1812, où il fut tour à tour pris par les Américains et repris par les Britanniques. Retranché derrière un talus herbeux aux angles renforcés de bastions, il comprend le carré des officiers, la forge, la poudrière, le corps de garde, et trois blockhaus de bois équarri abritant des expositions militaires. Des guides costumés font revivre l'ambiance d'autrefois.

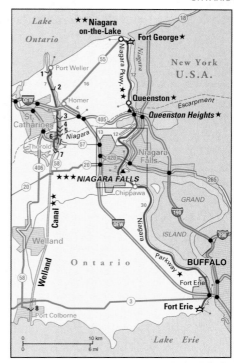

★★Canal Welland

De Niagara Falls, suivre la route QEW jusqu'à St. Catharines ; sortir sur Glendale Ave. que l'on emprunte jusqu'au canal ; traverser ce dernier par le pont levant, et prendre la voie de service (Government Rd.) sur la rive gauche du canal.

De Niagara-on-the-Lake, suivre Niagara Stone Rd. (route 55) jusqu'au bout ; prendre à gauche la voie de service Sud, puis à droite Coon Rd., et rejoindre Glendale Ave. ; traverser le canal comme expliqué ci-dessus.

Ouvert en 1829, le premier canal Welland permettait à la navigation de relier les lacs Érié et Ontario. Élargi, redressé, le canal actuel fait partie de la voie maritime du Saint-Laurent. Long de 45 km, il traverse la péninsule du Niagara entre St. Catharines et Port Colborne, et compte huit écluses franchissant au total une dénivellation de 99 m entre les deux lacs.

★★**Route le long du canal** – *Government Rd. ; 14 km env. du lac Ontario à Thorold.* La route longe sept des huit écluses du canal, et permet d'apprécier l'intense trafic de la voie maritime et la taille des navires qui l'empruntent. Un **centre d'accueil** (ᕕ *de fin mars à déb. oct. : 9h-17h ; le reste de l'année : 9h-17h, w.-end 11h-14h. Fermé 24-25 janv.* ☎ *905-984-8880 ou 800-305-5134. www.stcatharineslock3museum.ca)* situé au Nord du pont levant, à l'écluse 3, est équipé d'une belle **plate-forme d'observation**. Les horaires de passage des bateaux, à vrai dire très fréquents *(il faut environ 30mn pour passer une écluse)*, sont affichés. Plus au Sud, à Thorold, les écluses 4, 5 et 6 franchissent l'escarpement du Niagara. Ces ouvrages jumelés permettent le passage simultané de deux navires, du bief d'amont au bief d'aval et inversement.

Des chutes à Fort Erie *32 km*

Au départ, la route **Niagara Parkway (Sud)**★ longe les **rapides**★★ qui précèdent les chutes, spectacle impressionnant par sa puissance et son ampleur. Puis elle traverse l'**île Dufferin**, où un parc agréable *(de mi-mai à fin août : 10h-21h ; printemps et automne se renseigner sur les horaires.* ☎ *877-642-7275)* offre sentiers, ruisseaux, baignade surveillée, avant de couper, au pied d'une des digues qui détournent l'eau du Niagara vers les centrales en aval ; la rivière s'étale largement, plate et calme, en contraste total avec son cours inférieur. Agréables vues sur la rive américaine à la hauteur de Grand Island.

Après le Peace Bridge, pont reliant la ville de **Fort Erie** à **Buffalo**, s'offrent de belles **vues**★ sur la ville américaine.

Old Fort Erie – *De fin mai à fin oct. : 10h-18h ; le reste de l'année se renseigner sur les horaires. 6,50 $.* ☎ *877-642-7275. www.niagaraparks.com.* C'est la reconstitution du troisième fort construit à la source de la rivière Niagara, détruit par les Américains en 1814. On pénètre dans cet ouvrage de pierre renforcé de bastions par un pont-levis, et l'on peut visiter le quartier des officiers, les casernes, le corps de garde et la poudrière, tandis que des étudiants en uniformes du début du 19e s. exécutent des manœuvres et guident les visiteurs.

NORTH BAY★

52 771 habitants
Carte Michelin n° 580 R5 – Schéma : ONTARIO
Office de tourisme ☎ 705-472-8480 ou www.city.north-bay.on.ca

Centre d'une région réputée pour la chasse et la pêche sportive, North Bay est aussi une station de vacances au bord du **lac Nipissing**. Jadis, les voyageurs remontaient la rivière des Outaouais puis la Mattawa et rejoignaient le lac Nipissing par le portage de la Vase ; la rivière des Français (French River) les conduisait alors à la baie Georgienne.

North Bay est aussi le centre d'un prospère commerce des fourrures. Quatre fois par an *(déc., fév., avr. et juin)*, la Fur Harvesters Auction, Inc. *(1867 Bond St. ; pour les visites ☎ 705-495-4688. www.furharvesters.com)* organise des ventes aux enchères de fourrures parmi les plus importantes au monde.

La récente (1992) université Nipissing d'arts libéraux *(College Dr.)*, spécialisée dans la formation des enseignants, domine les hauteurs au Nord du centre-ville. Sa troupe Nipissing Stage Company se produit l'été dans le théâtre de 225 places du campus *(de déb. juin à déb. sept. ☎ 705-472-2782. www.nipstage.com)*.

CURIOSITÉS

Quints' Museum – *À côté de l'Office de tourisme, sur la route 11/17.* ♿ *De mi-mai à mi-oct. : 9 h, horaire de fermeture variable. 3 $.* ☎ *705-472-8480. www.northbaychamber.com.* Les **sœurs Dionne** naquirent dans cette maison le 28 mai 1934. Ces quintuplées *(quints* en anglais) tournèrent dans leur enfance de nombreux films publicitaires et devinrent célèbres dans le monde entier, attirant jusqu'à 3 millions d'admirateurs dans la région pendant la dépression. Le musée rassemble des souvenirs (jouets, vêtements) et photos de Cécile, Annette, Émilie, Yvonne et Marie.

● **Churchill's**
631 Lakeshore Dr.
☎ *705-476-7777.*
www.churchills.com.
Les visiteurs sont assurés de manger une viande délectable dans cet établissement spécialisé dans les côtes premières au *Yorkshire pudding*, le carré d'agneau aux herbes et le filet mignon bardé au bacon. Pour changer un peu de la viande rouge, on pourra essayer les gargantuesques queues de homards, le sandre frit et le poulet accompagné de gnocchi, par exemple. En entrée, saumon fumé et sa mousse de saumon ou salade de fromage de chèvre sur œufs. Le repas est couronné par du pain maison et des desserts paradisiaques : poire pochée et tourte de noix de pécan ou gâteau aux pommes épicé. Après le repas, il fera bon prendre une bière au pub Winnie's ou flâner dans le parc Sunset.

Rives du lac – *Memorial Dr. sous Main St.* Les rives sont le centre d'une intense activité estivale : la promenade se couvre de coureurs, de marcheurs, de cyclistes et de chiens. Des **promenades en bateau** sur le *Chief Commanda II (300 passagers)* parcourent le lac Nipissing et l'embouchure de la rivière des Français *(♿ dép. de Government Dock, Memorial Dr. juin-août. AR 4 h. Commentaire à bord. Réservation requise. 25 $. North Bay Tourism ☎ 7866-660-6686 ou 705-474-8167. www.city.north-bay.on.ca).*

EXCURSION *schéma p. 222*

Sturgeon Falls – *37 km à l'Ouest par la route 17.* Au Sud-Ouest de cette petite communauté, le musée **Sturgeon River House** *(juil.-août : 9 h-17 h ; le reste de l'année tlj sf w.-end 10 h-16 h. Fermé j. fériés. 3 $; ☎ 705-753-4716. www.sturgeonriverhouse.com)* présente l'histoire du commerce des fourrures dans le Nord de l'Ontario. L'ensemble flambant neuf (2000) qui remplace l'ancien bâtiment renferme notamment un comptoir de la Compagnie de la baie d'Hudson, différentes sortes de pièges et des peaux tannées. Différents sentiers de nature sillonnent la propriété.

ORILLIA ★

29 121 habitants
Carte Michelin n° 583 R5 – Schéma : ONTARIO

Située sur l'étroite péninsule séparant le lac Simcoe du lac Couchiching, Orillia est une ville industrielle et touristique très fréquentée, célèbre pour avoir servi de modèle à « Mariposa », petite communauté décrite par le grand humoriste canadien **Stephen Leacock** (1869-1944) dans *Sunshine Sketches of a Little Town*.

CURIOSITÉ

★**Stephen Leacock Museum** – *50 Museum Dr. près de Old Brewery Bay. À la sortie de l'échangeur (route 12), tourner à gauche sur Forest Ave. puis à droite sur Museum Dr.* ♿ *Mai-sept. : 9 h-17 h ; le reste de l'année : tlj sf w.-end 9 h-17 h. 5 $.* ☎ *705-329-1908. www.tleacockmuseum.com.* Cette belle et grande maison dans un parc agréable au bord du lac fut conçue en 1928 par Stephen Leacock qui y passa désormais tous les étés. À la fois professeur de sciences politiques à l'université McGill et auteur prolifique de romans humoristiques, d'essais littéraires et d'articles, Leacock aurait, à l'en croire, préféré avoir écrit *Alice au pays des merveilles* que l'*Encyclopaedia Britannica*. L'humour fantasque et absurde dont il débordait règne encore dans la maison.

OSHAWA ★★

139 051 habitants
Carte Michelin n° 583 R6 – Schéma : ONTARIO
Office de tourisme ☎ 905-725-7351 ou 800-667-4292 ; www.city.oshawa.on.ca

Situé sur la rive Nord du lac Ontario, Oshawa est l'un des principaux centres de l'industrie automobile canadienne. Son nom reste associé à celui du célèbre industriel et philanthrope **Robert S. McLaughlin** (1871-1972).

CURIOSITÉS

★★**Parkwood Estate** – *270 Simcoe St. N., 4 km au Nord de la route 401. Maison : de déb. juin à mi-sept. visite guidée (1 h) tlj sf lun. 10 h30-16 h ; le reste de l'année tlj sf lun. 13 h30-16 h. Fermé j. fériés. 6,75 $.* ☎ *905-433-4311. www.parkwoodestate.com.* Parkwood est une élégante résidence construite en 1917 par Robert McLaughlin et léguée à sa mort à l'hôpital général d'Oshawa qui l'ouvrit au public et en continue aujourd'hui l'entretien.
McLaughlin débuta comme apprenti chez son père, fabricant de voitures à chevaux, et transforma l'entreprise familiale en atelier de fabrication d'automobiles : les fameuses **McLaughlin-Buick**, dotées d'un moteur Buick. Rachetée par General Motors en 1918, l'entreprise devint la branche canadienne de la grande firme américaine, avec pour président l'ancien fondateur, Robert McLaughlin.
La somptueuse demeure est garnie avec goût de meubles et d'objets anciens venus du monde entier. Les plus beaux bois, travaillés par les meilleurs artisans, des tapis, des tableaux contribuent au charme et à l'élégance des lieux.
Le **parc** qui l'entoure est l'un des plus beaux de l'Est canadien. Ses grands arbres, ses pelouses soignées, ses massifs d'arbustes, ses jardins à la française, ses statues et ses fontaines sont artistement disposés. Le plaisir de la visite est renforcé par une halte au charmant **pavillon de thé** *(repas légers et thé)*, au bord d'un bassin animé de jets d'eau.

★**Canadian Automotive Museum** – *99 Simcoe St. S., env. 1,5 km au Nord de la route 401. 9 h-17 h, w.-end 10 h-18 h. Fermé 25 déc. 5 $.* ☎ *905-576-1222.* Bien plus qu'une simple exposition de voitures anciennes, ce petit musée décrit l'histoire de l'industrie automobile au Canada (photographies, illustrations, maquettes). On y voit environ 70 véhicules datant pour la plupart de la période 1898-1981. Quelques-uns sont remarquables : une Redpath Messenger de 1903 (unique au monde), une McLaughlin-Buick de 1912 et une voiture électrique Rauch and Lang de 1923.

Robert McLaughlin Gallery – *Civic Centre, près de l'hôtel de ville.* ♿ *10 h-17 h (jeu. 21 h), w.-end 12 h-16 h. Fermé 1er janv., 25 déc.* ☎ *905-576-3000. www.rmg.on.ca.* Construit en 1969 puis agrandi, le musée est dû à Arthur Erickson. Il rassemble des œuvres du **groupe des Onze**, créé en 1953 et composé en grande partie de peintres abstraits. Des expositions présentées par roulement illustrent l'art contemporain canadien.

Cullen Gardens – *À Whitby, 5 km au Nord de la route 401 par la route 12 et Taunton Rd.* ♿ *Juil.-août : 9 h-20 h ; de mi-avr. à fin juin et de déb. sept. à déb. nov. : 10 h-18 h ; de mi-nov. à début janv. : 10 h-22 h. 12 $.* ☎ *905-686-1600. www.cullengardens.com.* 📷 Ces agréables jardins rassemblent de beaux parterres de fleurs, une roseraie, des arbres savamment taillés, quelques étangs, une rivière et des reproductions en miniature de demeures historiques de tout l'Ontario.

OTTAWA★★★

774 072 habitants
Carte Michelin n° 583 S5
Office de tourisme ☎ 613-237-5150 ou 800-465-1867 ; www.ottawagetaways.ca

La capitale fédérale du Canada charme les visiteurs par ses ravissants cours d'eau, ses vastes espaces verts, ses kilomètres de pistes cyclables, son printemps coloré par un tapis de tulipes et la plus longue patinoire du monde : le canal Rideau. Bien qu'édifiée dans une des régions les plus froides du pays, la capitale du Canada demeure chaleureuse en toute saison, que ce soit par son incessante activité quotidienne ou par ses fréquentes cérémonies officielles. Située à 160 km environ à l'Ouest de Montréal, sur la rive Sud de la **rivière des Outaouais** (Ottawa River), à sa confluence avec le **canal Rideau** et la **rivière Gatineau**, Ottawa est avant tout la cité des parlementaires, des diplomates et du gouvernement. L'administration fédérale se devant d'être bilingue, Ottawa symbolise un peu ce bilinguisme, tout comme la rivière des Outaouais qui forme le trait d'union entre l'Ontario et le Québec. La « Région de la capitale nationale » ou RCN s'étend des deux côtés de la rivière et comprend une vaste zone dans les deux provinces, dont les villes de Hull (Québec) et d'Ottawa (Ontario).

Un peu d'histoire

Le canal Rideau – La guerre de 1812 mit en évidence la fragilité des communications entre Montréal et le Haut-Canada. Le Saint-Laurent, seule voie praticable, était éminemment vulnérable, puisque tout navire s'y trouvait à portée de canon de la rive américaine, sans parler des dangers occasionnés par les rapides. Aussi, dès la fin de la guerre, le **duc de Wellington** fit-il étudier un chemin plus sûr. Le tracé retenu

Relève de la garde (bâtiments du Parlement canadien) – © Malak, Ottawa

remontait la rivière des Outaouais et la rivière Rideau, puis par une série de lacs rejoignait la Cataraqui et la base navale de Kingston sur le lac Ontario. Le lieutenant-colonel **John By** fut chargé de construire le canal et les écluses nécessaires. Il s'établit en 1826 sur le site actuel d'Ottawa au débouché de la rivière Rideau, où bientôt se développa une colonie florissante baptisée Bytown. En 1832, les travaux étaient achevés, mais ils avaient coûté si cher que By rentra ruiné en Angleterre.

Les forêts de l'Outaouais – Jusque-là, la vallée avait été une voie de passage pour les Amérindiens outaouais, les premiers explorateurs français et les voyageurs ; en 1800, elle vit arriver ses premiers colons, un groupe d'Américains dirigé par **Philemon Wright**, venus de Nouvelle-Angleterre en char à bœufs par les cours d'eau gelés. Ils exploitèrent les **chutes de la Chaudière** avec leurs moulins et scieries : cultivateurs, ils se firent également bûcherons, et en 1806 leur premier train de bois flottait jusqu'à Québec. L'industrie forestière devait faire merveille dans les vallées de l'Outaouais et de la Gatineau, surtout entre 1835 et 1900. Et tandis que tombaient les magnifiques pins rouge et blanc (aujourd'hui disparus) si recherchés en Angleterre, Bytown devenait le centre de tout le commerce du bois et le marché de l'embauche des bûcherons et des « cageux ». Navigateurs expérimentés, capables de négocier les passages les plus difficiles sur les rivières, ces derniers étaient chargés de mener les trains de bois (ou « cages ») à destination. Après 1840, le marché s'orienta surtout vers les États-Unis, les scieries se multiplièrent dans la région, et le canal Rideau se couvrit de bateaux chargés de planches à destination du Sud. Le dernier radeau descendit l'Outaouais en 1908, mais l'exploitation du bois n'a pas totalement cessé.

La Westminster des bois – Dans les années 1850, Québec, Montréal, Toronto et Kingston se disputaient l'honneur d'être la capitale du Canada nouvellement uni. La querelle était si vive que le gouvernement demanda à la **reine Victoria** de se prononcer : elle choisit

Bytown, qui aussitôt adopta le nom anglais de la rivière, Ottawa. Les critiques accablèrent la jeune capitale : « C'est le village de bûcherons le plus proche du pôle Nord ! », écrivait l'illustre **Goldwin Smith** de Toronto, et la presse américaine ajoutait avec humour qu'Ottawa avait tout de même un argument en sa faveur : même l'envahisseur le plus déterminé serait incapable de prendre la ville, il se perdrait dans les bois avant de la trouver ! Malgré toutes ces railleries, les travaux des édifices parlementaires débutèrent en 1859, et lorsque naquit la Confédération en 1867, c'est sans objection qu'Ottawa en fut reconnue la capitale et que les nouveaux parlementaires prirent possession des locaux à peine achevés.

La ville aujourd'hui – Dotée de nombreux espaces verts et de pistes cyclables, la ville donne également l'occasion de faire d'agréables promenades en voiture (*voir p. 259, 263 et 264*). À la mi-mai fleurissent partout les tulipes, offertes par les Pays-Bas dont la reine passa les années de guerre à Ottawa. Percé à des fins militaires pour lesquelles il ne servit jamais, le **canal Rideau** se prête aujourd'hui à toutes sortes d'activités récréatives. En été, on y fait du canoë ou du bateau et en hiver du patin à glace, tandis que sur les promenades qui le bordent, on pratique selon la saison bicyclette, course ou ski de fond. Les quelque 200 km de voie navigable qui relient le lac Ontario à la rivière des Outaouais sont réservés à la navigation de plaisance et aux loisirs. Le rôle fédéral d'Ottawa se retrouve dans son architecture : ici, le paysage urbain n'est pas dominé, comme à Montréal ou à Toronto, par les imposantes tours d'institutions financières, mais par des édifices gouvernementaux dont le plus proéminent, **Place du Portage**, se trouve à Hull, de l'autre côté de la rivière.

Ses nombreux musées nationaux et son **National Arts Centre**, où se donnent ballets, concerts et pièces de théâtre, font par ailleurs d'Ottawa un centre culturel particulièrement animé en février lors du **Winterlude**, en mai pour le **Festival canadien des tulipes** et fin juin-début juillet pour la Fête du Canada ou **Canada Day**, qui se célèbre sur la colline du Parlement.

L'année 2001 marque la naissance d'une capitale flambant neuve : en janvier, la ville d'Ottawa a absorbé 12 municipalités pour devenir une métropole gérée par un maire, un administrateur et plus d'une vingtaine d'adjoints municipaux. La nouvelle Ottawa englobe une grande quantité de zones rurales, ce qui lui confère un nouveau visage pour le millénaire naissant.

CARNET D'ADRESSES

Voir légende p. 111 et 114.

Se loger à Ottawa

Fairmont Château Laurier – *1 Rideau St. 429 ch.* ✕ ♿ 🅿 ⤓ ☎ *613-241-1414 ou 800-441-1414. www.fairmont.ca.* **$$$$** Cet édifice massif fait de calcaire, qui tient son nom de l'ancien Premier ministre britannique Wilfrid Laurier, est un des symboles d'Ottawa depuis son ouverture en 1912. Son style, l'unique architecture peut-être véritablement canadienne, est une adaptation du style Château. Membre de la chaîne hôtelière Fairmont, le Château Laurier bénéficie en outre d'une situation enviable proche du Parlement. D'immenses fenêtres à petits carreaux percent les boiseries de chêne du hall aux comptoirs de réception anciens et divans de peluche. Les chambres, refaites avec faste, donnent pour certaines sur la colline du Parlement et le canal Rideau. Le restaurant **Wilfried ($$$)**, où les habitants d'Ottawa aiment à se retrouver, est réputé pour sa cuisine régionale canadienne. Il suffit de traverser la rue pour bénéficier des soins du centre de remise en forme Holtz Health and Beauty Spa.

Lord Elgin Hotel – *100 Elgin St. 360 ch.* ✕ ♿ 🅿 ⤓ ☎ *613-235-3333 ou 800-267-4298. www.lordelginhotel.ca.* **$$$** Cette institution, qui porte le nom de James Bruce, 8ᵉ comte d'Elgin et gouverneur général de l'Amérique du Nord britannique de 1847 à 1854, est idéalement située près de Confederation Square, des curiosités touristiques et des boutiques. Ouvert en 1941, l'hôtel est en cours de rénovation ; son centre de remise en forme est également agrandi *(achèvement des travaux prévu pour l'été 2003)*. Les chambres, décorées de tissus pastel et de bois blond, sont agréables et confortables. Le restaurant **The Elgin Café ($$$)** propose une cuisine internationale gastronomique servie dans une lumineuse salle contemporaine.

A Rose on Colonel By (B&B) – *9 Rosedale Ave. 3 ch.* ☎ *613-291-7831. www.rosebandb.com.* **$$** La demeure de briques rouges est située dans un quartier calme et arboré à quelques pas du canal Rideau *(patin à glace en hiver, bicyclette en été).* Les visiteurs, qui bénéficient d'une entrée particulière, peuvent à toute heure boire un thé, un café ou un chocolat chaud au salon et même se faire servir le petit déjeuner au lit. Deux chambres claires donnent sur le canal, la troisième est ombragée par un chêne deux fois centenaire.

Auberge McGee's Inn – *185 Daly Ave. 14 ch.* ☎ *613-237-6089 ou 800-262-4337. www.mcgeesinn.com.* **$$** Cette grande demeure en brique (1886) sur Sandy Hill fut jadis occupée par la famille d'un propriétaire de pub irlandais. Deux chambres à thème (dont une avec lit à baldaquin) sont dotées d'une cheminée et d'un jacuzzi à deux places. Chaque chambre est équipée d'un accès Internet et de la télévision par câble. Le petit déjeuner est roboratif : céréales, yaourt, œufs, plats maison, gaufres et fruits frais de saison.

Auberge The King Edward – *525 King Edward Ave. 3 ch.* ☎ *613-565-6700 ou 800-841-8786. www.bbcanada.com/464.html.* **$$** La maison victorienne sur Sandy Hill est munie, en une parodie du style Tudor, de tourelles asymétriques et de fenêtres en œil-de-bœuf. L'intérieur (restauré) n'est qu'une profusion de parquets, moulures, passages voûtés, cheminées et fenêtres en baie. Les chambres, climatisées et hautes de plafond, sont ornées d'un mobilier ancien et bénéficient de la télévision ; deux possèdent un balcon privé. La maison est emplie des fleurs du jardin accueillant, ceint d'une clôture de fonte posée dans les années 1870 pour empêcher l'intrusion des vaches et des cochons des voisins.

Gasthaus Switzerland Inn – *89 Daly Ave. 22 ch.* ☎ *613-237-0335 ou 800-663-0000. www.gasthausswitzerlandinn.com.* **$$** Cette demeure ancienne (1832) est située à l'Est du centre-ville, dans le quartier de Sandy Hill, à proxi-

★★LA COLLINE DU PARLEMENT ET SES ENVIRONS *plan p. 259*

Au sommet de la falaise qui surplombe de près de 50 m l'Outaouais et le canal Rideau, d'où le nom de « colline » *(meilleur point de vue depuis Wellington St.)*, se dressent les trois bâtiments du Parlement canadien. Dominé par la tour de la Paix, l'**édifice central** abrite aujourd'hui les Communes et le Sénat, tandis que l'**édifice de l'Ouest** et l'**édifice de l'Est** logent les bureaux des parlementaires. Le majestueux ensemble, de style néogothique, domine le côté Nord de **Confederation Square**. Au centre de cette place triangulaire trône l'arche en granit du **National War Memorial (1)**, monument commémoratif inauguré en 1939 par le roi George VI.

mité de l'université, de plusieurs cinémas et des théâtres. L'hospitalité suisse prévaut : les chambres confortables sont munies de duvets et dotées de grandes fenêtres, parfois d'une cheminée. Un petit déjeuner plantureux de pains maison, croissants, fromages, muesli, œufs, fruits pressés et café est servi, selon le temps, à l'intérieur sur des tables recouvertes de vichy rouge et blanc ou dans le paisible jardin.

Ottawa International Hostel – *75 Nicholas St. 150 ch. ☎ 613-235-2595. www.hostellingintl.on.ca.* $ L'auberge de jeunesse, sise dans l'ancienne geôle du comté de Carleton (1863) près du marché Byward, a été créée en 1973. Les lits sont disposés dans les anciennes cellules (rénovées), qui ont conservé leurs briques et leurs plafonds voûtés d'origine. Peintes en blanc et meublées de façon spartiate, les chambres sont larges et propres. Chambres pour couples et équipement habituel des auberges de jeunesse : laverie, casiers. Personnel bien informé. Visites de la potence et des cellules (lieu idéal pour célébrer Halloween).

Se restaurer à Ottawa

Le Jardin, à **Byward Market** – *127 York St. Soir uniquement ☎ 613-241-1424.* $$$$ **Cuisine française**. Cet élégant restaurant, une demeure victorienne de briques rouges a su, depuis 1976, réunir une clientèle locale fidèle à son excellente cuisine française. La spécialité de la maison est le carré d'agneau au champagne, à la moutarde et aux fines herbes, mais le canard de Barbarie aux kumquats est tout aussi séduisant. Les desserts ? Pures tentations : le gâteau aux noisettes et le gâteau au fromage blanc et fraises fraîches glacé à l'abricot font partie des favoris.

Empire Grill – *47 Clarence St. ☎ 613-241-1343. www.empiregrill.com.* $$$ **Cuisine panachée**. Un patio ouvert l'été sur les rues animées du marché, un bar à cocktails Art déco (il faut essayer le sakitini : vodka et saké) et de confortables alcôves incitent les dîneurs à s'attarder dans ce bistrot chaleureux et sans façons. La carte comprend un saumon au coulis de fraise et poivron rouge, une longe d'agneau tandoori ou, spécialité de la maison, un canard au riz sauvage. L'hiver, l'Empire soutient un groupe de jazz qui se produit tous les dimanches soir devant une clientèle de connaisseurs.

Le Café, au **Centre artistique national** – *53 Elgin St.* ♿ *☎ 613-594-5127.* $$$ **Cuisine canadienne**. Dominant le canal Rideau, l'établissement est réputé pour sa cuisine régionale créée avec panache par le grand Kurt Waldele. Toutes les provinces et tous les territoires sont représentés : du saumon de l'Atlantique des Provinces maritimes au bœuf de l'Alberta. En été, les convives apprécient le patio clair et la parade des embarcations sur le canal.

Canal Ritz – *375 Queen Elizabeth Dr.* ♿ *☎ 613-238-8998.* $$ **Cuisine italienne**. Les clients du restaurant peuvent s'y rendre en canoë, qu'ils amarreront au quai pour ensuite pénétrer dans ce hangar à bateaux transformé, perché sur une courbe du canal Rideau ; ils peuvent aussi, plus classiquement, s'y rendre à pied ou à bicyclette par les voies qui longent le canal. Les baies et le patio d'été concourent à donner l'impression de manger sur l'eau. Le Ritz se spécialise dans une pizza à pâte fine et croustillante cuite au feu de bois, aux garnitures peu courantes : fromage de chèvre et poire ou noix et figues. Parmi les pâtes fraîches, à noter les linguine Natasha aux épinards et saumon fumé, nappés d'une sauce tomate à la vodka.

Papagus Taverna – *281 Kent St. ☎ 613-233-3626.* $$ **Cuisine grecque**. Venir à bout des portions servies par cet établissement familial et toujours bondé requiert un appétit d'ogre. On pourra essayer le *bakalaos*, morue d'Islande et purée de pommes de terre aillée, ainsi que la *horta* (plat à base de salades sauvages variées). Il ne faut pas négliger les pommes de terres rôties qui accompagnent des plats comme le kébab d'agneau moelleux. Le personnel, qui connaît parfaitement la composition des innombrables plats, pourra suggérer une composition judicieuse.

Trattoria Zingaro – *18 Beechwood Ave.* ☎ *613-744-6509.* **$$ Cuisine italienne**. Une cuisine toscane imaginative dans un décor bleu roi, or et écarlate attend les convives de ce bistrot à la mode, dont le chef s'enorgueillit de ses plats préparés à la commande (ingrédients frais). Essayer l'antipasto Zingaro, un des mélanges favoris de la maison (artichauts, champignons sauvages, viandes et quiches), les fusilli avec une vodka très poivrée ou les tagliatelles aux crevettes géantes et cinzano à l'orange. Un pain différent sort du four chaque jour. Pour une table près d'une fenêtre sur rue, réserver.

Blue Cactus – *2 Byward Market.* ♿ ☎ *613-241-7061. www.bluecactus barandgrill.com.* $ **Cuisine américaine du Sud-Ouest**. Déguster une des meilleures margaritas d'Ottawa, la sangria maison ou l'une des neuf bières artisanales brassées dans la région s'impose pour correctement méditer sur la carte variée. Commencer par les *nachos* Blue Cactus, très demandés, débordant de fromage, de guacamole, de piments jalapeños et de haricots sautés ; les plus braves et les

Visite de la colline du Parlement – Éviter tout problème de stationnement en se garant dans l'un des parkings payants du centre-ville, au Sud de Wellington Street. Durant la haute saison touristique *(de mi-mai à fin août)*, la colline du Parlement est le théâtre d'un grand nombre de manifestations. Pour obtenir le calendrier, faire un premier arrêt au kiosque d'information Info-tent *(entre l'édifice central et l'édifice de l'Ouest)* ou se rendre directement au centre d'accueil à l'angle de Wellington Street et de Metcalfe Street *(de mi-mai à fin août : 8 h30-21 h ; le reste de l'année : 9 h-17 h. Fermé 1ᵉʳ janv., 25-26 déc.* ☎ *613-239-5000 ou 800-465-1867. www.capcan.ca).*
En été, des membres de la Gendarmerie royale du Canada se tiennent devant le Parlement, arborant leur fameux uniforme de cérémonie : chapeau à larges bords, veste rouge et culotte de cheval. On rencontre aussi *(été uniquement)* des régiments de la garde à pied (Foot Guard), portant bonnet en peau d'ours, tunique écarlate et pantalon bleu. Très populaire, la relève de la gardeaa *(de fin juin à fin août : 10 h)* sur le modèle de celle de Buckingham Palace est accompagnée de musique militaire. Un spectacle son et lumière *(45mn)* présente l'histoire du Canada (♿ *de mi-mai à déb. sept. : tous les soirs en anglais ou en français selon les heures ; annulé en cas de pluie.* ☎ *613-239-5000).*

CURIOSITÉS *1 journée*

★**Édifice central (Centre Block)** – ♿ *De mi-mai à fin août : visite guidée (45mn) 9 h-20 h30 ; le reste de l'année : 9 h-16 h30. Fermé 1ᵉʳ janv., 1ᵉʳ juil., 25 déc.* ☎ *613-996-0896. www.parl.gc.ca.* Officiellement inauguré en 1866, cet imposant bâtiment doit sa conception à Thomas Fuller, Chilion Jones et Charles Baillairgé. Victime d'un incendie en 1916, il dut être reconstruit en 1920. La visite montre le Sénat, la Chambre des Communes et la **bibliothèque du Parlement** (1877, Thomas Fuller et Chilion Jones), seule partie du bâtiment d'origine à avoir échappé à l'incendie. Du sommet de la tour de la Paix ou Peace Tower, érigée en 1927 à la mémoire des Canadiens morts pour leur patrie, on jouit d'un vaste **panorama**★ sur la capitale. Les séances des Communes et du Sénat sont publiques, solennellement ouvertes par le **défilé du Président**, procession conduite par l'Orateur.

★**Édifice de l'Est (East Block)** – ♿ *Juil.-août : visite guidée (45mn) 10 h-18 h. Fermé 1ᵉʳ juil.* ☎ *613-996-0896. www.parl.gc.ca.* Flanqué d'une étrange tour où les fenêtres dessinent les traits d'un visage, l'édifice de l'Est fut, comme l'édifice de l'Ouest (West Block), réalisé en 1865 par Strent et Laver. Quelques bureaux sont décorés de meubles d'époque tels que les utilisaient le Premier ministre d'alors, Sir John A. Macdonald, son collègue québécois et « père » de la Confédération Georges-Étienne Cartier, le gouverneur général Lord Dufferin et le Conseil privé. L'été, des étudiants jouant le rôle de ces personnages historiques rendent la visite plus vivante.

Le parc – En pénétrant dans les jardins, remarquer la **Flamme du Centenaire (A)**, inaugurée pour le 100ᵉ anniversaire de la Confédération. Campée sur une fontaine entourée des 12 écussons des provinces et territoires canadiens, elle porte leur date d'entrée dans la Confédération (un treizième pour le territoire du Nunavut viendra compléter la série).
De l'allée qui passe derrière l'édifice central se découvrent de belles **vues**★ sur la rivière et sur Hull, dont les traditionnelles industries de pâtes et papiers ont cédé la place aux vastes édifices gouvernementaux. Le long de la promenade, les

plus affamés affronteront le poulet vaudou (« Voodoo Chicken ») à la moutarde créole ou les *fajitas* grésillantes, spécialité de la maison. En été, les baies vitrées sont ouvertes sur la rue.

Roses Café – *523 Gladstone St.* ☎ *613-233-5574.* $ **Cuisine indienne**. Ce petit restaurant confortable, un des préférés de la population locale, propose une cuisine du Sud de l'Inde et, en particulier, des *dozas* (galette fourrée de viande et de légumes épicés). Le plat baptisé Chicken 91 a été servi à Nelson Mandela lors de sa visite en 1991. Cet établissement est l'original, il en existe deux autres (le Roses Café Two et le Roses Café Also), mais ils ne le valent pas.

Yang Sheng – *662 Somerset St. W.* ☎ *613-235-5794.* $ **Cuisine chinoise**. Signe infaillible de la qualité et de l'authenticité du restaurant, celui-ci est toujours empli de convives d'origine asiatique. La clientèle est accueillie par un décor rouge et blanc aux motifs de dragon ; mais on vient ici pour la cuisine, pas pour le décor. La cuisine épicée du Yang Sheng comprend des *dim sum* et un choix étendu de merveilles comme une soupe aigre, un canard grillé et une aubergine épicée à la setchuanaise.

statues qui agrémentent les jardins, pour la plupart du sculpteur québécois **Louis-Philippe Hébert** (1850-1917), représentent des Premiers ministres et la reine Victoria.
Derrière l'édifice central, remarquer la gracieuse rotonde gothique de la bibliothèque du Parlement, qui ressemble au chevet d'une cathédrale.

★★ **Promenade en bateau sur l'Outaouais** – ♿ *Dép. des écluses d'Ottawa de mi-mai à mi-oct. : 11 h-19 h30. Dép. du quai de Hull 30mn plus tôt. AR 1 h30. Commentaire à bord. 15 $. Paul's Boat Lines* ☎ *613-225-6781.* Cette excursion permet d'apprécier la taille et la majesté de la rivière et de voir sous leur meilleur jour la colline du Parlement, les chutes Rideau et les belles résidences de Sussex Drive, en particulier celle du Premier ministre.

★ **Canal Rideau** – *Canal historique.* De Wellington Street, descendre dans la tranchée où huit **écluses** successives permettent aux bateaux de franchir la falaise. On peut également faire des promenades en bateau sur le canal (♿ *dép. de Conference Centre de mi-mai à mi-oct. : 10 h-20 h30. AR 1 h15. Commentaire à bord. 12 $. Paul's Boat Lines* ☎ *613-225-6781*).

Remarquer, le long des écluses, **Old Commissariat Building (B)**, construit par le colonel By en 1827 pour servir de dépôt militaire et de trésorerie, et qui abrite aujourd'hui le **musée Bytown** *(de mi-mai à fin oct. : tlj sf mar. 10 h-16 h, sam. 12 h-16 h ; le reste de l'année sur demande. Fermé 1er janv., dim. de Pâques, 25 déc. 5 $.* ☎ *613-234-4570. www.bytownmuseum.com)* et son exposition sur la construction du canal.

Près du Château Laurier, le **musée canadien de Photographie contemporaine** (♿ *de déb. mai à mi-oct. : 10 h-18 h, jeu. 10 h-20 h ; le reste de l'année : tlj sf lun. et mar. 10 h-17 h (jeu. 20 h). Fermé j. fériés.* ☎ *613-990-8257. http://cmcp.gallery.ca)* propose des expositions temporaires. Logé entre Confederation Square et le canal, le

Canal Rideau

Ontario Ministry of Tourism & Recreation

National Arts Centre★ (&. *visite guidée (1 h) 8 h-21 h, sam. 10 h-18 h, dim. et j. fériés 12 h-17 h.* ☎ *613-947-7000. www.nac-cna.ca)* est un bâtiment aux lignes basses (1969) qui contient des salles de spectacle auxquelles s'ajoute un café avec une agréable terrasse au bord de l'eau *(été uniquement)*. Un peu plus loin s'élève **Rideau Centre**, avec boutiques, hôtel et palais des congrès.

★**Byward Market** – *Avr.-nov. : 6 h-18 h ; le reste de l'année : 8 h-17 h, sam. 7 h-17 h, dim. et j. fériés 8 h-17 h. Fermé 1ᵉʳ janv., 25 déc.* ☎ *613-244-4410.* Héritier d'une longue tradition, ce pittoresque marché *(couvert en hiver)*, avec ses étals de fleurs, de fruits et de légumes qui débordent à la belle saison dans les rues avoisinantes, existe depuis 1846. Byward Market Building accueille des restaurants, des boutiques d'artisanat et des salons de thé.

★**Tin House Court** – La « cour de la maison de fer-blanc », tranquille place pavée ornée d'une fontaine, abrite une sculpture accrochée sur un mur aveugle au Nord-Ouest de la place, qui composait autrefois la façade de la maison d'un ferblantier nommé Honoré Foisy. La maison fut démolie et, en 1973, Art Price restaura la sculpture de la façade, témoin du savoir-faire du ferblantier. Les habitants d'Ottawa chérissent cette place et aiment à paresser sur l'herbe pour lire ou avaler un en-cas. Vers le Sud *(Clarence Street)*, un bronze de l'artiste nunavut Pauta Saila, représentant un ours qui danse, anime Jeanne d'Arc Court.

★**Notre Dame Cathedral Basilica** – &. *8 h-18 h, lun. 11 h30-18 h, Possibilité de visite guidée. 2 $.* ☎ *613-241-7496. www.notredame.ottawa.on.ca.* Cathédrale catholique d'Ottawa, la basilique Notre-Dame fut consacrée en 1846, mais sa construction ne s'acheva que dans les années 1880. Elle est reconnaissable de loin à ses flèches jumelles délicatement ajourées entre lesquelles se trouve la statue dorée d'une Vierge à l'Enfant. À droite de la basilique s'élève une statue de Joseph-Eugène Guigues, premier évêque de la ville.
Admirer, à l'intérieur, les **boiseries** d'acajou sculptées par Philippe Parizeau, et les statues en bois peint de Louis-Philippe Hébert représentant les prophètes, les apôtres et les quatre évangélistes.

Peacekeeping Monument – De l'autre côté de la rue, un monument de bronze et de granit intitulé *The Reconciliation* (1992) rend hommage aux forces armées canadiennes et à leur contribution au maintien de la paix internationale.

★**Pointe Nepean** – Au point le plus haut de ce petit cap dominant la rivière près du pont Alexandra, se dresse face à l'Ouest une statue de **Samuel de Champlain (2)**, qui remonta la rivière des Outaouais en 1613 et en 1615. Au pied de la statue s'offre une **vue**★★ splendide sur la colline du Parlement, la ville de Hull et, au loin, sur les collines de la Gatineau.

Sparks Street Mall – Au Sud de la colline du Parlement s'étend une agréable allée piétonne garnie d'arbres et de parterres fleuris, et bordée de commerces et de cafés. Remarquer **Royal Bank Centre** et, à l'autre extrémité du mail, l'harmonieux ensemble de la **Banque du Canada**★ dessiné par Arthur Erickson. Ce bâtiment néo-classique (1980) est flanqué de deux tours de 11 étages recouvertes de verre teinté et de cuivre oxydé. Dans la cour, agrémentée d'arbres et d'un bassin, se trouve le musée de la Monnaie. Devant la tour Est, un petit parc contient une statue en bronze de Sorel Etrog intitulée *Flight* (1966).

Byward Market

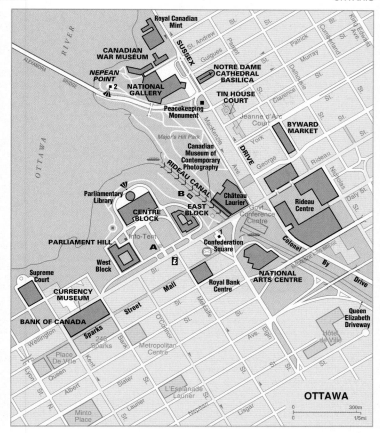

Supreme Court – ♿ *Mai-août : visite guidée (30mn) 9 h-17 h, w.-end et j. fériés 9 h-12 h, 13 h-17 h ; le reste de l'année : tlj sf w.-end 9 h-17 h. Réservation requise (sept.-avr.).* ☎ *613-995-5361. www.scc-csc.gc.ca.* Le siège de la Cour suprême se trouve dans un bâtiment aux toits verts en bordure de la rivière des Outaouais. La Cour se compose de neuf juges. Créée en 1875, elle ne devint « Cour suprême » qu'en 1949, lorsque furent abolis les recours au Comité judiciaire du Conseil privé en Angleterre. Le public peut assister à l'audition d'un appel et visiter l'intérieur.

★★★ LES MUSÉES *Sauf indication contraire, voir plan p. 263-264*

Ottawa doit à sa fonction de capitale fédérale d'être pourvue de plusieurs musées de grand intérêt. Certains se trouvent au cœur même de la ville, d'autres à sa périphérie (musée de l'Aviation, Musée agricole).

★★★ **National Gallery of Canada** – *380 Sussex Dr.* ♿ *De déb. mai à mi-oct. : 10 h-18 h (jeu. 20 h) ; le reste de l'année : tlj sf lun. et mar. 10 h-17 h. Fermé j. fériés.* ☎ *613-990-1985. http://national.gallery.ca.* Cette somptueuse construction moderne en verre, granit et béton (1988) surplombe la rivière des Outaouais, face aux bâtiments de style néogothique du Parlement, et constitue un cadre unique pour les remarquables collections du musée des Beaux-Arts du Canada. Œuvre de Moshe Safdie, l'édifice (dont la silhouette originale s'affirme résolument dans le paysage de la ville) est flanqué à ses deux extrémités de tourelles prismatiques en verre.

Art canadien – *2e niveau.* Les salles de cet étage permettent de suivre l'évolution de l'art canadien. L'**atrium** (water court) et le **jardin** (garden court) ont été aménagés en aires de repos et de réflexion entre les diverses galeries. On découvre, au centre, la **chapelle** du couvent de Notre-Dame-du-Sacré-Cœur (1888) avec sa voûte en éventail, ses colonnes en fonte et ses boiseries sculptées. Parmi les autres points forts de la collection, remarquer les murs du salon Croscup, peints en Nouvelle-Écosse au milieu du 19e s., un tabernacle doré de Paul Jourdain et le *Portrait de sœur Saint-Alphonse* par Antoine Plamondon, premières manifestations de l'art religieux québécois, ainsi que les œuvres de Paul Kane et de Cornelius Krieghoff, le magnifique

■ Pubs en veux-tu en voilà

De nombreux pubs se pressent à Ottawa, débordant souvent à la belle saison en « patios » sur la rue. Généralement bondé, fréquenté par des écrivains, le pub irlandais **Heart and Crown** *(67 Clarence St., sur Parent St. à Byward Market. Musique celtique mer.-sam. ☎ 613-562-0674. www.heartandcrown.com),* sympathique et animé, sert des plats sans risque comme le *shepherd's pie* (sorte de hachis Parmentier) et le ragoût de bœuf à la guinness. Les 16 robinets de bière à la pression promettent bien des délices. Le grand patio ouvre l'été sur le trottoir, spectacle au cœur du marché. Légèrement plus chic en raison de sa situation sur la colline du Parlement, **D'Arcy McGee's Irish Pub** *(44 Sparks St. Mall à l'angle d'Elgin St. ☎ 613 230-4433)* arbore des boiseries luisantes et des volutes autour du bar, sculptées en Irlande pour la touche d'authenticité. Bière, superbe sélection de whisky irlandais, de cognac, de bourbon, de porto, de cigares cubains et le petit plus (atmosphère et bonne soirée assurées) viennent parachever un repas de *corned beef* et de chou, par exemple. Les mercredis sont consacrés à la gastronomie de la côte Est, un groupe de Nouvelle-Écosse joue sans discontinuer et le prix de l'ale Alexander Keith (bière de Nouvelle-Écosse) est baissé d'1 $. Véritable institution à Ottawa, **The Manx** *(370 Elgin St. à l'angle de Frank St. ☎ 613-231-2070. www.themanxpub.com)* est un petit pub au sous-sol d'une maison de briques rouges, souvent bondé d'étudiants et d'enseignants. De grands box aux confortables coussins cramoisis et les caricatures couvrant les murs égaient le parquet de chêne bruni. La maison, spécialisée dans le scotch pur malt, propose également une grande variété de bières, cidres et bières issues du microbrassage (de Creemore et du Haut-Canada). The Manx n'hésite pas à innover dans ses recettes, avec un ragoût de champignons sauvages et *quesadillas*, ou sa version « Good Morning Peep » du petit déjeuner : œufs au bacon, haricots et champignons.

Lever de soleil sur le Saguenay de Lucien O'Brien, la série de toiles de Tom Thomson et du groupe des Sept, en particulier le *Pin* de Thomson, l'*Érable rouge* de Jackson, *Rive Nord du lac Supérieur* de Harris et les peintures murales provenant du cottage MacCallum-Jackman. Emily Carr et David Milne sont également représentés, ainsi que Marc-Aurèle Fortin, Jean-Paul Lemieux, Alfred Pellan *(Sur la plage)*, Goodridge Roberts, Guido Molinari et Claude Tousignant. On notera aussi des œuvres de **Paul-Émile Borduas**, Harold Town, Jack Shadbolt, Michael Snow, Mary Pratt, Joyce Wieland et Yves Gaucher.

Des salles d'art inuit *(accessibles par le deuxième niveau)* contiennent par ailleurs une belle collection de sculptures, d'estampes et de dessins. Jessie Oonark et Pudlo, entre autres, y sont exposés.

Art européen et américain – *3ᵉ niveau.* Au fil des salles se compose un vaste panorama des grands noms et des grands courants de la peinture européenne. Parmi les principales œuvres, citons **Sainte Catherine** de Simone Martini, **Vénus** de Lucas Cranach

National Gallery of Canada et bâtiments du Parlement

l'Ancien, **La Vierge et l'Enfant** de Bernard van Orley ; de Rembrandt, un personnage de l'Ancien Testament **(Esther)**, un **Saint François d'Assise** du Greco, le très beau buste du pape **Urbain VIII** du Bernin, la **Mort de Wolfe** par Benjamin West (il s'agit de l'œuvre originale, maintes fois reproduite). Les impressionnistes sont bien représentés, tout comme les grands peintres du 20ᵉ s. tels Gustav Klimt, Fernand Léger et Pablo Picasso.

Une partie de l'étage est également consacrée à l'art oriental, du 3ᵉ s. à nos jours. Le musée possède une importante collection d'œuvres d'art contemporain répartie sur les deux niveaux.

★★★**Musée canadien des Civilisations** (Québec) – *Voir Hull.*

★★★**Canada Aviation Museum** – *Voir plan p. 264. Aéroport de Rockcliffe.* &. *Mai-août : 9 h-17 h (jeu. 21 h) ; le reste de l'année : tlj sf lun. 10 h-17 h (jeu. 21 h). Fermé 25 déc. 6 $.* ☎ *613-993-2010. www.aviation.nmstc.ca.* Le musée canadien de l'Aviation occupe depuis 1988 des locaux spécialement conçus pour lui. La forme triangulaire du bâtiment rappelle le plan à trois côtés des nombreux aérodromes construits sur le sol canadien pendant la Seconde Guerre mondiale. Une importante collection, complétée par de vieux films et des présentations audiovisuelles, retrace l'histoire de l'aviation et surtout son développement au Canada. On y voit une réplique du *Silver Dart (voir p. 379)*, mis au point à Baddeck en Nouvelle-Écosse, qui réussit le premier vol canadien en 1909, ainsi que des bombardiers et avions de combat des deux guerres mondiales, un Spad 7, un Sopwith Snipe, un Hawker Hurricane, un Supermarine Spitfire et un bombardier Lancaster. Boeing 247, Lockheed 10A et Douglas DC-3 illustrent les débuts de l'aviation civile. La collection compte également quelques-uns des premiers hydravions qui permirent la pénétration du Nord canadien : le De Havilland Beaver, qui prit son premier envol en 1947, est renommé pour ses capacités ADAC (atterrissage et décollage courts). Près du hall d'entrée, la salle **RCAF Hall of Tribute** rend hommage aux membres des forces aériennes canadiennes.

★★ **Canadian Museum of Nature** – &. *Mai-août : 9 h30-17 h (jeu. 20 h) ; le reste de l'année : tlj sf lun. 10 h-17 h (jeu. 20 h). Fermé 25 déc., 8-12 janv. 5 $.* ☎ *613-566-4700. www.nature.ca.* ▣ Essentiellement consacré à la géologie de notre planète et aux origines de la vie sur Terre, le musée canadien de la Nature occupe depuis 1989 tout le bâtiment qu'il partageait autrefois avec le musée canadien des Civilisations.

On y verra d'intéressantes sections sur la formation des océans et des continents, et des explications détaillées sur celle du sol et du relief de l'Amérique du Nord, ainsi qu'une salle impressionnante sur les **dinosaures** où sont reconstitués plusieurs squelettes complets.

Une galerie des **oiseaux du Canada** contient des dioramas très réalistes représentant les oiseaux des diverses régions du pays. On remarquera en particulier un « vol » de bernaches du Canada entourées d'effets sonores appropriés. Le musée présente également des films et des **dioramas** sur les mammifères canadiens (bœuf musqué de l'Arctique, orignal du Nouveau-Brunswick, antilope de la Saskatchewan, grizzli de Colombie-Britannique, etc.) dans leur milieu naturel. Les enfants adoreront l'exposition **Creepy Critters** et son grouillement de cafards, limaces, araignées et serpents. L'**Herbier national** forme une section conséquente, en raison peut-être de l'importance revêtue par la botanique pour John Macoun, premier biologiste du musée à son ouverture en 1882.

D'autres salles abordent la faune à travers sa géographie, son comportement et ses relations avec l'homme. La grande serre, **Hall of Plant Life**, abrite la **pharmacie de la Nature** et ses plantes médicinales.

★★ **Currency Museum** – *Voir plan p. 259. 245 Sparks St., dans le complexe de la Banque du Canada.* &. *Mai-août : 10 h30-17 h, dim. 13 h-17 h ; le reste de l'année : tlj sf lun. 10 h30-17 h, dim. 13 h-17 h. Fermé j. fériés.* ☎ *613-782-8914. www.bankofcanada.ca/currency.* Le musée de la Monnaie retrace l'histoire des régimes et unités monétaires dans le monde à travers les âges. L'évolution de la monnaie canadienne est particulièrement bien illustrée : on verra notamment des ceintures de *wampum* (colliers de coquillages employés par les Amérindiens comme moyen d'échange), de la « monnaie de carte » (en usage au Canada français de 1685 à 1759), des jetons de la Compagnie de la baie d'Hudson (unité monétaire du commerce des fourrures) et des exemples des premiers billets de banque. La naissance de la Banque du Canada et l'adoption de l'unité monétaire décimale sont également évoquées.

★★ **Canada Science and Technology Museum** – *Voir plan p. 264. 1867 St. Laurent Blvd.* &. *Mai-août : 9 h-17 h ; le reste de l'année : tlj sf lun. 9 h-17 h. Fermé 25 déc. 6 $.* ☎ *613-991-3044. www.science-tech.nmstc.ca.* ▣ La lumière clignotante de l'ancien phare du cap Nord, en Nouvelle-Écosse *(juin-août : visite guidée 30mn à 13 h)*, signale l'emplacement du musée national des Sciences et de la Technologie. À l'extérieur sont exposées plusieurs pièces, dont une fusée Atlas.

L'intérieur du musée renferme une intéressante exposition sur les transports. Le hall des **locomotives à vapeur** est particulièrement impressionnant. On voit également des expositions sur les automobiles (1900-1930) ainsi que la maquette du paquebot *Titanic*. D'autres sections du musée sont consacrées à des thèmes tels que l'évolution des communications, l'informatique, les sciences physiques, l'astronomie et enfin l'exploration de l'espace.

★**Canadian War Museum** – *Voir plan p. 259. 330 Sussex Dr.* ♿ *De déb. mai à mi-oct. : 9 h30-17 h (jeu. 20 h) ; le reste de l'année : tlj sf lun. 9 h30-17 h (jeu. 20 h). Fermé 25 déc. 4 $.* ☎ *800-555-5621. www.warmuseum.ca.* Ce musée de la Guerre retrace, sur trois étages, l'histoire des conflits du Canada ou de ceux auxquels des Canadiens ont participé, depuis les combats entre Français et Iroquois au 17ᵉ s. jusqu'à la guerre de Corée. On voit une reconstitution grandeur nature d'une tranchée de la Première Guerre mondiale, complétée par des effets sonores, un diorama du débarquement allié en Normandie (juin 1944), et une énorme Mercedes blindée utilisée par Hitler dans les années 1930. Une galerie commémorative rend hommage aux soldats décorés de la Victorian Cross et une section est consacrée à des expositions temporaires.

Royal Canadian Mint – *Voir plan p. 259. 320 Sussex Dr.* ♿ *Visite guidée (40mn) 9 h-17 h. Fermé 1ᵉʳ janv., 25 déc. 2 $.* ☎ *613-993-8990 ou 800-276-7714. www.rcmint.ca.* La monnaie circulant dans le pays est frappée à la succursale de Winnipeg. La Monnaie d'Ottawa est chargée des pièces commémoratives et de celles destinées à la numismatique. Des vitrines sont dédiées aux séries historiques commémoratives de 1999 et 2000 : pour la première fois, tous les Canadiens ont été invités à participer à un concours pour la conception des pièces devant symboliser le nouveau millénaire. Les 24 dessins gagnants (une pièce par mois pendant les deux premières années) ont été choisis par de jeunes créateurs canadiens. Les visiteurs pourront assister à un film *(10mn)* sur ces pièces du nouveau millénaire.

Canadian Ski Museum – *1960 Scott St. 9 h-17 h, w.-end 10 h-16 h. Fermé 25 déc. Contribution recommandée.* ☎ *613-722-3584.* En semaine, le personnel du musée guide les visiteurs à travers le dédale des collections (plus de 700 skis datant du début du 19ᵉ s. à nos jours). La section principale du petit musée, à travers des photographies d'archives et du matériel, remonte l'histoire depuis l'apparition du surf des neiges ; l'accent est mis sur le ski canadien. Les skis les plus anciens (1854) furent utilisés à Montréal. Une salle rend hommage aux grands skieurs canadiens, dont les médaillés olympiques.

★**Laurier House** – *335 Laurier Ave. E. De déb. avr. à déb. mai : visite guidée (1 h) tlj sf w.-end 9 h-17 h ; de mi-mai à mi-oct. : 9 h-17 h, dim. 13 h-17 h. 2,50 $* ☎ *613-992-8142.* La grande maison de brique jaune, entourée d'une véranda, rappelle le souvenir de trois des Premiers ministres canadiens. Le premier est le Canadien français **Wilfrid Laurier**, ministre de 1896 à 1911, qui vécut dans cette maison de 1897 à sa mort. Sa veuve en fit don à **William Lyon Mackenzie King**, petit-fils du rebelle dont il portait le nom. À sa mort, il légua sa maison à la nation ainsi que son domaine de la Gatineau. La visite passe par la bibliothèque de William Lyon Mackenzie King, sa chambre, la salle à manger, deux pièces consacrées au souvenir de Wilfrid Laurier, et pour finir une reconstitution du cabinet de travail de **Lester Bowles Pearson**, prix Nobel de la paix en 1957 et Premier ministre de 1963 à 1968. Les caricatures qu'il avait collectionnées sur lui-même sont fascinantes.

★**Canada Agriculture Museum** – *Bâtiment 88, Ferme expérimentale centrale.* ♿ *Mars-oct. : 9 h-17 h. Fermé 25 déc. 5 $.* ☎ *613-991-3044. www.nmstc.ca.* 📷 Le musée de l'Agriculture, installé dans une grange construite dans les années 1920, fait partie de la **ferme expérimentale centrale** (425 ha) du Département canadien de l'agriculture et l'agroalimentaire. Les machines exposées, l'explication sur les techniques agricoles et les odeurs sont très évocatrices d'une ferme du temps passé. Des spécimens de races anciennes (moutons, vaches laitières, cochons et chevaux de trait) sont visibles. En saison, les visiteurs auront la possibilité de faire une promenade en chariot *(juin-sept. : tlj sf lun. et mar. 2,50 $)*.
À l'extérieur, remarquer un jardin de plantes ornementales, où, selon les saisons, les visiteurs admireront les lilas, les iris, les pivoines et les chrysanthèmes. Une serre tropicale et un grand arboretum bordant le canal Rideau *(♿ parc : du lever au coucher du soleil ; serre : 9 h-16 h. ☎ 613-759-6900)*, grand rendez-vous des propriétaires de chiens, des promeneurs, des pique-niqueurs et des cyclistes, sont accessibles aux visiteurs.

★**Billings Estate Museum** – *2100 Cabot St.* ♿ *Mai-oct. : tlj sf lun. 12 h-17 h. 2,50 $.* ☎ *613-247-4830.* Le musée du domaine Billings occupe l'une des plus anciennes maisons d'Ottawa. Construite en 1828 par Braddish Billings, cette imposante demeure de style néoclassique fut habitée par quatre générations de sa famille avant de devenir propriété de la ville en 1975. À l'intérieur, on peut voir de nombreux documents, objets, photographies et mobilier de famille. Une exposition passe en revue les différents styles architecturaux de l'édifice.

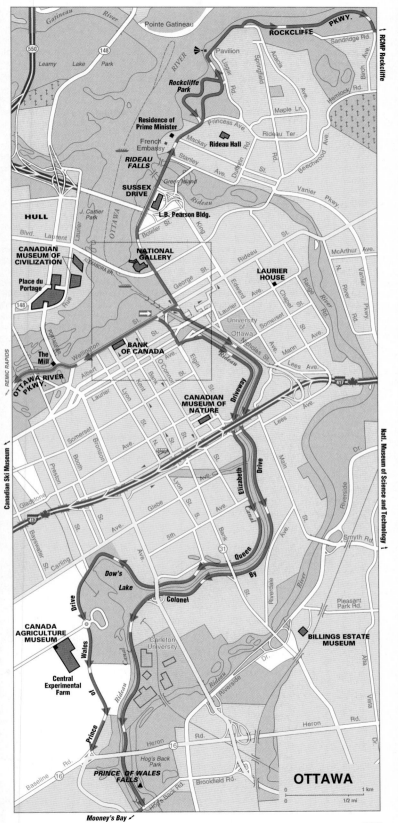

OTTAWA

★★PROMENADES EN VOITURE

Les promenades qui longent le canal et la rivière des Outaouais, ainsi que les collines de la Gatineau, font le charme et la renommée de la ville.

★★**Sussex Drive et Rockcliffe Parkway** – *8 km au départ de Confederation Square. Voir plan p. 263.* Ce parcours longe la rivière des Outaouais et traverse le quartier résidentiel élégant de Rockcliffe, noyé de verdure, habité surtout par des hommes politiques, des hauts fonctionnaires et des diplomates. Il passe devant la basilique Notre-Dame et le musée de la Guerre. Juste après le pont Macdonald-Cartier (permettant de se rendre à Hull) se dresse la silhouette caractéristique, rayée de béton et de verre teinté, du **Lester B. Pearson Building** qui abrite le ministère des Affaires étrangères et du Commerce international. La route traverse ensuite Green Island, entre les deux bras de la rivière Rideau, où se trouve l'hôtel de ville ou **Ottawa City Hall** dessiné par Moshe Safdie, architecte de la National Gallery. Du dernier étage, belle **vue**★ sur la rivière.

★**Rideau Falls** – *Laisser sa voiture près de l'ambassade de France.* En se jetant dans la rivière des Outaouais de part et d'autre de Green Island, la rivière Rideau forme deux chutes auxquelles elle doit son nom. Elles sont particulièrement pittoresques au printemps, quand elles sont plus abondantes, ou en hiver lorsqu'elles sont gelées. Des passerelles qui franchissent les chutes, belles vues sur la rivière des Outaouais et Hull. L'exposition Canada and the World célèbre des entrepreneurs, musiciens, champions sportifs et hommes de lettres canadiens.

En reprenant Sussex Drive, on atteint bientôt une demeure de pierre grise cachée par les arbres et qui domine la rivière : il s'agit du **24 Sussex Drive**, résidence officielle des Premiers ministres canadiens. Tout près, remarquer la grille de **Rideau Hall**, résidence officielle du gouverneur général, au milieu d'un parc paysager. Les jardins sont ouverts au public *(de 9 h au coucher du soleil)* et le bâtiment (salle de bal, ancien court de tennis transformé en Tent Room circulaire, entre autres) se visite *(&. mai-juin et sept. : w.-end 10 h-16 h ; juil.-août : 10 h-16 h. ☎ 866-842-4422. www.gg.ca).* Parmi les activités proposées ⌷, les plus jeunes peuvent créer leur propre blason. L'été, les spectateurs ont le plaisir d'assister à une relève de la garde colorée.

La route traverse ensuite **Rockcliffe Park**. Elle y est d'abord à sens unique et la rivière ne se révèle que sur le chemin du retour ; mais un peu plus loin, les deux chaussées se rejoignent, et un pavillon couvert offre d'excellentes **vues**★★ sur la rivière Gatineau (au Québec), son estacade (chaîne de bois servant à retenir les bois flottés) et les collines dans le lointain. On aperçoit le clocher pointu de l'église Saint-François-de-Sales (à Pointe Gatineau), construite en 1886.

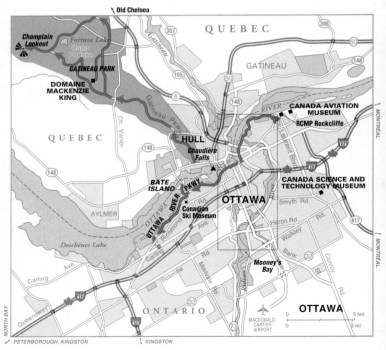

La promenade s'achève à la **division « N »**, qui abrite le célèbre **carrousel** de la Gendarmerie royale du Canada. Lorsque ses membres ne sont pas en tournée, les écuries sont ouvertes au public qui peut alors assister à l'entraînement des chevaux (♿ *mai-oct. : 9 h-16 h ; le reste de l'année : tlj sf w.-end 10 h-14 h.* ☎ *613-998-8199. www.rcmp-grc.gc.ca).*

★**Promenades du canal Rideau** – *Chaque promenade fait 8 km ; dép. de Confederation Square. Voir plan p. 263.* Les deux promenades sont bordées de parcs verdoyants particulièrement attrayants à la saison des tulipes *(mai)*.
Queen Elizabeth Driveway longe la rive Ouest du canal, **Colonel By Drive** la rive Est. Toute l'année, le canal attire les amateurs de sport. Peu après le départ, on aperçoit sur la gauche l'université d'Ottawa. Autour du **lac Dows** *(location de pédalos et canoës)*, où le canal s'élargit, s'étalent à la mi-mai de superbes parterres de tulipes. Queen Elizabeth Driveway quitte alors la rive pour pénétrer dans la Ferme expérimentale centrale tandis que, sur l'autre rive, Colonel By Drive offre des vues sur les chutes Prince-de-Galles et sur les dernières écluses du canal Rideau, qui débouchent sur la rivière Rideau.

★**Prince of Wales Falls** – *Stationnement gratuit dans Hog's Back Park.* La **baie Mooney** marque la fin du canal Rideau et le début de la partie navigable de la rivière Rideau. De cet endroit pittoresque et sauvage après les chutes Prince-de-Galles, la rivière s'engouffre dans une petite gorge rocheuse. Ici se trouve l'une des principales zones de loisirs d'Ottawa *(plage, aires de pique-nique ; accès par Riverside Dr.).*

★**Ottawa River Parkway** – *11 km au départ de Confederation Square. Voir plans p. 263 et 264.* Prendre Wellington Street, bordée de bâtiments officiels (Banque du Canada, Cour suprême). La promenade commence après le pont du Portage. Des panneaux sur la droite signalent **The Mill**, vieux moulin de pierre (1842) converti en restaurant, qui fut à la fois scierie et moulin à farine. Il domine un ancien glissoir à bois qui permettait aux trains de bois de descendre la rivière sans être broyés dans les chutes de la Chaudière. La route continue le long de la rivière des Outaouais, bordée de verdure. Plusieurs belvédères offrent des vues sur les rapides Remic, mais le meilleur point de vue se trouve sur l'**île Bate**★ *(prendre le pont Champlain vers Hull et sortir sur l'île),* qui émerge de la houle des rapides.

★★**Parc de la Gatineau (Québec)** – *Plan p. 264. Circuit de 55 km au départ de Confederation Square. Franchir le pont du Portage en direction de Hull, prendre à gauche la route 148 (sur 2 km) puis tourner à droite sur la route Gatineau Parkway. Description p. 318.*

PETERBOROUGH

71 446 habitants
Carte Michelin n° 583 R5 – Schéma : ONTARIO
Office de tourisme ☎ 705-742-2201 ou www.city.peterborough.on.ca

Cette ville agréable est située sur la rivière Otonabee, à l'endroit où celle-ci s'élargit pour former le lac Little. Elle borde également le canal Trent qui fait partie de la voie navigable Trent-Severn reliant le lac Ontario à la baie Georgienne. Trois écluses règlent la navigation à hauteur de la ville, dont le célèbre ascenseur hydraulique *(voir ci-dessous).* Les amateurs de canoë y trouveront aussi leur bonheur, notamment sur les lacs Kawartha, et plus au Nord, sur les voies d'eau du **Parc provincial Algonquin** *(schéma p. 222-223).* Des pirogues amérindiennes à la Peterborough Canoe Co. en passant par les premières compétitions internationales du 19e s., la ville est un haut lieu de la fabrication de ces embarcations. Grâce à ses nombreux vestiges pétroglyphiques amérindiens, la région attire les passionnés d'archéologie.

CURIOSITÉS

★**Lift Lock** – *En service de mi-mai à mi-oct.* Il n'existe au monde que huit ascenseurs hydrauliques du type de celui de Peterborough. Du parc adjacent, on peut voir fonctionner ce remarquable ouvrage (1904) qui, selon les besoins, élève ou descend les bateaux de 20 m dans des bassins montés sur pistons. L'eau est déplacée d'un cylindre vers l'autre de façon à faire descendre un bassin tandis que l'autre monte. Les expositions et les présentations audiovisuelles proposées par le **centre d'accueil** *(de fin juin à déb. août : 9 h-18 h ; de déb. avr. à mi-juin et de mi-août à mi-oct. : 10 h-17 h. Fermé Ven. saint. Contribution requise.* ☎ *705-750-4950)* permettent de mieux comprendre le fonctionnement de l'écluse, et donnent par la même occasion d'intéressants détails sur la voie navigable Trent-Severn qui possède une seconde écluse hydraulique à Kirkfield et un ber roulant sur la Severn, ainsi que 36 écluses ordinaires. Une **promenade en bateau** permet aux visiteurs d'emprunter l'ascenseur hydraulique (♿ *dép. du Holiday Inn, au centre-ville, de mi-mai à mi-oct. : 11 h, 13 h30. 2 h. 15 $. Commentaire à bord. Réservation conseillée. Liftlock Cruises* ☎ *705-742-9912. www.liftlockcruise.com).*

Pirogue d'enfant en bouleau (dessin de William Commanda)

★**Canadian Canoe Museum** – *910 Monaghan Rd.* ⟨&⟩ *De fin mai à fin oct. : 10 h-17 h ; le reste de l'année : 10 h-17 h, dim. 12 h-17 h. Fermé j. fériés. 6,50 $.* ☏ *705-748-9153 ou 866-342-2663. www.canoemuseum.net.* Un ancien bâtiment industriel abrite cette remarquable collection de plus de 600 canots, kayaks et bateaux à rames en tout genre, autrefois exposée au Kanawa International Museum, dans la région des hautes terres d'Haliburton (en Ontario). On y voit des embarcations utilisées par les tribus autochtones : pirogues de la côte Ouest, kayaks inuit, canoë kutenal du centre de la Colombie-Britannique, bateau des Amérindiens des Prairies. Pagaies, maquettes et objets divers complètent la visite du musée. La section la plus récente, consacrée à l'équipement de l'ancien Premier ministre **Pierre Elliott Trudeau**, comprend son canoë de bouleau et sa veste en daim.

EXCURSIONS *schéma p. 223*

Lang Pioneer Village – *16 km au Sud-Est de Peterborough par les routes 7 et 34. De fin mai à fin août : dim.–ven. 12 h-17 h, sam. et j. fériés 13 h-16 h ; le reste de l'année : tlj sf w.-end 8 h30-16 h30. 6 $.* ☏ *705-295-6694. www.langpioneervillage.ca.* ⌂ Installé sur un terrain de 10 ha dans un cadre rural des plus charmants, cet ensemble de bâtiments recrée l'atmosphère d'un village rural du 19ᵉ s. Noter le moulin à broyer le grain (1846) en parfait état de marche, et la cabane en rondins de David Fife, qui introduisit une variété de blé particulièrement bien adaptée aux sols des Prairies. Des guides costumés font des démonstrations de techniques artisanales ancestrales.

Petroglyphs Provincial Park – *55 km au Nord-Est de Peterborough par la route 28.* ⟨&⟩ *De mi-mai à mi-oct. : 10 h-17 h. 9 $/voiture.* ☏ *705-877-2552. www.ontarioparks.com.* La plus grande concentration de pétroglyphes du Canada se trouve ici, au bord du lac Stony. On y voit environ 900 gravures sur pierre vieilles de 500 à 1 000 ans.

POINT PELEE NATIONAL PARK★★

Schéma : ONTARIO

Une longue pointe de sable façonnée par les vents et les courants s'avance dans le **lac Érié**, à l'extrême Sud du Canada. Le parc y protège un environnement unique au Canada, où la véritable forêt de feuillus qui jadis couvrait une partie de l'Amérique du Nord existe encore à l'état presque primitif. On y trouve le noyer noir, jadis fort commun dans cette région et devenu très rare et recherché en ébénisterie, ainsi que sassafras, magnolias, sycomores, cornouillers et micocouliers.

Grâce à la douceur du climat (nous sommes ici à la même latitude que Rome), il pousse aussi dans le parc des figuiers de Barbarie, à fleurs jaunes.

Paradis des naturalistes – Rare zone sauvage du Sud ontarien par ailleurs largement cultivé, le parc attire les **oiseaux** et deux courants migratoires s'y rencontrent. Les migrations de printemps et d'automne peuvent être spectaculaires. Plus de 300 espèces ont été signalées dans le parc, dont une centaine de sédentaires. En septembre, les arbres de la pointe du parc disparaissent littéralement sous une couche compacte de **papillons monarques** qui se rassemblent avant leur envol vers le Texas, où ils passent l'hiver avant de revenir pondre au printemps.

Cardinal à poitrine rose

Accès – *10 km env. de Leamington. Suivre les panneaux portant le symbole du castor des parcs* ☞.

VISITE

 ♿ *De déb. avr. à mi-oct. : 6 h-21 h30 ; le reste de l'année : 7 h-18 h30. Randonnée pédestre, pêche, baignade, ski, patinage, canoë, bicyclette (location de canoës et de bicyclettes). 3,25 $/jour.* ☎ *519-322-2365. www.parkscanada.ca. Renseignements sur la faune, les conditions météorologiques et manifestations (message enregistré).* ☎ *519-322-2371.*

Oriole de Baltimore

Le **centre d'accueil** *(7 km au Sud de l'entrée.* ♿ *Mi-mai : 8 h-17 h ; de fin mai à mi-oct. : 10 h-17 h ; le reste de l'année : w.-end 10 h-17 h. Pour mieux identifier les oiseaux du parc, se procurer sur place la brochure intitulée Checklist of Birds, 0,25 $)* contient d'excellentes expositions sur la flore et la faune du parc ainsi que sur la formation de la presqu'île, illustrées de films et d'une présentation de diapositives *(20 mn)*. De là part un petit train *(avr.-nov. : toutes les 20mn)* menant jusqu'à la pointe du parc. Le sentier de nature Woodland Nature Trail *(2,7 km : guide 2 $)* débouche à quelques pas.

Cette crête de sable, dotée d'un phare moderne, est un emplacement idéal pour observer en automne la migration annuelle des oiseaux et des monarques. De la pointe, des sentiers per-

Tyran tritri

mettent d'accéder à une plage de sable fin longue de 19 km *(baignade interdite à la pointe même, mais autorisée à certains endroits accessibles depuis les aires de pique-nique)*.

Le long du sentier DeLaurier Trail *(1 km)*, les promeneurs découvriront une maison datant des années 1840, ainsi qu'une grange et des panneaux d'interprétation donnant un aperçu de l'histoire locale.

Derrière les cordons de dunes se sont formés des marais, refuges de nombreux animaux aquatiques, dont une **promenade de planches** *(1 km)* permet l'approche. Deux tours d'observation offrent de bonnes **vues★** des marécages et leur faune (rats musqués, tortues, poissons et oiseaux).

■ Quelques conseils

Le **sumac vénéneux** (*poison ivy* en anglais) est une plante grimpante des sous-bois, particulièrement prolifique du Québec aux Grands Lacs. Inoffensive d'aspect, elle sécrète pourtant un suc extrêmement toxique qui peut causer démangeaisons, éruptions de boutons et forte fièvre. Ces symptômes sont parfois déclenchés de façon indirecte, en touchant par exemple un objet effleuré par le suc empoisonné. Les parcs nationaux où cette plante est répandue mettent en garde les visiteurs.

PRESCOTT★

4 228 habitants
Carte Michelin n° 583 S5 – Schéma : ONTARIO

Cette petite ville industrielle, fondée vers 1851 par des loyalistes, se développa au bord du Saint-Laurent en amont d'une série de rapides qui, longtemps, interdirent la navigation sur cette partie du fleuve. C'est aujourd'hui le seul port en eau profonde sur la voie maritime entre Montréal et Kingston.

L'un des 13 ponts reliant l'Ontario aux États-Unis enjambe par ailleurs le Saint-Laurent non loin de la ville.

CURIOSITÉ

★**Fort Wellington** – *Route 2, à l'Est de la ville.* ♿ *De mi-mai à fin sept. : 10 h-17 h. 4 $.* ☎ *613-925-2896. www.parkscanada.ca.* Construit après 1812 pour protéger les communications entre Montréal et Kingston d'une éventuelle attaque américaine, ce petit fort (aujourd'hui classé site historique national) retranché derrière de solides talus de terre ne subit aucune attaque. On y visite le quartier des officiers et un massif **blockhaus**, restauré selon son aspect des années 1840. Remarquer les guides en costume d'époque, certains portant l'uniforme des régiments britanniques.

À l'Est du fort *(1,5 km)*, entre la route 2 et le fleuve, un phare occupe l'ancien **moulin à vent** où, en 1838, se retranchèrent des partisans de William Lyon Mackenzie et leurs sympathisants américains. Il fallut, pour en venir à bout, un rude assaut connu sous le nom de **bataille du Moulin à vent**. Dans le phare, exposition sur cet épisode historique ; agréable **vue** sur le Saint-Laurent *(aire de pique-nique)*.

SAULT STE. MARIE★★

74 566 habitants
Carte Michelin n° 583 P5
Office de tourisme ☎ 705-759-5432 ou 800-461-6020 ; www.sault-canada.com

Face à son homonyme américaine dans l'État du Michigan, Sault Ste. Marie (communément appelée « The Soo » en anglais) garde les rapides de la **rivière St. Mary** qui relie le lac Supérieur au lac Huron. C'est une ville tranquille, malgré d'importantes industries (papier et surtout sidérurgie) et l'intense navigation qui emprunte les écluses. Sault Ste. Marie, ville natale de **Roberta Bondar**, la première femme astronaute canadienne, est également la porte de l'**Algoma**, région sauvage de lacs et de forêts qui inspira largement les peintres du groupe des Sept.

Un simple regard sur une carte d'Amérique du Nord suffit pour comprendre l'importance historique du site de Sault Ste. Marie. Si les Amérindiens Ojibway n'y venaient que pour pêcher le corégone, tous les explorateurs de la Nouvelle-France y passèrent à la recherche d'une hypothétique route commerciale vers la Chine, ou simplement de nouvelles sources de fourrures. Dès 1622 arriva Étienne Brûlé, l'éclaireur de Champlain, qui fut le premier Européen à atteindre le lac Supérieur. Bien d'autres suivirent, dont Nicolet, Radisson, Groseilliers, Jolliet, La Salle, La Vérendrye et ses fils. L'endroit fut baptisé par le père Marquette qui y établit en 1668 la mission jésuite de Sainte-Marie-du-Sault.

CURIOSITÉS

★**Sault Ste. Marie Canal National Historic Site** – *Centre d'accueil 1 canal Dr. De mi-mai à déb. juin et de mi-sept. à mi-oct. : 10 h-20 h ; de mi-juin à déb. sept. : 9 h-21 h ; le reste de l'année sur demande.* ☎ *705-941-6262. www.parkscanada.ca.* La section entre les lacs Huron et Supérieur est l'une des plus fréquentées de la voie maritime. Quatre écluses géantes, sur la rive américaine, voient défiler chaque année plus de 73 millions de tonnes de fret. À l'intérieur même de l'unique écluse canadienne, fermée depuis déjà quelques années, une nouvelle écluse inaugurée en juillet 1998 facilite aujourd'hui le passage des bateaux de plaisance.

Remarquer, au bout de Huron Street, la reconstitution de la **première écluse (A)**, construite en 1798 par la **Compagnie du Nord-Ouest** pour faciliter le passage de ses canots d'écorce chargés de fourrures, et détruite durant la guerre de 1812. Une **excursion en bateau** *(dép. du parc Roberta Bondar de mi-mai à mi-oct. : 10 h-18 h ; le reste de l'année : tlj sf w.-end 10 h-16 h. AR 2 h. Commentaire à bord. 21 $. Lock Tours* ☎ *705-253-9850. www.locktours.com)* permet d'emprunter l'une des écluses américaines, et donne ainsi une bonne vue d'ensemble du vaste réseau d'ouvrages hydrauliques.

★**City Hall** – L'hôtel de ville occupe un édifice moderne en verre mordoré, bordé d'une agréable promenade au bord de l'eau offrant des vues sur la rivière St. Mary. Mouillé à quai en permanence, le **MS Norgoma (B)** *(près du pavillon Roberta Bondar.*

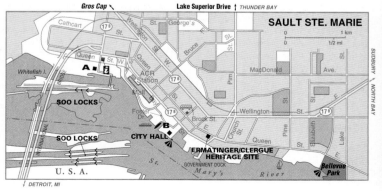

De mi-juin à mi-oct. : 10 h-18 h. 2,50 $; ☎ 705-256-7447) fut le dernier paquebot en service de nuit sur les Grands Lacs. À bord, un musée retrace l'histoire des Grands Lacs.

★**Ermatinger/Clergue House** – *831 Queen St. E. Avr.-nov. : tlj sf w.-end 10 h-17 h ; juin.-sept. : tlj sf w.-end 13 h-17 h. 2 $. ☎ 705-759-5443.* Charles Oakes Ermatinger, prospère négociant en fourrures, fit bâtir en 1814 cette jolie maison de pierre au portique georgien pour son épouse Charlotte, une princesse ojibway.

La demeure, restaurée selon le goût de l'époque, accueillit de nombreux invités de choix, dont **Paul Kane** (1810-1871), peintre de la vie amérindienne qui parcourut à plusieurs reprises le pays en canot.

L'étage contient un intéressant musée consacré à l'histoire de la famille Ermatinger et celle de Sault Ste. Marie.

■ **Roberta Bondar, astronaute**

Née à Sault Ste. Marie en 1945 où elle a passé ses premières années avant d'obtenir un doctorat en neurologie et en biologie, elle a également suivi une formation de pilote. Elle a fait partie en 1983 du premier groupe national de 6 astronautes, devenant ainsi la première femme canadienne dans l'espace. Figurant parmi l'équipage de la navette *Discovery* en 1992, elle a travaillé en outre dans le laboratoire spatial. Les universités canadiennes ont décerné 24 diplômes honorifiques à cette brillante scientifique et le magazine *MacLean's* l'a citée en 1998 parmi la liste des dix héros historiques de la nation. Appréciée du grand public, elle apporte régulièrement sa contribution à la recherche médicale. C'est une photographe acharnée du spectacle de la nature, et ses clichés sur les parcs canadiens ont été exposés au musée canadien de la Nature à Ottawa et au musée royal de l'Ontario à Toronto. Roberta Bondar est très respectée par sa ville natale, qui a donné son nom à un espace vert, une marina et un bâtiment administratif.

Bellevue Park – Du parc, jolies **vues**★ sur la rivière, les bateaux et le pont conduisant aux États-Unis.

EXCURSIONS

★**Gros Cap** – *26 km à l'Ouest par la route 550.* Du cap s'offrent des **vues**★ impressionnantes du lac Supérieur et des débuts de la rivière St. Mary.

Excursion en train au canyon Agawa – *183 km. Départ de la gare de Bay St.* ♿ *De déb. juin à mi-oct. : 8 h. AR 9 h. 77 $ (58 $ en été). Dép. de déb. janv. à mi-mars : w.-end 8 h. AR 8 h. Commentaire à bord. Réservation requise. Algoma Central Railway Inc.* ☎ *705-946-7300 ou 800-242-9287. www.agawacanyontourtrain.com.* Le parcours traverse les paysages accidentés de l'Algoma, au Nord de Sault Ste. Marie. L'excursion est particulièrement belle fin septembre, lorsque l'automne y déploie sa palette colorée. Le train s'arrête *(2 h, sauf en hiver)* dans la vallée de l'Agawa. Du belvédère, belle **vue**★ de la rivière et de son canyon.

★★**Lake Superior Drive** – *230 km par la Transcanadienne (route 17) jusqu'à Wawa.* La traversée de l'Algoma fait découvrir la beauté sauvage du Bouclier canadien. À partir de la baie de Batchawana, la route longe longuement la rive du lac Supérieur, tantôt en corniche et tantôt au niveau de l'eau, laissant apprécier les caps, les anses, les îles, les rochers, et les hautes falaises de granit que viennent battre les eaux du plus profond des Grands Lacs. Les sections les plus pittoresques se remarquent autour de la **baie d'Alona** *(point de vue au km 108)* et de la **baie d'Agawa** *(point de vue au km 151).* Des belvédères jalonnent la route.

Sur 84 km, la route traverse le **Parc provincial du lac Supérieur** *(baignade, randonnée, location de bateaux.* ♿ *Mai-oct. 9 $/voiture.* ☎ *705-856-2284. www.ontarioparks.com),* région accidentée bordée de falaises qui plongent dans le lac. Au km 153, une route secondaire conduit à un terrain de stationnement d'où un sentier parfois difficile mène jusqu'aux falaises de la rive. L'une d'entre elles, **Agawa Rock** *(accessible uniquement par temps calme ; prudence extrême conseillée),* est décorée de **pétroglyphes**, dessins mystérieux tracés sur la roche par les Amérindiens il y a plusieurs siècles. En débouchant sur le lac, très jolie **vue**★ sur l'eau transparente bordée d'îles boisées et jalonnée de falaises.

STRATFORD★

28 987 habitants
Schéma : ONTARIO
Office de tourisme ☎ 519-273-3352ou 800-561-7926 ou www.city.stratford.on.ca

Centre d'une prospère région agricole, Stratford est connu pour son **Stratford Festival**, événement théâtral de renommée mondiale qui attire chaque année près de 500 000 spectateurs par ses visites des coulisses, ses conférences et ses ateliers théâtraux.

■ Se restaurer au centre-ville

Stratford est doté de nombreux restaurants et salons de thé, parmi lesquels deux attirent les suffrages du public. Ils sont bien situés à proximité de l'une des principales artères de la ville, Ontario Street. Le premier, qui occupe une ancienne église, porte bien son nom : **Church Restaurant** *(70 Brunswick St.* ☎ *519-273-3424. www.churchrestaurant.com).* Carte et menus comportent des entrées comme des huîtres de Malpèque, un pain de tomates ou, si le prix importe peu, un caviar sur lit de glace avec une vodka frappée et *panna cotta* à la crème fraîche. Pour les plats, s'attendre à un filet de bœuf ou de veau, un carré d'agneau de l'Ontario, un loup et un homard originalement accompagnés (tarte aux navets et aux oignons confits, brioche de pommes de terre persillées). Les sommeliers apportent leur concours pour un choix parfois ardu parmi les 200 crus de la carte des vins. Le second, **The Old Prune** *(151 Albert St.* ☎ *519-271-5052. www.oldprune.on.ca),* occupe une maison étroite d'une rue résidentielle. Il offre un cadre intime très apprécié, en particulier grâce à son jardin d'hiver. Le menu à prix fixe consiste en une entrée (soupe d'asperges, salade tiède de coquilles Saint-Jacques ou mousse de foie de poulet, par exemple), un plat (bœuf Angus, pigeonneau de l'Ontario au foie gras ou *strudel* de saumon de l'Atlantique sur nouilles de concombre chaudes), un dessert (soupe glacée fraise-rhubarbe, tartelette aux pommes briochée ou sélection de fromages artisanaux servis avec un pain aux noix), un café et des petits fours. En été un dessert très demandé est le clafouti aux cerises. Un menu dégustation (six plats) est proposé avec les vins appropriés. *Réservation fortement conseillée dans les deux établissements.*

En 1830, un aubergiste s'installa sur la route de Goderich. Il inscrivit sur l'enseigne « The Shakespeare Inn ». La localité qui grandit autour prit le nom de Stratford, comme la ville natale du fameux dramaturge, et la rivière fut nommée Avon comme celle qui arrose la ville anglaise. En 1952, **Tom Patterson**, un journaliste local, lançait l'idée d'une manifestation théâtrale annuelle visant à célébrer les œuvres de Shakespeare dans « sa ville ontarienne ». L'année suivante, le premier festival se tenait sous la tente.

■ Visite des théâtres

Les spectateurs pourront jeter un coup d'œil dans les coulisses lors des visites **Backstage Tour** *(de déb. juin à déb. nov.)* du théâtre Festival où tous les secrets leur seront révélés. La visite de la garde-robe, **Costume Warehouse Tour** *(de fin mai à déb. nov.)* dévoile des centaines de costumes utilisés lors des représentations passées et donne l'occasion d'en essayer un ou deux. Le jardinier en chef du festival guide la visite des jardins du théâtre Festival ou **Garden Tour** *(de mi-juin à fin août),* qui se conclut par un thé sur la terrasse. *Pour tout renseignement* ☎ *519-273-1600 ou 800-567-1600. www.stratfordfestival.ca. Réservation conseillée.*

■ Pique-nique gastronomique

Les membres de la troupe prennent leurs repas au théâtre Festival. Plusieurs choix s'offrent sur place au public : l'atrium du Vestibule Sud *(repas légers),* le restaurant Molson Terrace *(en plein air, juin-août)* ou le pique-nique de trois plats préparé par un cuisinier *(de déb. juin à déb. sept.).* Les amateurs de la troisième option pourront essayer la version *Hamlet's Hamper* (poulet rôti froid, salade de pommes de terre et salade mandarine-orange avec des biscuits au babeurre et un gâteau au chocolat) ou la version *Musketeer's Medley* (soupe aux cerises aigres, filet de bœuf froid, salade aux noix et gâteau de noix de pécan). Le pique-nique végétarien comprend des aubergines avec une salade de haricots romains et un gâteau de miel aux figues. *Commander les pique-niques 24 h à l'avance* ☎ *519-273-1600 ou 800-567-1600.*

Aujourd'hui, Stratford est un centre culturel d'importance. Durant la saison du festival *(mai-nov.)*, trois théâtres (le Festival, le Tom Patterson et l'Avon) présentent toutes sortes de pièces et de programmes musicaux, la place d'honneur revenant naturellement au théâtre de Shakespeare. *Renseignements et réservations : Stratford Festival, PO Box 520, Stratford ON N 5A 6V2.* ☎ *519-273-1600 ou 800-567-1600. www.stratford-festival.on.ca*

VISITE

Festival Theatre – La forme arrondie de ce bâtiment rappelle le chapiteau du premier festival. Sa scène avancée, ouverte sur trois côtés, témoigne du parti pris, dans les années 1950, de revenir à la simplicité du théâtre élisabéthain.
Devant le théâtre, un agréable parc descend jusqu'à la rive du **lac Victoria**, un élargissement de l'Avon où glissent des cygnes gracieux. Les soirs d'été, avant le spectacle, les pelouses et la petite île sur le lac sont envahies de pique-niqueurs qui reviendront à l'entracte se promener autour des parterres de fleurs.

SUDBURY★★

155 219 habitants
Carte Michelin n° 583 Q5 – Schéma : ONTARIO
Office de tourisme ☎ 705-671-2489 ou 800-465-6655 ; www.greatersudbury.on.ca

Situé sur le plus grand gisement de nickel du monde, Sudbury est le plus important bassin minier du Canada, et l'un des principaux centres de la culture francophone en Ontario : les **Franco-Ontariens** représentent environ un quart de la population, et l'**Université laurentienne**, qui regroupe les étudiants de la partie Nord-Est de la province, est bilingue. Sudbury offre aussi, dans ses environs, des paysages typiques du Bouclier canadien. Plusieurs lacs se trouvent dans les limites mêmes de la ville, notamment le **lac Ramsey**, bordé de plages et suffisamment riche en dorés jaunes (poissons d'eau douce à la chair estimée) pour combler les pêcheurs.

CURIOSITÉS

★★★**Science North** – *1,5 km env. au Sud de la Transcanadienne. De la route 69, prendre Paris St. jusqu'à Ramsey Lake Rd.* ⅙ *De fin juin à fin août : 9 h-18 h ; de déb. sept. à déb. mai : 10 h-16 h ; mai-juin : 10 h-17 h. Fermé 1ᵉʳ janv., 24-25 déc. 16 $.* ☎ *705-523-4629 ou 800-461-4898. www.sciencenorth.on.ca.* 🔲 Cet impressionnant centre des sciences, perché sur un rocher dominant le lac Ramsey, fut conçu par Raymond Moriyama avec le concours d'architectes locaux. Le pavillon des expositions, en forme de flocon de neige, symbolise l'action glaciaire à l'origine de la formation de l'Ontario du Nord. Le bâtiment repose au-dessus d'une

Science North

■ Les strates de Sudbury

Les richesses minérales (platine, cuivre, cobalt, argent, or et nickel) de la région de Sudbury proviennent de la formation géologique connue sous le nom de **bassin de Sudbury**. Cette dépression, d'environ 60 km de long sur 27 km de large, aurait été créée il y a plusieurs millions d'années par la chute d'une immense météorite ou à la suite d'une gigantesque éruption volcanique. C'est en 1883, lors de la construction du chemin de fer Canadien Pacifique, qu'un forgeron, **Thomas Flanagan**, remarqua un morceau de roche de couleur rouille, en travaillant dans une tranchée récemment minée, à l'Ouest de la ville actuelle.

Une plaque *(route 144, près de la mine Murray)* commémore cet événement qui marqua les débuts de l'exploitation minière dans la région. La ville possède aujourd'hui le plus grand complexe intégré d'extraction, de fonderie et de raffinage au monde, surmonté par une énorme cheminée, **Super Stack**, qui domine de 380 m la campagne environnante. Sa construction en 1970 avait pour but de réduire les retombées des émissions de dioxyde de soufre sur la région. Avec succès, puisque quelque 90 % du soufre présent dans le minerai sont récupérés.

caverne creusée dans le roc pour représenter la création du bassin de Sudbury par une météorite. Les expositions mettent l'accent sur l'expérience scientifique directe et la technologie des régions du Nord.

Les visiteurs entrent d'abord dans le hall d'accueil, puis pénètrent par un **tunnel** dans l'impressionnante **caverne rocheuse** (hauteur : 9 m ; diamètre : 30 m) où un film en trois dimensions projeté sur écran géant, accompagné d'effets laser, explique la géologie de la région. Les étages d'exposition sont rejoints par une rampe en spirale qui passe au-dessus de la **faille de Creighton**, fracture géologique de plus de 2 milliards d'années qui a laissé à cet endroit du Bouclier canadien un sillon de 4 m de profondeur. On y a suspendu le squelette d'une baleine trouvé sur l'île d'Anticosti ; il mesure 23 m et pèse 1 800 kg. Les baies vitrées offrent de belles échappées sur le lac Ramsey. L'animation Nature Exchange permet aux enfants de troquer leurs propres trouvailles contre des objets du centre. Un personnel qualifié aide les visiteurs à réaliser des expériences. Au centre de conditionnement physique, par exemple, on mesure sa forme. Dans la section consacrée aux « petites espèces », on découvre le phasme (insecte au corps imitant la forme des tiges) ou encore le porc-épic, mascotte du musée, dont la fourrure s'épaissit en été en raison de la climatisation du bâtiment et s'affine en hiver quand son logis est chauffé. Des sections sont consacrées à la météorologie

● **Soupers fins à Sudbury**

Au centre-ville, le **Pasta e Vino** *(118 Paris St. ☎ 705-674-3050)* concocte ses classiques italiens (pâtes fraîches et poissons) en y ajoutant une pincée d'imagination. Au dessert, le *baccio* sera parfait avec un *expresso granita*. En salle ou sur la terrasse, **Alexandria's** *(211 Shaughnessy St. ☎ 705-688-1453)* propose des plats d'inspiration méditerranéenne (pâtes, poulet, poissons et fruits de mer). À l'Est du cœur de la ville, **Apollo** *(844 Kingsway. ☎ 705-674-0574)* sert une alléchante cuisine grecque depuis 1970. À Sudbury, on évoque avec bonheur la *moussaka* de l'Apollo, qu'il faut absolument goûter.

et aux fossiles, et le Théâtre des découvertes donne régulièrement des spectacles scientifiques.

Des **excursions en bateau** sont organisées sur le lac (♿ *dép. de fin juin à fin sept. AR 1 h. Commentaire à bord. 9,95 $. Cortina Cruise ☎ 705-523-4629)*.

★★**Big Nickel Mine** – *Big Nickel Mine Dr., 5 km à l'Ouest de Science North par Regent St. et Lorne St. ☎ 705-523-4629*. Symbole de Sudbury depuis quatre décennies, le fameux **Big Nickel** qui se dresse près de la mine, est une réplique de la pièce commémorative de cinq sous frappée au Canada en 1951 (9 m de haut pour 60 cm d'épaisseur).

THUNDER BAY★★

113 662 habitants
Carte Michelin n° 583 N 4
Office de tourisme ☎ 807-625-2149 ou www.visitthunderbay.com

Thunder Bay se trouve presque au cœur du sous-continent canadien, au bord du lac Supérieur. Grâce à la situation qu'il occupe, à l'extrémité Ouest du parcours canadien de la voie maritime des Grands Lacs et du Saint-Laurent, c'est un port à la fois important et bien équipé (installations de chargement, malterie, usine d'ensachage, etc.). De nombreuses lignes de chemin de fer et routes déversent sur les quais toutes sortes de marchandises à acheminer vers l'Est : potasse, charbon et, bien sûr, blé des Prairies, temporairement stocké dans neuf énormes élévateurs à céréales dont les imposantes silhouettes dominent la ville.

CURIOSITÉS

★ **Le front de lac** – Du **parc Marina** *(à l'extrémité de Red River Rd. ; ouv. toute l'année)*, on apprécie particulièrement bien le gigantisme des **terminaux céréaliers** et des fameux « laquiers ». Ces bateaux de commerce longs et étroits (222 m x 23 m), adaptés à la navigation sur les Grands Lacs et la voie maritime, peuvent contenir un million de boisseaux de grain, soit la récolte de 20 650 ha ! On remarquera les jetées qui protègent le port des terribles tempêtes du lac Supérieur, fréquentes en automne, dont les vagues peuvent atteindre jusqu'à 12 m. Plus calmes en été, les eaux du lac se prêtent alors chaque semaine à des régates de voiliers.

★ **Points de vue** – Thunder Bay est encerclée de collines faisant partie du Bouclier canadien. Sa vaste baie est fermée par une péninsule longue de 40 km, appelée **Sleeping Giant** (le géant endormi), qui dessine un profil de chef amérindien.

★ **Mont McKay** – *À l'extrémité de Mountain Rd. (sur la réserve amérindienne)*. Ce mont au sommet plat (488 m) est le point culminant de la chaîne Northwester. Du promontoire à 180 m d'altitude, **vue** par beau temps sur la ville et son port, dont le Sleeping Giant garde l'entrée.

★ **Hillcrest Park** – *High St., entre John St. et Red River Rd*. Situé sur des hauteurs dominant Port Arthur, le parc ménage des **vues** du port et de ses élévateurs, et au loin, du Sleeping Giant et des îles qui ferment la baie.

★★ **Old Fort William** – *16 km au Sud par Broadway Ave (voir carte ci-après)*. ⅃ *De mi-mai à mi-oct. : 9 h-18 h. 12 $.* ☎ *807-473-2344. www.oldfortwilliam.on.ca.* ⊡ C'est une excellente reconstitution de l'ancien comptoir, au bord de la Kaministikwia, sur la route des canots vers le Nord-Ouest. Du centre d'accueil, un sentier à travers bois mène à la haute palissade qui protégeait cette petite ville fortement organisée. Le fort comprend une cinquantaine de bâtiments (certains surélevés en raison des inondations) dont une ferme, des campements indiens, une officine d'apothicaire et une prison. Aujourd'hui, des guides en costumes d'époque recréent l'atmosphère d'antan : les associés discutent affaires dans la grande maison du conseil ; les magasins sont gorgés de fourrures et de marchandises de troc ; aux ateliers, on s'affaire à fabriquer des articles en étain et à réparer barils, canots en écorce de bouleau et autres embarcations.

Old Fort William

273

EXCURSIONS

★★ Kakabeka Falls – *29 km à l'Ouest par la Transcanadienne (route 17).* &♿ *Parc provincial ouv. toute l'année. Voitures admises de mi-mai à déb. oct. 9 $/voiture.* ☎ *807-473-9231. www.ontarioparks.com.* De larges dalles de schiste forment un escalier géant où la rivière dévale au total 39 m. Les chutes représentaient jadis le premier obstacle à franchir par les voyageurs quittant Fort William. Les rives boisées et la tranquillité du lieu ajoutent à la grandeur et à la beauté des chutes. Du pont qui enjambe la rivière, belle vue sur la gorge qui s'éloigne vers Thunder Bay.

★★ Rive Nord du lac Supérieur (North Shore Lake Superior) – *211 km jusqu'à Schreiber par la Transcanadienne.* La région offre, au Nord-Est de Thunder Bay, quelques paysages spectaculaires.

Terry Fox Monument – *1 km à l'Est de Hodder Ave.* Ce beau monument de bronze commémore les efforts héroïques de **Terry Fox** pour collecter des fonds destinés à la lutte contre le cancer. Cette maladie lui ayant fait perdre sa jambe droite à l'âge de 18 ans, il entreprit, en 1980, une marche qui devait lui faire traverser le Canada à partir de Terre-Neuve. Deux mois après son départ, parvenu près de Thunder Bay, il fut forcé d'abandonner car la maladie l'avait repris. Il mourut en 1981. Le monument à sa mémoire surplombe le lac Supérieur.

★ Sleeping Giant Provincial Park – *Prendre la route 587 au km 51.* &♿ *De fin mai à mi-oct. Pistes de ski de fond janv.-mars. 8,50 $/voiture.* ☎ *807-977-2526. www.ontarioparks.com.* Cet agréable parc occupe presque toute la péninsule du Sleeping Giant. On y trouve de hautes falaises et de belles **vues**★ sur le lac Supérieur. Au bout de la route subsistent les restes du village de Silver Islet, sur un îlot près du rivage où l'on découvrit en 1868 un riche filon d'argent. Ce filon vertical rapporta 300 millions de dollars jusqu'en 1884, lorsque le puits, qui avait atteint 400 m de profondeur, fut inondé.

Mine d'améthyste – *Au km 56, prendre E. Loon Rd. sur 8 km.* &♿ *Juil.-août : 10 h-21 h ; de mi-mai à fin juin et de déb. sept. à mi-oct. : 10 h-17 h. 3 $.* ☎ *807-622-6908. www.amethystmine.com.* L'améthyste est une variété de quartz très répandue sur la rive Nord du lac Supérieur. Dans cette mine à ciel ouvert, on peut librement ramasser les améthystes en payant un droit à la sortie *(2 $ la livre)* et acheter des pierres polies.

★★ Canyon Ouimet – *Au km 76, prendre à gauche une route (signalée) sur 12 km. De fin mai à mi-oct. : du lever au coucher du soleil.* ☎ *807-977-2526. www.ontarioparks.com.* Dans le plateau boisé s'ouvre soudain un spectaculaire canyon aux falaises verticales et au fond tapissé de rocailles. Large de 150 m, profond de 100 m, il s'étire sur 1,6 km, longé quelque temps par un sentier qui borde l'abîme. Le froid et l'ombre règnent au fond de la gorge, où seules quelques plantes arctiques s'accrochent à la roche nue.

À la hauteur de l'embranchement de Red Rock *(sur la Transcanadienne)* se dresse une falaise (3 km de long sur 210 m de haut) qui doit sa couleur rouge et son nom, **Red Rock Cuesta**, à la présence d'hématite.

★★ Baie de Nipigon – *88 km, de Nipigon à Schreiber.* Après avoir franchi la rivière Nipigon, la route suit le rivage et offre constamment des **vues**★★ sur les îles et la côte de la baie, où rochers et conifères composent un paysage typique des rives du lac Supérieur.

■ Le Grand Rendez-vous

La vocation commerciale du lieu remonte à l'époque de la Compagnie du Nord-Ouest, quand Fort William était la plaque tournante d'un immense réseau de commerce des fourrures. De l'Athabasca à Montréal, les peaux devaient parcourir quelque 5 000 km, d'où l'idée de créer le **Great Rendezvous** de Fort William : les « hivernants », qui avaient commercé avec les Amérindiens durant l'hiver, descendant les rivières dès la débâcle, y retrouvaient en juillet les équipes venues de Montréal les approvisionner en marchandises de troc. Après six semaines de réjouissances et, pour les responsables, de discussions sur l'attitude à observer vis-à-vis de la Compagnie de la baie d'Hudson rivale, chacun repartait de son côté. La réorganisation consécutive à la fusion de 1821 avec la Compagnie de la baie d'Hudson supprima le Rendez-vous, mais le commerce des fourrures persista à Fort William jusqu'à la fin du 19ᵉ s. En 1970, les villes de **Fort William** et **Port Arthur** furent réunies pour former Thunder Bay. Chaque année *(juil.)*, le Grand Rendez-vous est mis en scène dans le fort reconstitué.

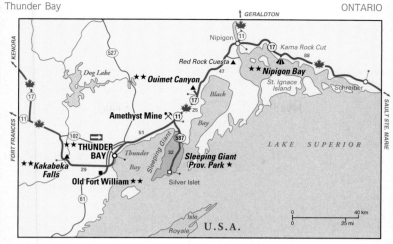

Au lieu dit Kama Rock Cut *(27 km après Nipigon)*, la **vue**★★ sur la baie de Kama est particulièrement belle. À cet endroit, il a fallu tailler la route dans la roche : cette section de la Transcanadienne ne date que de 1960, et l'on peut imaginer les difficultés qu'eurent à surmonter les ingénieurs du Canadien Pacifique pour y asseoir la voie ferrée à la fin du 19ᵉ s.

275

TORONTO★★★

Zone métropolitaine : 4 682 897 habitants
Carte Michelin n° 583 R6
Office de tourisme ☎ 416-203-2500 ou www.tourismtoronto.com

Dynamique, cosmopolite, stimulante, Toronto est le cœur culturel et financier du Canada. La plus vaste métropole du pays est également une des villes les plus peuplées d'Amérique du Nord. La capitale de l'Ontario jouit d'une économie ferme, soutenue par les biotechnologies, les nouveaux médias, l'industrie du cinéma et les productions télévisées. Ville pluriculturelle en mouvement, Toronto bénéficie d'un centre-ville animé et de quartiers pittoresques, d'une activité culturelle, artistique et théâtrale d'envergure mondiale, de trésors architecturaux, d'équipes sportives professionnelles, de quartiers commerçants et de restaurants à la mesure de ses ambitions, mais aussi de multiples infrastructures de loisirs. Elle est aux portes des chutes du Niagara, de Cottage Country (à moins de 2 heures de route) et d'une multitude de curiosités touristiques.

Toronto se trouve au Sud-Est de la province, au centre du **Golden Horseshoe**, croissant de 60 km de large allant d'Oshawa à Hamilton, où se concentrent plus du quart des moyens de production du Canada. Elle s'étale sur près de 600 km² sur la rive Nord du **lac Ontario** où un chapelet d'îles lui dessine une rade bien protégée. Une terrasse, à 5 km environ du rivage, marque l'ancienne rive du lac Iroquois qui précédait le lac actuel. Cet épaulement de terrain, et les ravines creusées par des rivières comme le **Humber** à l'Ouest et le **Don** à l'Est sont les seuls reliefs d'un site autrement plat.

Un peu d'histoire

Le « passage de Toronto » – À la fin du 16ᵉ s., les **Hurons** et les **Pétuns** abandonnèrent la rive Nord du lac Ontario à la belliqueuse **Confédération iroquoise**. Les Iroquois purent ainsi contrôler le marché des fourrures, avant d'être à leur tour chassés des lieux par les marchands français. Ces derniers connaissaient très bien le « passage de Toronto », raccourci emprunté par les autochtones, qui leur permettait de se rendre du lac Ontario au lac Huron en empruntant rivières et sentiers.

York – La région avait été visitée dès 1615 par **Étienne Brûlé**, l'un des compagnons de voyage de Champlain. Vers 1720, les Français construisirent sur le site actuel de la ville un comptoir de fourrures qu'ils nommèrent **Fort Rouillé**, mais ce dernier ne connut qu'une brève existence : en 1759, lors de la guerre de Sept Ans, il fut incendié par sa propre garnison pour ne pas tomber aux mains des Britanniques. il fut décidé en 1793 de fonder la capitale du Haut-Canada *(voir p. 243)* sur un terrain acheté en 1787 aux Amérindiens **Mississaugas** par l'intermédiaire de Lord Dorchester, gouverneur général du Canada. La ville, baptisée **York** en hommage au fils de George III, connaissait alors un faible développement.

Tour du CN

En 1813, une flotte américaine arriva devant la ville, s'en empara et mit feu à l'Assemblée à quelques autres bâtiments importants. En guise de représailles, en 1814, les troupes britanniques incendièrent en partie Washington. Pour cacher les dégâts causés par la fumée sur le palais présidentiel, on le badigeonna de peinture blanche, d'où son nom de Maison-Blanche.

La rébellion du Haut-Canada – À York et dans tout le Haut-Canada, le pouvoir était exercé par un petit groupe d'hommes riches aux fortes attaches britanniques, **Family Compact**, élite très fermée qui choisissait en son sein tous les responsables de postes officiels. Mais à partir de 1814 York se développa, grossie de vagues d'immigrants qui fuyaient les difficultés économiques nées en Grande-Bretagne des guerres napoléoniennes, et qui entendaient participer au pouvoir. Élu en 1828 à l'Assemblée législative, le fondateur du journal The Colonial Advocate, **William Lyon Mackenzie** (1795-1861), devint le chef de l'aile radicale du Parti réformateur et l'adversaire désigné du Family Compact. En 1834, York était érigée en municipalité et rebaptisée Toronto, mot huron signifiant « point de rencontre » ; l'année suivante, Mackenzie en devint le premier maire. Un an plus tard, le gouverneur, **Francis Bond Head**, dissolvait l'Assemblée et les élections voyaient cette fois la défaite des réformateurs.
Ceux-ci en appelèrent à Londres pour obtenir un gouvernement responsable : en vain. Mackenzie passa alors à la révolte armée. En décembre 1837, profitant de l'absence de la garnison appelée au Bas-Canada, il réunit ses partisans et marcha sur Toronto : il voulait s'emparer de la mairie et créer un gouvernement provisoire. En ville, de loyaux citoyens formèrent une milice qui se dispersa à la première escarmouche, tandis que de leur côté les troupes rebelles, elles aussi prises de panique, s'éparpillèrent avant de réaliser leur victoire. Le lendemain, l'arrivée de renforts gouvernementaux, commandés par le colonel Allan MacNab, mit fin à l'insurrection. Deux rebelles furent exécutés et Mackenzie s'enfuit aux États-Unis, pour n'être autorisé à revenir au Canada qu'en 1849.
La rébellion, accompagnée d'un mouvement similaire à Montréal (voir p. 321), réussit à attirer l'attention de Londres ; la création du Canada-Uni et celle d'un gouvernement représentatif du Québec en furent les conséquences directes.

Diversité des communautés – En 1941, Toronto était encore anglo-saxonne à 80 %, mais depuis la fin de la Seconde Guerre mondiale, cette ville si homogène s'est ouverte aux immigrants du monde entier. Aujourd'hui, Italiens, Allemands, Ukrainiens, Néerlandais, Polonais, Scandinaves, Portugais, Indiens, Chinois, Antillais et autres ont fait de Toronto leur patrie, et l'ont enrichie d'une vivifiante diversité culturelle. **Kensington Market** (Kensington Ave., à l'Est de Spadina St. et au Nord de Dundas St.) et les rues adjacentes, avec leurs boutiques et leurs étalages, sont le domaine des communautés portugaise et indienne (meilleures périodes de visite : lun.-sam., le matin). Lui aussi très animé, avec ses étals, **Chinatown** (Dundas St., entre Elizabeth St. et Spadina St.) est l'un des plus grands quartiers chinois d'Amérique du Nord. Toronto compte également un quartier italien (à l'angle de College St. et St. Clair Ave., à l'Ouest de Bathurst St.) plein des charmes du vieux pays. **Greektown** (Danforth Ave., entre Coxwell et Broadview ; ● Chester) offre de nombreux cafés, des marchés et de sympathiques échoppes regorgeant de délicieuses spécialités grecques. **Queen Street West**, particulièrement active entre Spadina Street et John Street, est devenue un lieu pittoresque avec ses bistrots à la mode, ses bouquinistes insolites et ses boutiques de jeunes stylistes.

Toronto aujourd'hui – En 1998, les six municipalités composant le Grand Toronto (North York, Scarborough, Toronto, York, East York et Etobicoke) ont fusionné. Avec près de 2,5 millions d'habitants, la nouvelle agglomération torontoise compte parmi les plus vastes métropoles d'Amérique du Nord. Ayant acquis maturité et richesse, elle

---

■ Danforth Avenue, la Grecque

Le quartier grec de Toronto (www.greektowntoronto.com) est un des plus agréables à parcourir, l'avenue étant bordée de boutiques et de restaurants chic, souvent avec patio. Parmi les plus courus figurent **Myth** (voir le carnet d'adresses de Toronto) et **Pappas Grill** (440 Danforth Ave. ☎ 416-469-9595), renommé, côté hors-d'œuvre, pour son houmous fait maison accompagné de tzatziki ainsi que, côté plat de résistance, ses pizzas cuites dans un four en argile. **Romancing the Home** (511 Danforth Ave. ☎ 416-461-4663) propose des cadeaux originaux et des créations de designers pour la maison. On pourra fouiller parmi la vaisselle peinte à la main, les plantes pour le bain ou des objets en provenance d'Afrique (miroirs, raphia, coussins, tapis marocains). Ceux qui voyagent avec leurs enfants les emmèneront chez **Suckers** (450 Danforth Ave. ☎ 416-405-8946) et ses tentations sucrées (bonbons et glaces de grande qualité) entre autres. Greektown accueille le festival **Taste of the Danforth** (2e w.-end d'août, www.tasteofthedanforth.com), et le quartier bourdonnant d'activité devient une zone piétonne animée de spectacles de rue, d'étals et de défilés de mode ; plaisir assuré pour toute la famille.

se contentait il y a peu de se reposer sur ses lauriers ; elle se tourne aujourd'hui résolument vers l'avenir. Sa candidature à l'organisation des Jeux olympiques de 2008 lui
a permis d'entamer un plan de développement ambitieux (poursuivi bien que Pékin
ait été choisie). Un des grands projets urbains est la mise en valeur d'un front de lac
quelque peu négligé : création d'un nouveau centre-ville, d'un espace vert et d'une
promenade en bordure de lac et, surtout, un éventuel nouveau tracé pour la voie
express Gardiner, une horreur qui sépare, à l'heure actuelle, la ville de son lac, de ses
îles et de leurs espaces verts.
La réhabilitation d'une partie de Dundas Street et Yonge Street en un quartier nommé
Dundas Square, inauguré au printemps 2001, donne un coup de fouet à une ville qui en
a bien besoin. Une identification visuelle ultramoderne, comme celle de Times Square à
New York ou de Piccadilly Circus à Londres, contribue à sa transformation en un espace
convivial, animé et contemporain. À l'angle opposé, le nouveau centre commercial et de
loisirs **Metropolis** a ouvert ses portes à la même période ; il renferme une salle de concert,
des boutiques de marque, des restaurants, des bars et 30 salles de cinéma.

Le symbole ● indique une station de métro.

★★ LE FRONT DE LAC *plans p. 285 et 289*

Construit en grande partie sur les rives du lac, entre 1850 et 1950, pour recevoir
les installations grandissantes du port, le quartier au Sud de Front Street renferme
aujourd'hui les réalisations les plus avancées de Toronto (comme la tour du CN ou
Skydome) et constitue un remarquable projet de revitalisation urbanistique.
Plusieurs quais réhabilités accueillent des boutiques, des galeries, des salles de spectacles, des restaurants, des écoles de voile ainsi que Molson Place, théâtre à ciel
ouvert.

Pour accéder au SkyDome et à la tour du CN, descendre à la station de métro
Union, puis emprunter **Skywalk**, *passerelle couverte contenant des restaurants et*
des boutiques de souvenirs.

■ Spectacles à gogo

Principal centre culturel urbain du Canada anglophone, Toronto s'enorgueillit d'un orchestre symphonique et des chœurs Mendelssohn (Roy
Thomson Hall), de concerts (Massey Hall), du Ballet national du Canada, du
Toronto Dance Theatre, du Premiere Dance Theatre (Harbourfront Centre)
et de la Canadian Opera Company (Hummingbird Centre). Le Royal Alexandra Theatre, le Princess of Wales Theatre, le St. Lawrence Centre for the
Arts et l'Elgin and Winter Garden Theatre Centre présentent des œuvres
théâtrales et musicales classiques et contemporaines.

En automne, la ville organise un des plus grands fes-
tivals de cinéma du monde, et l'été apporte une
grande variété de distractions de plein air. Plusieurs événements annuels attirent nombre
de visiteurs : **Canadian National Exhibition** *(parc*
des expositions ou Exhibition Grounds, de
fin août à déb. sept.) a la réputation d'être
la plus grande exposition du monde ; **Metro**
International Caravan est un festival culturel
des ethnies *(mi-juin)* ; **International Dragon**
Boat Festival est une fête chinoise *(juin)* ; et
Caribana est une fête antillaise avec steel
bands et discothèques flottant sur le lac
(de mi-juil. à déb. août).
Les événements sportifs sont nombreux :
le base-ball avec les Toronto Blue Jays, les
régates annuelles de canoë et d'aviron
(1er juil.), les concours hippiques *(en parti-*
culier Royal Agricultural Winter Fair), le football et les courses automobiles. L'équipe de
basket-ball des Toronto Raptors et l'équipe de
hockey des Maple Leafs jouent régulièrement
dans un nouveau complexe sportif, Air Canada
Centre (1999). L'infrastructure sportive la plus
récente est le club de golf CityPlace *(Spadina*
Ave. entre Front St. et Lakeshore Blvd.
☎ *416-640-9888. www.golfcitycore.com)*,
un 9 trous ouvert au public.

R. Corbel/MICHELIN

Danseuse de Caribana

RENSEIGNEMENTS PRATIQUES   Indicatif téléphonique : 416

Puisque la zone du Grand Toronto comporte plusieurs indicatifs, il faut doréna-vant composer les 10 chiffres du numéro (indicatif plus numéro) pour tous les appels locaux à l'intérieur de cette zone Pour plus d'informations : ☎ *800-668-6878 ou www.bell.ca/dialten*

Comment s'y déplacer

Transports publics – Le réseau de la Toronto Transit Commission (TTC) comprend bus, tramways et métro *(6 h-1 h30, dim. 9 h-1 h30)*. Le billet adulte coûte 2,25 $ aller simple pour tout trajet sans interruption, le forfait à la journée 7,50 $, 10 jetons 18 $ *(faire l'appoint)*. Les correspondances avec bus et tramways sont gratuites ; plans et horaires du réseau disponibles. Renseignements : ☎ 416-393-INFO. www.ttc.ca

Voiture – La meilleure façon de découvrir Toronto est de marcher et, pour les longues distances, d'emprunter les transports publics, car les rues sont souvent encombrées et le stationnement parfois problématique. Toronto pratiquant une mise en fourrière systématique, se garer dans les endroits autorisés. Pour plus de détails sur les **parkings** à Toronto, composer le ☎ 416-393-7275. **Location de voitures** : Avis ☎ 416-777-AVIS ; Hertz ☎ 416-620-9620 ; National ☎ 416-922-2000.

Taxis – Co-op ☎ 416-504-2667. Diamond ☎ 416-366-6868. www.diamondtaxi. on.ca. Metro Cab ☎ 416-504-5757.

Trolleys – Gray Line Tours ☎ 416-594-3310.

À savoir

Où s'informer et se loger – **Hôtels** et **motels** *(voir liste des principales chaînes p. 32) :* s'adresser à Tourism Toronto ☎ 416-203-2500 ou 800-363-1990. www.torontotourism.com. Services de réservation hôtelière : Utell International ☎ 800-448-8355 ; Abodes of Choice B&B Association of Toronto ☎ 416-537-7629 ; B&B Homes of Toronto ☎ 416-363-6362 ; Downtown Toronto Association of B&B Guest Homes ☎ 416-368-1420. Centre d'accueil de l'Ontario situé au Niveau 1, Eaton Centre, 220 Yonge St., *(tlj sf w.-end 9 h-17 h).*

Presse locale – Quotidiens : *Toronto Star, Toronto Sun Globe and Mail et The National Post.* Hebdomadaires : *L'Express* (Francophone news). Magazine mensuel : *Toronto Life.* Guides gratuits : (spectacles, magasins, restaurants, *www.torontolife.com) Eye (hebdomadaire ; www.eye.net), Where (mensuel ; www.wheretoronto.com) et Now (hebdomadaires ; www.nowtoronto.com).*

Numéros utiles   ☎

Police/Ambulances/Pompiers	911 (urgences) ou 808-2222
Aéroport de Toronto (Pearson)	905-676-3506
Union Station (gare VIA Rail), *Front St. & Bay St.*	366-8411
Gare routière, *610 Bay St.*	393-7911
CAA, *461 Young St.*	221-4300
Dépannage CAA (24 h/24)	222-5222
Pharmacie (24 h/24)	493-1220
Grande poste, *25 The Esplanade*	979-8822
État des routes	235-1110
Météo (24 h/24)	661-0123

À faire

Info-loisirs – Consulter les suppléments Arts et Spectacles *(numéro du jeudi)* de la presse locale pour obtenir la liste des manifestations culturelles et l'adresse des principaux théâtres et salles de concert. Réservation possible des billets pour les événements culturels par l'intermédiaire de Ticketmaster *(*☎ *416-870-8000 ou 416-872-1111 ; www.ticketmaster.ca ; principales cartes de crédit accep-tées).* T.O. Tix, ☎ 416-536-6468, propose également des billets à moitié prix pour des représentations données le jour même de l'achat ; ces billets doivent être retirés en personne auprès du guichet de Eaton Centre, sur Yonge Street *(côté Nord, niveau métro ; principales cartes de crédit acceptées).* Réservations pour les théâtres Royal Alexandra et Princess of Wales ☎ 416-872-1212. Sites Internet utiles : www.torontolife.com (événement, restaurants, sorties en soirées) ; www.whatsuptoronto.com (arts, théâtre, musique) ; www.martiniboys.com (répertoire des restaurants, clubs et pubs branchés).

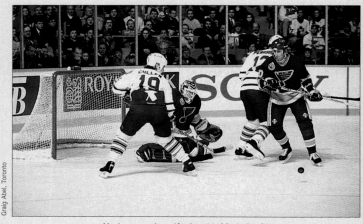

Craig Abel, Toronto

Hockey sur glace (équipe des Maple Leafs)

Sports-spectacles – **Base-ball** : Toronto Blue Jays, saison avr.-oct. à SkyDome, ☎ 416-341-1111 ; *www.bluejays.ca.* **Hockey sur glace** : Toronto Maple Leafs, saison oct.-avr. À Air Canada Centre, renseignements ☎ 416-815-5500, billets ☎ 416-872-5000. **Football américain** : Toronto Argonauts, saison de mi-juin à fin nov. à SkyDome, renseignements ☎ 416-489-2745 ; www.argonauts.on.ca, billets ☎ 416-872-5000. **Basket-ball** : Toronto Raptors, saison nov.-avr., à Air Canada Centre, billets ☎ 416-366-3865.

CARNET D'ADRESSES

Voir légende p. 111 et 114.

Se loger à Toronto

Sutton Place – *955 Bay St. 294 ch.* ✗ ⴕ 🅿 ⬈ ☎ *416-924-9221 ou 800-268-3790. www.suttonplace.com.* **$$$$$** Cet établissement stylé installé dans le quartier chic de Yorkville possède un charme et une discrétion très « Ancien Monde » alliés à un confort contemporain. Marbres, tapis opulents, meubles anciens et immenses bouquets de fleurs fraîches agrémentent le hall à l'européenne. Les appartements spacieux, récemment rénovés et dotés d'un mobilier traditionnel, présentent toutes les installations nécessaires aux voyageurs d'affaires. Pendant la durée du Festival international du film, l'hôtel est cerné d'une foule venue à la chasse aux autographes.

Windsor Arms – *18 St. Thomas St. 28 ch.* ✗ ⴕ 🅿 ⬈ 🆂🅿🅰 ☎ *416-971-9666 ou 877-999-2767. www.windsorarmshotel.com.* **$$$$$** Cet hôtel de grand luxe situé dans une rue tranquille proche de York et de la frénésie de Bloor Street est une parfaite illustration de l'architecture néogothique (1927), qui n'oublie ni les bannières flottant au vent ni l'entrée fortifiée. Le cadre, où haute technologie et tradition se côtoient, est composé de 26 suites et 2 chambres luxueuses de style contemporain juxtaposant des accès Internet, des télécopieurs, des lecteurs DVD ou des jacuzzis et des cheminées ou de riches étoffes. Le célèbre salon de thé Tea Room *(voir p. 286)* se transforme en bar à champagne et caviar en soirée, et le Club 22 propose danse, cocktails et cigares. Au restaurant **Courtyard Café ($$$$)**, un cadre formel et un service impeccable parachèvent une excellente table continentale.

The Fairmont Royal York – *100 Front St. 1 365 ch.* ✗ ⴕ 🅿 ⬈ 🆂🅿🅰 ☎ *416-368-2511 ou 800-866-5577. www.fairmont.ca.* **$$$$** Ce palais à la noble façade reconnaissable entre toutes représente la quintessence de l'hôtellerie. Tout, du hall imposant avec ses balcons intérieurs et ses lustres aux grandes salles de bal, respire la majesté et l'aura d'une élite à l'échelle du monde. Rois, Premiers ministres, trois générations de membres de la famille royale britannique et un nombre incalculable de célébrités ont séjourné dans ces murs. Fers, planches à repasser ou machines à café figurent au nombre des prestations dans les chambres (la plupart sont dotées d'un accès Internet).

Le Royal Meridien King Edward – *37 King St. E. 294 ch.* ✗ ⴕ 🅿 ☎ *416-863-9700 ou 800-543-4300. www.lemeridien-kingedward.com.* **$$$$** Le « King Eddie », comme on l'a surnommé ici, date de 1903 et du règne d'Édouard VII. Colonnes de marbre, plafonds voûtés, ameublement d'époque et somptueux arrangements floraux sont aujourd'hui la marque du premier hôtel entièrement ignifugé de la ville, conçu par E. J. Lennox, architecte de l'ancien hôtel de ville (Old City Hall). Un immense piano trône dans le hall, d'où les visiteurs accèdent facilement aux boutiques et aux services de l'hôtel. Les chambres édouardiennes sont dignes d'une personnalité royale (acajou, marbre et étoffes luxueuses). Coiffé d'un plafond baroque surplombant une forêt de palmiers, le restaurant de l'hôtel, **Café Victoria ($$$)**, met son cadre ravissant à la disposition des convives.

Metropolitan – *108 Chestnut St. 426 ch.* ✗ ♿ 🅿 🏊 ☎ *416-977-5000 ou 800-668-6600. www.metropolitan.com.* **$$$$** Des lignes pures et claires trahissent l'influence asiatique de cet établissement du centre-ville. Un hall ouvert sur deux étages à sol de marbre, boiseries et rampes de cuivre étincelant, accueille les visiteurs. Bois blond, verre et couleurs neutres encadrent duvets profonds, linge italien et coffres-forts privés. Le restaurant **Lai Wah Heen ($$$)**, dont le nom signifie « établissement luxueux », est une des meilleures tables cantonaises de la ville.

Toronto Colony – *89 Chestnut St. 721 ch.* ✗ ♿ 🏊 ☎ *416-977-0707 ou 800-387-8687. www.colonyhoteltoronto.com.* **$$$$** Proche de l'hôtel de ville, de Eaton Centre et de Chinatown, cet hôtel très fréquenté offre un bon rapport qualité-prix. La rénovation qui vient de s'achever lui a donné un nouveau visage chic. Figurent parmi les installations une salle de gymnastique et trois salles à manger : le Deweys Irish Pub, le bistrot Chestnut Tree et le restaurant chinois The Bayview Garden.

Cawthra Square – *10 Cawthra Square, 512 Jarvis St. et 111 Gloucester Square 33 ch.* 🅿 Spa ☎ *416-966-3074 ou 800-259-5474. www.sleepwithfriends.com.* **$$$** Trois maisons restaurées, situées à quelques pas de Church Street Village, le quartier homosexuel de Toronto, proposent des chambres d'hôte : celle de Cawthra Square est de style édouardien, celles de Jarvis Street et Gloucester Square sont victoriennes. Séparées par deux minutes de marche, elles proposent des lits en fonte, des ventilateurs de plafond ainsi que le téléphone. La plupart des chambres sont dotées d'une salle de bains et d'une terrasse privée. Le séjour est couronné par un petit déjeuner buffet servi de 7 h 30 à 13 h. Le prix comprend un thé à l'anglaise l'après-midi, et les résidents peuvent se faire servir boissons et en-cas 24 h/24. Il faut rendre une petite visite au centre de remise en forme de Cawthra Square.

Hotel Victoria – *56 Yonge St. 64 ch.* ✗ ♿ 🅿 ☎ *416-363-1666 ou 800-363-8228. www.toronto.com/hotelvictoria.* **$$$** Ce petit établissement à quelques pas des théâtres, des boutiques, des restaurants et du Hockey Hall of Fame est écrasé par les gratte-ciel de Yonge Street. Les petites chambres, toutes de bois sombre et de tons pêche et gris, sont dotées des prestations de base. Les chambres de catégorie luxe sont équipées de fers et planches à repasser, de petits réfrigérateurs et de machines à café. Un petit déjeuner continental est compris dans le prix.

Strathcona Hotel – *60 York St. 194 ch.* ✗ 🅿 ☎ *416-363-3321 ou 800-268-8304. www.thestrathconahotel.com.* **$$$** Faisant face à la gare Union Station, au cœur du quartier financier, cet hôtel récemment rafraîchi possède un hall agréable qui donne sur l'active York Street. Les chambres standard, plutôt petites, sont nettes et confortables, avec sèche-cheveux, cafetières et planches à repasser. Les chambres pour clientèle d'affaires sont munies d'accès Internet et de lignes téléphoniques doubles. La clientèle de l'hôtel a accès à une salle de gymnastique voisine.

The Residence College Hotel – *90 Gerrard St. W. 420 ch (dont 30 doubles).* 🏊 ☎ *416-351-1010. www.theresidence.net.* **$$** Cet ancien foyer d'infirmières proche de l'hôpital propose un hébergement modeste et propre. Toutes les chambres ont des lits à une place, un bureau, un téléphone et un thermostat de chauffage/climatisation. Les salles de bains à l'européenne sont communes, ainsi que le salon de télévision, la cuisine équipée et la lingerie, présents sur chacun des 15 étages. Son point fort est le centre de remise en forme avec sa grande piscine, ses deux courts de squash et sa salle de musculation *(accessibles gratuitement aux clients de l'hôtel)*.

Se restaurer à Toronto

Canoe – *66 Wellington St. W.* ♿ ☎ *416-364-0054. www.oliverbonacini. com.* **$$$$ Cuisine canadienne.** L'établissement, perché au 54ᵉ étage de la tour Toronto Dominion Bank, domine le port et les îles. Un décor minimaliste mêlé de matériaux rustiques (pin, crépi) crée une atmosphère sans prétention mais confortable. Le Canoe accueille principalement une clientèle d'affaires, alléchée par sa grande cuisine canadienne rehaussée d'un service parfait. Parmi les spécialités : filet de cerf de l'Alberta, omble de l'Arctique et salade de homard des Provinces maritimes.

Splendido – *88 Harbord St.* ♿ ☎ *416-929-7788. www.splendidoonline.com.* **$$$$ Cuisine internationale**. L'établissement offre un choix exceptionnel de produits canadiens frais avec une pointe de Méditerranée. Les vins, issus de l'Ancien et du Nouveau monde, accompagnent à merveille la soupe de crabe aux asperges vertes de l'Ontario, le steak tartare (bœuf de l'Alberta) et ses pommes frites, ou le flétan de l'Alaska à la provençale. Pour clôturer le festin, on pourra choisir une crème brûlée à la vanille ou le plateau de fromages de toutes origines servis avec les fruits secs du Niagara et un pain aux noix.

Courthouse Market Grill – *57 Adelaide St.* ☎ *416-214-9379. www.libertygroup. com.* **$$$ Cuisine continentale**. Un ancien palais de justice méticuleusement restauré et entretenu accueille aujourd'hui un grand restaurant, rehaussé par les colonnes, les marbres, les plafonds à caissons et un majestueux escalier. Il propose en entrée une tarte chaude au fromage de chèvre ou des moules vapeur. La carte des plats est tournée vers les grillades et les viandes rôties. Le romantique patio paysager offre l'agrément de repas en plein air dans le centre-ville. Ne pas oublier de jeter un coup d'œil à l'ancienne prison située près des toilettes.

Sassafraz – *100 Cumberland St.* ☎ *416-964-2222. www.cafesassafraz.com.* **$$$ Cuisine californienne/française**. Ancré à l'un des carrefours les plus importants de Toronto *(à l'angle de Cumberland St. et Bellair St.)*, ce restaurant branché permet d'apercevoir de nombreuses célébrités (Mick Jagger, Glenn Close, Denzel Washington). Une carte de brasserie (moules, croque-monsieur, salade niçoise) est proposée le midi aux tables du patio fleuri qui donne sur Cumberland St. La salle à manger-véranda jaune et ensoleillée est fleurie toute l'année. La créativité est à l'honneur : saumon de l'Atlantique en croûte de riz au beurre blanc ou médaillon de veau et gratin dauphinois à la truffe blanche. Ne pas rater le brunch sur une musique de jazz le samedi et le dimanche.

Southern Accent – *595 Markham St. Soir uniquement.* ☎ *416-536-3211. www.southernaccent.com.* **$$$ Cuisine cajun/créole**. Ce restaurant à la mode, installé dans une ancienne demeure victorienne de Mirvish Village, attire une clientèle hétéroclite. De petites salles à l'éclairage d'ambiance sont dispersées aux différents étages et l'on peut également s'installer dans le patio. Plongez-vous dans l'ambiance du Mardi Gras avec un martini créole à la vodka et au piment cajun. Parmi les favoris toujours présents (la carte est changée tous les mois) : *jambalaya* créole ou foies de volaille. Tout est à la carte, y compris les accompagnements et le succulent pain de maïs. S'il est proposé, finissez votre repas avec le pudding N'Awlins nappé de sauce au bourbon Wild Turkey.

Le Papillon – *16 Church St. Fermé lun.* ♿ ☎ *416-363-0838. www.lepapillon.ca.* **$ Crêperie**. Ce restaurant rustique (une des rares crêperies de Toronto), installé dans une rue calme près de Hummingbird Centre, sert une cuisine française et

★★★**CN Tower** – *Entrée à l'angle de Front St. et John St.* ● *Union, puis par Skywalk.* ♿ *Juin-oct. : 8 h-23 h ; le reste de l'année : 9 h-22 h (ven. et sam. 23 h). Fermé 25 déc. 15,99 $.* ☎ *416-868-6937. www.cntower.ca.* Pôle d'attraction populaire (près de 2 millions de visiteurs par an), la tour de béton du CN se flatte d'être la structure autoportante la plus haute du monde. Son gigantisme (plus de 553 m de haut, soit un total de 180 étages) et sa forme audacieuse, effilée comme une fusée, en font le symbole de la ville.

La tour (1976), construite par la compagnie ferroviaire Canadien National, est surmontée d'une puissante antenne de communication. Elle dessert les stations de radio FM et les chaînes de télévision dont les émetteurs garnissent le mât.

Les visiteurs peuvent manipuler des ordinateurs interactifs et ressentir des émotions virtuelles en se rendant à la « bulle » de plusieurs étages (ouverte en 1998) située à la base, où ils visionneront également des présentations vidéo.

En moins de 58 secondes, ils sont propulsés à 346 m (presque la hauteur de l'Empire State Building) par l'un des six ascenseurs extérieurs jusqu'au **niveau panoramique**, nacelle d'acier de sept étages. De la galerie d'observation, le **panorama**★★ sur la ville, la banlieue, le lac et ses rives est superbe et donne une orientation vivante de Toronto *(des panneaux indiquent les différents édifices et les parcs)*. À l'étage inférieur, les visiteurs intrépides pourront s'asseoir ou marcher sur un **sol transparent** offrant une vue vertigineuse de la rue, quelque 342 m plus bas... Et la vue est imprenable du restaurant pivotant le plus élevé au monde, **360 Restaurant** *(réservation recommandée ☎ 416-362-5411)* !

Pour les cœurs vraiment bien accrochés, un ascenseur intérieur permet d'atteindre, 33 étages plus haut, une seconde galerie d'observation appelée **Skypod**. De cet anneau vitré en forme de soucoupe volante, à 447 m au-dessus du sol, le **panorama**★★★ sur la ville et sur le lac Ontario est spectaculaire. La sensation d'altitude est renforcée par les avions du Toronto Island Airport que l'on voit passer en dessous. Lorsque la visibilité est bonne, la vue embrasse un rayon de 120 km, au-delà des chutes du Niagara et de Buffalo.

québécoise. Murs chaulés, nappes blanches et napperons à carreaux contribuent à créer un cadre romantique et douillet. Hormis son choix de crêpes (15 variétés de galettes salées), Le Papillon sert une tourte à la viande (la *tourtière* québécoise) et un steak au poivre nappé d'une sauce moutarde. La célèbre soupe à l'oignon du Papillon, avec son emmental et ses croûtons, se choisit comme plat unique.

Myth – *417 Danforth Ave.* ☎ *416-461-8383. www.myth.to.* **$$ Cuisine méditerranéenne.** Au nombre des meilleures tables méditerranéennes et grecques du quartier grec, le Myth est un restaurant haut de plafond avec écrans vidéo et tables de billard. Plats servis en salle ou en terrasse. Parmi les grands succès : poulpe glacé au vinaigre balsamique, fromage de chèvre sur légumes grillés, sandwich complet à l'agneau. Et pour finir, une *baklava* accompagnée d'un café turc.

The Red Tomato – *321 King St. West. Fin d'ap.-midi et soir uniquement.* ☎ *416-971-6626. www.fredsnothere.com.* **$$ Cuisine internationale.** Parmi les nombreux restaurants très courus de King Street, le quartier des spectacles, se trouve cet établissement de l'entresol (le **Fred's Not Here**, à l'étage, est plus onéreux) avec son café au niveau du trottoir, qui représente un choix idéal pour se restaurer avant ou après le théâtre. Carte éclectique : salades, pizzas, pâtes fraîches et viandes à griller soi-même. Les petites assiettes connaissent un grand succès auprès de la clientèle de l'apéritif et la soupe de homard et de crabe, spécialité de la maison, est un régal.

Rodney's Oyster House – *469 King St. W.* ☎ *416-363-8105.* **$$ Poisson.** Il y a de fortes chances de se voir répondre « une heure d'attente » si l'on vient sans réserver. L'établissement a la réputation de servir quelques-uns des meilleurs fruits de mer de la ville. Spécialité de la maison : plateau d'huîtres de Malpèque assorties de nombreux condiments (dont une sauce pimentée maison). Ambiance gaie et tapageuse comme au bon vieux temps.

Shopsy's – *33 Yonge St.* ♿ ☎ *416-365-3333.* **$ Cuisine américaine.** Cette institution de Toronto (depuis 1921) ouverte toute la journée est réputée pour ses *hot dogs* de bœuf et ses sandwichs au *corned beef* que l'on peut emporter, consommer dans la salle ou sur le vaste patio. Vaste choix de sandwichs, hamburgers et salades. Les murs sont décorés de portraits et caricatures de personnes célèbres.

Spring Rolls – *693 Yonge St.* ☎ *416-972-7655. www.springrollonline.com.* **$ Cuisine asiatique.** La décoration lisse asiatique ainsi que la saveur et le prix modéré des plats vietnamiens, chinois et thaïlandais attirent une clientèle d'étudiants, d'employés de bureau mais aussi de touristes (une deuxième enseigne existe au 85 Front Street East). Dans les plats du jour, on trouvera des soupes et des salades. *Thaï pad*, curry rouge thaï et viandes sautées sauce Setchuan ou aux haricots noirs font figure de favoris. Sans oublier les rouleaux de printemps !

★★**SkyDome** – ● *Union*, puis Skywalk. ♿ ☎ *416-341-2770. www.skydome.com.* Ce vaste complexe sportif (1989) à la toiture en forme de dôme, qui se trouve à proximité de la tour du CN, doit sa conception à Roderick Robbie et Michael Allen. Stade de l'équipe de base-ball de la ligue américaine, les Blue Jays, il accueille, outre des événements sportifs, des concerts de rock, des opéras, des foires commerciales et des congrès. Le SkyDome comprend un hôtel de 348 chambres dominant la pelouse, une salle de spectacles de 150 places, plusieurs restaurants, un parking souterrain pouvant contenir 575 véhicules et un stade couvert d'un **toit ouvrant** de 3 ha. Surplombant Front Street, à 5 m de haut, une fresque de **Michael Snow**, composée de 14 sculptures peintes en fibre de verre et intitulée *The Audience*, accueille les spectateurs à leur arrivée.

Pour les manifestations à ciel ouvert, les quatre panneaux composant le dôme viennent s'entasser à l'extrémité Nord du terrain. En cas de nécessité, le stade peut être recouvert en 20 minutes, simplement en appuyant sur un bouton. D'une largeur maximale d'environ 205 m, le dôme s'élève à 91 m au-dessus du terrain. Au centre, sa hauteur est telle qu'un immeuble de 31 étages y trouverait sa place. Autre originalité digne d'être soulignée, l'aménagement du terrain est flexible. Selon la nature des manifestations (basket, football américain, base-ball, tennis, athlétisme), le nombre de sièges peut varier de 10 000 à 53 000.

★★**Harbourfront Centre** – *Accès par York St., Spadina St. et Bathurst St. ; LRT 510 pour York Quay Centre depuis* ● *Union ou Spadina.* ♿ *Centre d'accueil (York Quay Centre) : tlj sf lun. 12 h-18 h (mer. 20 h). 4 $.* ☎ *416-973-4949. www.thepowerplant.org.* Mis en chantier en 1976, ce projet de développement du front de lac a transformé un quartier riverain auparavant négligé en un ensemble d'environ 4 ha où se côtoient marinas, cafés-terrasses, boutiques d'artisans et d'antiquaires, élégantes copropriétés et jolis espaces verts. Pôle d'attraction de la vie culturelle, surtout en été, Harbourfront est aussi un lieu d'activités récréatives, éducatives et commerciales qui se déroulent toute l'année sur les quais et dans les entrepôts rénovés. Les habitants de Toronto aiment à fréquenter, l'hiver, la patinoire dominant le lac.

Le doyen de ces quais, **Queen's Quay Terminal** (1927), au beffroi imposant et à la solidité rectangulaire, a été complètement refait, percé de larges fenêtres vert bouteille et ouvert en 1983. Restauré par l'architecte Eberhard Zeidler, cet ancien débarcadère contient des bureaux spacieux, des appartements luxueux, des boutiques et des restaurants, le Premiere Dance Theatre et les bureaux de Metro Toronto Convention and Visitors Association. À proximité, **York Quay Centre**, également rénové, accueille une galerie d'art, un atelier d'artisans et un théâtre d'été. Face au **Power Plant (A)**, qui abrite aujourd'hui une galerie d'art contemporain *(tlj, sf lun. 12 h-18 h, mer. 20 h. 4 $.* ☎ *416-973-4949. www.thepowerplant.org)*, le **centre théâtral du Maurier (B)**, avec son foyer aux facettes vitrées, a été édifié dans une ancienne glacière (1920). Amphithéâtre de 1 750 places pour les concerts en plein air, l'**estrade (C)** occupe le coin Sud-Ouest du quai. Écoles de voile, magasins d'articles nautiques et restaurants peuplent le **quai 4**, tandis que la division maritime de la police de Toronto est sur le quai John. À proximité du quai 4 se trouve **The Pier** 📷, musée proposant des expositions interactives, une section découverte pour les enfants ainsi que des présentations vidéo de Toronto et de l'histoire du port.

★★ **Les îles de Toronto (Toronto Islands)** – *Bacs en partance du quai Queen (&. dép. 6 h35-23 h45. AR 5 $.* ☎ *416-392-8193. www.toronto.ca) pour trois destinations : Centre Island, Ward's Island et Hanlan's Point.* On vient ici s'isoler de la frénésie de la ville proche. Créées par l'érosion des falaises de Scarborough, les îles formaient jadis une péninsule qu'une violente tempête sépara de la terre ferme en 1853, créant l'archipel actuel.

Leurs principaux attraits sont les excellentes **vues**★★ qu'elles procurent sur le centre-ville, mais aussi leurs belles pelouses, leurs arbres centenaires, leurs rives sablonneuses et leurs marinas. **Centre Island** offre des restaurants, des cafés, une plage *(du côté du lac Ontario)* et un parc d'attractions *(📷 de mi-mai à fin août.* ☎ *416-203-0405)* très réussi. Des kilomètres de sentiers pédestres et de pistes cyclables *(véhicules à moteur interdits)* permettent d'explorer les îles voisines, **Algonquin** et **Ward** en particulier, à qui leurs routes bordées de petits cottages confèrent un charme typiquement campagnard. Près du petit aéroport situé à l'extrémité Ouest des îles, la pointe Hanlan est renommée pour le **panorama** qu'elle offre de la ville *(un train fait la navette entre Centre Island et Hanlan's Point)*.

Pour les visiteurs pressés, des **excursions en bateau** *(dép. du quai 6, Queen's Quay West, York St. Juin-août : 10 h-22 h. Dép. avr.-mai et sept.-oct. : 10 h-17 h. AR 1 h. Commentaire à bord. 23,75 $. Toronto Harbour Tours* ☎ *416-868-0400. www.we-know-toronto.com)* permettent d'apprécier le front de lac et les îles, et ménagent au retour d'excellentes **vues** sur la ville.

★ **Fort York** – *Accès par le tramway de Bathurst ou en voiture : de Lakeshore Blvd., prendre Strachan Ave. devant l'entrée Princes' Gate du parc des expositions (Exhibition Grounds), puis à droite Fleet St. et à gauche Garrison St. (sous la voie express Gardiner). Mai-août : 10 h-17 h ; le reste de l'année : 10 h-16 h (w.-end 17 h). 5 $.* ☎ *416-392-6907. www.toronto.ca.* Point stratégique au bord du lac,

Far Enough Farm à Centre Island

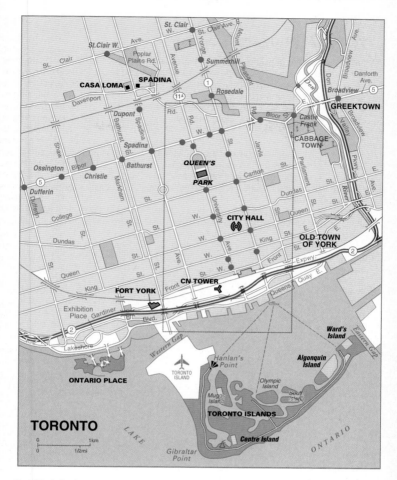

TORONTO

0   1km
0   1/2mi

Fort York fut longtemps la sentinelle du port de Toronto. Tranchant sur la découpe élancée de Toronto en arrière-plan, les restes de la garnison historique paraissent comme écrasés.

Le poste fut construit en 1793 par le gouverneur Simcoe et fortifié 18 ans plus tard lorsque les relations anglo-américaines commencèrent à se détériorer. Dévasté lors de la prise de la ville en 1813, il fut reconstruit par les Anglais. La menace américaine diminuant, le fort perdit de l'importance. Un nouveau fort fut construit plus à l'Ouest après 1841.

Rénovée pour le centenaire de la ville en 1934, cette attraction touristique très appréciée a célébré son bicentenaire en 1993.

Les blockhaus en bois, les poudrières et les quartiers ont été fidèlement restaurés. Le **quartier des officiers** est meublé selon son aspect de l'époque. D'autres expositions présentent une introduction à la vie de Fort York ainsi qu'une carte illuminée de Toronto montrant l'évolution du front de lac. Les visites sont guidées par un personnel en costume d'époque qui, en été *(juil.-août)*, exécute des manœuvres militaires.

★★**Ontario Place** – *955 Lakeshore Blvd. W. Accès par le parc des expositions (Exhibition Grounds). Juil.-août : 10 h-21 h ; mai-juin et sept. se renseigner sur les horaires. Cinésphère ouv. toute l'année. 25,50 $. ☎ 416-314-9900. www.ontarioplace.com.* Réalisation de l'architecte **Eberhard Zeidler** (né en 1926), ce vaste parc de loisirs familiaux (parc aquatique, pédalos, bateaux tamponneurs, toboggan aquatique, minigolf, promenades en hélicoptère, village des enfants et nombreux restaurants) à l'allure futuriste émerge d'un extraordinaire ensemble de lagons, de marinas et d'îles artificielles en bordure du lac. Des « cosses » de métal suspendues au-dessus de l'eau contiennent des aires de jeux pour les enfants et un cinéma où sont projetés des films en trois dimensions. La salle Imax de la **Cinésphère** est dotée d'un écran parabolique haut de six étages. Un grand **théâtre de plein air** (16 000 places) offre tout un éventail de spectacles musicaux. Plus loin, une zone récréative contient une pataugeoire garnie de **jeux aquatiques** qui attirent un public toujours nombreux.

★YORK, LA VIEILLE VILLE *plan p. 285*

En 1793, Simcoe approuvait un plan quadrillé pour York : dix pâtés de maisons délimités par Front Street, George Street, Adelaide Street et Berkeley Street. En 1813, Jarvis Street marquait la limite Ouest de York. Entre Front Street et King Street se tenait un marché.

Aucun des édifices de l'époque de Simcoe ne subsiste, mais le quartier a conservé quelques bâtiments du 19ᵉ s., parmi lesquels un marché, le **South St. Lawrence Market** *(91-95 Front St. E. à l'angle de Jarvis St.,* ● *King.* 🚻 *Tlj sf dim. et lun. 8 h-18 h, ven. 8 h-19 h, sam. 5 h-17 h.* ☎ *416-392-7219. www.stlawrencemarket.com)*, vaste édifice de brique abritant des commerces d'alimentation répartis sur deux niveaux. Très vivant le samedi matin lorsque les lève-tôt se précipitent sur les étals de fruits, de pain, de viande ou de charcuterie, le marché inclut la partie restante du second hôtel de ville ou **Second City Hall** (1845-1899). La salle du conseil, au deuxième niveau, abrite **Market Gallery** (🚻 *Tlj sf lun. et mar. 10 h-16 h, sam. 9 h-16 h, dim. 12 h-16 h. Fermé j. fériés.* ☎ *416-392-7604. www.toronto.ca/culture/the_market_gallery.htm)* qui présente en alternance des expositions de documents et d'objets historiques issus des archives de la ville de Toronto.

À l'Ouest, le long de Front Street, remarquer une belle rangée de magasins en brique et pierre du 19ᵉ s.

Juste en face, un édifice moins grand abrite un marché très fréquenté : **North St. Lawrence Market** (🚻 *7 h-17 h, sam. 5 h-17 h, dim. 8 h-17 h.* ☎ *416-392-7219. www.stlawrencemarket.com)*. De l'entrée, bonne vue, à l'Ouest, de Gooderham *(Wellington St.)*. Sa silhouette caractéristique (1892), qui se détache en avant des tours de BCE Place, lui a valu le surnom de **flatiron building** (« le fer à repasser »). Du marché, une allée piétonnière mène à **St. Lawrence Hall** *(à l'angle de King St. et Jarvis St.)*. Ce bâtiment néoclassique (rénové) au dôme particulier abrite aujourd'hui des commerces ; il servait au 19ᵉ s. de marché et de lieu de réunion. De l'autre côté de King Street, remarquer un charmant espace vert, St. James Park, doté d'un kiosque à musique.

Plus à l'Est se trouve la première poste de Toronto ou **First Post Office★** *(260 Adelaide St. E.* 🚻 *9 h-16 h, w.-end 10 h-16 h. Fermé j. fériés.* ☎ *416-865-1833. www.townofyork.com)*. Elle a retrouvé son aspect de 1833, époque à laquelle elle fut mise en service, et fonctionne de nouveau, avec ses boîtes postales et son salon de lecture. Le personnel costumé fait des démonstrations d'écriture à la plume d'oie.

★★CENTRE-VILLE *plan p. 289*

Le centre-ville, qui englobe le formidable quartier de la finance, respire une force et une prospérité mises en évidence par les tours élancées et les maisons de commerce du début du 20ᵉ s. Véritable « Wall Street » du Canada, le carrefour des environs de Bay Street et de King Street rassemble les principales banques, compagnies d'assurances, firmes de courtage et cabinets d'avocats-conseils du pays, ainsi que la Bourse de Toronto.

Aujourd'hui, les gratte-ciel du centre-ville sont reliés par une **ville souterraine** (magasins, restaurants, banques, galeries et passages) fort appréciée pendant la mauvaise saison, et dont les allées forment un réseau de 10 km. Réputée la plus grande du monde, cette véritable « ville sous la ville » couvre huit blocs, de Union Station et du **Fairmont Royal York Hotel** au City Hall, au Eaton Centre et à Dundas Street.

Tracée dès 1795 par Simcoe à des fins militaires, **Yonge Street** divise la ville entre l'Est et l'Ouest. Cette route est une des plus longues *(1 896 km)* et des plus célèbres du Canada. La section qui passe à Toronto est bordée de magasins chic, d'étalages de fleurs, de restaurants à la mode, de librairies avenantes et de luxueuses boutiques d'antiquaires. Certains immeubles dégradés entre Bloor Street et Dundas Street connaissent une campagne de réhabilitation parallèle au programme de développement de Yonge Street et Dundas Square.

★★Quartier de la finance **(Financial District)** ● *King ou St. Andrew*

Dessinées d'après une idée de l'éminent architecte Mies van der Rohe, les tours de verre foncé très sobres du **Toronto-Dominion Centre★★** furent, dans ce quartier de la finance modernisé, la première réalisation d'envergure. Cet ensemble architectural, dont la construction commença en 1964, se compose aujourd'hui de cinq éléments, parmi lesquels le siège de la Toronto Dominion Bank et la tour Ernst & Young (1992). Cette dernière, qui donne sur Bay Street, englobe l'ancienne Bourse (1937), de style Art déco. L'intérieur du T-D Centre comprend ici et là, en guise de décoration, des œuvres d'artistes contemporains, principalement canadiens.

■ Thé à l'anglaise

Trois hôtels historiques et un établissement moderne du centre-ville sacrifient toujours à la cérémonie du thé anglais : sandwichs, *scones* à la crème épaisse, pâtisseries, petits fours, choix étendu de thés témoignent de son authenticité. *Tous les après-midi dans les 4 établissements.*

Le somptueux salon richement décoré du **Tea Room** *(Hôtel Windsor Arms, 18 St. Thomas St. ☎ 416-971-9666. www.windsorarmshotel.com. Voir Se loger à Toronto)* propose deux services de thé dînatoire *(13 h30 et 15 h30)*.

On pourra savourer un thé raffiné au **Café Victoria** *(Hôtel Royal Méridien King Edward, 37 King St. E. ☎ 416-863-9700. www.lemeridien-kingwedward.com. Voir Se loger à Toronto)*, l'un des plus anciens restaurants de la ville, doté de plafonds hauts, de moulures et banquettes tapissées de brocart, et agrémenté de magnifiques arrangements floraux.

Un des symboles de Toronto abrite l'espace de restauration moderne **EPIC** *(Hôtel Fairmont Royal York, 100 Front St. West. ☎ 416-368-2511. www.fairmont.ca. Voir Se loger à Toronto)*, qui ajoute une touche finale à la noblesse toute traditionnelle de l'hôtel. Sélection de plats pour le goûter des enfants.

Face au Musée royal de l'Ontario, le salon décontracté et contemporain **Harmony Lodge** *(Hôtel Inter-Continental, 220 Bloor St. ☎ 416-960-5200. www.intercontinental.com)* offre une halte reconstituante à l'heure du thé. Les convives apprécieront la musique jouée par le pianiste, la chaleur de la cheminée et la lumière douce qui accompagnent un assortiment de petits pains, de fruits frais (spécialité de fraises au chocolat), de tartes, de pâtisseries et de petits sandwichs. Riche sélection de thés.

Comme beaucoup de gratte-ciel du centre-ville, **Royal Bank Plaza★ (D)** fut conçu en 1976 par un architecte de renom : Boris Zerafa. Il s'agit de deux tours triangulaires de verre mordoré (l'une de 26 étages, l'autre de 41 étages), reliées par un hall bancaire en verre, haut de 40 m, qui permet d'accéder à la ville souterraine. Du plafond tombe une imposante sculpture composée de 8 000 tubes d'aluminium, œuvre du célèbre artiste vénézuélien Jesús Rafael Soto.

Les tours bleu-vert en paliers de **BCE Place**, dessinées par l'architecte espagnol Santiago Calatrava, encadrent un édifice plus bas qu'un **atrium** en aluminium divise en deux ailes symétriques. La tour la plus au Sud est coiffée d'une antenne de télécommunication cruciforme. Nouveau venu de la décennie dans ce quartier, ce complexe (1990) est le siège social de Bell Canada et le nouveau foyer du **Hockey Hall of Fame★ (E)** *(🎫 Descendre au niveau inférieur par l'escalier roulant. ⚐ De fin juin à fin août : 9 h30-18 h, dim. 10 h-18 h ; le reste de l'année : 10 h-17 h, sam. 9 h30-18 h, dim. 10 h30-17 h. Fermé 1er janv. 12 $. ☎ 416-360-7765. www.hhof.com)*. L'original de la fameuse coupe Stanley est exposé dans le hall d'entrée (1886) de l'ancienne Banque de Montréal, intégrée au reste du complexe. Quatre immeubles de bureaux (1931-1972) disposés autour d'une cour centrale forment **Commerce Court**. Revêtue d'acier inoxydable, la tour principale (I. M. Pei), de 57 étages, est le siège de la Canadian Imperial Bank of Commerce. En face de Commerce Court, **Scotia Plaza** (1988, Boris Zerafa) constitue un ajout remarquable à la silhouette de la ville. Un auvent métallique en forme de meccano marque l'entrée de cette élégante structure (68 étages) rouge rubis dont la partie supérieure est taillée en biseau.

First Canadian Place est un ensemble composé de deux tours. L'une, de 72 étages (1975), loge les bureaux ontariens de la Banque de Montréal ; la seconde, de 36 étages (1983), abrite **Toronto Stock Exchange (F)**, c'est-à-dire la Bourse *(⚐ Tlj sf*

● **Marché Mövenpick**
BCE Place, 42 Yonge St. ☎ 416-366-8986. À toute heure, les visiteurs apprécient le repas pris dans cette cafétéria/marché de style européen importée de Suisse, dont la spécialité demeure le petit-déjeuner. Cet établissement original, bruissant de l'activité des cuisiniers, caissiers et serveurs affairés, invite les gourmands à déguster les aliments présentés aux « haltes-marchés ». Plusieurs coins-repas à thème (bistrot français, brasserie parisienne, cottage et patio paysager) sont réunis sous un même toit, séparés par des arbres et des plantes en pots. Les clients reçoivent à l'entrée une facture vierge et une carte de réservation. Munis de leur plateau, ils passent devant les différents étals et opèrent leur choix, leur facture se noircissant au fur et à mesure du montant de leurs acquisitions. Paiement à la sortie.

© Robert Frerck/Odyssey

Roy Thompson Hall et le quartier de la finance

w.-end 9 h-16 h30. Fermé j. fériés. ☎ _416-947-4676. www.tse.com)._ Des panneaux de culeurs vives rehaussent les murs en marbre blanc du hall d'entrée, accessible depuis King Street. Installé au rez-de-chaussée, un **centre d'accueil** interactif, baptisé Stock Market Place, propose une simulation de terminaux d'agents de change, un accès Internet gratuit et un mur immense plaqué de moniteurs où passent les cours des actions.

● **Easy & The Fifth**
225 Richmond St. W.
Réservation impérative
pour le restaurant.
☎ _416-979-3000._
www.easyandthefifth.com.
Son petit air de prohibition et son entrée par l'arrière ne doivent pas troubler : **Easy & The Fifth** est un établissement distingué, occupant une usine rénovée dans le quartier des théâtres. La discothèque, **Easy**, prend des allures de loft de luxe attirant de jeunes cadres supérieurs (25-45 ans) qui viennent se détendre après une semaine éprouvante. Tables de billard et piano d'ambiance ornent le fumoir. Le monte-charge accède au cinquième étage, voilà **The Fifth**, une des meilleures tables de la ville, où l'on mange au son d'un piano : dans cette charmante salle aux chaises juponnées, aux tables habillées de blanc, la carte française et les menus gastronomiques (4 ou 5 plats), modifiés tous les mois, proposent un carpaccio de bœuf de Kobe et un saumon sauvage gratiné aux ravioli de pétoncles, séparés par un sorbet au citron vert. À moins que, l'été, l'on ne préfère les vues sur la ville de **The Terrace**, ravissant patio sur le toit.

Les tours sont reliées par une esplanade garnie d'une jolie cascade et d'élégantes boutiques. Au coin Nord-Ouest du complexe, un tunnel souterrain _(passant sous Adelaide St.)_ mène aux galeries marchandes du centre « the Lanes » et à celles des Plaza Shops, qui se prolongent jusqu'au Sheraton Centre.

Les tours aux multiples facettes en verre de **Sun Life Centre**★ (1984, Boris Zerafa) s'élèvent de chaque côté de University Avenue, à la hauteur de King Street. À l'extérieur, devant l'entrée de la tour Est (28 étages), on remarquera une sculpture abstraite de Sorel Etrog.

★★**Roy Thomson Hall** – _60 Simcoe St._ ●
lun.-sam St. Andrew. ♿ _Visite guidée (45mn). 8 $. Réservation requise._
☎ _416-593-4822 (poste 363)._
www.roythomson.com. Cette immense salle de concert en forme de bol renversé doit sa conception à **Arthur Erickson** et son nom à un magnat de la presse canadienne. Elle domine King Street et Simcoe Street, sa robe de verre reflétant le ciel et se faisant transparente aux lumières de la nuit.

L'édifice, inauguré en 1982, accueille l'orchestre symphonique de Toronto et conjugue la supériorité acoustique à l'originalité architecturale. Pour assurer une meilleure propagation du son, un large corridor circulaire aux entrées espacées crée une sorte de sas acoustique. Les revêtements des sièges, parterres et plafonds ont été eux aussi conçus pour optimiser l'acoustique. Un double anneau lumineux tient lieu de grand lustre, tandis qu'une pluie de gouttes d'eau métalliques en suspension éclaire la scène. Des pans de tissu coloré peuvent s'élever ou s'abaisser selon les vibrations.

Sur Front Street, au Sud du Roy Thomson Hall, un cube de béton, le **Canadian Broadcasting Centre**, montre une façade quadrillée rouge et blanc ornée de formes géométriques en verre. Œuvre du célèbre architecte américain Philip Johnson, cet édifice de dix étages (1992) est un exemple du style dit « déconstructiviste ».

★Quartier de l'hôtel de ville ● *Osgoode ou Queen*

Œuvre du Finlandais **Viljo Revell**, l'hôtel de ville ou **City Hall**★ (1965) était, avant la construction de la tour du CN et de Skydome, le monument le plus audacieux de Toronto et son symbole. Ses deux tours de béton sont incurvées comme des parenthèses autour d'une rotonde centrale qui abrite la salle du conseil. À ses pieds, **Nathan Phillips Square** (du nom d'un ancien maire) est une place animée avec son grand bassin qui devient en hiver le pôle d'attraction des patineurs. Remarquer

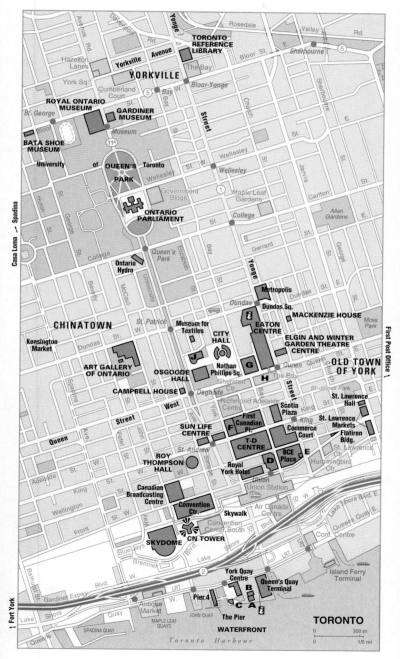

> ### ■ Lèche-vitrine à Toronto
>
> Que vos préférences aillent au chic ou au bon marché, vous trouverez tout ce que vous cherchez dans les divers quartiers commerçants de Toronto. Les boutiques chics de **Bloor/Yorkville** (*Bloor St., Cumberland St., Yorkville Ave. et Hazelton Ave.*) proposent le haut de gamme – en choix comme en prix. De la tenue de soirée aux week-ends décontractés, **Yonge and Eglinton** s'adresse à la clientèle des jeunes cadres. Les boutiques de **Queen Street West** (*à l'Ouest de Bathurst St.*) se tiennent à la pointe de la mode, alors que les couturiers qui montent occupent **West Queen West** (*de Bathurst St. à Shaw St.*), mine de boutiques bohèmes bon marché où les plus sophistiqués trouvent de la haute couture à un prix abordable. Enfin, **College Street** (*de Bathurst St. à Shaw St.*) attire (c'est évident) les étudiants mais aussi les amateurs de mode jeune dernier cri. *Consulter le site : www.city.toronto.on.ca/shoptoronto*

The Archer, bronze du sculpteur Henry Moore dont de nombreuses œuvres sont exposées à l'Art Gallery of Ontario.

À l'Est du square se trouve un édifice de style roman richardsonien conçu par l'architecte torontois **Edward J. Lennox** (1855-1933). Il s'agit de l'ancien hôtel de ville ou **Old City Hall★ (G)**, qui servit de mairie de 1899 à 1965 et où siège aujourd'hui la cour provinciale. Son extérieur massif, flanqué d'un beffroi, cache un intérieur élaboré : carrelage à motifs, colonnes de marbre coiffées de chapiteaux cuivrés. Derrière l'escalier d'honneur en fer forgé, un grand vitrail illustre la croissance de la ville.

À la fois composé de bureaux et de magasins (plus de 300), **Eaton Centre★** (● *Queen.* 🚻 *10 h-21 h, sam. 9 h30-19 h, dim. 12 h-18 h ; téléphoner pour les horaires de vacances.* ☎ *416-598-8700. www.torontoeatoncentre.com*) s'étale sur plusieurs pâtés de maisons le long de Yonge Street, entre Queen Street et Dundas Street. Une nouvelle façade vitrée donnant sur Yonge Street va accueillir une trentaine de nouveaux commerces. Largement éclairé par la lumière naturelle et orné d'arbres, de plantes et de jets d'eau, cet immense ensemble architectural (1977, Eberhard Zeidler) inaugura une nouvelle ère dans la conception des centres commerciaux. Emprunter la passerelle couverte au-dessus de Queen Street pour atteindre The Bay, grand magasin de la Compagnie de la baie d'Hudson.

★ **Thomson Gallery (H)** – *Au 9ᵉ niveau du magasin The Bay (176 Yonge St.).* ● *Queen.* 🚻 *Tlj sf dim. et lun. 11 h-17 h. Fermé j. fériés. 4 $.* ☎ *416-861-4571.* Transformée en salle d'exposition, une partie du neuvième étage du magasin abrite la collection d'art canadien de Ken Thomson, homme d'affaires torontois. La **galerie du 20ᵉ s.** contient des œuvres majeures du **groupe des Sept**, tandis qu'une salle adjacente plus petite présente des créations d'artistes du 19ᵉ s., tel Cornelius Krieghoff.

★ **Elgin and Winter Garden Theatre Centre** – *189 Yonge St., en face de Eaton Centre au Nord de Queen St.* ● *Queen.* 🚻 *Visite guidée (1 h30) jeu. 17 h, sam. 11 h. Fermé 25 déc. 7 $.* ☎ *416-314-2901.* Rouvert en 1989 après d'importantes rénovations, ce splendide édifice abrite l'un des seuls exemples de théâtres

Chinatown

superposés du monde. Toutes deux réalisées par Thomas Lamb, les salles Elgin (1 500 places) et Winter Garden (1 000 places) furent respectivement ouvertes en 1913 et 1914, d'abord pour jouer des vaudevilles, puis pour passer des films muets. Le Winter Garden ferma ses portes en 1928. Quant au Elgin, il fut transformé en cinéma.

Un hall doré, orné de miroirs et de colonnes corinthiennes, mène au luxueux Elgin, remarquable par ses loges et ses plafonds richement décorés. Un escalier de marbre conduit au Winter Garden, où des branches de hêtre pendent du plafond. Belle exposition de décors de scène peints à la main.

★**Mackenzie House** – *82 Bond St.* ● *Dundas. Mai-août : tlj sf lun. 12 h-17 h ; sept.-déc. : tlj sf lun. 12 h-16 h, w.-end 12 h-17 h ; janv.-avr. : w.-end 12 h-17 h. Fermé j. fériés. 3,50 $.* ☎ *416-392-6915. www.toronto.ca.* Cette modeste maison en brique du 19ᵉ s., avec ses quatre niveaux et sa mansarde, fut offerte à William Lyon Mackenzie en 1859. Éditeur et homme politique plus connu comme chef de la rébellion du Haut-Canada, ce dernier y vécut à son retour d'exil et jusqu'à sa mort.

L'intérieur a été restauré dans le style des années 1850. Dans la cuisine, les visiteurs peuvent goûter des plats préparés selon les recettes du 19ᵉ s. et cuits dans le fourneau en fonte. Dans l'annexe moderne à l'arrière, une petite exposition raconte la vie de Mackenzie et de son temps, et une réplique de son **atelier d'imprimeur** montre la presse manuelle sur laquelle il imprimait le *Colonial Advocate* (démonstrations).

★**Osgoode Hall** – *130 Queen St. W.* ● *Osgoode. Silence absolu, la Cour pouvant siéger. Tlj sf w.-end 9 h-17 h ; juil.-août : visite guidée tlj sf w.-end 13 h15.* ☎ *416-947-4041. www.lsuc.on.ca.* Siège de la Cour suprême de l'Ontario, cet imposant édifice néoclassique à l'Ouest de Nathan Phillips Square fut entouré en 1867 d'une grille en fer forgé destinée à empêcher les chevaux et les vaches de piétiner ses pelouses. Commencé en 1829, le bâtiment ne comprenait alors que l'aile Est. Dégradé par les soldats venus mater la rébellion de Mackenzie et hébergés ici, l'édifice fut rénové en 1844. On y ajouta le pavillon central et l'aile Ouest, et l'on remodela la façade et l'intérieur. Des changements y furent encore apportés jusqu'en 1991.

On remarquera la cour intérieure, couverte d'une verrière rectangulaire, et la **grande bibliothèque**, dont le plafond voûté (12 m), décoré de moulures élaborées, repose sur plusieurs rangées de colonnes corinthiennes.

Au Nord de Osgoode Hall se trouve le palais de justice provincial ou **Court House (J)** avec sa rotonde et son passage vers Nathan Philips Square.

★**Campbell House** – *University Ave., à l'angle de Queen St.* ● *Osgoode. De mi-mai à mi-oct. : visite guidée (30mn) 9 h30-16 h30, w.-end 12 h-16 h30 ; le reste de l'année : tlj sf w.-end 9 h30-16 h30. Fermé 1ᵉʳ janv., 25-26 déc. 3,50 $.* ☎ *416-597-0227. www.advsoc.on.ca/campbell.* Cette belle demeure en brique de style georgien appartint à **William Campbell** (1758-1834), président de la Cour suprême du Canada de 1825 à 1829. Autrefois située dans la vieille ville, elle fut transférée sur son site actuel, près du palais de justice, en 1972. Les pièces restaurées contiennent des objets anciens et des portraits de la famille Campbell. Remarquer, au deuxième niveau, une maquette de York en 1825. La propriété appartenait à une

---

■ **En beauté**

On pourra se relaxer, après une journée de lèche-vitrine ou de visites, dans l'un des nombreux centres de remise en forme (ou *spas*) de Toronto. En voici trois, offrant une gamme complète de services (y compris un salon de coiffure). Récemment agrandi et redécoré, **Elizabeth Milan Hotel Day Spa** (*Hôtel The Fairmont Royal York, sous les arcades.* ☎ *416-350-7500. www.fairmont.ca*) offre un suivi professionnel dans un cadre méditerranéen au rythme délibérément lent. Spécialité de soins du visage ; les massages suédois sont miraculeux. La princesse Margaret, Sarah Ferguson et Jennifer Lopez font partie des clientes célèbres qui ont fréquenté l'institut. **The Spa at Windsor Arms** (*18 St. Thomas St.* ☎ *416-971-9666. www.windsorarmshotel.com*), qui ne comprend que sept cabines de soins, est aussi intime et élitiste que l'hôtel qui l'abrite. Un des programmes est *Tui Na*, massage en profondeur mêlant les techniques chinoises et shiatsu. La piscine, avec sa cheminée, est un paradis relaxant et tonifiant. Déplacé dans Crowne Plaza Toronto Centre, **Victoria Spa** (*225 Front St. W., 3ᵉ étage.* ☎ *416-413-9100. www.victoriaspa.com*) accueille ses clients dans un espace apaisant à l'atmosphère asiatique. Spécialiste de l'esthétique et des massages, l'établissement propose également un bar à jus de fruits. On clôturera la séance de soins par les bains bouillonnants ou un bain de soleil sur la terrasse dominée par la tour CN.

Sculpture de Henry Moore (Art Gallery of Ontario)

époque à la compagnie d'assurances Canada Life dont le siège s'élève juste derrière la maison. Construction remarquable, l'édifice se distingue la nuit par sa tour-baromètre dont l'illumination indique la pression atmosphérique.

★★ Art Gallery of Ontario – *317 Dundas St. W.* ● *St. Patrick.* ♿ *Tlj sf lun. 11 h-18 h (mer. 20 h30), w.-end 10 h-17 h30. Fermé 1ᵉʳ janv., 25 déc. Contribution requise.* ☎ *416-979-6648. www.ago.net.* Ce vaste complexe muséologique en brique et en béton, flanqué d'une tour métallique bien caractéristique, couvre presque tout un quartier. Créé en 1900, l'Art Museum of Toronto s'installa onze ans plus tard dans une belle demeure : The Grange, dont la silhouette traditionnelle se fond harmonieusement au décor actuel. Il changea plusieurs fois de nom, et les bâtiments adjacents, construits en 1918, furent agrandis et rénovés (notamment en 1977 et en 1989) à mesure que le musée élargissait son champ d'activité. Il réunit aujourd'hui la plus riche collection du monde d'œuvres du sculpteur anglais **Henry Moore** (1898-1986) et abrite une collection permanente dont les quelque 16 000 pièces vont de la peinture européenne du 15ᵉ s. à l'art contemporain international, en passant par la peinture canadienne du 18ᵉ s. à nos jours.

★★ Henry Moore Sculpture Centre – En 1968, Henry Moore annonçait un don capital de 150 de ses créations au musée. Il y revint en 1974 pour l'inauguration officielle d'une section consacrée à son œuvre. La clarté diffusée par le toit vitré baigne d'une lumière naturelle cette salle, située à l'étage supérieur, qui abrite aujourd'hui plus d'un millier de réalisations du célèbre artiste, dont 689 gravures, 139 plâtres et bronzes originaux et 74 dessins. Une vingtaine de plâtres, qui servirent à couler ses statues de bronze les plus célèbres, animent un espace nu et créent, la nuit, de remarquables jeux d'ombre et de lumière. Des œuvres plus petites sont exposées dans l'entrée.

★★ Collection permanente – *La sélection change régulièrement. Aussi n'est-il pas toujours possible de voir, en même temps, toutes les œuvres citées.* Exposée dans des salles autour d'une cour carrée (Walker Court), la **collection européenne** *(rez-de-chaussée)* comprend des œuvres des maîtres anciens ainsi qu'une collection de tableaux de la fin du 19ᵉ s. et des débuts du 20ᵉ s. (dont un grand nombre d'œuvres impressionnistes). On reconnaîtra notamment des peintures de Bruegel le Jeune, Rembrandt, Frans Hals, Renoir, Degas, Monet, Sisley, Gauguin, Matisse, Picasso, Bonnard, Chagall et Dufy. Répartie sur plusieurs salles, la **collection canadienne** *(à l'étage)* offre quant à elle un aperçu de l'évolution de l'art canadien et contient des œuvres du 18ᵉ s. à nos jours. Parmi les artistes représentés, citons Cornelius Krieghoff, Tom Thomson **(The West Wind)**, le groupe des Sept, Emily Carr, David Milne et Paul Peel.

L'**art inuit** *(à l'étage)* couvre les 90 dernières années. Taillées dans l'ivoire, l'os de baleine, la pierre grise ou la serpentine verte, les sculptures (miniatures pour la plupart) illustrent la faune arctique et la vie dans le Grand Nord. De grandes tentures brodées ou de feutre, des gravures sur pierre et des dessins au pochoir complètent la collection.

★**The Grange** – *Entrée par le restaurant Agora et le jardin des sculptures.* Cette demeure en brique de style georgien fut construite vers 1817 au milieu d'une propriété de 41 ha qui s'étendait jadis de Queen Street à Bloor Street.

D'abord résidence de la famille Boulton, loyalistes de Nouvelle-Angleterre qui devinrent les leaders du Family Compact (l'un d'entre eux, **Henry John Boulton**, fut l'un des principaux adversaires de William Lyon Mackenzie), elle joua un rôle de premier plan dans la vie mondaine et politique du Haut-Canada. En 1875, le manoir devint la propriété d'un éminent universitaire, **Goldwin Smith**, titulaire d'une chaire d'histoire à Oxford, qui en fit un foyer de vie intellectuelle où germaient les idées progressistes. À sa mort en 1911, sa veuve légua la maison au musée.

Restaurée en 1973 et meublée dans le style des années 1830, la demeure recrée aujourd'hui la grande époque du Family Compact. Remarquer dans l'entrée le bel escalier à la courbe gracieuse. On verra au sous-sol les cuisines d'une demeure nantie du 19e s.

La maison fait face à Grange Park *(ouvert au public, entrée sur la rue)*, d'où l'on peut admirer sa gracieuse façade. Son portique actuel, en pierre, est une réplique du portique original en bois.

Museum for Textiles – *55 Centre Ave.* ● *St. Patrick.* ♿ *Tlj sf lun. 11 h-17 h (mer. 20 h), w.-end 12 h-17 h. Fermé j. fériés. 8 $.* ☎ *416-599-5321. www.museumfortextiles.on.ca.* Ce musée est le seul du Canada exclusivement consacré à l'étude, la collection et l'exposition de textiles ; il occupe deux étages d'un complexe hôtelier et résidentiel. Des expositions temporaires présentent des œuvres traditionnelles et contemporaines du monde entier, tirées de la collection permanente (environ 8 500 pièces) ou prêtées.

★**QUEEN'S PARK** *plan p. 289*

Ce parc ovale (1876, E.J. Lennox) au cœur de Toronto constitue le cadre du Parlement de l'Ontario. À l'Est et à l'Ouest s'étend le campus de l'**université de Toronto**, l'une des plus célèbres du pays, particulièrement renommée pour sa faculté de médecine à laquelle restent liés les noms de **Frederick Banting** et **Charles Best** (premiers travaux de recherche sur l'insuline dans les années 1920). Au Sud, remarquer la façade concave revêtue de miroirs de la compagnie **Ontario Hydro** (1975, Kenneth R. Cooper). Son système de chauffage utilise exclusivement l'énergie dégagée par la lumière artificielle, les machines et le personnel ; des accumulateurs thermiques emmagasinent cette énergie et la redistribuent à travers le bâtiment.

★**Ontario Parliament** – ● *Queen's Park.* ♿ *De fin mai à fin août : 10 h-16 h ; le reste de l'année : tlj sf w.-end 10 h-17 h. Fermé j. fériés.* ☎ *416-325-7500. www.ontla.on.ca.* Dominant l'extrémité Sud du parc, le **Legislative Building** est un bâtiment de style roman richardsonien. Il fut inauguré en 1893 après une controverse de six ans. Au cœur de la dispute, l'architecte **Richard Waite** (1846-1911) s'était attribué le projet après un concours avorté dont il était juge.

La lourde façade extérieure ne rend pas justice à l'élégante beauté de l'intérieur, particulièrement l'**aile Ouest** en marbre blanc, reconstruite après l'incendie de 1909, et la majestueuse **Chambre de l'Assemblée** en acajou et sycomore. On remarquera, au rez-de-chaussée, une masse d'armes âgée de 200 ans ; ce bâton de cérémonie en or doit obligatoirement figurer lors des sessions du Parlement ; pris par les Américains lors de l'assaut de York en 1813, il ne fut rendu que bien des années plus tard par le président F.D. Roosevelt.

■ La vie d'étudiant

Si vous brûlez de savoir où les étudiants de l'université de Toronto ou de Ryerson passent leur temps, c'est à College Street *(entre Bathurst St. et Shaw St.)* que vous devez vous rendre, de jour comme de nuit. Dans la journée, ses boutiques excentriques attirent une multitude de clients ; la nuit, clubs et pubs accueillent les noctambules. Ouvert depuis peu, **Motoretta** (n° 554) vend de véritables Vespas aux couleurs éclatantes, ainsi que tous les accessoires qui vont avec *(☎ 416-925-1818. www.motoretta.ca).* Le **Café Diplomatico** (n° 594) combine coffee-house et glacier, comblant les amateurs de glaces installés en terrasse *(8 h-14 h. ☎ 416-534-4637).* La toute nouvelle **Brasserie Aix** (n° 584) fait le plein avec une cuisine d'inspiration française dans un décor de hauts plafonds *(☎ 416-588-7377).* Le **Xacutti** (n° 503) aux lignes aérodynamiques propose une « nouvelle cuisine indienne » : commander des *bhajis* (beignets à l'oignon) avec le vin *(☎ 416-323-3957).* Pour entamer ou clôturer la soirée, passer au **Souz Dal** (n° 636), salon intime qui sert des cocktails parfumés ; demander à être placé dans la minuscule arrière-salle, sous une voûte de lumières scintillantes *(☎ 416-537-1883).*

★★**Gardiner Museum of Ceramic Art** – *111 Queen's Park, en face du Royal Ontario Museum.* ♿ *10 h-18 h (mar. et jeu. 20 h), w.-end 10 h-17 h. Fermé 1er janv., 20 nov. et 25 déc. 10 $, gratuit 1er mar. du mois.* ☎ *416-586-8080. www.gardiner-museum.on.ca.* Un édifice moderne en granit abrite ce musée spécialement conçu par Helen et George Gardiner pour accueillir leur remarquable collection d'objets en terre cuite, en porcelaine et en faïence.

La galerie des poteries *(rez-de-chaussée)* présente une **collection précolombienne** (2000 avant J.-C.–1500 après. J.-C.) principalement composée de figurines et de vaisselle d'origine olmèque, toltèque et aztèque. On remarquera de belles poteries orangées et des vases mayas couverts d'une glaçure à la silice. Une autre section est consacrée aux **majoliques italiennes**, poteries recouvertes d'émail à base d'étain fabriquées aux 15e et 16e s. Remarquables par l'éclat de leurs couleurs, les pièces en vitrine comprennent surtout de grands plats richement décorés ou ornés de scènes religieuses. La collection de **faïences de anglaises** du 17e s., appelées « delft-ware » en raison de leur ressemblance avec les productions hollandaises de Delft, contient notamment de grands plats portant chacun le portrait d'un monarque anglais.

Une salle réservée aux expositions temporaires complète le rez-de-chaussée.

La **galerie des porcelaines** *(à l'étage)*, consacrée au 18e s. européen, présente de beaux exemples de porcelaine de Meissen (dont un service à thé de 1745 env. dans sa valise en cuir), de Vienne (Du Paquier), de Sèvres (caractérisée par des jaunes vifs) et des grandes manufactures anglaises (Worcester, Derby, Chelsea). On trouve en outre une série de figurines inspirées de la Commedia dell'arte, fabriquées dans toute l'Europe tant était grande la popularité de cette forme italienne de théâtre improvisé, ainsi qu'une collection de minuscules et ravissants flacons à parfum (1715-1765) provenant essentiellement d'Angleterre et d'Allemagne. La nouvelle collection Bell de porcelaine chinoise bleu et blanc, admirablement présentée dans des vitrines, contient plus de 200 pièces (théières, boîtes avec couvercle, vases, plats, tasses à vin et grande gourde de pèlerin de la dynastie Qing).

★★★ROYAL ONTARIO MUSEUM *plan p. 289.* ● *Museum.*

Cet immense musée (abréviation courante : ROM), particulièrement réputé pour ses acquisitions d'Extrême-Orient et pour ses activités de recherche, se trouve à l'angle de Bloor Street et Avenue Road. La richesse de ses collections (plus de 6 millions de pièces du monde entier) et la grande diversité de ses départements (plus de 20 sections dans les domaines de l'art, de l'archéologie et des sciences naturelles) en font l'un des plus grands musées du monde.

Au début du 20e s., le banquier torontois Byron E. Walker entreprit une campagne pour créer un musée municipal. L'archéologue **Charles Trick Currelly** se joignit à lui et proposa comme collection de départ les trésors qu'il avait amassés lors de ses voyages. Créé en 1912 par une loi du Parlement ontarien, le ROM fut inauguré deux ans plus tard ; il faisait alors partie de l'université de Toronto. Devenu indépendant en 1968, le musée passa sous la tutelle provinciale. Rouvert officiellement en 1982 après divers agrandissements, il attire aujourd'hui touristes et savants du monde entier.

Courtesy Royal Ontario Museum

Tombe Ming (Royal Ontario Museum)

Visite

 🚻 *10 h-18 h (ven. 21 h30), dim. 11 h-18 h. Fermé 1er janv., 25 déc. 18 $, gratuit ven. ap. 16 h30.* ☎ *416-586-8000. www.rom.on.ca. Le musée faisant depuis plusieurs années l'objet d'importants travaux, il se peut que certaines sections soient temporairement fermées au public. Il est donc particulièrement conseillé de se procurer un plan du ROM, disponible à l'accueil dans le hall d'entrée.*

Rez-de-chaussée – L'entrée en **rotonde** possède un magnifique **plafond** en mosaïque de pâte de verre de Venise illustrant les différentes parties du musée. Le sol, décoré d'un immense soleil, est en marbre de l'Ontario. Dans les cages d'escalier se dressent deux **mâts totémiques** en cèdre rouge sculptés par les Haïda et les Nisga'a de Colombie-Britannique (19e s.). Le plus haut des deux (25 m) relate la vie du chef auquel il appartenait.

Dans la galerie Samuel Hall Currelly, des vitrines donnent un excellent aperçu des recherches entreprises par le ROM ainsi que du fonds qu'il détient et illustrent, au moyen de photos, de documents et d'objets divers, le processus d'acquisition d'œuvres d'art et d'artisanat.

Hormis la belle collection de minéraux située dans l'atrium Sud-Ouest, le reste de l'étage est consacré à la remarquable **collection chinoise**, l'une des plus riches au monde hors de Chine. Elle embrasse une période allant sommairement de la dynastie Shang (1523 avant J.-C.), l'âge du bronze chinois, au renversement de la dynastie Qing ou mandchoue (1644-1911) et aux débuts de la République (1912). Les objets ont été amassés principalement par **George Crofts**, marchand de fourrures qui habitait T'ien-Tsin et, après sa mort en 1925, par **William C. White**, évêque anglican de Ho-Nan. Aidés par le Dr. Currelly, tous deux se sont procuré ces œuvres d'art alors que de tels objets étaient encore presque inconnus du monde occidental. En 1960, le musée fit l'acquisition des trésors très convoités du Dr. James Menzies, missionnaire érudit qui vécut plusieurs années en Chine.

La collection est réputée pour ses figurines funéraires en céramique du 3e s., formant tout un peuple (serviteurs, courtisans, chevaux, etc.) enterré avec le défunt. La curiosité principale demeure cependant la **tombe Ming** (unique en Occident), tumulus précédé d'une allée monumentale (symbolisant la « voie spirituelle ») gardée par une succession de sculptures représentant les militaires, des civils et des animaux. Il s'agit vraisemblablement du tombeau de Zu Dashou, général qui servit le dernier des Ming et vécut au début de la période Qing. Une série de salles communicantes est consacrée à la **Chine impériale** du 10e au 19e s. L'agencement traditionnel d'une pièce, une cour chinoise grandeur nature et une « porte de lune » recréent la vie de la noblesse sous les dynasties Ming (1368-1644) et Qing. On trouve en outre une importante collection de céramiques, dont les célèbres porcelaines Ming.

La **galerie Bishop White** reproduit l'intérieur d'un temple de Chine du Nord, avec de remarquables peintures murales à l'encre et en couleurs. La plus grande, *Le Paradis de Maitreya* (vers 1298), est flanquée de deux fresques taoïstes de la province de Shanxi (vers 1325). Des statues polychromes et dorées grandeur nature (12e-14e s.) de *bodhisattvas* (sage destiné à devenir bouddha) forment le centre.

La section Herman Herzog Levy présente sous un éclairage tamisé des œuvres d'**Asie orientale** (12e s.-14e s.) extrêmement sensibles à la lumière : fresques murales, statues monumentales et collection de petits bronzes bouddhiques et taoïstes. La galerie d'**art coréen** accueille des ustensiles, des pots de grès, des céramiques, des panneaux calligraphiés, des vêtements et des accessoires (épingles à cheveux, sacs et poignards d'ornement). Une des œuvres les plus remarquables est une peinture sur 8 panneaux de soie, à l'encre et en couleurs, intitulée *Cent jeunes gens s'amusent*. L'exposition la plus récente est la galerie consacrée à l'**Asie du Sud** de Christopher Ondaatje, où cette partie du monde est dévoilée à travers étoffes, bijoux, sculptures et pièces d'arme.

Autre nouveauté, **Dynamic Earth** rend hommage à l'extraordinaire diversité de la planète par le biais de vitrines interactives et de présentations où l'on pourra toucher et examiner fossiles et roches. Après y avoir pénétré par une grotte de quartz, on assiste à un film explicatif *Earth in Motion* avant de se rendre dans Mineral Hall admirer des roches, précieuses ou non, parfois énormes. L'un des clous de l'exposition est la salle S.R. **Perren Gem and Gold Room**, consacrée aux pierres précieuses et aux bijoux.

Deuxième niveau – 📷 L'étage est essentiellement consacré aux sciences naturelles. On remarquera les magnifiques **dinosaures** présentés dans leur milieu naturel, leurs squelettes provenant des Badlands de l'Alberta, où les roches du crétacé supérieur ont été mises à nu par l'érosion. Bernaches du Canada, dindons, hiboux, canards et oiseaux plus petits, saisis en vol, constituent le principal intérêt de la **galerie des oiseaux**. Reconstitution fidèle de la grotte souterraine de St. Clair, située à la Jamaïque, la **grotte des chauves-souris** permet aux visiteurs de voir évoluer dans les airs des centaines de chiroptères fabriqués à la main, et de vivre une expérience sensorielle quelque peu étrange.

La **biodiversité interactive** se tient sur deux étages ; les visiteurs peuvent flâner à leur gré dans une tanière de loups, identifier des feuilles, des sons et des traces, toucher des défenses, des cornes, des os et des peaux. Derrière ses portes vitrées, la **galerie de la découverte** permet aux enfants d'opérer des fouilles pour mettre au jour les restes d'un dinosaure, de visionner un film tourné de l'arrière d'un véhicule tout terrain, de jouer dans un igloo et d'observer des insectes au microscope.

Troisième niveau – Une suite de salles contiguës présente un fascinant aperçu du développement de la civilisation en Égypte, au Proche-Orient et dans le monde gréco-romain autour du bassin méditerranéen. La collection d'ustensiles, d'outils, de bijoux et de figurines miniatures des **antiquités égyptiennes** illustre la vie quotidienne des habitants de l'Égypte ancienne ; la section sur la **religion** comprend des cercueils, des animaux momifiés, des canopes, la **momie d'Antjau** et le sarcophage coloré d'une musicienne. Un tableau chronologique de la période prédynastique à la période ptolémaïque orne le **mur de l'histoire**. Noter aussi les **reliefs décoratifs de Punt**, moulages de sculptures ornant le temple de la reine Hatchepsout (1503-1482 avant J.-C.). L'exposition sur la **Nubie** contient des armes, des poteries, des objets en verre et des bijoux représentatifs d'une période allant de 2000 avant J.-C. au 19ᵉ s.

La **galerie du monde grec et étrusque** (1100-100 avant J.-C.) abrite une collection de sculptures en marbre, de pièces de monnaie, d'amphores peintes, ainsi qu'une maquette de l'Acropole, tandis que la section d'**art islamique** se distingue par sa réplique grandeur nature d'une maison et d'un bazar du Moyen-Orient. Une petite exposition consacrée à l'**art byzantin** permet d'admirer de superbes bracelets et bagues, et toutes sortes de bijoux en or datant de 500 à 700.

Les **salles européennes Samuel** sont consacrées aux arts décoratifs, du Moyen Âge à nos jours. La **collection Lee** contient notamment de magnifiques pièces d'orfèvrerie médiévale et Renaissance en or et en argent. Une section consacrée aux **armes et armures** permet de suivre l'évolution des moyens de défense et d'attaque, du Moyen Âge aux Temps modernes. D'autres sections sont dédiées à l'héritage judaïque et au travail des métaux (de 1300 à aujourd'hui), du verre et de la céramique. **Culture et Contexte** présente quant à elle des reconstitutions partielles de pièces, tel ce petit salon victorien (1860-1885). Enfin, des meubles et objets d'art divers représentatifs d'une période allant du Moyen Âge au 20ᵉ s. sont exposés dans l'aile Sud, inaugurée en 1994.

Sous-sol – Plusieurs salles illustrent, à cet étage, les nombreuses facettes du riche héritage historique et culturel canadien. La **galerie de l'archéologie de l'Ontario** explore divers aspects des cultures autochtones. On y voit des dioramas grandeur nature évoquant la vie des Algonquins et des Iroquois, et de très belles reproductions de pétroglyphes.

Les collections de tableaux et d'objets d'arts décoratifs de la **galerie Sigmund Samuel** sont consacrés essentiellement au passé du Canada, l'accent étant mis sur la période du 17ᵉ s. au début du 20ᵉ s. et sur les apports culturels français et britanniques.

Dans deux autres salles du sous-sol, la **galerie du souvenir des peuples du Canada** et la **galerie des peuples indigènes**, les œuvres de divers Canadiens inuit ou amérindiens sont exposées par rotation.

AUTRES CURIOSITÉS *plans p. 285 et 289*

★★ **Bata Shoe Museum** – *327 Bloor St.* ● *St. George.* ♿ *Tlj sf lun. 10 h-17 h (jeu. 20 h) dim. 12 h-17 h. Fermé j. fériés. 6 $.* ☎ *416-979-7799. www.batashoemuseum.ca.* Un curieux bâtiment en forme de boîte à chaussures, conçu par le célèbre architecte **Raymond Moriyama**, abrite ce fascinant musée dont la collection, composée d'environ 10 000 pièces, promet un voyage dans le temps pas comme les autres. Parmi les innombrables curiosités à découvrir, noter des chaussons funéraires égyptiens vieux de 3 550 ans, des sandales anasazi (culture amérindienne originaire des territoires à la jonction de l'Utah, du Nouveau-Mexique, du Colorado et de l'Arizona) ayant 1 500 ans, les sandales de cuir du mahatma Gandhi (années 1940) et les chaussures de scène du chanteur Elton John ou les chaussures de sport rose vif de

---

■ Histoires de pieds

On attribue au roi Édouard II d'Angleterre l'origine de l'unité de mesure du *pied*, en 1320. Son propre pied équivalait à 36 grains d'orge ; chaque grain musicienne le tiers d'un pouce, un pied mesurait 12 pouces.
Dans l'Angleterre du 14ᵉ s., la longueur de la pointe d'une chaussure, définie par la loi, dépendait de la position sociale de son possesseur.
La hauteur du talon indiquait également l'importance sociale de son propriétaire, les nantis étant les plus « élevés », dans tous les sens du terme !

Source : Bata Shoe Museum

la princesse Diana enfant! Les visiteurs seront fascinés par les *padukas* (sandales) ornées de clochettes traditionnellement portées par les mariées en Inde, les *fumidawara* japonais servant à marcher dans la neige, les hautes *chopines* de la Renaissance italienne et les sabots français (19ᵉ s.) munis de pointes en fer pour écraser les châtaignes. Les sandales de cuir que l'ancien Premier ministre canadien Pierre Trudeau (1919-2000) a portées lorsqu'il était étudiant font également partie de la collection. Des expositions temporaires viennent compléter la visite des quatre étages d'un musée à ne pas manquer.

★**Yorkville** – ● *Bay*. Autrefois repère de drogués et de marginaux, Yorkville est aujourd'hui l'un des quartiers les plus chic de Toronto. **Yorkville Avenue** contient, entre Yonge Street et Avenue Road, de charmantes maisons victoriennes converties en magasins de luxe ou cafés à la mode arborant des façades dernier cri.
On notera tout particulièrement York Square, à l'angle de Yorkville Avenue et Avenue Road, où boutiques et restaurants encadrent une agréable cour intérieure en brique,

Courtesy Bata Shoe Museum

Bottes à semelle compensée d'Elton John

et par derrière, sur University Avenue, l'élégant Hazelton Lanes *(heures ouvrables)*, complexe commercial, administratif et résidentiel conçu par Boris Zerafa (1978). De l'autre côté de Yorkville Avenue, Cumberland Court, bordée de restaurants, de magasins et de bureaux, forme un passage jusqu'à Cumberland Street.

★**Toronto Reference Library** – *789 Yonge St.* ● *Bloor-Yonge.* ⅖ *De déb. mai à mi-oct. : tlj sf dim. 10 h-20 h, ven.-sam. 10 h-17 h ; le reste de l'année : 10 h-20 h, ven.-sam. 10 h-17 h, dim. 13 h30-17 h.* ☎ *416-393-7131. www.tpl.toronto.on.ca.* L'un des chefs-d'œuvre de Raymond Moriyama, cet édifice massif en brique et en verre (1977) renferme la plus grande bibliothèque publique du Canada (près de 1,5 million de volumes).
Derrière la façade s'ouvre un vaste espace central qui s'élève sur les cinq niveaux du bâtiment, tous garnis de balcons drapés de verdure. Le système d'insonorisation étouffe les bruits et préserve l'atmosphère studieuse des lieux. À l'étage principal, une galerie expose régulièrement des pièces, souvent rares, tirées de la collection générale.
Au cinquième niveau, une pièce séparée abrite la **collection Arthur Conan Doyle** *(accès par le 4ᵉ niveau)*, contenant les fameuses aventures de Sherlock Holmes, la critique sherlockienne, l'autobiographie de Doyle, ses romans historiques, poèmes et autres écrits. Des meubles victoriens, des pipes, une pantoufle et l'inévitable casquette de chasse accrochée à une patère suggèrent la présence du grand détective.

★★**Casa Loma** – *1 Austin Terrace* (● *Dupont) puis monter les marches. 9 h30-17 h (dernière entrée 16 h). Fermé 1ᵉʳ janv., 25 déc. 10 $.* ☎ *416-923-1171. www.casaloma.org.* Mélange de manoir médiéval et de décor d'Hollywood, cet énorme château de grès (1914, E. J. Lennox), dressé au bord de la crête Davenport qui marque la rive de l'ancien lac Iroquois, est né de la fantaisie d'un

● **All the Best**
1099 Yonge St. au niveau de Price St. ☎ *416-928-3330. www.toronto.com/allthebest.* À 10mn de voiture environ en direction du Nord et Summerhill, on trouvera une rangée de boutiques et de cafés d'allure bohême. Une boutique, reconnaissable à ses trois vitrines, rencontre un succès particulier, elle se nomme **All the Best**. On se bouscule dans les allées bondées où, sur des rayonnages croulant sous les marchandises, on trouvera des produits alimentaires, du matériel de fête, des cadeaux et des articles de décoration joliment présentés par thème. Un tour s'impose à la boulangerie débordante de chips aux fruits rouges, de tartes, de gâteaux au fromage, de pains et de pâtisseries ; son rayon fromages propose à profusion cheddar, mozzarella fumée et gouda, mais aussi des sauces exotiques. Le rayon fêtes regorge d'articles originaux : serviettes en papier, bougies, linge de table, couverts, nappes, sets pour pique-nique... Et, pour se remettre du lèche-vitrine, il reste la pâtisserie française **Patachou** *(1095 Yonge St.* ☎ *416-927-1105),* juste à côté, pour un café revigorant et, peut-être, une baguette pour le dîner.

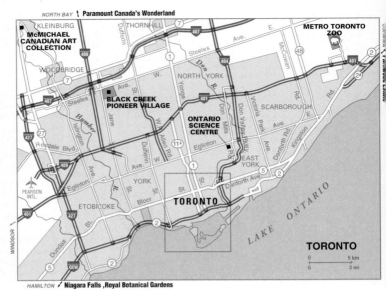

NORTH BAY ↖ **Paramount Canada's Wonderland**

HAMILTON ↙ **Niagara Falls ,Royal Botanical Gardens**

milliardaire, **Henry Pellatt**. Ce dernier avait fait fortune en exploitant l'énergie hydro-électrique des chutes du Niagara, mais ses excès finirent par le perdre et Casa Loma échut à la ville de Toronto pour impôts impayés.

La somptueuse demeure arbore deux tours, l'une écossaise, l'autre normande, qui permettent d'avoir une vue panoramique des alentours. Elle compte 21 cheminées et 98 pièces, dont la **chambre ronde**, de style Louis XV, le **salon Windsor** et l'**appartement de Lady Pellatt**. On remarquera également le **hall central** de plus de 22 m de haut, le salon lambrissé de chêne, la **serre** au sol de marbre, la **bibliothèque** de 10 000 volumes, les passages secrets, le tunnel (244 m) menant aux écuries et au **hangar à voitures**, la piscine intérieure (inachevée), 52 téléphones, l'ascenseur et d'autres luxes des plus rares au début du 20ᵉ s.

★**Spadina** – *285 Spadina Rd (● Dupont) puis monter les marches.* ⚅ *Mai-août : visite guidée (1 h) tlj sf lun. 12 h-17 h ; sept.-déc. : tlj sf lun. 12 h-16 h, w.-end 12 h-17 h. Fermé j. fériés. 5 $. ☎ 416-392-6910. www.toronto.ca.* Construit à flanc de colline sur une propriété de 32 ha vers le milieu du 19ᵉ s., ce manoir en brique de 50 pièces domine aujourd'hui ses 2,5 ha restants de jardins qu'entoure un élégant quartier résidentiel.

En 1866, **James Austin** fit l'acquisition de la propriété, et remplaça la demeure d'origine (1836) par une nouvelle maison de style georgien. Son commerce d'épicerie étant fructueux, il avait pu s'offrir une part importante de la Consumer's Gas Company dont il prit la tête (1874-1897). Il fonda plus tard la Dominion Bank (constituée en société en 1869), dont il fut le premier président. Ses descendants adaptèrent l'édifice aux styles architecturaux en vogue et à la dimension de la famille. En 1898, la grande salle de billard fut ajoutée ; en 1907, les terrasses et la porte cochère ; et en 1912, le troisième étage, avec son toit en croupe et ses mansardes à fronton. À l'intérieur, le **salon de réception** et le **jardin d'hiver** reflètent particulièrement bien la grandeur des styles édouardien et victorien et le degré de confort de la famille Austin.

LE GRAND TORONTO *plan ci-dessus*

★★★**Ontario Science Centre** – *770 Don Mills Rd., à 11 km du centre-ville (22 km en voiture par Don Valley Parkway jusqu'à Eglinton Ave.). ● Eglington et autobus 34 Eglinton East (arrêt Don Mills Rd.). ⚅ Juil.-août : 10 h-18 h ; le reste de l'année : 10 h-17 h. Fermé 25 déc. 13 $. ☎ 416-696-1000. www.ontariosciencecentre.ca.* Démonstrations et films en Omnimax tous les jours (pour les horaires, consulter le panneau au pied de l'escalier roulant, niveau C). ▣ Ce vaste complexe (1969) est consacré aux sciences et techniques d'hier et d'aujourd'hui. Construit dans le ravin du Don par l'architecte Raymond Moriyama, il se compose de plusieurs bâtiments en verre et en béton reliés par des escaliers roulants intérieurs qui épousent la pente de la colline.

L'endroit, très populaire, est fait pour les touche-à-tout : c'est en pressant des boutons, en actionnant des leviers, en pédalant ou en faisant tourner des roues que l'on expérimente les lois mathématiques ou physiques exposées. Des expériences de chimie, d'imprimerie, d'électricité et d'élaboration d'un journal sont autant de moyens de s'instruire.

Des cinq étages, les trois derniers (C, D et E) sont consacrés à des expositions et des activités interactives. Dans la section **Terre/nourriture**, *(niveau C)*, des chariots d'épicerie ont été empilés de manière à mieux représenter la quantité de nourriture consommée en l'espace d'une année. L'exposition **Espace** *(niveau C)* aborde plusieurs thèmes, dont la culture hydroponique et la pesanteur (siège autopropulsé). Ne pas manquer l'exposition **Living Earth** *(niveau D)*, où les visiteurs peuvent explorer une grotte et découvrir la forêt pluviale, le **hall des transports** avec son modèle réduit de dirigeable, son bateau à moteur CA-3 et ses vieilles bicyclettes, la **galerie des sciences**, pleine d'amusantes expériences sur l'électricité et les **communications**, où l'on participe à la fabrication d'un journal. Le **hall de la technologie** présente quant à lui des ponts cantilever en modèle réduit et grandeur nature pour étudier leurs effets des contraintes. Enfin l'autoroute de l'information donne aux visiteurs l'occasion de se brancher sur le réseau Internet.

★★★**Metro Toronto Zoo** – *À 35 km du centre-ville.* ● *Kennedy, puis autobus 86A.* ♿ *Dès 9 h (oct.-mars 9 h30), horaire de fermeture variables. Fermé 25 déc. 17 $. ☎ 416-392-5900. www.torontozoo.com. Plan du zoo disponible à l'entrée. En été, il est préférable de commencer la visite en empruntant la navette Zoomobile (de mi-mai à fin août. 5 $) qui permet d'obtenir une excellente vue d'ensemble du parc. Descendre à la gare Serengeti et continuer la visite à pied.* 📷 Situé dans un vaste domaine de 287 ha, ce remarquable parc zoologique (1974) met en scène la nature en recréant l'habitat naturel de ses quelque 5 000 pensionnaires, en plein air chaque fois que possible, ou à couvert, dans des pavillons de bois (conçus par Raymond Moriyama) pour les animaux qui ne peuvent pas s'adapter au climat canadien. Le parc s'organise en six régions zoogéographiques : Afrique, Australasie, Eurasie, Amérique, Indo-Malaisie et Canada. Parmi les 550 espèces représentées, nombreux sont les animaux rares ou en voie d'extinction comme le tigre de Sibérie, le léopard des neiges, le tapir malais ou l'hippopotame pygmée.

Attraction très populaire, le **pavillon de l'Afrique** est une grande serre tapissée d'une végétation luxuriante, où s'ébattent bruyamment des oiseaux exotiques autour d'une faune africaine inhabituelle (gorilles des plaines et autres primates). L'espace le plus récent est la forêt des gorilles. Non loin de là réside le plus gros troupeau d'éléphants d'Afrique au Canada. Noter aussi les pavillons américain et indo-malais, et l'exposition **Edge of Night** *(dans le pavillon de l'Australasie)* qui donne l'occasion de découvrir un monde nocturne habité par des espèces rarement vues, comme le diable de Tasmanie.

★★**Black Creek Pioneer Village** – *29 km au Nord-Ouest du centre-ville. 1000 Murray Ross Parkway.* ● *Yonge et Finch, puis autobus 60 (bus pour Steeles). Mai-juin : 9 h30-16 h30, w.-end 10 h-17 h ; juil.-sept. : 10 h-17 h ; oct.-déc. : 9 h30-16 h, w.-end 10 h-16 h30. 10 $. ☎ 416-736-1733. www.blackcreek.ca. Plan du village distribué à l'entrée.* 📷 Cette reconstitution d'une communauté rurale évoque les traditions et l'architecture du passé de l'Ontario. Ouvert en 1960 sur une propriété

Tom Thomson : *Afternoon, Algonquin Park (1914)*

de 12 ha, le village compte une quarantaine de bâtiments, dont cinq d'origine faisant partie de la ferme érigée entre 1816 et 1832 par des colons allemands venus de Pennsylvanie, et nombre d'autres datant du 19ᵉ s., transférés sur le site. En sortant du **centre d'orientation**, les visiteurs auront l'impression de remonter dans le temps. Au milieu d'une verdure abondante, entre des chemins de terre bordés de trottoirs en bois et de barrières de ranch, l'ensemble dégage un charme suranné, quelque peu troublé par le vacarme de l'autoroute proche et la vue des tours du voisinage au-dessus des arbres. Les maisons restaurées sont meublées à la façon des années 1860. Parmi les bâtiments les plus intéressants, noter la ferblanterie, la **ferme Stong**, le relais de diligences doté d'une véranda à deux étages, le **moulin Roblin**, grande bâtisse en pierre de quatre étages, et l'atelier de l'imprimeur équipé de sa presse. Des guides en costume refont les gestes traditionnels des métiers de l'époque.

EXCURSIONS *plan p. 298*

Paramount Canada's Wonderland – *À Vaughan, 9580 Jane St. 30 km au Nord par la route 400 & Rutherford Rd. GO TRANSIT au départ de* ● *Yorkdale ou York Mills* ☎ *416-869-3200.* ⚹ *De déb. mai à déb. nov. : dès 10 h, horaires de fermeture variables. Tarif non communiqué.* ☎ *905-832-7000. www.canadas-wonderland.com.* Ce grand parc d'attractions, ouvert en 1981, présente des thèmes divers : rue internationale, fête médiévale, exposition internationale de 1890, au pays de Hanna Barbera, etc. Spectacles, boutiques, manèges sont au programme. On peut même escalader une montagne artificielle et s'amuser dans la piscine à vagues.

★★ **McMichael Canadian Art Collection** – *À Kleinburg, env. 40 km au Nord. Route 400 jusqu'à Major Mackenzie Dr., puis à l'Ouest sur 6 km environ jusqu'à Islington et au Nord sur 1 km.* ⚹ *Mai-oct. : 10 h-17 h ; le reste de l'année : 10 h-16 h. Fermé 25 déc. 12 $.* ☎ *905-893-1121 ou 888-213-1121. www.mcmichael.com.* En 1952, **Robert** et **Signe McMichael** construisirent une maison en rondins et en pierre près de Kleinburg et la décorèrent de tableaux du **groupe des Sept**. En 1965, ils firent don de leur collection et de leur propriété à la province de l'Ontario. Des bâtiments rustiques en bois équarri, cachés dans les bois de la vallée de la Humber, abritent cette remarquable collection complétée d'œuvres contemporaines amérindiennes et inuit, que des donateurs tel R.S. McLaughlin ont achevé de rendre exceptionnelle.

Lawren Harris, A.Y. Jackson, J.E.H. MacDonald, Franklin Carmichael, Arthur Lismer, Frederick Varley, Frank Johnston, qui fondèrent le groupe des Sept en 1920, d'autres comme **A.J. Casson** qui le rejoignit en 1926, et surtout **Tom Thomson** (1877-1917, inspirateur et précurseur du groupe, qui mourut avant sa formation) sont aujourd'hui considérés comme les membres de la première école véritablement canadienne. Rompant avec la tradition classique, ils créèrent un art vigoureux et coloré reflétant avec force les paysages du Bouclier canadien. Le groupe se dispersa officiellement en 1932, mais certains membres formèrent le Groupe canadien des peintres qui continua dans la même direction.

Le rez-de-chaussée est essentiellement consacré à Tom Thomson, A.Y. Jackson et Lawren Harris, l'âme du groupe et longtemps chef de file de l'art canadien. On remarquera aussi les tableaux de peintres proches du groupe des Sept, dont **Clarence Gagnon, Emily Carr** et **David Milne**. À l'étage sont exposées de très belles œuvres d'artistes amérindiens contemporains tels que **Clifford Maracle, Norval Morisseau, Daphne Odjig** et **Arthur Shilling**. Une section d'**art inuit** réunit d'autre part de magnifiques sculptures et lithographies.

Mr. McGregor's House

À Kleinburg, 10503 Eglinton Ave. Déjeuner, thé. ☎ *905-893-2508.* Les visiteurs désirant un délicieux thé complet ou simplement une pause café après la visite de la galerie McMichael pourront entrer dans cette charmante maison jaune qui porte le nom d'un personnage de Beatrix Potter. Situé dans la rue principale de Kleinburg, l'établissement accueille les amateurs affamés avec un assortiment de petits gâteaux, *cookies*, tartes, tourtes aux fruits, pains aux noix, *muffins, scones* et autres pâtisseries, souvent couronnées de meringue, avec une bonne cuillérée de crème fraîche ou de quelque autre crème délectable. Les mets, étiquetés et posés sur une grande table de bois, sont à la disposition des clients qui se servent eux-mêmes. Un grand choix de thés, de cafés et de jus de fruits leur permettra d'accompagner les pâtisseries. Ils pourront, à leur guise, s'installer à une des étonnantes tables de la salle ou sur la vaste pelouse fleurie, à l'ombre des chênes immenses.

■ Escapade détente et santé

Caché dans la campagne à une heure de route de Toronto, **High Fields Country Inn & Spa** (*à Zephyr, au Nord de Toronto, 11568-70 Concession 3.* ☎ *905-473-6132 ou 888-809-9992. www.highfields.com*) est campé au sommet d'une colline dominant les exploitations agricoles de l'Ontario. Une route sinueuse mène à une vaste écurie flanquée de prés, et à l'auberge avec piscine extérieure et court de tennis. Le domaine est sillonné de sentiers herbeux soigneusement entretenus à l'usage des marcheurs *(promenades guidées)* ou des skieurs de fond. L'imposante maison comprend les chambres, un espace de restauration et les salles de soins. Parallèlement aux soins du visage, aux massages, aux enveloppements et à l'hydrothérapie, High Fields enseigne des techniques *new age* tels que chakra et Reiki. Il faut essayer le soin-beauté spécial de la maison Himalayan Rejuvenation, ou un massage de pierres chaudes dans le tipi.

Bien au calme dans son domaine boisé à environ une heure de route de Toronto, **The Hillcrest**, qui fait partie de Haldimand Hills Spa Village *(Port Hope, à l'Est de Toronto, 175 Dorset St. W.* ☎ *905-349-3704 ou 888-346-6772. www.haldimandhills.com)* accueille ses résidents dans une majestueuse demeure à portique meublée d'antiquités irlandaises, entourée d'une magnifique propriété sillonnée de sentiers. Parmi les prestations offertes figurent une piscine extérieure, une salle de remise en forme, un sauna et un restaurant gastronomique avec vue sur le lac Ontario. Les résidents choisissent parmi une gamme complète de soins du visage, manucure, pédicure, hydrothérapie, massages, enveloppements et séances d'exercices. Ils pourront bénéficier d'un massage hawaïen à l'ancienne, d'un enveloppement à la menthe et à la réglisse, ou d'un masque de boue Golden Moor. Une visite *(45mn)* de la vieille ville de Port Hope est incluse dans la prestation.

Courtesy The Hillcrest

The Hillcrest

★★**Chutes du Niagara** – *130 km. Voir ce nom.*

★★ **Parkwood Estate** – *61 km. Description p. 251.*

★ **Royal Botanical Gardens** – *70 km. Description p. 237.*

UPPER CANADA VILLAGE★★★

La construction du barrage de Cornwall, en faisant monter les eaux du Saint-Laurent, noya huit villages. La région, colonisée par les loyalistes à la fin du 18ᵉ s., possédait des bâtiments anciens que l'on résolut de préserver en les réunissant près de Morrisburg. Ainsi naquit, à la fin des années 1950, Upper Canada Village, illustration d'une communauté du Haut-Canada de 1860 à 1867 : plus de 500 maisons, édifices religieux, bureaux, boutiques et autres bâtiments composent un village entier de 27 ha. C'est l'un des villages restaurés les plus connus du Canada et une attraction touristique très populaire, car une vingtaine de ces édifices historiques sont aujourd'hui ouverts au public.

Accès – À Crysler Farm Battlefield Park, 11 km à l'Est de Morrisburg. Route 401, sortie 758 Upper Canada Rd. vers le Sud. Tourner à gauche sur la route 2 et continuer vers le village (2 km). Parking tout de suite après Crysler Farm Battlefield Park.

Visite

♿ De mi-mai à mi-oct. : 9 h30-17 h. Transport en voiture à cheval sur les lieux (gratuit). 15,95 $. ☎ 613-543-3704 ou 800-437-2233. www.uppercanadavillage.com

Les visiteurs ont l'impression de remonter le temps de plus d'un siècle lorsqu'ils pénètrent dans cette communauté rurale qui montre l'évolution du mode de vie des premiers colons. Le village, animé de personnages en costume d'époque, est bourdonnant d'activité : chacun vaque à ses occupations (travaux d'aiguille, fabrication de fromages ou de pain, etc.) et se déplace à pied, en char à bœufs ou en diligence. La plupart des espèces d'animaux agricoles rencontrées ont aujourd'hui quasiment disparu, comme ces chevaux de trait canadiens attelés aux charrettes et aux diligences ou les énormes bœufs roux du Devon qui labourent les champs. Les visiteurs pourront, d'un bateau à fond plat tiré par des chevaux le long du canal, apercevoir le village selon une perspective différente.

La rétrospective va du modeste logis de pionnier à la **ferme** solide et prospère, à l'élégant raffinement de **Robertson House**, à la richesse et le luxe de l'architecture néogrecque de **Crysler Hall**. On voit aussi des écoles et des églises, une maison de médecin, un magasin de village, une taverne. Actionnés à l'énergie hydraulique, une **scierie**, un moulin à farine (doté d'une machine à vapeur de 1865) et une **filature** montrent l'industrialisation progressive, manifeste vers 1867.

Au cœur du village se dresse le bâtiment à deux niveaux en bardeaux de l'**hôtel Willard's**, qui accueille la cafétéria Village Cafe et le restaurant Harvest Barn. La demeure, construite en 1785 par un loyaliste new-yorkais d'origine allemande, fut transformée en auberge. La propriété fut acquise vers 1830 par John Willard, gérant d'une taverne à Montréal. Aujourd'hui, l'hôtel brille de tous les feux de sa splendeur du milieu du 19ᵉ s. Les visiteurs pourront déguster un repas typique des années 1860 et se procurer, à la boutique de souvenirs, des miches de pain cuites dans le grand four en brique de la boulangerie du village.

© Malak, Ottawa

Couvertures en patchwork (Upper Canada Village)

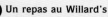

Un repas au Willard's

Déjeuner, thé. ☏ *613-543-3735. www.foodandheritage.com.* Très couru à Upper Canada Village, l'hôtel Willard's accommode d'authentiques recettes du 19ᵉ s. Le personnel, costumé, guide d'un pas feutré les visiteurs vers de grandes salles à manger dotées d'un mobilier ancien. La cuisine s'affaire alors à concocter des perches sautées sauce Rosemary and Robert ou des steaks d'aloyau fumé avec une sauce au vin. Pour clôturer le festin, la tourte à la pomme, le pudding ou l'exotique sabayon au citron se révéleront un choix judicieux. Le **thé** est servi à l'étage, sous le large porche ombragé par les grands avant-toits de l'hôtel ou dans le petit salon.

Une nuit à la ferme

☏ *613-543-4328 ou 800-437-2233.* Un séjour à **Upper Canada Guest House**, à proximité de Upper Canada Village, constitue une expérience de choix. Les familles et les petits groupes *(6 personnes maximum)* trouveront la solitude dans cette ferme-maison d'hôte de la fin du 19ᵉ s. Par nuit claire, le parc en bordure de Saint-Laurent est un remarquable point d'observation des étoiles ; en journée, le jour, les bernaches du Canada, le grand héron et d'autres volatiles aquatiques patrouillent autour de la ferme.

CURIOSITÉS DES ENVIRONS

Battlefield Monument – *À proximité de Upper Canada Village, dans le parc.* Ce monument commémore la **bataille de Crysler Farm** où, en 1813, une petite troupe canadienne et britannique mit en déroute une troupe américaine pourtant plus importante, qui tentait de couper Montréal du renfort des troupes de Kingston. Du monument, au bord du Saint-Laurent, belle **vue** sur le site aujourd'hui inondé de la ferme.

Long Sault Parkway – *5 km à l'Est de Upper Canada Village entre Ingleside et Cornwall par la route 2.* Cette route touristique, qui part du continent, traverse un chapelet d'îlots sur le St-Laurent. Une grande variété d'activités s'offre aux voyageurs le long du trajet : pêche, nautisme *(location de canoës)*, pique-nique n'en sont que quelques-unes. D'innombrables sentiers propices à la bicyclette ou à la marche sillonnent les gorges et le littoral. La baignade *(non surveillée)* est possible grâce aux petites plages de sable fin et les marais sont un terrain idéal d'observation des oiseaux. Hébergement dans trois terrains de camping gérés par la Commission des parcs du St-Laurent ☏ *613-543-3704.*

WINDSOR★

204 402 habitants
Carte Michelin nᵒ 583 Q7 – Schéma : ONTARIO
Office de tourisme ☏ 519-255-6530 ou 800-265-3633 ; www.city.windsor.on.ca

À la pointe du Sud ontarien, au bord de la **rivière Detroit** qui la sépare de la grande ville américaine du même nom, Windsor est une ville industrielle dont l'activité repose sur la construction automobile. C'est également un port de la voie maritime, et l'un des points d'entrée au Canada accueillant le plus de visiteurs.
En 1701, **Antoine de la Mothe Cadillac** fondait un comptoir de fourrures au Nord de la rivière, lequel fut pris par les Anglais en 1760 et remis plus tard aux Américains après la guerre d'Indépendance. Sauf durant le conflit anglo-américain de 1812, la rivière Detroit servit de frontière entre le Canada et les États-Unis. Une ville canadienne, Sandwich, se développa sur la rive Sud. Elle allait être absorbée par Windsor, fondée au début des années 1830.
Aujourd'hui, Detroit et Windsor célèbrent conjointement l'**International Freedom Festival** *(juin-juil.)*, regroupant chaque année les fêtes nationales du Canada et des États-Unis, les 1ᵉʳ et 4 juillet.

CURIOSITÉS

★**Dieppe Gardens** – La **vue★★** sur les gratte-ciel de Detroit est le grand attrait de ce parc aménagé au bord de l'eau, à l'Ouest de Ouellette Avenue, la grande artère de la ville. Sur la rivière Detroit passent sans cesse de gros navires à destination des ports du lac Supérieur ou du Saint-Laurent.

★**Art Gallery of Windsor** – *401 Riverside Dr. West.* ♿ *Tlj sf lun. 11 h-19 h (ven. 21 h), w.-end 11 h-17 h. Contribution conseillée.* ☏ *519-977-0013. www. artgalleryofwindsor.com.* Ce musée d'Art présente par roulement une collection où figurent plus de 2 500 œuvres canadiennes, de 1750 à nos jours. On y verra de très belles toiles du groupe des Sept.

EXCURSIONS

★Fort Malden, à **Amherstburg** – *25 km au Sud par les routes 2 et 20.* &. *Juil.-sept. 10 h-17 h ; le reste de l'année : tlj sf lun. et mar. 13 h-17 h. Fermé j. fériés. 2,75 $.* ✆ *519-736-5416. www.parkscanada.ca.* Lorsqu'en 1796 les Britanniques abandonnèrent Detroit aux Américains, ils installèrent ce fort à l'endroit le plus propice à la surveillance de la navigation, forcée de longer la rive canadienne. Le **site** est très agréable, parmi les pelouses et face à la rivière aux rives boisées. Il reste du fort quelques talus recouverts d'herbe et une caserne restaurée selon son aspect de 1819. Dans le **centre d'accueil**, un montage audiovisuel *(6mn)* évoque le rôle du fort durant la guerre de 1812 et la rébellion de 1837. Le drapeau rebelle de Mackenzie (deux étoiles blanches sur fond marine) est exposé dans le **centre d'interprétation**, avec des souvenirs du passé militaire.

Route 50 – *31 km de Malden à Kingsville.* Cette route tranquille longe le lac Érié en offrant de belles échappées sur ses rives marécageuses où vivent de nombreux oiseaux. On peut en même temps apprécier l'importance des cultures de l'arrière-pays.

Jack Miner's Bird Sanctuary, à **Kingsville** – *2 km au Nord du centre-ville par la route 29 (Division Rd.), puis la route 3 Ouest.* &. *Tlj sf dim. 8 h-17 h.* ✆ *519-733-4034. www.jackminer.com.* Fondé par **Jack Miner** (1865-1944), qui se voua à la protection de la nature et dont un petit musée évoque la mémoire, ce refuge sert de halte aux oiseaux migrateurs. En novembre et début décembre, l'endroit connaît une très grande activité quand quelque 10 000 bernaches du Canada et canards viennent y chercher pâture.

★★Point Pelee National Park – *65 km par les routes 3 et 33. Voir ce nom.*

Québec

B astion de la culture canadienne française, la plus vaste des provinces du Canada représente, avec une superficie de 1 540 680 km², environ 15 % du territoire national. Sur 7,2 millions d'habitants, plus de 75 % sont francophones, héritiers d'un empire fondé au début du 17ᵉ s. et qui englobait en son temps la moitié du continent. Fiers d'une riche tradition, les Québécois se sont taillé une place à part dans le milieu nord-américain en préservant une culture et un mode de vie bien à eux. La province compte environ 8 % d'habitants d'origine britannique, regroupés pour la plupart dans l'agglomération montréalaise. Véritable mosaïque ethnique, le reste de la population comprend notamment Amérindiens et Inuit vivant en petits groupes dans le Grand Nord.

Un peu de géographie

Grandes régions naturelles – D'une extrémité à l'autre, le Québec atteint 1 500 km d'Est en Ouest et 2 000 km du Nord au Sud. Il englobe une étonnante gamme de paysages, des grands espaces émaillés de lacs du **Bouclier canadien** (plateaux nordiques, Abitibi-Témiscamingue, Laurentides, Saguenay-Lac Saint-Jean) aux terrasses cultivées des **montagnes appalachiennes** (cantons de l'Est, Beauce, Bas-Saint-Laurent et Gaspésie), en passant par la **plaine du Saint-Laurent** où se concentre la majorité de la population.

Climat – Du fait de sa latitude et de sa position en bordure orientale du pays, le Québec est soumis à d'extrêmes écarts de température. Des hivers rigoureux succèdent à des périodes estivales chaudes. Plus on remonte vers le Nord, plus les étés se rafraîchissent et les hivers deviennent glacés. Les précipitations sont abondantes, particulièrement dans les régions près de l'Atlantique et de la baie d'Hudson. Elles diminuent généralement à l'intérieur des terres et vers le Nord, et sont équitablement étalées entre les pluies d'été et les neiges d'hiver.

RENSEIGNEMENTS PRATIQUES

Comment s'y rendre et s'y déplacer

Avion – Vols intérieurs et internationaux : aéroports **Dorval** (à 22 km à l'Ouest de Montréal) ☎ 514-394-7377 et **Jean-Lesage** (à 16 km de Québec) ☎ 418-640-2600. Vols charter et cargo : aéroport **Mirabel** (à 55 km au Nord de Montréal) ☎ 514-394-7377. Compagnies assurant la liaison entre les villes du Québec : Air Canada ☎ 514-393-3333 ou 888-247-2262 ; www.aircanada.ca. Agences de location de voitures *(voir p. 30)* aux aéroports.

Train et autocar – Les trains de **VIA Rail** www.viarail.com ☎ 514-989-2626 ou 800-561-3949 assurent des services réguliers à travers la province. Pour obtenir les coordonnées du bureau VIA Rail le plus proche, consulter l'annuaire local. Liaison quotidienne Montréal-Washington via New York par l'intermédiaire d'**Amtrak** ☎ 800-872-7245 ; www.amtrak.com. Les autocars de la compagnie **Orléans Express** ☎ 514-842-2281 ; www.orleansexpress.com. desservent le couloir Montréal-Québec-Gaspésie. Là aussi, pour obtenir les coordonnées de leur bureau le plus proche, consulter l'annuaire local.

Bateau – Le Québec dispose d'un vaste réseau de **bacs** (ou *traversiers*). Pour tout renseignement, s'adresser à Tourisme Québec *(voir ci-dessous)*.

À savoir

Où s'informer et se loger – **Tourisme Québec** *(CP 979, Montréal QC H3C 2W3.* ☎ *514-873-2015 ou 800-363-7777, www.bonjourquebec.com)* met gracieusement à la disposition des visiteurs cartes routières et brochures comportant les principales curiosités, sports et loisirs, manifestations touristiques et différentes formules d'hébergement.
Les grandes chaînes hôtelières ont des établissements dans les principales agglomérations. On trouve également, un peu partout dans la province, des petits hôtels ou des chambres d'hôte offrant un hébergement de qualité à prix modéré. Noter aussi la formule **vacances à la ferme**, qui peut séduire les familles. Pour obtenir le guide *Gîtes du passant au Québec (21 $)*, s'adresser à la Fédération des agricotours du Québec ☎ 514-252-3138, *www.agricotours.qc.ca* ou à l'Hôtellerie Champêtre, *(426 rue Sainte-Hélène, bureau 114, Montréal (QC) H2Z 2K7.* ☎ *514-861-4024. www.hotelleriechampetre.com)*

Législation routière – *(Voir permis de conduire et assurance p. 29)*. Le Québec possède un excellent réseau routier. Sauf indication contraire, la limite de vitesse est de 100 km/h sur autoroute, 90 km/h sur route secondaire et 50 km/h en ville. Le port de la **ceinture de sécurité** est obligatoire, à l'arrière comme à l'avant. **Association canadienne des automobilistes (CAA)** à Montréal ☎ 514-861-7111.

Heure locale – Le Québec vit à l'heure de l'Est, à l'exception des îles de la Madeleine (heure de l'Atlantique, 1 heure en avance). L'heure d'été s'applique du premier dimanche d'avril au dernier dimanche d'octobre.

Taxes – *(Voir modalités de recouvrement p. 37)*. En plus de la taxe nationale sur les produits et les services (TPS) de 7 %, le Québec prélève une taxe provinciale à la vente (TVQ) de 7,5 % sur les services et les biens de consommation. Les non-résidents peuvent demander le remboursement de la taxe provinciale auprès de la Canada Customs and Revenue Agency, Visitor Rebate Program *(☎ 902-432-5608. www.ccra-adrc.gc.ca)*.

Loi sur les alcools – Âge légal de consommation d'alcool : 18 ans. La Société des alcools du Québec ou SAQ contrôle la vente du vin et des alcools dans ses propres magasins. À Montréal et à Québec, la Maison des vins propose par ailleurs toute une sélection d'alcools.

Fête provinciale – *(Voir liste des principaux jours fériés p. 36)*
Saint-Jean-Baptiste – 24 juin.

À faire

Activités de plein air – Parcs Canada *(☎ 418-648-4177. www.parkscanada.ca)* gère au Québec trois **parcs nationaux** offrant toute une gamme d'activités récréatives : randonnée, cyclotourisme, programmes d'étude de la nature, voile, canoë, pêche, camping, sports d'hiver, etc. Brochures et renseignements sur les sentiers de randonnée ☎ 418-648-4177 ou 800-463-6769 ; réservations de camping ☎ 902-426-3436 ou 800-213-7275. Le Québec possède également 14 **réserves naturelles** et 19 **parcs provinciaux** (liste complète des activités et aménagements dans la brochure gratuite *Découvrez votre vraie nature* que l'on peut se procurer auprès du Ministère de l'environnement *(☎ 418-521-3830 ou 800-561-1616. www.menv.gouv.qc.ca)* placés sous la tutelle de la Société des établissements de plein air du Québec ou SÉPAQ ☎ 418-686-4875 ; www.sepaq.com.

Pour toute question relative aux sports et aux loisirs, contacter Regroupement Loisir Québec ☎ 514-252-3126 ; www.loisirquebec.qc.ca. Activité très populaire, le **canoë** se pratique sur la plupart des rivières, sauf celles qui servent au flottage du bois. Le **kayak** a ses amateurs dans les régions du Nord telles que l'Abitibi-Témiscamingue, le Saguenay et le Nunavik. On trouve aussi de nombreux **centres équestres** dans les cantons de l'Est, en Gaspésie et dans la région du Bas-Saint-Laurent.

En raison de ses abondantes chutes de neige (qui prolongent la saison jusqu'à la mi-avril), la province offre également une grande variété de **sports d'hiver**. Principales régions de ski alpin et de ski de fond : les Laurentides et Lanaudière (Mont-Tremblant ☎ 819-425-8711), les cantons de l'Est (Mont-Orford ☎ 819-843-6548) et la région de Québec (Mont-Sainte-Anne ☎ 418-827-4561). Un réseau complet de pistes bien balisées, comprenant des refuges chauffés et d'autres types d'hébergement, satisfera les adeptes de la **motoneige** ; pour obtenir un exemplaire gratuit de la *Carte des sentiers de motoneige*, s'adresser à Tourisme Québec *(voir p. 306)*.

De nombreuses régions du Québec sont renommées pour la **pêche** et la **chasse** (renseignements : ministère de l'Environnement du Québec www.mef.gouv.qc.ca ☎ 418-643-3830). Des agences spécialisées ou *pourvoiries* (Fédération des pourvoyeurs du Québec ☎ 418-877-5191 ; www.fpq.com), accessibles par voie terrestre ou aérienne, proposent des forfaits comprenant le transport jusque dans des lieux reculés, l'hébergement et la location d'équipement nécessaire, le permis de chasse et l'enregistrement du gibier. Noter qu'au-delà du 52ᵉ parallèle, le recours à une pourvoirie est obligatoire pour les non-résidents.

Tourisme-découverte – Gamme étendue d'activités : ski alpin ou ski de fond, traîneau à chiens, motoneige, escalade, cyclotourisme, sports d'eau vive, équitation, etc. À titre indicatif : New World River Expeditions *(☎ 819-242-7238*; CÉPAL ☎ 418-547-5728 ; Passe Montagne ☎ 819-322-2123 ; Rythmes du monde ☎ 514-288-4800. Observation des phoques au large des îles de la Madeleine au départ d'Halifax, Nova Scotia par l'intermédiaire de Natural Habitat Wildlife Adventure ☎ 303-449-3711. Pour tout renseignement complémentaire sur le tourisme d'aventure, s'adresser à Tourisme Québec *(voir p. 306)*.

Festival international de jazz de Montréal

Principales manifestations

Fév.	Carnaval de Québec	*Québec*
	Carnaval-Souvenir	*Chicoutimi*
	Bal de Neige	*Hull*
Mars	Festival beauceron de l'érable	*Saint-Georges*
Juin	Grand Prix Air Canada	*Montréal*
Juil.	Festival international de jazz	*Montréal*
	Mondial des cultures	*Drummondville*

	Festival d'été de Québec du Maurier	*Québec*
	Traversée internationale du lac Saint-Jean	*Roberval*
Juil.-août	**Festival du bleuet**	*Mistassini*
	Festival Orford	*Magog*
Août	**Festival des films du monde**	*Montréal*
	Festival de montgolfières	*Saint-Jean-sur-Richelieu*

Avis au lecteur

Les pages suivantes ne donnent qu'un bref aperçu du Québec et de ses innombrables curiosités naturelles. Pour plus de détails, consulter la dernière édition du **Guide Vert Michelin Le Québec**. Outre une sélection de quelque 1 150 points d'intérêt à travers la province, cet ouvrage propose une quarantaine de cartes régionales et plans de villes ainsi que plusieurs pages de renseignements pratiques qui aideront le visiteur à organiser son voyage.

Un peu d'histoire

Naissance de la Nouvelle-France – Avant l'arrivée des Européens, le Québec était peuplé par les Amérindiens de la **culture sylvicole de l'Est**. Si la présence coloniale française en Amérique du Nord débuta avec les expéditions de **Jacques Cartier** (1491-1557), échelonnées de 1534 à 1542, elle ne s'affirma réellement qu'avec la fondation de la ville de Québec (1608) par **Samuel de Champlain** *(voir p. 374)*. Mais les affrontements continuels avec les **Iroquois**, joints au peu d'intérêt que la France portait à la jeune colonie, devaient freiner les efforts de peuplement des terres.

Un vaste empire – Aux 17e et 18e s., dans une véritable épopée, les explorateurs et les *coureurs des bois* (trappeurs) poussèrent plus loin les frontières géographiques de la Nouvelle-France et traversèrent le continent. On retiendra notamment les voyages de Samuel de Champlain, Étienne Brûlé, Jean Nicolet, Nicolas Perrot, Pierre Radisson, de Pierre-Médard Chouart des Groseilliers et surtout de la famille **La Vérendrye** dont les membres, entre les années 1730 et 1740, se rendirent dans les régions du Manitoba, de la Saskatchewan, du Wyoming et du Dakota, et furent les premiers Européens à contempler les Rocheuses dans le Montana (1742).

Guerres franco-anglaises – La lutte qui opposait la France à l'Angleterre en Europe et ailleurs se fit en Amérique du Nord autour du fructueux commerce des fourrures, et aboutit à l'occupation de Québec (1629). En 1632, la ville revint aux Français. Le traité d'Utrecht (1713) apporta une paix temporaire, mais la guerre de Sept Ans vit renaître les hostilités. La défaite française aux **plaines d'Abraham**, au cours de laquelle les troupes du général **James Wolfe** (1728-1759) battirent celles du général **Louis-Joseph de Montcalm** (1712-1759), fut suivie de la prise de Québec (1759), puis de celle de Montréal (1760). En 1763, le traité de Paris cédait la Nouvelle-France à l'Angleterre, mettant fin aux visées colonisatrices françaises sur l'Amérique du Nord.

Le régime anglais – En divisant la colonie d'Amérique du Nord en deux provinces : le Bas-Canada (Québec) et le Haut-Canada (Ontario), l'Acte constitutionnel de 1791 y établit une assemblée élue, mais sans pouvoir réel face au gouverneur **Guy Carleton** et aux conseils législatif et exécutif.

Les luttes constitutionnelles, liées à une crise sociale généralisée, amenèrent dans les deux colonies les **rébellions de 1837**. Au Québec, ces deux facteurs se doublaient de l'exaspération nationaliste des Canadiens français. Leur défenseur, **Louis-Joseph Papineau** (1786-1871), et ses partisans, les **Patriotes**, allèrent jusqu'à prôner l'autodétermination et finirent par en venir aux armes, mais leur mouvement fut écrasé.

En 1841, l'acte d'Union *(voir p. 54)* réunit les deux provinces en une : le Canada-Uni, mais de fréquentes crises amenèrent le Parlement de la colonie à ratifier, en 1867, l'acte de l'Amérique du Nord britannique, qui établit la **Confédération canadienne**.

Vers une nouvelle identité – Les années 1960 virent la naissance au Québec d'un climat de changements sociaux, économiques et politiques : la révolution tranquille, marquée par l'accroissement des pouvoirs provinciaux et un regain de nationalisme. Le référendum de 1980 sur la souveraineté du Québec fut néanmoins un échec pour **René Lévesque** (1922-1987), chef du Parti québécois, de conviction indépendantiste. Les tensions entre la province et le gouvernement fédéral atteignirent leur paroxysme lorsque le Québec refusa de signer la loi constitutionnelle de 1982. Les **accords du lac Meech** (30 avril 1987), qui prévoyaient pour le Québec un statut spécial de « société distincte », n'ayant pas obtenu l'unanimité des provinces canadiennes, le Québec maintint son refus d'adhérer à la Constitution de 1982. En 1995, un second **référendum** sur la souveraineté du Québec obtenait 50,6 % de « non » et 49,4 % de « oui ». Trois ans plus tard, la Cour suprême du Canada déclarait anticonstitutionnelle toute sécession éventuelle du Québec entreprise sans négociations préalables avec les autres provinces. Aucune solution n'est encore venue résoudre cette délicate question. L'indépendance du Québec et ses relations avec le reste du Canada continueront vraisemblablement de dominer la scène politique à venir. Le Canada doit en effet affronter la tâche épineuse d'intégrer les exigences de la province francophone à une constitution que puisse accepter le reste du pays.

Économie

Si l'essentiel des activités économiques québécoises repose sur le secteur industriel (22 % du produit intérieur brut) et celui des services (65 %), la province continue néanmoins à exploiter ses abondantes ressources naturelles et à poursuivre des activités traditionnelles comme l'agriculture, la pêche et les fourrures.
Depuis l'ouverture en 1959 de la **voie maritime du Saint-Laurent**, qui relie les Grands Lacs à l'océan Atlantique, le lien entre les économies du Québec et des États-Unis n'a cessé de se consolider.

Forêts, mines et hydroélectricité – L'industrie du bois joue un rôle économique très important dans les régions de l'Abitibi-Témiscamingue, de la Côte-Nord, de la Mauricie et du Saguenay-Lac Saint-Jean. Le tiers de la production canadienne de **pâtes et papiers** provient du Québec, ainsi qu'une tonne sur sept du **papier journal** produit dans le monde.
Le sous-sol québécois recèle par ailleurs une gamme très fournie de minéraux métalliques (or, argent, fer, **cuivre**, zinc, plomb, nickel) et non métalliques (le Québec étant le plus gros producteur d'amiante du monde). Les fabuleuses **ressources hydroélectriques** de la province produisent à bon marché l'électricité québécoise et fournissent l'énergie nécessaire à l'industrie du bois, à la pétrochimie et à l'électrométallurgie.

Agriculture, pêche et fourrures – La production agricole, d'origine animale (lait, porcs, volailles, bovins), céréalière (maïs, orge, avoine, blé), maraîchère et fruitière (pommes, fraises, framboises, bleuets) se concentre dans les régions à proximité du Saint-Laurent (Bas-Saint-Laurent, Beauce, Gaspésie). La pêche (morue, flétan, sébaste, maquereau, hareng, saumon, crustacés) se fait essentiellement en Gaspésie, aux îles de la Madeleine et sur la Côte-Nord. Force majeure dans la colonisation du Québec, aujourd'hui devenue une activité plutôt marginale sur le plan national, la pelleterie se pratique encore dans le Nord.

Nouvelles orientations – Les secteurs traditionnels de l'économie québécoise ont souffert ces dernières années d'une concurrence accrue des pays asiatiques. La province a néanmoins élargi les débouchés de ses compétences en haute technologie (aéronautique, télécommunications et ingénierie). Dans les années 1970, Montréal a perdu son rôle de centre financier au profit de Toronto, mais son agglomération domine l'économie régionale avec la présence de la moitié des industries du Québec qui fournissent 50 % des emplois de la province. Plusieurs compagnies d'assurances, des banques ainsi que la Bourse ont établi leur siège à Montréal, qui a accueilli en 2000 le premier marché canadien du Nasdaq par satellite.

Île d'ANTICOSTI★★

Étendue de terre de 222 km de long sur 56 km de large située dans l'estuaire du Saint-Laurent, au Sud de l'archipel de Mingan. Lieu de villégiature pour amoureux de la nature (chasse et pêche).
L'industriel français **Henri Menier**, qui acheta l'île en 1895, en fit son paradis privé. Aujourd'hui, sa quasi-totalité fait partie d'une réserve naturelle provinciale couvrant un territoire de 4 575 km².
Accès – *De Montréal, Québec ou de Sept-Îles, contacter SÉPAQ ☎ 418-535-0156. www.sepaq.com ; vols charter sur Aviation Québec Labrador ☎ 418-962-7901 ou 800-463-1718. Bateau : Relais Nordik Inc. au départ de Rimouski ☎ 418-723-8787, Sept-Îles ☎ 418-968-4707 ou Havre-Saint-Pierre ☎ 418-538-3533. Un véhicule 4x4 est indispensable pour se déplacer sur l'île.*

Visite

Un tour de l'île à partir de **Port-Menier** permet de contempler des merveilles comme les chutes de Kalimazoo, la caverne à la Patate, le **canyon** et la **chute de la Vauréal**★★ (70 m), et la **baie de la Tour**★★. À l'Ouest de Port-Menier, Baie-Sainte-Claire offre un cadre idéal pour l'observation des **cerfs de Virginie**.

BAS-SAINT-LAURENT★★

Carte Michelin n° 583 T4

Région de plaines fertiles et de plateaux sur la rive Sud du Saint-Laurent, entre Québec et la Gaspésie, avec au Nord les Laurentides et leurs paysages pittoresques.

La route 132, traversant les principales communautés de la région, offre souvent des vues superbes sur le Saint-Laurent parsemé d'îles.

CURIOSITÉS

★**Lévis** – *250 km à l'Est de Montréal par la route 20 ou la route 132. Bac (traversier) de Lévis à Québec.* Ce centre de commerce (installations portuaires, industries du bois) abrite le siège de la Caisse populaire Desjardins dont la **maison Alphonse-Desjardins★** *(& visite guidée (45mn) 10 h-12 h, 13 h-16 h30, w.-end 12 h-17 h. Fermé 1ᵉʳ-2 janv., 25-26 et 31 déc. ☎ 418-835-2090. www.desjardins.com)* honore le fondateur et retrace les débuts du mouvement coopératif.

★**Lieu historique national du Canada des Forts-de-Lévy** – *& De mi-mai à fin août : 10 h-17 h ; sept. : w.-end 13 h-16 h. 3,25 $. ☎ 418-835-5182. www.parkscanada.ca.* Fortification (1865-1872) érigée pour protéger la ville de Québec contre d'éventuelles incursions américaines.

★**Lieu historique national du Canada de Grosse-Île et mémorial des Irlandais** – *De mi-mai à mi-oct. 9 h-18 h. ☎ 418-563-4009. www.parkscanada.gc.ca. Accès par bateau au départ de Berthier-sur-Mer et Montmagny mai-oct. Aller simple 30mn. Commentaire à bord. Réservation requise. Visite et bac 40/55 $.* L'île abritait jadis des quartiers de quarantaine établis par le gouvernement en 1832 pour effectuer le contrôle sanitaire des immigrants.

La route 132 traverse **L'Islet-sur-Mer**, ville natale du célèbre explorateur Joseph-Elzéar Bernier (1852-1934), puis **Saint-Jean-Port-Joli★**, capitale québécoise de l'artisanat et de la sculpture sur bois.

★**La Pocatière** – *60 km de Montmagny.* Communauté à la pointe de la recherche en matière d'agroalimentaire. Le **musée François-Pilote★** *(mai-sept. : 9 h-12 h, 13 h-17 h, dim. 13 h-17 h ; le reste de l'année : 9 h-12 h, 13 h-17 h, dim. 13 h-17 h. 4 $. ☎ 418-856-3145)* illustre la vie québécoise en milieu rural au début du 20ᵉ s.

La route 132 traverse une large plaine inondable et passe par la plaisante communauté de **Kamouraska★**, l'un des villages les plus peuplés au 18ᵉ s. du Bas-Saint-Laurent au 18ᵉ s.

★**Rivière-du-Loup** – *À 72 km de La Pocatière.* Ce centre de commerce et de tourisme contient plusieurs édifices dignes d'intérêt, parmi lesquels l'**église** et le **presbytère Saint-Patrice**, et la **résidence des clercs de Saint-Viateur**. Au Nord du centre-ville, la rivière du Loup se précipite du haut d'une falaise de 38 m.

★**Parc du Bic** – *À 81 km de Rivière-du-Loup.* Réserve provinciale de 33 km², dotée d'une couverture végétale variée (arbres feuillus et résineux). La petite ville de Bic occupe un **site★★** spectaculaire sur les rives du Saint-Laurent.

★**Rimouski** – *À 25 km du parc du Bic.* Métropole de l'Est de la province. La **maison Lamontagne★** *(de mi-mai à mi-oct. : 9 h-18 h. 3 $. ☎ 418-722-4038. www.maison lamontagne.com)* est un rare exemple de construction en colombage pierroté subsistant en Amérique du Nord. Le **musée de la Mer et lieu historique national du Canada**

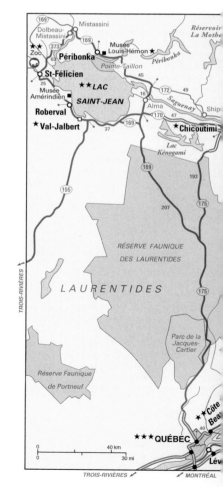

du phare de Pointe-au-Père★ (&
juin-août : 9 h-18 h ; de déb.
sept. à mi-oct. : 9 h-17 h.
9,50 $. ☎ *418-724-6214.*
www.museedelamer.qc.ca)
expose des objets provenant
du naufrage de l'*Empress of
Ireland*, surnommé « le *Titanic* du St-Laurent », et retrace la vie de gardien de
phare au début du 20ᵉ s.

■ Anguilles et compagnie

Il ne faut pas quitter Kamouraska sans
avoir visité le site d'interprétation de l'anguille de Kamouraska *(205 Ave. Morel.*
☎ *418-492-3935)* et découvert les secrets
de sa pêche traditionnelle. Un petit détour
gastronomique qui permet de goûter l'anguille fumée, mets très apprécié par de
nombreuses cultures.

Côte de CHARLEVOIX★★★

Carte Michelin nº 583 U3 – Schéma : BAS-ST-LAURENT

Cette région, l'une des plus charmantes du Québec, attire depuis longtemps peintres,
poètes et écrivains. Sa côte accidentée s'ouvre aux routes 138 et 362 qui offrent de
magnifiques perspectives : collines boisées, rivage inviolé et montagnes qui se plongent dans le Saint-Laurent.

CURIOSITÉS

★★**Canyon Sainte-Anne** – *52 km au Nord-Est de Québec.* & *De fin juin à fin août :*
8 h30-17 h45 ; mai-juin et sept.-oct. : 9 h-17 h. 7,50$. ☎ *418-827-4057.*
www.canyonsteanne.qc.ca. D'agréables sentiers à travers bois mènent à ces
étroites chutes qui dévalent (74 m) du Bouclier laurentien dans un chaos de rocs
brisés et de remous.

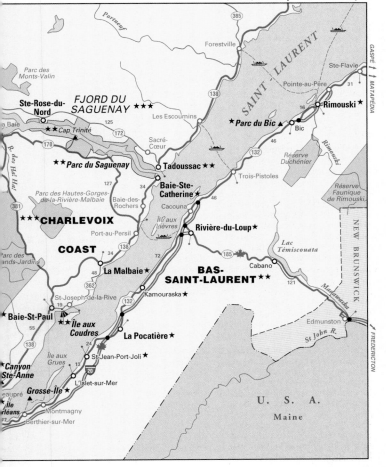

★★Baie-Saint-Paul – *95 km au Nord-Est de Québec.* La route 138 offre des **vues★★** spectaculaires de cette petite communauté. Plus d'une dizaine de galeries ainsi qu'un **centre artistique** *(de fin juin à déb. sept. : 10 h-19 h ; le reste de l'année : 10 h-17 h. ☎ 418-435-3681)* exposent les œuvres d'artistes locaux.
À la sortie de la ville, un belvédère sur la route 362 offre des **vues★★** splendides sur la ville, du Saint-Laurent et de sa rive Sud.

★★Île aux Coudres – *Accès par bac de Saint-Joseph-de-la-Rive.* ♿ *Avr.-oct. : dép. toutes les heures 7 h30-23 h30 ; le reste de l'année : dép. toutes les deux heures 7 h-23 h. Société des traversiers du Québec,* ☎ *418-438-2743. www.tra-versiers.gouv.qc.ca.* Communauté d'agriculteurs, de fabricants de bateaux et de pêcheurs. **Site** agréable au large d'une côte constellée d'épaves de goélettes. Voir le **musée Les Voitures d'eau★** *(de mi-juin à déb. sept. : 10 h-17 h ; de mi-mai à mi-juin et de déb. sept. à mi-oct. : w.-end 10 h-17 h. 4$. ☎ 418-438-2208. www.quebec-web.com/voitureau)* et les **moulins de l'Isle-aux-Coudres★** *(de fin juin à déb. sept. : 9 h-19 h ; de fin mai à fin juin et de déb. sept. à mi-oct. : 10 h-17 h. 2,75$. ☎ 418-438-2184. www.charlevoix.qc.ca/moulins).*

★La Malbaie–Pointe-au-Pic – *26 km au Nord-Est de l'île aux Coudres.* Centre de villégiature dans un très joli **site** sur la rive Nord du Saint-Laurent. Le pittoresque **manoir Richelieu** *(à Pointe-au-Pic)* est un hôtel construit dans le style « château » typique du 19e s.

★Baie-Sainte-Catherine – *74 km au Nord-Est de La Malbaie-Pointe-au-Pic.* Petite communauté à l'embouchure du Saguenay. **Excursions d'observation des baleines★★**. Du centre d'interprétation et d'observation de Pointe-Noire, qui fait partie intégrante du **Parc marin du Saguenay-Saint-Laurent** *(♿ centre d'accueil : de mi-juin à fin août 9 h-18 h ; de déb. sept. à mi-oct. ven.-dim. 9 h-17 h. 2$. ☎ 418-237-4383. www.parkscanada.ca)*, panorama superbe sur l'estuaire du Saint-Laurent et les falaises du fjord.

CÔTE-NORD★

Schéma : BAS-ST-LAURENT

Région s'étirant de l'embouchure du Saguenay à la frontière du Labrador. Peu à peu industrialisée dans les années 1920-1930, avec l'apparition d'**usines de pâte à papier**, puis la découverte d'importants gisements de **minerai de fer**. La route 138 traverse de sauvages étendues rocheuses interrompues à l'occasion par des villes en cours d'expansion et des centrales hydroélectriques.

CURIOSITÉS

Complexe Manic-Outardes – *Manic-5 se trouve à 214 km au Nord de Baie-Comeau, sur la route 389. ☎ 418-294-3923.* Énorme ensemble de sept centrales échelonnées le long des rivières aux Outardes et Manicouagan (capacité totale de 6 821 mégawatts). **Manic-2★** *(de fin juin à fin août : visite guidée (1 h30) 9 h, 11 h, 13 h30, 15 h30. ☎ 866-526-2642. www.hydro.qc.ca)* fut construite au pied de l'un des plus grands barrages-poids évidés existants (hauteur : 94 m ; longueur : 692 m). Le spectaculaire **barrage Daniel-Johnson★★** *(♿ de fin juin à fin août : visite guidée (1 h45) 9 h, 11 h, 13 h30, 15 h30. ☎ 866-526-2642. www.hydro.qc.ca)* de **Manic-5★★** est le plus grand ouvrage hydraulique à voûtes multiples et contreforts du monde (hauteur : 214 m ; longueur : 1 313 m).

★Sept-Îles – *640 km au Nord-Est de Québec par la route 138.* Centre administratif de la Côte-Nord, dans un **site★★** superbe en bordure du Saint-Laurent. Port en eau profonde. La reconstitution du **Vieux-Poste** *(de fin juin à mi-août : 10 h-18 h. 3,25$. ☎ 418-968-2070. www.mrcn.qc.ca)* rend hommage aux Montagnais, premiers habitants de la région. Le Parc régional de l'**archipel des Sept-Îles★** constitue une bonne introduction à l'histoire et à la beauté naturelle de la Côte-Nord.

Du quai de **Havre-Saint-Pierre**, bourg industriel fondé en 1857 par des pêcheurs venus des îles de la Madeleine, partent les bacs pour la **réserve du Parc national de l'archipel de Mingan★★**. Cette dernière, composée d'une quarantaine d'îles et d'îlots dans le golfe du Saint-Laurent, est particulièrement célèbre pour ses formations rocheuses spectaculaires et pour sa flore et sa faune uniques. Les bateaux pour le port de Blanc-Sablon situé à 1,5 km au-delà de la frontière du Labrador partent également de Havre-Saint-Pierre *(3 jours)*.

Cantons de l'EST★★

Carte Michelin n° 583 T4

Région de vallées profondes, de collines boisées et de beaux lacs étincelants au Sud-Ouest de la province, près de la frontière américaine. Colonisée par des loyalistes de Nouvelle-Angleterre qui laissèrent leur empreinte sur l'architecture locale. Production d'amiante à **Asbestos** et **Thetford Mines**. La plus grande concentration d'érablières du Québec dans les plaines fertiles de la **Beauce★**, à l'Est.

CURIOSITÉS

★Sherbrooke – *150 km à l'Est de Montréal par les routes 10 et 112.* Important centre industriel au confluent des rivières Saint-François et Magog. Intéressante collection d'art québécois au **musée des Beaux-Arts** (&. *juil.-août : tlj sf lun. 11 h-17 h ; le reste de l'année : tlj sf lun. 13 h-17 h. Fermé 24-26 et 31 déc., 1er-2 janv. 6$. ☎ 819-821-2115. http://mba.ville.sherbrooke.qc.ca).* Très belle **cathédrale★** néogothique (1958).

★Magog – *124 km à l'Est de Montréal par la route 10.* Station touristique courue. **Site** splendide sur les rives du lac Memphrémagog. Des **croisières★** *(dép. du quai Magog. &. De fin juin à fin août : 10 h-18 h ; de mi-mai à fin juin et de déb. sept. à mi-oct. : w.-end 12 h-14 h. 1 h45 AR, 14$; ou 7 h AR (croisière), 52$. Réservation requise ; commentaire à bord. Croisières Memphrémagog Inc. ☎ 819-843-8068. www.croisiere-memphremagog.com)* permettent d'admirer les sommets enneigés environnants.

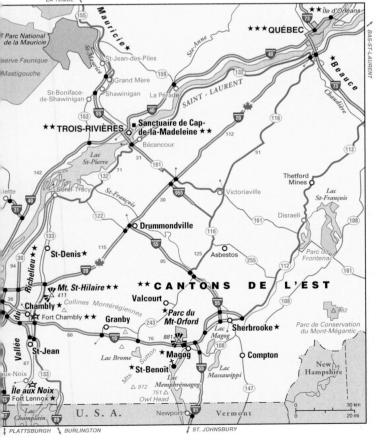

★**Abbaye de Saint-Benoît-du-Lac** – *20 km au Sud de Magog par la route 112 W (suivre les panneaux).* ♿ *8 h-17 h.* ☏ *819-843-4080. www.st-benoit-du-lac.com.* Monastère bénédictin marqué par un impressionnant clocher, qui produit sur place des fromages (l'Ermite et le Mont-Saint-Benoît).

★**Parc du Mont-Orford** – *116 km à l'Est de Montréal par les routes 10 (sortie 115) et 141. Parc ouvert tous les jours de l'année.* ♿ *Centre d'interprétation Le Cerisier. 8 h-16 h30. 3,50$/voiture ; de mi-mai à mi-oct. : 5,50$/voiture.* ☏ *819-843-9855. www.sepaq.com.* Dominé par le mont Orford (881 m), réputé pour ses pistes de ski. Magnifique **panorama**★★ sur la vallée du Saint-Laurent, les collines Montérégiennes, le lac Memphrémagog et les Appalaches.

Centre d'arts Orford – *9 h-21 h.* ☏ *819-843-9871. www.arts-orford.org.* Renommé pour son festival de musique estival.

Compton – *172 km à l'Est de Montréal par les routes 10, 143 et 147.* Village natal de **Louis-Stephen Saint-Laurent**, Premier ministre du Canada de 1948 à 1957 et nationaliste passionné.

★**Lieu historique national du Canada de Louis-S. St-Laurent** – *Rue Principale.* ♿ *De mi-mai à fin sept. : 10 h-17 h. 5$.* ☏ *819-835-5448.* Il comprend la modeste maison de la famille Saint-Laurent et l'épicerie-bazar adjacente que tenait le père du ministre. Une **biographie multimédia** *(20mn)* retrace la vie et la carrière de Louis-Stephen Saint-Laurent.

Granby – *80 km au Sud-Est de Montréal par les routes 10 (sortie 68), 139 et 112.* Petit centre industriel en bordure de la rivière Yamaska, fondé par des loyalistes au début du 19ᵉ s. Particulièrement célèbre pour son **jardin zoologique**★ 🎥 *(Bd Bouchard.* ♿ *Juin-août : 10 h-19 h ; mai et de déb. sept. à mi-oct. : w.-end 10 h-18 h. 22$.* ☏ *877-472-6299. www.zoogranby.com).*

Valcourt – *130 km à l'Est de Montréal par les routes 10 (sortie 90), 243 et 222.* Depuis l'invention de la **motoneige** par l'un de ses habitants, Joseph-Armand Bombardier, cette petite communauté agricole est devenue le centre d'une industrie florissante.

★**Musée J.-Armand Bombardier** – *1001 Ave. J.-A. Bombardier.* ♿ *Mai-août : 10 h-17 h ; le reste de l'année : tlj sf lun. 10 h-17 h. Fermé 31 déc.-2 janv., 24–26 et 31 déc. 5$.* ☏ *450-532-5300. www.museebombardier.com.* 🎥 Les trois sections de ce fascinant musée illustrent la vie et les inventions de Joseph-Armand Bombardier.

Drummondville – *110 km à l'Est de Montréal par la route 20 (sortie 177).* Fondée à l'issue de la guerre anglo-américaine de 1812 comme poste militaire, cette communauté est aujourd'hui un centre industriel important (textiles et produits manufacturés).

★**Village québécois d'antan** – *Rue Montplaisir, route 20 (sortie 181). Juin-sept. : 10 h-18 h ; oct. : w.-end 10 h-17 h. 16,95$.* ☏ *819-478-1441. www.villagequebecois.qc.ca.* 🎥 Près de 70 bâtiments authentiques ont été transférés dans ce cadre agréable, contribuant à recréer l'ambiance d'une communauté rurale au Québec entre 1810 et 1910.

GASPÉSIE★★★

Carte Michelin n° 583 V2

Péninsule du Québec oriental s'avançant dans le golfe du Saint-Laurent. Côte sauvage et rocheuse, parsemée de villages de pêcheurs. L'intérieur est une vaste étendue dominée par les **monts Chic-Chocs** qui culminent au **mont Jacques-Cartier** (1 268 m). Paysages grandioses, excellente cuisine régionale, et l'une des meilleures pêches au saumon du Québec.

LA CÔTE NORD

★★**Jardins de Métis** – *350 km au Sud-Est de Québec.* ♿ *Juil.-août : 8 h30-20 h ; juin et de déb. sept. à mi-oct. 8 h30-17 h30. 8 $.* ☏ *418-775-2221. www.refordgardens.com.* Plus d'un millier de variétés de fleurs et de plantes ornementales composent six jardins distincts. Au centre se dresse la **villa Reford**, élégante demeure victorienne (1887) dont le rez-de-chaussée est occupé par un restaurant et une boutique d'artisanat.

Matane – *55 km à l'Est des jardins de Métis.* Reconnue pour sa pêche au saumon et ses fameuses crevettes. Sur le barrage Mathieu-d'Amours, une **passe migratoire**★ (44 m) permet aux saumons de remonter le cours de la rivière de mi-juin à octobre.

★**Parc de la Gaspésie** – *103 km à l'Est de Matane.* ♿ *Ouv. toute l'année. Randonnée, pêche, canoë, ski de fond. 3,50 $.* ☏ *418-763-3301. www.sepaq.com.* Seul endroit au Québec où coexistent caribous des bois, orignaux et cerfs de Virginie. Végétation caractéristique de la toundra boréale. **Vues**★★ splendides des monts McGerrigle. **Centre d'interprétation de la nature** *(*♿ *juil.-août : 8 h-20 h ; juin et sept. : 8 h-17 h.*

Rocher Percé (vue prise du mont Sainte-Anne)

Location et vente de matériel de randonnée et de camping. ☎ *418-763-7811)* avec expositions, films, conférences et diapositives.

★★**Route touristique** – Après le parc de la Gaspésie, la route 132 longe la côte et gravit les falaises. Superbes vues sur les montagnes, les vallées, la mer et les pittoresques villages de pêcheurs. Impressionnantes falaises de schiste autour de **Mont-Saint-Pierre**. Après **Rivière-au-Renard**, larges vues sur le golfe du Saint-Laurent.

★★**Parc national Forillon** – *217 km à l'Est du parc de la Gaspésie.* ♿ *Ouv. toute l'année. 4 $.* ☎ *418-368-5505. www.parkscanada.ca.* Situé à la pointe Est de la péninsule gaspésienne. **Centre d'accueil** *(♿ juin-août : 9 h-18 h ; de déb. sept. à mi-oct. : 10 h-17 h.* ☎ *418-368-5505)* avec expositions, films et aquarium d'eau de mer. Falaises de calcaire dressées au-dessus des flots, montagnes boisées, plages de sable lovées dans des anses secrètes. Une route secondaire conduit jusqu'au **cap Bon Ami**, avec de magnifiques **vues**★★ de la mer et des majestueuses falaises du littoral. Au **cap Gaspé**★, une agréable promenade offre une **vue**★ de la baie de Gaspé et de l'île Bonaventure. L'ancien village de pêche de la **Grande-Grave**★ contient plusieurs bâtiments historiques restaurés.

★**Gaspé** – *42 km au Sud du Parc national Forillon.* Centre administratif et commercial de la péninsule. **Musée de la Gaspésie**★ *(♿ de fin juin à fin août : 9 h-19 h ; de mi-oct. à mi-juin : w.-end 13 h-17 h ; le reste de l'année : 9 h-17 h. Fermé de mi-déc. à mi-janv. 4 $.* ☎ *418-368-1534)* voué à la préservation de la culture et du patrimoine ethnographique de la région. **Cathédrale du Christ-Roi**★ (1934-1969), dont le revêtement extérieur en cèdre en fait la seule cathédrale de bois en Amérique du Nord.

LA CÔTE SUD

★★★**Percé** – *76 km au Sud de Gaspé.* Le village, ignoré jusqu'à l'avènement du tourisme au début du 20ᵉ s., doit son nom à son impressionnante falaise percée par la mer. Excellents restaurants et infrastructures touristiques de qualité.

★★**Rocher Percé** – La gigantesque muraille (longueur 438 m, hauteur 88 m), autrefois rattachée au rivage, est reliée au **mont Joli**★★ par une langue de sable accessible à marée basse.

★★★**La côte** – La route 132 offre des **panoramas**★★ spectaculaires. Du **cap Barré**, excellentes vues sur les falaises des Trois-Sœurs et, du promontoire de la **côte Surprise**, superbe vue du rocher Percé et du village.

Le **mont Sainte-Anne** révèle lui aussi de remarquables **vues**★★★ sur le rocher Percé, le village et les alentours. Un sentier longeant son versant Ouest permet de voir la **Grande Crevasse**, profonde entaille dans le conglomérat rocheux rouge.

★**Parc de l'Île Bonaventure-et-du-rocher-Percé** – *De déb. juin à mi-oct. : 9 h-17 h. 3,50 $.* ☎ *418-782-2240. www.sepaq.com.* Sanctuaire d'oiseaux migrateurs, il accueille en été quelque 60 000 **fous de Bassan.** Une **excursion en bateau** (*&. dép. de l'embarcadère de Percé de mi-mai à mi-oct. : 8 h-17 h. 1 h 15 AR. Commentaire à bord. Réservation requise. 15 $. Les Bateliers de Percé Inc.* ☎ *418-782-2974)* passe près du rocher Percé, puis fait le tour de l'île sur laquelle les visiteurs peuvent débarquer.

Bonaventure – *131 km au Sud-Ouest de Percé.* Localité fondée en 1760 par des colons acadiens venus de Beaubassin. Renommée pour sa rivière à saumons et pour son **musée acadien du Québec** (*&. de mi-juin à fin août : 9 h-20 h ; le reste de l'année : 9 h-17 h, w.-end 13 h-17 h. 5 $.* ☎ *418-534-4000).*

Carleton – *63 km à l'Ouest de Bonaventure.* Communauté nichée entre la montagne et la mer. Fondée par les Acadiens à la fin du 18ᵉ s. Du **mont Saint-Joseph** (558 m), la **vue**★★ embrasse la baie des Chaleurs et s'étend, au Sud, jusqu'aux côtes du Nouveau-Brunswick.

★**Parc de Miguasha** – *24 km à l'Ouest de Carleton.* &. *Juin-août 9 h-18 h ; de déb. sept. à déb. oct. : 9 h-17 h.* ☎ *418-794-2475. www.sepaq.com.* Le site occupe un riche escarpement fossilifère qui s'avance dans la baie des Chaleurs. Expositions et excursions paléontologiques.

Lieu historique national du Canada de la Bataille-de-la-Ristigouche – *À 44 km du parc de Miguasha.* &. *De juin à la Fête de l'Action de Grâce 9 h-17 h ; mars-mai et de mi-oct. à fin nov. sur demande. 4 $.* ☎ *418-788-5676. www.parkscanada.ca.* La dernière tentative de la France pour soustraire sa colonie d'Amérique du Nord à la domination anglaise avorta en 1760, lors de la guerre de Sept Ans, à l'embouchure de la rivière Ristigouche. Le **centre d'accueil** abrite la coque et l'ancre du *Machault*, vaisseau de guerre français qui sombra non loin de là.

CARNET D'ADRESSES

Voir légende p. 111 et 114.

Se loger en Gaspésie

Au Pirate, L'Auberge à Percé, à **Percé** – *169 route 132 Ouest. 5 ch.* ✗ ◘ *Soir uniquement.* ☎ *418-782-5055.* $$$ Chambres merveilleusement confortables, propriétaires avenants et vues exceptionnelles sur le rocher Percé sont les privilèges accordés aux visiteurs descendus au Pirate. On vient de tout le pays s'attabler au **restaurant ($$$)** pour ses fondants de chair de crabe en mille-feuille, sa brandade de morue et compote de tomates fraîches, ainsi que son trio du golfe – saumon, pétoncles et crevettes grillés – beurre blanc au vinaigre de framboises.

Gîte du Mont-Albert, à **Sainte-Anne-des-Monts** – *Route du Parc. 48 ch., 19 chalets.* ✗ &. ◘ ☎ *418-763-2288 ou 866-727-2447. www.sepaq.com.* $$$ Établissement charmant au cœur du parc de la Gaspésie, cadre idéal d'un séjour en pleine nature. Les chambres, ravissantes et confortables, donnent toutes sur le mont Albert ; associées au service parfait, elles agrémenteront aussi bien un week-end romantique que des vacances en famille.

Hôtel La Normandie, à **Percé** – *221 route 132 Ouest. 45 ch.* ✗ ◘ ☎ *418-782-2337 ou 800-463-0820. www.normandieperce.com.* $$$ La quintessence de l'établissement de bord de mer possède des chambres confortables donnant sur le rocher Percé ou sur les montagnes. Le **restaurant ($$$)** vaut le détour. Une carte des vins impressionnante accompagne le menu de la table d'hôte, dont les spécialités sont le canard à l'orange ainsi que le feuilleté de homard au champagne.

Centre d'art Marcel Gagnon, à **Sainte-Flavie** – *564 route de la Mer. 10 ch.* ✗ ◘ ☎ *418-775-2829.* $$ Chambres confortables, simples et nettes situées au 1ᵉʳ étage. Petit-déjeuner servi au restaurant *(rez-de-chaussée),* où la principale attraction, *Le Grand Rassemblement* du sculpteur Marcel Gagnon, est la toile de fond du décor.

Se restaurer en Gaspésie

Chez Pierre, à **Tourelle** – *96 bd Perron Ouest.* ☎ *418-763-7446.* $$ **Poissons.** Excellente introduction aux délices du St-Laurent. On peut se laisser tenter par le menu *Dégustation Poissons,* qui propose des profiteroles de crabe ou un filet de morue matanaise. Prix raisonnables, service efficace et belle vue sur la mer constituent la cerise sur le gâteau.

La Maison du Pêcheur, à **Percé** – *155 place du Quai.* ☎ *418-782-5331.* $$ **Cuisine québécoise.** Proche du quai public, l'établissement est ouvert du matin au soir. Essayer les escalopes de homard au parfum d'érable (le restaurant possède son exploitation piscicole) ou les pizzas cuites au feu de bois comme la Spéciale du pêcheur (sauce tomate, crevettes, pétoncles et chair de homard). Les habitués donnent la préférence à la soupe d'algues.

HULL★

66 246 habitants
Carte Michelin n° 583 S5

Fondée par les loyalistes en 1800, cette ville en plein essor, au bord de la rivière des Outaouais, est à bien des égards le prolongement de la capitale fédérale Ottawa. Centre industriel (bois, pâtes et papiers). Grande variété d'activités culturelles et de loisirs.

Musée canadien des Civilisations (Ottawa en arrière-plan)

CURIOSITÉS

★★★**Musée canadien des Civilisations** – *Plan p. 264. 100 rue Laurier.* & *Juil.-août : 9 h-18 h (jeu.-ven. 21 h) ; mai-juin et de déb. sept. à mi-oct. : 9 h-18 h (jeu. 21 h) ; de mi-oct. à fin avr. : tlj sf lun. 9 h-17 h (jeu. 21 h). 8 $, demi-tarif dim., gratuit jeu. 16 h-21 h.* ☎ *819-776-7000. www.civilization.ca. Restaurant du musée : Les Muses (cuisine franco-canadienne), service en salle l'hiver et dans le patio l'été* ☎ *819-776-7009.* Complexe muséologique (1989) consacré à l'histoire du Canada depuis la venue des Vikings, ainsi qu'à l'art et aux traditions des peuples indigènes et des divers groupes ethniques du pays. Composé de deux édifices dont l'architecture symbolise le paysage canadien : le **pavillon du Bouclier canadien** (réserves du musée, bureaux administratifs, laboratoires de conservation et de restauration) et le **pavillon du Glacier.**

Ce dernier comprend 16 500 m² de salles d'exposition, dont la **Grande Galerie** (patrimoine culturel et artistique des Amérindiens de la côte Ouest du Canada), la **salle du Canada** (reconstitutions historiques grandeur nature accompagnées d'effets sonores), le **musée canadien des Enfants** ▣ (activités de découverte), le **musée canadien de la Poste** (histoire du patrimoine postal au Canada et ailleurs) et la salle de cinéma **IMAX/OMNIMAX** *(projection en alternance de films en français et en anglais ; billets en vente à l'entrée principale ou au* ☎ *613-755-1111 ; réservation conseillée. 9,50 $. Programme* ☎ *819-776-7010).*

■ Les charmes de Old Chelsea

Bordant le parc de la Gatineau, la bourgade est la base opérationnelle des amateurs de sports de plein air. **Greg Christie's** *(148 chemin Old Chelsea.* ☎ *819-827-5340)* loue des bicyclettes, des skis et une grande variété de matériel. **Gerry and Isobel's Restaurant/Boutique** *(14 chemin Scott.* ☎ *819-827-4341)* sert de délicieux plats maison aux randonneurs, cyclistes et promeneurs affamés dans un merveilleux capharnaüm de livres et objets divers. De nombreux artistes locaux exposent et vendent leurs œuvres en coopérative à la boutique voisine, **Old Chelsea Gallery** *(*☎ *819-827-4945).* Sans oublier l'illustrissime **Les Fougères** *(à Tenaga-Chelsea, 783 route 105.* ☎ *819-927-8942)* où l'on déguste, entre autres spécialités, du poisson fumé préparé à **la boucanerie Chelsea Smokehouse** *(*☎ *819-827-1925).* Essayer le poisson du jour ou le confit de canard.

★★ **Parc de la Gatineau** – *Voir plan p. 264. Parc ouv. toute l'année. Routes du parc fermées de la première neige à déb. mai.* ⎣ *Centre d'accueil de mi-mai à fin août : 9 h-18 h ; le reste de l'année : tlj sf w.-end 9 h30-17 h. 7 $/voiture.* ☏ *819-827-2020. www.capcan.ca.* Réserve de 356 km² nichée entre la vallée de la rivière des Outaouais et celle de la Gatineau. Découpée dans un ancien territoire algonquin et iroquois. Du belvédère Champlain, excellent **panorama**★★ de la vallée des Outaouais. Voir le **domaine Mackenzie-King**★ (231 ha), ancienne propriété du célèbre homme d'État William Lyon Mackenzie King. Sa résidence principale, **Moorside**, qui abrite un charmant salon de thé, accueille diverses expositions et offre une présentation audiovisuelle (15mn).

Se restaurer à Hull

On peut bénéficier de la compagnie des diplomates et des célébrités au **Café Henry Burger** *(69 rue Laurier.* ☏ *819-777-5646)*, haut lieu des soirées branchées de Hull et Ottawa depuis 1922, qui fournit les repas des célèbres excursions Sunset Dinner du train à vapeur Wakefield. Cuisine belge et française au **restaurant Le Sans-Pareil** *(71 boul. Saint-Raymond.* ☏ *819-771-1471)* : moules variées accompagnées de frites à la mayonnaise. Ses plats de brasserie bon marché (croque-monsieur et moules) sont l'argument du **Twist Café Resto Bar** *(88 rue Montcalm.* ☏ *819-777-8886)*. Installé dans une amusante maison ancienne, il est parfait pour un déjeuner, un en-cas ou un café.

EXCURSION

Old Chelsea – *De Hull, prendre la route 5 sur 8 km (sortie 12 : Old Chelsea/parc de la Gatineau) ; prendre à gauche le chemin Old Chelsea.* Ancienne halte de bûcherons abritant le **centre d'accueil** du parc de la Gatineau, des boutiques, des galeries d'art, des restaurants et des agences de location de matériel de sport. À noter, l'**ancien cimetière protestant** où l'on cherchera la tombe d'Asa Meech (ministre, médecin, professeur et agriculteur) qui a donné son nom au lac Meech voisin. Remarquer l'église St-Stéphane et son cimetière dont certaines pierres tombales remontent aux années 1700.

LAURENTIDES★★

Carte Michelin n° 583 S4 – Schéma : Cantons de l'EST

Ces montagnes peu élevées (point culminant : **mont Tremblant**, 968 m) traversent le Québec d'Est en Ouest, sur la rive Nord du Saint-Laurent. Elles font partie du Bouclier canadien et figurent parmi les plus anciennes montagnes du globe. Vaste territoire de loisirs (ski, sports nautiques, randonnée, golf, équitation). De Saint-Jérôme à Saint-Jovite, la promenade le long de la route 117 est splendide.

CURIOSITÉS

★ **Sainte-Adèle** – *68 km au Nord de Montréal par les routes 15 et 117.* Lieu de villégiature lové autour d'un petit lac. Patrie du célèbre écrivain québécois Claude-Henri Grignon (1894-1976). Communauté dominée par le luxueux domaine de l'**hôtel Chantecler** *(*☏ *450-229-3555. www.lechantecler.com)*.

★ **Sainte-Agathe-des-Monts** – *18 km au Nord de Sainte-Adèle par la route 117.* Capitale des Laurentides, sise sur les rives du **lac des Sables**★★. Des **excursions en bateau** *(*⎣ *dép. du quai situé au bas de la rue Principale de mi-mai à fin oct. : 10 h30,*

■ **Parc linéaire le P'Tit Train du Nord**

Accès par la route 15 et/ou par la route 117 de Saint-Jérôme ou de l'une des 23 communes bordant le parc. Déc.-avr. (ski de fond et motoneige), mai-oct. (randonnées et cyclotourisme). 5 $/jour ou 10 $/saison. ☏ *450-436-8532. www.laurentides.com*

La ligne ferroviaire du P'tit Train du Nord transporte depuis plus de 70 ans les amoureux de la nature vers les nombreux parcs et stations des Laurentides. De nos jours, les 200 km de sentiers entretenus du parc (récemment remanié) font le bonheur des randonneurs, des cyclistes, des skieurs de fond et, même, des amateurs de motoneige. Sur les 23 communes donnant accès au parc linéaire, Val-David et Mont-Tremblant sont les deux villages favoris des visiteurs. Les anciennes gares ont été converties en centres d'accueil procurant des informations touristiques, du café, un service de réparation de cycles, des toilettes et des douches.

CARNET D'ADRESSES

Voir légende p. 111 et 114.

Se loger dans les Laurentides

Fairmont Tremblant, à **Mont-Tremblant** – *3045 chemin de la Chapelle. 316 ch.* ✗ ♿ 🅿 🛏 Spa ☎ *819-681-7000 ou 800-441-1414. www.fairmont.ca.* **$$$$** Cet hôtel qui règne sur le village s'harmonise parfaitement avec l'atmosphère 18e s. qui l'environne. Son aspect imposant ainsi que son cadre rustique de pin et de pierre apparente évoquent les premiers temps de la Nouvelle-France. Les visiteurs sont conduits par des employés costumés vers leurs chambres décorées de meubles en pin, de rideaux et de couvre-lits écossais. Les pistes de ski sont à la porte de l'hôtel. Le tout nouveau restaurant **Loup-Garou ($$$)** exploite les produits régionaux comme le gibier et le sirop d'érable.

Se restaurer dans les Laurentides

Restaurant La Forge, à la station de **Mont-Tremblant** – *Place Saint-Bernard.* ☎ *819-681-4900.* **$$$$ Cuisine canadienne**. Encadré par ses arbres piquetés de minuscules lampes blanches, cet accueillant édifice octogonal situé au pied des pistes de ski accueille un bistrot au rez-de-chaussée de son restaurant sur deux étages. Nappes blanches, chaises de cuir et outils décoratifs participent à son atmosphère chaude et sophistiquée. Au centre de la pièce, le bar circulaire contient quelque 250 vins et une grande variété de whiskies. Cuisine régionale (tournedos de cerf Boileau aux griottes ou carré de porcelet sauce au miel et au cidre).

Restaurant Aux Tourterelles, à **Sainte-Adèle** – *1141 chemin Chantecler.* ☎ *450-229-8160. www.auxtourterelles.com.* **$$ Cuisine française**. Ce restaurant douillet qui fait face au lac respire le romantisme : cheminée de pierre, verdure et murs aux nuances de vert égayés de prune et d'orange. Le menu de la table d'hôte *(entrée, plat, dessert)* propose un potage de carotte et gingembre, un velouté de champignons, des médaillons de cerf et un miroir aux framboises. Les judicieux conseils du sommelier permettront d'accompagner au mieux ces merveilles.

Cabane à sucre Millette, à **Saint-Faustin-Lac Carré** – *1357 rue Saint-Faustin.* ♿ ☎ *819-688-2101. www.millette.ca.* **$ Cuisine québécoise**. Le visiteur aura un aperçu du Québec authentique chez la famille Millette, dont le rustique intérieur lambrissé est décoré d'un nid de guêpes et de matériel servant à fabriquer le sirop d'érable, comme ces outils à marquer le bois. Après une visite aux installations, il appréciera un copieux repas traditionnel au son d'une musique folklorique. La soupe aux pois des Laurentides, l'omelette de grand-mère Millette, le jambon fumé au sirop d'érable et les saucisses dans le sirop d'érable sont les grands favoris. Pour couronner ce festin, les crêpes au sucre à la crème chaude à l'érable s'imposent tout naturellement.

11 h30, 13 h30, 14 h30 et 15 h30 ; dép. supplémentaires de mi-juin à fin août : 17 h et 19 h, 24 août-1er lun. de sept. : 17 h et 19 h. 50mn AR. Commentaire à bord. 12 $. Les croisières Alouette ☎ *819-326-3656)* permettent de découvrir cette splendide étendue d'eau.

■ Des vacances bien remplies

Mille possibilités s'offrent aux visiteurs estivaux du parc du Mont-Tremblant. Il y en a pour tous les goûts : sentiers de randonnée, pistes cyclables, terrains de golf, nombreuses manifestations touristiques. L'hiver n'y manque pas non plus d'attraits : on pourra fréquenter l'**Aquaclub La Source** (☎ *819-681-5668. www.tremblant.ca/thevillage)*, dont la piscine couverte est équipée de cascades, faire des promenades en raquettes ou en traîneau à chiens (☎ *819-686-1299. www.universduchiendetraineau.com)* dans la forêt. Les skieurs contusionnés se délasseront au centre de remise en forme **Le Scandinave** (☎ *819-425-5524. www.scandinave.com)*, situé dans un cadre verdoyant au bord de la rivière du Diable. Son principe est d'augmenter lentement la température corporelle dans un cycle répété de chaleur, froid et repos jusqu'à pouvoir sauter dans l'eau de la rivière gelée ! Le sauna finlandais, le jacuzzi ou les bains de vapeur norvégiens sont reliés par des sentiers chauffés. En comparaison de la rivière (que moins d'un quart des visiteurs osent braver), la cascade nordique semble abordable. Possibilité de massages suédois.

★**Parc du Mont-Tremblant** – *140 km environ au Nord de Montréal.* ♿ *Parc : de mi-mai à fin sept. 7 h-21 h ; oct.-avr. 9 h-16 h. Certaines routes sont fermées l'hiver. 3,50 $.* ☎ *877-688-2289. www.sepaq.com.* Plus ancien parc provincial du Québec (dont la moitié se trouve dans la région de Lanaudière). Lacs (plus de 400), cascades, sentiers de randonnée. Faune riche et variée (orignaux, ours, castors, oiseaux).

Laurentides – *62 km au Nord de Montréal par les routes 15 puis 158 Est.* Ce petit centre industriel est la ville natale de **Wilfrid Laurier**, premier Canadien français à avoir dirigé le pays de 1896 à 1911. La vie et l'œuvre du grand homme sont évoquées au **lieu historique national de Sir Wilfrid Laurier** *(♿ de mi-mai à fin juin : visite guidée (1 h) tlj sf w.-end 9 h-17 h ; juil.-août : tlj sf lun. et mar. 10 h-18 h. 2,50 $.* ☎ *450-439-3702. www.parkscanada.ca).*

Îles de la MADELEINE★★

13 802 habitants
Carte Michelin n° 583 Y2
Office de tourisme (île du Cap-aux-Meules) ☎ 418-986-2245

Cet archipel isolé, battu par les vents, formant, dans le golfe du Saint-Laurent, un ensemble d'environ 72 km de long se compose de nombreux îlots et de huit îles dont six sont reliées par des flèches de sable. Paysages à la fois doux et sauvages. Découvertes dès 1534 par Jacques Cartier, les îles ne furent peuplées qu'en 1755, lorsque s'y réfugièrent les **Acadiens** déportés de Nouvelle-Écosse. Elles offrent aujourd'hui une grande variété d'activités de plein air.

Accès – ♿ *Bateau : bacs au départ de Souris-Cap-aux-Meules (5 h) avr.-oct. : dép. tlj sf lun. à 8 h de Cap-aux-Meules et à 14 h de Souris ; service restreint nov.-janv. Aller simple 38$/pers. et 71,50$/voiture. Réservation requise. CTMA Traversier Ltée* ☎ *418-986-3278 (Cap-aux-Meules) ou* ☎ *902-687-2181 (Souris). Renseignements complémentaires* ☎ *418-986-6600. Avion : vols pour l'île du Havre-aux-Maisons en provenance de Montréal ; Air Nova* ☎ *888-247-2262. www.aircanada.com et Pascan Aviation Inc.* ☎ *418-877-8777 ou 888-313-8777. www.pascan.com. Pour plus de renseignements sur les visites guidées, les promenades en bateau, les restaurants et hébergements, contacter l'Office du tourisme de Cap-aux-Meules.* ☎ *418-986-2245. www.ilesdelamadeleine.com*

CURIOSITÉS

★★**Île du Cap-aux-Meules** – Centre administratif et commercial de l'archipel. De la **butte du Vent**, la **vue★★** embrasse tout le chapelet d'îles. Sur la côte Ouest, **formations rocheuses** spectaculaires (falaises de grès rouge, arches effondrées et rocs isolés).

★**Île du Havre-Aubert** – L'île la plus au Sud de l'archipel en est le centre culturel. Le **musée de la Mer★** *(♿ de mi-juin à fin août : 9 h-18 h, w.-end 10 h-18 h ; le reste de l'année : 9 h-17 h, w.-end 13 h-17 h. 5$.* ☎ *418-937-5711. www.ilesdelamadeleine. com/musee/index.htm)* permet de se familiariser avec l'histoire et la culture maritimes des îles de la Madeleine. Le site historique de **La Grave★** comprend des boutiques d'artisanat, une ferblanterie, des entrepôts et des hangars destinés à la préparation de la morue.

★**Île du Havre-aux-Maisons** – Contient des exemples de l'architecture domestique locale, dont les « baraques », petits abris pour le foin. La **dune du Sud★** offre une magnifique plage et des formations rocheuses élaborées.

L'**île de la Grande Entrée★** promet des **vues★★★** spectaculaires : caps et falaises, plages, lagunes sauvages, arbres tourmentés, fleurs multicolores. La **plage de la Grande Échouerie★★**, dans la partie Nord-Est de l'archipel, est considérée comme la plus belle étendue de sable des îles de la Madeleine.

MONTRÉAL★★★

3 426 350 habitants
Carte Michelin n° 583 T5
Office de tourisme ☎ 514-873-2015 ou www.tourism-montreal.org

Deuxième agglomération canadienne derrière la métropole torontoise, seconde ville francophone du monde après Paris, Montréal est un grand centre industrialo-portuaire ainsi qu'une place financière et commerciale de première importance. La coexistence des cultures francophone et anglophone nourrit la créativité culturelle de cette grande cité où les influences du vieux monde et la modernité nord-américaine se mêlent de façon unique.

Un peu d'histoire

Malgré le passage dans la région de Jacques Cartier en 1535 et de **Samuel de Champlain** en 1611, la première véritable tentative européenne de colonisation du site actuel de Montréal n'eut lieu qu'avec l'arrivée en 1642 de Paul de Chomedey, **sieur de Maisonneuve**. Ce dernier y fonda en effet, dans le but de propager la foi parmi les autochtones, la mission de Ville-Marie, qui allait être rebaptisée « Montréal » au début du 18ᵉ s.

Sous le régime français – Si la tentative d'évangélisation fut un échec, **Ville-Marie** réussit néanmoins à se développer grâce au commerce des fourrures. Après la victoire britannique et la reddition de la ville en 1760 *(voir p. 308)*, la plupart des nobles français regagnèrent la France. Écossais et loyalistes venus des États-Unis vinrent alors étoffer la population anglophone.

De la rébellion à la Confédération – En 1837, la ville fut au cœur de la **rébellion des Patriotes** contre le gouvernement anglais. Malgré leur victoire sur les insurgés, les autorités britanniques accordèrent au Québec un gouvernement représentatif. Quand s'établit la Confédération en 1867, Montréal était à la pointe du développement du chemin de fer. Le quartier d'affaires, qui se développa le long de la rue Saint-Jacques, contribua à sa prépondérance sur la scène financière canadienne jusque dans les années 1970.

Montréal aujourd'hui – Après une période de croissance ralentie, dans le sillage de la crise économique des années 1930, l'après-guerre apporta un renouveau dynamique à la ville. Les projets de rénovation se multiplièrent dans les années 1950 et 1960. Depuis, Montréal est l'hôte d'événements internationaux importants, tels les Jeux olympiques de 1976. Centre culturel de premier plan, la **place des Arts**★★ accueille ainsi des artistes de renommée mondiale. Boutiques, cafés et restaurants (surtout le long des rues Saint-Denis et Crescent) ajoutent aux attraits de cette ville animée.

■ À Montréal, le soleil se lève au Sud

Le Saint-Laurent coule généralement d'Ouest en Est, et l'on parle de sa rive Nord et de sa rive Sud. Mais à Montréal, le fleuve fait un crochet vers le Nord, ce qui modifie son axe d'orientation dans sa traversée de la métropole. Néanmoins, les artères parallèles au fleuve sont dites Est-Ouest (au lieu de Nord-Sud), tandis que celles qui lui sont perpendiculaires sont dites Nord-Sud (et non Est-Ouest). Cet usage risque de dérouter le visiteur non averti.

Le symbole ✪ indique une station de métro.

★★★ VIEUX-MONTRÉAL *Voir plan p. 328-329.* ✪ *Place d'Armes.*

Cœur historique de Montréal, aujourd'hui restauré, délimité par le Vieux-Port et les rues Saint-Jacques, Berri et McGill.

Découverte du Vieux-Montréal en calèche : arrêts rue Notre-Dame, place d'Armes, rue de la Commune et place Jacques-Cartier.

★ **Place d'Armes** – Conçue au 17ᵉ s. par le sulpicien Dollier de Casson. Au centre se trouve un **monument**★ **(1)** (Louis-Philippe Hébert) en hommage à Paul de Maisonneuve. Le côté Ouest de ce charmant petit square est dominé par la **Banque de Montréal**★ (1847), l'un des plus beaux exemples de style néoclassique de la ville. Au Sud de la place, noter la **rue Saint-Jacques**★, bordée d'élégants bâtiments commerciaux des 19ᵉ et 20ᵉ s., dont la tour de la **Banque royale du Canada**★, élément distinctif de la ligne d'horizon de Montréal.

★★★ **Basilique Notre-Dame** – ♿ *8 h-17 h* (dim. 18 h). ☎ *514-842-2925.* Édifice religieux le plus célèbre de Montréal, la basilique (1829) est un bâtiment de style néogothique doté d'un magnifique **intérieur**.
Près de la basilique, à demi caché derrière un mur, se tient le plus ancien bâtiment de la ville : le **vieux séminaire de Saint-Sulpice**★ (1685).

★★ **Place Jacques-Cartier** – Charmante place pavée (1847) bordée de terrasses de cafés ; très animée en été (musiciens et acrobates). **Statue (2)** de Nelson (1809) commémorant sa victoire à Trafalgar. **Hôtel de ville★** (&. *visite guidée uniquement (1 h) tlj sf w.-end 8 h 30-16 h 30. Fermé j. fériés. ☎ 514-872-3355)*, imposant édifice Second Empire, d'où le général de Gaulle lança son fameux « Vive le Québec libre ! » en 1967. **Rue Saint-Paul★★**, l'une des plus vieilles de Montréal.

★ **Vieux-Port** – Immense espace riverain (environ 54 ha) converti en parc récréatif et culturel : aires paysagées, sentiers de promenade, patinoire, expositions, cinéma Imax *(12 $)*, centre scientifique interactif **iSci★** (&. *de mi-juin à déb. sept. : 10 h-17 h (ven. et sam. 21 h) ; le reste de l'année : 10 h-18 h. 12 $. ☎ 514-496-4724. www.isci.ca)*. Des **excursions★** sur le Saint-Laurent (&. *dép. du quai de l'Horloge et du quai Jacques-Cartier : mai-oct. 12 h, 14 h 30 et 16 h 30 ; 2 h AR. Commentaire à bord. Réservation requise. Billets à partir de 25,31 $. Dîner dansant, se renseigner ; Croisières AML ☎ 514-842-3871)* permettent de découvrir de belles **vues★** de la ville et du fleuve.

★★ **Expéditions dans les rapides de Lachine** – &. *Dép. du quai de l'Horloge : mai-août 10 h-18 h, de déb. sept. à mi-oct. 10 h-16 h. 1 h AR. Commentaire à bord. Réservation conseillée. 55 $. Lachine Rapids Tours/Saute-Moutons ☎ 514-284-9607. www.jetboatingmontreal.com*. Elles offrent des **vues★★** splendides de Montréal et de ses environs.

★ **Château Ramezay** – *280, rue Notre-Dame Est.* &. *Juin-sept. : 10 h-18 h ; le reste de l'année : 10 h-16 h 30. Fermé 1er-2 janv., 25-26 déc. 6 $. ☎ 514-861-3708. www.chateauramezay.qc.ca*. Construit en 1705 pour Claude de Ramezay, onzième gouverneur de Montréal sous le régime français. Intérieur restauré et aménagé en **musée** (histoire politique, économique et sociale de Montréal).

★ **Lieu historique national du Canada de Sir George-Étienne Cartier** – *458, rue Notre-Dame.* &. *Juin-août : 10 h-18 h ; avr.-mai et sept.-déc. : tlj sf lun. et mar. 10 h-12 h, 13 h-17 h. 4,25 $. ☎ 514-283-2282. www.parkscanada.ca*. Ancienne demeure de **George-Étienne Cartier** (1814-1873), l'un des pères de la Confédération. Plusieurs expositions évoquent la vie et l'œuvre du grand homme, tandis que des salles restaurées dans le style victorien illustrent le mode de vie bourgeois du 19e s.

★ **Rue Bonsecours** – Plaisante artère joignant la rue Notre-Dame à la rue Saint-Paul. Louis-Joseph Papineau, chef du parti des Patriotes, résida périodiquement dans la **maison Papineau** entre 1814 et 1837. La **maison du Calvet★** (1798) est caractéristique des résidences citadines du 18e s.

★ **Chapelle Notre-Dame-de-Bon-Secours** – *400, rue Saint-Paul Est*. Petite église du 18e s. remarquable pour son clocher en cuivre et sa statue de la Vierge (9 m) ouvrant les bras en direction du Saint-Laurent. Un belvédère offre une **vue panoramique★** sur le fleuve, l'île Sainte-Hélène, le pont Jacques-Cartier et le Vieux-Port.
Attenante à la chapelle, une ancienne résidence pour religieuses abrite le **musée Marguerite-Bourgeoys** (&. *mai-oct. : tlj sf lun. 10 h-17 h ; mars-avr. et de déb. nov. à mi-janv. : tlj sf lun. 11 h-15 h 30. 6 $. ☎ 514-282-8670. www.marguerite-bourgeoys.com)*, qui évoque la vie de la fondatrice de la congrégation de Notre-Dame.

Près de l'église se trouve le **marché Bonsecours★** (&. *10 h-18 h, jeu.-ven. 10 h-21 h. ☎ 514-872-7730. www.marchebonsecours.qc.ca)*, grand édifice néoclassique couronné d'une majestueuse coupole, qui servit d'hôtel de ville de 1852 à 1878.

★ **Place d'Youville** – Parmi les points d'intérêt de cette agréable place, noter le **centre d'Histoire de Montréal★** (&. *mai-août : tlj sf lun. 10 h-17 h ; le reste de l'année : tlj sf lun. et mar. 10 h-17 h. 4,50 $. ☎ 514-872-3207. www.ville.montreal.qc.ca/chm)*, les **écuries d'Youville** (1828), le **musée Marc-Aurèle-Fortin★** *(118, rue Saint-Pierre. Tlj sf lun. 11 h-17 h. Fermé de fin déc. à déb. janv. 5 $. ☎ 514-845-6108)* et l'**hôpital général des Sœurs Grises**, bâti en 1694, puis reconstruit en 1765 à la suite d'un incendie.

Pointe-à-Callière – Un **obélisque (3)** de 10 m commémore le débarquement de Paul de Maisonneuve qui établit ici la colonie de Ville-Marie en 1642. Le **musée d'Archéologie et d'Histoire de Montréal**★★ *(& juil.-août : 10 h-18 h, w.-end 11 h-18 h ; le reste de l'année : tlj sf lun. 10 h-17 h, w.-end 11 h-17 h. 9.50 $. ☎ 514-872-9150. www.musee-pointe-a-calliere.qc.ca)* fait revivre la riche histoire du quartier à l'aide d'expositions et d'une présentation multimédia, et expose des vestiges découverts lors de fouilles archéologiques.

★★CENTRE-VILLE *plan p. 328-329.*
↺ *rue Peel.*

Centre de la culture et du commerce, délimité par la rue Saint-Jacques à l'Est, la prestigieuse rue Sherbrooke à l'Ouest et les rues Atwater et Saint-Denis au Nord et au Sud. Comprend grands magasins, centres commerciaux, gratte-ciel et monuments et institutions célèbres de Montréal.

● Excalibor
122, rue Saint-Paul Est.
☎ *514-393-7260.* On se croirait transporté à l'époque des preux chevaliers dans cette boutique insolite, où l'on vend des objets d'inspiration médiévale (vêtements, bijoux, épées, cottes de mailles et boucliers) dans un décor un tant soit peu mystique.

Stash Café
200, rue Saint-Paul Ouest.
☎ *514-845-6611.* **Cuisine polonaise.** Tous convergent vers cet accueillant restaurant pour ses délicieux gâteaux accompagnés d'une tasse de café ou ses plats traditionnels, comme les saucisses et les choux farcis.

★**Square Dorchester** – Agréable espace public, longtemps considéré comme le cœur de la ville, entouré de remarquables bâtiments dont l'imposant **édifice Dominion Square**★ au décor néo-Renaissance (1929), l'élégant hôtel **Windsor**★ et l'énorme **édifice Sun Life**★★ (1913), de style Beaux-Arts.
Face au square Dorchester, la verdoyante **place du Canada** est bordée de constructions plus récentes : noter l'**hôtel Château-Champlain** (1967), remarquable par ses fenêtres convexes en demi-lune, et le **1000 de la Gauchetière** (1992), le plus haut gratte-ciel de Montréal (205 m).

★★**Basilique-cathédrale Marie-Reine-du-Monde** – *Entrée par le boul. René-Lévesque. & 7 h-19 h30, sam. 7 h30-20 h30, dim. 8 h30-19 h30. ☎ 514-866-1661.* Monumental édifice de style néobaroque, conçu par Victor Bourgeau sur le modèle de Saint-Pierre de Rome, elle fut consacrée en 1894. On y trouve un magnifique **baldaquin** doré à l'or fin (1900) ainsi qu'une **chapelle mortuaire** (1933) contenant les tombes de plusieurs évêques et archevêques.

★★**Place Ville-Marie** – Ensemble composé de la **tour de la Banque royale**★ (1962, I. M. Pei), à la silhouette cruciforme caractéristique, et de trois autres bâtiments encadrant une esplanade de béton très animée en été, d'où l'on obtient une **perspective**★ hors pair sur l'université McGill et le mont Royal. Avant l'extension du réseau autour de la station de métro McGill, ce complexe était au cœur de la **ville souterraine**, véritable ville couverte piétonnière dont les couloirs spacieux relient hôtels, bureaux, grands magasins, stations de chemin de fer, boutiques, cinémas, restaurants et autres.
Point de mire de l'architecture postmoderne montréalaise, l'**avenue McGill College** va de la place Ville-Marie à l'université McGill. Au cours des dernières décennies, elle a fait l'objet de plusieurs projets monumentaux, parmi lesquels la **place Montréal Trust**★★, les tours jumelles de la **Banque nationale de Paris (BNP)/Banque laurentienne**★ et la **tour « L'Industrielle-Vie »**.

★**Cathédrale Christ Church** – *Entrée rue Sainte-Catherine. & 8 h-18 h. ☎ 514-288-6421. www.montreal.anglican.org/cathedral.* Cathédrale anglicane de style néogothique (1859). Très beaux vitraux. Chapiteaux des arcades de la nef agrémentés de feuilles représentant des arbres du Canada. Magnifique **retable** en pierre sculptée.

Derrière s'élève la **place de la Cathédrale**★, étonnant édifice aux parois de verre cuivré (1988) dont les éléments rappellent l'architecture de Christ Church.

★★**Musée McCord d'Histoire canadienne** – *690, rue Sherbrooke Ouest. & Tlj sf lun. 10 h-18 h, w.-end 10 h-17 h (juil.-sept. lun. 10 h-17 h). 9.50 $. ☎ 514-398-7100. www.mccord-museum.qc.ca.* Ce prestigieux musée offre un brillant aperçu du patrimoine historique canadien (québécois en particulier), des premières nations amérindiennes jusqu'à l'époque actuelle. Ses expositions présentent une sélection d'œuvres issues de sa riche collection permanente (100 000 objets et 750 000 photographies).

★**Université McGill** – *Au bout de l'av. McGill College.* Plus vieille université canadienne (1821). Bénéficie d'un magnifique campus dont les bâtiments offrent une grande variété de styles architecturaux. Le **musée d'Histoire naturelle Redpath**★

RENSEIGNEMENTS PRATIQUES .....Indicatif téléphonique : 514

Comment s'y déplacer

À partir de fév. 2004, la zone de Montréal comprendra un indicatif supplémentaire, le 438. Depuis mi-oct. 2003, il faut composer le numéro à 10 chiffres (indicatif plus numéro) pour les appels locaux. Se renseigner au ☎ *800-668-6878 ou www.bell.ca/dialten*

Transports publics – Train, bus, métro : la Société de Transport de Montréal *(STM ☎ 288-6287, www.stm.info)* assure généralement un service de 5 h30 à 23 h *(ligne 5)* ou 1 h30 *(lignes 1, 2 et 4)*. Chaque ligne de métro est désignée par son numéro et sa couleur. Tickets valables bus et métro : en vente aux stations de métro, ils peuvent s'acheter à l'unité *(2,25 $)*, par carnet de 6 *(9 $)* ou sous forme de carte touristique *(7 $/jour ou 14 $/3 jours)*. Objets trouvés ☎ 280-5100.

Location de véhicules – Principales agences : Avis ☎ 866-7906 ; Budget ☎ 866-7675 ; Hertz ☎ 842-8537 ; National-Tilden ☎ 481-1166.

Taxi – La Salle ☎ 277-2552 ; Diamond ☎ 273-6331 ; Champlain ☎ 273-2435.

À savoir

Hébergement, informations touristiques – Centrales de réservation hôtelière : Hospitalité Canada ☎ 393-9049 ; Centre de réservations de Montréal ☎ 284-2277. **Centre Infotouriste** : 1001, rue du Square Dorchester ◐ Peel *(juin-août 7 h-20 h ; le reste de l'année : 9 h-18 h. ☎ 873-2015)*. Hôtels-restaurants : voir le carnet d'adresses ci-dessous et la liste des principales chaînes hôtelières *p. 32*. Le site Internet www.tourisme-montreal.org. procure des informations complètes illustrées des photographies les plus récentes.

Presse locale – Quotidiens francophones : *Le Journal de Montréal*, *Le Devoir*, *La Presse*.

Info-loisirs – Pour tout renseignement sur les événements et manifestations, consulter *Le Guide Montréal* et *Voir* ainsi que les suppléments Arts et Spectacles des quotidiens *(édition du w.-end)*. Billets en vente auprès d'Admission ☎ 790-1245, de Telspeck ☎ 790-1111 et de Voyages Astral Inc. ☎ 866-1001 (principales cartes de crédit acceptées).

Sports-spectacles – **Hockey** : les Canadiens de Montréal (ligue nationale) : saison oct.-mars au centre Molson (◐ Lucien-L'Allier) ☎ 932-2582. **Base-ball** : les Expos de Montréal (ligue nationale) : saison avr.-sept. au stade olympique (◐ Viau) ☎ 846-3976.

Numéros utiles   ☎

Police – Ambulance – Pompiers	911
Tourisme Québec	873-2015
Gare centrale (VIA Rail) *895, rue de la Gauchetière Ouest*	989-2626
Gare routière (Orléans Express ou Vermont Transit) *505, bd de Maisonneuve Est*	842-2281
Aéroport international Dorval	694-7377
Association canadienne des automobilistes (tous les jours de l'année 24 h/24) *1180 rue Drummond*.	861-7575
Pharmacie Jean Coutu (horaires nocturnes)	527-8827
Bureau de poste *1500, rue Ottawa*	846-5290
État des routes	284-2363
Météo (24 h/24)	283-4006

CARNET D'ADRESSES
Voir légende p. 111 et 114.

Se loger à Montréal

Hôtel Le Germain – *2050, rue Mansfield. 101 ch.* ✗ ♿ ▯ ☎ *514-849-2050 ou 877-333-2050. www.hotelgermain.com.* **$$$$$** Classé parmi les 21 hôtels les plus « tendance » du monde par le magazine *Condé Nast Traveler*, cet ancien immeuble de bureaux converti en hôtel n'est que luxe et raffinement. Un minimalisme oriental caractérise les chambres d'esprit loft baignées de lumière, habillées de teintes naturelles et pourvues d'un mobilier de bois foncé réalisé par des artisans locaux. Un linge somptueux, des équipements bienvenus (fer et table à repasser, lecteur de CD) ainsi que la presse quotidienne font de ces chambres les plus prisées de la ville.

Hostellerie Pierre du Calvet – *405, rue Bonsecours. 10 ch.* ✗ 🄿 ☎ *514-282-1725. www.pierreducalvet.ca.* **$$$$** *(voir Rue Bonsecours)* Séjourner dans le plus vieil hôtel de la ville, situé à l'intérieur des remparts, fait faire un bond vers le passé. La maison du marchand français Pierre du Calvet, datant du 18ᵉ s., a été rénovée dans l'esprit d'une élégante demeure européenne ornée d'un grand nombre de tableaux de famille, antiquités et tapis orientaux. Les chambres, romantiques, exhalent un charme désuet, avec leurs murs d'origine en pierre apparente, leurs cheminées et leurs lits à baldaquin. Le petit-déjeuner est servi dans un lumineux jardin d'hiver victorien. La **salle à manger ($$$)** principale est ouverte le soir.

Hôtel Place d'Armes – *701, côte de la place d'Armes. 48 ch.* ♿ 🄿 ⌇ ☎ *514-842-1887 ou 888-450-1887. www.hotelplacedarmes.com.* **$$$$** Ce charmant hôtel-boutique bénéficie d'un emplacement stratégique sur la place d'Armes au cœur du quartier ecclésiastique et financier du Vieux-Montréal. Couleurs douces et élégant mobilier en acajou décorent les chambres. Peignoir, édredon en duvet, bain à remous, fax et accès à Internet confèrent un confort supplémentaire aux chambres, dont les baies vitrées embrassent une vue magnifique sur Chinatown, le centre-ville et la basilique Notre-Dame.

Auberge de la Fontaine – *1301, rue Rachel Est. 21 ch.* ♿ 🄿 ☎ *514-597-0166 ou 800-597-0597. www.aubergedelafontaine.com.* **$$$** Manoir victorien du 19ᵉ s., l'auberge de la Fontaine s'élève au cœur du quartier du Plateau Mont-Royal, en face du magnifique parc La Fontaine. Les chambres contemporaines aux couleurs gaies, l'accès libre aux cuisines pour les en-cas et boissons, ainsi que le copieux petit-déjeuner buffet servi chaque jour dans la salle à manger ensoleillée vous garantissent un séjour tranquille, loin de l'agitation du centre-ville.

Château Versailles – *1659, rue Sherbrooke Ouest. 172 ch.* ✗ ♿ 🄿 ☎ *514-933-3611 ou 800-361-7199. www.versailleshotels.com.* **$$$** Composé de quatre maisons victoriennes communicantes et d'une tour moderne faisant office d'annexe de l'autre côté de la rue, cette pension ancienne séduit par ses prix, son service et son emplacement proche du quartier des musées. Les chambres, très spacieuses, ont été entièrement refaites en 1997.

Fairmont La Reine Elizabeth – *900, boul. René-Lévesque Ouest. 1 066 ch.* ✗ ♿ 🄿 ⌇ ☎ *514-861-3511 ou 800-441-1414. www.fairmont.ca.* **$$$** En raison de sa situation particulière (au-dessus du métro et de la gare ferroviaire), le Reine Élisabeth est très prisé des célébrités en tournée : en 1967, il accueillait John Lennon et Yoko Ono pour l'enregistrement de *Give Peace a Chance* le temps d'un « bed-in » estival. Les chambres, spacieuses, ont été récemment rénovées avec de nouveaux papiers peints et des couvre-lits en chintz. Outre un vaste club de remise en forme, un salon de beauté et une galerie marchande, l'hôtel est fier d'abriter le **Beaver Club ($$$$)**, réputé pour sa cuisine française raffinée.

Hôtel de l'Institut – *3535, rue St-Denis. 42 ch.* ♿ 🄿 ⌇ ☎ *514-282-5120 ou 800-361-5151. www.hotel.ithq.qc.ca.* **$$$** Occupant les derniers étages d'une construction contemporaine aux allures de bunker et qui abrite l'Institut de tourisme et d'hôtellerie du Québec, cet hôtel est doté de chambres confortables et modernes. Le service, impeccable, est digne de celui que l'on peut attendre de la part d'étudiants bien encadrés, cultivant l'art de l'hospitalité. Tout près de l'hôtel se trouvent deux des endroits les plus branchés de Montréal, le quartier du Plateau Mont-Royal et le Quartier latin.

L'Auberge de jeunesse – *1030, rue Mackay. 243 lits.* ☎ *514-843-3317 ou 800-663-3317. www.hostellingmontreal.com.* **$** Proche du centre-ville, elle offre, dans un environnement non-fumeur, un espace cuisine, un salon de télévision et une laverie automatique. Les dortoirs peuvent accueillir de 4 à 10 personnes.

Se restaurer à Montréal

Toqué ! – *3842, rue St-Denis. Soir uniquement ; fermé dim.–lun.* ☎ *514-499-2084 www.restaurant-toque.com.* **$$$$ Cuisine française.** Les Montréalais ainsi que les critiques gastronomiques internationaux considèrent ce restaurant postmoderne, sis dans le quartier du Plateau Mont-Royal, comme l'un des meilleurs de la ville. En effet, le chef Normand Laprise y concocte une cuisine française contemporaine à base de produits régionaux de toute première fraîcheur et, parfois, inhabituels comme le bourgeon dasclépiade ou les crosses de fougères. Parmi les spécialités, élégamment présentées et servies par un personnel compétent, nous retiendrons le gigot d'agneau de Rimouski et son jus fumé au thym ainsi que la poêlée de mousserons.

Hélène de Champlain, sur l'île Ste-Hélène – *200 Tour de l'Île*. ☎ *514-395-2424*. *www.helenedechamplain.com*. **$$$ Cuisine continentale**. À cinq minutes du centre-ville et du casino de Montréal, cette maison de style québécois bénéficie d'une belle situation dans un parc de l'île Ste-Hélène. La cuisine est sans prétention (steaks, agneau, escargots), mais les salles à manger pourvues de cheminées ouvrent sur la ville et la roseraie, composant un cadre romantique pour un dîner des plus agréables.

> **BYOW** – Bring your own wine (ou « apportez votre vin »). Ces établissements, qui ne servent pas d'alcool, incitent leurs clients à apporter leur cru préféré. Les restaurants BYOW sont, pour la plupart, installés dans le quartier du Plateau Mont-Royal et le Quartier latin.
>
> **Table d'hôte** – On y sert des repas typiques à prix doux toujours composés d'un menu fixe à trois plats (entrée, plat principal, dessert).

La Marée – *404, place Jacques-Cartier*. ☎ *514-861-8126* **$$$ Poisson**. Situé dans un des quartiers les plus embouteillés de Montréal, ce restaurant constitue sans conteste la meilleure adresse pour déguster des produits de la mer. On pourra se laisser tenter par l'escalope de saumon au ragoût de pineau des Charentes, le potiquet de poissons et crustacés au porto blanc et morilles, et la poêlée de homard à la tomate et au basilic.

Moishes – *3961, bd St-Laurent. Soir uniquement.* ♿ ☎ *514-845-3509*. *www.moishessteakhouse.com*. **$$$ Cuisine nord-américaine**. Véritable institution ayant franchi les 60 années d'existence, ce steak-house est renommé à juste titre pour ses viandes grillées au charbon de bois, encore meilleures accompagnées d'un vin sélectionné par la maison. Service courtois et efficace.

Restaurant Daou – *519, rue Faillon Est*. ☎ *514-747-7876* **$$ Cuisine libanaise**. Cet endroit animé, électrique lors des soirées où se produisent des danseuses du ventre, propose des spécialités orientales comme le tabulé, le kibbeh, le chiche-kebab et le hummus. Le décor est ordinaire, mais l'ambiance est telle que l'on croirait assister à un joyeux mariage libanais. Qui plus est, le Daou offre un bon rapport qualité-prix.

Le Piton de la Fournaise – *835, rue Duluth Est. Soir uniquement ; fermé lun. Réserver au moins 3 semaines à l'avance. BYOW.* ☎ *514-526-3936* **$$ Réunion/créole**. L'enseigne vous dit-elle quelque chose ? Qu'importe, vous serez mis dans l'ambiance sitôt entré : bienvenue, en effet, sur l'île de la Réunion, au beau milieu de l'océan Indien ! La cuisine, un mélange d'influences indienne, africaine et française, se déguste dans un décor composé d'objets artistiques et artisanaux provenant de l'île. Le simple fait d'écouter le personnel parler créole est un véritable plaisir.

© Wolfgang Kaehler

Dans la vieille ville

Beauty's – *93, av. Mont-Royal Ouest*. ☎ *514-849-8883* **$ Cuisine américaine**. Si vous avez envie d'un petit-déjeuner ou d'un brunch, venez faire la queue avec la clientèle branchée de ce restaurant au décor des années 1950. Bagels, saumon fumé et crêpes aux myrtilles vous y attendent ; mais attention, cet établissement, installé dans le quartier du Plateau Mont-Royal, fait souvent salle comble.

Avenue McGill College (université McGill en arrière-plan)

(de mi-juin à fin août : tlj sf ven. et sam. 9 h-17 h, dim. 13 h-17 h ; le reste de l'année : tlj sf sam. 9 h-17 h, dim. 13 h-17 h. Fermé 25 déc.-1er janv. 2 $. ☎ 514-398-4086. www.mcgill.ca/redpath) possède une stupéfiante collection de fossiles, de mollusques, de minéraux, d'insectes et d'animaux naturalisés ; il expose également une belle sélection d'objets d'intérêt archéologique et ethnologique.

★★ **Musée des Beaux-Arts de Montréal** – *1380, rue Sherbrooke Ouest.* &. *Tlj sf lun. 11 h-18 h (mer. 21 h). Fermé 1er janv., 25 déc. 12 $ (visite collection permanente gratuite). ☎ 514-285-2000. www.mbam.qc.ca.* Cet excellent musée compte dans ses collections permanentes 25 000 œuvres allant des maîtres anciens à l'art contemporain. Essentiellement consacré à l'art des Amériques, le pavillon Benaiah Gibb (1912) contient une remarquable collection d'**art canadien** (peinture, sculpture, arts décoratifs) du 18e s. aux années 1960.

Le pavillon Jean-Noël Desmarais (1991, **Moshe Safdie**) abrite une section d'**art européen** du Moyen Âge au 19e s., et présente une riche collection d'art du 20e s. et d'art contemporain. Les deux pavillons sont reliés par un réseau de galeries souterraines consacrées à l'art des cultures anciennes.

★ **Musée des Arts décoratifs de Montréal** – *2200, rue Crescent. Admission comprise dans le tarif d'entrée du Musée des Beaux Arts de Montréal. Mêmes horaires.* Autrefois situées au superbe château Dufresne (dans le quartier du parc olympique), les collections de design international de ce musée illustrent les grands courants de l'histoire des arts décoratifs de l'Art nouveau au postmodernisme, avec une emphase particulière sur la période de 1965 à nos jours.

★ **Centre canadien d'Architecture** – *1920, rue Baile.* &. *Tlj sf lun. 11 h-18 h (jeu. 21 h). Fermé 1er janv., 25 déc. 6 $. ☎ 514-939-7026. www.cca.qc.ca.* Le CCA (1989, Peter Rose et Phyllis Lambert) est à la fois un musée (expositions tempo-

---

■ **Découvertes rue Crescent**

Si vous avez envie d'un repas léger, vous trouverez le **restaurant Chang Thai** *(2100, rue Crescent. ☎ 514-286-9994. www.restaurantchangethai.com).* On y sert, dans un décor accueillant et à des prix raisonnables, une grande variété de spécialités thaïes. L'atmosphère de la petite boutique **Formule 1 Emporium** *(2070B, rue Crescent. ☎ 514-284-3799. www.f1emporium.ca)* fera le bonheur des passionnés de courses automobiles, notamment de formule 1. Ils y trouveront, outre des souvenirs et des vêtements, une sélection de modèles réduits, des répliques de voitures de course ou de berlines célèbres. Les produits dérivés de la marque Ferrari sont particulièrement bien représentés. À deux pas de la rue Crescent, brochettes et danseurs tournoyants sont le quotidien du **Milsa** *(1445 Rue Bishop. ☎ 514-985-0777),* où l'on déguste des barbecues brésiliens traditionnels. Les serveurs viennent à votre table découper des tranches de toutes sortes de viandes, du bœuf à l'agneau en passant par la dinde, le tout à volonté.

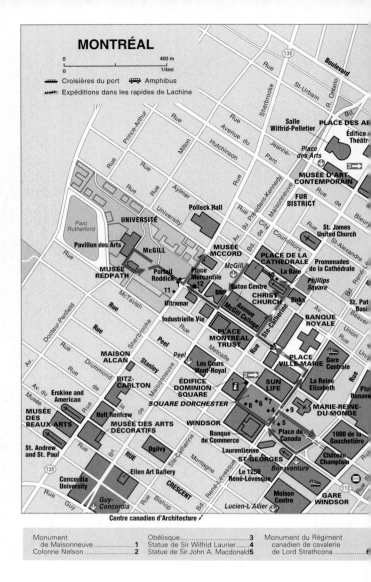

MONTRÉAL

0 — 400 m
0 — 1/4ml

🚢 Croisières du port 🚤 Amphibus
〰️ Expéditions dans les rapides de Lachine

Monument	Obélisque......................................3	Monument du Régiment
de Maisonneuve 1	Statue de Sir Wilfrid Laurier........4	canadien de cavalerie
Colonne Nelson 2	Statue de Sir John A. Macdonald **5**	de Lord Strathcona..................6

raires sur des thèmes architecturaux), un centre de recherches et de références unique au monde, et un exemple original d'architecture postmoderne. Au centre du bâtiment en fer à cheval trône la **maison Shaughnessy** (1874) dont on peut visiter les salles de réception, le conservatoire et le salon de thé.

De l'autre côté du boulevard René-Lévesque, le **jardin architectural** de Melvin Charney a été conçu comme un hommage à l'héritage architectural occidental.

★★ **Musée d'Art contemporain de Montréal** – *185, rue Sainte-Catherine Ouest (complexe de la place des Arts).* ♿ *Tlj sf lun. 11 h-18 h (mer. 21 h). 6 $.* ☎ *514-847-6226. www.pda.qc.ca.* Les principales tendances de l'art contemporain québécois de 1939 à aujourd'hui et, à un moindre degré, l'expression artistique internationale sont représentées à travers une sélection d'œuvres issues de la collection permanente (soit environ 5 000 tableaux, sculptures, estampes, photographies et installations conceptuelles).

Planétarium de Montréal – *1000, rue Saint-Jacques.* Ⓜ *Bonaventure.* ♿ *De fin juin à fin août : 12 h45-17 h, 19 h-20 h30 ; le reste de l'année : mar.-mer. 9 h-17 h, jeu.-ven. 9 h-17 h et 19 h30-20 h30, w.-end 10 h30-17 h, 19 h30-20 h30. Téléphoner pour le programme des spectacles. 6,50 $.* ☎ *514-872-4530. www.planetarium. montreal.qc.ca.* Ses expositions permanentes et temporaires et les superbes productions multimédia de son théâtre des Étoiles *(50mn)* permettent au public d'explorer l'univers, d'en comprendre les phénomènes et de suivre l'actualité astronomique.

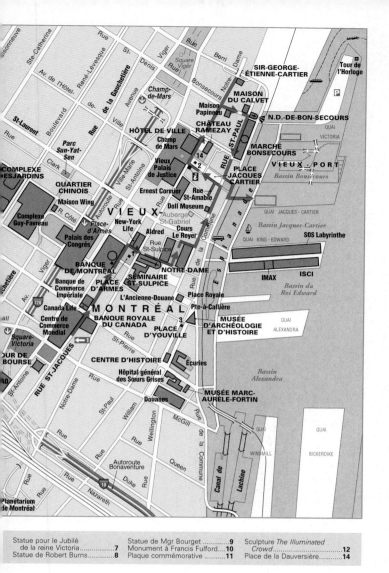

★★MONT ROYAL ET ENVIRONS

Aire de loisirs très courue. Sur le flanc Ouest du mont Royal (233 m) s'étend la charmante enclave résidentielle de **Westmount**. Lui fait pendant, sur le flanc Est, la municipalité d'**Outremont**, constituée de somptueuses demeures et de beaux espaces verts.

★★**Parc du Mont-Royal** – *À pied : prendre la rue Peel jusqu'à l'av. des Pins. En voiture : accès aux parkings par la voie Camillien-Houde ou le chemin Remembrance.* ◐ *Mont-Royal.* ♿ *6 h-0 h.* ☎ *514-843-8240. www.lemontroyal.qc.ca.* Premier parc urbain de Montréal (1876) conçu par l'architecte-paysagiste américain **Frederick Law Olmsted**, auquel on doit aussi Central Park (à New York). Grande variété de plantes, lac, points de vue, sentiers à travers bois et chalet-centre d'accueil.

Points de vue – De la terrasse du **belvédère du chalet (A)**, **vue★★★** splendide sur le centre-ville. Le chemin du sommet mène à une immense **croix (B)** métallique qui, illuminée la nuit, est visible à 100 km à la ronde. Du **belvédère Camillien-Houde** *(accessible en voiture par la voie Camillien-Houde)*, **vue★★** superbe sur l'Est de Montréal.

★★**Oratoire Saint-Joseph** – *Entrée chemin Queen Mary.* ◐ *Côte-des-Neiges.* ♿ *7 h-22 h.* ☎ *514-733-8211. www.saint-joseph.org.* Haut lieu de pèlerinage catholique, construit sous la supervision du moine-architecte bénédictin **Dom Paul Bellot** à l'emplacement d'une petite chapelle érigée en 1904 par Alfred Bessette (frère André).

329

■ Hockey sur glace

Activité hivernale pratiquée depuis plus de 100 ans, le hockey est bel et bien le sport national canadien. D'ailleurs, l'engouement ne se limite pas aux matchs des grandes équipes retransmis à la télévision : plus de 580 000 jeunes Canadiens répartis dans 25 000 équipes participent à des tournois amicaux. Toutes les communes possèdent une patinoire.

Dérivé de l'ancien français « hoquet » en raison de sa crosse, le hockey puise ses origines dans plusieurs jeux de bâton et de balle importés au Canada par les soldats anglais dans les années 1850. En 1875, l'étudiant montréalais J.G. Creighton institua des règles et remplaça la balle par un disque plat (le palet, ou *puck*) pour un meilleur contrôle sur la glace.

Ce jeu rapide et parfois brutal suscita l'intérêt des spectateurs. Il se répandit rapidement tandis que les rivalités parmi les équipes universitaires amateurs s'intensifiaient. Bientôt, des équipes professionnelles se constituèrent. Fondée en 1917, la Ligue nationale de hockey, rejointe au fil des ans par des équipes américaines, compte désormais 30 équipes, dont seulement 6 au Canada. Le trophée remis par le gouverneur général Stanley en 1893 est toujours attribué à l'équipe victorieuse de la Ligue lors des championnats de la coupe Stanley, qui se déroulent chaque année au mois de juin. La coupe d'origine en argent est exposée au Hockey Hall of Fame de Toronto.

qui avait acquis une réputation de thaumaturge. L'édifice (1924-1967) s'élève à 154 m au-dessus de la ville. Intérieur immense et austère. L'ensemble comprend aussi une chapelle votive, un carillon à 56 cloches, le **musée du Frère André** *(voir horaires oratoire)* et, près de la basilique, la **chapelle du Frère André** ainsi qu'un **chemin de croix★** construit à flanc de colline. De la grande terrasse devant la basilique, **vue** sur le Nord de Montréal et les Laurentides.

Le Duc de Lorraine
5002, chemin de la Côte-des-Neiges. ☎ *514-731-4128.* Renommé depuis maintes années pour la qualité de ses pâtisseries, pains, fromages et charcuteries, cet établissement sert également d'excellents croissants ou encore un repas léger dans son salon de thé entièrement vitré.

Aux Deux Gauloises
5195, chemin de la Côte-des-Neiges. ☎ *514-733-6867.* Il est vrai qu'il n'y a pas que des crêpes au menu de ce sympathique restaurant, mais elles sont si bonnes et la carte est si variée... Quoi que l'on choisisse, crêpe, salade ou entrecôte, on est certain de faire un bon repas et d'être servi le plus aimablement du monde.

Musée des Hospitalières de l'Hôtel-Dieu de Montréal – *201, av. des Pins Ouest, entrée à l'angle de la rue Saint-Urbain et de l'av. du Parc.* ⏚ *De mi-juin à mi-oct. : tlj sf lun. 10 h-17 h, w.-end 13 h-17 h ; le reste de l'année : tlj sf lun. et mar. 13 h-17 h. Fermé Ven. saint, lun. de Pâques, 25 déc.-1ᵉʳ janv. 5 $.* ☎ *514-849-2919.* Retrace l'histoire de la communauté des Hospitalières de Saint-Joseph et son rôle dans la colonisation de Montréal. Collection permanente comprenant plus de 19 000 objets (documents, instruments médicaux, art sacré).

Boulevard Saint-Laurent – Artère animée (boutiques, cafés, restaurants, magasins spécialisés, ventes sur le trottoir) à partir de laquelle les rues dites Est-Ouest ont été numérotées. Grande diversité ethnique. **Quartier chinois★** *(à l'angle de la rue de la Gauchetière)* très vivant.

★★★QUARTIER DU PARC OLYMPIQUE

Vaste aire de loisirs, au cœur de la partie Est de la ville (en pleine évolution), dominée par l'impressionnante architecture du stade olympique. Jadis appelé **Maisonneuve**, le secteur fut annexé à Montréal en 1918.

★★ **Parc olympique** – *Entrée par le parking au 3200, rue Viau.* ◐ *Viau. Navette gratuite entre le parc olympique, le Biodôme et le jardin botanique. Informations et billets au pied de la tour.* Gigantesques installations sportives construites pour les Jeux olympiques de 1976. Centre aquatique. **Village olympique** abritant aujourd'hui un quartier résidentiel et commercial.

Stade – ⏚ *Visite guidée (30mn) en français à 11 h et 14 h. Fermé de déb. janv. à fin fév. 5,50 $.* ☎ *514-252-4737. www.rio.gouv.qc.ca. La visite des infrastructures du parc ne comprend pas l'ascension au sommet de la tour.* Immense édifice

© Malak, Ottawa

Parc olympique

de béton dominé par la plus haute **tour** inclinée du monde (175 m ; du sommet, la **vue★★★** porte, par temps clair, à 80 km à la ronde ; un **centre d'interprétation** interactif présente des expositions sur l'histoire et la construction du complexe). Ascension au sommet de la tour par un funiculaire *(& De mi-juin à déb. sept. : 9 h-20 h ; le reste de l'année : 9 h-17 h. Fermé de déb. janv. à fin fév. 10 $.*

★**Biodôme** – *& De mi-juin à fin août : 9 h-19 h ; le reste de l'année : 9 h-17 h. 10 $. www.biodome.qc.ca. ☎ 514-868-3000. Navette gratuite (ne fonctionne pas en hiver) entre le Biodôme, le parc olympique et le jardin botanique.* ⌷ Ancien vélodrome converti en musée vivant de l'environnement et des sciences naturelles. Reproduit les quatre principaux écosystèmes d'Amérique : la forêt tropicale, la forêt laurentienne, le fleuve Saint-Laurent et la région polaire.

★★**Jardin botanique de Montréal (A)** – *4101, rue Sherbrooke Est. ◑ Pie-IX. & De mi-juin à déb. sept. : 9 h-19 h ; de déb. nov. à déb. juin : 9 h-17 h. Serre principale et Jardin de Chine : de mi-sept. à fin oct. 9 h-21 h. 10 $. ☎ 514-872-1400. www.ville.montreal.qc.ca/jardin. Navette gratuite entre le jardin botanique, le parc olympique et le Biodôme.* ⌷ Contient plus de 21 000 espèces de plantes réparties sur 75 ha. **Serres d'exposition** (merveilleuse **collection Wu** de *penjing* ou bonsaïs, flore des régions tropicales et arides, plantes comestibles, orchidées, fougères, bégonias, cactées, plantes grasses, etc.). **Jardin de Chine** (réplique d'un jardin typique de la dynastie Ming). **Jardin japonais** (pavillon traditionnel, jardin zen, collection de bonsaïs). Noter aussi le jardin aquatique, le jardin ombragé, le jardin alpin, le ruisseau fleuri, l'**arboretum** (plus de 10 000 spécimens) et la **roseraie** près de laquelle l'**insectarium de Montréal** propose une impressionnante collection d'insectes du monde entier, vivants ou naturalisés.

★**Château Dufresne** – *Entrée boul. Pie-IX. ◑ Pie-IX. & Jeu.-dim. 10 h-17 h. 6 $. ☎ 514-259-9201. www.chateaudufresne.qc.ca.* Cette somptueuse demeure, achevée, en 1918, fut commandée par Marius et Oscar Dufresne. Elle évoque la vie de la classe aisée montréalaise dans les années 1920 et 1930.

AUTRES CURIOSITÉS

★**Île Sainte-Hélène** – *Accès en voiture par le pont Jacques-Cartier ou le pont de la Concorde. ◑ Île Sainte-Hélène.* Petite île à l'Est de Montréal, découverte par Champlain en 1611 et baptisée en hommage à son épouse. Parc apprécié pour ses pistes de ski de fond et ses piscines, découvertes en été.

Vieux-Fort – *De mi-mai à mi-oct. 10 h-18 h ; le reste de l'année : tlj sf mar. 10 h-17 h. 8 $. ☎ 514-861-6701. www.stewart-museum.org.* Ce fort du 19e s. accueille le **musée David M. Stewart★** dédié à l'histoire de la colonie européenne du Québec.

Autre point d'intérêt, la **Biosphère**★ 🖼 (&. *de mi-juin à fin août : 10 h-18 h ; le reste de l'année : tlj sf mar. 10 h-17 h. Fermé 1ᵉʳ janv., 25-26 déc. 8,50 $. ☎ 514-283-5000. www.biosphere.ec.gc.ca)* est une immense construction tubulaire contenant un centre d'observation environnemental axé sur le thème de l'eau et de l'écosystème du Saint-Laurent et des Grands Lacs.

Au Nord de l'île se trouve le grand parc d'attractions de Montréal, **La Ronde** 🖼 (&. *de mi-mai à déb. juin : w.-end 10 h-21 h ; juin : 10 h-21 h, w.-end 10 h-23 h ; déb. sept. : 11 h-23 h, ven.-sam. 11 h-0 h. 29 $. ☎ 514-872-4537. www.laronde.com).*

De la route qui longe la côte Ouest de l'île, excellentes **vues**★ sur le Vieux-Montréal, des installations portuaires et de la **Cité du Havre**. Cette dernière est une péninsule artificielle contenant **Habitat**★ par Moshe Safdie, complexe résidentiel futuriste édifié pour l'Exposition universelle de 1967.

★**Île Notre-Dame** – *Accès en voiture par le pont de la Concorde ou en bus à partir du métro* Ⓜ *Île-Sainte-Hélène.* Île artificielle (1959) agrandie en 1967. Circuit automobile pour courses de formule 1, lac, plage, superbe **parc floral** (&. *6 h30-0 h. ☎ 514-872-6120. www.parcjeandrapeau.com),* **casino de Montréal**.

★★**Cosmodôme**, à Laval – *12 km au Nord-Ouest de Montréal ; 2150, autoroute des Laurentides (Chomedey). De Montréal, prendre la route 15 (sortie 9) puis suivre les panneaux indicateurs.* &. *Centre des sciences et de l'espace : de mi-juin à fin août 10 h-18 h ; le reste de l'année tlj sf lun. 10 h-18 h. Fermé 1ᵉʳ janv., 25 déc. 9,75 $. ☎ 450-978-3600. www.cosmodome.org.* 🖼 L'excellent **centre des sciences et de l'espace**, dont la mission est de faire découvrir et pratiquer les sciences et technologies spatiales, propose toutes sortes d'expositions interactives, de modèles réduits, répliques grandeur nature, simulateurs, etc. Adjacent au Cosmodôme, le **camp spatial Canada** organise, à l'intention des jeunes et des adultes, des stages de durée variable modelés sur les entraînements des programmes spatiaux américains.

Sault-au-Récollet – *12 km au Nord de Montréal par la rue Sherbrooke Est (route 138), la rue Cartier et la rue Rachel, puis par l'av. Papineau.* Établie le long des rapides, au bord de la rivière des Prairies, la bourgade est réputée pour son **église de la Visitation-de-la-Bienheureuse-Vierge-Marie**★, qui possède un **intérieur**★★ très travaillé : sa magnifique **chaire** est l'une des plus belles pièces de mobilier liturgique du Québec.

NUNAVIK★★

Patrie des **Inuit** du Québec, officiellement reconnue en 1988. Territoire de 505 000 km² situé à l'extrême Nord de la province, délimité par la baie d'Hudson à l'Ouest, par le détroit d'Hudson au Nord et par le Labrador à l'Est. Hiver long et froid ; été court, frais et humide. Au Nord, toundra arctique ; au centre, toundra forestière ; au Sud, taïga. Population essentiellement concentrée dans les villages situés le long du littoral déchiqueté de la **péninsule d'Ungava**.

VISITE

Côte Est : **Kuujjuaq**★, village le plus important et centre administratif. Sur la côte septentrionale, **Kangiqsujuaq** et **Salluit** bénéficient d'un **site**★★ remarquable. Côte Ouest : **Inukjuak**, où se trouve l'institut Avataq, dédié à la culture inuit ; **Puvirnituq**, qui accueille une coopérative de sculpteurs ; légèrement au Nord de la baie James, **Kuujjuarapik** est une bourgade multiethnique où se mêlent Inuit, Cree et résidents non autochtones.

RENSEIGNEMENTS PRATIQUES

S'y rendre – Les 14 villages ne sont accessibles que par avion. Desserte par First Air (☎ 800-267-1247. www.firstair.com), Air Inuit (☎ 800-361-2965. www.airinuit.com) ou Air Creebec (☎ 800-567-6567).

Hébergement et informations touristiques – Une agence de voyages officielle sera la meilleure source d'informations sur les possibilités d'hébergement et l'organisation de vacances sportives. À titre indicatif : **Nunavik Tourism Association**, P.O. Box 779, Kuujjuaq, QC J0M 1C0 ; ☎ 819-964-2876 ou 888-594-3424. www.nunavik-tourism.com et la **Fédération de tourisme du Nord Québec**, 19950 Clark Graham, Baie D'Urfé, QC H9X 3R8 ; ☎ 514-457-9371. www.articadventures.ca

© J.-F. Bergeron/ENVIRO FOTO

Environs de Salluit

QUÉBEC★★★

Agglomération : 682 757 habitants
Carte Michelin n° 583 T4
Office de tourisme : ☎ 418-651-2882 ou www.bonjourquebec.com

La capitale du Québec, édifiée au sommet d'une colline surplombant le Saint-Laurent, a gardé son caractère historique et son charme « vieille France » présent dans ses fortifications, ses étroites ruelles pavées et ses élégantes demeures. En 1985, la ville devint le premier centre urbain d'Amérique du Nord à figurer sur la prestigieuse liste du patrimoine mondial de l'Unesco.

Un peu d'histoire

Berceau de la Nouvelle-France – Malgré le passage de **Jacques Cartier** dans la région dès 1535, la première tentative européenne d'établissement permanent à Québec ne prit forme qu'en 1608, lorsque **Samuel de Champlain** fonda un comptoir de fourrures et sa forteresse, l'**Habitation**. Avec l'arrivée des colons se développa la Basse-Ville, principal lieu résidentiel et commercial, tandis que les institutions religieuses et administratives s'établirent dans la Haute-Ville.

Les 18e et 19e s. – Les Français repoussèrent depuis Québec les attaques successives des Iroquois et des Anglais. La victoire britannique aux plaines d'Abraham *(voir p. 340)* précipita la conquête de 1759. Devenue capitale du nouveau Dominion britannique, la ville rivalisa avec Montréal jusqu'au milieu du 19e s., mais perdit peu à peu sa position dominante en tant que centre de commerce de la Nouvelle-France.

Perspectives – Véritable bastion de la culture française en Amérique du Nord, Québec a remarquablement réussi, au cours des siècles, à préserver son héritage culturel et architectural, tout en développant hors de ses anciennes murailles une dynamique métropole. Chaque année en hiver, le fameux **Carnaval de Québec**, orchestré par le non moins célèbre « Bonhomme Carnaval », attire des milliers de visiteurs.

★★★LA VIEILLE VILLE *plan p. 338*

Elle se compose de la Haute-Ville (au sommet du cap Diamant) et de la Basse-Ville (entre la falaise rocheuse et le Saint-Laurent). Il convient de visiter à pied les vieux quartiers afin de mieux saisir le caractère bien particulier de leurs ruelles tortueuses, étroites et encombrées.

★★★Haute-Ville

Elle forme le cœur du Vieux-Québec. Champlain y fit bâtir Fort Saint-Louis en 1620. Le quartier garda pendant plus de deux siècles sa vocation religieuse et administrative. Au 19e s. apparurent d'élégants quartiers résidentiels aux alentours des rues Saint-Louis, Sainte-Ursule et d'Auteuil, et des avenues Sainte-Geneviève et Saint-Denis.

★★★**Place d'Armes et environs** – Joli square verdoyant encadré par de prestigieux édifices, dont le **château Frontenac★★**, imposant hôtel érigé en 1893 sur le site de l'ancienne résidence du gouverneur. **Monument Wolfe-Montcalm (1)** (1827) dans le

CARNET D'ADRESSES

Voir légende p. 111 et 114.

Se loger dans la région de Québec

Château Frontenac – *1, rue des Carrières. 618 ch.* ✗ ♿ ⚓ 🅿 ☎ *418-692-3861 ou 800-441-1414. www.cphotels.ca.* **$$$$** Érigé en 1892, ce majestueux château aux toits de cuivre surplombant le Vieux-Québec compte parmi les plus anciens symboles de la ville. Au fil des ans, cet hôtel distingué a accueilli d'illustres personnalités comme la reine Élisabeth et Winston Churchill. Le hall d'entrée, où règne une agitation permanente, est habillé de lambris ouvragés et reflète l'opulence d'antan. La grandeur, la forme et la vue des chambres, qui sont par ailleurs bien aménagées, varient selon le prix. L'hôtel est équipé d'une belle salle de gymnastique et propose une garderie d'enfants et un service de limousine.

Hôtel Dominion 1912 – *126, rue St-Pierre. 60 ch.* ♿ 🅿 ☎ *418-692-2224 ou 888-833-5253. www.hoteldominion.com.* **$$$$** Installé dans un immeuble de bureaux de neuf étages construit en 1912 pour la Dominion Fish and Fruit Ltd, cet hôtel-boutique bénéficie d'un bel emplacement au cœur du quartier du Vieux-Port. Le salon de lecture et le ravissant hall d'entrée sont rehaussés de vitraux et d'ouvrages en ferronnerie. Percées de hautes fenêtres et pourvues d'une belle hauteur sous plafond, les chambres sont très lumineuses ; duvets et oreillers de plume d'oie apportent un confort supplémentaire aux visiteurs. Le prix comprend le petit-déjeuner continental.

Auberge Saint-Antoine – *10, rue St-Antoine. 31 ch.* ♿ 🅿 ☎ *418-692-2211 ou 888-692-2211. www.saint-antoine.com.* **$$$$** Un entrepôt datant de 1822 et la maison d'un marchand anglais (1720) ont été transformés en un petit hôtel qui compte parmi les plus élégants de la ville. Ses chambres et suites ont conservé pour la plupart leurs murs de pierre apparente et leurs poutres d'origine. Chacune possède sa propre décoration, de la chambre Rosalind avec ses motifs floraux et ses tons roses, à la suite James Bond 007 au lisse mobilier contemporain. Le prix comprend le petit-déjeuner-buffet.

Hôtel du Vieux Québec – *1190, rue St-Jean. 41 ch.* ✗ ♿ 🅿 ☎ *418-692-1850 ou 800-361-7787. www.hvq.com.* **$$$** La bonne adresse pour les familles et les groupes d'étudiants : en plein Quartier latin, cet hôtel en brique vieux de plusieurs siècles a été soigneusement restauré et abrite des chambres entièrement rénovées ; certaines sont équipées d'un canapé et d'une kitchenette. Aux mois de juillet et août, des visites guidées à pied du Vieux-Québec *(gratuites)* sont organisées.

Hôtel particulier Belley – *249, rue St-Paul. 8 ch.* ✗ ♿ 🅿 ☎ *418-692-1694.* **$$** Bénéficiant d'un emplacement de choix sur le Vieux-Port ainsi que du charme d'autrefois avec ses murs en brique et ses poutres apparentes, cet hôtel dispose de nombreux atouts pour vous faire passer un agréable séjour, qui plus est à un prix raisonnable. Ses chambres au décor sobre se trouvent au-dessus de la **taverne Belley**, l'un des établissements les plus populaires de la ville. Il est également possible de louer des appartements situés de l'autre côté de la rue.

Centre international de séjour de Québec – *19, rue Ste-Ursule. 240 lits.* ✗ ☎ *418-694-0755 ou 800-461-8585. www.cisq.org.* **$** Membre de l'Hostelling International, cette auberge de jeunesse est installée à l'intérieur des remparts de la vieille ville. Ouverte toute l'année, elle dispose de chambres et de dortoirs pouvant loger de 2 à 8 personnes. Cuisine et cafétéria sur place.

Hotel de glace Québec-Canada – *143 Route Duchesnay, Pavillon l'Aigle, Sainte-Catherine-de-la-Jacques-Cartier. Janv.-mars. 31 suites.* ✗ ☎ *418-875-4522 ou 877-505-0423 (poste 30). www.icehotel-canada.com ou www.hoteldeglace.qc.ca* **$$$$**

---

jardin des Gouverneurs. Face au château Frontenac, la **terrasse Dufferin**★★★ ménage une **vue**★★ époustouflante sur la Basse-Ville et du Saint-Laurent. Au Nord de la terrasse, **monument Samuel de Champlain (2)** ; au Sud, on accède à la **promenade des Gouverneurs**★★ *(fermé en hiver)*.

Dans la petite **rue du Trésor**, des artistes exposent des esquisses et des gravures représentant des scènes typiques de la vie à Québec.

★**Musée du Fort (M¹)** – *10, rue Ste-Anne. Juil.-août : 10 h-18 h ; fév.-mars : tlj sf lun. 11 h-16 h ; avr.-juin et sept.-oct. : 10 h-17 h. 7,50$.* ☎ *418-692-2175.* 📷 Sur une maquette de Québec au 18ᵉ s., un spectacle son et lumière *(30mn)* raconte l'histoire civile et militaire de la ville.

Québec a accueilli, dès janvier 2001, le premier **hôtel de glace** d'Amérique du Nord, le second au monde après celui de Jukkasjarvi, en Suède. Chaque hiver, un hôtel éphémère est entièrement édifié en glace et en neige. Une expérience à tenter !

Château Bonne-Entente, à Ste-Foy – *3400, chemin Ste-Foy.* ✗ ♿ 🅿 *150 ch.* ☎ *418-653-5221* ou *800-463-4390. www.chateaubonneentente.com.* $$$ Dans son site boisé, avec un accès aisé tant vers l'aéroport que vers le Vieux-Québec, le Château Bonne-Entente allie les charmes d'une auberge de campagne aux équipements d'un établissement moderne. Rejoignez le centre de remise en forme avant d'aller vous installer confortablement dans un bon fauteuil au coin du feu, dans un salon douillet où thé et petits fours sont servis chaque après-midi. Les chambres sont toutes personnalisées et les suites familiales pourvues de lits superposés et de jouets pour les enfants.

Se restaurer à Québec

Le Saint-Amour – *48, rue Ste-Ursule.* ♿ 🅿 ☎ *418-694-0667. www.saint-amour.com.* $$$$ **Cuisine française/québécoise**. Au cœur du Vieux-Québec, cet élégant établissement, paré d'un charmant jardin d'hiver, enchantera les amateurs de haute-gastronomie. Le chef-cuisinier Jean Luc Boulay, élabore de nouveaux plats célébrant les produits du terroir canadien. Un grand choix de vins internationaux accompagnera toutes les spécialités comme le foie gras de canard du Québec, la saisie de caribou des Inuits aux baies de genièvre et la crème brûlée à la mûre.

Le Continental – *26, rue St-Louis.* ♿ 🅿 ☎ *418-694-9995.* $$$ **Cuisine continentale**. Proche du Château Frontenac, ce restaurant prisé des Québécois est un des plus anciens établissements de la ville. Un personnel compétent sert, dans l'élégante salle à manger habillée de lambris et de tentures bleu foncé, une cuisine classique allant du steak aux fruits de mer en passant par la canette à l'orange et l'agneau.

Le Café du Monde – *84, rue Dalhousie.* ♿ ☎ *418-692-4455. www.lecafedu-monde.* $$ **Brasserie**. Steaks-frites, magrets de canard et moules figurent au menu. Pas de doute, vous êtes bien dans le célèbre bistrot « parisien » de Québec, où d'aimables serveurs en tablier blanc se faufilent dans une atmosphère chaleureuse pour régaler les visiteurs d'une cuisine goûteuse.

47ᵉ Parallèle – *24, rue Ste-Anne.* ☎ *418-692-1534.* $$ **Cuisine internationale**. Ce restaurant animé aux couleurs contrastantes propose une grande variété de plats traditionnels du monde entier. Ainsi peut-on trouver au menu, qui change régulièrement, les médaillons de daim d'Europe, l'agneau marocain au curry sur un lit de couscous aux légumes, ou encore l'alligator des bayous louisianais. Le monde est à vous !

Portofino – *54, rue Couillard.* 🅿 ☎ *418-692-8888.* $$ **Cuisine italienne**. Cette trattoria où règne une agitation débordante affiche pas moins de 20 variétés de pâtes maison et 30 pizzas différentes cuites au feu de bois, ainsi qu'une riche carte de vins italiens. Pris dans l'euphorie générale et entourés des drapeaux des célèbres équipes italiennes de football, les plus sages eux-mêmes se surprendront à entonner *Amore...*

La Playa – *780, rue St-Jean.* ☎ *418-522-3989.* $$ **Cuisine créole**. Saveurs latines, cajun et thaïe viennent rehausser les spécialités de crevettes, poissons et volailles de la Playa. Il est préférable d'essayer l'un des 60 martinis dits « exotiques » pour atténuer l'effet des épices. Service en terrasse l'été.

Les Épices du Szechwan – *215, rue St-Jean.* ♿ ☎ *418-648-6440.* $$ **Cuisine chinoise**. Intallé dans une vieille maison du quartier St-Jean-Baptiste du Vieux-Québec, ce restaurant propose de bons plats chinois qui, comme le nom de l'établissement l'indique, mettent à l'honneur les épices fortes de la région du Setchouan, dans le centre Sud de la Chine.

★ **Ancien bureau de poste (A)** – *3, rue Buade.* ♿ *Tlj sf w.-end. 8 h-17 h45. Fermé j. fériés.* ☎ *418-694-6103.* Ce bâtiment en pierre de taille (1873) à la façade Beaux-Arts sert non seulement de poste, mais propose également des expositions consacrées aux curiosités historiques et naturelles du pays.

★ **Basilique-cathédrale Notre-Dame-de-Québec (B)** – ♿ *De déb. mai à mi-oct. : 9 h-14 h30 ; le reste de l'année : 9 h-16 h15.* ☎ *418-694-0665. www.patrimoine-religieux.com.* Consacrée en 1674, elle fut détruite par les troupes britanniques en 1759 lors de la conquête puis rebâtie entre 1768 et 1771 par les meilleurs architectes du Québec, la famille Baillairgé. L'édifice, ravagé par le feu en 1922, fut reconstruit à l'identique. Noter les vitraux, le baldaquin et l'orgue Casavant.

Château Frontenac et Basse-Ville

L'imposant **hôtel de ville** fait pendant à la basilique, de l'autre côté de la place de l'Hôtel-de-Ville. Au centre se dresse le **monument du cardinal Taschereau (3)**, premier cardinal canadien.

Au Nord de la basilique, le charme d'un enchevêtrement de ruelles caractérise le **Quartier latin★**, peuplé essentiellement d'étudiants.

★★**Séminaire de Québec** – *2, côte de la Fabrique.* ♿ *Visite guidée en été. 3$ (comprenant l'entrée au musée de l'Amérique française).* ⊡ *(11$/j.).* ☎ *418-692-2843.* La plus ancienne institution d'enseignement supérieur du Canada, fondée en 1663 par Mgr François de Laval. Abrita l'université Laval jusqu'en 1950. Il se compose de trois corps de bâtiment disposés autour d'une cour intérieure : l'**aile de la Procure** (1678-1681), qui contient la **chapelle de Mgr Olivier Briand** ; l'**aile des Parloirs** et l'**aile de la Congrégation**, toutes deux construites en 1823.

★**Musée de l'Amérique française (M²)** – *9, rue de l'Université. De fin juin à déb. sept. : 10 h-17 h30 ; le reste de l'année : tlj sf lun. 10 h-17 h. Fermé 25 déc. 4$.* ☎ *418-692-2843. www.mcq.org* Rattaché au musée de la Civilisation *(voir*

Quartier latin

p. 339), il occupe trois bâtiments et contient une importante collection de **reliques**★. Ses riches collections reflètent le patrimoine francophone sur le continent nord-américain.

- ★**Monastère de l'Hôtel-Dieu de Québec** – *32, rue Charlevoix*. Fondé par les augustines hospitalières dans la première moitié du 17e s. Célèbre pour son hôpital, encore en fonction. **Église** *(horaires identiques à ceux du musée, voir ci-dessous)* à façade néoclassique (1800) ; bel intérieur en bois sculpté (œuvre de Thomas Baillairgé).

- ★**Musée des Augustines (M³)** – ♿ *Tlj sf lun. 9 h30-12 h, 13 h30-17 h, dim. 13 h30-17 h. Fermé j. fériés.* ☎ *418-692-2492.* Il renferme l'une des plus belles collections de **tableaux**★ de l'époque de la Nouvelle-France.

  Rue Saint-Louis – Artère animée regorgeant de restaurants et de boutiques. Contient certains des plus vieux joyaux architecturaux de la ville, dont la **maison Maillou**★ **(C)** de 1736, la **maison Kent (D)**, édifiée au 18e s. et reconstruite dans les années 1830, et la plus ancienne (1674) de Québec, la **maison Jacquet**★ **(E)**.

- ★**Musée d'Art inuit Brousseau** – *39, rue Saint-Louis*. ♿ *9 h30-17 h30. 6$.* ☎ *418-694-1828.* Passe en revue l'art inuit de la préhistoire à nos jours.

- ★★**Monastère des Ursulines** – *12, rue Donnacona*. Plus vieil établissement d'enseignement pour jeunes filles en Amérique du Nord (1639). **Chapelle** moderne (1902), remarquable pour sa **décoration intérieure** provenant en partie de l'ancienne chapelle du 18e s. *(mai-oct. : tlj sf lun. 10 h-11 h30, 13 h30-16 h30, dim. 13 h30-16 h30.* ☎ *418-694-0413).*

  Musée des Ursulines (M⁴) – *12, rue Donnacona. Mai-sept. : tlj f lun. 10 h-12 h, 13 h-17 h, dim. 13 h-17 h ; le reste de l'année : tlj sf lun. 13 h-16 h30. 4$.* ☎ *418-694-0694.* Ses collections illustrent le patrimoine ethnographique, artistique et éducatif de la communauté des Ursulines de 1639 à 1759 ; elles comprennent d'éblouissantes **broderies**★ (parements d'autel, vêtements ecclésiastiques des 17e s. et 18e s.).

- ★**Édifice Price** – *65, rue Ste-Anne*. Premier gratte-ciel de Québec (16 étages), construit en 1930 dans le style Art déco. Siège de l'entreprise Price Brothers, à qui l'on doit l'introduction de l'industrie du papier dans la région du Saguenay.

- ★**Cathédrale anglicane de la Sainte-Trinité (F)** – *31, rue des Jardins*. Première cathédrale anglicane (1804) construite hors des îles Britanniques. Inspirée par l'église londonienne de Saint-Martin-in-the-Fields. De nombreux artistes se rassemblent sur son parvis en été.

★★★Basse-Ville

Accès depuis la terrasse Dufferin en funiculaire : 7 h30-23 h30. 1,50$. ☎ *418-692-1132, ou par l'escalier Frontenac.*

Elle fut à l'origine un comptoir de fourrures établi par Champlain autour de son « Habitation » *(voir p. 333)* au début du 17e s. En 1970, le gouvernement de Québec entama la restauration du quartier. De nos jours, restaurants, boutiques et galeries d'art pullulent autour des pavés chargés d'histoire de la place Royale, ainsi que le long de la **rue du Petit-Champlain**★, typique du 18e s.

Bas de laine et boules de Noël…

Deux ingrédients essentiels pour accueillir l'hiver ! Les premiers se trouvent chez **Lambert & Co.** *(42, rue Garneau.* ☎ *418-694-2151),* une petite boutique logée dans une ancienne demeure de pierre. En plus des fameuses chaussettes de laine (dont on vous racontera d'ailleurs l'histoire avec plaisir), on y vend du savon de fabrication artisanale, des produits de l'érable et des chocolats confectionnés par des pères trappistes. Été comme hiver, **La Boutique de Noël de Québec** *(47, rue Buade.* ☎ *418-692-2457)* émerveille petits et grands dès l'entrée, avec ses sapins tout illuminés et ses milliers de décorations, scintillantes guirlandes de lumières et boules d'une infinie variété.

L'Astral

1225, place Montcalm, dans l'hôtel Loews Le Concorde. ☎ *418-647-2222. www.loewshotels.com.* Le 28e étage de l'hôtel vient couronner la liste des restaurants avec un superbe panorama sur la ville. En effet, l'unique restaurant tournant de Québec offre une vue panoramique sur le Saint-Laurent, la vieille ville, l'île d'Orléans et la côte de Charlevoix. Pour terminer votre soirée en beauté, venez assister au coucher du soleil au son du piano *(le soir tlj sf lun.)* ou autour d'un verre. Son brunch du dimanche y est très réputé.

Aux Anciens Canadiens

34, rue St-Louis. ☎ *418-692-1627.* Logé dans une jolie maison blanche aux accents rouge vif construite vers 1675, ce vénérable restaurant accueille les amateurs de cuisine québécoise ou ceux qui veulent en découvrir toute la saveur. Le menu comprend des plats traditionnels tels que la soupe aux pois et la tourtière du lac St-Jean, et des mets plus contemporains (feuilleté de saumon, par exemple), sans oublier de délicieux desserts : tarte au sirop d'érable, tartine au sucre du pays (sucre d'érable) nappée de crème, et bien d'autres...

★**Maison Chevalier** – *À l'angle de la rue du Marché-Champlain et du bd Champlain. De fin juin à déb. sept. : 9 h30-17 h ; le reste de l'année : tlj sf lun. 10 h-17 h (nov.-avr. w.-end).* ☎ *418-643-2158. www.mcq.org.* Imposante maison dont l'aile Ouest fut édifiée en 1752 pour un armateur. Fait aujourd'hui partie du musée de la Civilisation et présente des expositions sur le mobilier et l'habitat traditionnels.

★**Verrerie La Mailloche (G)** – *58, rue Sous-le-Fort. De mi-juin à fin oct. : 9 h-22 h ; le reste de l'année : visite guidée en groupe (45mn, 3$/personne). Réservation requise. Fermé 1er janv., 25 déc.* ☎ *418-694-0445. www.la-mailloche.qc.ca.* Fascinant musée-atelier initiant les visiteurs à la fabrication du verre soufflé. Exposition de très belles pièces de verre aux riches coloris. Démonstrations artisanales.

Batterie royale – *À l'extrémité de la rue Sous-le-Fort et de la rue Saint-Pierre.* ♿. ☎ *418-643-6631.* Épais rempart de terre à quatre côtés (1691) qui faisait

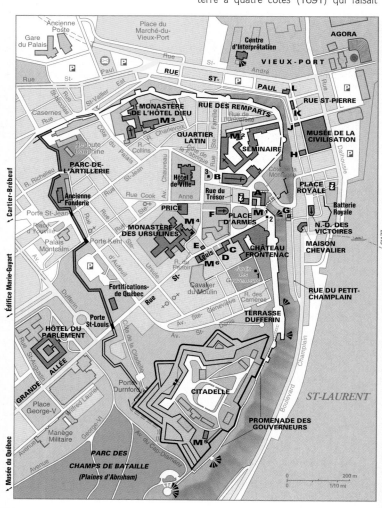

partie des fortifications de la ville, détruit lors des affrontements franco-britanniques de 1759, enseveli avec le temps, puis mis au jour lors de fouilles en 1972 et rebâti.

★★ **Place Royale** – Cœur de la Basse-Ville. Centre de l'activité économique de Québec jusqu'au milieu du 19e s. Visites guidées du quartier organisées par le **centre d'interprétation** *(215, rue du Marché-Finlay. Mai-sept. : 10 h-18 h ; le reste de l'année sur demande.* ☎ *418-643-6631).*

★ **Église Notre-Dame-des-Victoires** – *Place Royale. De déb. mai à mi-oct. : 9 h-17 h, dim. 13 h-17 h ; le reste de l'année : 10 h-16 h, dim. 13 h-16 h.* ☎ *418-692-1650.* Achevée en 1732 dans l'enceinte de l'Habitation *(voir p. 333),* elle contient un magnifique **retable** représentant la ville fortifiée.

★★ **Musée de la Civilisation** – *85, rue Dalhousie.* ♿ *Juil.-août : 10 h-19 h ; le reste de l'année : tlj sf lun. 10 h-17 h. 7 $.* ☎ *418-643-2158. www.mcq.org.* Remarquable réalisation (1988) du célèbre architecte Moshe Safdie, intégrant la **maison Estèbe** (1752) pour symboliser le lien entre le présent et le passé. Parmi les principaux points d'intérêt, noter **Mémoires** (voyage à travers le temps embrassant plus de quatre siècles d'histoire et de culture québécoise) et **Nous, les premières nations** (mode de vie des peuplades autochtones du Québec). Excellentes expositions temporaires.

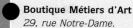

Boutique Métiers d'Art
29, rue Notre-Dame.
☎ *418-694-0267.*
www.metiers-d-art.qc.ca.
Elle ne vend que des œuvres réalisées par des artisans québécois. On trouve, parmi le large éventail d'objets aux matériaux divers, des pièces véritablement exceptionnelles. Passez à l'arrière de la boutique où sont exposés de très belles sculptures de verre, des céramiques, de délicates pièces de verre soufflé et des vitraux chatoyants.

★ **Rue Saint-Pierre** – Centre du quartier des affaires au 19e s. Parmi les immeubles de bureaux qui bordent encore la rue, remarquer la **Banque nationale (H)** au n° 71, l'ancienne **Banque Molson (J)** au n° 105, occupée de nos jours par le bureau de poste, la **Banque impériale du Canada (K)** aux n°s 113-115 et la **Banque canadienne de commerce (L)**, parfait exemple du style Beaux-Arts.

La charmante **rue St-Paul**★ est renommée pour ses nombreux antiquaires et ses galeries d'art.

★ **Vieux-Port** – Il joua un rôle primordial dans le développement du Canada jusqu'à la fin du 19e s., époque à laquelle il périclita. L'**Agora**★ (1980) comprend un amphithéâtre à ciel ouvert, une promenade en planches longeant le Saint-Laurent et le port de plaisance. Le **centre d'interprétation du Vieux-Port-de-Québec** *(100, rue St-André.* ♿ *Mai-août : 10 h-17 h ; sept. : 13 h-17 h ; le reste de l'année sur demande. 3 $.* ☎ *418-648-3300. www.parkscanada.ca/vieuxport)* souligne le rôle prépondérant du port au 19e s. ; du dernier étage, jolie **vue** sur la Basse-Ville et le port moderne.

★★ Fortifications *plan p. 338*

Au 17e s., Québec était la clef du système défensif du Nord-Est de l'Amérique française. Des projets de fortification furent entrepris durant le régime français, mais la Citadelle, ainsi que l'essentiel des murs et des batteries furent construits par les Anglais après la conquête (et ne serviront jamais). **Lord Dufferin**, gouverneur général du Canada de 1872 à 1878, lança un projet d'embellissement de la ville incluant la mise en valeur de l'enceinte fortifiée.

★★ **Citadelle** – *Entrée à l'extrémité de la côte de la Citadelle.* ♿ *De déb. avr. à mi-mai : visite guidée (1 h) 10 h-16 h ; de mi-mai à fin juin : 9 h-17 h ; de déb. juil. à déb. sept. : 9 h-18 h ; sept. : 9 h-16 h ; oct. : 10 h-15 h. 6 $.* ☎ *418-694-2815. www.lacitadelle.qc.ca Accès interdit dans*

L'appétit vient en marchant !

Après une longue promenade, quel plaisir de savourer un bon repas dans l'un des restaurants de la Basse-Ville ! Le bistrot **L'Ardoise** *(71, rue St-Paul.* ☎ *418-694-0213)* séduit d'emblée, avec son charmant décor qui marie allègrement boiseries foncées, chaises d'osier et pierres anciennes. La cuisine y est soignée et le service agréable. À noter, d'excellents poissons et de délicieux petits-déjeuners. Situé près du musée de la Civilisation, **L'Échaudé** *(73, rue Sault-au-Matelot.* ☎ *418-692-1299. www.echaude.com)* offre un choix étendu (viandes, poissons, salades, volailles) de plats toujours très bien apprêtés et fort joliment présentés. De plus, le personnel est attentionné, même lorsqu'il y a foule.

certaines parties toujours utilisées par le Royal 22ᵉ Régiment. Forteresse massive en étoile caractéristique des fortifications à la Vauban, bâtie entre 1820 et 1832. Noter la nouvelle poudrière, l'ancienne prison, le bastion du Roi, la redoute du Cap-Diamant, la résidence du gouverneur général et l'hôpital. Installé dans l'ancienne poudrière, le **musée du Royal 22ᵉ Régiment (M⁵)** présente une collection d'objets militaires du 17ᵉ s. à nos jours.

Lieu historique national des fortifications de Québec – *100, rue St-Louis.* &. *Juil.-août : 9 h-17 h ; mai-juin et sept. : 10 h-17 h ; avr. sur demande. 2,75$.* ☎ *418-648-7016. www.parkscanada.ca/fortifications.* Creusé à l'intérieur du mur d'enceinte, le **centre d'initiation aux fortifications** présente l'histoire de Québec à travers l'évolution de son système défensif. La **poudrière** *(à droite de la porte St-Louis),* entièrement rénovée, date de 1810.

⬤ **Une soirée au Capitole**
972, rue St-Jean. ☎ *418-694-4444.* Situé à deux pas des fortifications de la vieille ville, cet édifice presque centenaire abrite l'une des plus prestigieuses salles de spectacles de Québec, dotée de quelque 1 300 places. Le décor somptueux se prête tant aux grandes productions qu'aux concerts plus intimes. Avant ou après le spectacle, ou même au petit-déjeuner, faites un arrêt au **Il Teatro** *(au Capitole.* ☎ *418-694-9996. www.lecapitole.com).* Ce restaurant fort agréable propose une fine cuisine italienne dans un cadre à la fois moderne et accueillant. À la belle saison, la terrasse offre un excellent point de vue sur la rue St-Jean.

On peut se promener sur les remparts, se diriger vers le Sud et franchir les portes **St-Louis,** Kent et St-Jean avant d'arriver au parc de l'Artillerie. Des fortifications, vues panoramiques sur la ville et ses environs.

★ **Lieu historique national du Parc de l'Artillerie** – *Entrée principale 2, rue d'Auteuil près de la porte St-Jean. Centre d'accueil.* &. *Avr.-oct. : 10 h-17 h (de déb. avr. à déb. mai sur demande) ; le reste de l'année : 12 h-16 h. Fermé de mi-déc. à mi-janv. 4$.* ☎ *418-648-4205. www.parkscanada.ca/artillerie.* Vaste site commémorant trois siècles de vie militaire, sociale et industrielle à Québec. Casernes (1750). Redoute Dauphine (1748). **Ancienne fonderie** (1903) logeant le centre d'accueil où l'on peut admirer le **plan-relief**★★ de Québec, réalisé entre 1806 et 1808 par des ingénieurs militaires.

★ **Rue des Remparts** – Il s'agissait au 19ᵉ s. d'un simple sentier longeant les remparts qui reliait les bastions aux batteries. Aujourd'hui, en déambulant dans la rue, le visiteur aura le plaisir de retrouver l'atmosphère de la vieille ville fortifiée.

HORS LES MURS

★ **Grande Allée** – La grande avenue qui s'étend de la porte St-Louis jusqu'au Sud de la vieille ville est une succession de bureaux, de boutiques, de terrasses de café et de bars, où se déroule la vie nocturne.

★★ **Hôtel du Parlement** – &. *Juil.-août : visite guidée (30mn) 9 h-16 h 30, w.-end 10 h-16 h 30 ; le reste de l'année : tlj sf w.-end 9 h-16 h 30. Réservations requises.* ☎ *418-643-7239. www.assnat.qc.ca.* Imposante **façade** de style Second Empire où figurent, coulés dans le bronze, les grands personnages de l'histoire nationale. Salles parlementaires richement décorées. Les jardins comprennent plusieurs monuments commémoratifs.

★ **Parc des Champs-de-Bataille** – *Voir plan p. 338.* &. *De mi-juin à mi-oct. : 9 h-17 h 30 ; le reste de l'année : 9 h-17 h.* 🅿 *1$/h.* ☎ *418-648-4071. www.ccbn-nbc.ca.* Une grande partie de ce parc de 107 ha occupe les anciennes **plaines d'Abraham** où se joua en 1759 la célèbre bataille au cours de laquelle les troupes du général Wolfe vainquirent celles du général de Montcalm, les deux généraux y trouvant la mort. On y verra deux des quatre **tours Martello** construites entre 1808 et 1812 par le commandement militaire britannique.

★★ **Musée du Québec** – *Parc des Champs-de-Bataille. Entrée par le rez-de-chaussée entre les deux bâtiments principaux.* &. *Juin-août : 10 h-18 h (mer. 21 h) ; le reste de l'année : tlj sf lun. 10 h-17 h (mer. 21 h). Fermé 25 déc. 10$.* 🅿 *2,50$/h.* ☎ *418-643-2150. www.muséeduquebec.org.* Sur le site même du parc hitorique, le musée retrace l'évolution de l'art québécois du 18ᵉ s. à nos jours (tableaux, dessins, photos, objets d'art décoratif, sculptures, objets du culte).
Au sous-sol du pavillon Baillairgé, le **centre d'interprétation du Parc des Champs-de-Bataille** (&. *Juin-août : 10 h-17 h 30 ; le reste de l'année : tlj sf lun. 11 h-17 h 30. 3,50$.* 🅿 *1$/h.* ☎ *418-648-4071. www.ccbn-nbc.gc.ca)* présente les grands moments de l'histoire des plaines d'Abraham.

Observatoire de la Capitale (Édifice Marie-Guyart) – *1037, rue de la Chevrotière.* ♿ *10 h-16 h, w.-end 13 h-17 h. Fermé de mi-déc. à mi-janv.* ☎ *418-644-9841.* Au 31ᵉ étage de ce bâtiment administratif, l'observatoire offre une **vue★★** saisissante sur Québec et ses environs.

★**Lieu historique national Cartier-Brébeuf** – *75, rue de l'Espinay (à 3 km de la porte Saint-Jean par la côte d'Abraham, la rue de la Couronne, le pont Drouin et la 1ʳᵉ Av.).* ♿ *Mai-août : 10 h-17 h ; sept. : 13 h-16 h. 3$.* ☎ *418-648-4038. www.parkscanada.ca.* Commémore l'hivernage de Jacques Cartier en 1535-1536 et l'arrivée du missionnaire jésuite Jean de Brébeuf en 1625. Les expositions du **centre d'interprétation** évoquent le second voyage de Cartier en Nouvelle-France et ses rencontres avec les Iroquois, ainsi que la première mission jésuite.

● **Café-restaurant du musée du Québec**

Parc des Champs-de-Bataille. ☎ *418-644-6780.* Logé dans le musée même, ce restaurant propose une cuisine soignée et imaginative, présentée avec beaucoup de finesse. La lumière du jour entre à flots dans la vaste salle à manger, où d'immenses fenêtres offrent une magnifique vue sur les plaines d'Abraham. En été, il est particulièrement agréable de s'asseoir à la terrasse pour admirer le paysage.

EXCURSIONS

★★**Côte de Beaupré** – *Schéma p. 310.* Étroite bande de terre située entre le Bouclier canadien et la rive Nord du Saint-Laurent, s'étendant de Québec au cap Tourmente. La route 360 traverse une série de charmantes communautés datant du régime français.

★★**Parc de la Chute Montmorency** – *10 km à l'Est de Québec.* ♿ *8 h15-21 h. 7$/voiture.* ☎ *418-663-3330. www.chutemontmorency.qc.ca.* Ne pas manquer ce parc où la rivière subit une dénivellation de 83 m, soit une trentaine de mètres de plus que les chutes du Niagara. Élégant **manoir Montmorency** (1780) accueillant un restaurant et les expositions du **centre d'accueil** (♿ *Mai-oct. : 9 h-23 h ; le reste de l'année : jeu.-sam. 9 h-23 h, dim.-mer. 9 h-16 h.* ☎ *418-663-3330*). Vue d'ensemble sur les chutes du **point de vue supérieur** ; le **point de vue inférieur** permet de s'approcher de leur base *(vêtements de pluie conseillés).* Retour au sommet par le **tram aérien** *(mai-oct. : 8 h30, horaires de fermeture variables ; le reste de l'année téléphoner pour connaître les horaires. 7$.* ☎ *418-663-3330).*

★★**Sanctuaire Sainte-Anne-de-Beaupré**, à **Sainte-Anne-de-Beaupré** – *35 km à l'Est de Québec.* ♿ *De mi-juin à mi-sept. : 6 h30-21 h30 ; le reste de l'année : 7 h-16 h30.* ☎ *418-827-3781.* Voué à la sainte patronne du Québec. Basilique de style médiéval (1932) contenant 240 **vitraux** ; remarquer également les **mosaïques**.

★★**Église Saint-Joachim**, à **Saint-Joachim** – *40 km au Nord-Est de Québec. De mi-mai à mi-oct. : 9 h-17 h.* ☎ *418-827-4475.* Renommée pour son splendide **intérieur** réalisé entre 1815 et 1825 par François et Thomas Baillairgé.

★★**Île d'Orléans** – *10 km au Nord-Est de Québec. Schéma p. 313.* La route 368 fait le tour de l'île sur 67 km, offre des **vues★★** splendides sur la côte de Beaupré et les rives du Bas-Saint-Laurent, et traverse six agglomérations : Sainte-Pétronille, **Saint-Laurent★**, centre maritime de l'île, **Saint-Jean★** dont le **manoir Mauvide-Genest★** (♿ *Mai-oct. : visite guidée (30mn) 10 h-17 h, 5$.* ☎ *418-829-2630. www.manoir-mauvidegenest.com),* construit en 1734, est considéré comme le plus bel exemple d'architecture rurale de l'ancien régime français, Saint-François, Sainte-Famille qui se distingue par son **église★★** (1748) à trois clochers au style recherché, et enfin Saint-Pierre, dont l'**ancienne église★** (1719) fut rénovée vers 1830 par Thomas Baillairgé.

Vallée du RICHELIEU★★

Schéma : Cantons de l'EST

L'une des zones agricoles les plus riches de la province, très prisée des Montréalais et des touristes. Le Richelieu (130 km) prend sa source dans l'État de New York et coule vers le Nord pour se jeter dans le Saint-Laurent. En raison de sa situation stratégique, sa vallée fut jalonnée de forts destinés à protéger Montréal des incursions iroquoises et des troupes anglaises puis américaines, et joua également un rôle de premier plan lors de la rébellion des Patriotes de 1837. Au 19e s., un important réseau de canaux fut construit pour faciliter les échanges commerciaux entre le Québec et les États-Unis.

CURIOSITÉS

★ **Chambly** – *À 30 km de Montréal par la route 10.* Banlieue résidentielle de Montréal bénéficiant d'un site de toute beauté sur la rivière Richelieu. De somptueuses demeures du 19e s. s'alignent le long de la **rue Richelieu★**.

★★ **Lieu historique national du Fort Chambly** – *2, rue de Richelieu, près du fleuve.* ⓺ *De déb. mars à mi-mai et de fin oct. à fin nov. : tlj sf lun. et mar. 10 h-17 h ; de fin mai à déb. juin : 9 h-17 h ; de mi-juin à déb. sept. : 10 h-18 h ; de déb. sept. à fin sept. et de déb. oct. à mi-oct. : 10 h-17 h. 5$. ☎ 450-658-1585. www.parkscanada.ca.* Il constitue l'unique exemple d'installation fortifiée datant de l'ancien régime français (1711). **Centre d'accueil** (expositions et dioramas sur l'histoire du fort), **corps de garde** (1814) de style palladien (expositions illustrant l'occupation anglaise de 1760 à 1851), petite **église anglicane**, construite en 1820 pour la garnison.

★★ **Centre de la Nature du mont Saint-Hilaire** – *23 km au Nord de Chambly.* ⓺ *De 8 h à 1 h avant le coucher du soleil. 4$. ☎ 450-467-1755.* Le mont Saint-Hilaire (411 m) est la plus imposante des collines Montérégiennes. Du sommet se dégagent d'amples **vues★★** sur la vallée du Richelieu.

★ **Saint-Denis-sur-Richelieu** – *33 km au Nord du centre de la Nature.* Les Patriotes remportèrent ici une victoire en 1837. Construite en 1796, la **Maison nationale des Patriotes★** (⓺ *Mai-sept. : tlj sf lun. 10 h-12 h, 13 h-17 h ; nov. : tlj sf lun. et w.-end 10 h-12 h, 13 h-17 h ; le reste de l'année sur demande. 5$. ☎ 450-787-3623. www.mndp.qc.ca*) présente diverses expositions sur les causes de leur combat.

Saint-Jean-sur-Richelieu – *40 km au Sud-Est de Montréal par les routes 10 et 35.* Ville industrielle aujourd'hui renommée pour la fabrication de poteries et de céramiques. Faisait jadis partie du réseau de fortifications établies par les Français le long du Richelieu lors des guerres franco-iroquoises. Le **musée du Fort Saint-Jean** (⓺ *de fin mai à mi-août : tlj sf lun. 9 h30-16 h30. 2$. ☎ 450-358-6500 poste 5769 en sais. ; 450-358-6809 hors sais.*) évoque plus de 300 ans d'histoire militaire (armes, uniformes et autres).

Île aux Noix – *48 km au Sud de Montréal par les routes 10, 35 et 223 ; bac au départ de Saint-Paul-de-l'Île-aux-Noix.* Fortifiée par les Français en 1759, capturée par les forces britanniques l'année suivante, occupée par les Américains de 1775 à 1776. Fut tour à tour chantier naval, villégiature et camp d'internement.

★ **Lieu historique national du Fort Lennox** – ⓺ *De mi-mai à fin juin : 10 h-17 h, w.-end 10 h-18 h ; de fin juin à fin août : 10 h-18 h ; de sept. à déb. oct. : w.-end 10 h-18 h. 5$ (comprenant le trajet en bac et la visite du fort). ☎ 450-291-5700. www.parkscanada.gc.ca/fortlennox.* Le fort aux bâtiments néoclassiques occupe un **site** agréable dominant le Richelieu. Reconstitution de la vie d'une garnison anglaise au milieu du 19e s.

★★ **Parc Safari** – *63 km au Sud de Montréal par les routes 15 et 202.* ⓺ *Juil.-août : 10 h-20 h ; de mi-mai à mi-juin et sept. : 10 h-16 h, w.-end 10 h-17 h. 27$. ☎ 450-247-2727, ext. 230.* 🄰 Vaste espace récréatif abritant des centaines d'animaux d'Afrique, d'Amérique et d'Eurasie. Principaux points d'intérêt : **safari automobile** *(4 km, nourriture pour animaux en vente)*, **forêt enchantée**, promenade de la jungle, théâtre, cirque.

Fjord du SAGUENAY – Lac SAINT-JEAN★★★

Carte Michelin n° 583 T3/4 – Schéma : BAS-SAINT-LAURENT

Le Saguenay (155 km) prend sa source dans l'immense lac Saint-Jean. Avant de rejoindre le Saint-Laurent, la rivière s'engage dans le fjord le plus méridional du monde, le long des rives duquel s'étend le magnifique **parc du Saguenay**★★ (& *ouv. toute l'année. 3,50 $. ☎ 418-272-2267 ou 877-272-5229. www.sepaq.com)*.

La région est réputée pour la **ouananiche** (saumon d'eau douce), les **bleuets** (myrtilles), qui poussent sur la rive Nord du lac, et pour la célèbre compétition de natation **Traversée internationale du lac Saint-Jean** *(juil., durée 9 jours)*.

★★★FJORD DU SAGUENAY

★★**Tadoussac** – *220 km au Nord-Est de Québec par les routes 40 et 138.* Charmante station touristique dominée par le toit rouge de l'**hôtel Tadoussac** (1941). **Site** superbe de dunes et de falaises sur la rive Nord du Saint-Laurent, à l'embouchure du Saguenay. Noter le comptoir Chauvin (reconstitution d'un comptoir de fourrures érigé en 1600) et la petite chapelle des Indiens (1747).

Hôtel Tadoussac

© Guy Dagenais

★★**Excursions d'observation des baleines** – & *Dép. de l'embarcadère municipal de déb. juin à mi-sept. : 9 h45, 13 h, 15 h30 ; le reste de l'année téléphoner pour connaître les horaires. 3 h AR. Commentaire à bord. Réservation requise. 45 $. Croisières AML ☎ 800-563-4643. www.croisieresaml.com.* Espèces les plus couramment aperçues : **béluga**, **petit rorqual** et **rorqual commun** ; plus rares : **baleine à bosse** et **baleine bleue**.

★★**Excursions panoramiques** – & *Dép. du quai de la Grève (près du port de plaisance) juin-sept. 2-4 h AR. Commentaire à bord. Réservation conseillée. 40-60 $. Croisières Dufour ☎ 888-222-3080. www.croisieresbaleines.com.* Pour partir à la découverte du fjord du Saguenay ; certaines excursions poussent jusqu'à la baie Éternité dominée par le cap Éternité et le **cap Trinité**★★, renommé pour son impressionnante statue de Notre-Dame-du-Saguenay.

Sainte-Rose-du-Nord – *À 94 km de Tadoussac.* Charmant village niché dans une anse entre deux escarpements rocheux. **Site**★★ exceptionnel. Le petit **musée de la Nature** *(8 h30-20 h30. 5,50 $. ☎ 418-675-2348)* contient une étonnante collection d'objets légués par la nature (racines aux formes bizarres, champignons sauvages et autres) et d'animaux naturalisés.

★**Chicoutimi** – *200 km au Nord de Québec par la route 175.* Centre culturel, économique et administratif de la région, situé au point où le Saguenay se transforme en un fjord spectaculaire. Important comptoir de commerce des fourrures au 17e s.

★**Pulperie de Chicoutimi** – *300, rue Dubuc.* & *De mi-juin à déb. sept. : 9 h-17 h. 8,25 $. ☎ 418-698-3100. www.pulperie.com. ☎ 418-698-3100.* Cette usine de pâte à papier fut l'un des plus importants centres industriels du Québec au début du 20e s.

Maison Arthur Villeneuve – *Bâtiment 1921 de Pulp Mill.* La mise en valeur du patrimoine régional entamée en 1994 s'est concrétisée par le transfert sur ce site de la maison du peintre populaire Arthur Villeneuve (1905–1990) qui, ne peignant que pendant ses loisirs, exerçait par ailleurs la profession de coiffeur. Sa notoriété a aujourd'hui dépassé les limites de sa modeste demeure, que décorent ses fresques colorées et, parfois, terrifiantes.

★★**Excursions panoramiques** – *Dép. du quai au bas de la rue Salaberry juin-sept. : 8 h30, 12 h30. Commentaire à bord. Réservation requise. Retour à Chicoutimi en autocar. À partir de 30 $. Croisières Marjolaine Inc.* ☎ *418-543-7630. www.quebecweb.com/marjo.* Excursion sur le fjord du Saguenay *(voir curiosités de Tadoussac p. 343).* Au retour, vue plongeante sur la baie des Ha ! Ha ! et Chicoutimi.

★★LAC SAINT-JEAN

Péribonka – *270 km au Nord de Québec par les routes 175 et 169.* Après avoir séjourné quelques mois dans cette charmante bourgade, **Louis Hémon** écrivit son célèbre roman *Maria Chapdelaine, récit du Canada français.* Le **musée Louis-Hémon**★ *(♿ de mi-juin à fin août : 9 h-17 h ; le reste de l'année tlj sf w.-end 8 h-16 h. 5,50 $.* ☎ *418-374-2177. www.destination.ca/museelh)* retrace la vie et l'œuvre de l'auteur.

Saint-Félicien – *67 km à l'Ouest de Péribonka par la route 169.* Communauté agricole située sur la rive Ouest du lac. **Zoo**★★ ▣ *(Bd du Jardin. ♿ Juin-août : 9 h-18 h ; de déb. sept. à mi-oct. : 9 h-17 h ; mai et de mi-oct. à fin oct. sur rendez-vous. 18 $.* ☎ *418-679-0543. www.zoosauvage.qc.ca)* surtout renommé pour son **parc des sentiers de la nature**★★ où caribous, wapitis, ours noirs, loups et bisons évoluent en toute liberté.

Roberval – *25 km au Sud du lac par la route 169.* Important centre administratif régional. Point d'arrivée de la Traversée internationale du lac Saint-Jean.

Musée amérindien de Mashteuiatsh – *9 km au Nord de Roberval par le bd St-Joseph. ♿ De mi-mai à mi-oct. : 10 h-18 h ; le reste de l'année tlj sf w.-end 9 h-16 h. 7 $.* ☎ *418-275-4842.* Situé dans la réserve de Mashteuiatsh (créée en 1856), le musée présente l'histoire et la culture des Montagnais.

★**Village historique de Val-Jalbert** – *9 km au Sud du lac par la route 169. ♿ Ouv. de déb. mai à mi-juin et de mi-août à fin oct. : 9 h-17 h ; de mi-juin à mi-août : 9 h-19 h. 13 $.* ☎ *418-275-3132. La visite peut s'effectuer à pied ou en tramway. Le village appartient au gouvernement québécois. Certaines demeures rénovées sont proposées toute l'année à la location.* Émouvant vestige d'une « ville-compagnie » du début du 20ᵉ s., Val-Jalbert s'activait autrefois autour d'une usine de pulpe à papier. On y verra notamment le secteur résidentiel aujourd'hui déserté et le **vieux moulin** (exposition sur la production de pâte à papier). Un escalier *(400 marches)* et un téléphérique *(3,75 $)* permettent d'accéder au sommet de la chute Ouiatchouan d'où la **vue**★★ embrasse le lac Saint-Jean et la campagne environnante.

TROIS-RIVIÈRES★★

46 264 habitants
Carte Michelin n° 583 U3, T4 – Schéma : Cantons de l'EST
Office de tourisme ☎ 819-375-1222

Capitale de la Mauricie-Bois-Francs, sise sur la rive Nord du Saint-Laurent. Centre industriel (pâtes et papiers). Campus de l'université de Québec. Colonie la plus ancienne de Nouvelle-France après Québec. **Laviolette** y établit un comptoir d'échange pour les fourrures en 1634. Plusieurs grands explorateurs y vécurent : Pierre Radisson, Médard Chouart des Groseilliers et Pierre Gaultier de Varennes, sieur de la Vérendrye.

CURIOSITÉS

★**Rue des Ursulines** – On y trouve les plus anciennes constructions de la ville épargnées par l'incendie de 1908. À l'intérieur du **monastère des Ursulines**★, un **musée** *(mars-avr. : tlj sf lun. et mar. 13 h30-17 h ; mai-nov. : tlj sf lun. 9 h-17 h, w.-end 13 h-17 h ; déc.-fév. sur demande. 2,50 $.* ☎ *819-375-7922. www.musee-ursulines.qc.ca)* propose de belles collections de céramiques, d'argenterie, de livres et de mobilier. Autres bâtiments d'intérêt : **manoir de Tonnancour**★ (1725), église anglicane Saint James (1742), maison de Gannes (1756) et maison Hertel de la Fresnière (1829).

★**Parc portuaire** – Agréable terrasse offrant de belles **vues** sur le Saint-Laurent. Fascinante introduction à la principale activité de Trois-Rivières au **centre d'exposition sur l'industrie des pâtes et papiers** *(♿ mai-sept. 9 h-18 h. 3 $.* ☎ *819-372-4633).*

★**Excursions panoramiques** – *Dép. du port de mi-juin à fin août 13 h-20 h ; de déb. mai à déb. juin et sept. : w.-end. 1 h30 AR. Commentaire à bord. Réservation requise. 12,95 $. Navire M/V Le Draveur Inc.* ☎ 819-375-3000. Elles offrent une **vue** sans pareille sur le port et ses usines de pâtes et papiers.

★**Musée québécois de culture populaire** – *200, rue Laviolette (à l'angle de la rue Hart).* ⚹ *Juin-août : 9 h30-18 h30 ; le reste de l'année : tlj sf lun. 10 h-17 h. Fermé 1er janv., 25 déc. 6 50 $.* ☎ *819-372-0406. www.culturepop.qc.ca.* Ouvert en 1996, ce musée offre une excellente occasion de s'imprégner de culture québécoise. Les vitrines, permanentes ou temporaires, exposent des objets tirés du fonds ethnographique de plus de 80 000 pièces (outils, mobilier, textiles, jouets, etc.). Coutumes, arts populaires, métiers traditionnels, agriculture et vie quotidienne sont ainsi abordés. Par ailleurs, la collection permanente d'archéologie, riche de 20 000 objets, couvre la préhistoire amérindienne aussi bien que les cultures européennes.
Près du musée se trouve la **vieille prison** (1822), désaffectée depuis 1986 : centre d'interprétation ; une vingtaine de cellules ouvertes à la visite.

EXCURSIONS *schéma p. 313*

★★**Sanctuaire du Cap-de-la-Madeleine** – *5 km à l'Est de Trois-Rivières par les routes 40 et 755 (sortie 10).* ⚹ *De déb. mai à mi-oct. : 8 h-21 h ; le reste de l'année : 8 h-17 h.* ☎ *819-374-2441. www.sanctuaire-ndc.ca.* Imposante basilique octogonale, Notre-Dame-du-Rosaire (1955-1964) fut construite sur le site de l'église (1888) du père Désilets où s'étaient produits des faits miraculeux. Important lieu de pèlerinage. Superbes **vitraux** réalisés de 1956 à 1964 selon la tradition médiévale. Chapelle votive (1715-1720). Chemin de croix.

★**Mauricie** – Région s'étendant autour de la vallée de la Saint-Maurice. Parmi les plus industrialisées de la province et de la nation (exploitation forestière et hydro-électrique). De la route 155, jolie **vue**★ sur la rivière et ses parois rocheuses. Zone de transition entre la forêt décidue méridionale et la forêt boréale, le **Parc national de la Mauricie**★★ *(*⚹ *ouv. toute l'année. Centre d'accueil à l'entrée Saint-Jean-des-Piles et à l'entrée Saint-Matthieu : de mi-mai à fin août 7 h-22 h ; de déb. sept. à déb. oct. 9 h-16 h30, ven. 22 h. Renseignements, autorisations d'accès au parc, location de canoës et expositions. 3,75 $.* ☎ *819-538-3232. www.parkscanada.ca/mauricie)* offre de splendides paysages densément boisés, émaillés de lacs et de rivières.

★★**Lieu historique national des forges du Saint-Maurice** – *À 13 km de Trois-Rivières par le bd des Forges.* ⚹ *De mi-mai à fin août 9 h30-17 h30 ; de déb. sept. à mi-oct. 9 h30-16 h30. 4 $.* ☎ *819-378-5116. www.parkscanada.ca.* Sur le site de la première communauté industrielle du Québec, il englobe les ruines de forges installées en 1730. Voir les expositions du **haut fourneau**, la **fontaine du Diable** (source de gaz naturel) et plusieurs vestiges industriels dont la forge haute, la forge basse et le moulin.

Provinces de l'Atlantique

Battues par l'océan Atlantique d'un côté et baignées par les eaux plus calmes du golfe du Saint-Laurent de l'autre, les quatre provinces canadiennes de la côte atlantique (Nouveau-Brunswick, Nouvelle-Écosse, île du Prince-Édouard, dites **Maritimes** et Terre-Neuve avec le Labrador) forment la partie orientale du pays. Dénominateur commun, l'influence océanique a modelé leur développement économique, politique et culturel.

Un peu de géographie

Grandes régions naturelles – La région des Maritimes est constituée d'îles et de péninsules densément boisées correspondant au prolongement Nord-Est des **Appalaches**. Leurs côtes magnifiquement sauvages, tantôt plates et marécageuses, tantôt sablonneuses ou encore rocheuses et profondément échancrées, sont une longue suite de baies, de criques, d'anses et de falaises et, autour de la **baie de Fundy**, de rivières envahies par des marées spectaculaires. Ces dernières enregistrent par exemple à **Burncoat Head**, sur la côte de Nouvelle-Écosse, la plus forte amplitude du monde, dépassant 16 m.

La province de Terre-Neuve se compose quant à elle d'une partie continentale, le Labrador, pays rude et montagneux faisant partie du Bouclier canadien, et de Terre-Neuve même, grande île rocheuse aux côtes fortement découpées, marquée à l'Ouest par les hauteurs appalachiennes des **monts Long Range** (614 m en moyenne).

Climat – La mer exerce, sur le climat de la région, une influence déterminante. La rencontre du **courant froid du Labrador** (qui descend du Nord et pénètre dans le golfe du Saint-Laurent par le détroit de Belle-Isle) et des vents d'Ouest dominants, réchauffés par leur passage au-dessus du continent, cause à tout moment du brouillard (moins fréquent tout de même en été), surtout le long des côtes de Terre-Neuve et de Nouvelle-Écosse.

Les zones exposées aux influences de l'océan connaissent des hivers tourmentés, mais plus doux que les régions de l'intérieur. Des villes comme Halifax (N.-É.) et St. John's (T.-N.) enregistrent respectivement des températures maximales moyennes de 0 °C et de 1 °C en janvier, alors que dans le Nord-Ouest du Nouveau- Brunswick, les températures minimales extrêmes peuvent atteindre –34 °C.

Les étés sont moins chauds et moins humides qu'en Ontario et au Québec à la même latitude, et la côte est plus fraîche que l'intérieur. La moyenne des maxima pour juillet est, par exemple, de 23 °C à Halifax et 21 °C à Saint John (N.-B.), tandis qu'on a déjà enregistré à la même époque des températures maximales de 38 °C dans le Nord-Ouest du Nouveau-Brunswick.

Réparties assez également tout au long de l'année, les précipitations pluvieuses sont plus importantes le long des côtes. Il tombe ainsi, en moyenne, 1 345 mm de pluie par an à St. John's et 1 372 mm à Halifax, alors que Gander (à l'intérieur de Terre-Neuve) et le Nord-Ouest du Nouveau-Brunswick enregistrent des précipitations de l'ordre de 1 016 mm. La grande péninsule Nord de Terre-Neuve connaît le climat le plus sec.

Il neige sur l'ensemble des provinces de l'Atlantique, mais il tombe plus de neige dans le Nord-Ouest du Nouveau-Brunswick (254-305 cm) et moins le long de la côte (Halifax 163 cm). Le climat du Labrador est plus rigoureux : on y observe de plus grands écarts de température, mais des précipitations moins importantes. À Goose Bay, la moyenne maximale est de -14 °C en janvier et de 21 °C en juillet, avec des précipitations annuelles de 737 mm. Le Nord du Labrador subit l'influence d'un climat subarctique plus froid ; la moyenne hivernale au niveau de la mer est d'environ -20 °C.

Population – Au total, les quatre provinces comptent plus de 2,2 millions d'habitants : 908 007 habitants en Nouvelle-Écosse, 729 498 habitants au Nouveau-Brunswick, 135 294 habitants sur l'île du Prince-Édouard et 512 930 habitants à Terre-Neuve/Labrador. La majorité de la population est originaire des îles Britanniques (Angleterre, Écosse et Irlande) ; celle de Terre-Neuve est la plus homogène, avec 98 % d'habitants de langue maternelle anglaise. Mais il existe aussi, dans cette partie du Canada, des minorités francophones (principalement acadiennes) réparties de la façon suivante : 1 % à Terre-Neuve (dans la région de St. George's/Port au Port), 4 % en Nouvelle-Écosse, 17 % sur l'île du Prince-Édouard, et 34 % au Nouveau-Brunswick (surtout dans le Nord et l'Est). Près de 30 % de la population de Nouvelle-Écosse est d'origine écossaise, groupée surtout sur l'île du Cap-Breton et le long du détroit de Northumberland ; un groupe d'origine allemande (4 % de la population) s'est également installé sur la côte Sud, à l'Ouest de Halifax. La population autochtone de Nouvelle-Écosse, du Nouveau-Brunswick et de Terre-Neuve se compose essentiellement de Micmacs ; Inuit et Montagnais-Naskapi se trouvent plutôt au Nord du Labrador. Surtout concentrée dans les villes de Nouvelle-Écosse et du Nouveau-Brunswick, la population noire représente moins de 1 % des habitants de la région.

Un peu d'histoire

Les tribus autochtones – Avant l'arrivée des Européens en territoire canadien, les provinces de l'Atlantique étaient peuplées par les **Amérindiens des forêts de l'Est** *(schéma p. 53)*. Les **Malécites** cultivaient la terre au Sud du Nouveau-Brunswick comme leurs frères iroquois de l'Ontario, tandis que les **Micmacs** du Nouveau-Brunswick, de l'île du Prince-Édouard et de Nouvelle-Écosse vivaient de la pêche et de la chasse, tout comme les **Béothuks** de Terre-Neuve. Ces derniers s'enduisaient traditionnellement la peau d'une poudre ocre-rouge, d'où l'origine probable du terme « peau-rouge ». Pratiquant la mise en commun des biens, les Béothuks se trouvaient souvent en conflit avec les colons dont ils pillaient les réserves. Les massacres et les maladies venues d'Europe les décimèrent ; la dernière survivante devait mourir à St. John's en 1829.

Découvertes et escales de pêche – Si aucune preuve n'est encore venue corroborer la croyance selon laquelle les **Vikings** se seraient établis en Nouvelle-Écosse vers l'an 1000, des traces bien réelles de leur présence à cette époque subsistent néanmoins sur les côtes de Terre-Neuve. Ils furent en somme les premiers Européens à découvrir la région, à moins que les **Irlandais** n'aient touché ces rivages dès le 6ᵉ s. Plus tard, au 15ᵉ s., les **Basques** auraient pêché dans l'Atlantique Nord ; à Red Bay, au Labrador, ont été découvertes les restes d'un grand port baleinier basque datant du 16ᵉ s. C'est l'Italien **Jean Cabot** (1450-1498), navigateur au service d'Henri VII d'Angleterre, qui dévoila l'existence de Terre-Neuve et de ses riches bancs de pêche après y avoir débarqué en 1497. Dans l'Europe enfiévrée par les découvertes de Christophe Colomb, la nouvelle se répandit rapidement. Très vite, pêcheurs basques, anglais, français, portugais et espagnols vinrent chercher dans ces eaux poissonneuses les morues, de plus en plus demandées en Europe, et particulièrement abondantes sur les Grands Bancs de Terre-Neuve. Séchées sur le rivage, elles devenaient légères, presque imputrescibles et facilement transportables vers les marchés d'Europe. Ainsi s'établit sur les côtes une activité saisonnière, les marins retournant l'hiver dans leur pays.

La colonisation de ces territoires ne fut pas encouragée par la puissante corporation des **marchands** propriétaires de la flottille de pêche anglaise, qui craignaient la concurrence d'une population sédentaire. Malgré l'interdiction de toute installation permanente se développèrent pourtant, le long des côtes de Terre-Neuve, de petits villages de pêcheurs anglais.

En 1583, l'Angleterre prit possession de Terre-Neuve, alors sujet de grandes rivalités en Europe. Seuls les Français s'attaquèrent à la domination anglaise dans la région. **Jacques Cartier** revendiqua l'île du Prince-Édouard pour la France en 1534, la rebaptisant île Saint-Jean, mais aucun effort de colonisation ne s'y fit vraiment avant le 18ᵉ s. Les débuts du 17ᵉ s. allaient néanmoins voir de sérieuses tentatives d'implantation française en Nouvelle-Écosse.

L'Acadie française – En 1603, le roi de France Henri IV cédait à Pierre du Gua de Monts l'Acadie, territoire compris entre le 40ᵉ et le 46ᵉ degré de latitude Nord (du site actuel de Philadelphie à mi-hauteur du Cap-Breton), avec l'obligation d'y fonder une colonie. Au cours de l'histoire, cette région de Nouvelle-France allait être le théâtre de nombreux conflits.

Après l'échec de la colonie de Sainte-Croix en 1604, de Monts et Champlain fondèrent avec succès **Port-Royal** l'année suivante. Grâce à un commerce fructueux avec les Amérindiens et de bonnes récoltes sur un sol fertile, la colonie prospéra. Elle allait malheureusement être rasée en 1613 par les Anglais qui revendiquaient le territoire.

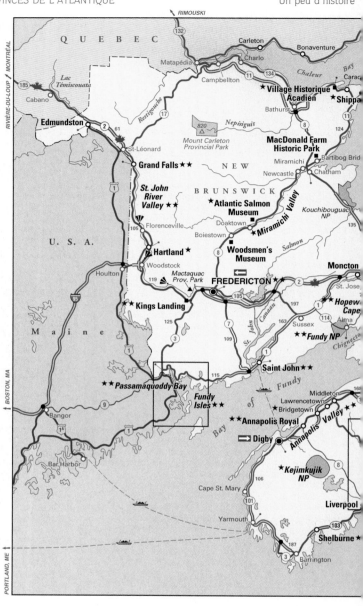

Lorsqu'en 1632, le traité de Saint-Germain-en-Laye reconnut l'Acadie à la France, de
nouveaux colons (dont les Acadiens d'aujourd'hui sont les descendants) vinrent alors
de France. Ils s'installèrent d'abord à La Hève et à Port-Royal, puis essaimèrent le long
de la vallée de l'Annapolis, vers le bassin Minas et l'isthme de Chignecto *(voir p. 356)*.
Continuellement attaquées par des expéditions de Nouvelle-Angleterre durant les
guerres franco-anglaises du 17ᵉ s., ces communautés rurales changèrent plusieurs fois
de mains.

Une « Nouvelle-Écosse » – La Nouvelle-Écosse naquit au temps de l'Acadie française.
En 1606, le roi d'Angleterre Jacques Iᵉʳ concédait en effet à deux compagnies le territoire côtier compris entre le 34ᵉ et le 45ᵉ degré de latitude Nord, ce qui recouvrait
en partie la concession de de Monts en Acadie ; car pourquoi tenir compte d'une signature de Paris alors qu'aucun véritable traité ne départageait la région ? En 1621,
Jacques Iᵉʳ allait plus loin en concédant à **William Alexander**, écossais comme lui, le
territoire correspondant aujourd'hui à la Nouvelle-Écosse, à l'île du Prince-Édouard
et au Nouveau-Brunswick. Baptisée « Nova Scotia » dans sa charte en latin, la colonie
de Sir William allait être un échec. En 1632, Charles Iᵉʳ, qui ne partageait pas
l'engouement paternel pour une nouvelle Écosse, restituait la région aux Français

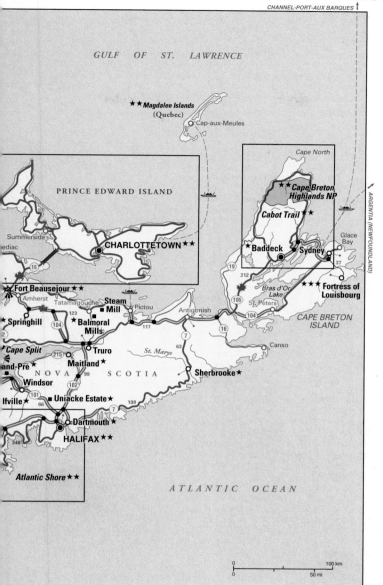

par le traité de Saint-Germain-en-Laye. La future Nouvelle-Écosse n'en était pas moins née. Ses armoiries attribuées en 1621 figurent toujours au blason de la province.

Le traité d'Utrecht – Au 17e s., la couronne anglaise distribua quelques chartes pour établir des colonies à Terre-Neuve, mais l'autorité, selon un décret de Charles Ier en 1634, restait entre les mains de l'**amiral des Pêches**, c'est-à-dire le capitaine du premier bateau britannique à entrer dans un port, sans souci de l'éventuelle présence d'une population préexistante. La crainte de l'expansion française força les Anglais à établir des colonies permanentes à Terre-Neuve. Il leur fallait une base solide et forte pour défendre les ports de l'Atlantique contre les attaques des Français, menées à partir de leur colonie de **Plaisance** établie depuis 1662. Le traité d'Utrecht, en 1713, mit fin aux revendications françaises sur la région, la France ne conservant que les petites îles de **Saint-Pierre-et-Miquelon** et cédant l'ensemble de la Nouvelle-Écosse à l'Angleterre. Port-Royal, rebaptisé Annapolis Royal, en devint alors la capitale.

La question acadienne – L'Acadie désormais passée à l'Angleterre, deux possibilités s'offraient aux Acadiens : s'installer en territoire resté français (comme l'île Royale, aujourd'hui île du Cap-Breton) ou demeurer sur place et devenir sujets britanniques. Les

Acadiens choisirent de se déclarer neutres : ils ne consentiraient à prêter serment qu'à condition d'être exemptés du service militaire. Le gouverneur anglais accepta d'abord ; il lui fallait, pour nourrir ses troupes, le ravitaillement fourni par les Acadiens. En temps de paix, cet accord aurait pu durer, mais le conflit franco-anglais reprit en Europe et le pouvoir anglais se sentit menacé par la construction de la forteresse de Louisbourg sur l'île Royale et par les indéniables sympathies des Acadiens pour la cause française. En 1747, les troupes françaises de Québec attaquèrent par surprise des soldats de Nouvelle-Angleterre cantonnés dans le village de Grand-Pré et tuèrent une centaine d'hommes dans leur sommeil. Les Acadiens furent aussitôt suspectés de trahison.

Le Grand Dérangement – Dès lors, la position britannique se durcit. Pour fortifier la colonie, la forteresse de Halifax, capable d'approvisionner l'armée, fut bâtie en 1749. En 1755, le gouverneur **Charles Lawrence** émit son ultimatum : partir ou jurer. Lorsque les Acadiens refusèrent de prêter serment, Lawrence signa l'ordre de déportation. Un à un, les villages furent investis. Rassemblée en hâte, la population fut entassée sur des bateaux, parfois en séparant les familles ; le bétail fut confisqué, les fermes et les églises brûlées. On estime qu'en huit ans 14 600 Acadiens furent déportés de force. Dépourvus de tout, mal accueillis dans les autres colonies, les Acadiens tâchèrent de se regrouper. Une communauté fixée en Louisiane subsiste encore sous le nom de **Cajuns**. Certains se réfugièrent sur Saint-Pierre-et-Miquelon. D'autres gagnèrent l'île Saint-Jean où ils restèrent jusqu'en 1758, lorsque l'île fut conquise par l'expédition britannique de **Lord Rolo**, puis annexée par la Nouvelle-Écosse. Un petit groupe, laissé pour compte dans la région de Malpèque, est à l'origine de la population francophone de l'île du Prince-Édouard. Lorsque la paix fut rétablie entre la France et l'Angleterre en 1763, la plupart des exilés regagnèrent la Nouvelle-Écosse, mais leurs riches terres agricoles avaient été distribuées à des colons britanniques. Les Acadiens s'installèrent alors au Nouveau-Brunswick où leurs descendants vivent encore aujourd'hui.

> S'inspirant de la tragique déportation de 1755, l'Américain Henry Wadsworth Longfellow écrivit en 1847 son célèbre *Évangéline*, dont le cadre n'est autre que Grand-Pré. Devenu le symbole des malheurs du peuple acadien, ce long poème conte l'histoire de deux jeunes gens, Gabriel et Évangéline, arrachés l'un à l'autre dans la tourmente du Grand Dérangement.

Écossais, loyalistes et autres colons – Après la déportation des Acadiens, les autorités britanniques avaient offert des terres à tous ceux qui voulaient bien s'installer en Nouvelle-Écosse. Des colons de Nouvelle-Angleterre, des îles Britanniques et même d'États rhénans acceptèrent l'offre. Les 200 Écossais qui arrivèrent en 1773 étaient les premiers d'une importante vague d'immigrants fuyant les Highlands où ils étaient sans ressources depuis que les grands propriétaires avaient reconverti dans l'élevage des moutons les terres jusqu'alors louées aux paysans. Ils s'installèrent surtout sur l'île du Cap-Breton, autour de Pictou et d'Antigonish, et sur l'île du Prince-Édouard.

En 1775 éclata la guerre d'Indépendance américaine. La Nouvelle-Écosse, qui aurait pu se joindre aux 13 colonies rebelles, préféra au contraire demeurer britannique et devint terre d'asile pour les 30 000 loyalistes chassés de chez eux. Leur arrivée transforma la Nouvelle-Écosse. Un nouveau territoire administratif créé en 1784 fut appelé Nouveau-Brunswick, d'après le duché de Braunschweig-Lüneburg gouverné alors par George III d'Angleterre. D'autres loyalistes s'installèrent sur l'île du Prince-Édouard, qui se sépara de la Nouvelle-Écosse en 1769 et fut baptisée en 1799 en l'honneur du père de la reine Victoria.

La Confédération – En septembre 1864, des représentants de la Nouvelle-Écosse, du Nouveau-Brunswick et de l'île du Prince-Édouard rencontrèrent une délégation du Canada (Ontario et Québec) pour discuter d'une union britannique en Amérique du Nord. Cette conférence historique traça la voie de la Confédération de 1867. L'île du Prince-Édouard refusa d'abord d'entrer dans la Confédération, mais se ravisa sous la pression de l'Angleterre et la menace d'une mise en banqueroute due à la construction du chemin de fer, et y fit son entrée en 1873. Terre-Neuve décida de s'abstenir et ne changea d'avis qu'après la Seconde Guerre mondiale, lorsqu'elle devint en 1949 la dixième province du Canada.

Économie

Les provinces de l'Atlantique bénéficient d'immenses ressources forestières et terrestres. Leurs magnifiques paysages ont fait du tourisme un facteur important dans les économies provinciales, et la mer constitue une richesse dont elles ont longtemps dépendu.

Industrie de la pêche – Les Maritimes se consacrent à toutes sortes de pêches. La plus rentable, la pêche au homard, est strictement réglementée et limitée à une courte saison pour préserver le renouvellement de l'espèce. On garde ces crustacés dans des viviers (notamment sur Deer Island, au Nouveau-Brunswick) d'où ils sont expédiés à la demande, vivants, dans le monde entier. Les **huîtres** de Malpèque (Î.P.-É.) et les **pétoncles** de Digby (N.-É.) figurent parmi les autres spécialités des Maritimes. On pêche aussi le **thon** au large des trois provinces, et la sardine et le saumon de l'Atlantique depuis les ports du Nouveau-Brunswick. En Nouvelle-Écosse, au Nord de Dartmouth, et au Nouveau-Brunswick, l'**aquaculture** produit également des moules, des palourdes et des huîtres.

Les fameux bancs au large des côtes de Terre-Neuve constituent depuis longtemps l'une des zones de pêche les plus riches du monde. Mais depuis plusieurs années, une inquiétante diminution des stocks, due à la surexploitation des domaines maritimes et à divers facteurs écologiques, a conduit le gouvernement canadien à imposer certaines mesures telles que l'établissement de stricts quotas de pêche (notamment sur les sébastes, carrelets et autres poissons de fond) et d'un moratoire sur la pêche à la **morue** (datant de 1992 et toujours en vigueur). Les conséquences de ces mesures sur l'emploi ne font que souligner la nécessité de diversifier l'économie terre-neuvienne, jadis essentiellement axée sur la pêche, en développant le secteur secondaire (industries minière et manufacturière).

Agriculture – Importante activité des Maritimes, l'agriculture représente la principale ressource de l'île du Prince-Édouard, particulièrement célèbre pour ses **pommes de terre**. Quelques-unes des plus grosses usines de frites nord-américaines sont implantées dans la région.

Les vallées du St. John et de l'Annapolis constituent les deux autres espaces agricoles majeurs des régions atlantiques. Terre-Neuve compte également des fermes, sur la **péninsule d'Avalon** et dans la **vallée Codroy** par exemple, mais ces dernières n'approvisionnent que les marchés locaux.

Produits dérivés du bois – Activité marginale sur l'île du Prince-Édouard et encore récente à Terre-Neuve qui tente de diversifier son économie, l'exploitation forestière joue néanmoins un rôle majeur au Nouveau-Brunswick et en Nouvelle-Écosse, où la forêt couvre respectivement 85 % et 77 % du territoire. La production locale de bois de sciage a doublé en 10 ans. Au Nouveau-Brunswick en particulier, les industries de **pâtes** et **papiers** ainsi que les **scieries** se sont développées au détriment de l'agriculture. Autrefois dépendante de la pêche, Terre-Neuve a développé l'exploitation minière et la transformation du bois : trois usines à papier et plusieurs dizaines de scieries sont en activité. L'économie diversifiée de la province compte également sur la production pétrolière en mer et le tourisme.

Exploitation minière et sources d'énergie – L'exploitation du **minerai de fer** se fait à Terre-Neuve depuis le début du 20e s. Aujourd'hui, plus de la moitié de la production canadienne de minerai de fer est extraite de la **dépression du Labrador**. L'une des plus grandes mines à ciel ouvert du monde se trouve à Labrador City. La province produit aussi de l'or et du cuivre.

■ Canins canadiens

Des 43 races de chiens officiellement reconnues par le Club canin canadien (CCC), cinq sont spécifiquement autochtones : le **chien d'ours de Tahltan**, le **chien eskimo canadien**, le **retriever de Nouvelle-Écosse**, le **labrador** et le **terre-neuve**. Éteinte aujourd'hui, la race du chien d'ours de Tahltan, de petite taille (du type spitz), était élevée par les Indiens Tahltan du Nord-Ouest de la Colombie-Britannique pour la chasse à l'ours et au lynx. Le chien eskimo, similaire au husky de Sibérie, tirait les traîneaux en Arctique. Le dressage du retriever de Nouvelle-Écosse (peu répandu hors des frontières canadiennes, il ressemble un peu à un renard) se déroule au bord de la mer : le chien doit amener les canards, curieux, à nager à portée de fusil (comportement nommé *tolling* en anglais).

Mais la palme de la popularité revient aux terre-neuve et aux labradors. Les Vikings évoquaient dès le 11e s. de grands chiens à poil long qui travaillaient auprès des pêcheurs canadiens. Ces géants noirs étaient les terre-neuve. Leurs pattes palmées et leur épaisse robe huileuse en font de parfaits nageurs, capables de demeurer plusieurs heures dans une eau glacée. Les mâles atteignent en moyenne 70 cm à l'épaule pour un poids de 68 kg à l'âge adulte, ce qui leur permet de tirer vers le rivage un homme qui se noie. Ils sont donc communément utilisés pour leurs aptitudes au sauvetage et les anecdotes sur leur bravoure abondent.

Également originaire de Terre-Neuve, doté d'une grande faculté d'adaptation, le labrador a été ainsi dénommé pour être distingué du terre-neuve, plus grand. Ces deux races de chiens de travail assistaient les pêcheurs en ramenant les filets dérivants et en tirant les charrettes de poissons. Le labrador fut introduit en Angleterre aux alentours de 1800 par les pêcheurs britanniques. La noblesse, réalisant la qualité de son flair, l'utilisa pour la chasse. Un représentant mâle de cette race trapue au large poitrail mesure en moyenne 60 cm et pèse 36 kg. De nos jours, sa courte robe imperméable, son expression douce et son épaisse queue de loutre (excellent gouvernail lorsqu'il nage) font de lui le compagnon idéal pour la chasse au gibier d'eau.

Dans les Maritimes, l'industrie minière contribue sensiblement à l'économie du Nouveau-Brunswick. On y trouve d'importants gisements de zinc, de plomb et de cuivre près de Bathurst et de Miramichi, d'antimoine près de Fredericton, de potasse près de Sussex, et de **charbon** à Minto-Chipman. Le gypse, le sel et le charbon sont exploités en Nouvelle-Écosse où plusieurs mines de combustible ont rouvert pour alimenter les hauts fourneaux et les centrales thermiques. De l'or et des métaux communs ont été découverts au Nouveau-Brunswick en 1999.

Au Labrador, le **potentiel hydroélectrique** est énorme, et pratiquement toute la puissance produite par l'immense centrale de **Churchill Falls** est acheminée vers le Québec. Le Nouveau-Brunswick est la seule province des Maritimes à posséder une centrale nucléaire (à Point Lepreau, sur la baie de Fundy) ainsi que d'importantes ressources hydroélectriques. Par exemple, plusieurs barrages ont été aménagés le long du St. John, notamment celui de Mactaquac *(voir p. 368)* et de Beechwood *(voir p. 354)*. De nouvelles technologies permettent aujourd'hui d'exploiter les immenses réserves de **gaz naturel** et de **pétrole** situées au large de Terre-Neuve et du Labrador. La production pétrolifère a été lancée en 1997 sur la plate-forme Hibernia au large de St. John's ; avec 150 000 barils par jour, c'est l'une des plus grandes du Canada. Sur un tout autre registre, le Nouveau-Brunswick et la Nouvelle-Écosse comptent éventuellement exploiter la formidable énergie produite par les marées de la baie de Fundy ; à titre expérimental, un prototype de centrale marémotrice a été construit à Annapolis Royal en 1983.

Secteur industriel – Grâce à un excellent réseau routier et ferroviaire, des ports continuellement libres de glace et une bonne desserte aérienne, les provinces de l'Atlantique acheminent leurs produits vers les marchés intérieurs et internationaux. Leur activité manufacturière repose largement sur l'industrie alimentaire, notamment la transformation des produits de la pêche. Plus de 300 compagnies consacrent toutefois leurs efforts à la recherche médicale et pharmaceutique, aux télécommunications et aux technologies de pointe (télédétection par satellite, etc.). Notons aussi, en Nouvelle-Écosse, trois usines de fabrication de pneus, une usine d'assemblage automobile (Halifax), une aciérie (Sydney) et une usine d'assemblage de moteurs d'avion (Halifax), sans parler du raffinage du pétrole, de la construction navale et de la réparation des navires (Halifax). Ces trois dernières activités jouent également un rôle important à Saint John, au Nouveau-Brunswick. Terre-Neuve comprend quant à elle les chantiers navals de Marystown, la raffinerie de Come by Chance et l'usine de peinture de St. John's.

Sports et loisirs

Les Offices de tourisme provinciaux procurent des informations complètes : pour le Nouveau-Brunswick, voir p. 355 ; pour la Nouvelle-Écosse, voir p. 372 ; pour l'île-du-Prince-Édouard, voir p. 399 ; enfin, voir p. 410 pour Terre-Neuve et le Labrador.

Parcs et réserves naturelles – Les quatre provinces bénéficient de parcs provinciaux et nationaux fort bien équipés pour le camping et proposant toutes sortes d'activités. Baigné par les eaux relativement chaudes du golfe du Saint-Laurent, le Parc national de l'île-du-Prince-Édouard offre des plages ravissantes. Le **Parc national Kouchibouguac**, au Nouveau-Brunswick, contient des kilomètres de dunes littorales. Également au Nouveau-Brunswick, le Parc national Fundy et plusieurs parcs provinciaux disposent de nombreux sentiers de randonnée, tout comme le Parc national Cape Breton Highlandsen Nouvelle-Écosse et les parcs nationaux de Terre-Neuve.

Observation des baleines – En été *(août and sept. surtout)*, de nombreuses excursions au large des côtes de Terre-Neuve, du Nouveau-Brunswick et de Nouvelle-Écosse permettent d'observer de près ces fascinants mammifères marins (petits rorquals, rorquals communs, baleines à bosse et autres). De telles promenades sont offertes à Terre-Neuve dans les environs de St. John's, du Parc national de Terre-Neuve, de Trinity et de Twillingate. Au Nouveau-Brunswick, elles partent de l'île Deer, de l'île Grand Manan et de St. Andrews. En Nouvelle-Écosse, elles débutent à partir de l'île du Cap-Breton et de Digby Neck.

Observation des oiseaux – La région attire de nombreux oiseaux, surtout le long des côtes. Le célèbre naturaliste James Audubon s'était rendu sur l'île **Grand Manan** pour en dessiner les nombreuses espèces. En Nouvelle-Écosse, au Sud de Liverpool, **Seaside Adjunct** (partie intégrante du Parc national Kejimkujik) abrite une colonie de pluviers. Cormorans et goélands fréquentent la région de Yarmouth. Les **Bird Islands** attirent des quantités d'oiseaux de mer, et l'île McNab, dans le port de Halifax, est un lieu de nidification pour les aigles pêcheurs. Les visiteurs auront peut-être le plaisir d'apercevoir des pygargues à tête blanche qui fréquentent les alentours du lac Bras d'Or et le Parc national Cape Breton Highlands.

Parmi les 520 espèces d'oiseaux recensées au Canada, 300 vivent à Terre-Neuve et sur l'île de Prince-Édouard ; beaucoup sont des oiseaux migrateurs, mais un nombre important y demeure toute l'année, spécialement des oiseaux de proie. Trois réserves ornithologiques, **cap St. Mary**, **Witless Bay** et **Funk Island** *(schéma p. 411)*, permettent d'observer fous de Bassan, guillemots, mouettes tridactyles, pingouins Torda, macareux et mergules. La côte Sud de Terre-Neuve offre le rare spectacle de pygargues à tête blanche et même de quelques aigles royaux.

Fous de Bassan (réserve écologique du cap St. Mary)

Sports nautiques – Les provinces de l'Atlantique se prêtent particulièrement à la **navigation de plaisance** à voile ou à moteur, et à la baignade. La température de l'eau est étonnamment chaude sur la côte Nord de l'île du Prince-Édouard et le long du détroit de Northumberland, aux alentours du Parc provincial Parlee Beach, près de Shediac (N.-B.). Ceux qui trouvent l'océan trop agité préféreront peut-être les eaux plus abritées du lac Bras d'Or (île du Cap-Breton) ou du St. John sur lesquelles on peut louer à la semaine des **péniches aménagées**. Activité de plus en plus populaire dans la région, le canoë se pratique notamment dans le **Parc national Kejimkujik** et sur les lacs et rivières de Terre-Neuve, également favorables à la voile. Le **kayak maritime** est un des agréments du Cap-Breton et de la côte Est de Nouvelle-Écosse. Les adeptes de **rafting** apprécieront plutôt la rivière Medway et pourront même braver le mascaret dans la région de la baie de Fundy. Enfin, les baies et les plages de la côte Nord de l'île du Prince-Édouard (Stanhope Beach en particulier), la région de la Restigouche (N.-B.) et la côte de la péninsule acadienne fournissent maintes occasions de se livrer aux joies de la **planche à voile**.

Pêche – La pêche à la truite et au saumon, à Terre-Neuve et au Labrador, est probablement sans égale dans l'Est de l'Amérique du Nord. Pour voir les saumons remonter les rivières au moment du frai *(août)*, choisir **Squires Memorial Park** près de Deer Lake *(schéma p. 411)*. Les rivières renommées pour leurs **saumons** de l'Atlantique sont, en Nouvelle-Écosse, la Margaree et, au Nord du Nouveau-Brunswick, la Miramichi et la Restigouche. En Nouvelle-Écosse, les pêcheurs à la ligne ne peuvent pêcher le saumon qu'à la **mouche**. La **pêche en haute mer** est très courue dans les Maritimes, et il est toujours possible d'y affréter un bateau.

Autres activités – Des **randonnées** à pied, en canoë, en traîneau et en **motoneige** (au Labrador) sont possibles dans l'arrière-pays de Terre-Neuve, par l'intermédiaire d'organisateurs. En Nouvelle-Écosse, ces derniers proposent aussi, principalement au départ de Halifax, des excursions sac au dos, des randonnées-photo et différentes formules de ski de fond.

Des tours en **hélicoptère** au départ de l'île du Prince-Édouard en mars, et des excursions d'observation de la nature au départ de Halifax en février et mars *(par l'intermédiaire d'organismes tels que Natural Habitat Wildlife Adventures, 2945 Center Green Court, Boulder CO 80301 USA.* ☎ *303-449-3711 ou 800-543-8917. www.naturalhabitatadventures.com)* permettent de voir les blanchons (bébés phoques du Groenland) sur les glaces du golfe du Saint-Laurent. Toute l'année, des excursions en avion, en **hydravion** ou en hélicoptère au-dessus de Terre-Neuve et du Labrador partent de St. John's. L'île du Prince-Édouard et le Nouveau-Brunswick offrent par ailleurs d'excellents terrains de golf.

Sports d'hiver – Le ski alpin et le ski de fond sont pratiqués dans le Nord de la Nouvelle-Écosse (notamment sur l'île du Cap-Breton). La province se prête également aux joies de la motoneige ; des clubs y ont des pistes ouvertes au public. Le Nouveau-Brunswick compte quelques stations de ski alpin et un centre de ski de fond : Charlo. Marble Mountain, à Terre-Neuve, offre quelques-unes des plus belles pentes de ski alpin du Canada atlantique. Caravaneige et patinage sur les lacs et les étangs gelés sont d'autres activités prisées dans toute la région.

Nouveau-Brunswick

729 498 habitants
Schéma : PROVINCES DE L'ATLANTIQUE

Limité à l'Ouest par les États-Unis et au Nord par le Québec, le Nouveau-Brunswick (**New Brunswick** en anglais) est à la charnière des provinces de l'Atlantique et du continent. Séparée de l'île du Prince-Édouard par le détroit de Northumberland, qu'un pont de 13 km de long enjambe depuis 1997, cette province de 73 436 km² est rattachée à la Nouvelle-Écosse par l'isthme de Chignecto.

Un peu de géographie

Littoral et intérieur – Un littoral infini fait face à la baie des Chaleurs au Nord, au golfe du Saint-Laurent à l'Est, et à la baie de Fundy au Sud, dans laquelle s'avancent les **îles Fundy**. La morphologie du Nouveau-Brunswick est caractérisée au centre par de hautes terres culminant à 820 m, au Sud par la vallée du St. John qui dessine un coude avant de se jeter dans la baie de Fundy, et à l'Est par une plaine légèrement inclinée vers la baie des Chaleurs.

Le fleuve St. John – Nommé à l'origine par Champlain et de Monts en l'honneur de saint Jean, ce fleuve prend sa source dans le Nord du Maine, suit quelque temps la frontière entre le Canada et les États-Unis, dessine un brusque coude vers l'Est, puis se jette dans la baie de Fundy au terme d'un parcours d'environ 700 km.

Des communautés rurales parsèment la vallée du St. John entre Edmundston et Grand Falls où le cours d'eau devient soudain turbulent ; il s'enfonce dans une gorge avant de sauter les chutes de Grand Falls (25 m) et de Beechwood (18 m), sites de barrages hydroélectriques. Après avoir traversé **Fredericton**, capitale provinciale, le fleuve s'élargit et arrose les pittoresques paysages d'une campagne bigarrée. Les sols fertiles du cours supérieur et du cours inférieur permettent une agriculture développée, en particulier l'industrie florissante de la **pomme de terre** dans le Nord. Deux agglomérations provinciales majeures se trouvent sur le St. John : Fredericton d'une part, et la grande ville portuaire de **Saint John** de l'autre, à hauteur de laquelle le fleuve se voit rejeté par les puissantes marées de la baie de Fundy dans l'étroite gorge de **Reversing Falls**. Importante voie navigable, le St. John ne connaît plus guère aujourd'hui que des plaisanciers de la voile et du moteur pour lesquels les immenses étendues d'eau profonde de son cours inférieur sont une véritable aubaine.

Un peu d'histoire

L'âge d'or des bateaux de bois – Grâce aux forêts de la région, qui fournissaient à profusion la matière première, de nombreux chantiers navals s'étaient multipliés le long des côtes. À l'origine simples ateliers de fabrication de mâts pour la marine anglaise, ils allaient perfectionner les clippers, bricks, goélettes et trois-mâts qui sillonnaient les mers du globe. Le chantier de Saint John devint ainsi, vers le milieu du 19e s., l'un des plus grands centres mondiaux de la construction navale. Notons également la célèbre compagnie de transports maritimes **Cunard Line**, créée par deux frères qui avaient établi leur chantier à Chatham.

Au moment de son entrée dans la Confédération, en 1867, le Nouveau-Brunswick était donc riche et bien établi. À la fin du siècle, c'était la province la plus prospère du Canada. Vers 1900, hélas, la vapeur avait pris le pas sur la voile, et les coques d'acier remplaçaient celles de bois. Bien peu de chantiers s'adaptèrent à cette mutation et se convertirent aux nouvelles techniques. Durant la Première Guerre mondiale, on ne construisait plus de bateaux en bois ; la grande époque des Maritimes avait pris fin.

Patrimoine culturel – Micmacs et Malécites, loyalistes de Nouvelle-Angleterre, Acadiens, Écossais, Irlandais, Allemands, Danois et Hollandais laissèrent chacun leur empreinte dans les coutumes des communautés rurales et des villages de la côte. L'influence amérindienne se retrouve par exemple dans de nombreux toponymes aux accents pittoresques, comme Kouchibouguac, Memramcook, Shediac ou Richibucto. Le riche patrimoine multiculturel dont a hérité la province se manifeste aussi par l'abondance de traditions des plus diverses : ainsi, les Brayons font fièrement flotter le drapeau de leur « République » toute symbolique, tandis que les Acadiens célèbrent chaque année la bénédiction de la flotte. Ces particularismes ethniques sont également honorés par une multitude d'événements culturels ; c'est au Nouveau-Brunswick que l'on trouvera notamment le plus grand festival irlandais du Canada. Produits de la mer (saumon, palourdes, huîtres, homard) ou de la terre (maïs, fraises, pommes de terre, etc.) donnent lieu, de mai à octobre, à de nombreuses festivités. Parmi les plats traditionnels, le *Hot Podge* (mélange de pommes de terre nouvelles et de légumes dans du lait, servi chaud), la tarte à la palourde et à la pomme de terre (d'origine acadienne), la soupe de poisson (spécialité loyaliste) et les crêpes de sarrasin au sirop d'érable sont à essayer. Des sites reconstitués tels **Kings Landing**, le parc historique de la ferme MacDonald et le village historique acadien ont contribué à la préservation du patrimoine culturel en perpétuant les techniques artisanales d'autrefois.

RENSEIGNEMENTS PRATIQUES

Comment s'y rendre et s'y déplacer

Avion – Air Canada ☎ 902-429-7111 ou 888-247-2262 ; www.aircanada.com et ses filiales desservent Saint John et Fredericton.

Train – Les trains de **VIA Rail** ☎ 800-561-3949 relient Moncton à Montréal (correspondance possible en autocar pour Saint John).

Bateau – Des bacs *(ou « traversiers », gratuits)* desservent la basse vallée du St. John et les îles de la baie de Fundy ; d'autres *(péage)* relient le N.-B. au Québec et à la Nouvelle-Écosse. Pour plus de détails, contacter New Brunswick Tourism *(voir plus loin).*

À savoir

Où s'informer et se loger – **New Brunswick Tourism** *(PO Box 12345, Woodstock NB E0J 2B0.* ☎ *800-561-0123. www.tourismnbcanada.com)* met gracieusement à la disposition des visiteurs des cartes routières ainsi que des brochures et guides *(disponibles en français)* procurant des renseignements utiles sur le Nouveau-Brunswick : histoire de la région, principaux points d'intérêt, manifestations et formules d'hébergement (hôtels et motels, vacances à la ferme, chambres d'hôte, auberges, campings, etc.).

Langue – Le N.-B. est officiellement bilingue, et compte environ 35 % de francophones. Les panneaux routiers apparaissent donc dans les deux langues.

Législation routière – *(permis de conduire et assurance, voir p. 29)* Le N.-B. possède de bonnes routes goudronnées. Sauf indication contraire, la vitesse est limitée à 80 km/h sur les routes provinciales et à 50 km/h en agglomération. Le port de la **ceinture de sécurité** est obligatoire. Association canadienne des automobilistes (CAA) à Saint John ☎ 506-634-1400.

Heure locale – Le N.-B. vit à l'heure de l'Atlantique. L'heure d'été s'applique du premier dimanche d'avril au dernier dimanche d'octobre.

Taxes – Au N.-B., la taxe nationale sur les produits et les services (TPS) et la taxe provinciale à la vente ont été combinées pour former une taxe de vente harmonisée (TVH) de 15 % (avec certaines exemptions). *Voir modalités de recouvrement p. 37.*

Loi sur les alcools – Âge légal de consommation d'alcool : 19 ans. Bouteilles d'alcool en vente dans les magasins d'État et dans des magasins privés reconnus par la régie provinciale des alcools.

Fête provinciale – *(Voir liste des principaux jours fériés p. 36)*
Fête du Nouveau-Brunswick (New Brunswick Day) : 1er lun. d'août.

À faire

Activités récréatives et tourisme-découverte – *Voir p. 352.*

Principales manifestations

Juil.	**Loyalist Heritage Festival** *(voir p. 365)*	*Saint John*
	Lobster Festival	*Shediac*
	Irish Festival	*Miramichi*
Juil.-août	**Foire brayonne**	*Edmundston*
	Bon Ami Festival Get Together	*Dalhousie*
Août	**Festival acadien**	*Caraquet*
Sept.	**Harvest Jazz and Blues Festival**	*Fredericton*

FORT BEAUSÉJOUR★★

Schéma : PROVINCES DE L'ATLANTIQUE

Ce fort est situé sur l'isthme de Chignecto, étroite bande de terre qui relie le Nouveau-Brunswick à la Nouvelle-Écosse. Par beau temps s'y découvre une splendide vue **panoramique**★★ sur le bassin de Cumberland, pointe de la baie de Chignecto qui prolonge la baie de Fundy. Autour du fort, à perte de vue, s'étend une plaine partiellement occupée par les marais de Tantramar.

Un peu à l'Est du fort, sur la rive gauche de la Missaguash qui sert de frontière provinciale entre le Nouveau-Brunswick et la Nouvelle-Écosse, les Acadiens fondèrent Beaubassin en 1672, dont ils firent l'un des centres les plus prospères d'Acadie grâce à leur système de digues et aboiteaux.

Le traité d'Utrecht, en 1713, cédait l'Acadie à l'Angleterre sans en préciser les limites, ce qui engendra aussitôt un conflit de frontières, les Anglais soutenant que l'Acadie comprenait l'actuel Nouveau-Brunswick et les Français qu'elle s'arrêtait à la rivière Missaguash. Pour faire valoir leurs droits sur la région, les Anglais élevèrent Fort Lawrence sur la rive gauche de la Missaguash en 1750 : les habitants de Beaubassin eurent juste le temps de brûler leurs récoltes et leurs maisons et de se réfugier sur la rive droite, où les Français décidèrent alors de bâtir Fort Beauséjour. Malgré ses remparts, ses casemates et ses fossés, le fort ne put résister à la première attaque anglaise et se rendit en 1755 aux forces du colonel Robert Monckton. En septembre de la même année, le gouverneur Lawrence ordonnait la déportation des Acadiens (voir p. 350). Rebaptisé Fort Cumberland, le fort reçut une garnison britannique durant les périodes de tension avec la France d'abord, les États-Unis ensuite, et subit même un siège infructueux des Américains en 1776. Encore utilisé pendant la guerre de 1812, il fut finalement abandonné en 1833 et devint site national historique en 1926.

Accès – À Aulac, sur la Transcanadienne (sortie 550A), à la frontière néo-écossaise.

VISITE

♿ De déb. juin à mi-oct. : 9 h-17 h. 2,50 $. ☎ 506-364-5080. www.parkscanada.ca

Du fort, il ne subsiste que les talus herbeux, trois casemates souterraines restaurées qui se visitent et quelques ruines. Au **centre d'accueil**, exposition sur l'histoire du fort, des Acadiens et de la région.

FREDERICTON★★

47 560 habitants
Carte Michelin n° 583 V4 – Schéma : PROVINCES DE L'ATLANTIQUE
Office de tourisme ☎ 506-460-2041 ou 888-888-4768 ; www.city.fredericton.nb.ca

Sise au bord du paisible St. John, face à sa confluence avec la rivière Nashwaak, la capitale du Nouveau-Brunswick est une cité calme aux élégantes demeures dispersées dans la verdure. Siège administratif de la province, Fredericton en est également devenue le centre culturel, en grande partie grâce à la générosité de **Lord Beaverbrook**.

En 1692, le gouverneur français d'Acadie construisit un fort à l'embouchure de la rivière Nashwaak. Bientôt abandonné en raison de son isolement, le fort devint alors le site d'une communauté acadienne qui survécut jusqu'à la guerre de Sept Ans. Fredericton allait être fondée par des loyalistes en 1783, à l'emplacement de l'ancien village acadien. Lorsque la province du Nouveau-Brunswick fut créée l'année suivante, le gouverneur Thomas Carleton en fit la capitale en raison de son site plus central et moins exposé aux attaques maritimes que celui de Saint John. Baptisée en l'honneur du second fils de George III, la nouvelle capitale devint une importante ville de garnison et le centre d'une société distinguée. Une grande partie de la population travaillait autrefois pour le gouvernement ou l'**université du Nouveau-Brunswick**.

■ **Lord Beaverbrook**

Natif de l'Ontario, **William Maxwell Aitken** (1879-1964) fut élevé à Newcastle dans le Nouveau-Brunswick. D'abord homme d'affaires au Canada, il s'installa en Angleterre en 1910, entra dans la carrière politique, fut élevé à la pairie en 1917 et prit le titre de Lord Beaverbrook, d'après une petite localité proche de Newcastle. À Londres, il se bâtit un empire dans la presse et exerça une influence reconnue sur le gouvernement de **Winston Churchill**, occupant plusieurs postes clés pendant la Seconde Guerre mondiale. Jamais il n'oublia le Nouveau-Brunswick : outre ses nombreux dons à la ville de Newcastle, il participa au financement d'un musée d'art, d'un théâtre et de plusieurs bâtiments de l'université du Nouveau-Brunswick à Fredericton.

Les dernières années ont vu l'économie de la ville se diversifier, en grande partie grâce au rapide développement de l'informatique : 60 % des entreprises provinciales du secteur sont regroupées à Fredericton, qui connaît une concentration d'ingénieurs bien supérieure à celle du reste du Canada. La proximité de décideurs politiques provinciaux et municipaux est un facteur puissant du choix de l'implantation de ces entreprises. L'industrie, ainsi que les secteurs du détail et du tourisme ont également un rôle important à jouer dans l'économie de Fredericton.

CURIOSITÉS

Les principaux bâtiments de Fredericton sont groupés le long d'un très agréable parc, le **Green**★, qui borde la rive Sud du St. John.

★★**Beaverbrook Art Gallery** – *703 Queen St.* ♿ *Juin-sept. : 9 h-18 h, w.-end 10 h-17 h ; le reste de l'année : tlj sf lun. 9 h-17 h, sam. 10 h-17 h, dim. 12 h-17 h. Fermé 1er janv., 25 déc. 5 $.* ☎ *506-458-8545. www.beaverbrookartgallery.org.* Ouvert au public en 1959 et agrandi en 1983, ce musée est un important centre artistique du Canada atlantique. Il fut conçu par Lord Beaverbrook qui en choisit lui-même les tableaux avant d'en faire don à la province.

Dès l'entrée, on remarque l'immense toile de Salvador Dalí, **Santiago el Grande**, saisissante représentation de saint Jacques sur son cheval dressé contre la voûte céleste. Le musée possède une remarquable collection d'œuvres de **peintres britanniques** des 18e et 19e s., particulièrement riche en portraits. On y admirera des toiles de Hogarth, Lawrence, Romney, Gainsborough, Reynolds, Turner, Stanley Spencer, Augustus John et Graham Sutherland. L'Europe continentale est représentée par du mobilier, des tapisseries ainsi que des peintures de Cranach, Corneille de Lyon, Botticelli, Delacroix et Tissot. La **collection canadienne** comprend des toiles des plus grands artistes canadiens, dont Cornelius Krieghoff.

★**Legislative Building** – ♿ *De déb. juin à mi-août : 9 h-19 h ; le reste de l'année : tlj sf w.-end. 9 h-16 h. Fermé j. fériés.* ☎*506-453-2527. www.gov.nb.ca.*
Cet élégant bâtiment fut construit en 1880 pour remplacer l'ancien édifice législatif détruit par un incendie. On visite la salle des séances d'une impressionnante hauteur sous plafond, ornée des **portraits** du roi George III et de la reine Charlotte (reproductions de tableaux exécutés par Joshua Reynolds). Un remarquable escalier central à cage arrondie mène à la bibliothèque parlementaire.

★**Christ Church Cathedral** – ♿ *Tlj sf sam. 9 h-12 h, 13 h-15 h30, dim. lors des services.* ☎ *506-450-8500.* Entourée d'arbres et d'élégantes demeures en bois comme les construi-

Legislative Building (Fredericton)

© Malak, Ottawa

357

CARNET D'ADRESSES

Voir légende p. 111 et 114.

Se loger à Fredericton

Lord Beaverbrook Hotel – *659 Queen St. 168 ch.* ✗ ♿ ▯ ⏀ ☎ *506-455-3371 ou 866-444-1946.* *www.lordbeaverbrookhotel.com.* **\$\$\$** Il ne faut pas s'arrêter à la façade dépouillée (1947) du Lord Beaverbrook : sa splendeur se dévoile dès la mosaïque de l'entrée et se poursuit à travers ses pilastres travaillés et sa piscine aux allures de grotte. Les chambres sont majoritairement spacieuses et confortables ; une moitié d'entre elles donnent sur le fleuve. L'hôtel est pourvu de trois restaurants, où l'on pourra manger des en-cas comme une cuisine haut de gamme. La plupart des sites touristiques du centre-ville ne sont éloignés que de quelques minutes de marche (la galerie d'art Beaverbrook est juste à côté).

The Colonel's Inn – *843 Union St. 3 ch.* ▯ ☎ *506-452-2802 ou 877-455-3003.* *www.bbcanada.com/1749 html.* **\$\$** Seul le fleuve sépare cette résidence de 1902, impeccablement tenue, du centre-ville que l'on peut rejoindre par bateau-navette ou en suivant une agréable promenade qui enjambe le fleuve par un pont ferroviaire désaffecté. Les trois chambres, climatisées, ont une salle de bains et sont dotées du téléphone et d'une télévision avec magnétoscope. Chaque matin, l'épouse du colonel prépare un petit déjeuner gastronomique que l'ancien militaire sert aux résidents.

On the Pond, à **Mactaquac** – *20 route 616. 8 ch.* ▯ Spa ☎ *506-363-3420 ou 800-984-2555.* *www.onthepond.com.* **\$\$** Installée sur un vaste domaine boisé à 20 minutes de route à l'Est de Fredericton, cette auberge intime offre une pléthore d'activités de loisirs. De tranquilles promenades sur l'eau, des marches revigorantes et des soins de relaxation attendent les résidents. Inspiré des cottages anglais, le bâtiment comporte à l'étage des vitraux aux motifs sylvestres. Au rez-de-chaussée se trouve une vaste pièce confortable, agrémentée d'une cheminée de pierre. Les forfaits remise en forme *(1 nuit-5 nuits)* comprennent des repas diététiques, des massages et des bains à remous.

Very Best Victorian B&B – *806 George St. 3 ch.* ⏀ ☎ *506-451-1499.* *www.bbcanada.com/2330 html.* **\$\$** Installée dans un calme quartier résidentiel à deux pas du centre-ville, cette ravissante maison du 19ᵉ s. est une des meilleures adresses de la ville. Les chambres au mobilier ancien incitent au repos loin du bruit et de la fureur de la capitale ; toutes trois sont équipées d'une salle de bains. Certaines installations (piscine, sauna et billard) sont inattendues dans une maison d'hôtes. Le petit déjeuner complet se prend dans la salle à manger ou dans le pavillon jouxtant la piscine.

Se restaurer à Fredericton

Brewbakers – *546 King St.* ☎ *506-459-0067.* **\$\$ Cuisine canadienne**. Amusant, festif et souvent bruyant, cet établissement très fréquenté rassemble, sur plusieurs niveaux, un dédale de salles à la décoration thématique (une boulangerie toscane ici, un pub anglais là-bas). Très apprécié pour les repas de groupe, l'établissement possède néanmoins assez de coins et de recoins pour offrir calme et intimité aux couples. La carte est réellement éclectique : la quinzaine de pâtes fraîches côtoyant des pétoncles à la tequila et un *satay* de poulet thaï en sont la preuve.

Piper's Palate – *349 King St.* ☎ *506-450-7911.* *www.piperspalate.com.* **\$\$ Cuisine canadienne/internationale**. Ce bistrot sans prétention dont la cuisine ouvre sur la salle est fier de ses œuvres d'art locales, de son fond de jazz et de sa réputation de table la plus originale de la ville. La carte du Piper's va au-delà de l'éclectique (brie au homard, large choix de panini aux légumes sautés), mais affiche également des plats plus traditionnels tels qu'un canard (élevé sur place), un saumon et un agneau en croûte de noix de pécan. On pourra opter pour une table sous les parasols de la terrasse.

El Burrito Loco – *304 King St.* ♿ ☎ *506-459-5626.* **\$ Cuisine mexicaine**. Bien qu'il soit installé dans le local d'un ancien fast-food à un carrefour animé du centre-ville, ce restaurant sert, selon les connaisseurs, une authentique cuisine mexicaine, qui plus est à prix doux. Le propriétaire, qui exerçait autrefois ses talents à Puerto Vallarta, a emporté coup de main et recettes jusqu'au Canada, pour le plus grand plaisir de sa nombreuse clientèle. Sa salsa épicée est peut-être la meilleure des Provinces Maritimes. Ses généreuses assiettes *combo* (mélange de *burritos*, *tamales*, *flautas*, *chiles rellenos*, entre autres) valent d'être essayées.

Schade's Restaurant – *536 Queen St.* ☎ *506-450-3340.* **\$ Cuisine allemande**. Un lourd mobilier de bois peut bien dominer les lieux, c'est une atmosphère légère qui règne dans cet établissement familial installé face à Officers' Square. Et, bien que la carte propose steaks et plats végétariens, on vient ici pour la gastronomie allemande. Tout un choix de *Schnitzel* s'offre aux appétits, et l'on peut commander à l'avance *(4 personnes minimum)* des spécialités régionales : *Schweinehaxe* ou *Sauerbraten*.

saient les loyalistes à la naissance de la ville, cette cathédrale anglicane est un gracieux bâtiment de style néogothique, élevé vers 1850 sur le modèle de l'église de Snettisham en Angleterre. À l'intérieur, remarquer la **charpente en bois**, les vitraux et, au fond du bas-côté droit, le **gisant de marbre** du révérend John Medley, premier évêque de Fredericton.

★**Military Compound** – *Relève de la garde : juil.-août tlj sf dim. et lun. si le temps le permet.* Les établissements militaires s'étendaient jadis au cœur de la ville, de Regent Street à York Street : c'est dire l'importance de l'ancienne garnison britannique. Aujourd'hui, l'armée canadienne a quitté la ville pour s'installer à la base de Gagetown, au Sud-Est de Fredericton.

L'ancienne place d'armes est devenue le jardin public **Officers' Square**. Construit en 1839 puis agrandi en 1851, le **quartier des officiers**, édifice de trois étages, se signale par une rangée d'arcades blanches. Un peu plus à l'Ouest se trouvent deux bâtiments, restaurés et meublés selon leur aspect d'antan : l'ancien **corps de garde (A)** de 1827 et les **casernes (B)**, avec leurs terrasses de bois rouge.

York-Sunbury Historical Society Museum (M) – *Installé dans le quartier des officiers. Juil.-août : 10 h-17 h ; avr.-juin et sept.-déc. : tlj sf dim. et lun. 13 h-16 h. 3 $.* ☎ *506-455-6041.* Le musée évoque l'histoire de Fredericton, de son occupation par les tribus amérindiennes à nos jours. Il contient des expositions sur les loyalistes et sur l'ancienne garnison britannique, et présente la reconstitution d'une tranchée de la Première Guerre mondiale. On peut également voir une grenouille naturalisée qui pesait quelque 19 kg.

EXCURSION

★★**Kings Landing Historical Settlement** – *37 km. Description p. 368.*

FUNDY NATIONAL PARK★★

Schéma : PROVINCES DE L'ATLANTIQUE

Le parc occupe un territoire de fortes collines boisées, dressées en falaises abruptes sur 13 km le long de la baie de Fundy. Les marées atteignent en cet endroit une amplitude minimum de 9 m. Lorsque la mer se retire, la grève dégagée révèle alors une impressionnante faune aquatique.

Accès – *À 77 km au Sud de Moncton par la route 114.*

VISITE

Ouv. toute l'année. Golf, location de bateaux, baignade, tennis, VTT, randonnée pédestre. Centre d'accueil (entrée Est). ♿ *De mi-juin à fin août : 8 h-22 h ; le reste de l'année : 8 h-16 h30 (janv.-mars w.-end). 4 $.* ☎ *506-887-6000. www.parkscanada.ca. Remarque : brouillard fréquent.*

Entrée Est du parc – Jolie **vue**★ sur Alma, petit village de pêcheurs adossé au promontoire rocheux de Owl's Head, sur la longue plage qui borde la baie de Fundy, et sur la paisible rivière Salmon bordée vers le Nord de collines boisées.

Herring Cove – *À 11 km de l'entrée du parc.* Intéressantes explications sur les marées de la baie de Fundy et jolies **vues**★ sur la côte. Un sentier mène à une anse découvrant, à marée basse, de vastes estrans peuplés de coquillages (bernicles, anatifes), d'anémones de mer et de puces des sables.

★★**Point Wolfe** – *À 10 km de l'entrée du parc.* La route qui conduit vers la péninsule de Point Wolfe traverse la rivière du même nom par un charmant pont couvert. Non loin de lui subsiste un barrage de bois qui retenait jadis les troncs destinés à la scierie établie à l'embouchure de la rivière ; des goélettes venaient les charger aux embarcadères de l'anse. Aujourd'hui, la petite localité de Point Wolfe a disparu avec la scierie.

Un sentier offre de belles **vues**★★ sur ce site accidenté, bordé de falaises roses et de hauteurs boisées. Le rivage, largement dégagé à marée basse, grouille de toute une faune enfouie sous le sable et les rochers.

Vallée de la MIRAMICHI★

Carte Michelin n° 583 V2 – Schéma : PROVINCES DE L'ATLANTIQUE

En période de frai, les saumons de l'Atlantique affectionnent particulièrement les eaux de la Miramichi dont deux bras, la Miramichi Sud-Ouest et la Petite Miramichi Sud-Ouest, parcourent la province. Outre la pêche, la région vit aussi de l'exploitation forestière. La construction navale a joué un rôle important dans le développement de Newcastle et Chatham, ville natale de Joseph Cunard, fondateur de la fameuse compagnie maritime qui porte son nom.

CURIOSITÉS

★**Atlantic Salmon Museum** – *À Doaktown, à 94 km de Fredericton par la route 8.* ♿ *Juin-sept. : 9 h-17 h. 4 $.* ☎ *506-365-7787. www.atlanticsalmonmuseum.com.* Cet agréable musée, d'où l'on domine une série de bassins d'élevage sur la Miramichi, est consacré au saumon de l'Atlantique. Des bateaux y sont exposés ainsi que des filets, du matériel de pêche et des cartes montrant les différentes montaisons des saumons. Dans l'auditorium, une présentation audiovisuelle illustre la pêche au saumon. Un petit aquarium abrite des spécimens de ce poisson migrateur.

Central New Brunswick Woodmen's Museum – *À Boiestown, à 68 km au Nord de Fredericton par la route 8. Mai-sept. : 9 h-17 h 30. 5 $.* ☎ *506-369-7214. www.woodmensmuseum.com.* Dispersés sur 6 ha, les bâtiments de ce musée recréent la vie d'un camp de bûcherons. Ils comprennent notamment une scierie (dotée d'une collection d'outils allant de la hache la plus sommaire aux scies les plus performantes), des dortoirs et une cantine. Un petit train *(service continu ; 2 $)* fait le tour du site.

MacDonald Farm Historic Park – *Près de Bartibog Bridge, sur la route 11. De fin juin à fin août : 9 h 30-16 h 30. 2,50 $.* ☎ *506-453-2324. www.gnb. ca/culture/heritage.* Restaurée selon l'époque où elle était habitée par la famille MacDonald, cette ferme en pierre (1820) occupe un très beau site dominant l'estuaire de la Miramichi. Les visiteurs peuvent participer aux tâches domestiques et apprendre quelques gestes traditionnels d'artisans. Remarquer, au bord du fleuve, une cabane de pêcheur typique de la région, équipée d'un attirail de pêche.

EXCURSIONS

★**Shippagan** – *104 km au Nord-Est de Bartibog Bridge.* Ce village de la péninsule acadienne est un important centre de pêche et d'extraction de la tourbe. Un pont le relie à l'île Lamèque d'où un bac ou traversier *(gratuit)* conduit à l'île de Miscou, bordée de belles plages sur le golfe du Saint-Laurent.

★**Aquarium and Marine Centre** – *100 Aquarium Dr.* ♿ *De mi-mai à fin sept. : 10 h-18 h. 6 $.* ☎ *506-336-3013. www.gnb.ca.* Consacré à la vie maritime dans le golfe du Saint-Laurent, cet agréable musée propose des expositions sur le grand fleuve et sur les lacs et rivières du Nouveau-Brunswick. Un montage audiovisuel *(20mn)* retrace l'histoire de l'industrie de la pêche, tandis que des aquariums, un bassin extérieur et un bassin tactile présentent la faune aquatique vivant dans ces eaux. Enfin, une cabine de chalutier permet aux visiteurs de voir les appareils électroniques utilisés aujourd'hui pour détecter et attraper les poissons.

★**Village historique acadien** – *47 km à l'Ouest de Shippagan sur la route 11.* ♿ *De déb. juin à déb. sept. : 10 h-18 h ; de mi-sept. à mi-oct. : 10 h-17 h. 12 $.* ☎ *506-727-2600. www.villagehistoriqueacadien.com.* ▣ La région à la pointe Sud de la baie des Chaleurs est peuplée d'Acadiens qui s'y sont installés, surtout au retour du Grand Dérangement, et qui sont encore aujourd'hui pêcheurs et agriculteurs. Ce village a été reconstitué, avec des bâtiments provenant de toute la province, en témoignage de la vie des Acadiens de 1780 à 1890.
Au **centre d'accueil**, un **diaporama** *(18mn)* présentant l'histoire des Acadiens constitue une bonne introduction à la visite. Le village s'étire le long d'un chemin de 1,6 km.

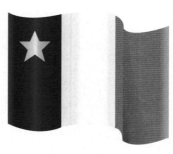

Drapeau acadien

■ Caraquet

La ville de Caraquet, à 11 km du village historique acadien, abrite l'**hôtel Paulin** *(143, bd Saint-Pierre O. ☎ 506-727-9981. www.hotelpaulin.com)*, charmante auberge de la fin du 19ᵉ s. La décoration des chambres et suites de l'étage exploite la palette des couleurs avec finesse. Au rez-de-chaussée se trouvent le salon et la **salle à manger**, où l'accent est mis sur les poissons et les fruits de mer, sans oublier la cuisine d'inspiration acadienne. Les grands classiques : truite, saumon, coquillages, moules et crabes composent les plats, tandis qu'apparaît au dessert une tarte au sucre (crème et sucre brun). Les clients de l'hôtel peuvent profiter du petit déjeuner continental.

Il faut visiter Caraquet au mois d'août, quand a lieu son festival acadien, qui s'ouvre avec la traditionnelle **bénédiction de la flotte** : quelque 60 bateaux de pêche, parés de pavillons multicolores, reçoivent la bénédiction de l'évêque de Bathurst.

Hormis l'église en bois, tous les bâtiments sont d'époque et ont été meublés de façon à refléter la période. Les « habitants » du village, en costume traditionnel, expliquent les techniques anciennes (filage, tissage, séchage de la morue, etc.). Sur le village flotte le **drapeau acadien** (tricolore comme le drapeau français, mais frappé dans le bleu de l'étoile de la Vierge). On le rencontre souvent dans les régions acadiennes de Nouvelle-Écosse et de l'île du Prince-Édouard.

MONCTON

59 313 habitants
Carte Michelin n° 583 W3 – Schéma : PROVINCES DE L'ATLANTIQUE
Office de tourisme ☎ 506-853-3590 ou www.moncton.org

La ville fut baptisée en hommage à **Robert Monckton**, qui s'était emparé de Fort Beauséjour en 1755. Elle se situe en bordure de la rivière Petitcodiac soumise, au moment du flux, à un impressionnant phénomène de mascaret.
Arrivés de Pennsylvanie en 1763, les premiers habitants, des familles d'origine allemande et hollandaise, furent bientôt rejoints par des Acadiens que le gouvernement britannique avait autorisés à revenir d'exil après le rétablissement de la paix entre la France et l'Angleterre. Aujourd'hui, un tiers de la population est francophone, et Moncton fait un peu figure de « capitale acadienne » avec son université francophone fondée en 1963. Autrefois dépendante du chemin de fer et des administrations, l'économie de la ville s'est diversifiée : à côté du commerce et de l'équipement électronique, fondamentaux pour la renaissance de Moncton, le transport et la distribution, l'agroalimentaire et l'industrie légère tiennent également leur place. Le secteur des télécommunications a été largement favorisé par le bilinguisme de la ville.

Rochers du cap Hopewell

© Y. Derome/PUBLIPHOTO

CURIOSITÉ

★Le mascaret – Deux fois par jour, toutes les 12 heures en moyenne, la marée monte le long des côtes avec une ampleur accentuée dans certaines baies en entonnoir, comme par exemple la baie de Fundy. Celle-ci, large de 77 km à l'embouchure, se rétrécit à la fois en largeur et en profondeur tout le long de ses 233 km : ainsi comprimée au fond de la baie, la marée s'engouffre avec force sous le lit des rivières, précédée d'une onde de front, le mascaret. C'est lors des grandes marées que cette longue vague déferlante atteint sa hauteur maximale (jusqu'à 60 cm à Moncton).

Bore Park – *À l'angle de Main St. et King St.* & *Se renseigner sur les heures du mascaret auprès de la mairie. Arriver 20mn avant pour voir la rivière à son niveau le plus bas, et revenir si possible 1 h plus tard pour la voir à marée haute.* ☎ *506-853-3590. www.moncton.org.* Ce parc offre les meilleures vues sur le mascaret et le changement de niveau de la rivière Petitcodiac à 40 km de son embouchure. Petit cours d'eau à marée basse au centre d'un lit de boue rouge, la rivière monte jusqu'à 7 m à marée haute, remplit son lit et atteint 1,6 km de large.

EXCURSIONS

★Monument Lefebvre National Historic Site – *À Saint-Joseph, 20 km au Sud-Est par la route 106.* & *De déb. juin à mi-oct. : 9 h-17 h ; le reste de l'année sur demande. 2$.* ☎ *506 758-9808. www.parkscanada.ca.* La vallée de Memramcook, qui comprend la communauté de Saint-Joseph, est l'un des rares endroits où les Acadiens se sont maintenus malgré le Grand Dérangement. Ce petit musée retrace leur lutte pour conserver leur culture (expositions et présentations audiovisuelles) et illustre leur importance actuelle.

Le musée se trouve dans le bâtiment Lefebvre, qui fait partie du **collège Saint-Joseph**, premier institut acadien d'études supérieures. C'est dans ce collège, fondé par le révérend Camille Lefebvre en 1864, que les personnalités acadiennes étudièrent pendant près d'un siècle jusqu'à sa fusion avec l'université de Moncton. C'est également là qu'eut lieu la première convention nationale des Acadiens en 1881.

★★Hopewell Cape – *À 35 km au Sud de Moncton par la route 114. Les falaises et les rochers sont saisissants sous les rayons du soleil matinal. Remarque : emprunter les escaliers menant à la plage aux heures indiquées, car la marée montante peut atteindre près de 10 m d'amplitude.* Au débouché de la rivière Petitcodiac, sur la baie de Shepody, ce cap est célèbre pour ses falaises de conglomérat rouge dont l'érosion a détaché de pittoresques **rochers** parfois coiffés d'épinettes noires (épicéas) et de quelques sapins baumiers. À marée haute, ces rochers forment de petits îlots, accessibles à pied à marée basse quand la mer dégage leur base étrangement rétrécie par le frottement de l'eau. Les visiteurs pourront, lorsque les eaux marines se retirent, se promener au pied des falaises et de ces impressionnants « pots de fleurs » géants.

Baie de PASSAMAQUODDY/Îles FUNDY★★

Carte Michelin n° 583 V4 – Schéma : PROVINCES DE L'ATLANTIQUE

Petit bras de mer à l'embouchure de la baie de Fundy, la baie de Passamaquoddy présente une côte déchiquetée, semée de caps et d'îles, partagée entre le Nouveau-Brunswick et le Maine. C'est une région de villégiature connue, célèbre également pour ses homards et ses algues comestibles appelées **rhodyménies**, spécialité de la province *(voir p. 365)*.

Selon une légende micmac, les îles furent créées par le dieu **Glooscap** qui vit un jour des loups sur le point d'attaquer un chevreuil et un orignal. Pour éviter le carnage, il transforma les animaux en îles. En 1604, la première expédition acadienne, conduite par de Monts et Champlain, hiverna à l'île Sainte-Croix (aujourd'hui dans le Maine), dans l'estuaire de la **rivière Sainte-Croix**, avant de trouver un meilleur asile à Port-Royal en Nouvelle-Écosse. La région ne fut vraiment colonisée qu'à partir de 1783, avec l'arrivée de loyalistes qui s'installèrent à St. Stephen, St. Andrews, St. George et dans les îles Deer et Campobello. *Températures fraîches et brouillard fréquent, même en été, surtout dans les îles.*

CURIOSITÉS *plan p. 364*

★St. Andrews – Cette charmante petite station de villégiature est située à la pointe de la péninsule qui sépare l'estuaire de la rivière Sainte-Croix et la baie proprement dite. C'est ici que se trouve l'**hôtel Algonquin** *(voir le Carnet d'adresses)*, un des plus fameux établissements hôteliers du Nouveau-Brunswick. *(pour plus d'information sur la localité :* ☎ *506-529-5120. www.town.standrews.nb.ca).*

CARNET D'ADRESSES

Voir légende p. 111 et 114.

Se loger à St. Andrews

Kingsbrae Arms – *219 King St. 8 ch.* ✗ 🅿 ⌇ ☎ *506-529-1897. www. kingsbrae.com.* **$$$$$** Aménagée dans un manoir de 1897 à bardeaux, cette auberge de grande classe ornée d'objets d'art et d'antiquités est l'unique propriété Relais & Châteaux des Provinces Maritimes. Dans les chambres, rien n'a été omis : cheminées, objets d'art du 18e s. ou du 19e s., lits à baldaquin ou lits-bateau, couettes en duvet et peignoirs attendent les résidents. Les salles de bains, en travertin ou marbre de Carrare, sont équipées de bains à remous, de baignoires de fonte ou de douches ultramodernes. Après avoir siroté son cocktail, on pourra passer dans l'élégante salle pour savourer son repas autour d'une immense table *(restaurant réservé aux clients de l'hôtel)*. Les clients ont accès au petit salon, ainsi qu'à la bibliothèque et à de ravissants jardins agrémentés de statues.

Windsor House – *132 Water St. 6 ch.* ✗ ☎ *506-529-3127 ou 888-890-9463. www.windsorhouseinn.com.* **$$$$** Cet établissement, qui remonte à 1798, fut successivement relais de diligence, pension de famille, demeure d'un capitaine au long cours, puis hôtel. Entièrement refait avant de rouvrir en 1999, le bâtiment de bois, repeint de couleurs vives et orné de lucarnes et de balustrades, comprend un bar, une salle de billard et une **salle à manger ($$$)** qui sert une superbe cuisine continentale rehaussée d'une touche contemporaine : ravioli à la betterave et à la ricotta ou porc bardé de *prosciutto* aux Spaetzle. Les chambres spacieuses contiennent des cheminées, des armoires ou des secrétaires, des causeuses ou des canapés, ainsi que des salles de bains en marbre. Chic sans être pompeux, le Windsor House est réellement convivial. Le prix de la chambre inclut un petit déjeuner complet.

Fairmont Algonquin – *184 Adolphus St. 250 ch.* ✗ ♿ 🅿 ⌇ 🆂🅿🅰 ☎ *506-529-8823. www.fairmont.com.* **$$$** Fantaisie tudor surgissant d'un tapis de pelouse soigneusement entretenu et d'arbres, l'imposant hôtel Algonquin domine une colline de St. Andrews. Installé dans une ville possédant une gare, l'hôtel (qui existe depuis 1889) a conservé l'atmosphère et les prestations autrefois réservées aux classes sociales les plus élevées. Le long hall d'entrée et le portique sont propices à la rêverie ; les nombreux volumes de la confortable bibliothèque attendent les lecteurs. Un centre de remise en forme, un salon de beauté et un terrain de golf avec vue sur la baie encouragent les envies de luxe. Grandes ou petites, les chambres sont décorées de ravissants tissus et d'un mobilier contemporain ou de copies d'ancien. Le restaurant raffiné, **Passamaquoddy Dining Room ($$$)**, est un des meilleurs de la ville avec ses plats mémorables, comme un saumon mariné à la mélasse, servi avec un beurre blanc et une purée de pommes de terre au basilic.

Se restaurer à St. Andrews

Niger Reef Teahouse – *1 Joe's Point Rd.* ☎ *506-529-8007.* **$$ Cuisine continentale**. Si la carte est réduite, l'atmosphère vaut le détour dans ce bijou au creux d'une petite rue située près d'un vieux fort de l'extrême Ouest du centreville. Le petit édifice de bardeaux et de rondins, qui remonte à 1927, a conservé ses fresques de style asiatique décrivant la côte du Nouveau-Brunswick. Alors qu'il est davantage connu pour ses thés et ses sandwichs originaux servis à midi, le Niger Reef propose le soir du saumon fumé, des pétoncles grillées ou des viandes grillées. Lorsque les soirées sont douces, demandez une table sur la terrasse rustique, vous profiterez des magnifiques paysages offerts par la baie.

Rossmount Inn – *4599 route 127* ☎ *506-529-3351. www.rossmountinn.com.* **$$ Cuisine canadienne**. Cette maison victorienne à bardeaux se trouve à 10 minutes de l'océan, le long de la route menant à St. John. La respectable auberge gagne tous les suffrages par l'attention qu'elle porte aux détails, mais aussi par la fraîcheur de ses produits. Servis dans la pimpante salle à manger d'où se distingue la baie lointaine, les plats de la carte (modifiée chaque jour) proposent des *linguini* aux pétoncles, un filet aux champignons ou un haddock fraîchement pêché sur lit de légumes secs. Avec la majorité de ses plats à moins de 20 $, le restaurant offre l'un des meilleurs rapports qualité/prix de la ville.

Artère principale, **Water Street** est animée de nombreux cafés et boutiques, tandis que d'élégantes maisons centenaires s'alignent le long des avenues tranquilles. Certaines, construites sur la rive Sud de la rivière Sainte-Croix avant que le traité de 1842 n'en fasse la frontière entre les États-Unis et le Nouveau-Brunswick, furent transportées à St. Andrews, de l'autre côté de l'estuaire, pour rester en territoire britannique. Plusieurs personnalités eurent une maison à St. Andrews, parmi lesquelles **William Van Horne**, directeur général du Canadien Pacifique de 1888 à 1899.

★**HMSC Aquarium-Museum** – *À Brandy Cove. De mi-mai à fin juin : 10 h-16 h30 ; juil.-août : 10 h-18 h ; sept.-oct. : 10 h-16 h30, lun.-mar. 12 h-16 h30. 4,50 $.* ☎ *506-529-1202. www.huntsmanmarine.ca.* 📷 Une famille de phoques joueurs constitue l'attraction principale de cet intéressant petit aquarium consacré aux éco-systèmes marins de la baie de Fundy et de l'Atlantique. Une salle de cinéma projette régulièrement des films.

St. Andrews Blockhouse – *Joe's Point Rd. De déb. juin à déb. sept. : 9 h-20 h ; de déb. sept. à mi-sept. : 9 h-17 h. 1 $.* ☎ *506-887-6000. www.parkscanada.ca.* Seul vestige des 14 fortins qui protégeaient jadis la frontière Ouest du Nouveau-Brunswick de l'invasion américaine, cet ouvrage défensif en bois fut construit pendant la guerre de 1812. L'intérieur retrace l'historique de la ville et du petit fort.

★**Île Deer (Deer Island)** – ⌖ *Bac (traversier) au dép. de Letete : 7 h-18 h30 (mai-oct. 19 h-22 h).* ☎ *506-466-7340. www.tourismnbcanada.com. Bac au dép. de Eastport (Maine) : juil.-août 9 h-19 h ; juin et sept. : 9 h-18 h. 15 $/voiture et conducteur, 2 $/passager.* ☎ *506-747-2159. Bac au dép. de l'île Campobello. Attention : embarquement au fur et à mesure des arrivées ; longues files d'attente w.-end et en haute saison.* L'agréable **traversée★** au départ de Letete s'effectue à bord d'un bateau qui louvoie parmi une série d'îlots couverts d'oiseaux. Deer Island est une île tranquille (principalement habitée par des pêcheurs) qui ferme presque la baie de Passamaquoddy. À **Northern Harbour** se trouve le plus grand vivier à homards du monde. De simples clôtures dans cette baie étroite forment les enclos qui gardent les crustacés à longueur d'année dans une eau de mer renouvelée par le jeu des marées. À la pointe Sud, un grand remous baptisé **Old Sow** (vieille truie) pour ses effets sonores, en particulier par très forte marée, s'observe depuis la pointe Deer Island ou du bac pour l'île Campobello.

★★**Île Campobello (Campobello Island)** – ⌖ *Bac (traversier) au dép. de l'île Deer : juil.-août 8 h30-18 h30 ; fin juin et sept. 8 h30-17 h30. 18 $/voiture et conducteur, 2 $/passager.* ☎ *506-747-2159. www.eastcoastferries.nb.ca. Accès possible par le pont de Lubec (Maine). Voir les formalités frontalières p. 24. Consulter le Guide Vert Nouvelle-Angleterre.* L'« île bien-aimée » de **Franklin D. Roosevelt** (1882-1945) reçoit chaque année de nombreux visiteurs attirés par ses grandes plages de sable, ses anses pittoresques, ses ports de pêche, et par le souvenir du célèbre président américain.

En 1770, les premiers colons s'établissaient sur Campobello, baptisée à l'origine en l'honneur du gouverneur de Nouvelle-Écosse **William Campbell**, et dont on fit *Campo Bello*, évoquant ainsi la beauté des paysages de l'île. À la fin du 19e s., quelques riches Américains découvrirent le charme de Campobello et en firent leur lieu de vacances. Dès 1883 (il avait alors un an), Roosevelt y passa tous ses étés, nageant, pêchant, pratiquant la voile. Après son mariage avec Eleanor, il continua à venir s'y reposer, loin de ses occupations politiques de plus en plus prenantes. Gravement atteint de la poliomyélite en 1921, il ne devait revenir sur l'île que 12 ans plus tard. En 1964, les gouvernements du Canada et des États-Unis créèrent conjointement un parc dédié à sa mémoire.

★★**Roosevelt Campobello International Park** – ⌖ *Ouv. toute l'année. Centre d'accueil : de fin mai à déb. oct. 10 h-18 h.* ☎ *506-752-2922. www.fdr.net.* Ce parc de 24 ha dans la partie Sud de l'île est parcouru de **routes** qui permettent de découvrir des paysages superbes de forêts, de marais et de bord de mer. De la pointe Friar's Head *(au Sud du centre d'accueil ; tourner à droite au panneau indiquant l'aire de pique-nique)*, belle vue sur la baie de Passamaquoddy. De la pointe Con Robinson *(suivre Glensevern Rd. E.)*, on peut admirer la baie de Herring Cove. Bâti dans le style colonial hollandais, le **cottage** de Franklin Roosevelt est une grande maison de 34 pièces faisant face à Eastport. Simplement meublé, l'intérieur contient de nombreux souvenirs (lettres, photos, objets divers) évoquant ses séjours. Au Nord du **centre d'accueil** *(projection de films sur la vie de Franklin Roosevelt)* se trouve le **East Quoddy Head Lighthouse** *(12 km jusqu'à la pointe par Wilson's Beach et par un chemin non goudronné)*, phare situé dans un cadre ravissant face à l'île Head Harbour.

★ **Île Grand Manan (Grand Manan Island)** – *Bac au dép. de Blacks Harbour : de mi-juin à mi-sept. 7 h 30, 9 h 30, 11 h 30, 13 h 30, 15 h 30, 17 h 30 et 19 h (pas de dép. à 9 h 30 dim.) ; le reste de l'année environ 3 traversées quotidiennes. 1 h 30. 28 $/voiture, 9,35 $/passager.* ☎ *506-662-3724. www.coastaltransport.ca.* La plus grande des îles Fundy est connue pour ses paysages sauvages aux falaises qui s'élèvent par endroits à 120 m, ses ports pittoresques et son importante population d'oiseaux (environ 230 espèces). La baie de **Dark Harbour**, sur la côte Ouest de l'île, est l'un des principaux endroits de cueillette de la **rhodyménie** *(dulse)*, algue rouge comestible que l'on ramasse à marée basse sur les rochers. Séchée au soleil, elle se mange crue, grillée, en soupe ou cuite à l'eau ; son goût fort et salé, riche en iode et en fer, elle a un goût prononcé, salé, un peu particulier.

SAINT JOHN★★

69 661 habitants
Carte Michelin n° 583 V4 – Schéma : PROVINCES DE L'ATLANTIQUE
Office de tourisme ☎ 506-658-2990 ou www.tourismsaintjohn.com

Les denses brumes marines qui montent fréquemment de la baie de Fundy ont valu à Saint John le surnom de « cité du brouillard ». C'est à la fois la plus grande ville de la province, son principal port et son centre industriel. Elle s'est développée à l'embouchure du St. John, dans une région de collines rocheuses et nues qui resserrent soudain le cours du fleuve en lui imposant un tracé tortueux. Le résultat en est un inextricable réseau routier où le visiteur aura parfois du mal à s'orienter.

Un peu d'histoire

Territoire acadien – En 1630 naquit à l'embouchure du St. John un comptoir de fourrures, fondé par un personnage entreprenant, **Charles de La Tour**. En 1638, le roi de France plaça l'Acadie sous l'autorité conjointe de Charles de La Tour et de Charles de Menou d'Aulnay qui devaient se partager les bénéfices du fructueux commerce des pelleteries. Très vite, la discorde s'installa entre eux. De sérieuses querelles intestines s'ensuivirent (Aulnay s'empara du fort en 1645), aggravées par le conflit franco-anglais. Le traité de Paris (1763) cédant la région à l'Angleterre, un comptoir anglais succéda à Fort La Tour.

La ville des loyalistes – En 1783, une flotte jeta l'ancre à l'embouchure du St. John, débarquant quelque 14 000 loyalistes qui cherchaient refuge au Canada. Ruinés par la confiscation de leurs biens et fort peu préparés à une vie de pionniers, ils parvinrent pourtant à créer une ville prospère et mondaine vivant du commerce et de la construction navale. Saint John, rattachée au Canada en 1785, devint bientôt la première ville du pays, méritant son surnom de « Liverpool d'Amérique ».

Déclin et renouveau – Mais la fin de l'âge d'or des bateaux de bois devait s'accompagner de retombées désastreuses sur l'économie provinciale. Dès 1860, Saint John entamait une longue période de déclin. En 1877, un terrible incendie détruisit plus de la moitié de la ville. La fin du 19ᵉ s. vit la rénovation du quartier portuaire, l'établissement d'un terminus de chemin de fer et la construction de plusieurs élévateurs à grain, mais Saint John ne commença véritablement à revivre que dans les années 1960. L'injection massive de capitaux dans l'industrie du papier et dans le raffinage du sucre et du pétrole, ainsi que la création d'installations portuaires destinées à accueillir les navires-citernes et porte-conteneurs donnèrent à son économie le coup de fouet dont elle avait besoin. Mais la roue tourne : la fermeture de la raffinerie de sucre a contraint de nombreuses familles à partir. L'apparition des hautes technologies et le développement des secteurs des hydrocarbures et du plastique renouvellent cependant la population. Harbour Station, complexe sportif et récréatif, vient d'ouvrir ses portes et Imperial Theatre a été rénové.

Chaque année en juillet, la population revêt des costumes du 18ᵉ s. pour célébrer la fondation de la ville lors de la fête **Loyalist Heritage Festival** (Festival du patrimoine loyaliste) autrefois appelée **Loyalist Days** (Journées loyalistes). On rejoue le débarquement historique de 1783 et un grand défilé couronne la commémoration, tandis que l'on danse dans la rue et que l'on y distribue un petit-déjeuner.

■ Se restaurer à Saint John

Situé à l'entrée principale du marché, **Billy's Seafood** *(49-51 Charlotte St.* ☎ *506-672-3474)* est le lieu idéal pour se délecter de poissons et fruits de mer. Le joli magasin vend ses produits en journée puis se convertit, le soir venu, en un restaurant chic et sans prétention. Moins cher que les attrape-touristes du bord de mer, le Billy's cuisine les produits de la mer de mille manières : du homard au court-bouillon à la bouillabaisse, en passant par les cassolettes de pétoncles, le saumon ou le poisson en papillotte. Quel que soit votre choix, vous ne serez pas déçu.

Coloré et sans façons, le **Taco Pico** *(96 Germain St.* ☎ *506-633-8492)* a été ouvert par des immigrés guatémaltèques en 1994 ; il demeure, depuis, l'une des meilleures alternatives de St. John pour qui se lasse des hamburgers et du poisson frit. Des cocktails de jus de fruits pressés (comme son mélange fraise, banane et lait) accompagnent les classiques : soupe de haricots noirs, *tacos* doux, *fajitas* et autres plats mexicains. Plus insolites sont les pétoncles, crevettes et moules en sauce verte, les *chimichangas* de porc et le *pepian* (ragoût de bœuf épicé guatémaltèque). Il ne reste plus qu'à clôturer le repas avec la tarte aux patates douces ou le gâteau au fromage parfumé à l'orange et au citron.

■ Se loger à Saint John

À tous ceux qui cherchent un hébergement intime proche du centre com-merçant de Saint John, le **Homeport Historic B&B** *(80 Douglas Ave.* ☎ *506-672-7255 ou 888-678-7678. www.homeport.nb.ca)*, manoir italianisant de style toscan (1858), se révèle un excellent choix. De sa crête rocheuse, la vue s'étend jusqu'à la baie. La demeure, transformée en maison d'hôte en 1997, offre 10 grandes chambres, au mobilier de l'époque victorienne glané dans les boutiques et les ventes de la région. Les gérants montrent un talent particulier à préparer des petits-déjeuners copieux comprenant un plat chaud, un fruit frais et un *granola maison*.

Le cadre paisible et résidentiel du **Shadow Lawn Inn** *(à Rothesay, 3180 Rothesay Rd.* ☎ *506-847-7539 ou 800-561-4166. www.shadowlawn.com)* ne fait en rien regretter les 10 mn de route qui le séparent du centre-ville de Saint John. La demeure, au style recherché, fut construite en 1870 pour un pro-priétaire de grand magasin en quête d'une résidence d'été. Elle comprend aujourd'hui 9 chambres et 2 suites, meublées de pièces anciennes et de copies. Vous aurez peut-être la chance de dormir dans un lit à baldaquin ; les chambres donnant sur le devant sont très hautes de plafond. Un géné-reux petit-déjeuner continental est compris dans le prix. De bonne réputa-tion dans la région, le restaurant du Shadow Lawn propose une cuisine canadienne dans un cadre raffiné.

★★CENTRE-VILLE

Rénové, le centre de Saint John est un endroit agréable à parcourir à pied *(itiné-raires recommandés distribués par l'Office de tourisme)*.

★★**Market Square** – Inauguré en 1983, le complexe du Market Square comprend un centre commercial sur plusieurs niveaux avec un atrium central, un hôtel, un palais des congrès et le musée du Nouveau-Brunswick. Une rangée d'entrepôts de la fin du 19ᵉ s. donne sur une charmante place entourant **Market Slip**, le quai où les loya-listes débarquèrent en 1783.

Sur le côté Sud de la place se trouve **Barbour's General Store (A)**, petit édifice coquet en bois (1867) abondamment pourvu de marchandises de l'époque *(de mi-juin à mi-sept. : 9 h-18 h.* ☎ *506-658-2939. www.tourismsaintjohn.com)*. Une passerelle enjambant Dock Street relie Market Square au **centre aquatique** des Jeux du Canada et au **City Hall (B)**, l'hôtel de ville doté d'une galerie panoramique au dernier étage *(tlj sf w.-end 8 h30-16 h30.* ☎ *506-658-2990. www.city.saint-john.nb.ca)*. On longe ensuite **Brunswick Square (C)**, ensemble moderne réunissant des bureaux, un hôtel et des boutiques.

★**New Brunswick Museum (M)** – ♿ *De mi-mai à fin oct. : 9 h-17 h (jeu. 21 h), sam. 10 h-17 h, dim. et j. fériés 12 h-17 h ; le reste de l'année : tlj sf lun. et w.-end 9 h-17 h (jeu. 21 h). Fermé Ven. saint, 25 déc. 6 $.* ☎ *506-643-2300. www.gnb.ca.* Consacré à la mise en valeur du patrimoine culturel et naturel de la province, ce musée contient de belles pièces d'artisanat amérindien (écorces de bouleau, travaux de plumes et de perles). La colonisation européenne est particulièrement bien retracée, des premiers contacts avec les peuples autochtones jusqu'au développe-ment de l'industrie navale au 19ᵉ s.

Une section consacrée aux sciences naturelles donne un aperçu de la faune locale et explique la structure géologique de la province. Enfin, des expositions illustrant non seulement les courants artistiques du Nouveau-Brunswick, mais du reste du monde, viennent compléter la visite.

Loyalist House (D) – *Juil.-août : 10 h-17 h ; de mi-mai à fin juin : tlj sf w.-end 10 h-17 h ; de déb. sept. à mi-mai sur demande. 3 $.* ☏ *506-652-3590.* Construite en 1817 par David Merritt, qui avait fui l'État de New York en 1783, cette maison est l'un des rares édifices à avoir échappé à l'incendie de 1877. L'extérieur est revêtu de planches sur les deux côtés les plus exposés à la pluie, et de bardeaux moins onéreux sur les deux autres. Derrière une façade très simple se cache un intérieur georgien raffiné, comprenant notamment un bel escalier à cage arrondie et des arcs surbaissés entre les pièces. En sortant, on remarquera *(sur le côté donnant sur Germain St.)* l'assise de la maison, posée directement sur le rocher qui affleure partout dans la ville.

King Square – Considéré comme le centre de Saint John, c'est un agréable jardin public aux allées tracées comme le drapeau de l'Union, avec un kiosque à musique à deux étages. Dans un angle, le vieux **marché (E)** propose les produits de la province, en particulier la rhodyménie *(voir p. 365)*. De l'autre côté du square s'étend le **cimetière loyaliste (F)**.

AUTRES CURIOSITÉS

Fort Howe Lookout – *De Main St., prendre Metcalfe St., puis Magazine St. à droite.* Blockhaus de bois perché sur une croupe rocheuse dominant les collines environnantes, le fort *(accès interdit au public)* offre une **vue panoramique★** sur la ville, le fleuve et les installations portuaires.

★★**Reversing Falls Rapids** – *Pour apprécier pleinement le phénomène des « chutes réversibles », il faut voir le St. John à différents moments de la journée : à marée basse, à marée haute et à mi-parcours, lorsque les courants du fleuve et de la marée s'annulent. Pour connaître les heures des marées, s'adresser à l'Office de tourisme. www.tourismsaintjohn.com.* À l'embouchure du St. John, les marées de la baie de Fundy atteignent 8 m d'amplitude. À marée basse, le St. John se précipite vers la baie dont le niveau est alors inférieur de 4 m à celui du fleuve. Mais à mesure que la mer monte et que la poussée des marées venues de l'Atlantique augmente, le courant du fleuve se ralentit, s'arrête, puis s'inverse. Quand le niveau des eaux de la baie dépasse de plus de 4 m celui des eaux du St. John, un courant rapide remonte alors le fleuve avec une telle force qu'il se fait sentir jusqu'à Fredericton, environ 130 km en amont. Ce phénomène de mascaret, caractérisé par la formation de rapides et de tourbillons dans un sens puis dans l'autre, est particulièrement visible à l'endroit où le St. John s'engouffre dans une étroite gorge, juste avant de se jeter dans la baie de Fundy.

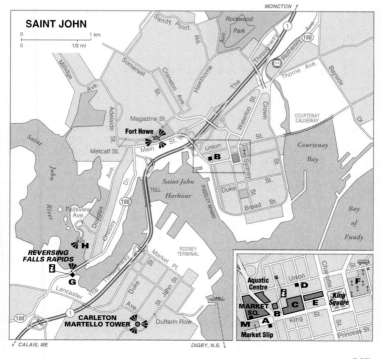

■ Tours Martello

En pierre, de construction particulièrement robuste, les fameuses tours Martello constituaient une unité de défense autonome, à la fois caserne et plate-forme de tir, dont l'unique entrée (à l'étage supérieur) était protégée par un escalier escamotable. Leur forme arrondie si particulière s'inspirait d'une tour située sur la pointe Mortella en Corse, qui s'était révélée fort difficile à prendre d'assaut. Tandis que la paroi faisant face à l'ennemi était très épaisse, celle qui tournait le dos à la garnison était plus mince. En cas de prise par l'ennemi, ces curieux ouvrages pouvaient ainsi être facilement détruits par les canons des assiégés. Des seize tours Martello construites en Amérique du Nord britannique entre 1796 et 1848 (cinq à Halifax, six à Kingston, quatre à Québec et une à Saint John), il en reste aujourd'hui onze. Aucune n'eut à subir le siège d'ennemis.

Reversing Falls Bridge Lookout (G) – *Parking à l'entrée Ouest du pont. Centre d'accueil : de mi-mai à mi-oct. 8 h-20 h. ☎ 506-658-2937. www.tourismsaintjohn.com. Monter sur le toit-terrasse.* On y perçoit parfaitement l'inversion du courant, dont on obtient de très belles **vues★★**. Un **film** *(2 $)* présente en accéléré le phénomène des chutes réversibles.

Falls View Park Lookout (H) – *Parking au bout de Falls View Ave.* Du parc, les **vues★** sur les chutes sont belles, mais tout de même moins spectaculaires que du pont.

★**Carleton Martello Tower** – *De déb. juin à déb. oct. : 9 h-17 h. ☎ 506-636-4011. www.parkscanada.ca.* Construite en 1813 pour parer à toute attaque américaine, cette tour Martello *(voir p. 392)*, aujourd'hui classée Site historique national, fut également utilisée pendant les deux guerres mondiales. Au cours de la seconde, elle fut rehaussée pour abriter le poste de commandement de la défense antiaérienne. À l'intérieur, évocation de l'histoire militaire de Saint John. De la tour, **vue panoramique★★** sur la ville, le port, ses docks, le terminal ferroviaire et le brise-lames de l'île Partridge.

Vallée du ST. JOHN★★

Carte Michelin n° 583 U3 – Schéma : PROVINCES DE L'ATLANTIQUE

De sa source dans le Maine à son embouchure dans la baie de Fundy, le St. John traverse d'abord une région d'exploitation forestière, puis arrose une vallée parsemée des fermes les plus prospères du Nouveau-Brunswick.
La vallée du St. John ne fut guère colonisée avant l'arrivée, en 1783, de quelque 4 000 loyalistes qui s'établirent le long de ses rives. Au 19e s., de nombreux bateaux à vapeur desservaient ces communautés riveraines. Aujourd'hui, le fleuve demeure un axe de passage important où se glisse la Transcanadienne.

DE FREDERICTON A EDMUNDSTON *285 km*

★★**Fredericton** – *Voir ce nom.*

Quitter Fredericton par la Transcanadienne (route 2).

Après avoir traversé la capitale provinciale, la Transcanadienne longe le fleuve et atteint bientôt le barrage de Mactaquac, le plus grand ouvrage hydraulique de la province. Sur la rive Nord de son lac de retenue (longueur : environ 105 km) se trouve le **Parc provincial Mactaquack**, très apprécié des amateurs de sports. La route suit la rive Sud du lac artificiel et offre de belles **vues★** d'un paysage de plus en plus rural, aux formes douces.

★★**Kings Landing Historical Settlement** – *km 37. De déb. juin à mi-oct. : 10 h-17 h. 12 $. ☎ 506-363-4999. www.kingslanding.nb.ca.* 📷 Typique des établissements loyalistes qui jalonnaient jadis les rives du fleuve, ce village reconstitué occupe un très joli **site** dans la vallée d'un petit affluent du St. John et donne une image fidèle de ce qu'était la vie dans la région de 1783 à 1900.

Le terrain sur lequel fut construit le village avait été consenti après la guerre d'Indépendance aux vétérans des King's American Dragoons. Ces

■ Fougères

On ramasse au printemps les jeunes crosses de certaines variétés de fougères comestibles poussant sur les rives du St. John. Bouillies, accommodées d'un filet de citron et d'une noix de beurre, elles font un mets de choix dont le goût se rapproche de celui des asperges sauvages ou des fonds d'artichaut.

derniers s'y établirent comme bûcherons, fermiers ou constructeurs de bateaux. La plupart des édifices que l'on visite aujourd'hui ont été transportés ici lorsque le lac du barrage de Mactaquac inonda les terres voisines.

Près de 100 personnes animent le village, expliquant volontiers les tâches quotidiennes de la vie rurale au 19ᵉ s. On voit les fermes et leurs champs cultivés, l'église, l'école, la forge et le magasin général du village. Le **théâtre** donne des représentations *(renseignements à l'entrée du village)*. La **scierie** fonctionne, sa large roue à aubes entraînant la scie qui taille les troncs. L'auberge **Kings Head Inn**, typique des relais routiers du siècle dernier, sert des mets et des rafraîchissements traditionnels. La résidence Morehouse, à l'aspect confortable, voisine avec l'élégante maison Ingraham dont le joli jardin domine le fleuve.

Au débarcadère est amarré un **bateau en bois**, réplique réduite de moitié d'un chaland qui charriait le bois scié et le foin des fermes jusqu'au marché.

Entre Kings Landing et Woodstock, on jouit d'excellentes **vues**★★ sur le fleuve large et tranquille, dans un paysage doucement vallonné où alternent bois et cultures.

Après Woodstock, quitter la Transcanadienne et prendre la route 103 jusqu'à Hartland.

★**Hartland** – Petite communauté fondée par les loyalistes, située dans une région de culture de la pomme de terre. En arrivant par la route 103 qui domine le fleuve, belle **vue**★ sur le **pont couvert** le plus long du monde (391 m) reliant les routes 103 et 105 *(franchissement en voiture autorisé ; poids lourds interdits)*, par lequel la Transcanadienne passa jusqu'en 1960.

Cet ouvrage de bois en forme de grange constitue la curiosité la plus célèbre de Hartland. Coiffé d'un complexe réseau de puissants madriers (dont on ne pourra véritablement apprécier la complexité que de l'intérieur), le pont fut achevé en 1901 et reconstruit en 1920. Notons qu'au Canada, les premiers ponts étaient en bois. Sous la rudesse du climat, les couvrir prolongeait leur durée de 50 à 60 ans.

Prendre la route 105 sur la rive Est jusqu'à Florenceville, puis la Transcanadienne jusqu'à Grand Falls.

La Transcanadienne offre de jolies **vues**★ sur le St. John et sur la région agricole au Nord de Florenceville. En poursuivant sa course vers le Maine, le fleuve traverse des paysages de plus en plus montagneux.

Quitter la Transcanadienne pour entrer en ville.

★★**Grand Falls** – Le fleuve, jusque-là large et calme, change brutalement d'aspect. La ville est construite sur un plateau déchiré sur près de 1,5 km par une gorge profonde où le fleuve s'engouffre en larges chutes qui ont donné son nom à la ville. Une centrale détourne la plus grande partie des eaux. Cependant, deux points de vue permettent d'admirer l'ampleur de la gorge.

Falls Park – *Accès depuis le bureau d'accueil de Malabeam sur Madawaska Rd.* ♿ *De déb. juin à déb. août : 9 h-21 h ; de mi-mai à fin mai et de mi-août à mi-oct. : 9 h-18 h.* ☎ *506-475-7788.* Le parc ménage de jolies **vues**★ des chutes et de la gorge. En arrière-plan se distingue la centrale.

Kings Landing Historical Settlement

© Malak, Ottawa

★ **La Rochelle Centre** – *Centennial Park. Accès depuis le bureau d'accueil de Malabeam sur Madawaska Rd.* ♿ *De mi-mai à fin août. 3 $.* ☎ *506-475-7766.* Un escalier descend au fond de l'impressionnante **gorge**★★ qui atteint par endroits 70 m de profondeur. Dans le lit du fleuve, le courant a creusé de profondes marmites.
Reprendre la Transcanadienne.

Le St. John redevient calme et large. En amont de Grand Falls, il forme la frontière entre le Nouveau-Brunswick et l'État américain du Maine.

Edmundston – Cité industrielle dominée par les deux flèches de la **cathédrale de l'Immaculée Conception**, Edmundston contraste avec la région essentiellement agricole qui l'entoure. À cause des rapides de la Madawaska, la ville s'appelait encore Petit-Sault par opposition au Grand-Sault (Grand Falls) en aval, lorsqu'elle prit en 1856 son nom actuel en l'honneur du gouverneur de la province, **Edmund Head** (1848-1854). Elle est aujourd'hui la métropole d'une région largement francophone et catholique. Le **musée Madawaska** *(195 Herbert Blvd. à l'angle de la Transcanadienne.* ♿ *De fin juin à fin août : 9 h-20 h ; le reste de l'année : mer.-jeu. 19 h-22 h, dim. 13 h-17 h.* ☎ *506-737-5282)* retrace l'histoire de la région.

■ La république du Madawaska

Petite enclave entre le Québec et le Maine, la région au Sud du lac Témiscouata et au Nord de la rivière Aroostook était jadis appelée Madawaska. Elle fut colonisée à partir de 1785 par des Acadiens qui s'installèrent sur les deux rives du St. John. Le traité de 1842, qui fixa les frontières entre les États-Unis et le Nouveau-Brunswick, coupa la colonie en deux mais la région garde encore une unité profonde sur les deux versants de la vallée *(schéma p. 349)*. Longtemps isolée, elle vécut repliée sur elle-même, développant un esprit régional affirmé que ses habitants (surnommés **Brayons**) rappellent plaisamment en parlant de leur « République » toute symbolique, dirigée par son « président », le maire d'Edmundston. Pour donner corps à cette image, ils ont créé leur propre drapeau (un aigle à tête blanche entouré de six étoiles représentant les différentes origines ethniques des habitants : Acadiens, Québécois, Amérindiens, Américains, Anglais et Irlandais).

Nouvelle-Écosse

Province de la côte Est du Canada, la Nouvelle-Écosse (ou *Nova Scotia*) se compose d'une péninsule longue et relativement étroite rattachée au Nouveau-Brunswick par l'isthme de Chignecto, et qui se prolonge au Nord-Est par l'île du Cap-Breton. Ses 7 460 km de côte dentelée sont tour à tour baignés par les eaux du détroit de Northumberland, du golfe du Saint-Laurent, de l'océan Atlantique et de la baie de Fundy. Au cours de l'histoire, la proximité de la mer et la présence de nombreux ports naturels ont conféré à la Nouvelle-Écosse un rôle stratégique dont la forteresse de Halifax, capitale provinciale, illustre l'importance.

Un peu de géographie

La péninsule – Cette portion de terre rattachée au continent mesure 565 km de long sur environ 130 km de large. Elle est plutôt plate à l'exception de la côte Est, rocheuse et échancrée, et de l'intérieur boisé qui s'élève jusqu'à 210 m. La limite Nord du plateau intérieur est marquée par les **monts South**. Parallèles à ces derniers sur 190 km, les **monts North** longent la côte de la baie de Fundy du cap Blomidon à la pointe de Digby Neck. Bien abrités entre les deux chaînes s'étendent les riches vergers des vallées de l'Annapolis et de Cornwallis. Notons enfin les **monts Cobequid**, aux sommets rabotés, qui traversent sur environ 120 km le comté de Cumberland, voisin de l'isthme de Chignecto.

L'île – Immense plateau boisé, l'île du Cap-Breton, au Nord, s'élève à 532 m au-dessus d'une jolie côte sauvage, souvent baignée par la brume. On y trouve le **Parc national Cape Breton Highlands**, que parcourt la célèbre piste Cabot. Relativement peu élevée, la partie méridionale de l'île culmine au détroit de Canso. Quant au centre, il est caractérisé par la présence d'une mer intérieure de 930 km², le **lac Bras d'Or**, qui coupe pratiquement l'île en deux.

Un peu d'histoire

Une longue tradition maritime – La Nouvelle-Écosse a véritablement tissé son passé avec la mer. Dans un pays doté d'abondantes ressources forestières, la **construction navale** (fondée par les premiers colons et les loyalistes) apporta la prospérité, surtout durant les guerres napoléoniennes (1803-1815) lorsque l'Angleterre avait un immense besoin de bois de construction et de réparations navales. Sur la côte Sud de la Nouvelle-Écosse, les goélettes passèrent à la légende, tout comme leurs équipages que les Américains surnommaient en raillant **Bluenoses** (les nez bleus) à cause du froid régnant dans la région. Plusieurs fortunes se firent dans la « guerre de course » : les innombrables anses et criques de la côte Est, autour de Liverpool surtout, cachèrent en leur temps plus d'un bateau corsaire. Ces derniers attaquaient les navires d'autres nationalités avec l'autorisation du gouvernement, pratique qui disparut sous la menace de sanctions. Vers 1900, l'importance des chantiers navals avait déjà diminué. La vapeur remplaça la voile et les coques en acier prirent le pas sur les coques en bois. Aujourd'hui, seuls quelques bateaux sont encore construits dans la région de Lunenburg.

Préservation du patrimoine – Le gouvernement, tant au niveau fédéral que provincial, prend depuis plusieurs années déjà une part active à la conservation du patrimoine historique néo-écossais, rejoint dans ses efforts par d'innombrables organisations locales et sociétés historiques. Seul le Québec possède un plus grand nombre de sites historiques que la Nouvelle-Écosse. Cette dernière en contient plus d'une vingtaine, ouverts au public, sous la tutelle administrative du système provincial des musées.
La population de Nouvelle-Écosse s'est enrichie, au cours des siècles, d'apports divers : écossais, certes, mais aussi néerlandais, anglais, français, allemands, grecs, hongrois, irlandais, italiens, libanais, polonais et autres. Activité très prisée du public, les **recherches généalogiques** offrent à chacun la possibilité de retracer ses origines ethniques par l'intermédiaire des musées, écoles, universités, églises et sociétés spécialisées. La généalogie de la population noire de Nouvelle-Écosse est par exemple consignée à Dartmouth, celle des planteurs immigrants de Nouvelle-Angleterre à Kentville.
Toutes sortes de manifestations culturelles perpétuent les traditions ancestrales, l'une des plus importantes étant le **Gathering of the Clans** (ou *Rassemblement des clans, voir p. 348*) qui rappelle les débuts écossais de la colonisation. Sur la côte Est de l'île du Cap-Breton, de nombreuses boutiques et des musées locaux permettent de découvrir les techniques artisanales acadiennes, tandis que la côte Ouest de l'île et la péninsule fournissent maintes occasions d'apprécier un artisanat gaélique.
Les plats traditionnels (râpures acadiennes, agneau du Cap-Breton, galettes d'avoine écossaises et « grognes » aux bleuets) invitent les visiteurs à prendre part à une **dégustation régionale** de mets rappelant la gourmandise de Samuel de Champlain. La gastronomie de son Ordre du Bon Temps *(voir p. 374)* se perpétue dans une promotion stylée des plats régionaux appelée « Taste of Nova Scotia », offerte par quelque 45 établissements membres.

RENSEIGNEMENTS PRATIQUES

Comment s'y rendre et s'y déplacer

Avion – Air Canada ☎ 888-247-2262 propose des vols quotidiens à destination de Halifax au départ de certaines villes américaines et canadiennes, comme Montréal et Toronto. Sa filiale dessert les provinces de l'Atlantique et relie la N.-É. à plusieurs villes du Canada et des États-Unis.

Train et autocar – Les trains de **VIA Rail** ☎ 800-561-3949. www.viarail.ca assurent des services réguliers en N.-É. La compagnie Acadian Lines (☎ 902-454-9321 ou 902-454-9326) exploite par ailleurs un réseau d'autocars.

Bateau – « Traversier » (bac) de Bar Harbor (Maine) à Yarmouth *(dép. de mi-mai à déb. oct. : 8 h (dép. suppl. à 16 h en juil.-août) ; service interrompu nov.-avr. ; aller simple 2 h45. Réservation requise. 95$US/voiture, 55$US/pers.)* et de Saint John (N.-B.) à Digby *(dép. tlj ; aller simple 2 h45. Réservation requise. 75$US/voiture, 35$US/pers.).* Pour plus de détails, contacter Bay Ferries (☎ *888-249-7245 (Canada/US). www.nfl-bay.com).*
« Traversier » (bac) de Portland (Maine) à Yarmouth *(dép. de déb. mai à fin oct. à 20 h ; service interrompu nov.-avr. ; aller simple à 11 h. Réservation conseillée. De déb. mai à mi-juin et de mi-sept. à fin oct. 90$US/voiture, 70$US/pers. ; de mi-juin à mi-sept. 110$US/voiture, 90$US/pers. ; suppl. cabine 45$US-175$US)* Pour plus de détails, contacter Prince of Fundy Cruises ☎ 800-845-4073. www.princeoffundy.com

À savoir

Où s'informer et se loger – **Tourism Nova Scotia**, PO Box 519, Halifax NS B3J 2R5, ☎ 800-565-0000. www.novascotia.com met gracieusement à la disposition des visiteurs des cartes routières ainsi que des brochures et guides *(certains disponibles en français)* procurant des renseignements utiles sur la N.-É. : histoire de la région, principaux points d'intérêt, manifestations et formules d'hébergement (hôtels et motels, vacances à la ferme, chambres d'hôte, auberges, campings, etc.). Pour toute réservation hôtelière, contacter l'Office de tourisme.

Législation routière – *(Voir permis de conduire et assurance p. 29)* La N.-É. possède de bonnes routes goudronnées, mais il existe des chemins non revêtus dans l'arrière-pays. Sauf indication contraire, la vitesse est limitée à 110 km/h sur la Transcanadienne, 80 km/h sur route provinciale et 50 km/h en agglomération. Le port de la **ceinture de sécurité** est obligatoire. Association canadienne des automobilistes ou CAA à Halifax, ☎ 902-443-5530. www.caa.ca

Heure locale – La N.-É. vit à l'heure de l'Atlantique. L'heure d'été s'applique du premier dimanche d'avril au dernier dimanche d'octobre.

Taxes – En N.-É., la taxe nationale sur les produits et les services (TPS) et la taxe provinciale à la vente ont été combinées pour former une taxe de vente harmonisée (TVH) de 15 % (avec certaines exemptions). *Voir modalités de recouvrement p. 37.*

Loi sur les alcools – Âge légal de consommation d'alcool : 19 ans. Bouteilles d'alcool en vente dans les magasins d'État.

À faire

Activités récréatives et tourisme-découverte – *Voir p. 352.*

Principales manifestations

Mai-juin	**Apple Blossom Festival**	*Vallée de l'Annapolis*
Juil.	**Nova Scotia International Tattoo**	*Halifax*
	Metropolitan Scottish Festival and Highland Games	*Halifax*
	Antigonish Highland Games	*Antigonish*
	Gathering of the Clans and Fishermen's Regatta	*Pugwash*
	Acadian Days	*Grand-Pré*
Août	**Natal Day**	*dans toute la province*
	Nova Scotia Gaelic Mod	*St. Ann's*
	International Buskerfest	*Halifax*
Sept.	**Nova Scotia Fisheries Exhibition and Fishermen's Reunion** (voir p. 385)	*Lunenburg*
	Kentville Pumpkin People	*Kentville*
Oct.	**Oktoberfest**	*Lunenburg*
	Celtic Colours Festival	*Île du Cap Breton*

ANNAPOLIS ROYAL★★

583 habitants
Carte Michelin n° 583 W4 – Schéma : PROVINCES DE L'ATLANTIQUE
Office de tourisme ☎ 902-532-5769

La « ville de la reine » occupe un **site** agréable sur l'estuaire de la rivière Annapolis, où s'engouffrent deux fois par jour les puissantes marées de la baie de Fundy. Les luttes franco-anglaises pour le contrôle de la région et l'épopée du peuple acadien l'ont enrichie d'une histoire mouvementée.

Un peu d'histoire

Fondée par le Français **Pierre du Gua de Monts** en 1605, la première colonie acadienne de **Port-Royal** *(voir p. 374)* fut détruite huit ans plus tard par des Anglais de Virginie. En 1635, le gouverneur **Charles de Menou d'Aulnay** créait un petit fort sur le site actuel de Fort Anne, non loin de l'ancien établissement, y encourageant le peuplement, le défrichement des terres et la mise en culture de la région. En 1710, le fort tomba aux mains d'une expédition anglaise menée par le colonel Francis Nicholson.

Rebaptisée Annapolis Royal en l'honneur de la **reine Anne Stuart**, la colonie de Port-Royal devint la nouvelle capitale provinciale lorsque l'Acadie péninsulaire fut cédée à l'Angleterre par le traité d'Utrecht en 1713. Constamment menacée par les établissements acadiens alentour dont les sympathies allaient aux soldats québécois de Louisbourg, elle subit de nombreuses attaques françaises. En 1749, la capitale fut transférée à Halifax. En 1854, les dernières troupes du fort étaient détachées au Nouveau-Brunswick.

Aujourd'hui, l'« Habitation » de Pierre de Monts a été reproduite, Fort Anne a été partiellement recréé et les vieux bâtiments qui s'alignent le long de **Lower Saint George Street** ont été restaurés.

CURIOSITÉS

★**Fort Anne National Historic Site** – *Site ouvert toute l'année. Centre d'accueil.* ♿ *De mi-mai à mi-oct. : 9 h-18 h. 3,25$.* ☎ *902-532-2397. www.parkscanada.ca.* En 1917, Fort Anne devint le premier parc historique national du Canada. L'endroit aujourd'hui paisible fut en son temps l'un des plus disputés du pays, subissant jusqu'à 14 sièges durant les guerres franco-anglaises. L'un des bastions contient encore une **poudrière** de l'époque française. Depuis les remparts, talus herbeux construits par les Français de 1702 à 1708 puis modifiés par les Anglais, on obtiendra de belles **vues**★ sur le bassin d'Annapolis.

★**Quartier des officiers** – Au milieu du fort se dressent les hautes cheminées et les lucarnes du quartier des officiers, élevé en 1797 sur ordre du prince Édouard. Aujourd'hui restauré, le bâtiment abrite un **musée** consacré à l'histoire militaire du site. Le drapeau de la Grande Union flotte sur le fort. Il se composait de la croix anglaise de Saint-Georges et de la croix écossaise de Saint-André, mais ne comportait pas celle de Saint-Patrick, qui se joignit aux précédentes pour former l'Union Jack en 1801.

★**Historic Gardens** – *Upper Saint George St. (route 8), au Sud de Fort Anne.* ♿ *Juil.-août : du lever au coucher du soleil ; de mi-mai à fin juin et de déb. sept. à mi-oct. : 9 h-17 h. 6$.* ☎ *902-532-7018. www.historicgardens.com.* Ce site de 4 ha est consacré à l'horticulture régionale d'hier et de demain. L'allées serpentent à travers plusieurs types de jardins, dominant le cours de la rivière Allain, affluent de l'Annapolis. Le Jardin acadien contient une maison traditionnelle et une réplique du système d'aboiteaux *(voir p. 376)*. Le dessin du jardin du Gouverneur est typique des débuts du 18e s. Plus naturel, le Jardin victorien reflète les tendances en vogue au 19e s. en matière de paysagisme. Enfin, la roseraie retrace le développement de cette délicate fleur odorante.

★**Annapolis Tidal Generating Station** – *Causeway (route 1). Centre d'accueil.* ♿ *De mi-mai à mi-oct. : 10 h-18 h.* ☎ *902-532-5454. www.nspower.ca.* Première de ce type en Amérique du Nord, cette centrale marémotrice permet d'étudier le potentiel hydroélectrique des marées de la baie de Fundy grâce à une turbine à écoulement direct opérant à faible poussée. Le centre d'accueil offre aux visiteurs un aperçu de cette centrale bien particulière, de sa construction et de son fonctionnement, au moyen de maquettes, de photos et d'un montage audiovisuel *(10 mn)*. Une route passe au-dessus du complexe et en offre des vues ; elle permet aussi d'observer la force des marées.

EXCURSIONS

★**North Hills Museum** – *À Granville Ferry, 5065 Granville Rd. (route de Port Royal).* ♿ *De déb. juin à mi-oct. : 9 h30-17 h30, dim. 13 h-17 h30. 3$.* ☎ *902-532-2168. http://museum.gov.ns.ca.* Malgré les transformations qu'elle a subies, cette petite maison à pans de bois du 18e s. a gardé le cachet de l'époque des pionniers. Elle offre un cadre approprié à la collection de meubles et d'objets anciens, pour la plupart du 18ᵉ s., qui appartenait à un banquier de Toronto et qui fut léguée à la province en 1974.

★★ **Port Royal National Historic Site** – *À 10 km de Causeway (route 1).* On se trouve ici devant la réplique fidèle de l'« Habitation » construite en 1605 par **Samuel de Champlain** (vers 1567-1635), capitaine et navigateur de l'expédition de Pierre de Monts.

En mars 1604, Pierre de Monts, à qui le roi de France Henri IV avait accordé l'exclusivité de la colonisation et du développement de l'Acadie, embarquait pour l'Amérique. Les Français s'installèrent sur l'île Sainte-Croix *(schéma p. 364)*, mais l'hiver fut très dur, le ravitaillement rendu difficile par la position isolée de l'île, et plusieurs hommes moururent du scorbut. Il fallait trouver un site plus protégé. L'année suivante, ils construisirent donc l'« Habitation » de Port-Royal, face à la baie d'Annapolis. Le commerce avec les Amérindiens s'organisait, les récoltes étaient bonnes et la colonie commençait à prospérer, lorsqu'en 1607 Pierre de Monts se vit retirer son monopole du commerce des fourrures. L'établissement fut alors abandonné et les colons rapatriés en France. Rétabli trois ans plus tard, Port-Royal refleurit quelque temps avant d'être détruit par les Anglais en 1613. En 1938, le gouvernement canadien reconstruisit l'Habitation en s'inspirant des croquis et notes de Champlain. Les austères bâtiments de bois noirci, aux toits pentus, se serrent autour d'une cour carrée, dans le style des fermes françaises du 16ᵉ s., et marquent la première tentative européenne de colonisation permanente au Canada.

> Soucieux de la santé et de la bonne humeur de ses compagnons, Champlain avait eu l'idée de créer l'**Ordre du Bon Temps**, sorte de club social qui allait connaître un grand succès : chacun était, à tour de rôle, investi de la charge de maître de cérémonie et devait organiser un banquet pour régaler ses invités. La colonie connut d'autres réjouissances, en particulier la première pièce de théâtre jouée au Canada, *Le Théâtre de Neptune*, écrite par Marc Lescarbot en 1606.

Visite – *De mi-mai à mi-oct. : 9h-18h. 3,25$.* ☎ *902-532-2898. www.parkscanada.ca.* En entrant, remarquer au-dessus de la porte principale les **armoiries** de France et de Navarre, en l'honneur du roi Henri IV. Autour de la cour centrale et de son **puits** se trouvent notamment la maison du gouverneur, celle du prêtre, et le bâtiment des artisans. On peut également visiter les cuisines, la forge, la salle commune qui abritait les banquets de l'Ordre du Bon Temps et la chapelle, ainsi que les magasins, le cellier et la salle où les Amérindiens venaient échanger leurs fourrures.

Partout, le mobilier reproduit les styles en vigueur au début du 17ᵉ s. À l'exception du magasin, les édifices sont chacun dotés d'une cheminée en pierre. Vus de l'extérieur, ils semblent avoir été entièrement construits en bois. Leurs murs, revêtus de bardeaux, dissimulent en fait le **colombage** visible de certains intérieurs : l'espace entre les solives et les poutrelles est comblé d'une maçonnerie légère.

L'Habitation de Port Royal

Notons que les pièces de charpente ont été assemblées à l'aide de chevilles de bois, tenons et mortaises.

★**Kejimkujik National Park** – *Route 8. Entrée du parc (près de Maitland Bridge) à 48 km d'Annapolis Royal.* ♿ *De mi-juin à fin août : 8 h30-21 h ; le reste de l'année : 8 h30-16 h30. Fermé 25 déc. Mêmes horaires pour le centre d'accueil, sauf w.-end fin automne et déb. printemps (se renseigner). 3,25$. Randonnée pédestre, bicyclette, baignade, canoë, ski de fond. Location de bicyclettes et de canoës à Jakes Landing.* ☎ *902-682-2772. www.parkscanada.ca.* Ses forêts, ses lacs et sa faune variée font de ce beau parc de 381 km² un agréable lieu de détente. Pendant des siècles, les Micmacs empruntèrent les cours d'eau qui, de nos jours, permettent aux visiteurs de découvrir une nature encore vierge.

Le sentier de randonnée **Mill Falls** mène à travers les bois tapissés de fougères jusqu'aux rapides de la **rivière Mersey**. Du haut de la tour d'observation *(sur la route principale du parc, à 10 km de l'entrée)*, on obtiendra une agréable **vue**★ sur le lac Kejimkujik, ravissante étendue d'eau.

Vallée de l'ANNAPOLIS★★

Carte Michelin n° 583 V4 – Schéma : PROVINCES DE L'ATLANTIQUE

Célèbre pour la douceur de son climat et le charme de ses pommiers en fleur, la vallée de l'Annapolis s'étire sur environ 160 km de Digby à Windsor, sur le bassin Minas. Plusieurs cours d'eau la drainent, dont l'Annapolis. Cette rivière (112 km) se jette dans le **bassin d'Annapolis**, qu'un étroit goulet, le Digby Gut, relie à la baie de Fundy. La vallée est protégée de part et d'autre des vents et des brouillards par les monts South et North.

Les Acadiens, jadis, avaient déjà reconnu la fertilité du sol et établi des fermes prospères avant que le Grand Dérangement ne les en chasse. Aujourd'hui, les célèbres **pommeraies** alternent, dans ce paysage doux et verdoyant, avec les cultures (légumes, fruits, céréales, maïs) et les prés où paissent les vaches laitières.

DE DIGBY À WINDSOR *168 km*

Digby – Important port de pêche, Digby est réputé pour ses **pétoncles**, qui figurent en vedette au menu des restaurants locaux. De la petite localité partent des bacs pour le Nouveau-Brunswick.

Prendre la route 101, puis la route 1.

La route 101 longe jusqu'à Deep Brook le bassin d'Annapolis sur lequel elle offre de jolies vues, relayée ensuite par la route 1 qui continue le long du littoral.

★★**Annapolis Royal** – *Voir ce nom.*

Particulièrement belle lorsque les pommiers sont en fleur *(de fin mai à déb. juin)*, la route franchit la rivière Annapolis, bordée de jolis prés, et traverse des paysages de plus en plus ruraux. On aperçoit çà et là les vestiges des digues jadis construites par les Acadiens. La route passe par **Bridgetown**★, dont les rues ombragées abritent quelques belles maisons de l'époque des loyalistes, puis par les charmantes localités de **Lawrencetown** et **Middleton**. Les collines sont couvertes de pommiers, surtout entre Kingston et Waterville, et l'on rencontrera en cours de route de nombreux étals de fruits ainsi que des fermes où l'on peut faire sa propre cueillette.

Suivre la route 1 sur 14 km jusqu'à la jonction avec la route 358.

★★**Excursion au cap Split** – *28 km au Nord par la route 358.*

★**Prescott House Museum** – *À Starr's Point, 1633 Starr's Point Rd., 5 km env. au Nord de la route 1.* ♿ *De déb. juin à mi-oct. : 9 h30-17 h30, dim. 13 h-17 h30. 3$.* ☎ *902-542-3984. http://museum.gov.ns.ca.* Cette jolie maison en brique de style georgien, sise

● **Dégustation à Digby**

Impossible de quitter Digby sans avoir goûté les fameux pétoncles. Les restaurants installés sur Water Street rivalisent de savoir-faire pour accommoder ces coquillages qu'ils font griller, frire, cuire à l'étouffée ou à la vapeur, à moins qu'ils ne les panent avant de les faire sauter au beurre. Attablé au **restaurant The Fundy** (*34 Water St.* ☎ *902-245-4950*), au **restaurant Shore Line** (*78 Water St.* ☎ *902-245-5110*) ou au **Captain's Cabin** (*à l'angle de Water St. et Birch St.* ☎ *902-245-4868*), le gourmet pourra déguster ses pétoncles en suivant le ballet des bateaux de pêche côtiers. Ces derniers sillonnent les eaux de l'immense baie de Fundy d'où ils rapportent le flétan, la morue, le haddock et autres poissons préparés dans les établissements de la région, qui proposent également du hareng fumé *(Digby Chicks)* ou macéré dans du vinaigre *(Solomon Gundy)*.

au milieu de beaux jardins, fut construite au tout début du 19ᵉ s. par **Charles Prescott**, législateur, marchand prospère et horticulteur de renom. À force de soins, il mit au point diverses variétés de fruits (poires, cerises, pommes) et de céréales parfaitement adaptées à la région, en donna des boutures à de nombreux fermiers de la vallée, se trouvant ainsi en quelque sorte à l'origine des pommeraies aujourd'hui célèbres des environs.

L'intérieur est meublé de plusieurs pièces d'origine. Une agréable **véranda** fut ajoutée par l'arrière-petite-fille de Prescott. Les **jardins** méritent une visite.

● **Se restaurer dans la vallée**

La pause repas ou thé interrompant l'excursion au cap Split sera bien agréable à **Bellhill Tea House** (*à Canning, route 358. Déjeuner léger ou thé complet, brunch le dim. ☎ 902-582-7922*), qui fournit également des provisions pour un pique-nique campagnard. À quelques pas du site historique national de Grand-Pré *(parc Évangeline)* se trouve **L'Acadie Dining Tea Room and Terrace** (☎ *902-542-3631*), où l'on dégustera des mets de l'ancienne Acadie servis par un personnel costumé. Cafés et restaurants fourmillent dans la ravissante ville universitaire de Wolfville, mais deux d'entre eux rencontrent davantage de succès chez les résidents : **Chez La Vigne** (*17 Front St. ☎ 902-542-5077*), avec sa cuisine française rustique et ses vins locaux et internationaux, ainsi que **The Blomidon Inn** (☎ *902-542-2291 ou 800-565-2291. www.blomidon.ns.ca*), qui ajoute sa propre touche à la gastronomie régionale.

Reprendre la route 358 et continuer vers le Nord.

★★ **The Lookoff** – *À environ 14 km au Nord de Starr's Point. Signalé sur la route 358.* S'arrêter à hauteur d'une aire de dégagement goudronnée pourvue d'une barrière métallique. Aucun panneau ni jalon ne marque officiellement ce point de vue réputé qui surplombe de 200 m la vallée de l'Annapolis, et dispense un superbe **panorama**★★ englobant au moins quatre comtés. La campagne dessine jusqu'au bassin Minas un paysage bigarré que seuls les monts South viennent interrompre au loin.

À environ 8 km au Nord du belvédère, la route 358 descend vers la petite communauté de Scots Bay, et offre alors de jolies **vues**★ de la baie, du détroit Minas et de la côte de Parrsboro. À Little Cove, remarquer les bateaux qui, à marée basse, reposent à même le fond du détroit.

Cap Split – *Fin de la route 358. Sentier de randonnée de 13 km à travers bois jusqu'à la pointe du cap.* Cette petite pointe de terre boisée s'avance dans la baie de Fundy, bordée de falaises spectaculaires. Noter la couleur des eaux du détroit Minas, rendues boueuses sous l'effet constant des marées. La route 358 s'achève sur des **vues** de la baie, du cap et de la côte de Parrsboro.

Rebrousser chemin par la route 358 sur environ 9 km ; prendre à gauche Stewart Mountain Rd. (non goudronnée) et continuer jusqu'à Blomidon, où une route mène au Parc provincial Blomidon. Les sentiers vers le cap Blomidon partent du parking.

★ **Blomidon** – En descendant, la route offre une fort jolie **vue**★ du bassin Minas. Le paysage jusqu'alors boisé fait place à une campagne plate aux parcelles multicolores, piquées çà et là de fermes et de granges rouge vif qui s'étendent jusqu'aux falaises en bordure du bassin. Continuer jusqu'au bout de l'aire de pique-nique pour obtenir une **vue**★★ splendide des falaises du cap Blomidon et de la plage. Le rouge du sable et de la roche et le bleu des eaux du bassin créent un contraste de toute beauté.

Rejoindre la route 221 par Pereau et Delhaven.

Au Sud de Blomidon, **vue**★ du port de Pereau et de **Paddys Island**, formation rocheuse percée que l'on peut pleinement apprécier à marée basse.

À la jonction avec la route 221, tourner à droite en direction de Canning, puis prendre la route 358 pour rejoindre la route 1.

★ **Wolfville** – Boutiques et restaurants animent l'artère principale de cette charmante communauté aux allées ombragées le long desquelles s'alignent d'anciennes demeures (certaines ont été transformées en auberges). La ville accueille, durant l'année universitaire, toute une population estudiantine fréquentant l'université d'Acadie, fondée à Wolfville en 1838.

★ **Grand-Pré National Historic Site** – *Au Nord de la route 1, à 4 km à l'Est de Wolfville.* Habité de 1680 à 1755, Grand-Pré était, au début du 18ᵉ s., le principal établissement acadien de l'actuelle Nouvelle-Écosse, avec environ 200 fermes échelonnées le long du bassin Minas où, grâce à leur ingénieux système de digues et d'**aboiteaux**, les habitants avaient gagné sur la mer de grandes parcelles de terres fertiles utilisées surtout en pâturages, d'où le nom du lieu.

Plage du Cap Blomidon

Mais en 1755, les Acadiens furent déportés *(voir p. 350)*, leur bétail confisqué, leurs fermes incendiées et leurs églises brûlées. Leurs terres furent distribuées à des colons venus de Nouvelle-Angleterre, puis après l'Indépendance des États-Unis, à des loyalistes. Ce parc est désormais le seul souvenir de la présence des premiers colons de la région.

Le poète américain **Henry Wadsworth Longfellow** situa son poème *Évangeline* à Grand-Pré. Publiée en 1847, l'œuvre évoque la séparation d'un jeune couple au cours du Grand Dérangement, le départ d'Évangéline pour l'Est des États-Unis et ses tentatives pour retrouver Gabriel, qu'elle ne verra plus vivant. Les Acadiens ont fait de ce poème le symbole de leur tragique histoire.

Visite – ♿ *Mai-oct. : 9 h-18 h. 2,50$.* ☎ *902-542-3631. www.grand-pre.com.* Dans la petite **église** (1930) construite à l'emplacement supposé de l'église d'origine, on peut voir une intéressante évocation de la colonisation acadienne, des problèmes qui ont surgi avec la domination britannique, et de la déportation finale. Dans les jardins alentour se dressent un buste de Longfellow et une **statue** de son héroïne Évangéline, réalisée par le sculpteur québécois d'origine acadienne **Louis-Philippe Hébert** (1850-1917).

Windsor – Situé au confluent des rivières Avon et Sainte-Croix, à l'emplacement de l'ancienne localité acadienne de Piziquid, Windsor est un port d'exportation du bois et du gypse.

★ **Haliburton House** – *Clifton Ave. Suivre les panneaux indicateurs. De déb. juin à mi-oct. : 9 h30-17 h30, dim. 13 h-17 h30. Contribution requise.* ☎ *902-798-2915. http://museum.gov.ns.ca.* La demeure fut, au 19e s., la résidence de **Thomas Chandler Haliburton** (1796-1865), juge, homme politique en vue, mais surtout écrivain et humoriste, créateur des célèbres aventures de Sam Slick, parues en 1836 dans l'ouvrage *The Clockmaker ; or, The Sayings and Doings of Samuel Slick of Slickville.* La résidence, bâtie en 1836, témoigne par son élégance et par la beauté de son parc, du rôle éminent que jouait Haliburton dans la société de son temps. Admirer le vaste hall d'entrée, l'élégante salle à manger et le salon.

■ Sam Slick

Thomas Chandler Haliburton connut une célébrité internationale grâce au personnage de Sam Slick, commerçant américain itinérant, dont les premières aventures furent publiées en 22 épisodes dans le journal *Novascotian*. En 1836, Joseph Howe, propriétaire du journal, les réunit sous le titre de *The Clockmaker ou The Sayings and Doings of Samuel Slick of Slickville*. Devant le succès de l'ouvrage, une deuxième série d'aventures suivit en 1838, puis une troisième en 1840. Le 19e s. vit environ 80 éditions de l'œuvre de Thomas Haliburton, satire sociale ironique composée de contes moraux que l'humour de l'auteur rend plus digestes. Caricature des marchands du Connecticut à la malhonnêteté proverbiale, Sam Slick parcourt la Nouvelle-Écosse en faisant des commentaires moqueurs sur le manque d'esprit d'entreprise des habitants. Il a laissé certaines expressions devenues familières, même en français : « la réalité dépasse la fiction » ou « qui est propre à tout n'est propre à rien ».

Shand House Museum – *Avon St. Interdiction de se garer dans la rue (parking indiqué à l'entrée de la ville). Côte à gravir à pied pour parvenir à la maison. De déb. juin à mi-oct. : 9 h30-17 h30, dim. 13 h-17 h30. 3$.* ☎ *902-798-8213. www.shand.museum.gov.ns.ca.* Au sommet de Ferry Hill se distingue une belle demeure victorienne (1891), flanquée d'une tour carrée d'où les visiteurs pourront admirer la rivière Avon. L'intérieur comprend un escalier en merisier, plusieurs pièces lambrissées de chêne et des meubles d'origine.

Fort Edward – *Accès par King St., près de Causeway (route 1). Site ouvert toute l'année. De mi-juil. à fin août : tlj sf dim. et lun. 10 h-18 h. www.parkscanada.ca.* Construit en 1750 sur une hauteur dominant la ville, cet ouvrage militaire devait établir l'autorité britannique dans cette région acadienne et protéger la voie de communication entre Halifax et la baie de Fundy. Tristement, il fut le principal lieu de rassemblement des Acadiens pendant le Grand Dérangement.

Le **blockhaus** de bois (le plus ancien du genre au Canada) est le seul bâtiment subsistant du fort d'origine. L'étage supérieur en saillie permettait de tirer sur d'éventuels agresseurs parvenus au pied du bâtiment. Bonnes **vues**, par-delà le talus de terre, sur la baie, la rivière Avon et le lac Pesaquid. À l'intérieur, expositions sur le petit ouvrage défensif et sur l'histoire du fort en général.

BALMORAL MILLS★

Schéma : PROVINCES DE L'ATLANTIQUE

Cette **minoterie** bâtie en 1874 occupe un joli site dans les bois où court une rivière. Elle continua ses activités commerciales jusqu'en 1954, puis fut complètement restaurée et ouverte au public, pour le plus grand plaisir des visiteurs.

VISITE

À 10 km au Sud-Est de Tatamagouche par la route 311. Site ouv. toute l'année. ♿ *Musée : de déb. juin à mi-oct. : 9 h30-17 h30, dim. 13 h-17 h30. 3$.* ☎ *902-657-3016. http://gristmill.museum.gov.ns.ca*

Chaque jour, le moulin à eau reprend quelques heures ses activités, donnant l'occasion d'observer les techniques anciennes de transformation des grains en farine. On remarquera sa roue hydraulique et l'on pourra voir, au milieu des courroies et des engrenages, les meules d'origine moudre l'avoine, le blé, l'orge ou le sarrasin *(farine en vente)*.

EXCURSION

Sutherland Steam Mill Museum – *À Denmark, 10 km au Nord-Est par les routes 311 et 326. De déb. juin à mi-oct. : 9 h30-17 h30, dim. 13 h-17 h30. 3$.* ☎ *902-657-3365. http://steammill.museum.gov.ns.ca.* Lorsque Alexander Sutherland construisit cette scierie en 1894, la vapeur commençait à remplacer l'énergie hydraulique. Il fabriquait des traîneaux et des voitures à cheval ; son frère et associé produisait quant à lui des portes et des fenêtres. Toutes les machines sont en état de marche et l'usine fonctionne une fois par mois *(téléphoner pour plus de détails)*.

Piste CABOT★★

Office de tourisme ☎ 902-563-4636 ou www.cbisland.com

La piste Cabot (Cabot Trail en anglais), du nom de l'explorateur qui aurait débarqué à la pointe Nord de l'île du Cap-Breton en 1497, est célèbre pour la beauté de ses paysages. Inaugurée en 1936, cette voie à double sens fait le tour de la partie septentrionale de l'île.

C'est une région de hauts plateaux, sauvage, rocheuse et boisée, qui rappelle les Highlands d'Écosse, dont elle connaît aussi les brumes et les vents. La ressemblance ne s'arrête d'ailleurs pas au paysage, car une grande partie de la population, d'origine écossaise, a marqué la contrée d'une forte empreinte gaélique, sauf dans la région acadienne de Chéticamp. On y entend toujours parler le gaélique qui, au début du 19e s., était la troisième langue européenne la plus couramment utilisée au Canada.

CIRCUIT

301 km au départ de Baddeck. Les visiteurs trouveront peut-être plus rassurant d'effectuer le trajet dans le sens des aiguilles d'une montre de façon à conduire côté montagne.

★Baddeck

Point de départ et d'arrivée de la piste Cabot, Baddeck est un joli centre de villé-giature occupant un **site★★** charmant sur la rive Nord du **lac Bras d'Or**. Cette immense étendue d'eau divise presque en deux l'île du Cap-Breton. Elle est reliée à l'Atlantique par Great Bras d'Or et Little Bras d'Or, qui coulent de part et d'autre de l'île Boularderie.

★★ Alexander Graham Bell National Historic Site – *À Baddeck, route 205.* Le célèbre inventeur et philanthrope **Alexander Graham Bell** (1847-1922) fit en 1885 un premier voyage à Baddeck, qui lui rappela son Écosse natale. Séduit, il décida d'y construire une résidence secondaire, baptisée *Beinn Bhreagh* (« belle montagne » en gaélique). Bell enseigna le langage des signes aux sourds-muets, et ses travaux sur le son l'ame-nèrent à inventer le téléphone en 1874. C'est à Baddeck qu'il fit la plupart de ses expériences en aéronautique, construisant des cerfs-volants géants pour étudier la por-tance de l'air, et qu'il mit au point le tétraèdre, forme à la fois légère et solide à partir de laquelle il étudia divers engins et qui figure à de nombreuses reprises dans sa maison. En 1907, il créait, avec quelques pionniers de l'aviation, l'Aerial Experiment Association qui réussit, en 1909, le premier vol piloté au Canada avec le **Silver Dart** au-dessus de la baie de Baddeck. Il s'intéressa aussi à la navigation et mit au point l'HD-4, hydroptère qui, en 1919, atteignit sur le lac Bras d'Or la vitesse record de 114 km/h.

Visite – ♿ *Juin : 9 h-18 h ; juil.-août : 8 h30-19 h30 ; de déb. sept. à mi-oct. : 8 h30-18 h ; de mi-oct. à fin mai : 9 h-17 h. 5 $. ☎ 902-295-2069. www.parkscanada.ca.* Ce remarquable musée présente en détail les recherches de Bell dans les domaines les plus variés : téléphone, gilet à vide (ancêtre du poumon d'acier), sonde chi-rurgicale (utilisée avant l'invention de la radiographie), cerfs-volants expérimentaux, appareil de survie destiné à sauver de la soif les marins en détresse, hydroptère (reconstitution complète de l'HD-4 et restes de l'original). Une riche **collection de photographies** sur la vie et l'œuvre de Bell constitue l'un des points forts du musée. Durant la saison touristique, plusieurs films viennent par ailleurs évoquer la vie et l'œuvre du grand inventeur.

De la terrasse, jolie **vue panoramique** sur le lac Bras d'Or et le port de Baddeck. On aperçoit derrière les arbres, au loin à gauche, la splendide demeure *(fermée au public)* de Bell.

★De Baddeck à Chéticamp *88 km. Schéma p. 382.*

La route remonte la vallée de la Middle, longe les lacs O'Law et rejoint la belle **vallée de la Margaree**, verdoyante, boisée et dont les cours d'eau sont parmi les plus riches en saumons du pays.

North East Margaree – Cette petite communauté rurale au milieu des bois possède un musée digne d'intérêt.

★ Margaree Salmon Museum – ♿ *De mi-juin à mi-oct. : 9 h-17 h. 1 $. ☎ 902-248-2848.* On y explique le cycle de vie du saumon de l'Atlantique qui, contrairement à son cousin du Pacifique, est capable d'effectuer plusieurs montaisons ; importante col-

Piste Cabot (île du Cap-Breton)

lection d'attirail de pêche ancien : mouches, moulinets, cannes (dont une canne écossaise de 1880 qui mesure plus de 5 m), et même du matériel prohibé utilisé par les braconniers.

La piste Cabot continue vers le Nord et suit la rivière Margaree en offrant des **vues**★ pastorales de sa belle vallée ainsi que de la ville d'East Margaree, sur la rive opposée. Bientôt, la route s'élève et laisse derrière elle ces paysages ruraux. Le cadre change alors, dominé par l'atmosphère marine. La descente sur Margaree Harbour s'accompagne de **vues**★ saisissantes sur la localité. On traverse ensuite l'estuaire de la Margaree, puis on remonte la côte acadienne, avec des vues sur le golfe du Saint-Laurent.

Chéticamp – Petit port de pêche dominé par l'imposante église Saint-Pierre et son clocher pointu, Chéticamp est le principal centre acadien de cette côte où flotte fièrement le drapeau tricolore étoilé *(voir p. 360)*. Ses tapis de laine crochetés ont fait sa renommée.

Musée acadien – ♿ *Mai-oct. : 8 h-21 h, w.-end 9 h-17 h ; le reste de l'année : mar. et ven. 13 h-15 h.* ☎ *902-224-2170. www.co-opartisanale.com.* Gérés par une coopérative artisanale acadienne, le musée et sa boutique-cadeaux exposent toutes sortes d'articles au crochet. Démonstrations de crochet, de filage, de cardage et de tissage. Les visiteurs pourront aussi déguster des spécialités acadiennes.

De Chéticamp au cap Smokey *124 km. Schéma p. 382.*

★★ **Cape Breton Highlands National Park** – Ce parc de 950 km² au Nord de l'île du Cap-Breton offre un mélange de paysages de montagne et de mer.
Son littoral, doté de quelques jolies plages, se compose à l'Ouest d'une côte baignée par les eaux relativement calmes du Saint-Laurent et, à l'Est, d'un rivage soumis aux assauts constants de l'océan. On y aperçoit parfois une baleine ou même un aigle à tête blanche.
Plateau marécageux et boisé atteignant par endroits plus de 500 m, l'intérieur est le domaine de l'orignal, du lynx et du lièvre d'Amérique. Plusieurs sentiers *(se renseigner auprès des bureaux du parc)* permettent d'y accéder ; cependant, la côte réserve les plus belles vues.

Visite – *Ouv. toute l'année. 3,50 $. Randonnée pédestre, pique-nique, baignade. Centre d'accueil (de mi-mai à fin juin : 9 h-17 h ; de fin juin à fin août : 8 h-20 h ; de déb. sept. à mi-oct. : 9 h-17 h ; de mi-oct. à mi-mai téléphoner pour connaître les horaires) à l'entrée du parc au Nord de Chéticamp* ☎ *902-224-2306, et à Ingonish Beach* ☎ *902-285-2691. Le parc comprend 24 belvédères d'où l'on pourra admirer la vue. www.parkscanada.ca.* Dès l'entrée du parc, la piste Cabot escalade les gorges de la rivière Chéticamp et rejoint la côte qu'elle longe. Jolies **vues**★★ de l'océan et de la route qui se déroule comme un ruban à l'horizon. Le belvédère de **Cap Rouge** dévoile des **vues**★★ particulièrement belles. La route franchit le mont French, point le plus élevé du parcours, et continue vers l'intérieur.

Restaurant Acadien

À Chéticamp, au Musée acadien. Réservation conseillée ☎ *902-224-3207. www.co-opartisanale.com.* C'est une cuisine acadienne authentique, servie par un personnel en tablier et coiffe en dentelle, qui attend les convives de ce restaurant populaire : fricot au poulet (au bouillon de poulet, avec pommes de terre, carottes et oignons), pâté à la viande (tourte de bœuf et porc) et sauce au boudin (crème de boudin avec viande de porc), spécialité de la maison, partagent les faveurs des gourmands avec les hamburgers, les côtes de porc et le poisson accompagné de chips. Il est difficile de résister aux desserts maison : tartes aux pommes, aux « bleuets » (myrtilles), tarte meringuée au caramel, tarte au citron, au raisin, à la fraise et à la rhubarbe... Petit-déjeuner, déjeuner et dîner sont servis sept jours sur sept à partir de 7 h.

Normaway Inn

Dans la vallée de la Margaree, 691 Egypt Rd. (3 km hors de la piste Cabot). Réservation conseillée le soir. ☎ *902-248-2987. www.normaway.com.* Nichée au creux d'un bois et de prés, cette auberge isolée sait attirer les amoureux de la nature et les sportifs grâce aux nombreux sentiers pédestres, cyclables et équestres qui sillonnent les environs, ainsi qu'à la proximité de cours d'eau à truite et à saumon, sans oublier les voies navigables en canoë. Les visiteurs sont logés dans des chambres avec des pavillons avec jacuzzi, poêle à bois et cheminée. Le restaurant accepte les dîneurs de passage et leur propose : produits frais du jardin, saumon de l'Atlantique, agneau de la vallée. En été et en automne, le Fiddler's Barn, pub de l'auberge, accueille des groupes de musique traditionnelle et de danse *(le vendredi)*.

En descendant, elle traverse quelques vallées profondes, gravit les monts Mackenzie et offre encore de remarquables **vues**★★ sur la côte en arrivant sur Pleasant Bay. La route repart ensuite vers l'intérieur. Noter en chemin une chaumière rustique aux murs de pierre *(à environ 6,5 km de Pleasant Bay, s'engager sur un court sentier)* : il s'agit de **Lone Shieling** (« abri solitaire » en gaélique), réplique des humbles logis paysans typiques des Highlands et des îles d'Écosse, érigé pour célébrer les liens profonds qui relient les nombreux Écossais du Cap-Breton à leur pays d'origine.

La route franchit les monts North, descend en pente raide en ménageant de jolies **vues**★, puis rejoint la rivière North Aspy qu'elle suit jusqu'à **Cape North**.

★★**Bay St. Lawrence** – *Excursion : 38 km AR au dép. de Cape North.* Cette jolie route longe la baie d'Aspy en offrant des vues sur la longue barre de sable qui ferme la baie, puis s'enfonce à l'intérieur des terres parmi des collines herbeuses parsemées de roches roses. Avant de s'éloigner de la baie, la route passe à hauteur de Cabot Landing Beach, longue plage dominée par une colline en pain de sucre (Sugarloaf Mountain) ; le fameux navigateur **Jean Cabot** aurait débarqué ici pour la première fois en Amérique du Nord, en 1497.

L'excursion s'achève à **Bay St. Lawrence**, hameau de pêcheurs situé au bord d'un petit lac qu'un étroit goulet relie à la mer. Une **vue**★ pittoresque sur la petite localité s'obtient depuis sa grande église de bois blanc (St. Margaret's) dont la voûte adopte la forme d'une carène renversée.

À la sortie de Bay St. Lawrence, tourner à droite et continuer sur 3 km jusqu'à Capstick.

Hameau de Capstick et Bay St. Lawrence

Capstick – Moins peuplé que Bay St. Lawrence, Capstick est un hameau à flanc de coteau contenant quelques maisons bâties sur un plateau herbeux qui surplombe le rivage. À travers un rideau de pins malingres, les **vues**★ de la côte échancrée sont véritablement spectaculaires, rehaussées par l'incroyable couleur des eaux.

Rejoindre la piste Cabot, puis la quitter à nouveau après South Harbour pour longer la côte.

C'est une route très agréable qui ménage de belles **vues**★ de la baie d'Aspy, de sa barre de sable et de la longue péninsule du cap North. Après White Point, la route part vers le Sud et traverse les charmants villages de pêcheurs de **New Haven** et de **Neil Harbour**★. Ce dernier est doté d'un port artificiel à côté d'une baie sablonneuse.

Rejoindre la piste Cabot.

Cette portion de route est particulièrement belle, surtout à partir de **Black Brook Cove**. De vertes étendues boisées couvrent l'intérieur tandis que des rochers roses s'avancent dans la mer. Parmi les nombreuses anses et petites baies qui parsèment la côte, **Green Cove** se distingue par son charme particulier. Du belvédère de Lakie's Head, on aperçoit l'étroite presqu'île de **Middle Head** et le cap Smokey dont la silhouette s'élève parfois au-dessus d'une brume digne des Highlands d'Écosse.

Les Ingonish – Échelonnées autour d'une baie, les localités d'Ingonish, Ingonish Centre et Ingonish Beach contrastent avec la relative solitude du parc. Ce sont des stations de villégiature très prisées pour leurs activités récréatives *(pêche, bateau, baignade, golf, tennis et ski)*. De nombreux bateaux de croisière font escale à Ingonish Harbour.

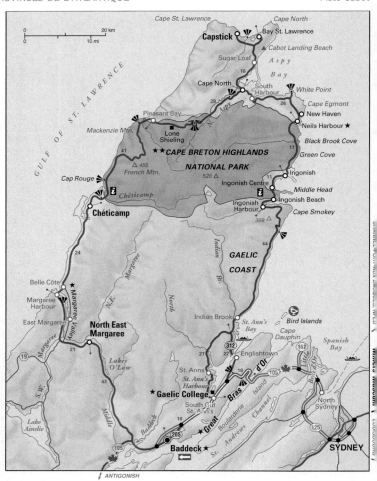

La baie d'Ingonish est séparée en deux baies plus petites (North Bay et South Bay) par **Middle Head**, presqu'île rocheuse longue et étroite qui abrite **Keltic Lodge**, l'un des hôtels les plus célèbres du Canada. De là, on aperçoit vers le Sud le **cap Smokey** (369 m), parfois caché par les nuages, ce qui lui a valu son nom.

La côte gaélique

Du cap Smokey à Baddeck – *89 km.* Après avoir gravi le cap Smokey, la route retrouve la côte, offrant de belles **vues**★ vers le Sud, puis s'éloigne un peu du rivage et traverse plusieurs villages de pêcheurs.
Au large, le groupe d'îlots **Bird Islands** (réserve ornithologique) accueille durant l'été un grand nombre d'oiseaux de mer. On retrouve de belles vues en longeant St. Ann's Harbour, particulièrement à partir de Goose Cove et à South Gut St. Ann's.

★**Gaelic College** – *À St. Ann's.* Fondée en 1938 par le révérend A. W. R. MacKenzie, elle est l'unique université d'Amérique du Nord enseignant le gaélique. Les étudiants viennent donc de tout le continent se plonger dans cette culture et apprendre la langue, les arts et l'artisanat des Highlands : cornemuse, chants, danses, tissage de tartans, etc. En été *(juil.-août : mer. soir)*, le collège accueille un *ceilidh*, rassemblement de danseurs et musiciens locaux.

Great Hall of the Clans – *Sur le campus.* &. De mi-juin à fin sept. : *9 h-18 h. 2,50 $.* ☎ *902-295-3411. www.gaeliccollege.edu.* Une pièce isolée, près de l'entrée, abrite une **exposition** de divers objets d'artisanat et souvenirs de l'époque des pionniers écossais. Le hall même, consacré à l'histoire des clans, contient une grande variété de tartans et autres vêtements traditionnels. À l'une des extrémités du hall se dresse la statue d'Angus MacAskill (1825-1863), un géant de 2,36 m et 193 kg originaire du Cap-Breton, célèbre pour avoir parcouru les États-Unis en compagnie du nain Tom Pouce qui dansait sur la paume ouverte de sa main.

★**Itinéraire bis** – *22 km par la route 312 et la Transcanadienne.* La route traverse la baie St. Ann's sur une langue de terre qui ferme presque la rade, laissant un goulet de 270 m seulement que l'on franchit en bac (♿ *24 h/24. Dép. toutes les 10mn sf fév.-avr. si les eaux sont prises par la glace.* ☎ *902-861-1911. www.gov.ns.ca).*

EXCURSIONS *schéma p. 382*

★**Great Bras d'Or** – *18 km au Nord-Est de South Gut St. Ann's, le long de la Transcanadienne.* La Transcanadienne franchit les monts Kelly en offrant une belle **vue**★ sur la rade St. Ann's, le bac et l'étroite bande de terre suivie par la route 312. Elle traverse ensuite la presqu'île du cap Dauphin et redescend vers Great Bras d'Or, avec de belles **vues**★ sur le bras de mer, le pont qui le traverse et au loin sur **Sydney**, principale ville du Cap-Breton. Ses gisements de charbon (les plus riches de l'Est du Canada) ont favorisé le développement de grandes aciéries.

★★**Miners' Museum** – *À Glace Bay, 19 km au Nord-Est de Sydney. Suivre les panneaux indicateurs jusqu'à Quarry Point.* Le bassin houiller de l'île du Cap-Breton, où des soldats français de Louisbourg découvrirent du charbon dans les falaises de Port-Morien, est connu depuis 1720. Le sous-sol de la région contient des couches de houille grasse qui se prolongent sous l'océan. L'exploitation minière se développa dans la seconde moitié du 19ᵉ s., encouragée par la création d'une industrie sidérurgique à Sydney, grâce au minerai de fer découvert à Terre-Neuve (*voir p. 351*). Les immigrants affluèrent alors dans la région, sûrs d'y trouver du travail. La grande époque du charbon devait durer jusque vers 1950, quand l'usage du pétrole et du gaz commença à se généraliser. Le Cap-Breton connut alors la récession économique. Exploitée par Cape Breton Development Corporation, la dernière houillère de Glace Bay devait fermer en 1984.

Visite – *Juin-sept. : 10 h-18 h (mar. 19 h) ; le reste de l'année : tlj sf w.-end 9 h-16 h. 4,50 $ (plus 3,50 $ pour visite guidée de la mine ; vêtements de protection fournis).* ☎ *902-849-4522.* Ce musée consacré à l'industrie minière du Cap-Breton occupe un site de 6 ha au bord de la mer. Il explique la formation du charbon et montre les premières méthodes d'exploitation, l'équipement et les méthodes actuelles. Des films *(20-30mn)* sur l'industrie minière au Cap-Breton sont présentés dans la salle de projection.

Des mineurs à la retraite guident les visiteurs à travers une galerie basse *(il faut parfois se baisser)* creusée sous la mer. Devant les parois de houille *(on peut ramasser quelques échantillons en souvenir)*, ils expliquent les différentes méthodes d'exploitation en y mêlant de nombreuses anecdotes personnelles.

Un **coron** a été reconstruit à proximité du musée, avec la reconstitution d'une maison de mineur des années 1850-1900 et le magasin du village, qui appartenait à la compagnie. Un restaurant *(horaires variables)* sert des spécialités régionales, comme la *coal dust pie* (« tourte à la poussière de charbon »).

CÔTE ATLANTIQUE★★

Carte Michelin n° 583 W4 – Schéma : PROVINCES DE L'ATLANTIQUE

De Canso à Yarmouth, la côte atlantique de la Nouvelle-Écosse n'est qu'une suite de caps rocheux et de plages de sable, d'anses et de baies. La partie décrite ci-dessous est d'un grand intérêt touristique, avec ses pittoresques villages de pêcheurs et ses aimables petites villes aux avenues bordées d'arbres centenaires et d'élégantes demeures, qui rappellent la grande époque de la construction navale.

DE HALIFAX À LIVERPOOL *348 km. Schéma p. 386*

★★**Halifax** – *Voir ce nom.*

Quitter Halifax par la route 3. Prendre à gauche la route 333.

À l'approche de la côte, le paysage se transforme : le sol devient roc nu, jonché de blocs de granit abandonnés à la fonte des glaciers, donnant au lieu un caractère désolé et impressionnant. *Le brouillard peut tomber à tout moment, mais il est relativement moins fréquent de la mi-juillet à fin octobre.*

★★**Peggy's Cove** – Minuscule village de pêcheurs dont le pittoresque et le site sauvage ont inspiré peintres et photographes canadiens, Peggy's Cove est resté étonnamment tranquille et bien préservé malgré l'afflux des visiteurs. On verra le charmant petit port bordé de cabanes sur pilotis, et à l'écart, dressé parmi d'énormes blocs de granit, le **phare** qui abrite, durant l'été, un bureau de poste. *Attention : vagues soudaines et roches extrêmement glissantes ; les promeneurs marcheront avec prudence pour éviter l'accident.*

Avant de quitter le village, remarquer les **sculptures** représentant les habitants du village, taillées dans le roc par William deGarthe (1907-1983).

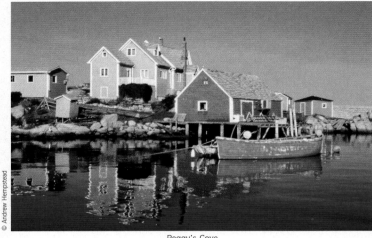

© Andrew Hempstead

Peggy's Cove

La route continue le long de la **baie St. Margarets**, traversant d'autres jolis petits ports et offrant de belles vues sur la côte rocheuse jalonnée de petites îles.

À Upper Tantallon, prendre la route 3 et la suivre jusqu'au croisement de la 329 (après Hubbards). Cette dernière permet de longer la côte. On rejoint la 3 avant Chester.

★**Chester** – Perchée sur les falaises qui dominent la baie Mahone, cette charmante localité fut fondée en 1759 par des colons venus de la Nouvelle-Angleterre. Ses belles maisons et ses arbres magnifiques en font un lieu privilégié pour nombre de retraités canadiens et de résidents saisonniers américains.

Environ 7 km après Chester, prendre la route 12 vers le Nord.

★**Ross Farm** – *24 km aller simple.* ♿ *Mai-oct. : 9 h30-17 h30 ; nov.-avr. : tlj sf lun. et mar. 9 h30-16 h30. 6$.* ☎ *902-689-2210. http://rossfarm.museum.gov.ns.ca.* 📷 En 1816, William Ross défrichait cette terre. La ferme resta dans la famille Ross pendant cinq générations, avant d'être acquise par le musée d'Histoire naturelle et convertie en écomusée de l'agriculture du 19ᵉ s. La visite permet d'assister à des démonstrations variant selon la saison : fabrication de tonneaux, de bougies, travail à la forge, tonte des moutons, etc. Remarquer aussi les charrues et herses exposées ainsi que divers moyens de transport, dont des cabriolets et le chariot bien achalandé d'un colporteur. Il est également possible de faire des promenades en charrette à cheval ou à bœuf.

Reprendre la route 3.

★**Mahone Bay** – Fondée en 1754 par le capitaine Ephraim Cook, Mahone Bay a une histoire aventureuse. Comme bien d'autres ports de la Nouvelle-Écosse entre 1756 et 1815, c'était un repaire de corsaires qui, avec la permission royale, attaquaient de la Nouvelle-Angleterre aux Antilles vaisseaux français, espagnols, hollandais et américains pour s'emparer de leurs richesses. Leur activité était réglementée : il fallait une autorisation, n'attaquer que des bâtiments ennemis, et apporter toutes les prises à Halifax où la cour de la vice-amirauté se prononçait sur leur légalité et prélevait sa part. Malgré tout, les profits étaient considérables, et ces communautés côtières prospérèrent.

Aujourd'hui, Mahone Bay a un aspect plus honorable, avec ses boutiques et ses restaurants, ses pimpantes maisons de bois et ses rues bordées d'arbres. En approchant de cette petite ville, jolie **vue**★ d'ensemble dominée par les églises qui se reflètent sur les eaux de la baie.

Faire environ 10 km sur la route 3 en direction du Sud.

★**Lunenburg** – Lunenburg (inscrite au Patrimoine mondial en 1995) doit son nom à la ville allemande de Lüneburg près de Hambourg, d'où vinrent ses premiers colons en 1753. Sa pittoresque architecture témoigne d'un riche passé.
Comme Mahone Bay, Lunenburg fut autrefois un repaire de pirates, ce qui lui valut d'être mise à sac par des corsaires américains en 1782. Depuis toujours, la ville est connue pour sa flotte de pêche et ses chantiers navals. Parmi les nombreuses goélettes qui sortirent de ses cales pour aller pêcher sur les bancs *(voir p.)* figure le fameux *Bluenose*. Lancé en 1921, ce bateau remporta quatre courses internationales entre 1921 et 1938. En saison, il est possible de faire une agréable **croisière** (♿ *dép. du Fisheries Museum juin-sept. : 9 h30, 13 h. 2 h AR. 20$.* ☎ *902-634-1963 ou 800-763-1963 Canada et US. www.bluenose2.ns.ca)* à bord de sa réplique, le *Bluenose II* (1963).

Chaque été, la ville organise par ailleurs une grande fête de la pêche, **Nova Scotia Fisheries Exhibition and Fishermen's Reunion** *(août)*, avec courses de doris et de goélettes, concours de préparation de poissons et de pétoncles, parade et autres festivités.

★★ **Fisheries Museum of the Atlantic** – *Sur le port.* & *De mi-mai à fin oct. : 9h30-17h30 ; le reste de l'année : tlj sf w.-end 8h30-16h30. 9$.* [P] *(2$)* ☎ *902-634-4794. www.fisheries.museum.gov.ns.ca.* 🎥 Installé dans les bâtiments d'une ancienne usine de conditionnement du poisson, ce musée présente divers aspects de la vie maritime à Lunenburg. Il comprend des expositions sur le *Bluenose*, la contrebande du rhum pendant la prohibition et le développement de la pêche hauturière, et présente une collection d'instruments de navigation ainsi que des maquettes de navires et la réplique des bureaux d'une compagnie de pêche des années 1920. Noter aussi la salle de cinéma *(projections régulières)*, l'atelier où sont construits des doris et l'aquarium où évoluent les poissons de mer pêchés au large des côtes.

Deux bateaux à quai se visitent. Goélette construite en 1938 et utilisée sur les bancs pendant 25 ans, le *Theresa E. Connor* a été remis à neuf et équipé pour la pêche hauturière. Il illustre la pêche traditionnelle à la morue avec le doris sur lesquels deux hommes partaient dévider, puis remonter les longues lignes de fond. Ils ramenaient ensuite le poisson à la goélette où il était salé. Le *Cape Sable*, un chalutier en acier, représente quant à lui les bateaux de pêche qui remplacèrent les goélettes. Lunenburg fut, jusqu'en 1982, le port d'attache de ce navire construit en Hollande en 1962.

Prendre la route 3, puis la 332 sur 15 km. Prendre ensuite à gauche Feltzen South, puis à droite Ovens Rd.

★ **Ovens Natural Park** – *De mi-mai à mi-oct. : 8h30-21h. 6$.* ☎ *902-766-4621. www.ovenspark.com.* Le site est pittoresque, avec de belles **vues**★ sur la rade de Lunenburg et Blue Rocks. Un sentier mène jusqu'au bord de la falaise creusée, sous l'action des vagues, de grottes ressemblant à des fours *(ovens)*. Des escaliers permettent de descendre voir ces excavations naturelles.

Continuer sur la route 332, puis prendre à gauche la route 3.

On longe le paisible estuaire de la rivière LaHave, sillonnée de bateaux et bordée de petites maisons sur ses rives boisées, avant de traverser le cours d'eau à **Bridgewater**, grande ville industrielle.

Prendre à gauche la route 331.

Le *Theresa E. Connor*

La route traverse la localité même de **LaHave**, ancien poste acadien où Isaac de Razilly, alors lieutenant-gouverneur d'Acadie, fit construire un fort en 1632. Elle continue ensuite le long de la côte en offrant de jolies vues sur la mer et les villages de pêcheurs, particulièrement autour de la rade de **Medway**.

Liverpool – Fondée en 1760 par des colons de la Nouvelle-Angleterre, sise comme son célèbre homonyme anglais au bord de la rivière Mersey, Liverpool dut sa prospérité, jadis, aux corsaires, à la pêche et à la réparation navale. Ses principales ressources sont aujourd'hui l'industrie du papier, le conditionnement du poisson et la construction de machines.

★ **Perkins House Museum** – *105 Main St. De déb. juin à mi-oct. : 9h30-17h30, dim. 13h-17h. 3$.* ☎ *902-354-4058. http://museum.gov.ns.ca.* Perdue sous de grands arbres parmi d'autres jolies maisons, cette demeure basse, de style simple, fut bâtie en 1767 par le colonel Simeon Perkins, originaire de Cape Cod (Massachusetts). Négociant et armateur, colonel de la milice du comté, juge et membre de l'Assemblée législative, celui-ci décrivit en détail toutes ces activités dans son journal, inestimable document sur la vie d'une ville coloniale de 1766 à 1812, conservé au Queens County Museum voisin.

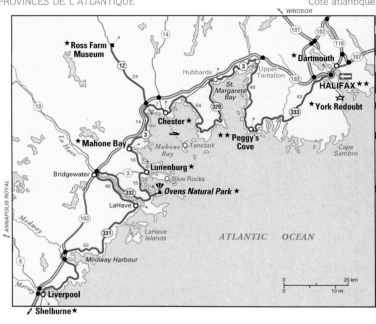

EXCURSION À SHELBURNE

★Shelburne – *64 km au Sud par la route 103 (sortie 25). Office de tourisme sur Dock St. ☎ 902-875-4547.* Au 18ᵉ s., Shelburne se classait au rang des plus grandes villes d'Amérique du Nord, avec une population d'environ 10 000 habitants. Fondée en 1783 par un groupe de loyalistes, la petite localité connut en effet une véritable explosion démographique due à l'arrivée de réfugiés qui avaient appuyé la cause britannique durant la guerre d'Indépendance américaine. Mais cette expansion allait être de courte durée, car beaucoup de colons décidèrent par la suite de s'installer ailleurs.

Le quartier historique de Dock Street comprend quelques maisons du 18ᵉ s. et des commerces. Noter la tonnellerie, qui continue aujourd'hui à fabriquer ses barriques, et le **Dory Shop Museum** *(juin-sept. : 9 h30-17 h30. 3$. ☎ 902-875-3219. http://museum.gov.ns.ca).* Ce petit musée expose les méthodes de construction des fameux doris (embarcations utilisées par les terre-neuvas pour aller mouiller les lignes de fond) et permet d'en réaliser l'importance historique.

★Ross-Thomson House and Store Museum – *Charlotte Lane. De déb. juin à mi-oct. : 9 h30-17 h30. 3$. ☎ 902-875-3141. http://museum.gov.ns.ca.* Un jardin de fleurs et d'herbes aromatiques orne l'entrée de ce grand édifice (il s'agit en fait de deux maisons accolées) qui, en 1785, servait à la fois de magasin, d'entrepôt de marchandises et de résidence. Noter ses deux toits : l'un légèrement mansardé, l'autre à deux pentes. L'intérieur bien achalandé de l'ancien magasin ainsi que la maison d'habitation se visitent.

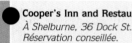

● **Cooper's Inn and Restaurant**
À Shelburne, 36 Dock St. Réservation conseillée. ☎ 902-875-4656 ou 800-688-2011. www3.ns.sympatico.ca/coopers
Cette imposante demeure du 18ᵉ s. à bardeaux, au toit muni d'un belvédère, a été convertie en une pension de famille ouvrant sa table aux visiteurs de passage. Le repas pourra commencer par une soupe froide au concombre et se poursuivre avec un homard à la crème, un saumon de l'Atlantique ou des côtelettes d'agneau de lait sauce aux noix et à l'ail. Avec, pour terminer, une glace maison sauce caramel ou une mousse au grand marnier. La carte des cafés comprend un café *amaretto* ou un café *diablo*. Une promenade dans le ravissant jardin anglais de l'auberge couronnera le festin.

HALIFAX★★

359 111 habitants
Carte Michelin n° 583 W4 – Schéma : PROVINCES DE L'ATLANTIQUE
Office de tourisme ☎ 902-490-5946 ou www.region.halifax.ns.ca

La capitale provinciale se situe sur la côte Est de la péninsule de Nouvelle-Écosse. Sa rade, profonde échancrure de la côte atlantique, est l'un des meilleurs sites portuaires du monde. Elle comprend un vaste bassin intérieur, le **bassin de Bedford** (longueur : 5 km ; largeur : 2,5 km), dont l'entrée est protégée par une presqu'île d'où s'élève le cœur de la ville. Le long du détroit que forme cette presqu'île s'alignent la plupart des docks et des quais du port, tandis que la colline surplombant la presqu'île et les îles qui ferment l'entrée de la rade constituent d'excellents emplacements de défense.

Un peu d'histoire

Une vocation militaire – Halifax fut fondée en 1749 pour faire échec à la forteresse française de Louisbourg qui représentait une menace pour l'Angleterre et qui, assiégée et conquise en 1745 par des troupes de la Nouvelle-Angleterre, avait cependant été rendue à la France trois ans plus tard. En juillet 1749, sous la direction d'**Edward Cornwallis**, gouverneur de la Nouvelle-Écosse, 2 500 colons anglais fondaient un poste sur le site actuel de la ville. Ainsi, dès le début, Halifax fut-elle une place forte peuplée de soldats et de marins dont les vaisseaux étaient ancrés dans la rade. La présence militaire donnait le ton. Elle animait les bals et les réceptions de l'aristocratie et favorisait la fréquentation de maisons closes établies le long des quais. Les règlements militaires régissaient alors la ville, et il fallut près de 100 ans avant que Halifax n'obtienne, avec le statut de cité, le droit pour ses habitants de contrôler quelque peu leurs propres affaires.

Les princes royaux – Bannis d'Angleterre par leur père pour cause d'inconduite, deux des fils de **George III** vécurent à Halifax. Le futur **Guillaume IV** fêta son 21e anniversaire en ripailles dans le quartier du port. Son frère **Édouard**, duc de Kent, servit en qualité de commandant en chef de la place de 1794 à 1800. Il dépensa une fortune pour équiper Halifax d'ouvrages fortifiés. Ces derniers firent de la ville l'un des points forts de la stratégie britannique, formant avec la Grande-Bretagne, Gibraltar et les Bermudes un puissant quadrilatère de défense. Partisan d'une discipline rigide, le prince Édouard faisait fouetter ou pendre ses hommes au moindre méfait. Il fit installer un système de sémaphore pour pouvoir transmettre ses ordres à ses troupes depuis Annapolis Royal, de l'autre côté de la péninsule, ou de sa retraite sur le bassin de Bedford où vivait sa maîtresse.

Perspectives actuelles – Métropole des provinces de l'Atlantique, Halifax en est à la fois la capitale commerciale et financière. La ville joue également le rôle de centre administratif de la Nouvelle-Écosse, et abrite la base atlantique de la **Marine canadienne** ainsi qu'une importante communauté scientifique. Halifax possède aussi, bien sûr, un grand port équipé notamment d'un silo élévateur et d'installations destinées à recevoir navires porte-conteneurs et pétroliers, qui se resserre avant de s'évaser dans le bassin de Bedford.

© Y. Derome/PUBLIPHOTO

Port de Halifax

Les collines sillonnées de rues aux maisons de bois colorées à proximité de l'océan évoquent la déclivité (et le charme pénétrant) de San Francisco. Le front de mer bourdonne d'activité en été : restaurants et cafés font salle comble, vendeurs et artistes de rues occupent la promenade, le bassin de plaisance déborde d'embarcations de clubs nautiques et le port vibre du trafic des paquebots. La citadelle et le port, dont l'importance fut cruciale au développement de la ville, attirent des visiteurs admiratifs de plus en plus nombreux.

■ L'explosion de 1917

Au cours des deux guerres mondiales, les navires se groupaient en convois pour mieux se protéger des sous-marins allemands durant la traversée de l'Atlantique, et le bassin de Bedford, vaste et sûr, se prêtait au rassemblement de tels convois. En décembre 1917, un vaisseau de ravitaillement belge, l'**Imo**, heurta dans le port de Halifax un transporteur de munitions français, le **Mont Blanc**, qui s'était joint à un convoi. Empli d'acide picrique, de coton-poudre, de TNT et de benzol, ce dernier explosa en provoquant une déflagration d'une violence inouïe (la plus importante que le monde ait subie jusqu'au largage de la bombe atomique sur Hiroshima en 1945). Du *Mont Blanc* ne furent retrouvés qu'un canon dans le lac Albro, près de Dartmouth, et une ancre d'une tonne et demie qui atterrit à plus de 3 km du lieu de la collision. Tout le Nord de la ville fut soufflé, la gare de triage et les docks détruits ; les vitres se brisèrent jusqu'à Truro, à 100 km de là, et le bruit de l'explosion fut entendu à plus de 160 km. Par miracle, l'équipage avait pu être évacué à temps, mais l'accident coûta la vie à environ 2 000 habitants. De plus, 9 000 personnes furent blessées, 199 rendues aveugles par des éclats de verre, et la moitié de la ville se trouva logée, en plein hiver, sous des tentes ou dans des maisons sans vitres.

CURIOSITÉS

★★ Site national historique de la Citadelle – Situé sur une colline surplombant le centre-ville et la rade, cet ouvrage défensif en forme d'étoile aux murs entourés d'un fossé à sec est aujourd'hui voué à la préservation du patrimoine militaire de Halifax. Quatrième fortification érigée sur ce site depuis 1749, la construction actuelle fut commencée en 1828 sur l'ordre du duc de Wellington, pour n'être achevée qu'en 1856. Elle ne subit aucune attaque et demeura propriété militaire (anglaise, puis canadienne) jusqu'à la Seconde Guerre mondiale.

La place fortifiée offre de jolies **vues★** sur la ville, le port, George's Island et le pont Angus McDonald. On y accède à pied depuis le centre-ville ou en voiture par la rue qui contourne l'ouvrage. Remarquer la petite tour octogonale portant une **horloge** à quatre cadrans. Celle-ci, devenue le symbole de la ville, fut construite en 1803 sur l'ordre du prince Édouard, puis restaurée en 1962. Ses cloches qui sonnent les heures perpétuent le souvenir de cet amoureux de la ponctualité.

Sur la place d'armes, au centre de la Citadelle, des soldats en uniforme du 19ᵉ s. montent la garde ou font l'exercice *(de mi-juin à fin août)*.

Visite – *Site ouv. toute l'année. Citadelle : juil.-août 9 h-18 h ; le reste de l'année 9 h-17 h. Fermé 25 déc. 5/8 $.* ☎ *902-426-5080. www.parkscanada.ca.* La Citadelle abrite un centre d'accueil, une caserne, des poudrières, un petit musée et des expositions variées. On peut monter sur les remparts garnis de canons, et accéder aux demi-lunes et à la caponnière. Un montage audiovisuel *(50mn)* intitulé **Tides of History** (marées de l'histoire) illustre l'histoire de Halifax. Un **coup de canon** est tiré chaque jour à midi précis.

★ Historic Properties et port d'Halifax – Aujourd'hui rénové et réservé aux piétons, le vieux quartier des entrepôts délimité par Upper Water Street, Duke Street et l'échangeur de Cogswell est devenu, sous le nom d'Historic Properties, un secteur très attrayant. Les bâtiments de pierre ou de bois du 19ᵉ s. abritent boutiques, ateliers d'artistes, restaurants et pubs dont les terrasses débordent sur les quais.

À l'Ouest de ce quartier, les rues bordées de bâtiments restaurés mènent à Granville Street Mall et Scotia Square. Une **promenade de bois** suit le quai autour de l'hôtel Sheraton, longe le palais de justice et atteint l'embarcadère du traversier pour Dartmouth. Plus au Sud se trouve **Brewery Market**, ancienne brasserie restaurée qui abrite aujourd'hui des restaurants, des boutiques et même un marché *(sam. 7 h-13 h)*.

★★ Excursion dans la rade (A) – ᵫ *Dép. de Cable Wharf : de mi-mai à mi-oct. 10 h-18 h30. 2 h AR. Commentaire à bord. 19,95 $. Murphy's on the Water Tours* ☎ *902-420-1015. www.murphysonthewater.com.* Cette promenade en bateau à bord du *Haligonian III* montre notamment les chantiers navals de Halifax (où s'effectua, durant la Seconde Guerre mondiale, la réparation de 7 000 vaisseaux), le port militaire garni de contre-torpilleurs, sous-marins et autres, le terminal céréalier et le port des conteneurs avec ses grues à portique.

CARNET D'ADRESSES

Voir légende p. 111 et 114.

Se loger à Halifax

Citadel Halifax Hotel – *1960 Brunswick St. 267 ch.* ✕ 🅿 ⌷ ☏ *902-422-1391 ou 800-565-7162. www.citadelhalifax.com.* **$$$** Situé à la périphérie du centre-ville, cet hôtel moderne et abordable, campé sur une colline à quelques pas de la citadelle, offre un contraste bienvenu avec les grands hôtels de chaîne du centre-ville. Les chambres, refaites il y a peu, offrent des machines à café, des fers et planches à repasser, ainsi que des sèche-cheveux.

Halliburton House Inn – *5184 Morris St. 29 ch.* ✕ 🅿 ☏ *902-420-0658. www.halliburton.ns.ca.* **$$$** Cet hôtel du centre-ville, installé dans trois maisons contiguës du 19e s., possède un charme tout campagnard. Un ravissant salon accueille les visiteurs avec ses fauteuils à oreilles, ses portraits à l'huile et sa cheminée. Le restaurant **The Dining Room ($$$)**, renommé pour sa sophistication (médaillons de caribou, trio de l'Atlantique avec homard, flétan et pétoncles), s'étend dans le jardin à la bonne saison. Petit-déjeuner buffet compris.

The Lord Nelson Hotel and Suites – *1515 South Park St. 243 ch.* ✕ ♿ 🅿 ☏ *902-423-6331 ou 800-565-2020. www.lordnelsonhotel.com.* **$$$** Récemment redécoré, cet édifice construit par le Canadien Pacifique (1928) conserve son atmosphère édouardienne tout en offrant des prestations du 21e s. Ce symbole local de l'hospitalité, qui porte le nom du héros britannique des guerres navales napoléoniennes, a reçu des membres de la famille royale et du gouvernement. Le hall est agrémenté de panneaux de noyer et d'un plafond à caissons. Les chambres, refaites en tonalités douces, donnent souvent sur les jardins publics voisins. Le restaurant de style pub anglais **Victory Arms ($)** est ouvert du matin au soir.

Prince George Hotel – *1725 Market St. 203 ch.* ✕ ♿ 🅿 ⌷ ☏ *902-425-1986 ou 800-565-1567. www.princegeorgehotel.com.* **$$$** Son emplacement et son confort (téléphone supplémentaire dans la chambre, sanitaires séparés, peignoirs à l'étage Crown) sont les points forts du Prince George. Situé au cœur du centre-ville près de Metro Centre (patinoire de hockey et centre de loisirs), à quelques centaines de mètres de la mer, l'hôtel comprend une salle de musculation dernier cri et une piscine intérieure chauffée.

Waverley Inn – *1266 Barrington St. 32 ch.* ♿ 🅿 ☏ *902-423-9346 ou 800-565-9346. www.waverleyinn.com.* **$$** Les chambres de cet établissement historique des années 1870 sont richement garnis de meubles victoriens et de lits massifs en bois. Elles sont également dotées d'un équipement moderne. Duvets de plume et bains à remous dans les chambres catégorie luxe. En-cas à toute heure et petit-déjeuner gracieusement offert témoignent de l'hospitalité de l'établissement.

Fountainview Guest House – *2138 Robie St. 8 ch.* 🅿 ☏ *902-422-4169 ou 800-565-4877. www.browser.to/fountainviewguesthouse.com.* **$** Cette pension de famille située en face des Communes, à un jet de pierres de Citadell Hill, est proche des restaurants et des commerces. Chambres de taille variable, salles de bains communes. Un petit-déjeuner léger peut être servi dans la chambre *(supplément)*.

Fresh Start B&B – *2720 Gottingen St. 8 ch.* 🅿 ☏ *902-453-6616 ou 888-453-6616. www.bbcanada.com/2262.html.* **$** Demeure victorienne restaurée située à proximité du pont Macdonald, à environ 1,5 km de Citadell Hill. Les chambres propres et confortables peuvent s'accompagner d'une salle de bains privée ou commune. Une des forces de l'établissement est son petit-déjeuner, avec ses pâtisseries à volonté, sa salade de fruits aux œufs bénédictine, sa cassolette de jambon au fromage ou sa salade chaude aux œufs sur un *muffin* anglais.

Se restaurer à Halifax

Da Maurizio Dining Room – *1496 Lower Water St. Soir uniquement ; fermé dim.* ♿ ☏ *902-423-0859.* **$$$ Cuisine italienne.** Ce restaurant, installé dans une brasserie historique, est considéré comme l'un des meilleurs de la ville. La carte régulièrement renouvelée, le cadre européen, l'atmosphère chaleureuse et le personnel stylé sont des arguments en sa faveur. Parmi les spécialités du chef Maurizio Bertossi, on compte un carré d'agneau rôti à l'ail *agnello scottadito* avec une sauce au vin, et une escalope de veau sautée à la crème *scallopini de vitello all'astice* accompagnée de homard de l'Atlantique.

Darlington's on Duke – *5170 Duke St. Soir uniquement ; fermé dim.-mar.* ♿
☎ 902-423-5221. **$$$ Cuisine continentale**. Tranquille élégance dans un décor de jardin anglais, carte de saison. Le style international des viandes et poissons met en valeur les produits frais. Parmi les grandes réussites de l'établissement : pétoncles de Digby et crevettes tigrées grillées au feu de bois sur un lit de légumes braisés avec framboises et herbes pilées, *linguine* de homard aux poivrons et poireaux dans une crème de sherry.

Maple – *1813 Granville St. Soir uniquement.* ♿ ☎ 902-425-9100. *www.maple restaurant.com*. **$$$ Cuisine canadienne**. Réchauffé par les riches coloris du bois d'érable, cet établissement chic est situé au cœur du centre-ville. Les convives ont le choix entre la carte et le menu gastronomique Chef's Table Menu *(7 plats)*. Les appétits seront comblés par la casserole de pétoncles, le saumon de l'Atlantique au sirop d'érable et le canard rôti. Un **bar à vins ($$)** ouvert midi et soir a récemment été ajouté à l'étage principal du restaurant.

Cellar Bar & Grill – *5677 Breton Pl. (South Park St.)* ☎ 902-492-4412. **$$ Cuisine méditerranéenne**. Les deux salles de ce restaurant sont occupées par une clientèle d'habitués appréciant les cheminées, mais aussi le service courtois d'un personnel compétent (souvent employé de longue date). Un grand choix d'excellentes pizzas (saumon fumé et fromage de chèvre) et pâtes fraîches (saucisses et poivrons, épinards et *prosciutto*, poulet et crevettes au curry) rejoint, sur la carte, des plats comme le haddock, le saumon et le *jambalaya* avec sa galette de maïs grillée.

Economy Shoe Shop Café – *1663 Argyle St.* ☎ 902-423-8845. **$$ Cuisine canadienne**. L'enseigne au néon d'un cordonnier a donné l'idée du nom, incongru pour un restaurant. Le cadre (avec son « arbre » géant) et le menu sont tout aussi bizarres. Les pâtes fraîches sont le plat le plus demandé et, parmi les 10 variantes proposées, les *linguine marinara*, les *penne* aux crevettes et pétoncles ou les *linguine* au curry de poulet et de pétoncles sont sûrs de plaire.

Il Mercato Ristorante – *5475 Spring Garden Rd.* ♿ ☎ 902-422-2866. **$$ Italie du Nord**. Ce restaurant animé situé dans une rue commerçante a un côté européen, par son atmosphère et sa cuisine. Herbes fraîches et sauces parfumées exaltent les plats italiens et canadiens, mais ce sont bel et bien les pâtes qui font revenir les gourmets ravis : *ravioli* au poulet rôti, *linguine* aux fruits de mer ou *penne* accompagnés de saucisses italiennes maison.

Le Bistro Café – *1333 S. Park St.* ♿ ☎ 902-423-8428. **$$ Cuisine française**. *Aimable, abordable* et *sans façon* sont les termes qui peuvent qualifier cette brasserie à la parisienne avec véranda, située à proximité de la rue branchée Spring Garden Road. Le Bistro prépare des classiques : œufs bénédictine, escargots, crêpes (poulet, poisson, fruits de mer et légumes). Les pâtes fraîches comme les *penne* au curry, ou les saucisses de fenouil épicées rencontrent toujours un franc succès. La carte des vins comprend quelques crus canadiens.

Tomasino's Pizzeria and Cellar Ristorante – *5173 South St.* ☎ 902-422-9757. **$$ Cuisine italienne**. Cette trattoria aux murs de briques située à l'angle de Hollis Street (en face du Westin) sert, à la lumière dansante des bougies, d'excellentes pizzas et pâtes fraîches. Parmi les basiques, on retrouvera *zucchini*, aubergines ou boulettes de viande maison, tandis que clams, pétoncles, fromage *Asiago* et saumon fumé comptent parmi les spécialités. Les habitués ne se lassent pas du *Chicken fusilli* (blanc de poulet aux tomates et à la crème, accompagné d'un *pesto*), qu'ils dégustent avec des boissons gazeuses italiennes. Terrasse sur le trottoir en été.

Bluenose II Restaurant – *1824 Hollis St.* ☎ 902-425-5092. *www.bluenoseii. ns.ca*. **$ Cuisine grecque**. Installé à l'angle de Duke Street et Hollis Street à proximité de Historic Properties, le Bluenose sert depuis plus d'un quart de siècle une cuisine sans prétention à prix doux. Ses milk-shakes, clams et frites sont réputés, ainsi que, pour le côté grec, ses *souvlaki* et *moussaka*. L'établissement a récemment enrichi sa carte d'un éventail de plats végétariens (lasagnes aux épinards, *fettucine* Alfredo et hamburgers de légumes).

Après avoir contourné Point Pleasant, on remonte le **North West Arm**, charmant bras de mer bordé de clubs nautiques et de belles propriétés.

★**Maritime Museum of the Atlantic** – *1675 Lower Water St.* ♿ *Juin-sept. : 9 h 30-17 h 30 (mar. 20 h) ; mai et oct. : 9 h 30-17 h 30 (mar. 20 h), dim. 13 h-17 h 30 ; nov.-avr. : tlj sf lun. 9 h 30-17 h (mar. 20 h), dim. 13 h-17 h. Fermé 1er janv., Ven. saint, 25-26 déc. 8 $.* ☎ 902-424-7490. *http://maritime.museum.gov.ns.ca.* 📷 Situé au bord de la mer avec vue sur la rade, ce musée présente toutes sortes de petites embarcations, maquettes de bateaux, photographies et expositions sur l'histoire maritime (âge d'or des voiliers, époque des vapeurs, etc.). On remarquera tout particulièrement le **magasin d'accastillage** (restauré), installé dans un vieil entrepôt contenant de la quincaillerie marine. À noter également la belle exposition consacrée au *Titanic* et la narration de l'explosion de 1917.

À l'extérieur, il est possible de monter à bord du plus grand bâtiment du musée, le navire à vapeur **CSS Acadia** *(de déb. mai à mi-oct.)* construit en 1913 pour le Service hydrographique du Canada, et du **HMCS Sackville** *(juin-oct. 2 $. ☎ 902-429-2132)*, une corvette de la Seconde Guerre mondiale qui participa à la bataille de l'Atlantique. Celle-ci est ancrée sur le site de Sackville Landing, à proximité du musée, où l'on trouvera également un centre interprétatif projetant une présentation multimédia *(15 mn)*.

Le **Bluenose II** est lui aussi à quai. Réplique de la fameuse goélette de Lunenburg, ce bateau construit en 1963 sert d'ambassadeur à la province. En été, lorsqu'il n'est pas en mission, il propose aux visiteurs des **excursions** dans le port de Halifax *(& dép. du quai du musée juin-sept. : 9 h30, 13 h, 2 h AR. 20 $. Bluenose II Preservation Trust ☎ 902-634-1963 ou 800-763-1963. www.bluenose2.ns.ca)*.

★**Province House** – *Entrée principale sur Hollis St. & Juil.-août : 9 h-17 h, w.-end et j. fériés 10 h-16 h ; le reste de l'année : tlj sf w.-end 9 h-16 h. ☎ 902-424-4661. www.gov.ns.ca/legislature. Les visiteurs doivent retirer une autorisation d'entrée au comptoir.* Institution remontant à 1758, l'Assemblée législative de la Nouvelle-Écosse loge dans ce bâtiment georgien de 1819.

On peut visiter la **chambre rouge** où se réunissait jadis le Conseil et admirer les portraits de George III et de la reine Charlotte qui ornent les murs. Lorsque l'Assemblée est en session, la **salle des séances** est le théâtre de débats fort animés. Également ouverte au public, la **bibliothèque de l'Assemblée** abritait autrefois la Cour suprême de la province. Dans cette pièce, en 1835, le célèbre journaliste et orateur **Joseph Howe** dut se défendre de l'accusation de diffamation, pour avoir critiqué l'administration des magistrats de Halifax. Son acquittement assura la liberté de la presse dans la province. Peu après, Howe entama une carrière politique. Il lutta sans succès contre les partisans de l'entrée de la Nouvelle-Écosse dans la Confédération.

★**Art Gallery of Nova Scotia** – *1723 Hollis St. & Juil.-sept. : tlj sf lun. 10 h-17 h, w.-end 12 h-17 h ; le reste de l'année : tlj sf lun. 10 h-17 h, w.-end 12 h-17 h. 5 $. ☎ 902-424-7542. www.agns.gov.ns.ca.* L'imposant Dominion Building (1868) et le bâtiment adjacent (Provincial Building) abritent un musée moderne, riche de quelque 9 000 objets. Sont exposées des œuvres anciennes et contemporaines d'artistes canadiens (dont des tableaux du fameux **groupe des Sept**) et internationaux. Noter aussi une belle collection d'**art populaire** régional (peinture, sculpture, papier et textiles) ainsi qu'une collection d'**art inuit**, petite mais excellente.

Grand Parade – Bordé d'un côté par l'**hôtel de ville** et de l'autre par l'**église anglicane St. Paul**, premier lieu de culte protestant au Canada (1750), cet agréable jardin public a toujours été au centre des activités de la ville. Ainsi, le crieur y proclamait jadis les nouvelles, la milice s'y rassemblait et l'on pouvait y louer des chaises à porteurs. Il est souvent le théâtre de manifestations estivales *(midi)* auxquelles les spectateurs assistent de leurs bancs ombragés.

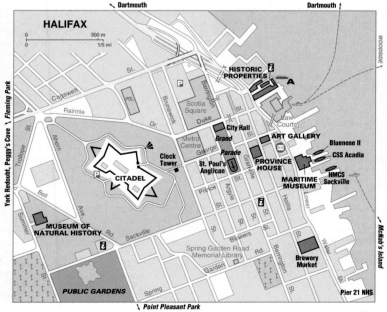

Bud the Spud

Spring Garden Rd. près de Memorial Public Library. Ce « camion à frites » familier rouge et blanc apparaît dès les beaux jours sur son emplacement réservé depuis des années devant la principale bibliothèque municipale. Signe annonciateur de l'été, les visiteurs et les habitants de Halifax, alléchés par l'odeur du vinaigre et du ketchup, paressent sur les bancs du parc ou sur le mur qui borde Spring Garden Road pour dévorer à belles dents les « patates » (ou *spuds*) de Bud. Au grand dam de leur cravate et de leur beau costume, les plus élégants se précipitent sur les frites pendant leur pause déjeuner. La plupart des habitants de Halifax, qui considèrent que les frites de Spud sont sans rivales, les dégustent avec les doigts. Alors, faites la queue, puis saisissez-vous d'une provision de serviettes en papier. Les frites de Bud sont grasses, mais excellentes !

Neptune Theatre

1593 Argyle St. ☏ 902-429-7070. Cette salle ravit les spectateurs depuis près de 40 ans par ses spectacles musicaux et théâtraux. Vitrine du talent des Maritimes, le Neptune mêle aux classiques des créations d'artistes nouveaux. De nombreuses œuvres jouées ici, écrites par des auteurs de la région, sont aussi bien interprétées par des artistes locaux que par des célébrités internationales. Pendant la saison *(sept.-mai ; théâtre d'été juil.),* les œuvres restent généralement à l'affiche six semaines ; néanmoins, *Les Misérables,* montés ici pour la première fois, ont été joués bien plus longtemps.

Le Neptune, salle de music-hall d'abord convertie en cinéma, fut transformé en 1963 en théâtre. Il connut un profond remaniement en 1997 pour devenir un véritable complexe dont les sièges, la climatisation, les coulisses et les loges ont été grandement améliorés.

★**Museum of Natural History** – *1747 Summer St.* ♿ *De mi-juin à mi-oct. : 9 h 30-17 h 30 (mer. 20 h), dim. 13 h-17 h 30 ; le reste de l'année : tlj sf lun. 9 h 30-17 h (mer. 20 h), dim. 13 h-17 h. 4 $. ☏ 902-424-7353. www.nature.museum.gov.ns.ca.* 🖥 Ce musée, qui se prête aux visites en famille, présente la Nouvelle-Écosse dans son contexte géographique (géologie, faune et flore) et humain (archéologie, histoire). À l'intérieur, intéressante section sur les Amérindiens **Micmacs**, et dioramas illustrant l'histoire naturelle de la province. Une section est consacrée à la vie marine, plus particulièrement aux baleines et aux requins. Les enfants seront enchantés par le bassin tactile d'animaux marins et par la ruche, ainsi que par les serpents, les grenouilles et la tortue Gus du **centre de nature**.

★**Jardins publics** – *Entrée principale à l'angle de Spring Garden Rd. et de S. Park St.* ♿ *De mi-avr. à mi-nov. : de 8 h au coucher du soleil. ☏ 902-490-4894.* Inauguré en 1867, ce parc de 7 ha est un bel exemple de jardin victorien agrémenté d'un kiosque ouvragé, d'arbres pleureurs, de bassins, de fontaines, de statues et de parterres de fleurs. Noter la lourde grille d'entrée en fer forgé.

★**Point Pleasant Park** – *Interdit à la circulation (parking à l'angle de Point Pleasant Dr. et de Tower Rd., près du terminal des conteneurs). Du lever au coucher du soleil. ☏ 902-490-4894.* Longtemps zone militaire renforcée de batteries et de fortifications (dont les vestiges demeurent) pour défendre l'entrée de la rade, ce joli parc de 75 ha occupe la pointe Sud de la péninsule de Halifax et offre des **vues**★★ splendides sur le North West Arm et sur la rade.

Prince of Wales Tower – *Site : ouv. toute l'année. Tour : juil.-août 10 h-18 h. ☏ 902-426-5080. www.parkscanada.ca.* Érigée en 1796 sur les ordres du prince Édouard, cette massive construction en pierre fut la première en Amérique du Nord d'un type qui devait s'y répandre sous le nom de **tour Martello**, et dont toute la côte anglaise fut garnie plus tard pour prévenir une invasion par les troupes de Napoléon. Sa forme arrondie s'inspire de celle d'une tour située en Corse, sur la pointe Mortella, qui s'était révélée fort difficile à prendre d'assaut.

Diverses expositions présentent l'histoire de ce site national historique, son architecture et son importance en tant qu'ouvrage défensif.

★**Pier 21** – *1055 Marginal Rd.* ♿ *De mi-mai à mi-nov. : 9 h 30-17 h ; le reste de l'année : tlj sf w.-end 10 h-17 h. 6,50 $. ☏ 902-425-7770. http://Pier21.ns.ca.* 🖥 Ce terminal sur les quais au Sud du centre-ville a rouvert en 1999 après avoir été restauré. Aujourd'hui site historique national, il est le dernier centre de rassemblement des services de l'immigration au Canada. Plus d'un million de réfugiés, d'immigrants et d'épouses de guerre ont franchi ses murs, de son ouverture en 1928 jusqu'en 1971, lorsque le trafic maritime des passagers a considérablement diminué en faveur du trafic aérien. Près d'un demi-million de soldats sont partis de ce quai vers l'Europe et les combats de la Seconde Guerre mondiale.

Le centre a été transformé en un vaste hall d'exposition de photographies et de documents, de présentations multimédia et d'expositions interactives retraçant l'historique du flux migratoire, européen dans sa majorité. Les enfants seront passionnés par les activités interactives et le wagon de chemin de fer.

EXCURSIONS

★**McNab's Island** – *Accès par bac au départ de Halifax. Contacter l'Office du tourisme de Halifax pour les horaires* ☎ *902-490-5946.* Située dans la rade de Halifax, à l'Est de Point Pleasant Park, cette île dévoile aux amoureux de la nature ses forêts profondes, ses parterres colorés de fleurs sauvages en son grand étang. Les anciennes routes sont devenues des sentiers pédestres et cyclables menant aux vestiges du fort McNab *(extrémité Sud)*, à d'agréables plages et de beaux paysages *(au phare en particulier)*. Les habitants de la région aiment à rallier l'île en bateau, jeter l'ancre dans une crique paisible et camper.

Sir Sandford Fleming Park – *5.5 km par Cogswell St., Quinpool Rd. et Purcell's Cove Rd. (route 253).* ♿ *De 8 h au coucher du soleil. Sentiers de promenade, baignade, canotage, aire de pique-nique.* ☎ *902-490-4894.* Ce havre de verdure dans un quartier résidentiel de la ville fut créé à la mémoire de l'Écossais **Sandford Fleming** (1827-1915). Ingénieur du génie civil et remarquable homme de science, il joua un rôle décisif dans la construction du Canadien Pacifique. Il dessina également le premier timbre-poste canadien et suggéra l'adoption d'un système horaire international basé sur le principe des fuseaux horaires.

Des sentiers partant de Purcell's Cove Road *(route 253)* mènent à l'étang de la Grenouille *(ou Frog Pond)*. De la **tour Dingle** *(mai-oct. : 8 h-17 h)*, la vue embrasse la longue étendue d'eau du North West Arm.

★**York Redoubt** – *11 km par Cogswell St., Quinpool Rd. et Purcell's Cove Rd. (route 253). De mi-mai à fin août : 9 h-20 h ; sept. : 9 h-19 h ; oct. : 9 h-18 h ; de déb. nov. à mi-mai : 9 h-17 h.* ☎ *902-426-5080. www.parkscanada.gc.ca.* Une batterie rudimentaire érigée en 1793 sur la pointe Sandwich, qui domine la mer de 50 m au plus étroit de l'entrée de la rade, est à l'origine de cet ouvrage fortifié aujourd'hui classé site national historique. Lorsqu'en 1794, le prince Édouard prit le commandement militaire à Halifax, il renforça aussitôt la position et fit construire en 1798 une tour Martello qui abritait un poste de signalisation permettant notamment de communiquer avec la Citadelle. La redoute servit, au cours de la Seconde Guerre mondiale, de centre de coordination de la défense de Halifax et de sa rade contre d'éventuelles attaques allemandes.

On peut aujourd'hui voir les ruines de la tour de pierre *(côté Nord)* et l'emplacement des canons qui faisaient partie de la ligne de défense du port. Du **poste de commandement** *(côté Sud)*, où une exposition montre les défenses de Halifax, s'offrent par beau temps des **vues**★ étendues sur la grande rade.

★**Dartmouth** – *Schéma p. 349.* La ville contient d'importants chantiers navals ainsi que le **Bedford Institute of Oceanography**, premier centre de recherches océanographiques du pays. On flânera avec plaisir le long des petites rues bordées de boutiques et de cafés qui mènent jusqu'aux quais. Des concerts sont donnés dans un petit parc au bord de l'eau comprenant le pavillon de la Paix dans le monde, exposition à ciel ouvert de roches et de briques du monde entier. Deux ponts relient Dartmouth à Halifax, ainsi qu'un **bac** *(♿*

⬤ **Fisherman's Cove**

À Eastern Passage, 200 Government Wharf Rd. (du port de Halifax, prendre la route 111 jusqu'à son extrémité Sud, puis la route 322 Sud, ou emprunter un bac Taxsea au départ de l'embarcadère Cable Wharf). ☎ *902-465-6093. www.fishermanscove.ns.ca.* Cette adorable crique située sur la façade atlantique de Dartmouth est accessible en voiture ou en bateau. Les lignes des bateaux de pêche pendent le long de l'embarcadère qui s'enroule autour de cabanes colorées, bâties à l'image des anciens logements de pêcheurs. Les visiteurs y trouveront des œuvres néo-écossaises, des ouvrages publiés par des éditeurs régionaux et des objets d'artisanat local. Le restaurant **Boondock's Dining Room** *(200 Government Wharf Rd.* ☎ *902-465-3474)* vous sert, sur une agréable terrasse, des poissons et des fruits de mer fraîchement pêchés, un mélange de viandes et fruits de mer *pré et marée*, ainsi que des tartes au citron meringuées vertigineuses... Le roulement du ressac crée un accompagnement rythmique au cri des mouettes tournoyantes. Une petite promenade digestive s'impose sur la promenade en planches qui traverse la prairie marine.

dép. de Halifax, Lower Water St. : mars-déc. 6 h30-23 h57, dim. 10 h30-18 h27, j. fériés 7 h30-23 h57. Service interrompu 1ᵉʳ janv., Ven. saint, dim. de Pâques, 25 déc. 12mn. 1,65 $. ☎ *902-490-4000. www.region.halifax.ns.ca/metrotransit)* d'où l'on jouit de belles vues sur les deux cités jumelles.

The Quaker House – *57 Ochterloney St. Juin-août : visite guidée tlj sf lun. 10 h-17 h.* ☎ *902-464-2300.* En 1785, des chasseurs de baleines venus de la Nouvelle-Angleterre bâtirent un ensemble de 22 maisons. À quelques pas du débarcadère, la seule qui subsiste aujourd'hui est typique des demeures du 18ᵉ s. édifiées le long de cette côte, du Massachusetts à la Nouvelle-Écosse. Remarquer le colombage, la porte d'entrée décentrée, les poutres apparentes et l'étroit escalier en colimaçon.

Black Cultural Centre for Nova Scotia – *1149 Main St.* ♿ *Tlj sf dim. 9 h-17 h. 5 $.* ☎ *902-434-6223. www.bccns.com.* Consacré à la protection du patrimoine historique et culturel de la communauté noire de la Nouvelle-Écosse, ce complexe (1983) contient une bibliothèque, un auditorium et des salles d'exposition abordant notamment les thèmes de l'immigration noire à ses débuts, de l'engagement militaire et de la religion. Le centre fut érigé à la mémoire de **William Hall** (1827-1904), premier Néo-Écossais et premier Noir à recevoir la croix de Victoria, prestigieuse décoration militaire décernée par la Couronne britannique pour acte d'héroïsme.

■ Shubenacadie Park

À Dartmouth, Locks Rd. (du port de Halifax, prendre la route 111 vers le Sud ; sortir sur Waverley Rd. puis suivre les panneaux indicateurs). ☎ *902-462-1826.* Il y a plus d'un siècle, l'ancien canal Shubenacadie reliait le port de Halifax à la baie de Fundy par une série de lacs et de rivières. Une portion du canal traverse aujourd'hui un parc luxuriant sillonné de sentiers pédestres et cyclables en bordure de deux lacs. En dépit de la proximité d'une autoroute, le parc procure un refuge paisible hors de la vie citadine aux joggers matinaux, aux familles venues nourrir les canards par un après-midi ensoleillé et aux couples flânant dans la fraîcheur vespérale. Des écluses restaurées ponctuent le trajet du canal ; une collection de photographies, de cartes et d'objets anciens est exposée au centre Fairbanks, siège administratif du canal. Le parc comprend également des terrains de jeu, une aire ouverte à la baignade et des locations de canoës, kayaks et barques.

★**Uniacke Estate Museum Park** – *Schéma p. 349. À Mount Uniacke, 40 km au Nord-Ouest par les routes 7 et 1. Du lever au coucher du soleil. Bâtiment : de déb. juin à mi-oct. 9 h30-17 h30, dim. 11 h-17 h30. 3 $.* ☎ *902-866-0032. http://museum.gov.ns.ca.* Bâtie dans le style colonial, cette demeure (1815) munie d'un noble portique à fronton sur toute la hauteur de sa façade fut autrefois la maison de campagne de Richard Uniacke, procureur général de la Nouvelle-Écosse de 1797 à 1830.

Elle contient encore son mobilier d'origine, dont plusieurs pièces d'acajou attribuées à l'ébéniste anglais George Adams.

★★**Peggy's Cove** – *43 km. Voir description p. 383.*

Forteresse de LOUISBOURG★★★

Carte Michelin n° 583 Y3 – Schéma : PROVINCES DE L'ATLANTIQUE

L'une des plus puissantes places fortes d'Amérique du Nord au début du 18e s., cette forteresse déchue défendait jadis l'accès au golfe du Saint-Laurent et à Québec. Détruite en pleine prospérité, elle ne fut qu'un champ de ruines pendant deux siècles, jusqu'à ce que le gouvernement canadien entreprenne sa restauration en un projet d'une saisissante ampleur.

Un peu d'histoire

Des débuts difficiles – La France, qui envisageait depuis quelque temps déjà la construction d'une importante base militaire en Nouvelle-Écosse pour consolider sa position en Amérique du Nord, avait même pensé au site de Halifax. Mais elle choisit, lorsqu'elle perdit Terre-Neuve et l'Acadie en 1713 *(voir p. 349)*, de s'installer sur une échancrure de l'île Royale (aujourd'hui île du Cap-Breton). Dès 1719 commencèrent les travaux d'une forteresse dont le plan s'inspirait des réalisations de Vauban.

La construction de ce projet grandiose (une citadelle, six bastions et plusieurs batteries indépendantes) traîna en longueur et devint vite un gouffre financier. Le terrain marécageux ne se prêtait pas à la fondation d'ouvrages solides et la discipline laissait à désirer, au point qu'en 1744 la garnison se mutina. Pourtant, le port toujours libre de glaces connaissait une activité fébrile (pêche à la morue, base navale, commerce avec la France, Québec, les Antilles, et fructueuse contrebande avec les villes de la Nouvelle-Angleterre) qui faisait bien des envieux à Boston et à New York.

Une forteresse « imprenable » – La construction n'était pas achevée que Louisbourg subissait son premier siège (1745) : en moins de deux mois, des troupes de Nouvelle-Angleterre réduisirent à merci cette rivale redoutée. Trois ans plus tard, au grand dépit des Anglais, le traité d'Aix-la-Chapelle rendait Louisbourg à la France de **Louis XV**. Pendant que les Français renforçaient hâtivement la place forte, les Anglais construisaient, pour leur faire échec, la forteresse de Halifax. Attaquée par l'armée et la marine britanniques en 1758, Louisbourg tomba pour la seconde fois (l'officier supérieur **James Wolfe**, qui allait capturer la ville de Québec en 1759, se distingua au cours de cette expédition). Les fortifications furent rasées en 1760 pour que les Français ne puissent plus s'y réinstaller.

Depuis 1960, un quart de la forteresse a été reconstruit suivant les plans originaux.

Accès – *Au Sud-Ouest de la ville de Louisbourg, 37 km au Sud de Sydney par la route 22.*

VISITE

  Juil.-août : 9 h-18 h ; juin et sept. : 9 h30-17 h. 12 $. ☎ *902-733-2280. www.parkscanada.ca. Remarque : froid, pluie et brouillard possibles ; s'habiller en conséquence et se chausser confortablement.*

Point de départ de la visite, le **centre d'accueil** retrace l'histoire de Louisbourg au moyen d'expositions et de maquettes. Une navette *(commentaire à bord)* mène jusqu'à la forteresse dans laquelle on pénètre à pied par la **porte Dauphine**, gardée par une sentinelle. En franchissant le pont-levis, on a l'impression de se plonger dans le passé, d'autant plus qu'en été la ville est animée par une population en costume d'époque. En pierre ou en bois, plus de 50 maisons *(pour la plupart*

Forteresse de Louisbourg

Gwen Cannon/MICHELIN

ouvertes au public) s'alignent selon le plan régulier des villes construites de toutes pièces. Certaines abritent des expositions, d'autres ont retrouvé un mobilier du 18e s. Une **boulangerie** vend le même type de pain qu'achetaient les soldats en 1744, et trois **auberges** proposent des repas typiques du 18e s., dans une vaisselle en terre cuite et en étain. Les remparts des quais sont percés d'une entrée d'honneur en bois, la **porte Frédéric**, par laquelle étaient introduits les visiteurs importants. Au rez-de-chaussée de la riche **demeure de l'ordonnateur**, remarquer un clavecin du 18e s. Des objets découverts au cours des travaux de restauration de la forteresse sont également exposés en plusieurs points.

★★**Bastion du Roi** – Ce bâtiment, le plus imposant et le plus prestigieux de l'ensemble, abritait jadis la garnison. Sa visite révèle la grande disparité sociale de mise entre les hommes de troupe et leurs supérieurs. Les dix pièces de l'**aile du gouverneur**, meublées avec luxe et délicatesse, évoquent la vie raffinée de l'aristocratie. Moins somptueux, le **quartier des officiers** ne manque toutefois pas de confort. Mais l'austérité des **baraquements**, ouverts à tous les vents, n'invite décidément guère à la flânerie. La visite passe également par la **prison** et la **chapelle** qui servait autrefois d'église paroissiale.

MAITLAND★

Carte Michelin n° 583 W4 – Schéma : PROVINCES DE L'ATLANTIQUE

Jadis important centre de construction navale sur la baie Cobequid au fond du bassin Minas, Maitland est surtout connue pour la construction du **William D. Lawrence**, le plus gros navire de bois jamais construit au Canada. Les chantiers navals sont aujourd'hui fermés, mais la ville a conservé de belles demeures de cette ère de prospérité.

CURIOSITÉ

★**Lawrence House Museum** – *8660 route 215. De déb. juin à mi-oct. : 9 h30-17 h30, dim. 13 h-17 h30. 3$.* ☎ *902-261-2628. http://museum.gov.ns.ca.* Cachée sous les arbres, cette somptueuse maison est représentative du type de demeures que se faisaient construire les armateurs et capitaines de navire néo-écossais à l'âge d'or des grands voiliers. Son portique d'entrée, flanqué d'un escalier double, évoque une passerelle de bateau.

William Dawson Lawrence fit élever sa maison vers 1870 sur une hauteur dominant ses chantiers navals à l'embouchure de la Shubenacadie. C'est là qu'il fit construire le *William D. Lawrence*, trois-mâts (le plus haut atteignant 60 m) et 80 m de long et d'une capacité de 2 459 tonnes, en partant du calcul qu'il pouvait doubler la longueur d'un bateau normal sans doubler ses frais d'entretien. Il dut hypothéquer sa maison pour financer l'achèvement du bateau, mais l'investissement s'avéra rentable : lancé en 1874, le fameux trois-mâts sillonna toutes les mers du globe.

La maison contient la plupart de ses meubles d'origine, divers objets relatifs à la construction navale, des photographies de bateaux du 19e s. et une maquette (2 m) du *William D. Lawrence*.

De l'autre côté de la route, un belvédère ménage de belles **vues**★ sur la grève.

SHERBROOKE★

Carte Michelin n° 583 Y3 – Schéma : PROVINCES DE L'ATLANTIQUE

Cette paisible communauté rurale, bâtie à l'emplacement d'un ancien fort français (1655), occupe un joli **site** au bord de la rivière St. Marys.

Pris en 1669 par les Anglais, Sherbrooke fut abandonné jusqu'au début du 19e s., époque à laquelle les industries du bois et de la construction navale lui apportèrent un second souffle de vie. À première vue, rien ne laisse supposer que ses maisons tranquilles vécurent la fièvre de l'or. Et pourtant... C'était en 1861. Le village attira alors toutes sortes de gens. Vingt ans de vie folle, et à nouveau ce fut le calme. Le tourisme et la pêche sportive jouent aujourd'hui un rôle important dans l'économie locale.

★★SHERBROOKE VILLAGE

Le village, dont la campagne de restauration a débuté en 1969, est en réalité une prolongation de la ville de Sherbrooke. Afin de présenter aux visiteurs le village d'autrefois, on a simplement fermé aux voitures une partie de la localité dont la majorité des maisons étaient inhabitées. Les bâtiments rénovés ont été édifiés entre 1860 et 1870.

Visite

♿ *De déb. juin à mi-oct. : 9 h30-17 h30. 6$.* ☎ *902-522-2400. http://museum.gov.ns.ca*

La visite commence par le centre d'orientation. Plusieurs bâtiments sont ouverts au public : l'église, l'école, la poste, la forge et l'**atelier de fabrication des bateaux**, pour n'en nommer que quelques-uns. Noter aussi la **prison** (1862), qui occupait la moitié de la maison du geôlier ; hommes et femmes étaient détenus séparément, les uns au rez-de-chaussée, les autres à l'étage. Au-dessus du magasin général (Cumminger Brothers' General Store), un **photographe** propose aux visiteurs de faire leur portrait sur ambrotype (procédé utilisant un négatif sur plaque de verre noirci), en costume du 19ᵉ s. Meublé selon le style alors en vogue, **Greenwood Cottage** évoque l'atmosphère d'une demeure bourgeoise de l'époque, tandis que **McMillan House** recrée l'humble logis d'un tisserand de village *(démonstrations de filage)*. L'hôtel sert des spécialités de la fin du 19ᵉ s. *(recettes disponibles sur demande)*. Le central téléphonique fonctionne encore, et le palais de justice (1854) est toujours utilisé.

Légèrement à l'écart du village *(0,4 km)*, l'ancienne scierie à aubes **McDonald Brothers' Mill** est pleinement opérationnelle. En continuant quelques minutes à travers bois, on remarquera la reconstitution d'un **camp de bûcherons** des années 1880.

SPRINGHILL★★

4 091 habitants
Carte Michelin n° 583 W3 – Schéma : PROVINCES DE L'ATLANTIQUE
Office de tourisme ☎ 902-597-3135

Aucune communauté canadienne de cette taille ne fut victime d'autant de catastrophes minières que cette petite ville située sur l'isthme de Chignecto.
En 1891, 125 mineurs périrent dans une terrible explosion. En 1916, un incendie éclata dans les galeries, causant d'importants dégâts matériels. En 1956, une nouvelle explosion tua 39 personnes. L'année suivante, un incendie ravagea le centre de la ville. Enfin, en 1958, un glissement de terrain provoqua la mort de 76 hommes. Depuis lors, les mines sont fermées, car le pétrole et le gaz ont détrôné le charbon.

CURIOSITÉ

★★**Miners' Museum** – *Black River Rd. Signalé sur la route 2 (direction Parrsboro). De mi-mai à mi-oct. : 9 h-17 h. 4,50 $.* ☎ *902-597-3449.* Après un tour au musée, où une exposition (coupures de presse, matériel divers, etc.) commémore les catastrophes qui endeuillèrent Springhill, la **visite guidée** de la mine, commentée par d'anciens mineurs, expose les méthodes anciennes d'extraction du charbon et les méthodes mécanisées plus modernes *(on peut extraire, à l'aide d'un pic, quelques échantillons de houille en souvenir)*. Équipés de casques, de bottes et de vêtements de protection, les visiteurs descendent sur près de 300 m dans l'ancienne Syndicate Mine, dont le couloir central a été élargi pour en faciliter l'accès.

TRURO

11 983 habitants
Carte Michelin n° 583 W3 – Schéma : PROVINCES DE L'ATLANTIQUE
Office de tourisme ☎ 902-893-2922

Centre industriel et siège du Collège agricole de la Nouvelle-Écosse, Truro fut colonisé au 18ᵉ s. par des immigrants venus du Nord de l'Irlande et du New-Hampshire, à l'emplacement de l'ancienne localité acadienne de Cobequid. La ville se situe près de l'embouchure de la rivière Salmon dont les eaux sont soumises aux influences des marées de la baie de Fundy et au phénomène du mascaret *(voir p. 362)*.

CURIOSITÉ

★**Le mascaret** – *Point de vue : quitter la route 102 à la sortie 14 (en venant de Halifax, prendre à gauche Robie St., puis encore à gauche Tidal Bore Rd.). Parking à côté du restaurant Palliser. Se renseigner sur les heures du mascaret auprès de l'Office de tourisme* ☎ *902-893-2922 (été). Arriver 15mn avant la marée, et rester environ 1 h.* Deux fois par jour, la marée remonte la rivière Salmon avec une telle force qu'elle en inverse momentanément le cours. Le front de la marée produit alors une vague déferlante ou « mascaret » qui peut n'être qu'une simple ride à la surface de l'eau ou atteindre près de 1 m de hauteur. Pourtant, le mascaret lui-même n'est pas toujours aussi spectaculaire que la brusque surélévation des eaux qui l'accompagne : la rivière s'enfle soudain et réussit à occuper tout son lit en un peu plus d'une heure.

Île du Prince-Édouard

135 294 habitants
Carte Michelin n° 583 W3, Y3 – Schéma : PROVINCES DE L'ATLANTIQUE
Office de tourisme ☏ 902-368-7795 ou 888-734-7529 ; www.peiplay.com

Berceau de la Confédération canadienne et plus petite province du pays, l'île du Prince-Édouard *(ou Prince Edward Island)* ne mesure que 225 km de long, sur une largeur qui varie selon les profondes échancrures de ses côtes. Située dans le golfe du Saint-Laurent, elle se trouve à peine à 14 km du Nouveau-Brunswick et 22 km de la Nouvelle-Écosse, provinces voisines, sur l'autre rive du **détroit de Northumberland**. Les couleurs de l'île sont saisissantes : aux beaux jours, le rouge bien caractéristique de son sol ferrugineux, le bleu du ciel et de la mer, le vert tendre de ses campagnes vallonnées et la blancheur cotonneuse des nuages créent un remarquable effet de kaléidoscope.

Un peu d'histoire

Île Saint-Jean – Ainsi baptisée par Jacques Cartier en 1534 et déclarée possession du roi de France, l'île ne fut pourtant colonisée qu'au début du 18ᵉ s., quand, après le traité d'Utrecht (1713), de nombreux Acadiens quittèrent l'Acadie péninsulaire devenue Nouvelle-Écosse pour fonder, non loin du site actuel de Charlottetown, **Port la Joye**, une dépendance de l'île Royale. Ces colons furent rejoints, après 1755, par une multitude de réfugiés fuyant le Grand Dérangement *(voir p. 350)*, mais trois ans plus tard, l'île était à son tour prise par les Anglais. Ces derniers déportèrent la population acadienne de l'île, à l'exception d'un petit groupe qui prit le maquis et devint la souche de sa population actuelle.

St. John's Island – Sous le régime anglais, l'île (d'abord rebaptisée St. John's Island et rattachée à la Nouvelle-Écosse) fut constituée en colonie indépendante dès 1769. Mais la plupart des « colons », de riches Anglais auxquels on avait donné les terres, ne quittèrent jamais l'Angleterre, et ce n'est qu'après la guerre d'Indépendance et la venue des loyalistes qu'une véritable population britannique vint s'installer sur l'île. En 1799, elle recevait son nom actuel en l'honneur du duc de Kent, fils de George III d'Angleterre. La **conférence de Charlottetown** (septembre 1864) ouvrit la voie à la Confédération de 1867.

Perspectives – Le tourisme et la transformation des produits de l'agriculture et de la pêche (homards et coquillages) constituent les principales industries de l'île, renommée aussi pour ses produits laitiers et ses quelque 50 variétés de **pommes de terre**. Chaque année, plus de 700 000 visiteurs viennent sur l'île du Prince-Édouard, attirés par son calme et sa beauté. Ils prisent particulièrement les **vacances à la ferme** et les « **soupers au homard** » qui, l'été, offrent l'occasion de déguster, dans les salles paroissiales et communales, fruits de mer frais pêchés et légumes du potager. Depuis 1997, un pont à péage de 13 km de long, **Confederation Bridge**, relie l'île du Prince-Édouard au Nouveau-Brunswick, remplaçant le bac de Marine Atlantic qui, pendant 80 ans, assura la liaison entre Borden (Î.-P.-É.) et Cape Tourmentine (N.-B.).

Confederation Bridge

© Walter Bibikow

Visite de l'île – Les trois parcours touristiques proposés par le gouvernement provincial, qui font le tour de chaque comté (Prince, Queens et Kings), sont une agréable façon de partir à la découverte de l'île. Ces itinéraires donneront au visiteur l'occasion d'apprécier de splendides paysages, de charmantes petites localités et d'intéressantes curiosités historiques, tout en lui offrant la possibilité de se livrer à diverses activités de détente. À titre indicatif, noter que le principal Office du tourisme de l'île se trouve à Charlottetown (*178 Water Street, De déb. mai à mi-juin : 8 h30-18 h ; de mi-juin à fin août : 8 h-22 h ; de déb. sept. à mi-oct. : tlj sf w.-end 8 h-18 h ; de mi-oct. à fin avr. : tlj sf w.-end 9 h-16 h30.* ☎ *902-368-4444*).

RENSEIGNEMENTS PRATIQUES

Comment s'y rendre et s'y déplacer

Avion – **Charlottetown Airport** (à moins de 5 km du centre-ville) ☎ 902-566-7997 : desservi par les filiales de Air Canada ☎ 902-429-7111 ou 888-247-2262 au départ de Halifax (N.-É.). Taxis et agences de location de voitures à l'aéroport.

Voiture – Depuis 1997, le pont Confederation Bridge relie Borden/Carleton (Î.P.-É.) à Cape Jourimain (N.-B.). Il faut compter environ 10mn pour parcourir ses 13 km *(vitesse limitée à 80 km/h)*. Bornes de secours à intervalles réguliers. Dépassements et arrêts interdits, sauf en cas d'urgence. Le péage se règle à Borden/Carleton en quittant l'île *(35,75 $/voiture ; principales cartes de crédit acceptées)* ; www.confederationbridge.com ☎ 902-437-7300 ou 888-437-6565.

Bateau – Bac (*ou traversier*) de Wood Islands *(partie Est de l'île)* pour Caribou (N.-É) *(dép. de mi-juin à fin sept. : 5 h30-18 h30 ; dép. supplémentaire 20 h de fin juin à fin août ; printemps et automne horaires variables ; service interrompu de fin déc. à fin avr. Aller simple 1 h15, AR 49 $/voiture.* ✗ ⛅ *Northumberland Ferries* ☎ *902-566-3838 ou 888-249-7245. www.nfl-bay.com)*. Bac de Souris (Î.P.-É.) aux îles de la Madeleine (Québec).

À savoir

Où s'informer et se loger – L'Office de tourisme provincial **Tourism Prince Edward Island**, PO Box 940, Charlottetown PE C1A 7M5 ☎ 800-463-4734 www.pei-play.com. met gracieusement à la disposition des visiteurs des cartes routières ainsi que des brochures et guides *(certains disponibles en français)* procurant des renseignements utiles sur l'île : histoire de la région, principaux points d'intérêt, manifestations et différentes formules d'hébergement.

Législation routière – *(Voir permis de conduire et assurance p. 29)*. Les routes principales, surtout le long de la côte, sont goudronnées. Sauf indication contraire, la vitesse est limitée à 80 ou 90 km/h sur autoroute, et 50 km/h en agglomération. Le port de la **ceinture de sécurité** est obligatoire. **Association canadienne des automobilistes** ou CAA à Charlottetown ☎ 902-892-1612.

Heure locale – L'Î.P.-É. vit à l'heure de l'Atlantique. L'heure d'été s'applique du premier dimanche d'avril au dernier dimanche d'octobre.

Taxes – En plus de la taxe nationale sur les produits et les services (TPS) de 7 % *(voir modalités de recouvrement p. 37)*, l'Î.P.-É. prélève une taxe provinciale à la vente de 10 %, sauf sur les vêtements et les chaussures.

Loi sur les alcools – Âge légal de consommation d'alcool : 19 ans. Bouteilles d'alcool en vente dans les magasins d'État.

À faire

Activités récréatives et tourisme-découverte – *Voir p. 352.*

Principales manifestations

Juin-sept.	**Charlottetown Festival**	*Charlottetown*
Juin	**Highland Gathering and Military Tattoo**	*Summerside*
Juil.	**Bluegrass and Oldtime Music Festival**	*Rollo Bay*
Août	**Lucy Maud Montgomery Festival**	*Cavendish*
	New Old Home Week Provincial Exhibition	*Charlottetown*
Sept.	**Storytelling Festival**	*dans toute la province*
	Shellfish Festival	*Charlottetown*

CARNET D'ADRESSES

Voir légende p. 111 et 114

Se loger sur l'île du Prince-Édouard

Dalvay by the Sea – *Littoral Nord, près de l'entrée Est du Parc national de l'Î.-P.-É. De déb. juin à déb. oct. 26 ch, 8 cottages.* ✗ ♿ ▯ ☎ *902-672-2048. www.dalvaybythesea.com.* **$$$$** Ancienne résidence du magnat du pétrole Alexander McDonald, cet hôtel particulier Queen Anne à pignons accueille aujourd'hui un établissement de prestige. Le Dalvay bénéficie, en plus des chambres (dont chacune possède son propre style) de l'habitation, de 8 cottages de 3 chambres dotées d'un minibar et d'une cheminée à gaz. Le restaurant **McMillan Dining Room ($$$)** est ouvert toute la journée, y compris pour le thé *(1er juil.-1er sept.)* ; les convives sont accueillis par un personnel attentif. Une cuisine continentale exceptionnelle les attend. Il faut garder une place pour la spécialité du Dalvay, un pudding chaud servi avec une sauce au caramel et une crème glacée. Les visiteurs peuvent choisir, parmi les nombreuses activités proposées, tennis, croquet ou canotage.

Fairholm Inn, à **Charlottetown** – *230 Prince St. (à l'angle de Fitzroy St.). 7 ch.* ▯ ☎ *902-892-5022 ou 888-573-5022. www.fairholm.pe.ca.* **$$$$** Cette imposante demeure (1839) à deux étages, avec sa façade à double avancée, abrite l'une des plus belles auberges de Charlottetown. Richement pourvues de meubles anciens, spacieuses et hautes de plafond, les chambres sont dotées de cheminées de marbre et des peignoirs en éponge sont fournis ; les baignoires et les jacuzzis des vastes salles de bains attenantes restent dans la note grâce à leurs pieds griffus. Les résidents peuvent profiter de la véranda donnant sur le jardin. Petit déjeuner généreux dans la salle à manger ; centre-ville à quelques pas.

Inn at Spry Point, à **Souris** – *Route 310 (Spry Point Rd.) à la sortie de la route 2. 15 ch. De mi-juin à fin sept.* ✗ ▯ ☎ *902-583-2400. www.innatsprypoint.com.* **$$$$** Cette grande et lumineuse auberge est campée sur un promontoire dominant le détroit de Northumberland. Une épaisse forêt parcourue de sentiers borde la propriété, et les vagues déferlent sur la plage proche au pied de falaises rosées. Les chambres spacieuses, pourvues d'un balcon ou d'une terrasse, sont dans une note douce de pastels apaisants. La **salle à manger ($$$)**, qui domine l'océan, exploite les produits régionaux : poissons fraîchement pêchés et viande produite sur l'île ; la carte de la table d'hôte est modifiée quotidiennement.

Inns on Great George, à **Charlottetown** – *58 Great George St. 42 ch.* ♿ ▯ ☎ *902-892-0606 ou 800-361-1118. www.innsongreatgeorge.com.* **$$$** Situé au cœur du centre-ville à proximité de Province House, cet établissement est composé de 7 maisons mitoyennes et d'une ancienne grange à attelages convertie en chambre. On a le choix entre des lofts, des suites en duplex et des appartements de deux chambres équipés d'une lingerie et d'une cuisine. Les 24 chambres du pavillon sont pourvues de meubles anciens, certaines de lits à baldaquin, de jacuzzis et de cheminées. Une salle de musculation et un service de petit déjeuner complet au salon du pavillon viennent couronner l'ensemble.

Briarwood Inn, près d'**Alberton** – *Matthew's Lane à la sortie de la route 12. 22 ch.* ♿ ▯ ☎ *902-853-2518 ou 888-272-2246. www.briarwood.pe.ca.* **$$** Cet ensemble composé de cottages, d'un pavillon et d'une auberge, situé sur les rives de la Dock, près de la baie Cascumpec, est le lieu idéal d'un séjour prolongé. Les invités sont encouragés à explorer le domaine et le bord de la rivière, à moins qu'ils ne préfèrent paresser en chaise longue. Ils peuvent choisir entre un cottage au porche grillagé, une suite à une chambre dans le pavillon, une chambre dans l'auberge avec vue sur la baie, ou une chambre avec grand lit et jacuzzi. Ne pas rater la promenade sur la rivière.

Warn House, à **Summerside** – *330 Central St. 4 ch.* ▯ ☎ *902-436-5242 ou 888-436-7512. www.warnhouse.com.* **$$** Cette maison d'hôte immaculée est décorée avec goût d'objets d'art canadiens et de meubles anciens mêlés à des équipements modernes. Les hôtes, aimables et eux-mêmes voyageurs, ont anticipé tous les besoins de leurs visiteurs et adorent préparer un petit déjeuner qui les comblera (œufs au bacon, fruits frais et plats maison), servi dans la charmante salle à manger.

Heart's Content, à **Charlottetown** – *236 Sydney St. (à l'angle de Weymouth St.). 4 ch.* ☎ *902-566-1799.* **$** Son emplacement central, à quelques minutes de marche du bord de mer et des curiosités, lui confère un bon rapport qualité/prix. Des chambres nettes, un garage à bicyclettes et un petit-déjeuner continental contenteront les cœurs... à la recherche d'un hébergement abordable et bien situé.

Se restaurer sur l'île du Prince-Édouard

Inn at Bay Fortune, à Bay Fortune – *Route 310 par la route 2. De fin mai à mi-oct. : soir uniquement.* ☎ *902-687-3745. www.innatbayfortune.com. $$$* **Cuisine régionale canadienne**. Cet établissement chic acquiert rapidement une bonne réputation grâce aux quatre menus dégustation quotidiens du chef. Servis dans une lumineuse véranda, ils explorent dans leurs cinq plats les richesses des forêts de l'île (gibier, champignons sauvages), de sa campagne (cresson sauvage, menthe) et de ses eaux (moules, huîtres de la baie de Colville). Plus de 100 variétés d'herbes et de fleurs comestibles, 30 sortes de crudités et une myriade de légumes poussent dans le potager de l'auberge *(visite-dégustation guidée 10h30)*, formant les ingrédients de base du menu « Kitchen Gardens ». Pour une expérience gourmande sans pareille, réservez la table du chef (« Chef's Table ») en cuisine : vous aurez le privilège d'observer l'équipe talentueuse du Bay Fortune vous créer sur mesure un repas inoubliable.

Lobster on the Wharf, à Charlottetown – *Prince St. Wharf.* ♿ *www.lobsteron-thewharf.com.* ☎ *902-368-2888. $$* **Poisson**. Les familles trouveront leur bonheur dans cet établissement sans façon où les attendent, en salle ou dehors, sur des nappes à damiers : homards, crabes des neiges, clams, pétoncles, crevettes, huîtres, haddock et saumon, *lobster roll* (homard à la mayonnaise dans un petit pain in hot-dog grillé) et *fish-and-chips* (poisson-frites). Les assiettes sont généreuses, la plupart des plats comprennent un accompagnement de pommes de terre ou riz/légumes. La pomme de terre fourrée au homard rencontre un franc succès chez les appétits moins solides.

Spot O' Tea Restaurant, à Stanley Bridge – *Route 6.* ♿ ☎ *902-886-3346. www.spototea.pe.ca. $$* **Poisson**. Le joyeux restaurant de la célèbre chanteuse Catherine McKinnon's donne sur la Stanley. Le substantiel *lobster roll* est très demandé, mais les pâtés de morue concoctés par Catherine, accompagnés de *chow-chow* (condiment) préparé sur l'île, recueillent tous les suffrages. Les convives pourront, après le dîner, apprécier le spectacle donné par Catherine et les visites surprise de son mari Don Harron au Comedy Barn voisin. L'été, profitez de la grande terrasse.

Trailside Inn and Café à Mount Stewart – *109 Main Street St.* ♿ ☎ *902-676-3130. $$* **Poisson**. Ne vous laissez pas rebuter par l'aspect extérieur de cet ancien magasin. Véritable retour à la simplicité d'autrefois, ce charmant café de bord de route réunit les amateurs de bonne musique en bonne compagnie. La carte, variée, tourne autour des produits de la mer : il faut absolument essayer les fruits de mer à l'estragon ou la tourte au saumon. Concerts tout l'été ; les habitués fréquentent assidûment le brunch du dimanche au son du gospel. Chambres, location de bicyclettes et canoës *(s'adresser à Trailside Adventures)*.

Circuit BLUE HERON★★

La route fait un tour presque complet de la partie centrale de l'île du Prince-Édouard. Elle frôle au passage les magnifiques plages blanches de la côte Nord, traverse de charmants petits ports de pêche acadiens et un pittoresque paysage de campagne, et longe les côtes de grès rouge de la rive Sud, baignées par les eaux du détroit de Northumberland.

PROMENADE EN VOITURE

Circuit de 190 km indiqué par des panneaux représentant un héron bleu sur fond blanc. Centre d'accueil à Charlottetown.

★**Prince Edward Island National Park** – *À Cavendish, 24 km au Nord-Ouest de Charlottetown.* ♿ *Ouv. toute l'année. 4$ Centre d'accueil (au croisement des routes 6 et 13) : de fin mai à fin oct. dès 9h, horaires fermeture variables.* ☎ *902-672-6350. www.parkscanada.ca. Utiliser les passerelles et les sentiers balisés pour ne pas dégrader les dunes.* L'un des plus courus du pays, ce petit parc national s'étire sur quelque 40 km le long de la côte Nord de l'île, au bord du golfe du Saint-Laurent. Une route, **Gulf Shore Parkway**, avec ici et là des sentiers et des promenades en planches menant au rivage, offre des présentations sur l'écologie locale et permet de découvrir l'un des plus jolis paysages du Canada oriental : une côte très irrégulière ponctuée de **plages** superbes, de dunes de sable, de falaises de grès, de marais d'eau saumâtre et de bassins d'eau douce. Aires de pique-nique au bord de mer et dans les bois ; programmes d'interprétation.

Près de l'entrée Est du parc, un coup d'œil vers le Sud révèle l'élégant **hôtel Dalvay-by-the-Sea** *(voir carnet d'adresses)*, édifice de style Queen Anne (1896) autrefois résidence secondaire du magnat de la Standard Oil, Alexander MacDonald. Noter, dans le hall d'entrée, de belles boiseries et une énorme cheminée avec un foyer en grès du pays.

© Robert Holmes

★**Green Gables House** – *À Cavendish, dans le Parc national de l'Î.-P.-É., route 6 à l'Ouest de la route 13.* ☻ *De fin juin à fin août : 9 h-20 h ; de déb. mai à mi-juin et sept.-oct. : 9 h-17 h. 5,50 $.* ☎ *902-672-6350. www.parkscanada.ca.* ▣
Cette petite ferme blanche et verte, où elle se rendit fréquemment en visite durant son enfance à Cavendish, appartenait à la famille de **Lucy Maud Montgomery** (1874-1942), et lui servit de modèle pour le cadre de son célèbre roman ***Anne of Green Gables*** *(Anne... La Maison aux pignons verts)*, l'un des contes pour enfants les plus populaires de la littérature anglaise. Aujourd'hui traduit en 18 langues, il relate l'histoire d'une petite orpheline pleine d'entrain adoptée par des frères et sœurs sévères mais bons, habitant dans la fameuse ferme « aux pignons verts ».
La maison *(endommagée par un incendie en 1997)*, qui recrée des scènes du roman (notamment la chambre d'Anne, sous les combles) et expose des photos de famille, attire chaque année des milliers de visiteurs de tous horizons.

Anne of Green Gables Museum at Silverbush – *À Park Corner, route 20.* ☻ *Juin-sept. : 9 h-18 h ; mai et oct. : 10 h-16 h. 2,75 $.* ☎ *902-436-7329 ou 800-665-2663. www.annesociety.org.* Tout au long de sa vie, Lucy Maud Montgomery rendit visite à des parents qui habitaient cette spacieuse maison. C'est dans le salon qu'eut lieu son mariage, en 1911. La maison contient des éditions originales des livres de l'auteur et sa correspondance personnelle, ainsi que des objets de famille.

★**Woodleigh** – *À Burlington, route 234 au Nord-Est de Kensington. Juil.-août : 9 h-19 h ; juin et sept. : 9 h-17 h. 8.50/10 $.* ☎ *902-836-3401. www.woodleighreplicas.com.* ▣
Quelque 17 monuments historiques britanniques ont été reconstitués dans un agréable jardin ombragé. Ces répliques sont suffisamment grandes pour que

● **The Dunes Gallery**
À Brackley Beach, route 15. ☎ *902-672-2586. www.dunesgallery.com.*
Un spectaculaire bâtiment de cèdre et de verre abrite le studio de l'artiste Peter Jansons, une galerie d'art, une boutique de souvenirs et une brasserie. On y trouvera aussi bien des poteries, peintures, bijoux, objets de verre soufflé et de vannerie en provenance du reste du pays que des articles importés d'Indonésie. La brasserie aux fenêtres panoramiques sert une cuisine créative dans une ravissante vaisselle. Essayer *(midi)* le sandwich libanais au poulet : pita (pain creux) farcie au poulet mariné dans le jus de citron, l'ail et l'huile d'olive. Pour le dîner, on pourra se tourner vers le délicieux Dunes Duet (pétoncles et crevettes nappés d'une sauce au poivron rouge, accompagnés d'une salsa de pêches). La touche artistique est donnée par de merveilleux arrangements floraux d'immenses dahlias, de splendides marguerites, de glaïeuls, zinnias et autres plantes cueillies dans le paisible jardin (à visiter). À voir également, le bassin aux lys *(3ᵉ niveau)* et le belvédère auquel on accède par un escalier de bois en colimaçon.

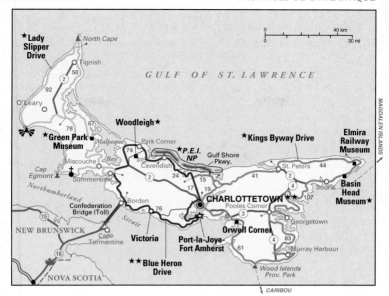

l'on puisse pénétrer à l'intérieur. Citons notamment la cathédrale de York (8 m) et ses 145 vitraux, la cathédrale Saint-Paul de Londres et le château écossais de Dunvegan. Présentation audiovisuelle sur demande.

Victoria – Le hameau, situé sur le détroit du Northumberland, au Sud de l'île, est sans conteste l'un de ceux que son activité portuaire et son parc provincial rendent des plus pittoresques. À l'une des extrémités de Main Street se dresse le bâtiment original de l'hôtel Orient *(☎ 902-658-2503. www.theorienthotel.com)*, qui ouvre aussi sa maison de thé aux convives de passage. D'autres maisons d'hôte, un chocolatier, un fabricant de bougies, une boutique d'artisanat et plusieurs cafés côtoient un théâtre, une maison communale, un phare et plusieurs plages.

Port la Joye-Fort Amherst National Historic Site – *À Rocky Point, Blockhouse Point Rd. (accès par la route 19). Centre d'accueil : de fin juin à fin août 9 h-17 h ; de déb. juin à mi-juin mer.-ven. 10 h-16 h. Site : mai-nov. 2,25 $. ☎ 902-566-7050. www.parkscanada.ca.* C'est ici que les Français établirent en 1720 la première implantation européenne permanente sur l'île. Les Anglais, qui s'emparèrent de la région en 1758, érigèrent Fort Amherst, créèrent plusieurs lignes de défense à l'emplacement de la garnison française et occupèrent la place jusqu'en 1768. De nos jours, seuls subsistent du fort des monticules herbeux d'où l'on découvre une **vue**★★ superbe sur le port de Charlottetown. Le **centre d'accueil** présente l'histoire du lieu et de l'île au moyen d'expositions et d'un montage audiovisuel *(15mn)*.

CHARLOTTETOWN★★

32 245 habitants
Carte Michelin n° 583 W3 – Schéma : BLUE HERON DRIVE
Office de tourisme ☎ 902-368-4444 ou www.peiplay.com

Capitale de la province et centre commercial de l'île, au cœur d'une riche région agricole, Charlottetown est un port abrité sur une baie du détroit de Northumberland. Fondée en 1768, cette paisible ville aux belles demeures victoriennes doit son nom à la reine Charlotte, épouse de George III d'Angleterre.

CURIOSITÉS

L'un des quartiers les plus agréables de Charlottetown se situe près du **Victoria Park**, qui abrite la blancheur néoclassique de **Government House**, imposante résidence du lieutenant-gouverneur dessinée par Isaac Smith *(accès interdit au public)*. De la rive, la **vue**★ s'étend au loin jusqu'au site de Fort Amherst.

★★ **Province House National Historic Site** – *En haut de Great George St. ♿ Juil.-août : 8 h30-18 h ; juin et de déb. sept. à mi-oct. : 8 h30-17 h ; de mi-oct. à fin mai : tlj sf w.-end 9 h-17 h. ☎ 902-566-7626. www.parkscanada.gc.ca.* Ce bâtiment en grès (1847) de style georgien agrémenté de détails néoclassiques est également l'œuvre d'Isaac Smith, natif du Yorkshire. On y visite la salle de

■ Conférence de Charlottetown

En septembre 1864, des représentants de la Nouvelle-Écosse, du Nouveau-Brunswick et de l'île du Prince-Édouard se réunirent à Charlottetown pour discuter de l'union des provinces Maritimes. Venus se joindre à eux, des représentants de l'Ontario et du Québec, appelés alors Haut et Bas-Canada, préconisaient l'union de toutes les colonies britanniques d'Amérique du Nord. Ces derniers virent leurs efforts récompensés : en 1867, l'acte de l'Amérique du Nord britannique créait le Dominion du Canada. Malgré sa réticence initiale, l'île du Prince-Édouard se joignit à la Confédération canadienne en 1873.

l'Assemblée législative actuelle ainsi que la **salle de la Confédération**, où se tint la fameuse conférence de 1864 *(voir encadré)* ; tout y est disposé comme lors de cette rencontre historique.

42nd Street Lounge

125 Sydney St. ☎ *902-566-4620.* Le centre-ville de Charlottetown est l'hôte d'une brasserie et de plusieurs pubs bruyants ; on ne manque donc jamais de lieu de libation. Le salon situé à l'étage du **restaurant Off Broadway** (réputé pour ses steaks et la fraîcheur de ses moules) ménagera toutefois, à ceux qui recherchent une atmosphère plus calme, une parfaite détente. Murs de brique, velours, éclairage tamisé, fauteuils à oreilles confortables et tables anciennes créent une intimité propice à la conversation et à la convivialité. En plus des vins et spiritueux, le salon propose entrées et desserts. Idéal pour un digestif ou un grignotage d'après-théâtre.

★**Confederation Centre of the Arts** – *Grafton St., près de Province House.* ⓖ *Juin-sept. : tlj sf dim. 9 h-21 h ; le reste de l'année : tlj sf dim. 12 h-17 h.* ☎ *902-566-1267. www.confederationcentre.com.* Construit en 1964 à l'occasion du centenaire de la conférence de Charlottetown, ce centre culturel abrite les archives provinciales, des salles de spectacle et d'exposition ainsi qu'un restaurant. La **galerie d'art** présente par roulement quelques œuvres de l'importante collection de peinture canadienne que possède le centre. Le théâtre principal accueille chaque année, lors du **festival de Charlottetown**, une comédie musicale intitulée *Anne of Green Gables.*

St. Dunstan's Basilica – *Great George St.* ⓖ *Tlj sf w.-end 8 h30-16 h.* ☎ *902-894-3486. www.stdunstans.pe.ca.* Du haut de leurs 61 m, les deux gracieux clochers de cet édifice de style néogothique (1917) se détachent sur le ciel de Charlottetown. Notons à l'intérieur les voûtes en éventail, le marbre veiné et une éblouissante rosace venue de Munich, en Allemagne. Les vitraux contemporains de la façade sont l'œuvre d'un natif de l'île, Henry Purdy.

Circuit KINGS BYWAY★

Schéma : BLUE HERON DRIVE

Soumis au caprice des baies et des ports qui échancrent profondément la côte Est de l'île, ce circuit donne l'occasion d'apprécier l'importance locale des pêcheries, très actives dans le comté de Kings. Des chemins de traverse pénètrent dans des forêts verdoyantes et longent de petits villages dont les noms évoquent le patrimoine britannique de l'île : Cardigan, Greenfield, Glenmartin...

PROMENADE EN VOITURE

Circuit de 375 km indiqué par des panneaux représentant une couronne violette sur fond blanc. Centre d'accueil à Pooles Corner (au croisement des routes 3 et 4).

Orwell Corner Historic Village – *À Orwell, 30 km à l'Est de Charlottetown sur la Transcanadienne. Mai-oct. : 9 h-16 h30. 5 $.* ☎ *902-651-8510. www.orwellcorner.isn.net.* Fondée au début du 19ᵉ s. par des pionniers venus d'Angleterre et d'Irlande, cette communauté-carrefour restaurée de main de maître a conservé l'atmosphère et la saveur des premiers villages ruraux de l'île. Après la **ferme** (1864) qui servait aussi de poste, de magasin général et d'atelier de couturière, on peut visiter une église, une école, une salle communautaire, une forge, une fabrique de bardeaux et les dépendances pour les animaux. Violons et gigues figurent au programme du traditionnel *Ceilidh* (juil.-sept. : représentations mer. 20 h).

★**Basin Head Fisheries Museum** – *À Basin Head, route 16, 10 km à l'Est de Souris. De mi-juin à fin août : 10 h-18 h. 3 $. ☎ 902-357-7233.* Ce musée occupe un joli site surplombant le détroit de Northumberland. Consacré à la pêche côtière, il rassemble tout l'équipement nécessaire à cette activité (bateaux, filets, hameçons, etc.) et contient également photographies et dioramas. À l'extérieur, de petits bâtiments en bois abritent une exposition d'artisanat.

Elmira Railway Museum – *À Elmira, route 16A, à 16 km à l'Est de Souris.* ♿ *De mi-juin à fin août : 10 h-18 h. 2 $. ☎ 902-357-7234.* Ancien terminus à l'Est d'un réseau de chemin de fer reliant l'île au continent, cette charmante gare abrite aujourd'hui un musée consacré à la conquête du rail au 19ᵉ s. au début du 20ᵉ s. Parmi les curiosités figurent une exposition de photographies soulignant les différentes architectures des gares de l'île, un carnet de route ferroviaire de 1911 et un équipement télégraphique encore en état de marche.

■ Les soupers au homard

Ils sont une tradition sur l'île. Leur histoire commence il y a une cinquantaine d'années, lors des collectes de fonds au profit de l'organisation des Jeunes Agriculteurs ; le premier repas a coûté 1,50 $. On dit aussi que les églises de l'île les ont utilisés pour régler leurs hypothèques. Ces soupers d'été ont rencontré un tel succès qu'ils ont vite été commercialisés afin d'attirer davantage de monde. **St. Ann's Church** *(☎ 902-621-0635. www.lobstersuppers.com)* à Hope River en organise toujours l'après-midi et le soir *(sf dim.)* dans son immense sous-sol. **St. Margaret's Lobster Suppers** *(☎ 902-687-3105)* sert des dîners de homard et de jambon dans sa salle à manger et **New Glasgow Lobster Suppers** *(☎ 902-964-2870. www.peilobstersuppers.com)* peut nourrir 500 personnes. Voilà comment cela se passe : les convives paient un droit d'entrée, puis vont s'asseoir à de longues tables de banquet où on leur offre une bavette et des serviettes humides en prévision du festin *(à volonté)*. Les festivités débutent traditionnellement par une soupe de palourdes *(ou chowder)* maison accompagnée de pains mollets, puis viennent plusieurs salades (pommes de terre, salade de chou cru ou *coleslaw* et crudités). Puis on apporte sur la table un grand seau de moules fraîches. Le homard ne vient qu'après *(poids selon la participation financière)*, accompagné de légumes. Le dessert consiste souvent en un gâteau ou une tourte avec une glace. La boisson est incluse dans le prix (bière et vin sont généralement disponibles en supplément). Si vous n'êtes pas amateur de homard, vous pouvez vous faire servir du jambon ou du poisson dans la plupart des restaurants. Mais quel que soit votre menu, vous ne repartirez pas affamé !

Souper de homard

Courtesy Tourism PEI

Circuit LADY SLIPPER★

Schéma : BLUE HERON DRIVE

Ce circuit dans la partie occidentale de l'île porte le nom anglais du « sabot de la Vierge », fleur choisie comme emblème de la province. Partant de Summerside, la route offre un paysage festonné de caps et de plages. Elle parcourt notamment les régions acadiennes autour du cap Egmont et contourne la baie de Malpèque, célèbre pour ses huîtres et son joli littoral.

PROMENADE EN VOITURE

Circuit de 288 km indiqué par des panneaux portant une fleur rouge (représentant un sabot de la Vierge) sur fond blanc. Centre d'accueil à Wilmot, route 1A (2 km à l'Est de Summerside).

Acadian Museum of Prince Edward Island – *À Miscouche, route 2, 8 km à l'Ouest de Summerside. ♿ De fin juin à fin août : 9 h30-17 h (juil.-août 19 h) ; le reste de l'année : tlj sf sam. 9 h30-17 h, dim. 13 h-16 h. 3 $. ☎ 902-432-2880. www.teleco.org/museeacadien.* Construit en 1991, ce centre moderne voué à la préservation du patrimoine acadien est constitué d'un musée historique et d'un centre de documentation pour la recherche généalogique. La galerie principale présente l'histoire acadienne après 1720 au moyen de dioramas et de textes, et tire parti d'une riche collection d'objets, photographies, textiles et journaux, légués au musée par des familles de la région. Des présentations audiovisuelles examinent notamment les thèmes de la religion, de l'éducation et de l'économie, tandis qu'une galerie adjacente contient des expositions thématiques temporaires.

★**Green Park Shipbuilding Museum** – *À Port Hill, route 12, 34 km à l'Ouest de Summerside. ♿ De déb. mai à fin sept. : 10 h-17 h30. 4 $. ☎ 902-831-7947. www.peimuseum.com.* Consacré à la construction navale, qui constituait au 19e s.

■ Promenade gastronomique à travers l'île du Prince-Édouard

Les agriculteurs de l'île offrent volontiers au public un aperçu *(gratuit)* de leurs procédés d'élaboration et produits, souvent accompagné de quelques échantillons gratuits. L'exploitation **Island Farmhouse Gouda** *(à Winsloe North, route 223. ☎ 902-368-1506)*, surnommée *Cheeselady's* (« la dame aux fromages »), organise une rapide projection vidéo consacrée aux fromages hollandais, fait visiter sa salle d'élaboration et offre une dégustation de différents goudas (gouda au poivre et à la moutarde, au piment rouge, aux herbes ou à l'ail). Les visiteurs de **PEI Preserve Co.** *(route 13 près de Cavendish, au croisement des routes 224 et 258. ☎ 800-565-5267 www.preservecompany.com. un établissement également à Charlottetown)* goûteront plusieurs dizaines de conserves, plusieurs moutardes et *chutneys* (condiment aigre-doux), ainsi que le thé du jour. Ne rater ni la marmelade de citron au gingembre, ni le bocal de mélange fraise-rhubarbe au sirop ! Leur appétit aiguisé, ils se rendront ensuite au **Café on the Clyde** de l'entreprise, qui sert un petit déjeuner, un déjeuner ou un dîner simple avec vue sur la rivière. Ils goûteront la quiche aux pommes de terre (une couche de pommes de terre, une couche de cheddar et de ciboulette, le tout cuit dans une croûte de bacon).

En poussant un peu au Nord-Ouest, ils rencontreront le **Centre interprétatif de la mousse d'Irlande (Irish Moss)** et son **Seaweed Pie Café** *(à Miminegash, route 14. ☎ 902-882-4313)*. La plante marine, récoltée depuis plusieurs générations, est couramment utilisée dans la région *(présentation vidéo)*. Exposition d'outils, de matériel et de diverses variétés de mousse. Au restaurant, commander absolument la spécialité qui a donné son nom à l'établissement : il s'agit d'un gâteau véritablement léger, préparé à base de carréghane (substance que l'on extrait de la plante) et surmonté de crème battue.

Il faut, pour déguster un merveilleux saumon fumé, se rendre chez **Kim Dormaar & Sons'** *(à Ebenezer, route 10. ☎ 902-964-3001. www.smokedsalmon@isn.net)*. Une fascinante présentation du procédé de fumage précédera une visite des chambres de fumage, couronnée par une dégustation de généreux échantillons. Kim régale également les visiteurs d'anguille fumée, de saumon de l'Atlantique, d'œufs de saumon, de pétoncles, de moules, de maquereau et de truite (essayer la truite steelhead au poivre et sirop d'érable). Ses apparitions au marché de Charlottetown sont toujours signalées par de longues files d'attente d'amateurs de ses petits pains en demi-lune *(bagels)* fourrés au fromage, au saumon fumé et aux câpres.

la principale activité économique de l'île, ce parc occupe le site d'un chantier jadis florissant. **Yeo House**, construite en 1865 par le propriétaire du chantier, est un grand édifice victorien coiffé d'un lanternon. On l'a restaurée de façon à restituer le mode de vie d'une famille bourgeoise de l'époque. Cartes, photographies et outils exposés dans le **centre d'accueil** illustrent les techniques de la construction navale au 19e s.

West Point Lighthouse – *Parc provincial Cedar Dunes, route 14.* ♿ *De mi-mai à fin sept. : 9 h-21 h. 2,50 $.* ☎ *902-859-3605 ou 800-764-6854. www.west-pointlighthouse.com.* Ce phare de 30 m aux rayures caractéristiques fut bâti en 1875 et pleinement électrifié en 1963. L'étroite volée de marches contient photographies et montages illustrant l'histoire des phares de l'île. Une collection de lanternes de phare orne la tour proprement dite. De la plate-forme d'observation, au sommet, la **vue** porte au-delà des dunes rouge sombre du rivage. Le phare a été converti en auberge, dont le restaurant est ouvert au public.

Potato Museum – *À O'Leary, route 142 à l'Ouest de la route 2.* ♿ *De mi-mai à mi-oct. : 9 h-17 h, dim. 13 h-17 h. 5 $.* ☎ *902-859-2039. www.peipotatomuseum.com.* Un tel musée ne devrait pas constituer une surprise, étant donné la réputation de l'île en tant que région productrice de pommes de terre. Derrière sa façade ornée d'une pomme de terre géante, les visiteurs apprendront comment, dans leur pays, Walter Raleigh, Francis Drake et Thomas Jefferson lui-même participèrent au succès du précieux tubercule cultivé au Pérou il y a 10 000 ans environ. Une collection d'outils agraires et une salle interactive Potato Hall of Fame familiariseront les visiteurs avec les caractéristiques de l'un des légumes les plus vendus dans le monde. Après la théorie, la pratique : la cantine permettra de goûter des tartes de pommes de terre au sirop d'érable, un caramel de pomme de terre *(potato fudge)* ou, même, un sandwich à la pomme de terre *(potato dog)*.

Our Lady of Mont-Carmel Acadian Church – *À Mont-Carmel, route 11 à l'Est de la route 124.* ♿ *Juin-sept. : 8 h-20 h ; le reste de l'année : dim. 9 h-17 h.* ☎ *902-854-2789.* Cette église en brique à double clocher domine le détroit de Northumberland à l'Est du cap Egmont. Bâtie en 1896, elle remplace deux édifices en bois antérieurs. Le premier, datant de 1820, servait la communauté acadienne de Mont-Carmel. La symétrie de la façade et les voûtes intérieures en berceau rappellent l'architecture religieuse du Poitou, terre d'origine de la plupart des premiers colons acadiens de l'île.

Terre-Neuve et Labrador

512 930 habitants

Terre-Neuve (**Newfoundland** en anglais) et le Labrador constituent la plus orientale des provinces canadiennes. Sa superficie globale de 405 720 km² en fait également la plus grande des provinces de l'Atlantique. Elle se compose de l'île même de Terre-Neuve, rocheuse et découpée, et, sur le continent, d'une vaste étendue montagneuse, le Labrador. Les amoureux de la nature apprécieront particulièrement la sauvage beauté de cet avant-poste éloigné.

Woody Point près du Parc national de Gros Morne – © Jo Ann Taylor

Un peu de géographie

L'île de Terre-Neuve – On la surnomme « The Rock » (le rocher) du fait de son profil escarpé. Déchiqueté, semé de baies, d'anses et d'îlots, son littoral de quelque 9 650 km est d'une beauté rude. À l'Ouest, le long des **monts Long Range** qui forment le maillon extrême des Appalaches, d'imposantes falaises et des fjords profonds créent un paysage grandiose. De ces hauteurs, l'île s'incline vers l'Est, revêtue par endroits de denses forêts, tandis qu'ailleurs, de longues étendues ne sont que landes rocheuses, tourbières, lacs et cours d'eau, héritage des glaciers qui ont laissé une marque profonde sur l'île.

Le Labrador – Cet espace buriné, au sol généralement pauvre et aride, appartient au Bouclier canadien. Il comprend une côte désolée, découpée et montagneuse (au Nord, les **monts Torngat**, culminant à près de 1 700 m, plongent directement dans la mer) et un intérieur de roche nue, stérile, à l'exception de quelques régions plus abritées contenant de précieuses forêts. La population (29 000 habitants) se concentre essentiellement le long de la côte et dans les villes minières (fer) de la dépression du Labrador, le long de la frontière québécoise. La faune, très variée, compte des lièvres d'Amérique, des loups et le plus grand troupeau de caribous du monde (600 000 têtes environ)

Les Grands Bancs de Terre-Neuve – Sur les hauts-fonds de la plate-forme continentale qui s'étend au Sud et à l'Est de Terre-Neuve se trouve l'une des zones de pêche les plus riches du monde. C'est la rencontre du courant chaud du Gulf Stream et du courant froid du Labrador qui, en faisant proliférer le plancton, attire le poisson en bancs très denses. Depuis 500 ans, les pêcheurs de toutes nationalités viennent récolter cette manne aujourd'hui menacée par la surexploitation des domaines maritimes et par divers facteurs écologiques.

Économie

Pêche – Dans l'espace atlantique canadien, la pêche (**morue** principalement) était la principale ressource de Terre-Neuve. Mais devant l'alarmante diminution des bancs apparue il y a plusieurs années, le gouvernement canadien s'est vu dans l'obligation d'imposer, en 1992, un moratoire sur la pêche à la morue (toujours en vigueur à l'heure actuelle) et de limiter la prise de certains poissons de fond. L'adoption de ces mesures a bouleversé tout un mode de vie traditionnel axé sur l'exploitation des produits de la mer, et n'a fait que souligner l'importance de diversifier l'économie locale en développant les industries minière et manufacturière.

■ Traditions orales

Marquée par des siècles d'isolement et par la vie dans un milieu difficile, Terre-Neuve frappe le visiteur par son individualité profonde. Ses habitants y ont développé une culture originale, fortement enracinée, et un esprit pétillant d'humour face à l'adversité. Leur anglais savoureux, aux accents très particuliers, est émaillé de multiples idiomes imagés, comme l'expression *tickle* (chatouille) pour définir une voie navigable étroite. Souvent, les petits villages portent des noms pittoresques : **Stinking Cove** (l'anse puante), Useless Bay (la baie bonne à rien), **Jerry's Nose** (le nez de Jerry), Cuckold Cove (l'anse au cocu), **Come by Chance** (venu par hasard) ou Happy Adventure (l'aventure heureuse), pour n'en nommer que quelques-uns.

Langue maternelle d'environ 98 % des habitants de l'île, l'anglais de Terre-Neuve s'est enrichi de l'apport de dialectes des plus variés, constellant les conversations les plus banales d'humour et de pittoresque. Certains d'entre eux dénotent une origine clairement irlandaise ; d'autres contiennent des nuances propres aux régions de l'Ouest de l'Angleterre (Dorset, Devon ou Cornouailles). Dans un pays riche en traditions, les légendes, proverbes (notamment à propos du temps), danses folkloriques et rengaines ne manquent pas, témoignant d'une vision douce-amère de la vie. Souvent parodies de chansons britanniques, les chants de marins *(Squid-Jiggin' Ground, Let Me Fish off Cape St. Mary's, Jack Was Every Inch a Sailor)* décrivent le caractère et les aspirations des Terre-Neuviens avec joie, humour ou mélancolie.

Pêche côtière – Elle comprend non seulement la morue, mais aussi le calmar, le homard, le saumon et le **capelan** (jadis utilisé uniquement comme appât), qui vient pondre en bancs serrés près du rivage, au début de l'été, attirant la morue, son principal prédateur. En utilisant de grands filets-trappes, un pêcheur pouvait autrefois recueillir l'essentiel de sa prise pendant les quelques semaines de frai. À d'autres périodes de l'année, on pêche la morue à la **palangre**, grosse ligne de fond déroulée à partir d'un bateau et munie d'hameçons sur toute sa longueur. Quand la morue ne réagit pas à l'appât vivant, on la pêche alors à la **dandinette**, en tirant une ligne garnie de leurres brillants que l'on fait frétiller dans l'eau. La pêche au **filet dérivant**, lesté de plomb et maintenu à la verticale par des flotteurs, est un procédé plus récent.

Pêche hauturière – Autrefois, les grandes goélettes quittaient les ports de Terre-Neuve pour pêcher sur les bancs pendant plusieurs mois. Quand l'équipage avait localisé un banc, il mettait à l'eau les **doris**, petites barques ouvertes à fond plat transportées sur le pont de la goélette, qui revenaient au bateau chargées de poissons. La prise pouvait être salée sur le pont et entreposée en cale (pêche « verte »), ou mise à sécher à terre sur des sortes de tables en treillis appelées **vigneaux** (pêche « sèche » ou « sédentaire »). Depuis 1945, les goélettes et les doris ont fait place aux chalutiers, dragueurs et palangriers, plus modernes et plus efficaces, tandis qu'à terre (ou à bord même), la congélation et le traitement industriel du poisson ont peu à peu remplacé vigneaux et salaison.

Pêche à Frenchman's Cove

RENSEIGNEMENTS PRATIQUES

Comment s'y rendre et s'y déplacer

Avion – Terre-Neuve et le Labrador sont desservis par des compagnies aériennes nationales et internationales telles que Air Canada ☎ 888-247-2262 à partir de villes comme Toronto et Montréal. Compagnies assurant la liaison entre les villes de Terre-Neuve et du Labrador : Air Canada et Air Labrador ☎ 709-753-5593.

Bateau – Bac ou « traversier » (voitures et passagers) de North Sydney (N.-É.) à Channel-Port aux Basques (T.-N.) *(dép. toute l'année ; aller simple 5 h en été, 6 h 30 le reste de l'année. Correspondances en bus pour l'intérieur des terres :* DRL Coachlines ☎ 709-738-8088*)* ou Argentia *(dép. juil.-août : lun., mer. et ven. 15 h 30 ; de déb. sept. à mi-sept. : 2 fois par semaine, 14 h)* ; renseignements et réservations : Marine Atlantic, North Sidney (N.-É.) ☎ 800-341-7981. www.marine-atlantic.ca
Bac (voitures et passagers) de Lewisporte (T.-N.) à Goose Bay, Labrador *(dép. de mi-juin à fin sept. 2 fois par semaine. Aller simple 35 h)* ; bac (passagers seulement) de St. Anthony (T.-N.) à Nain, Labrador *(dép. tous les 12 jours)* ; renseignements et réservations : Tourism Newfoundland and Labrador ☎ 800-563-6353.
Un bac relie également la côte Sud du Labrador à St. Barbe (T.-N.) via Blanc-Sablon (PQ) *(juil.-août : 2 dép. quotidiens ; mai-juin et sept.-déc. : 1 à 2 dép. quotidiens ; pas de service 25 déc. Aller simple 1 h 45. 18,50 $/voiture, 9 $/passager. Contacter Tourism Newfoundland and Labrador ☎ 800-563-6353).*
Remarque – Réservation conseillée pour tout voyage en bac. Le niveau des réservoirs de carburant des véhicules embarqués ne doit pas dépasser les 3/4. Liaison par mer avec **Saint-Pierre-et-Miquelon** : *voir p. 424.*

À savoir

Où s'informer et se loger – L'Office de tourisme **Tourism Newfoundland and Labrador** *(PO Box 8700, St. John's NF A1B 4J6.* ☎ *709-729-2830 ou 800-563-6353. www.gov.nf.ca/tourism)* met gracieusement à la disposition des visiteurs des cartes routières ainsi qu'un guide *(disponible uniquement en anglais)* procurant des renseignements utiles sur Terre-Neuve : principaux points d'intérêt, manifestations touristiques, expéditions, croisières et différentes formules d'hébergement (logement chez l'habitant, etc.).

Législation routière – *(voir permis de conduire et assurance p. 29)* La Transcanadienne (route 1) qui traverse Terre-Neuve de Channel-Port aux Basques à St. John's *(910 km)* est goudronnée, tout comme la plupart des grandes routes secondaires. L'état des routes non goudronnées dépend de la circulation et du temps. Les routes principales sont dégagées l'hiver, mais s'en assurer auprès des autorités locales avant tout départ *(déc.-mars* ☎ *709-729-2381)*. Le port de la **ceinture de sécurité** est obligatoire. Sauf indication contraire, la vitesse est limitée à 100 km/h sur les routes à 4 voies avec barrière médiane, 80 km/h sur les routes et 50 km/h sur les routes non goudronnées.

Heure locale – Terre-Neuve est en avance de 30 mn sur l'heure de l'Atlantique et de 1 h 30 sur l'heure de l'Est. La majorité du Labrador vit à l'heure de l'Atlantique. L'heure d'été s'applique du premier dimanche d'avril au dernier dimanche d'octobre.

Taxes – Terre-Neuve et le Labrador prélèvent une taxe de vente harmonisée (TVH) de 15 %. *Voir modalités de recouvrement p. 37.*

Loi sur les alcools – Âge légal de consommation d'alcool : 19 ans. Bouteilles d'alcool en vente dans les magasins d'État ; dans les localités isolées, vente dans les épiceries autorisées. Bière vendue dans la plupart des magasins d'alimentation.

Fête provinciale – *(Voir liste des principaux jours fériés p. 36).*
The Queen's Birthday (Victoria Day) : le lun. le plus proche du 24 mai.

À faire

Activités récréatives et tourisme-découverte – *Voir p. 352.*

Principales manifestations

Mi-fév.	**Corner Brook Winter Carnival**	*Corner Brook*
Juil.-début août	**Stephenville Festival**	*Stephenville*
Août	**Royal St. John's Regatta** *(voir p. 418)*	*St. John's*
	Annual Newfoundland and Labrador Folk Festival	*St. John's*
Mi-août	**Labrador Straits Bakeapple Folk Festival**	*Point Amour*

Forage pétrolier en mer – Achevé en 1997, le projet de mise en valeur du champ pétrolifère **Hibernia**, à 315 km au large des côtes de Terre-Neuve, permet actuellement une production quotidienne de 150 000 barils de pétrole, soit plus de 6 % de la production nationale. Ancrée sur place, l'énorme plate-forme de forage, d'un poids total de 1,2 million de tonnes, a été conçue de manière à pouvoir résister à l'assaut régulier d'icebergs géants, fréquents dans cette partie du monde.

Mode de vie et gastronomie – La vie des Terre-Neuviens est davantage régie par son aspect fonctionnel que par la fantaisie. Près d'un quart de la population de l'île réside dans la région de St. John's, la capitale. Le reste habite le long du littoral, dans des villages de pêcheurs appelés **outports**. Jadis, le terme désignait tout établissement hors de St. John's ; mais avec l'essor de centres industriels comme Corner Brook, il ne s'applique désormais qu'aux minuscules villages accrochés à la côte, caractérisés par leurs appontements battus par les vagues, leurs **aires de séchage**, leurs doris et leurs yoles amarrées le long du rivage, ainsi que leurs maisons aux couleurs vives. Dans certains *outports*, des maisons historiques ou des bâtiments commerciaux (souvent avec boutique artisanale) abritent un petit musée du patrimoine. Légués par les habitants du lieu, les objets qu'ils exposent évoquent le passé de la communauté. Leur simplicité et leur caractère pratique reflètent la vie modeste et obstinée de leurs propriétaires.

Fraîche, séchée ou salée, la morue constitue la nourriture de base des Terre-Neuviens. Parmi les plats locaux traditionnels, on notera **fish and brewis** (poisson et brouet), mélange de morue salée bouillie et de biscuits de mer trempés toute la nuit, et les fameuses **langues de morue frites**, nécessitant un poisson de première fraîcheur. Citons encore, parmi les classiques, l'omble de l'Arctique, le saumon, les crevettes et le flétan. Mais la gastronomie ne se limite pas aux produits de la mer : les steaks de caribou ou, même, d'orignal sont très appréciés. On consomme toujours les traditionnels **Jigg's dinners**, plat copieux et roboratif composé de viande et de pommes de terre surmontées de carottes, de chou et de pois. La région produit des myrtilles, des airelles vigne-d'Ida et la **chicouté**, sorte de mûre ambrée au goût prononcé, avec lesquelles on prépare le pudding aux airelles *(été)*, les chicoutés pochées au miel et le gâteau **Figgy Duff**, hérité du 16e s.

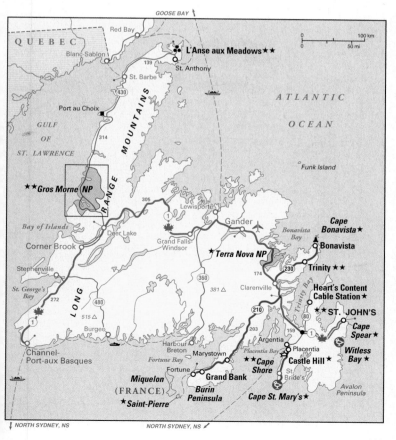

Péninsule de BURIN

Schéma : TERRE-NEUVE-ET-LABRADOR

Presqu'île rocheuse, montagneuse et désolée qui s'étire entre les baies Placentia et Fortune, la péninsule de Burin donne accès à la grande industrie de pêche hauturière sur les **bancs de Terre-Neuve**. Elle s'avance comme une botte dans l'océan Atlantique. Juste au-delà de l'« orteil » subsistent des vestiges de l'ancien grand empire français en Amérique du Nord : St-Pierre-et-Miquelon.

PROMENADE EN VOITURE

203 km de la Transcanadienne à Fortune par la route 210.

La promenade sur la route 210 est longue et solitaire jusqu'à **Marystown**, au bord de la baie Little. Ses immenses chantiers navals *(interdits au public)*, où sont construits les chalutiers utilisés au large de Terre-Neuve, sont les plus importants de la province. Au Sud de Marystown, la route 210 traverse la péninsule pour redescendre ensuite vers la baie Fortune, offrant alors un panorama de la côte méridionale de Terre-Neuve. En arrivant sur Grand Bank, vue de la côte Sud et de l'île Brunette. Par beau temps, on aperçoit à l'Ouest la côte française de Miquelon.

Grand Bank – *199 km au Sud de la Transcanadienne par la route 210.* Cet important centre de pêche servait autrefois de port d'attache aux *bankers*, bateaux pêchant sur les bancs *(voir p. 411).* De sa grande époque, la localité a conservé quelques maisons de style Queen Anne au toit bordé d'une balustrade appelée *widow's walk* (promenade des veuves), car les femmes de marins y guettaient le retour des bateaux.

★ **Southern Newfoundland Seamen's Museum** – *Marine Dr.* ♿ *Mai-oct. : 9 h-16 h45. Fermé j. fériés. 2,50$.* ☎ *709-729-0917. www.nfmuseum.com.* 📷 L'ancien pavillon de la Yougoslavie à l'Exposition universelle de Montréal en 1967 abrite aujourd'hui un musée consacré à l'histoire de la pêche sur les bancs. Les photographies de bateaux et de scènes de pêche, et les **maquettes** de différents types de bateaux sont particulièrement intéressantes. Remarquer aussi, sous vitre, une immense carte en relief de Terre-Neuve et des fonds marins de l'Atlantique.

La route 210 continue jusqu'à **Fortune**, village de pêcheurs doté d'un port artificiel d'où partent les bacs pour l'archipel français de Saint-Pierre-et-Miquelon.

Littoral du CAP★★

Schéma : TERRE-NEUVE-ET-LABRADOR

Ses merveilles naturelles et ses sites historiques font de la partie occidentale de la péninsule d'Avalon, entre Placentia et St. Bride's, l'une des plus belles côtes de Terre-Neuve. Magnifiques échappées de vues sur l'océan et vestiges des luttes territoriales européennes attendent les voyageurs qui longent ce littoral lointain, appelé **Cape Shore** en anglais.

CURIOSITÉS

★ **Castle Hill** – *À Placentia, 44 km au Sud de la Transcanadienne par la route 100, et à 8 km environ du bac d'Argentia. De mi-juin à fin août : 8 h30-20 h ; de mi-mai à mi-juin et de déb. sept. à mi-oct. : 8 h30-16 h30. 2,50$.* ☎ *709-227-2401.* Dans le parc se situent les ruines de Fort Royal, établi par les Français vers la fin du 17e s., puis reconstruit et rebaptisé Castle Hill par les Anglais. Grâce à sa position stratégique dominant **Placentia**, on découvre du fort un superbe **panorama★★** de la ville même, de la baie, du fjord et de l'entrée du port. Un petit chenal, le **Gut**, relie cette dernière à deux criques profondes qui s'enfoncent vers l'intérieur.

En 1662, afin de protéger leurs intérêts dans les pêcheries de Terre-Neuve, les Français établirent la petite colonie de Plaisance, puis construisirent des fortifications au niveau de la mer et sur les hauteurs. Mais en 1713, le **traité d'Utrecht** déclarait Terre-Neuve territoire britannique. Plaisance, devenue Placentia, se transforma alors en garnison anglaise et il resta jusqu'en 1811.

Durant la Seconde Guerre mondiale fut construite à **Argentia**, ville voisine, une grande base navale américaine dont Placentia allait devenir largement tributaire jusqu'à sa fermeture en 1975. C'est au large d'Argentia, alors le centre d'une patrouille de chasse anti-sous-marine, qu'eut lieu en 1941 la fameuse rencontre en mer de Churchill et de Roosevelt d'où devait naître la **charte de l'Atlantique**, qui posait les principes de paix adoptés par les Nations unies en 1942.

Le **centre d'accueil** (♿ *mêmes horaires que pour le parc)* présente des dioramas, maquettes et tableaux décrivant la présence française et anglaise dans la région. Les visiteurs peuvent gravir la colline jusqu'aux canons et aux vestiges du fort. Un joli sentier dans la pinède, le long de murets de pierres sèches, mène au **Gaillardin**, redoute construite par les Français en 1692.

★★ Route du cap – *46 km de Placentia à St. Bride's par la route 100. Aires de service (essence et ravitaillement) peu fréquentes. Risque de brouillard.* Cette route spectaculaire parcourt une côte tortueuse et accidentée, avec de fréquentes **vues** sur de belles anses, des brisants et des pinèdes battues par les vents. Les larges criques du littoral sinueux abritent de petites communautés, telle la pittoresque **Gooseberry Cove** *(25 km au Sud de Placentia)*.

Le voyageur remarquera en chemin les maisons de couleurs vives à toits plats, les moutons en bordure de la route et, de temps à autre, un bateau de pêche amarré au large. À St. Bride's, la route part vers l'intérieur des terres, et le paysage côtier cède alors la place à de plats pays isolés et à des tertres vert pâle qui s'étendent à perte de vue.

★ Cape St. Mary's Ecological Reserve – *14 km environ à l'Est de St. Bride's. Quitter St. Bride's par la route 100. Prendre à droite une route non goudronnée (sortie pour la réserve bien indiquée) et la suivre sur 14 km. Ouv. toute l'année. Meilleure saison pour observer les oiseaux : de mi-mai à mi-août.* Dominant un littoral grandiose zébré de vols d'oiseaux dont retentissent partout les cris, ce **site** à la pointe Sud-Ouest du cap est véritablement unique. Officiellement transformé en réserve ornithologique en 1964, il abrite l'une des plus grandes colonies de **fous de Bassan** (oiseau apparenté au pélican) d'Amérique du Nord.

La possibilité d'observer de très près les oiseaux rend la visite vraiment passionnante. Un sentier offre des **vues★** spectaculaires de la côte escarpée. Partant du phare et centre d'accueil, il mène à **Bird Rock**, domaine des fous de Bassan, après avoir traversé des buttes d'herbe rase qui font penser à la lande et où paissent souvent moutons et chèvres. Les falaises environnantes attirent une multitude de mouettes tridactyles, de guillemots et de pingouins.

GROS MORNE NATIONAL PARK★★

Schéma : TERRE-NEUVE-ET-LABRADOR

Inscrit sur la liste du patrimoine mondial de l'Unesco en 1987, ce vaste parc de 1 805 km² s'étire le long de la côte occidentale de la **grande péninsule Nord** et connaît une renommée internationale pour ses exemples classiques de modelé du relief et pour sa représentation exceptionnellement complète de l'histoire géologique de l'île. Le parc doit ses paysages spectaculaires (comptant parmi les plus beaux du Canada de l'Est) aux sommets tabulaires des **monts Long Range**, âgés de plus d'un milliard d'années, qui constituent la partie septentrionale du système appalachien. Une étroite plaine côtière court le long du rivage jalonné de petits villages de pêcheurs et ourlé tour à tour de falaises et de plages de sable.

Accès – *44 km au Nord-Ouest de Deer Lake. Prendre la route 430 de Deer Lake à Wiltondale, puis la route 431 sur 13 km, jusqu'au parc.*

VISITE

Ouv. toute l'année. 7,50 $ (de mi-mai à mi-oct.). Randonnée pédestre, ski de fond. S'adresser au centre d'accueil (♿ de déb. mai à mi-oct. : 9h, horaires de fermeture variables ; de fin oct. à fin déc. : tlj sf w.-end 9h-16h. Fermé j. fériés. ☎ 709-458-2417. www.parkscanada.ca). Près de Rocky Harbour, pour excursions guidées en bateau et renseignements sur l'état des pistes. Hébergement possible dans les villages des environs.

Lac Trout River Pond

★★Région de Bonne Bay – *50 km de Wiltondale à Trout River (ravitaillement, essence) par la route 431.* Il s'agit là d'une belle promenade le long d'un fjord profond divisé en plusieurs bras où plongent les monts Long Range. De Glenburnie à Woody Point, la route longe le **South Arm** en offrant de magnifiques **vues★★** de la baie. Barques de pêcheurs et maisonnettes se détachent sur le bleu foncé des eaux qu'encadrent de hautes surfaces aplanies.

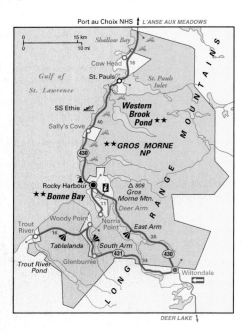

À partir de Woody Point, la route 431 se met à grimper vers l'Ouest. Surgissent alors brusquement les **Tablelands**, dont l'aspect désertique contraste nettement avec la végétation luxuriante du reste du parc. Les roches ocre-rouge de ces monts arides proviennent du manteau terrestre, c'est-à-dire de la couche de magnésium et de fer entre la croûte et le noyau, et témoignent des effets de la **tectonique des plaques**. Un parking *(à 4,5 km de Woody Point)* permet d'obtenir des vues saisissantes de ces formations naturelles dont des **panneaux** expliquent la géologie. Du parking, un sentier mène au cœur même des Tablelands *(promenades guidées possibles ; se renseigner au centre d'accueil du parc).*

Au-delà du petit village de pêcheurs de Trout River apparaît la forme effilée de l'**étang Trout River** (♿ *pro-menades en bateau de mi-juin à mi-sept. : 10 h-16 h. AR 2 h30. Commentaire à bord. Réservation requise. 25 $. Tableland Boat Tours ☎ 709-451-2101).*

La masse imposante du **mont Gros Morne**, point culminant du parc (806 m), domine le trajet de retour à Woody Point.

Pour se rendre de Woody Point à Rocky Harbour, rebrousser chemin et repasser par Wiltondale, à moins que le bateau-taxi (passagers uniquement) pour Norris Point ne soit en service.

De Wiltondale, la route 430 remonte vers le Nord-Ouest. Elle longe tour à tour l'**East Arm**, lieu idéal pour jouir d'une **vue★★** charmante sur Bonne Bay, puis le Deer Arm, avant d'aboutir, tout près de Rocky Harbour, au **centre d'accueil** du parc. Celui-ci permet, grâce à ses vidéos, présentations orales, livres, photographies et expositions de minéraux, de mieux comprendre l'exceptionnelle géologie des lieux. Une longue-vue donne même l'occasion d'admirer le mont Gros Morne *(pour atteindre le sommet, prendre le sentier James Callaghan à 3 km au Sud du centre d'accueil).*

★**De Rocky Harbour à St. Paul's** – *40 km par la route 430. Essence et ravitaille-ment dans les localités le long du parcours.* Niché à l'entrée de Bonne Bay, le petit village de **Rocky Harbour** sert de centre d'accueil et d'hébergement aux visiteurs du parc.

Sur un promontoire au Nord de Rocky Harbour, le phare **Lobster Cove Head Lighthouse** *(ouv. en été)* présente une **vue★★** panoramique sur le village, le mont Gros Morne, l'embouchure de la baie et le golfe du Saint-Laurent.

Construite sur l'étroite plaine côtière, la route 430 offre une jolie promenade depuis Sally's Cove, l'un des nombreux petits villages de pêcheurs qu'elle traverse. Parfois, la route court au niveau de la mer. Ailleurs, elle surplombe une côte rocheuse. Tout au long du parcours, les monts Long Range suivent la côte et ressemblent, avec leurs sommets plats, à une marche de géant. Avant l'embranchement qui mène à la piste pour le lac Western Brook, on aperçoit sur la plage l'épave rouillée du **SS Ethie** dont un panneau décrit le naufrage en 1919.

★★**Western Brook Pond** – *29 km depuis Rocky Harbour.* Avant de traverser l'étroite plaine côtière pour se jeter enfin dans la mer, le ruisseau Western franchit une gorge spectaculaire qui creuse profondément les monts Long Range et retient un lac majestueux appelé *pond* (étang) dans l'anglais particulier de Terre-Neuve. Il est encadré par des falaises presque verticales qui s'élèvent vers un plateau alpin désolé jonché de rochers, avec de la neige dans les anfractuosités, même en août. Contrairement à Bonne Bay, St. Paul's Inlet, Parson Pond (au Nord du parc) et la grande Bay of Islands *(schéma p. 411)*, les falaises abruptes ne forment pas un fjord à proprement parler, car elles ne se prolongent pas jusqu'à la mer et l'eau du lac est douce.

Pour se rendre au bord du lac, il faut suivre un sentier qui traverse la plaine côtière marécageuse *(3 km jusqu'à l'embarcadère)*. Par beau temps, défilé profond et montagnes tronquées se dessinent peu à peu. Seule une **excursion en bateau** *(dép. juil.-août : 10 h, 13 h, 16 h ; juin et sept. : 10 h. AR 2 h. Commentaire à bord. Réservation requise. Permis de circuler dans le parc requis. Vêtements chauds recommandés. 33 $. Norock Assn. ☎ 709-458-2730 ou 800-563-9887. www.oceanviewmotel.com)* permet de pénétrer dans la gorge et d'apprécier le caractère unique de cette vallée glaciaire aux eaux profondes (environ 200 m) et aux impressionnantes falaises de granit (600 m) au pied desquelles se déversent de superbes chutes d'eau.

Après avoir passé le lac Western Brook, la route court entre les montagnes tachetées de neige et le rivage semé de pierres, de gros rochers et de bois flotté. Elle rejoint ensuite **St. Paul's**, petit village de pêcheurs blotti à l'embouchure d'un fjord profond entouré de montagnes.

La route 430 dite « route des Vikings » (Viking Trail) quitte le parc un peu plus haut que la baie Shallow et remonte la côte sur environ 300 km jusqu'à L'Anse aux Meadows. Les vues sur la mer sont toujours aussi belles, tandis que la montagne perd de son caractère spectaculaire à mesure que les monts Long Range s'abaissent et s'éloignent vers l'intérieur des terres. Le **site historique national de Port au Choix** *(135 km au Nord de St. Paul's)* contient plusieurs cimetières (2300 à 1200 avant J.-C.) d'une ancienne peuplade amérindienne, ainsi que des vestiges de la culture dorsétienne (200-400 après J.-C.).

Station-relais de HEART'S CONTENT★

Schéma : TERRE-NEUVE-ET-LABRADOR

C'est à Heart's Content, petite ville fondée sur la baie Trinity aux environs de 1650, que fut posé avec succès le premier **câble télégraphique transatlantique** en 1866.

Depuis plusieurs années, le financier américain Cyrus W. Field et sa New York Newfoundland and London Telegraph Company tentaient de relier Londres à New York par câble télégraphique. Une première tentative en 1858 permit à la reine Victoria et au président américain James Buchanan d'échanger les messages inauguraux, après quoi le câble cessa de fonctionner. Un second essai en 1865 échoua également. Le succès devait venir l'année suivante, lorsque le bateau à vapeur *Great Eastern* eut posé un nouveau câble entre Valencia (Irlande) et Heart's Content, qui fut relié par un autre câble à New York. Au début, les télégrammes coûtaient 5 dollars le mot, et la station en envoyait environ 3 000 par jour. Peu à peu supplantée par de nouvelles technologies, la station dut fermer en 1965.

VISITE

Sur la péninsule d'Avalon, à 58 km au Nord de la Transcanadienne par la route 80. De mi-juin à déb. oct. : 10 h-17 h30. 2,50 $. ☎ 709-729-0592 ou 709-583-2160.

🎬 Principale station-relais d'Amérique du Nord pendant près d'un siècle, Heart's Content a été convertie en un musée qui présente aujourd'hui l'histoire des communications avant et depuis l'invention du télégraphe. Un **film** *(20mn)* et une section spéciale expliquent la pose des câbles sous-marins transatlantiques, le rôle du *Great Eastern* et le rôle de la station de Heart's Content. Des guides costumés font visiter une reproduction du premier poste télégraphique (1866) dont l'équipement d'origine peut être comparé aux appareils plus complexes utilisés à la veille de la fermeture du site.

L'ANSE AUX MEADOWS★★

Ce site désolé classé site national historique, à la pointe de la grande péninsule Nord de Terre-Neuve, figure au nombre des biens inscrits sur la liste du patrimoine mondial de l'Unesco en raison de son grand intérêt archéologique. Sur un talus herbeux faisant face à la baie des Épaves subsistent en effet les vestiges d'une colonie viking considérée à ce jour comme le premier établissement européen en Amérique du Nord.

■ À la recherche du Vinland

Vers la fin du 10e s., un groupe de Vikings installés en Islande aurait déjà exploré le Groenland, l'île de Baffin et serait même parvenu au-delà.

Les sagas affirment qu'en 986, un groupe de navigateurs aurait, de son embarcation détournée de la route du Groenland par une tempête, aperçu des côtes inconnues.

Inspiré par cette découverte, **Leif Ericsson**, un fils d'Éric le Rouge qui vivait au Groenland vers l'an 1000, organisa une expédition en direction de cette mystérieuse région ; il aborda une terre hospitalière, riche en bois, en pâturages et en saumons. Ayant découvert du raisin sauvage, il baptisa cette terre « Vinland », le pays des vignes. Deux récits de la littérature médiévale scandinave relatant ces événements, *La Saga des Groenlandais* et *La Saga d'Éric le Rouge*, sont parvenus jusqu'à nous (d'abord sous forme de récits oraux puis, quelques siècles plus tard, de récits écrits).

On chercha longtemps, mais sans succès, le Vinland sur la côte Sud-Est des États-Unis, où le climat aurait permis la croissance de vignes sauvages, mais jusqu'où les bateaux n'auraient guère pu faire voile à l'époque évoquée par les sagas.

Pour commémorer le millième anniversaire du débarquement de Leif Ericsson, la province a entamé en 2000 une série de célébrations : mise à l'eau de répliques de navires vikings, reconstitution du débarquement du groupe viking, grand campement et exposition itinérante *(jusqu'en 2003)*.

En 1960, **Helge Ingstad**, explorateur et écrivain norvégien, commença avec sa femme, l'archéologue **Anne Stine**, des recherches poussées en remontant la côte nord-américaine à partir de la Nouvelle-Angleterre. Suivant les indications d'un habitant de la région, ils aboutirent, près de L'Anse aux Meadows, à des tertres envahis d'herbes. Les fouilles, conduites entre 1961 et 1968, révélèrent les fondations de huit bâtiments aux murs de terre similaires aux constructions vikings islandaises, ainsi que de nombreux objets d'origine scandinave et des travaux de ferronnerie (artisanat inconnu des peuplades autochtones d'Amérique du Nord). La datation au carbone 14 des fragments d'os, de la tourbe et du charbon découverts indiqua les environs de l'an 1000.

L'Anse aux Meadows est-elle alors le légendaire Vinland tant recherché ? Rien ne le prouve : difficile d'imaginer des vignes à Terre-Neuve ! On sait seulement que ce site, qui contient les vestiges de la seule colonie scandinave jamais découverte en Amérique du Nord, fut probablement habité de façon saisonnière et sur une courte période (de cinq à dix ans) par une centaine d'hommes et de femmes. La colonie aurait vraisemblablement servi de camp de base à des voyages d'exploration plus poussés vers le Sud, à la recherche de bois et de marchandises d'échange. Mais l'âpreté des conditions de vie à Terre-Neuve et l'attraction exercée par les marchés européens (aussi proches et plus rémunérateurs) contribuèrent sans aucun doute à l'abandon du petit avant-poste viking de L'Anse aux Meadows.

Accès – *453 km au Nord de la Transcanadienne par les routes 430 et 436.*

● Tickle Inn

À Cape Onion par Raleigh. ☎ *709-452-4321 (juin-sept.).* ☎ *709-739-5503 (hors saison).* *www.tickleinn.net.* Cette auberge isolée du littoral atlantique est devenue une retraite salutaire pour les voyageurs arpentant cette péninsule sauvage. La maison (1890) redécorée comprend quatre chambres d'hôte, dont trois donnent sur la mer. Après une promenade sur la plage, les clients convergent vers la salle à manger et son dîner de plats régionaux maison : crevettes et pétoncles de Terre-Neuve ou saumon poché de l'Atlantique, que suivent un flan aux fruits rouges, un fromage à tartiner et une pâtisserie à la crème débordant de chicoutés, d'airelles vigne-d'Ida et de myrtilles. Après le repas, les dîneurs se rendent au confortable salon où, rassemblés autour de l'orgue ancien, ils passent la soirée en histoires et chansons. Luxueux petit déjeuner continental compris.

L'Anse aux Meadows

VISITE

♿ *De mi-juin à fin août : 9 h-20 h ; de déb. juin à mi-juin et de déb. sept.- à déb. oct. : 9 h-17 h. 7 $. ☎ 709-623-2608. www.parkscanada.ca*

Le **centre d'accueil** évoque la vie quotidienne des Vikings, mais son intérêt réside dans sa collection des objets découverts sur le site. Un **film** émouvant *(28mn)* sur les recherches de L'Anse aux Meadows constitue une excellente introduction à la visite. Les vestiges de l'ancienne colonie scandinave furent entièrement recouverts après les fouilles pour être mieux protégés. Des tertres herbeux délimitent clairement les fondations des habitations, des ateliers et de la forge dont le four serait le premier d'Amérique du Nord à avoir servi à la fonte du minerai. À proximité du site se trouvent les répliques grandeur nature de trois **constructions en mottes de gazon** : une maison commune, une petite habitation et un atelier.
Soigneusement reconstitué, l'intérieur suggère une existence spartiate : estrades en bois servant de lits le long des murs, foyers disposés à même le sol de terre battue, quelques peaux de bêtes et ustensiles de cuisine en fer. Des coffres à bois, des tonneaux et autres objets ont été fidèlement reproduits. Des artisans costumés travaillent et exécutent les tâches quotidiennes nécessaires à la survie du campement.
La « route des Vikings » (Viking Trail) mène à **St. Anthony**, important centre urbain régional *(commerces, hébergement et transports aériens)* et ville la plus proche de L'Anse aux Meadows. À la fin du 19e s., un médecin missionnaire anglais nommé **Wilfred Grenfell** (1865-1940) parcourut la côte de Terre-Neuve et du Labrador pour s'établir à St. Anthony. Le philanthrope acquit à l'époque une réputation mondiale, et la ville honore toujours sa mémoire grâce à l'hôpital qu'il fit bâtir, à une coopérative artisanale et à la maison que les habitants de la région lui avaient construite. Transformée en musée, **Grenfell House Museum** (♿ *mai-sept. : 9 h-20 h ; le reste de l'année : tlj sf sam. 9 h-17 h. 6 $. ☎ 709-454-4010. www.grenfell-properties.com)* abrite des expositions sur W. Grenfell, sa vie, sa carrière médicale et son œuvre sociale.

ST. JOHN'S★★

99 182 habitants
Schéma : TERRE-NEUVE-ET-LABRADOR
Office de tourisme ☎ 709-576-8106 ou www.city.st-johns.nf.ca

La capitale de Terre-Neuve, l'une des plus vieilles villes d'Amérique du Nord, est située face à l'Atlantique, au Nord-Est de la péninsule d'Avalon. Port de mer historique, St. John's doit son établissement à une belle rade naturelle bien protégée qui dessert de nos jours un important commerce maritime international.

Un peu d'histoire

La ville à ses débuts – Le navigateur **Jean Cabot** serait, selon la tradition, entré dans la rade le jour de la Saint-Jean de l'année 1497, d'où le nom de la ville. Quoi qu'il en soit, dès le début du 16e s., des pêcheurs venus d'Europe utilisaient déjà cet abri sûr comme base de leurs campagnes de pêche. En 1583, **Humphrey Gilbert** (vers 1537-1583)

St. John's

arriva dans le port de St. John's et, devant une assemblée de marchands et pêcheurs de nationalités diverses, revendiqua officiellement l'île au nom de la reine Élisabeth Ire d'Angleterre, apportant à la Couronne anglaise sa première possession au Nouveau Monde. Ainsi commença l'ère des « amiraux des Pêches ». Bien décidés à préserver le monopole d'un fructueux commerce, les marchands propriétaires de la flottille de pêche anglaise s'opposaient à toute colonisation de Terre-Neuve, et comptaient sur l'autorité (souvent brutale et injurieuse) dont étaient investis les amiraux des Pêches pour décourager d'éventuels colons. De 1675 à 1677, la colonisation fut officiellement interdite. Mais l'essor de l'industrie de la pêche draina peu à peu des résidents permanents.

Les guerres franco-anglaises – La menace française d'expansion dans la région allait forcer l'Angleterre à réexaminer sa position quant à une éventuelle colonisation de Terre-Neuve. En 1662, les Français avaient fortifié leur base de Plaisance ; ils lancèrent par la suite des attaques contre les ports britanniques, St. John's en particulier. Après la destruction de St. John's en 1696 par les forces françaises, l'Angleterre convint qu'une population locale aurait sans doute pu efficacement défendre la ville, et accepta désormais l'idée d'un établissement permanent. St. John's fut à nouveau prise par les Français en 1709, puis en 1762, à la fin de la guerre de Sept Ans, mais fut reprise aussitôt après. Les Britanniques s'empressèrent alors de fortifier la rade et Signal Hill pour parer à toute attaque éventuelle, mais St. John's ne fut jamais plus menacée.

Des incendies ravageurs – Au 19e s., la capitale connut de terribles incendies qui, à cinq reprises, faillirent la réduire à néant et ralentirent son expansion économique. Le premier eut lieu en 1816, suivi des sinistres de 1817, 1819, 1846, et de celui de 1892, le plus destructeur. Une photographie prise à l'époque par Sir Wilfred Grenfell montre les tours jumelles de la basilique, l'un des rares édifices dont une partie émergeait encore du désastre. À chaque reconstruction de la ville, le style d'architecture alors en vogue était adopté, tout d'abord néogothique, puis Second Empire après l'incendie de 1892, d'où la création d'un paysage urbain quelque peu disparate.

> ### ■ Regatta Day
>
> Le **lac Quidi Vidi** accueille chaque premier mercredi d'août (ou le premier jour de beau temps qui suit !) les régates de St. John's, la plus ancienne manifestation sportive d'Amérique du Nord, célébrée sans interruption depuis 1826. Au cri « The races are on ! » qui ouvre la compétition, la population locale se masse sur les rives du lac pour suivre avec passion l'effort des rameurs sur le parcours de 2,6 km. Une journée entière de festivités à ne pas manquer…

La Confédération et le 20e s. – Au début du 20e s. et pendant la Seconde Guerre mondiale, époque à laquelle elle servit de base pour les convois nord-américains, St. John's fut une cité prospère. Après l'entrée de Terre-Neuve dans la Confédération en 1949, la ville connut des difficultés économiques malgré un important apport de fonds fédéraux. L'arrivée à Terre-Neuve de produits canadiens meilleur marché causa en effet l'effondrement de ses industries. Son activité portuaire pâtit et l'importance de St. John's en tant que centre d'exportation pour la pêche diminua lorsque les grosses compagnies se retirèrent du commerce du poisson salé pour se lancer dans des entreprises plus lucratives.

Aujourd'hui, le port est un centre de réparation et d'approvisionnement des flottes commerciales locales et internationales. Chaque année, plus de 1 000 navires marchands de près de 22 nationalités différentes visitent cette importante base de ravitaillement en carburant. Lexploration, depuis 1977 de nappes de pétrole au large des côtes de St. John's devrait en accélérer la reprise économique.

★★RADE ET VIEILLE VILLE

La vieille ville occupe un **site** remarquable, sur le rivage d'une rade presque close, à l'exception d'un passage étroit débouchant sur l'océan, les **Narrows**. Le chenal, large d'à peine 207 m, est encaissé entre des falaises de 150 m de haut qui s'élèvent au Nord pour former Signal Hill. Sur environ 1,6 km, il s'évase pour dessiner un port de presque 800 m de large, entouré de pentes abruptes où est bâtie la vieille ville. Parallèle à l'océan, une rue, **Harbour Drive**, longe les docks grouillant d'activité où sont souvent ancrés des bateaux portugais, espagnols, polonais, russes, japonais ou canadiens. Dans les rues étroites qui grimpent les collines s'alignent des maisons en bois de couleurs vives à toits plats ou mansardés. Restaurants, magasins, banques et autres boutiques animent **Water Street** et **Duckworth Street**, qui courent perpendiculairement et constituent les artères principales de la vieille ville. Particulièrement pittoresque, **George Street** foisonne de pubs et de restaurants.

L'imposant édifice qui, de sa colline, a récemment refaçonné la physionomie de St. John's, a été baptisé **The Rooms** (du nom donné autrefois aux bâtiments des conserveries). La ligne de ce nouveau centre dédié à la culture et au patrimoine est inspirée de l'ancienne architecture de Terre-Neuve ; le centre accueillera le Musée provincial, les archives provinciales, ainsi que la galerie d'art de Terre-Neuve et du Labrador *(ouverture prévue au printemps 2004)*. Le rez-de-chaussée présentera les fouilles archéologiques actuellement en cours sur un fort de 1775 au-dessus duquel le centre a été bâti. *Pour plus d'informations, consulter le site www.therooms.ca*

★**Provincial Museum of Newfoundland and Labrador (M)** – *Duckworth St. De déb. juin à mi-sept. : 9 h-16 h45 ; le reste de l'année : 9 h-16 h45, lun. 12 h-16 h45, dim. 9 h30-16 h45, Fermé j. fériés. 3 $. ☎ 709-729-2329. www.nfmuseum.com.* Excellente introduction à la province, son histoire et ses habitants, ce petit musée présente au rez-de-chaussée une collection d'histoire naturelle. Le second niveau est consacré aux cultures indigènes (Amérindiens Béothuks et Inuit du Labrador en particulier), tandis que les expositions du troisième niveau dépeignent la vie des familles de pêcheurs.

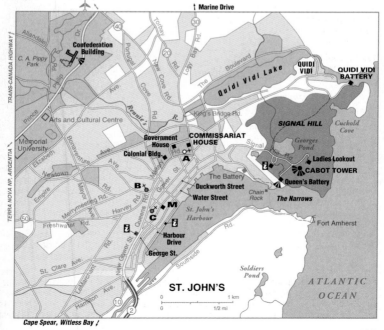

Cape Spear, Witless Bay

CARNET D'ADRESSES

Voir légende p. 111 et 114.

Se loger à St. John's

Fairmont Newfoundland – *Cavendish Sq. 301 ch.* ✗ ♿ 🅿 🛁 ☎ *709-726-4980 ou 800-441-1414. www.fairmont.com.* **$$$$** Moderne et bien tenu, ce membre de la luxueuse chaîne des hôtels Fairmont se tient sur un tertre dominant le port avec vue sur les Narrows. Ce qu'il perd en charme, il le gagne en service (de grande classe) et en attention aux détails. Les chambres contemporaines sont dotées de prises informatiques et de téléphones sans fil à messagerie vocale. Le **Cabot Club ($$$$)**, qui figure parmi les meilleures adresses de la ville, met l'accent sur la cuisine canadienne (poissons et plats flambés en particulier). On trouvera une atmosphère moins formelle au Bonavista Café.

Murray Premises – *5 Becks Cove. 28 ch.* ♿ 🅿 ☎ *709-738-7773. www.murraypremiseshotel.com.* **$$$** Ce petit hôtel du centre-ville ouvert en 2001 occupe les troisième et quatrième niveaux d'un ancien comptoir (que l'on nomme ici « premises », d'où le nom de l'hôtel). Bien qu'une grande partie de la charpente et des poutres soit ancienne (certaines chambres sont aménagées sous les avants-toits), un vernis moderne a été donné à l'ensemble. Les notes luxueuses abondent, comme ces bains à remous et sèche-serviettes dans les salles de bains. C'est de l'hôtel que l'on apprécie le mieux la musique de rue jouée dans George Street, mais le sommeil peut, certains week-ends trépidants, être sérieusement perturbé.

Winterholme – *79 Rennies Mill Rd. 22 ch.* 🅿 ☎ *709-739-7979 ou 800-599-7829. www.winterholmeheritageinn.com.* **$$$** Occupant une demeure néo-Queen Anne de 1905 au cœur d'une verdure luxuriante, le Winterholme est situé près d'une artère animée : l'établissement, proche des autres demeures de l'ancienne aristocratie de la ville, n'est séparé du centre-ville que par une quinzaine de minutes de marche. L'attention est immédiatement attirée par les magnifiques boiseries de chêne de l'entrée : les petits salons du rez-de-chaussée sont à eux seuls des merveilles architecturales. Variant en taille et en prestations, les chambres offrent aussi bien un mobilier sobre *(3ᵉ niveau)* que légèrement décadent *(ancienne salle de billard)*. Un petit déjeuner complet avec œufs au bacon est servi dans la ravissante salle à manger.

McCoubrey Manor – *6-8 Ordnance St. 6 ch.* ☎ *709-722-7577 ou 888-753-7577. www.mccoubrey.com.* **$$** Situé juste en face du Fairmont Newfoundland, cet ensemble de deux maisons de ville (1904) offre à la fois confort, élégance et bon rapport qualité/prix. Certains détails architecturaux, comme le double manteau de chêne du salon et les rosettes de stuc des plafonds, lui confèrent un air ancien. Les gérants de l'établissement soignent leur clientèle, offrant vin et fromage l'après-midi, laverie pour les résidents et télévision avec magnétoscope dans chaque chambre. Un solide petit-déjeuner composé de fruits, muffins et divers plats chauds est inclus dans le prix.

Roses B&B – *11 York St.* ☎ *709-726-3336 ou 877-767-3722. 7 chambres.* **$** Installée dans le même quartier que le Fairmont Newfoundland, cette maison d'hôtes permet de rallier à pied le centre-ville et Signal Hill. Représentant le meilleur choix pour les petits budgets, The Roses est composée de quatre maisons mitoyennes parfaitement aménagées pour recevoir une clientèle. Les chambres sont claires et agréablement meublées, parfois dotées d'un mobilier

★Commissariat House – *King's Bridge Rd. De mi-juin à mi-oct. : 10 h-17 h30. 2,50 $.* ☎ *709-729-6730.* Cette élégante demeure de bois (1820) dotée de cheminées élancées fut l'un des rares bâtiments à échapper aux incendies du 19ᵉ s. Occupée pendant de longues années par l'Intendance, département chargé de ravitailler le poste militaire de St. John's, la résidence servit aussi de bureau de paie au gouvernement local. Après 1871, elle devint le presbytère de l'**église St. Thomas (A)** voisine, édifice de bois peint d'une élégante simplicité datant de 1836.

Merveilleusement restauré pour évoquer les années 1830, l'intérieur comprend les bureaux et la cuisine de l'Intendance *(rez-de-chaussée)*, les salles de réception et les chambres *(1ᵉʳ étage)*. Reconstruite sur le domaine, une **remise à carrosses** abrite une exposition sur le commissariat.

Non loin de là *(Military Rd.)* se dressent deux autres édifices en pierre de la même époque. La résidence du lieutenant-gouverneur, **Government House** (1830), est un édifice de style georgien entouré de beaux jardins *(seul le parc peut se visiter sans rendez-vous ; pour visiter la maison* ☎ *709-729-4494).* La noble façade à portique ancien ou de boiseries d'origine. Les suites spacieuses (logées dans deux maisons mitoyennes), idéales pour les séjours en famille, sont équipées d'une cuisine.

Se restaurer à St. John's

The Cellar – *152 Water St. (4ᵉ niveau)* ♿ ☎ *709-579-8900. www.thecellar. nf.ca.* **$$$ Cuisine continentale**. Très fréquenté par la population locale, ce restaurant raffiné a récemment quitté le dédale, magnifique bien que situé en sous-sol, qu'il a occupé pendant des années, pour ce vaste quatrième niveau d'un immeuble de bureaux proche. Ce changement n'a pas découragé ses légions d'admirateurs, qui s'y précipitent toujours. Parmi les grands favoris figurent les pétoncles à la crème de citron et le sauté de porc aux abricots à l'eau-de-vie. Une remarquable sélection de scotch pur malt aide à affronter la froidure des nuits brumeuses.

Stonehouse Renaissance – *8 Kennas Hill* ☎ *709-753-2425.* **$$$ Cuisine canadienne**. Installé dans un immeuble de pierre datant de 1834 proche du lac Quidi Vidi, le Stonehouse a rouvert ses portes pendant l'été 2002 après quelques années chaotiques. Cette... renaissance a fait la joie des gourmets de St. John's, qui ont toujours plébiscité la cuisine créative, préparée à la perfection, de l'établissement. Tout le personnel a été renouvelé, les salles sont intimes et la carte affiche ses ambitions, mais en gardant toujours une place de choix pour les produits de la mer locaux et la viande sauvage (comme le caribou). Table d'hôtes en soirée.

Aqua – *310 Water St.* ☎ *709-576-2782. www.aquarestaurant.ca.* **$$ Cuisine asiatique**. L'un des derniers arrivants à St. John's a ouvert en 2001 avec un cadre dépouillé et une sensibilité urbaine qui ne dépareraient pas à SoHo... ainsi qu'une carte d'inspiration asiatique qui aurait également sa place à New York. Les moules à la noix de coco sont une des entrées les plus demandées. Autres entrées aux parfums d'Asie, des rouleaux de printemps salés-sucrés avec une sauce à l'ananas épicée, ou le bouquet de pétoncles et crevettes aux graines de sésame et coriandre. Les plats connaissent la même union éclectique, comme dans cet agneau au cumin glacé à la figue ou ce saumon nappé d'une sauce au gingembre.

Duck Street Bistro – *252 Duckworth St. Soir uniquement.* ☎ *709-753-0400.* **$$ Cuisine internationale**. Demandez à des personnes aux papilles douées de discernement quel est leur restaurant préféré à St. John's : il est fort à parier qu'ils citeront cet établissement. International sans prendre de grands airs, ce bistrot sympathique évoque l'atmosphère hippie des années 1970, bien que son style soit impeccable. En saison, les champignons de la région ajoutent leur note, et le choix de plats au curry est intéressant. Le menu a des airs de Nations Unies gastronomiques, où le bœuf bourguignon côtoie un strudel de légumes, une soupe thaïe et un *gado gado* indonésien. Les desserts sont incomparables : goûtez le pain d'épices chaud et sa sauce au rhum ou les chips de fruits.

Zachary's – *71 Duckworth St.* ☎ *709-579-8050.* **$ Cuisine canadienne**. Dans ce lieu règne une cuisine familiale simple et goûteuse, avec un net penchant pour la région, et servie dans un cadre apaisant. Il ne faut rien espérer de sophistiqué, mais on bénéficie d'un extraordinaire rapport qualité/prix. Le restaurant est ouvert du matin au soir ; le petit-déjeuner et le déjeuner sont généralement les meilleurs moments. La morue est cuite à la perfection, les légumes sont croquants et le gâteau au fromage blanc et aux airelles fait terminer le repas avec le sourire.

néoclassique (1850) de **Colonial Building** *(tlj sf w.-end 9 h-16 h15.* ☎ *709-729-3065. www.gov.nf.ca/panl)* accueillait autrefois l'Assemblée ; elle abrite aujourd'hui les archives provinciales *(tlj sf w.-end ; pas de visite guidée)*.

Basilica of St. John the Baptist (B) – *À l'angle de Harvey Rd., Military Rd. et Bonaventure Ave.* ♿ *8 h-16 h45, sam. 8 h-18 h, dim. 8 h30-12 h30. Fermé j. fériés (sauf pour l'office).* ☎ *709-754-2170.* Située au point le plus haut de l'escarpement dominant la ville, cette église catholique aux clochers jumeaux est devenue un repère facile à distinguer du port, de Signal Hill, et de bien d'autres endroits. Ouverte au culte en 1850, la basilique a un intérieur richement orné, avec ses statues et son autel sculpté.

Cathedral of St. John the Baptist (C) – *Gower St., entre Church Hill et Cathedral Rd. Juil.-août : 9 h30-17 h, w.-end horaires variables ; le reste de l'année sur demande.* ☎ *709-726-5677.* Conçu à l'origine en 1843 par le célèbre architecte britannique **George Gilbert Scott** (1811-1878), détruit par le feu en 1892 et reconstruit seulement au cours du 20ᵉ s., cet imposant édifice de pierre est un bel exemple d'architecture néogothique, avec des sculptures d'une grande finesse à l'intérieur, des voûtes en bois et un beau **retable**.

★★ **Signal Hill** – Ce puissant rocher couronné d'une tour qui garde l'entrée de la rade se voit de toute la ville. De jour comme de nuit, la colline offre un panorama splendide de la ville et de ses environs.

Malgré son importance stratégique incontestable, Signal Hill ne fut véritablement fortifiée que lors des guerres napoléoniennes (1803-1815). Le site, utilisé d'abord comme poste de signalisation pour avertir la ville de l'approche des bateaux ennemis, servit plus tard à prévenir les marchands de l'arrivée de leur flotte. En 1901, **Guglielmo Marconi** mena du promontoire une expérience qui marqua une étape historique dans le développement des communications. Il démontra le principe de la télégraphie sans fil en recevant le premier message transatlantique (la lettre *s* en morse) transmis par ondes électromagnétiques depuis Poldhu en Cornouailles, à quelque 2 700 km de là.

Visite – *Site : ouv. toute l'année. Centre d'accueil : de mi-juin à fin août 8 h30-20 h ; le reste de l'année : 8 h30-16 h30. Fermé 1er janv., 25-26 déc. 2,50 $. ☎ 709-772-5367. www.parkscanada.ca.* Le **centre d'accueil** retrace au moyen d'objets, de dioramas, de montages audiovisuels et de panneaux explicatifs, l'histoire de Terre-Neuve et plus particulièrement de St. John's.

Construite en 1897 pour fêter le quadricentenaire de la visite du célèbre navigateur à Terre-Neuve et pour commémorer le 60e anniversaire de l'accession au trône de la reine Victoria, **Cabot Tower** contient des expositions sur Signal Hill et sur l'histoire des communications, dont une section sur Marconi. Du haut de la tour se découvre un superbe **panorama★★★** sur la ville, la rade et le littoral jusqu'au cap Spear.

Un sentier mène jusqu'à **Ladies Lookout**, belvédère situé au sommet de la colline (160 m), d'où l'on peut admirer les paysages aux alentours. De **Queen's Battery**, fortification (1832-1833) qui gardait jadis les Narrows, belle **vue★** sur la rade. Remarquer, au pied de la falaise, un rocher blanc : Chain Rock. On y accrochait au 18e s. la chaîne que l'on tendait en travers de la rade pour arrêter les vaisseaux ennemis. Sur l'autre rive se trouvent les restes de Fort Amherst (1763), qui abritent aujourd'hui un phare.

L'été, des étudiants portant l'uniforme du régiment royal de Terre-Neuve au 19e s. exécutent un **tattoo** *(de déb. juil. à mi-août : mer. jeu. et w.-end 15 h, 19 h par beau temps 2,50 $)*, parade militaire avec fifres, tambours et exercices d'entraînement. Dérivé du hollandais, le terme *tattoo* désigne une sonnerie de clairon ou un appel de tambour pour rappeler les soldats à leur quartier, à la tombée de la nuit.

Autres curiosités

★ **Quidi Vidi Battery** – *Suivre King's Bridge Rd. Prendre à droite Forest Rd. Lorsque la route devient Quidi Vidi Village Rd., continuer sur 2 km, puis prendre à droite Cuckold's Cove Rd. De mi-juin à mi-oct. : 10 h-17 h30. 2,50 $. ☎ 709-729-2977.* Dominant l'entrée de la rade de Quidi Vidi, accroché à la falaise qui ferme la crique, cet ensemble de canons défendait ainsi l'accès de St. John's par l'arrière. Il fut d'abord installé par les Français lors de leur occupation de la ville en 1762, puis renforcé par les Britanniques au début du 19e s., quand la guerre avec les États-Unis menaçait. Simple maison en bois de style colonial, le logement de la garnison a été restauré selon son aspect de 1812.

© Michael Rousseau/PUBLIPHOTO

Tattoo sur Signal Hill

● **Nature inviolée**

L'une des caractéristiques de la province est la quasi-inexistence de présence humaine le long de la côte sauvage et accidentée : les premiers colons, à la recherche de criques et anses plus calmes, laissèrent les caps aux sternes et aux mouettes. Récemment aménagé, le sentier **East Coast Trail** (inauguré en 2001) offre aux plus intrépides le moyen de rallier le Sud au départ de St. John's, en suivant la crête des falaises sur quelque 400 km. Le sentier est idéal pour les promenades d'une journée ; il offre, grâce à ses parkings disséminés le long du trajet, de magnifiques marches à travers la flore et un paysage inoubliable. Guides et cartes sont en vente chez de nombreux dépositaires de St. John's *(East Coast Trail Association, 50 Pippy Pl. ☎ 709-738-4453. www.eastcoasttrail.com).*

Pause grignotage

Vous cherchez un en-cas ou de quoi préparer un pique-nique ? Son atmosphère campagnarde et ses produits branchés font de l'épicerie **Auntie Crae's Food Shop** le rendez-vous de tous les gourmands de St. John's. Ouverte tôt le matin, fermée tard le soir, la boutique offre une profusion de tentations, des sandwichs maison aux cookies sortant du four, en passant par de délicieux thés. Une salle attend les plus impatients, mais l'on peut également emporter son pique-nique. On y trouve également un grand choix de souvenirs peu onéreux : la confiture d'airelles maison est toujours bien accueillie. *(272 Water St. ☎ 709-754-0661. www.aunticraes.com).*

Au bord de la mer, le village de pêcheurs **Quidi Vidi** est relié par un étroit goulet au grand lac Quidi Vidi, site des régates annuelles.

Confederation Building – *Prince Philip Dr.* ♿ *Tlj sf w.-end 8h30-16h. Fermé j. fériés. Bureau d'information au 10ᵉ étage.* ☎ 709-729-2300. Le Parlement de Terre-Neuve et certains bureaux du gouvernement provincial occupent cet imposant bâtiment, construit en 1960 puis agrandi en 1985, qui domine de très haut le reste de la ville et offre une belle **vue** sur la rade et sur Signal Hill. Il est possible d'assister aux sessions de l'**Assemblée législative** *(fév.-mai : tlj sf w.-end ; galerie des visiteurs au 3ᵉ niveau).* Fait inhabituel, les bancs du gouvernement se trouvent à gauche de la chaise de l'orateur, alors que partout ailleurs l'usage les veut à droite. Cette tradition remonte à l'époque où l'Assemblée terre-neuvienne siégeait dans Colonial Building, dont la salle n'avait qu'une cheminée située à gauche de l'orateur. Le gouvernement se réservait alors le droit de se tenir près du feu.

EXCURSIONS

★**Site historique national du Cap Spear** – *Schéma p. 411. À environ 11 km au Sud. Prendre Water St. puis Leslie St. à gauche. Traverser le pont et suivre la route 11. Site : ouv. toute l'année. Centre d'accueil : de mi-mai à mi-oct. 10h-18h. ☎ 709-722-4444. www.parkscanada.ca.* Extrémité orientale du continent nord-américain, le cap Spear offre par beau temps de magnifiques **vues★** sur le littoral et l'entrée de la rade de St. John's. En saison *(mai-sept.),* on aperçoit des baleines au large.

Depuis le parking, des allées conduisent à la pointe proprement dite, un phare moderne *(accès interdit au public)* et une batterie de la Seconde Guerre mondiale dont ne subsiste que l'emplacement des bunkers et des canons. Un centre d'accueil présente également une petite exposition sur le fonctionnement des phares et leur évolution dans le temps. Édifice carré surmonté d'un dôme, le **vieux phare** (1836), le plus ancien de Terre-Neuve, a été restauré pour évoquer la vie d'un gardien de phare vers le milieu du 19ᵉ s. *(de mi-mai à -mi-oct. : 10h-18h. 2,50 $).*

Pour revenir à St. John's *(30 km),* on peut passer par les villages de Maddox Cove et de **Petty Harbour.** Ce dernier forme un joli tableau, avec ses cabanes de pêcheurs et ses vigneaux (claies de bois qui servaient à faire sécher les poissons).

★**Witless Bay Ecological Reserve** – *Schéma p. 411. Il est interdit de débarquer sur les îles de la baie Witless, mais on peut s'en approcher en bateau.* ♿ *Dép. des quais de Bay Bulls (à 30 km au Sud de St. John's par la route 10 ; des navettes assurent le service entre les grands hôtels de St. John's et Bay Bulls) : mai-sept. 9h30-17h. AR 2h30. Commentaire à bord. Réservation requise. 41,75 $. O'Brien's Whale et Puffin Tours ☎ 709-753-4850 ou 877-639-4253. www.obriensboattours.com. Dép. Gatherall's : mai-oct. AR 1h30. Commentaire à bord. 46 $. ☎ 709-334-2887 ou 800-419-4253. www.newfoundland-whales.com.* Attirés par ses eaux poissonneuses et ses îlots rocheux (Great, Green et Gull en particulier) propices à la nidification, des milliers d'oiseaux de mer fréquentent chaque année la baie Witless. En été, guillemots de Troïl, guillemots à miroir, immenses goélands marins, mouettes tridactyles aux pattes noires y abondent, et l'on y verra même la plus importante colonie de **macareux moines** de la côte atlantique d'Amérique du Nord. Les bateaux s'approchent aussi près que possible de deux au moins de ces îlots désolés, où des centaines d'oiseaux planent dans les airs, rasent la surface de l'eau et plongent à pic, lorsqu'ils ne se posent pas sur les rochers.

Autre attraction de la promenade en mer, l'**observation des baleines**★★ *(fin du printemps, été)* promet d'être fascinante. Chaque année, baleines à bosse, globicéphales, petits rorquals communs et autres mammifères marins fréquentent les riches eaux de la réserve. On a également de bonnes chances d'observer de près des icebergs *(fin du printemps, début de l'été)*.

★**Marine Drive** – *À 12 km au Nord par les routes 30 et 20. Quitter St. John's par Logy Bay Rd. (route 30). Après 5,5 km, prendre Marine Dr. à droite.* Cette agréable route, qui remonte la côte et traverse les quartiers résidentiels au Nord de St. John's, monte et descend en découvrant des vues infinies sur la mer, les promontoires rocheux, les falaises, les plages, les bateaux et les champs. La **vue**★ obtenue de **Outer Cove** est particulièrement belle. À **Middle Cove**, une plage fournit l'occasion idéale de flâner le long du rivage.

SAINT-PIERRE-ET-MIQUELON★

France
6 954 habitants
Schéma : TERRE-NEUVE-ET-LABRADOR
Office de tourisme ☎ 011-508-41-22-22 ou www.st-pierre-et-miquelon.com

---

Dernière possession française d'Amérique du Nord, battue par les vents et souvent noyée de brume, cette collectivité territoriale française est un archipel rocheux à la végétation pauvre, ancré à environ 25 km de la côte méridionale de Terre-Neuve. Les deux îles principales : Saint-Pierre, la plus petite mais la plus peuplée, et Miquelon, reliée par un long isthme sablonneux à Langlade, autrefois une troisième île, abritent une population qui a marqué ces lointains rivages du sceau de la France métropolitaine.

Dès le début du 16e s., l'archipel est fréquenté par des Basques et Bretons pêchant la morue sur les bancs de Terre-Neuve. Cédées à la France par le traité de Paris en 1763, les îles passent plusieurs fois sous la domination anglaise, alors en lutte avec la France pour obtenir l'hégémonie sur le continent, mais sont rendues définitivement aux Français en 1814. Au 19e s., on

appelle « terre-neuvas » les marins et bateaux qui partent des ports français pêcher sur les bancs. Ils relâchaient à Saint-Pierre pour y faire sécher leurs prises, et l'archipel connaît alors la prospérité.

Au début du 20e s., la pêche décline, mais un regain d'activité survient lorsque la prohibition (1920-1933) contraint les États-Unis au régime sec, les contrebandiers venant alors se ravitailler en territoire français où rhum et alcools parviennent régulièrement.

Aujourd'hui, seul le tourisme vient compléter les revenus de la pêche, durement touchée par une alarmante diminution des stocks de morues et par l'introduction de stricts quotas de pêche.

VISITE

♿ *Voyage en bac (passagers uniquement) de Fortune à l'île Saint-Pierre : dép. de Fortune juil.-août 14 h45 ; dép. de Saint-Pierre 13 h30 ; dép. de Fortune mai-juin et sept. 12 h, ven. et dim. 14 h45 ; dép. de Saint-Pierre 14 h30, ven. et dim. 13 h30. Aller simple 1 h-1 h35. Commentaire à bord. Réservation requise un mois à l'avance. AR 77,95 $ (6 $/nuit). Lake's Travel Ltd. (Fortune) ☎ 800-563-2006. Attention : la mer est parfois agitée.*

Vols au dép. de Sydney ou Halifax (N.-É.) et Montréal (PQ) : Air Saint-Pierre ☎ 011-508-41-0000. www.airsaintpierre.com

Renseignements sur les formules d'hébergement (hôtels, pensions de famille et autres) auprès de l'Office du tourisme de Saint-Pierre, BP 4274, 97500 Saint-Pierre-et-Miquelon, Amérique du Nord. ☎ 508-41-22-22 ou 800-565-5118. www.st-pierre-et-miquelon.com

★**Saint-Pierre** – De la mer, l'île Saint-Pierre donne l'apparence d'une terre désolée aux arbres rabougris et aux plantes naines. Mais en arrivant dans la préfecture de l'archipel, nommée elle aussi Saint-Pierre, les visiteurs canadiens et américains ne peuvent qu'être dépaysés tant l'atmosphère qui y règne est européenne. Les voitures, les boulangeries à l'odeur de pain chaud, les boutiques de produits français détaxés, les rues étroites, les maisons de pierre sur le port, les cafés et les bistrots évoquent la métropole.

À l'entrée de la rade se trouve un îlot pittoresque, l'**île-aux-Marins**★ *(10mn en bac ; embarquement devant l'Office du tourisme de Saint-Pierre)*, où vivaient autrefois plus de 800 pêcheurs de morue. Ces derniers abandonnèrent peu à peu l'endroit pour aller s'installer à Saint-Pierre où l'industrie de la pêche continuait à se moderniser.

Aujourd'hui, les quelques maisons demeurées sur l'îlot servent principalement de résidences secondaires aux habitants de Saint-Pierre. C'est avec une grande poésie que le **musée** *(mai-oct. : 13 h30-17h30. 3 €. ☎ 011-508-41-23-84)* installé dans la vieille école présente l'histoire de l'îlot. L'absence d'arbres offre une bonne **vue** sur Saint-Pierre ainsi que sur l'une des quelque 600 épaves de ces eaux dangereuses.

Le Cabestan

Rue Marcel Bonin. ☎ 011-508-41-21-00. Parmi les restaurants français de Saint-Pierre, le Cabestan mérite une mention. Plats froids (principalement des salades) et chauds (il faut essayer les pétoncles et foie gras au porto, ou le flétan aux échalotes et à la bière de Saint-Pierre) figurent côte à côte à la carte. Saumon, canard et poulet tiennent également leur place. Pour terminer le repas, crème caramel et mousse au chocolat concurrencent un choix de sorbets et crèmes glacées. La sagesse recommande peut-être de choisir le menu *(18,50 €)* comprenant entrée, plat et dessert.

Miquelon et Langlade – *Accessibles en bateau au départ de Saint-Pierre. En été, bac quotidien pour Langlade. Minibus jusqu'au village de Miquelon (été ; s'adresser à l'Office du tourisme de Saint-Pierre pour en obtenir un hors saison).* Hormis le village du même nom, Miquelon est une île d'une beauté intacte, aux landes vallonnées et aux plages étirées. Le long de la route partiellement goudronnée reliant Miquelon à Langlade *(25 km)* errent parfois des hordes de chevaux sauvages, tandis qu'à marée basse des phoques se prélassent sur les plages du **Grand Barachois** et que des oiseaux de mer fréquentent ses rivages. La route parcourt la « dune de Langlade », en partie formée par les débris d'épaves échouées depuis les débuts du 19ᵉ s., sur le flanc Est de laquelle s'étend une belle plage de sable blanc, non loin de l'anse du Gouvernement. À la pointe méridionale de cet isthme se trouve l'« île » de Langlade, pratiquement inhabitée à l'exception d'une petite localité sur les collines dominant l'embarcadère.

TERRA NOVA NATIONAL PARK★

Schéma : TERRE-NEUVE-ET-LABRADOR

Jadis rabotée par les glaciers, cette réserve naturelle de 396 km² aux abords de la baie de Bonavista présente un paysage vallonné et un littoral échancré de fjords ou *sounds* qui s'enfoncent profondément dans les terres. Au début de l'été, les eaux côtières sont constellées d'icebergs venus avec le courant du Labrador. La Transcanadienne, qui traverse le parc, procure quelques bonnes vues sur les fjords, mais les visiteurs devront quitter la route principale pour apprécier la région à sa juste valeur.

Accès – *Sur la Transcanadienne, à 58 km de Gander ou 210 km de St. John's.*

VISITE

Ouvert toute l'année. 4$/jour (mi-mai–mi-oct.). Centre d'accueil. ♿ De mi-juin à fin août : 9 h-20 h ; de mi-mai à déb. juin et de mi-sept. à déb. oct. : 10 h-17 h. ☎ 709-533-2801. www.parkscanada.gc.ca.

★★**Bluehill Pond Lookout** – *À 7 km de l'entrée Nord du parc. Prendre une route non goudronnée sur environ 2 km.* De ce belvédère se découvre un splendide **panorama**★★ sur tout le parc, ses criques profondes, ses falaises, ses rochers et ses lacs, ses forêts, ses tourbières et ses collines. Par beau temps, on distingue clairement Newman Sound au Sud et l'océan parsemé d'icebergs *(en saison)*.

★ **Newman Sound** – *À 12 km de l'entrée Nord du parc, prendre la route conduisant au centre d'accueil du parc et à Newman Sound. Environ 1,5 km jusqu'au sentier.* Un sentier longe le rivage boisé de ce fjord, profond bras de mer doté d'une plage, et permet d'en apprécier la beauté. Fleurs des champs et minuscules coquillages complètent le cadre.

Ochre Lookout – *À 18 km de l'entrée Nord du parc. Prendre une route non goudronnée sur 3 km environ.* Le **panorama**★ obtenu du sommet de cette tour d'observation permet aux visiteurs de concevoir l'immensité du parc. Par beau temps, les rades de Clode Sound et Newman Sound se détachent clairement.

TRINITY★★

240 habitants

Schéma : TERRE-NEUVE-ET-LABRADOR

Cette charmante communauté côtière, située sur un promontoire vallonné qui s'avance dans la baie Trinity, occupe un **site** pittoresque avec son petit port bien abrité, ses champs cultivés alentour et ses **vues** sur la mer et les rochers. Habitée de longue date, elle évoque encore les beaux jours d'antan, avec ses rues étroites, ses petits jardins et ses maisons carrées aux couleurs vives.

Déjà bien établi en 1615, Trinity devint le siège du premier tribunal maritime de l'histoire du Canada : Richard Whitbourne fut envoyé de Grande-Bretagne pour régler les conflits entre les pêcheurs de l'île et ceux qui ne venaient que pour la saison de pêche. Le village rivalisa quelque temps avec St. John's sur le plan socio-économique, mais perdit de son importance lorsque St. John's devint capitale provinciale. Trinity vit aujourd'hui de la pêche et du tourisme, et sert de point de départ à des **excursions d'observation des baleines** *(dép. juin-août si le temps le permet : Ocean Contact Ltd.* ☎ *709-464-3269. www.oceancontact.com).*

Accès – *74 km au Nord de la Transcanadienne par la route 230 que l'on quitte sur une distance d'environ 5 km.*

VISITE

Une maison restaurée donnant sur le port abrite le **centre d'accueil** *(de mi-juin à mi-oct. : 10 h-17 h30.* ☎ *709-464-2042),* dont les expositions présentent l'histoire du village, en particulier de l'ascension de Trinity à la prééminence en tant que centre social et commercial, du milieu du 18e s. au début du 19e s., avant la suprématie de St. John's dans les années 1850. Aménagé dans une maison en forme de « boîte à sel » des années 1880, **Trinity Museum and Archives** *(de mi-juin à mi-sept. : 10 h-13 h, 14 h-17 h30. 2 $.* ☎ *709-464-3599)* contient des objets d'artisanat local ainsi que des documents historiques.

Une restauration a rendu à **Hiscock House** *(de mi-juin à -mi-oct. : 10 h-17 h30. 2,50 $.* ☎ *709-464-2042)* son aspect du début du 20e s. Elle contient certains des meubles d'origine de la famille Hiscock, pour qui elle fut construite en 1881. Le clocher de l'**église anglicane St. Paul** domine le village de ses 31 m. Un petit cimetière jouxte cet édifice en bois de 1892.

Phare du cap Bonavista

Consacrée il y a plus de 150 ans, l'**église catholique de la Sainte-Trinité** se reconnaît aux pures lignes romanes de sa tour carrée et à son clocher séparé du bâtiment principal.

EXCURSION AU CAP BONAVISTA

De Trinity, la route 230 Nord part vers l'intérieur et rejoint la côte à Port Union et à Catalina. De ce petit village de pêcheurs, la route 237 entreprend la traversée de la péninsule et se termine à Amherst Cove, d'où la route 235 continue vers le Nord jusqu'à la ville de Bonavista *(52 km au Nord de Trinity)*.

Bonavista – Les maisons de cet important village de pêcheurs sont disposées autour d'un port extérieur protégé par un brise-lames, et d'un port intérieur plus abrité pour les petits bateaux.

Durant tout le 16e s., les flottes de pêche européennes venaient relâcher dans le port. Vers 1600, la région devint une enclave britannique et le demeura, malgré les nombreuses tentatives des Français pour s'en emparer au 18e s.

Située en bordure de la mer, **Mockbeggar Plantation** *(de mi-juin à déb. oct. : 10 h-17 h30. 2,50 $.* ☎ *709-468-7300)* se compose d'un entrepôt et de Bradley House, maison restaurée selon son apparence de 1930, qui abrite les effets personnels de Frederick Gordon Bradley, sénateur et homme d'affaires local.

Du village, continuer environ 5 km sur la route 235 (qui devient Church St.). Passer devant la mairie, traverser le pont et tourner à droite à l'embranchement.

The Village Inn
À Trinity. ☎ *709-464-3269. www.oceancontact.com.*
Cette pittoresque auberge de 8 chambres est installée dans une grande maison de bois des premières années du 20e s. Parquets et lits de cuivre aux couvertures de patchwork confèrent aux chambres un charme suranné. Le salon est doté d'une cheminée, d'un piano droit, de livres et de jeux mis à la disposition des amateurs. Le grand moment du séjour est sans conteste le repas : les deux salles servent des plats maison généralement composés de poissons et de mets régionaux traditionnels (morue de Terre-Neuve, saumon, flétan et crevettes, hachis Parmentier ou *shepherd's pie*, rôti au riz et noisettes). Il faut essayer au dessert le pudding aux figues. Clients et guides d'excursion pour l'observation des baleines se retrouvent au pub de l'auberge pour siroter leur cocktail Manhattan, qui est la spécialité de la maison, en échangeant des histoires de baleines (l'auberge accueille les bureaux de l'agence Ocean Contact).

★**Cap Bonavista** – Le célèbre navigateur italien Jean Cabot aurait accosté pour la première fois en Amérique du Nord en 1497 à hauteur du cap Bonavista et lui aurait lui-même donné son nom. Le site est magnifique, baigné par une mer d'un bleu limpide qui vient battre contre ce promontoire rocheux dans un grand fracas.

Une route champêtre mène à la pointe isolée du cap en offrant des **vues** sur la mer. Le débarquement de Cabot, dont beaucoup d'historiens doutent d'ailleurs de l'authenticité, y est commémoré par une **statue** à sa gloire. Sur le cap se dresse un **phare**★ *(de mi-juin à déb. oct. : 10 h-17 h30. 2,50 $.* ☎ *709-468-7444)*, achevé en 1843 et restauré en son état de 1870, d'où l'on jouit de **vues** étendues sur la côte accidentée. À l'intérieur, des expositions portent notamment sur la construction et la restauration du phare, son fonctionnement et le rôle de gardien de phare.

"Figgy Duff"

TOUTONS

Territoires du Nord-Ouest

Monts Richardson — © J.-F. Bergeron/ENVIRO FOTO

Les vastes Territoires du Nord-Ouest, qui occupent plus d'un dixième du Canada, présentent un paysage extrêmement varié de montagnes, de forêts, de lacs et cours d'eau, de toundra et de marais, dans une union entre beauté et une solitude quasi infinies. Ils englobent deux sites figurant au Patrimoine mondial de l'Unesco, le **Parc national Wood Buffalo** et la **réserve du Parc national Nahanni**.

Les Territoires sont peuplés d'à peine plus d'un pour cent de la population canadienne et, hormis la capitale Yellowknife, on rencontre peu de communautés dans ces contrées sauvages. Bien qu'amputés en 1999 de plus de la moitié de leur superficie par l'autonomie du Nunavut, les Territoires, qui demeurent un paradis pour les amateurs de conditions extrêmes et de cultures différentes, sauront combler les amoureux de la nature.

Un peu de géographie

Grandes régions naturelles – Les Territoires du Nord-Ouest couvraient jadis une grande partie de l'Alberta, de la Saskatchewan, du Manitoba, du Nord de l'Ontario et du Québec. Ils comprennent aujourd'hui les terres situées au Nord du 60ᵉ parallèle et s'étendent de la Saskatchewan au Yukon. Il faut y inclure l'extrême Ouest de l'archipel Arctique, situé entre le continent et le pôle Nord.

Ce vaste espace présente deux physionomies : à l'Est, les pâturages des caribous, l'immense plaine vierge reliant la baie d'Hudson à la mer de Beaufort ; à l'Ouest, les monts Mackenzie, Selwyn et Richardson appartiennent au système des cordillères occidentales d'Amérique du Nord. Au pied des monts Mackenzie, drainée par le Mackenzie et ses affluents (la Slave et la rivière aux Liards), s'étend une large vallée. Plus à l'Est, le Grand Lac de l'Ours et le Grand Lac des Esclaves marquent le bord du Bouclier canadien, immense affleurement de roches anciennes rabotées par les glaciers qui ont laissé un semis de lacs et de débris glaciaires.

Pergélisol – La dernière grande glaciation a laissé un sous-sol gelé dans toutes les régions où le sol conserve une température inférieure à 0 °C pendant plus de deux ans (ce qui est le cas de plus de 40 % du Canada). Cette couche glacée d'épaisseur très variable, nommée pergélisol (ou permafrost), se rencontre à une trentaine de centimètres sous la surface. Les plantes des régions à permafrost développent des racines courtes et latérales. Certaines précautions doivent être prises lors d'éventuels travaux : la fonte du sol gelé entraînerait l'enfoncement des ballasts et des fondations.

Climat – La durée de l'hiver, la rigueur de ses températures et la faiblesse des précipitations annuelles (Yellowknife 254 mm, Inuvik 276 mm) caractérisent sommairement le climat des Territoires du Nord-Ouest, de même que celui du Nunavut. Dans l'ensemble, la dureté du climat s'accentue du Sud-Ouest vers le Nord-Est.

La région du Mackenzie et des Grands Lacs bénéficie du climat « Moyen-Nord » aux hivers certes sombres et très froids, mais aux brefs étés étonnamment chauds et lumineux ; la durée du jour estival y est de 20 heures minimum (au-delà du cercle polaire, il ne fait jamais nuit). Plus à l'Est, le « Grand-Nord » correspond à la zone du climat arctique, plus sévère (8 mois de gel, –25 °C de moyenne en février). Tout au Nord enfin sévit le climat polaire de l'« Extrême-Nord », où il peut geler pratiquement toute l'année. À titre indicatif, la moyenne des températures journalières maximales en juillet est de 21 °C à Yellowknife et 19 °C à Inuvik, la plus haute température enregistrée à cette époque ayant été de 36 °C à Fort Simpson et la plus basse de –3 °C à Holman, sur l'île Victoria.

Végétation – La limite Nord de la zone boisée traverse les Territoires du Nord-Ouest en diagonale, du delta du Mackenzie à la limite du Manitoba et de la baie d'Hudson. Au Sud et à l'Ouest de cette limite s'étale la **forêt boréale**, où dominent sapins, peupliers, mélèzes et épicéas. Au Nord et à l'Est, c'est la région de la **toundra**, végétation de mousses, de lichens et de maigres buissons qui se couvre en été d'un tapis de fleurs multicolores. Facteur limitant la croissance végétale, le permafrost empêche l'infiltration des maigres précipitations que reçoivent les deux territoires, ce qui provoque parfois à la surface du sol une couche mal drainée : le **muskeg**.

Un peu d'histoire

Les premiers habitants – Les premières migrations humaines de l'Asie vers le continent nord-américain ont franchi le détroit de Béring alors émergé, il y a plus de 15 000 ans. Ces populations, qui forment aujourd'hui deux groupes autochtones bien distincts (les Dénés des Territoires du Nord-Ouest et les Inuit majoritaires au Nunavut), s'installèrent au Sud de la calotte glaciaire, remontant vers le Nord à mesure qu'elle se retirait.

Les Dénés – Moins de la moitié des 37 360 habitants des Territoires du Nord-Ouest (dont une majorité de Dénés, un quart environ de la population), peuvent aujourd'hui se réclamer d'une origine aborigène. Les Inuit sont environ 10 %, le reste de la population étant composé de Métis et de non-autochtones.

Les peuples de langue athapascane des régions subarctiques menaient une existence difficile dans un milieu inhospitalier. Voyageant en canoë l'été et en traîne sauvage (traîneau sans patins, recourbé vers l'avant) l'hiver, ils chassaient le caribou, pêchaient

■ Aurore boréale

Cet étrange phénomène de luminescence, visible dans les régions polaires, se produit lorsque les particules électrisées d'origine solaire entrent en collision avec les molécules contenues dans la haute atmosphère. Ces molécules émettent alors des radiations qui se manifestent, dans le ciel, par la présence d'insaisissables voilages de lumière diaphane aux plis parfois multicolores. Des recherches sur ce phénomène relativement mal connu se poursuivent à Churchill, au Manitoba.

Aurore boréale

et se déplaçaient constamment pour assurer leur subsistance. Leurs huttes, de forme conique, étaient semblables aux tipis des Amérindiens des Plaines. Aujourd'hui, certains Dénés suivent un mode de vie relativement traditionnel basé sur la chasse et la pêche, mais beaucoup vivent à l'ère moderne. Ils ont parfois profité de l'exploitation du sous-sol (pétrole et gaz naturel dans les monts Mackenzie). Les peuplades dénées sont réputées pour la complexité de leurs broderies en perles.

Le commerce des fourrures – Tandis que la recherche d'un passage maritime vers l'Ouest était abandonnée, le commerce des fourrures s'étendait dans les Territoires sur les voies ouvertes par quelques explorateurs. **Samuel Hearne** se rendit, pour la Compagnie de la baie d'Hudson, de Churchill au Grand Lac des Esclaves, puis rejoignit la mer de Beaufort par la rivière Coppermine (1770-1772). En 1789, **Alexander Mackenzie**, de la Compagnie du Nord-Ouest, descendit le fleuve qui porte son nom. Lui-même l'avait baptisé « le fleuve de la désillusion », car il le conduisit à l'océan Arctique plutôt qu'au Pacifique. Après la fusion des deux compagnies en 1821, plusieurs comptoirs furent établis dans cette vaste région ; certains existent encore aujourd'hui.

Prospection et développement – À la fin du 19e s. et au début du 20e s., dans le but d'explorer et de cartographier les Territoires, la Commission géologique du Canada équipa des expéditions comme celles de **Joseph Burr Tyrrell**, **William Logan** (qui donna son nom au mont Logan), **George Mercer Dawson** (qui donna le sien à la célèbre ville du Yukon) et Vilhjalmar Stefansson. À cette époque, les missionnaires catholiques et anglicans avaient déjà établi leurs missions dans la région. Dans les années 1930, une nouvelle catégorie d'explorateur fit son apparition : le prospecteur. D'importantes

---

RENSEIGNEMENTS PRATIQUES

Comment s'y rendre et s'y déplacer

Avion – La compagnie Canadien Nord et ses filiales (☎ 800-661-1505. www.canadiannorth.com) assurent la liaison aérienne entre Yellowknife et les grandes villes canadiennes. Pour des vols réguliers ou charter à l'intérieur des Territoires du Nord-Ouest, s'adresser à First Air ☎ 800-267-1247. www.firstair.ca

À savoir

Où s'informer et se loger – NWT Arctic Tourism (Box 610, Yellowknife NT X1A 2S5N. ☎ 867-873-5007 ou 800-661-0788. www.nwttravel.nt.ca) met gracieusement à la disposition des visiteurs des cartes routières ainsi qu'un guide intitulé *Explorer's Guide* (uniquement disponible en anglais), procurant des renseignements utiles sur les Territoires du Nord-Ouest : hôtels, motels, pavillons, camps, *pourvoiries* (sociétés organisatrices d'expéditions), etc.

Législation routière – *(voir permis de conduire et assurance p. 29.)* Les routes sont bien entretenues, mais les gravillons qui les revêtent pouvant causer de sérieux dégâts, il est important de ralentir en croisant un autre véhicule. Sauf indication contraire, la vitesse est limitée à 90 km/h et le port de la **ceinture de sécurité** est obligatoire. Faire le plein fréquemment, car les stations-service sont situées à intervalles irréguliers. L'été, il est indispensable de remplir régulièrement le réservoir du lave-glace. Les conducteurs devront être attentifs au passage éventuel d'**orignaux**, de bisons et autres grands mammifères : ils peuvent être à l'origine de graves accidents. Emporter au moins une roue de secours, de l'eau, un insecticide, une trousse de premiers soins, des fusées de détresse et, l'hiver, une pelle à neige, des vêtements chauds et un sac de couchage par personne. Pour se renseigner sur l'état des routes, composer le ☎ 800-661-0750
Service de **bacs** (ou *traversiers*, renseignements ☎ 800-661-0750) à Fort Providence (où la **route Mackenzie**, qui mène à Yellowknife, franchit le fleuve), à Arctic Red River (ou Tsiigehtchic), Fort McPherson (où la **route de Dempster** traverse respectivement le Mackenzie et la Peel) et à Fort Simpson (où la **route aux Liards**, qui rejoint celle de l'Alaska, enjambe la rivière aux Liards) ; noter qu'ils sont remplacés en hiver par des routes de glace, coupées au moment de la débâcle *(mai)* et des premières glaces *(nov.)*. Il est conseillé de ne pas les emprunter avec un véhicule de tourisme ; certaines cartes privées indiquent des voies non praticables pour des véhicules à deux roues motrices.

Heure locale – Les Territoires du Nord-Ouest vivent à l'heure des Rocheuses. L'heure d'été s'applique du premier dimanche d'avril au dernier dimanche d'octobre.

Taxes – *(voir modalités de recouvrement p. 37)* Pas de taxe provinciale à la vente, mais une taxe nationale de 7 % sur les produits et les services (TPS).

découvertes de minerais *(voir plus loin)* favorisèrent l'immigration vers les Territoires. L'exploitation du sous-sol continue aujourd'hui d'attirer des investissements sur l'ensemble des Territoires.

Le découpage des Territoires – En 1988 était créée, dans l'extrême Nord du Québec, une région socioculturelle destinée à accorder aux Inuit une plus grande autonomie : le **Nunavik** (« le pays où vivre » en inuktitut). En 1992, les habitants des Territoires du Nord-Ouest se prononcèrent à leur tour pour la création d'une zone similaire, baptisée **Nunavut** (« notre pays »). Le règlement de la plus importante revendication territoriale au Canada allait entraîner la division des Territoires du Nord-Ouest et la constitution d'une véritable nation inuit. Après une période de transition de sept ans, le Nunavut est officiellement devenu, le 1er avril 1999, le troisième territoire canadien (capitale Iqaluit).

Économie

Depuis 1930, l'industrie minière constitue la base d'une économie à laquelle contribuent aussi, à un moindre degré, le commerce des fourrures, l'industrie forestière, la pêche, le tourisme et la vente d'art et d'artisanat autochtone. Dans des régions aussi sauvages que celles des Territoires du Nord-Ouest et du Nunavut, les transports jouent un rôle essentiel. Marchandises et ressources naturelles sont acheminées par voie terrestre (route Dempster et route du Mackenzie) et fluviale (grande artère commerciale, le Mackenzie est sillonné, en été, de barges sur tout son cours). De novembre à avril, des « routes d'hiver », tracées grâce à la solidité du sol gelé, permettent aux poids lourds d'atteindre des lieux qui, le reste de l'année, ne sont accessibles que par la voie des airs.

Loi sur les alcools – Âge légal de consommation d'alcool : 19 ans. Bouteilles d'alcool en vente dans les magasins d'État. Certains villages interdisent la possession d'alcool dans leur circonscription.

Jours fériés territoriaux – *(Voir liste des principaux jours fériés p. 36).*

Fête territoriale : 1er lun. d'août.

À faire

Activités récréatives – Vastes et sauvages, les Territoires plairont aux amateurs de nature. Les longues journées d'été promettent 20 heures au moins de clarté quotidienne. Des charters acheminent vers les régions reculées randonneurs, pêcheurs, chasseurs, canoës et équipages, et diverses *pourvoiries* organisent des voyages de découverte et d'aventure toute l'année. Pour le canoë, il existe une grande variété de parcours de toutes difficultés, dont la fabuleuse descente de la **Nahanni du Sud** *(voir p. 434)*. La randonnée et le VTT rencontrent un succès certain : les plus entraînés pourront se lancer dans la difficile pérégrination le long de la **piste historique Canol**, qui traverse les monts Mackenzie de Norman Wells au Yukon. Pour tout voyage, quel que soit le mode de locomotion, signaler son départ comme son retour au poste de la Gendarmerie royale du Canada le plus proche. Emporter un équipement complet : vêtements chauds, sac de couchage, réchaud et combustible. Il est essentiel de se prémunir contre la visite des ours *(voir p. 40)*. Il est fortement conseillé aux néophytes de s'en remettre à une *pourvoirie*, qui organisera l'expédition dans ses moindres détails en toute sécurité.

Des gîtes émaillent lacs et rivages reculés, des monts Mackenzie aux fjords de l'île de Baffin, où la **pêche** est excellente (omble et ombre de l'Arctique, grand brochet du Nord, truite, etc.). Permis de pêche et de chasse obligatoires ; pour la **chasse** au gros gibier (loup, orignal, caribou, mouflon de Dall, ours noir, ours polaire ou grizzli), tout non-résident doit être accompagné d'un *pourvoyeur* licencié. Se renseigner sur les différentes formules de voyages proposées, l'hébergement, les *pourvoiries*, les règlements de chasse et de pêche auprès de NWT Arctic Tourism *(voir p. 430)*.

Principales manifestations

Mars	Caribou Carnival	Yellowknife
Juin	Yellowknife Midnight Golf Classic	Yellowknife
Juin-juil.	Biannual Midnight Sun Sea-Plane Fly-In	Yellowknife
Juil.	Folk on the Rocks	Yellowknife
	Annual Great Northern Arts Festival	Inuvik
	Festival of the Midnight Sun	Yellowknife

Industries extractives – La découverte d'argent et de pechblende (minerai d'uranium) sur les rives du Grand Lac de l'Ours en 1930 laissa soupçonner la présence de dépôts dans d'autres régions et conduisit à la découverte des riches gisements aurifères de Yellowknife. Aujourd'hui, on extrait toujours de l'or à Yellowknife et d'autres gisements sont à divers stades d'exploitation.

Depuis la découverte en 1991 de gisements de diamants dans la région du lac de Gras, au Nord de Yellowknife, l'industrie diamantifère devient une activité majeure. La production canadienne de diamants devrait en 2010 représenter plus de 10 % de la production mondiale.

Hydrocarbures – On extrait le gaz naturel près de Fort Liard (depuis 2000) et le pétrole à Norman Wells, sur le Mackenzie. En 1968, la découverte d'immenses réserves de pétrole et de gaz dans le Nord de l'Alaska provoqua une vague de prospection vers le Nord du Canada. Deux zones prometteuses furent découvertes : celle du delta du Mackenzie-mer de Beaufort et celle de l'archipel Arctique (champ pétrolifère de Bent Horn). L'augmentation du prix du pétrole a ravivé l'intérêt de l'exploitation des hydrocarbures au Nord du 60e parallèle, et la construction d'un pipeline vers le Sud rejoignant le réseau du Nord de l'Alberta est en cours de négociation.

Art et artisanat – L'art des peuples autochtones des régions arctiques et subarctiques s'est acquis depuis longtemps la faveur des connaisseurs et des collectionneurs. Les défenses de morse, les bois de caribou ou, plus exotiques, les défenses de mammouth découvertes dans la couche de permafrost sont particulièrement prisés. Autres créations originales : les tentures décorées, ou ces vêtements particulièrement adaptés au climat que sont les *mukluks* dénés, bottes en peau de phoque ornées de superbes broderies de perles. On trouvera un grand choix d'objets brodés de perles à Fort Liard et Fort Simpson.

Delta du MACKENZIE★★

Office de tourisme ☎ 867-873-7200 ou www.nwttravel.nt.ca

Véritable labyrinthe de chenaux et de lacs situé à 160 km de l'embouchure de la mer de Beaufort, ce delta large de 100 km, l'un des plus grands du monde, découpe le littoral Nord-Ouest des Territoires. Il forme l'estuaire du vaste et puissant fleuve Mackenzie et marque le point d'arrivée de son parcours de 1 800 km, qui débute au Grand Lac des Esclaves, à l'intérieur du continent.

La faune du delta est l'une des plus riches de l'Arctique canadien. Le rat musqué y prolifère, ainsi que les castors, visons, martres, renards, ours et autres mammifères ; le poisson y abonde et les bélugas viennent se reproduire dans ses eaux relativement chaudes, tandis qu'au printemps les oiseaux migrateurs s'y réunissent en grand nombre.

Les bourgades d'Inuvik, Aklavik, Fort McPherson, Arctic Red River (Tsiigehtchic) et Tuktoyaktuk vivent traditionnellement de la chasse et de la pêche. Cependant, la découverte de pétrole et de gaz naturel en mer de Beaufort a profondément modifié l'économie de la région au cours des dernières années.

Accès – Par la route de Dempster en provenance du Yukon (798 km de Dawson City à Inuvik). La route est fermée durant la débâcle au printemps et la prise des glaces en automne (voir p. 430). Aires de service très espacées. Les automobilistes doivent être équipés pour tout cas d'urgence. Région également accessible par avion, au départ d'Edmonton (via Yellowknife) et de Whitehorse (Yukon). La meilleure façon de voir le delta est de le survoler (possibilité de charters au départ d'Inuvik). Contacter NWT Tourism, Yellowknife, NT ; ☎ 867-873-7200 ou 800-661-0788. www.nwttravel.nt.ca.

VISITE

Le delta – Rien de plus stupéfiant que le spectacle vu d'avion de cet enchevêtrement de chenaux boueux où se mêlent le fleuve Mackenzie et la rivière Peel, que l'on distingue aisément des milliers de lacs environnants par leur couleur. Nettement délimité à l'Ouest par les **monts Richardson**, montagnes plates et souvent enneigées, et à l'Est par les ondulations des **collines Caribou**, le delta, à mesure qu'il avance vers le Nord, fait la part de plus en plus large à l'eau, comme s'il se dissolvait peu à peu avant d'atteindre la mer.

Entre lacs et bras du fleuve, la terre est couverte d'arbustes (saules nains et genévriers) qui se parent d'un jaune éclatant au premier gel *(généralement fin août)*. Le long de la côte s'étendent des zones de toundra recouvertes, durant le court mais lumineux été arctique (24 heures de clarté par jour), de mousses, de lichens et de fleurs multicolores.

Inuvik – *Route de Dempster. Aéroport. Hébergement.* Bâtie sur le chenal Est du Mackenzie, Inuvik (dont le nom inuit signifie « où vit l'homme ») est le centre régional du commerce et des transports.

Cette petite ville moderne fut créée en 1959 pour abriter des bureaux gouvernementaux préalablement situés dans la ville d'Aklavik, victime de graves inondations. Dans tout le delta, le pergélisol affleure la surface du sol, empêchant toute construction normale. En effet, la chaleur dégagée par une habitation aurait tôt fait de dégeler partiellement le sol et de créer un marécage. Aussi les maisons furent-elles bâties sur pilotis ancrés dans la masse gelée en profondeur. De même, les canalisations ne purent être enterrées sous peine de geler. Réunies en une gaine unique appelée **utilidor**, elles sillonnent donc la ville au-dessus du sol.

Ronde comme un igloo, la curieuse **église catholique** est fort belle à l'**intérieur**★, où l'on remarquera en particulier le chemin de croix peint par une Inuit, Mona Thrasher, en 1960.

★ **Tuktoyaktuk** – *Vols quotidiens au départ d'Inuvik. Route de glace en hiver. Hébergement.* Dans le Nord, on appelle simplement « Tuk » cette petite localité sise au bord de la mer de Beaufort. La particularité de la région est de rassembler la plupart des **pingos** que compte le Nord canadien. Ces étranges buttes coniques, hautes de plusieurs dizaines de mètres, se dressent au-dessus de la plate toundra comme de petits volcans, sous l'effet du pergélisol qui forme par endroits d'énormes boules de glace dure soulevant le sol. Au **Fur Garment Shop**, les visiteurs pourront assister à la confection des parkas et autres vêtements typiques de l'Arctique.

NAHANNI NATIONAL PARK RESERVE★★★

Office du tourisme ☎ 867-873-7200

Région de paysages grandioses, dont l'intérêt s'accroît encore de son isolement et de sa sauvage beauté, la réserve du Parc national Nahanni s'étend sur plus de 4 700 km², dans le coin Sud-Ouest des Territoires. Elle englobe une grande partie de la rivière Nahanni du Sud, qui traverse les monts Selwyn, Mackenzie et Franklin avant de se jeter dans la rivière aux Liards, affluent du puissant fleuve Mackenzie. En 1978, l'Unesco consacra la valeur universelle de la réserve en lui conférant le statut de site du patrimoine mondial. Le visiteur n'y trouvera donc probablement jamais de routes ou d'installations touristiques, mais sera récompensé de ses efforts en découvrant l'un des lieux les plus spectaculaires de la planète.

Au début du 20e s., la fièvre de l'or attira les prospecteurs dans la vallée de la Nahanni du Sud. En 1908, on retrouva les corps de deux d'entre eux, décapités... Aussitôt court le bruit d'Indiens féroces et de montagnards mythiques qui hantaient la région. Les disparitions continuèrent, et la Nahanni du Sud devint alors un endroit à éviter. Le mystère ne fut jamais élucidé, et la toponymie garde encore le souvenir de la macabre découverte et des légendes qui s'ensuivirent : Deadmen Valley (vallée des hommes morts), Funeral Range (chaîne des funérailles), Broken Skull River (rivière du crâne fracassé), Headless Range (chaîne des hommes sans tête).

Accès routier et aérien– *Au départ de la Colombie-Britannique : prendre la route de l'Alaska jusqu'à Fort Nelson, puis la route aux Liards jusqu'à Fort Liard. Du Yukon : prendre la route de l'Alaska jusqu'à Watson Lake. Dans les Territoires du Nord-Ouest : prendre la route du Mackenzie jusqu'à Fort Simpson, ou la route aux Liards jusqu'à Fort Liard. Transport aérien au départ de Yellowknife sur First Air ☎ 867-669-6600.*

Accès par la rivière – *Des spécialistes proposent la descente de la rivière en canot pneumatique ou en canoë (l'équipement est acheminé sur les lieux en premier). Les amateurs de sports d'eau vive (niveau intermédiaire) peuvent utiliser leur propre canoë après avoir réservé auprès du parc. Pour tout renseignement, s'adresser au parc ou à NWT Arctic Tourism, Yellowknife, NT ; ☎ 867-873-7200 ou 800-661-078. www.nwttravel.nt.ca*

VISITE

Réservation requise ; 10$/jour, 100$/nuit. Pour tout renseignement sur les activités et les pourvoyeurs de la région, s'adresser à la direction du parc (Park Superintendent), Box 348, Fort Simpson NT X0E 0N0. ☎ 867-695-3151. www.parkscanada.gc.ca/nahanni.

La Nahanni du Sud – La rivière traverse le parc sur plus de 320 km. Elle serpente entre des canyons majestueux, se précipite d'une falaise deux fois plus haute que les chutes de Niagara et passe à proximité de sources minérales chaudes autour desquelles pousse une végétation fort rare à cette latitude (61 °-62 °N). Ses eaux tumultueuses et sa beauté sauvage attirent chaque année d'innombrables amateurs de canoë et de descente de rapides.

Le trajet de 200 km depuis les chutes Virginia jusqu'à Nahanni Butte promet d'être une aventure des plus palpitantes. Entre ces deux points, la rivière subit un changement de dénivellation de 120 m. Les célèbres **chutes Virginia** sont le joyau du parc et l'un des sites les plus spectaculaires du Nord. Haut de 90 m, le puissant rideau liquide, coupé en son milieu par une aiguille rocheuse, se précipite dans un vaste

Chutes Virginia

cirque. On contourne les chutes par le portage Albert Faille *(1,6 km)*, d'où un sentier menant au bord de la cataracte offre une belle vue sur les rapides. Fourth Canyon est la première gorge d'une série de quatre qui enserrent la rivière de leurs vertigineuses falaises dépassant par endroits 1 200 m. Viennent ensuite les tumultueux rapides Figure of Eight, puis Third Canyon qui tourne à angle droit au lieu dit The Gate, surplombé d'une puissante aiguille rocheuse nommée Pulpit Rock. La **vallée Deadmen**, où furent découverts des corps décapités, sépare Second Canyon (longueur : 34 km) de First Canyon (longueur : 27 km). La rivière passe à proximité de sources thermales dont les eaux sulfureuses jaillissent à près de 37 °C, faisant naître alentour fougères, merisiers, églantiers et panais. Avant d'atteindre Nahanni Butte, elle se divise en une multitude de bras surnommés **Splits**.

WOOD BUFFALO NATIONAL PARK★★

Territoires du Nord-Ouest, Alberta

Le plus vaste parc national du Canada (44 807 km^2) enjambe la frontière séparant la province de l'Alberta des Territoires du Nord-Ouest. Bien que les deux tiers du parc soient en Alberta, ses bureaux et son entrée principale se trouvent à Fort Smith, dans les Territoires du Nord-Ouest. Le Parc national Wood Buffalo, qui figure sur la liste du patrimoine mondial de l'Unesco depuis 1983, est, grâce à deux atouts exceptionnels (le plus grand **troupeau de bisons** en liberté du monde avec 2 400 individus, et la dernière aire de nidification de la **grue blanche d'Amérique**, espèce menacée), une des réserves animales les plus importantes de l'Amérique du Nord.

Ses voies entretenues permettant d'arpenter le parc en toute saison, celui-ci offre aux visiteurs la subtile beauté de la plaine boréale ainsi que l'occasion d'apercevoir des animaux rares dans leur milieu naturel ; il est à noter néanmoins qu'une grande partie du parc n'est accessible qu'en bateau ou par avion. Le delta Paix-Athabasca, à l'extrême Ouest du lac Athabasca, l'un des plus grands deltas intérieurs d'eau douce du monde, est un écosystème aquatique vital : quatre voies migratoires survolent l'étendue du parc et le delta regorge d'oiseaux (oies, canards et autres espèces migratrices). Les étendues qui le bordent constituent la frange septentrionale des Grandes Plaines rejoignant le Mexique.

La création en 1922 du Parc national Wood Buffalo visait la protection de son cheptel de bisons des bois, le dernier troupeau du monde en complète liberté. Quelques années plus tard, des bisons des plaines élevés dans des ranchs du Sud de l'Alberta furent acheminés vers le parc, qui fut agrandi pour les accueillir ; le bison des bois est légèrement plus gros que son cousin des plaines, et sa robe est un peu plus foncée. La découverte des aires de nidification de la grue blanche d'Amérique en 1954 renforça l'enjeu écologique.

Accès par la route – *748 km au Sud de Yellowknife par la route 3, la route Mackenzie et la route 5 (près de Hay River) jusqu'à l'entrée du parc (la route 5 traverse le parc et se prolonge jusqu'à Fort Smith). Une route goudronnée mène de Fort Smith à la réserve Peace Point, dans l'enceinte du parc (119 km).*

Accès par avion – *Vols quotidiens pour Fort Smith. Contacter NWT Tourism, Yellowknife, NT, ☎ 867-873-7200 ou 800-661-0788 (Canada/US). www.nwttravel.nt.ca. Agences de location de véhicules à Fort Smith.*

VISITE

Ouvert toute l'année. Randonnée, canotage, pêche. Hébergement à Fort Smith. Les cartes et la liste des guides et pourvoyeurs autorisés sont à retirer auprès des deux centres d'accueil : Fort Smith (126 McDougal Rd., à l'angle de Portage Ave. Juil.-août : 9 h-12 h, 13 h-17 h ; sept.-juin : tlj sf w.-end 9 h-12 h, 13 h-17 h. ☎ 867-872-7960) et Fort Chipewyan (MacKenzie Ave. Juil.-août : 8 h30-12 h, 13 h-17 h, sept.-juin : tlj sf w.-end 8 h30-12 h, 13 h-17 h. ☎ 780-697-3662). Bureaux du parc : ☎ 867-872-7900. www.parkscanada.ca

Route 5 – L'agréable **trajet** entre Hay River et le parc passe par une forêt boréale d'épicéas et de trembles. Il est courant de croiser, aux abords de Fort Smith, un bison broutant le bas-côté de

■ Sculpteur de la nature

Le sculpteur déné **Sonny MacDonald** est un artiste autodidacte : à sept ans, il taillait déjà lui-même ses petits bateaux et ses lance-pierres. Aujourd'hui, ses œuvres en bois et en os tirent leur inspiration de la faune subarctique terrestre et marine. Sans se cantonner aux bois de caribou et d'orignal ou aux griffes et aux dents, Sonny MacDonald explore la faune dans son entier : narval, fossiles de mammouth, défenses de morse. Il crée aussi bien des amulettes et des boucles d'oreilles que de grandes sculptures d'ornement extérieur. Né et élevé à Fort Chipewyan, Sonny Mac-Donald vit aujourd'hui à Fort Smith où il possède un atelier. *Pour visiter son atelier, le contacter ☎ 867-872-5935.*

Parc national Wood Buffalo

la route. Près de la tour Angus, un grand **affaissement** traduit la présence de karst (calcaire) dans la région. Une courte route secondaire *(30 km à l'Ouest de Fort Smith)* mène au **belvédère★** Salt River Plains, d'où l'on bénéficie d'une vue incomparable sur les larges étendues salées brillant sous le soleil estival au gré des méandres de la Salt, qui traverse quelques bois et pâturages disséminés parmi les plaques blanches de sel.

★ Fort Smith – Autrefois la seule véritable ville des Territoires, Fort Smith est également un des sites incontournables du commerce des fourrures dans le Grand Nord canadien. La **présentation** multimédia *(18mn)* proposée au centre d'accueil du parc *(voir horaires ci-dessus)* compose une excellente introduction historique et écologique. À quelques pas du centre d'accueil, les visiteurs approfondiront leurs connaissances historiques de la région au **musée Northern Life** *(téléphoner pour connaître les horaires ☎ 867-872-2859)* et à **Fort Smith Mission Historic Park★** *(à l'angle de Breynat St. et Mercredi Ave. ☎ 867-872-6400).* La promenade le long de la rivière aux Esclaves *(à l'extrémité de Simpson St.)* permet d'apercevoir les **rapides** où de nombreux explorateurs perdirent la vie. *Pour toute information touristique sur Fort Smith, contacter la chambre de commerce ☎ 867-872-2515 ou NWT Arctic Tourism (voir p. 430).*

★★ De Fort Smith au lac Pine – La route goudronnée *(ouv. toute l'année)* qui pénètre au cœur du parc permet d'atteindre plusieurs curiosités remarquables, mais aussi d'apercevoir des bisons. Un petit sentier de randonnée, **Karstland Trail** (ou *sentier de la région du karst*), aménagé dans la zone de la rivière Salt *(25 km au Sud de Fort Smith, accès autorisé en journée)*, donne un aperçu de l'extraordinaire topographie tourmentée du parc. À 31 km de là, la piste South Loop *(4 km)* traverse une ravissante forêt boréale jusqu'au **lac Grosbeak** (ou *lac des Gros-Becs*), autre lac salé surnaturel dont les galets sont issus du recul des glaciers. Le magnifique terrain de camping **Pine Lake Campground** *(à 60 km)* donne sur la plage de sable du lac turquoise, qui fut longtemps le campement estival des tribus autochtones. La baignade y est délicieuse.

Fort Chipewyan – *Accès par avion ou bateau uniquement. Centre d'accueil du parc.* Situé sur les rives du lac Athabasca, le « fort Chip » est le camp de base des excursions en bateau ou en canoë vers le delta Paix-Athabasca.

■ La nature vue de l'eau

Explorer le Parc national Wood Buffalo par ses voies navigables offre un face-à-face paisible avec la nature évoquant la vie nomade passée des peuples autochtones. Les **excursions en canoë** qui empruntent ses deux principaux cours d'eau, la rivière de la Paix et la rivière aux Esclaves, nécessitent une solide expérience, une organisation considérable et une autorisation des autorités du parc. Il est également possible de suivre les rivières plus petites qui sillonnent le parc *(location de canoës à Fort Smith)*. Plusieurs agences spécialisées ou pourvoiries organisent des excursions guidées en canoë *(contacter le centre d'accueil du parc)*. Le lac Pine n'est navigable que dans sa partie Nord. Les embarcations à moteur sont autorisées sur les principales rivières. *Contacter les autorités du parc pour tout renseignement sur les conditions de navigation dans le parc. Il est interdit d'utiliser une embarcation personnelle dans l'enceinte du parc.*

YELLOWKNIFE★

Office de tourisme ☎ 867-873-4262 ou 877-881-4262 ; www.northernfrontier.com

La capitale administrative et économique des Territoires du Nord-Ouest est sise au bord de la baie Yellowknife, sur la rive Nord du Grand Lac des Esclaves. Presque entièrement entourée d'eau, elle occupe un site charmant sur une péninsule de granit rose buriné par les glaciers et recouvert de petits arbres. La « vieille ville » (vers 1934) côtoie la « nouvelle ville » d'allure moderne, où vivent et travaillent la majorité des résidents.

Un peu d'histoire

Les débuts – Yellowknife ne doit pas son nom, comme on pourrait le penser, à l'or que l'on y exploite, mais aux couteaux de cuivre jaune dont les autochtones pratiquaient le commerce. Les premiers explorateurs qui s'arrêtèrent dans la baie (Samuel Hearne, Alexander Mackenzie et John Franklin) ne soupçonnaient rien du trésor qui y dormait. Les chercheurs d'or en route pour le Klondike à la fin du 19e s. notèrent bien quelques affleurements, sans toutefois donner suite à leurs observations. Mais la découverte de pechblende au bord du Grand Lac de l'Ours en 1930 attira les prospecteurs dans la région.

En 1934, on découvrit enfin des traces d'or au bord de la baie de Yellowknife et une ville naquit aussitôt qui, le filon épuisé, s'étiola, lorsque fut découvert en 1945 un second gisement (en profondeur celui-là). En devenant capitale territoriale en 1967, Yellowknife vit enfin son importance reconnue. Une seule mine d'or est encore exploitée, mais un gisement diamantifère relance l'activité de la ville.

Le diamant – Un géologue canadien qui effectuait des travaux de reconnaissance dans les années 1980 découvrit des indices trahissant la présence de kimberlite, la roche diamantifère. Il fallut des années d'efforts pour trouver un financement à l'exploration. Lorsque le premier filon de diamant fut découvert au début des années 1990, le Canada connut sa plus grande ruée en termes de logistique (la ruée vers l'or du Klondike mobilisa davantage de personnes).

La production débuta en 1999 à la mine **Etaki** *(322 km au Nord-Est de Yellowknife)* ; deux autres mines furent montées et quelques dizaines de demandes sont actuellement déposées. Le Canada est devenu un interlocuteur de poids sur le marché du diamant brut : il devrait produire plus de 10 % des stocks mondiaux d'ici 2010. La majorité des entreprises du secteur ont installé leurs bureaux ou leurs sièges sociaux à Yellowknife, et deux ateliers de taille des pierres se sont ouverts. *Visite des ateliers de taille : Northern Frontier Visitors Assn. ☎ 867-873-4262.*

Soleil de minuit – La ville étant située au Nord du 62e parallèle, il y fait jour près de 24 heures sur 24 en été. Chaque année, le tournoi de golf **Canadian North Yellowknife Midnight Classic** a lieu pendant le week-end le plus proche du 21 juin. Il se déroule à la clarté de minuit sur un parcours de sable, sous la menace permanente d'énormes corbeaux noirs. Ces oiseaux voleurs de balles figurent d'ailleurs sur l'emblème de la ville. Toutes sortes de sports de plein air (canotage, canoë, pêche et camping) se pratiquent à Yellowknife, et l'on y trouve un grand choix d'artisanat inuit et déné. Sa base aérienne flottante *(vieille ville)* permet de rallier les nombreux gîtes et terrains de camping des Territoires. Dans la ville elle-même, un grand choix de chambres d'hôte et d'hôtels s'offre aux visiteurs *(renseignements : Northern Frontier Visitors Assn.* ☎ *867-873-4262).*

Accès – *Par la route 3 et le bac gratuit sur le Mackenzie (en été) ; par la route de glace franchissant le fleuve (en hiver). Accès interrompu (voir p. 430) lors de la prise des glaces (automne) et à la débâcle (printemps). Également accessible par avion au départ d'Edmonton, Winnipeg, Ottawa et Iqaluit.*

CURIOSITÉS

★★**Prince of Wales Northern Heritage Centre** – *Accès par la piste Ingraham.* ♿ *Juin-août : 10h30-17h30 ; le reste de l'année : tlj sf lun. 10h30-17h, w.-end 12h-17h. Fermé 1er janv., 25 déc. Contribution conseillée.* ☎ *867-873-7551. www.pwnhc.ca.* Important centre de recherches archéologiques et ethnologiques, ce musée situé au bord du lac Frame retrace l'histoire des Territoires et de leur colonisation. Il explique également le mode de vie traditionnel des Dénés et des Inuit dont il expose une belle collection de sculptures. Une salle est dédiée au travail des pilotes de brousse et une petite exposition est consacrée à l'exploitation de l'or et du diamant.

★★**Legislative Assembly Building** – *Dans le parc, entrée par Ingraham Trail. 7h-18h, w.-end 10h-18h.* ☎ *867-669-2230 ou 800-661-0784.* Ce bâtiment saisissant (1993) niché parmi les lacs et les arbres est coiffé d'un dôme. Enchâssé dans des panneaux de zinc, il a été conçu afin de profiter au mieux de la lumière naturelle et de véhiculer l'esprit d'ouverture du gouvernement territorial. Un des centres d'intérêt de la visite est le **grand hall**, avec ses drapeaux dépeignant les saisons subarctiques. La **masse** cérémonielle de l'Assemblée, créée par des artistes locaux, est faite d'argent et de bronze, avec des garnitures d'or et de diamants. Une galerie *(accessible uniquement lors des visites)* abrite d'autres exemples de l'artisanat régional, dont un remarquable **patchwork** cousu par les habitants de Deline.

★ **Bush Pilots' Monument** – *Dans la vieille ville, accès par l'escalier depuis Ingraham Dr.* Juché sur le plus haut rocher de la ville, ce monument fut érigé à la mémoire des hommes qui rendirent le Nord accessible. Du haut de ce belvédère se découvre un superbe **panorama**★ sur la ville, construite sur un socle de granit qui affleure partout, avec la tour à toit rouge de l'ancienne mine d'or Cominco qui domine l'horizon.

> **Gastronomie du Grand Nord**
>
> Le célèbre **Wildcat Cafe** *(3507 Wiley Rd. Déjeuner et dîner.* ☎ *867-873-8850)* mitonne la « cuisine du Grand Nord », principalement à base de corégone et de brochet du Grand Lac des Esclaves, de caribou, de bison et de bœuf musqué. Installé dans un bâtiment de 1937 en rondins, il est géré par une association locale à but non lucratif. Pour se fournir en produits régionaux (caribou, bison, bœuf musqué et corégone), rien ne vaut **Northern Fancy Meats** *(314 Woolgar Ave.* ☎ *867-873-8767)*.

La baie fourmille d'hydravions revenant d'un camp minier ou prêts à partir approvisionner quelque équipe de forage. Habitués des lieux, d'énormes corbeaux noirs se réunissent souvent sur les rochers voisins.

Sous le monument, la vieille ville n'est plus l'entassement de cabanes de prospecteurs qu'elle fut jadis. Elle renferme néanmoins une incroyable variété de maisons le long de la célèbre Ragged Ass Road (ou *rue des Culs déguenillés*), dont les panneaux ont été tellement souvent volés qu'ils sont maintenant en vente !

Une route relie la vieille ville à l'**île Latham**, plantée de maisons sur pilotis. Un campement indien dogrib est ouvert à la visite et l'on peut voir l'unique mine d'or encore exploitée, la mine Con.

Excursions en bateau – *Dîners-promenades dans la baie de Yellowknife (au départ de Government Dock, dans la vieille ville) de fin juin à fin août, contacter M.S. Norweta* ☎ *867-873-1717. www.norweta.com. Croisières (9 et 11 jours) sur le Grand Lac des Esclaves jusqu'au fleuve Mackenzie ; contacter Mack Travel Ltd.* ☎ *800-661-0877. www.macktravel.com. Pour les autres excursions : Northern Frontier Visitors Association* ☎ *867-873-4262. ; www.northernfrontier.com.* Les passagers pourront découvrir quelques aspects de cet immense lac de 28 930 km² appartenant au réseau hydrographique du Mackenzie, et qui constitue une importante zone de pêche.

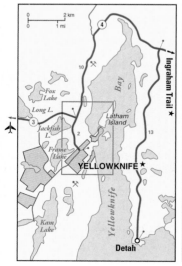

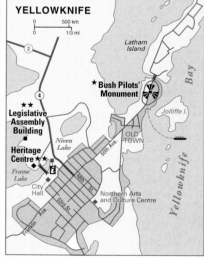

EXCURSIONS

Detah et la piste Ingraham – Plusieurs promenades en voiture aux environs de Yellowknife permettent aux visiteurs de voir les paysages du Bouclier canadien qui font la transition entre la forêt boréale et la toundra. La route jusqu'à Detah offre des vues sur Yellowknife et sa baie.

Detah – *25 km.* Il s'agit d'un village amérindien dogrib qui occupe un joli **site**★ sur un plateau rocheux, au bord du Grand Lac des Esclaves.

★**Piste Ingraham** – *64 km jusqu'à Reid Lake.* Cette route quatre saisons, localement connue sous le nom d'Ingraham Trail, commence au Nord-Ouest de Yellowknife. Elle longe cinq lacs, dans un cadre idéal pour les amateurs de camping et de canoë. Le Parc territorial du lac Prelude, doté de nombreux terrains de camping, comprend une plage de sable. La piste permet d'atteindre de nombreux lacs et cours d'eau plus isolés. *Location de canoës et kayaks, excursions guidées et renseignements : Narwal Adventures* ☎ *867-873-6443. www.ssimicro.com/~narwal*

Nunavut

Traîneau à chiens (île de Baffin) – © J.-F. Bergeron/ENVIRO FOTO

Le Grand Nord canadien n'a décidément rien d'une terre glacée : cette contrée spectaculaire offre une étonnante variété de paysages (littoral arctique, semis de lacs, rivières sinueuses, glaciers majestueux et terres polaires) métamorphosés par le soleil de minuit. Avec un peu plus de 2 000 000 km², soit un cinquième de la superficie du pays, le Nunavut dépasse, de loin, les autres territoires et provinces du Canada. Sa faune variée est le principal pôle d'attraction des visiteurs. Certaines excursions sont organisées dans la région de **Baffin**, à la limite des glaces flottantes, afin d'apercevoir les ours polaires, baleines boréales et narvals. Dans la région de **Kivalliq**, c'est pour les bélugas, les ours polaires ou les harfangs des neiges, gerfauts et autres oiseaux que l'on se déplace. Plus à l'Ouest, vers **Kitikmeot**, les rencontres avec des bœufs musqués hirsutes ou des caribous ne sont pas rares.

Un peu de géographie

Grandes régions naturelles – Situé au Nord du 60ᵉ parallèle, le Nunavut se tient à l'Ouest du Groenland danois, sur l'autre rive du détroit de Davis. Sa frontière méridionale suit plus ou moins la limite de la zone boisée à l'Ouest, puis descend en droite ligne vers le Manitoba et franchit la baie d'Hudson pour contourner l'île de Baffin par le Sud. Une grande part de l'archipel arctique entre le continent et le pôle Nord géographique, les îles de la baie d'Hudson et de la baie James au Sud du parallèle, ainsi que les terres arctiques et d'importants détroits et fjords font partie du Nunavut ; on y rencontre plus de la moitié des 26 plus grandes îles du Canada. La plus vaste (l'**île de Baffin**) est de la taille de l'Espagne, et Amund Ringnes (la plus petite) atteint tout de même la moitié de la superficie de la Jamaïque.

Le granit du Bouclier canadien franchit le territoire en diagonale, du Sud-Est au Nord-Ouest. La **toundra** rocailleuse et nue, enneigée une grande partie de l'année, est une composante caractéristique du Nunavut où le **pergélisol** peut s'enfoncer à 370 m, comme dans la région de Resolut ou sur l'île Cornwallis. La diversité règne néanmoins d'une extrémité à l'autre du Territoire. Pendant la courte saison printanière et estivale, alors que tournoient labbes et goélands, les mousses et les lichens tapissent le sol. Des arbustes et des fleurs colorent les rives de la baie d'Hudson et les collines du Territoire de touffes duveteuses de linaigrette, de baies pourpres et rouges ou de fragiles fleurettes de dryade. Les débris glaciaires, dépôts erratiques, moraines, **eskers** (crêtes sinueuses de sable et de gravier) et **drumlins** (éminences elliptiques tournées vers le retrait du glacier) racontent l'histoire géologique de la région. Les eskers, sédiments des rivières glaciaires, serpentent, comme soulevés au passage d'un énorme ver mythologique, sur des centaines de kilomètres. Ils procurent un habitat idéal aux renards et aux loups. Leur relief crée des voies migratoires en altitude et le vent qui règne à leur sommet soulage les caribous des nuées d'insectes qui les harcèlent. Les non-initiés devront aussi connaître les termes, peu usités ailleurs qu'au Grand Nord, de **polynie** (trou d'eau de plusieurs kilomètres de diamètre dans la banquise) et de **chenal côtier** (bras d'eau interrompant la banquise).

Broyé, façonné par les avancées et les reculs de masses titanesques lors de la dernière glaciation (il y a quelque 10 000 ans), le Canada présente, comme la plupart des régions glaciaires, de riches plaines, d'innombrables cours d'eau, un essaim de lacs et des chaînes montagneuses spectaculaires. Les îles de l'Est du Nunavut accueillent les plus grands et les plus anciens glaciers du pays : les côtes orientales de l'île de Baffin, de l'île Devon et de l'île Ellesmere possèdent des montagnes élevées aux vallées comblées par la glace (comme le **mont Barbeau** qui, avec ses 2 616 m, est le sommet culminant du territoire).

Climat – Avec ses précipitations clairsemées (Baker Lake 208 mm/an, Iqaluit 409 mm/an), le Nunavut est moitié moins arrosé qu'une ville du Canada méridional. L'immense territoire subit généralement des hivers longs et rudes sans lumière, alors que la période estivale (juillet et août) est étonnamment chaude et ensoleillée, avec des journées longues exceptionnellement long. Les villes côtières ou la région de Baffin sont plus froides. En été, la partie Sud du territoire connaît 20 heures de luminosité, et, au Nord du cercle arctique, le soleil ne se couche jamais au Nord du cercle arctique. Les températures maximales moyennes pour juillet sont de 15 °C à Baker Lake et de 12 °C à Iqaluit.

Un peu d'histoire

Les premiers habitants – Il y 4 000 ans, les côtes et les îles arctiques canadiennes étaient peuplées de Paléo-Esquimaux. Malgré leurs dissensions, les archéologues s'accordent à penser que ces peuplades sont tout d'abord venues de Sibérie en Alaska par le détroit de Béring, avant de se déplacer vers l'Est jusqu'aux régions arctiques canadiennes où, vivant sous des tentes de peaux et voyageant à pied ou en kayak, elles ont évolué vers la culture **Dorset** (500 avant J.-C.–1500 après J.-C.). De nouvelles vagues migratoires vers le Nunavut ont amené des groupes d'**Indiens de Thulé** (1000-1600), qui ont côtoyé les Dorset. La culture de Thulé est issue des Inuit du Nord de l'Alaska, qui se sont déplacés vers l'Est vers l'an 1000. Le peuple dorset fut évincé en quelques siècles par les gens de Thulé, dont la culture était différente et qui voyageaient plus rapidement et plus loin grâce à leurs *qamutiit* (traîneaux à chiens) et leurs grands bateaux appelés *oumiaks*. Ces ancêtres des Inuit actuels n'hésitaient pas à explorer l'intérieur des terres pendant la saison de la chasse au caribou, ou à arpenter le littoral et l'archipel arctique à la recherche de baleines et autres mammifères marins. Malgré leurs incursions dès la fin des années 1500 (et la venue des explorateurs scandinaves cinq siècles auparavant), l'influence des explorateurs, marchands et baleiniers européens ne fut pas ressentie avant le tout début du 19e s., lorsque les baleiniers européens et américains écumèrent la région de Baffin à la recherche de baleines boréales. Cette apparition massive modifia durablement l'ordre social, les techniques, la religion et la santé des Inuit.

Les Inuit – En dépit de sa superficie, le Nunavut présente la plus faible densité de population du monde : environ une personne aux 100 km². Parmi les 27 000 habitants que compte approximativement le territoire, 85 % sont des Inuit, qui forment l'un des quatre groupes aborigènes ou semi-aborigènes du Canada. La communauté inuit, riche de 125 000 membres, s'étend sur l'ensemble des régions polaires (Russie, Alaska, Groenland). Au Canada, de nombreux Inuit vivent dans la région québécoise du **Nunavik**, approuvée par référendum en 1986 et reconnue par le gouvernement provincial deux ans plus tard.

La vie des peuples autochtones de la côte arctique était autrefois centrée sur la chasse au phoque, au morse ou à la baleine, qui leur fournissait la viande pour se nourrir, la graisse pour se chauffer et s'éclairer, la peau pour fabriquer vêtements, abris et bateaux, ainsi que les os et l'ivoire pour façonner leurs lames de harpon et leurs outils. Les mammifères les plus petits étaient chassés à bord de **kayaks**, les plus gros à bord d'**oumiaks**. En hiver, on pratiquait la pêche sur glace. Des expéditions étaient parfois organisées vers le Sud, à bord de **traîneaux à chiens**, pour chasser les caribous dont la peau servait à fabriquer vêtements et couvertures.

■ Un pays et des hommes

Partir pour le Nunavut, c'est comme partir à la découverte d'un autre monde, et celle-ci s'accompagne inévitablement de la révélation du mode de vie inuit. En se rendant vers l'océan à bord de leurs embarcations, les visiteurs ressentiront le plaisir que procure la prise d'un phoque, puis se laisseront envahir par l'excitation d'une chasse et de traditions qui ont su, depuis des millénaires, nourrir et vêtir des peuples aborigènes. Ils rencontreront peut-être ensuite un sculpteur à l'œuvre dans son arrière-cour se plaignant de la chute des prix, ou une brillante Inuit qui travaille, suit un cycle d'études long pour obtenir un poste à hautes responsabilités et, le week-end, part chasser le phoque avec son mari et leurs deux fils. À moins qu'ils ne croisent dans l'avion une chanteuse inuit (sillonnant ce pays dépourvu de routes, elle se déplace cinq fois plus en avion qu'un Canadien moyen), critiquant le pilote qui hésite à atterrir par un épais brouillard, puis se lançant dans un chant de gorge traditionnel pour le plus grand plaisir de son voisin.

Peuple nomade constitué de petits groupes à structure familiale, les Inuit (terme inuktitut signifiant « les hommes »), appelés par dérision *Esquimaux*, c'est-à-dire « mangeurs de viande crue » dans la langue des Algonquins, construisaient en hiver des **igloos**, abris en forme de dôme faits de blocs de glace dans lesquels on entrait par un tunnel ; l'intérieur était tapissé de peaux pour protéger les occupants du froid. En été, ils vivaient sous des tentes de peau. Lorsqu'ils ne se consacraient pas à la chasse et à la fabrication des vêtements, ils sculptaient l'ivoire et la pierre à savon, forme d'art qui leur valut une grande renommée.

Aujourd'hui, les Inuit du Nunavut chassent toujours le caribou et le phoque et pêchent toujours l'omble ; néanmoins, ils sont nombreux à travailler dans le tourisme, l'administration, les transports et les secteurs affiliés. Malgré les innombrables œuvres issues des mains des sculpteurs, graveurs et artisans, certains enseignants pensent que le Grand Nord subit une crise artistique : trop peu de jeunes apprennent les techniques de leurs parents et ancêtres. Une jeune Inuit de 30 ans affirme, évoquant la technique d'assouplissement des peaux de caribou par mastication : « je déteste le goût du cuir », ajoutant néanmoins : « ma sœur l'aime, elle. »

Le Passage du Nord-Ouest – Dès qu'ils eurent compris que l'Amérique était un continent distinct de l'Asie, les Européens cherchèrent pendant des siècles une route maritime par le Nord entre l'Atlantique et le Pacifique, afin de faciliter leur fructueux commerce avec l'Orient. L'Anglais **Martin Frobisher** fut le premier, en 1576, à s'aventurer dans les eaux arctiques, bientôt suivi de **John Davis**, **Henry Hudson** et **William Baffin**,

---

■ L'art du Grand Nord

L'expression artistique la plus répandue dans la région est la **sculpture** inuit, art millénaire dont les formes humaines et animales arrondies en pierre noire, grise ou verte sont les plus couramment connues. Certains artistes façonnent sculptures ou bijoux dans des os, des bois ou des défenses d'animaux. Le tissage, la gravure sur pierre et le travail des métaux connaissent également un franc succès. Certains villages se sont spécialisés dans la poterie ou les poupées miniatures. Nous avons sélectionné quelques galeries à Rankin Inlet, Iqaluit et Pangnirtung, mais de nombreux artistes vendent eux-mêmes leurs œuvres et il est conseillé aux amateurs d'art inuit de s'enquérir de la présence d'artistes auprès des habitants *(Attention, peu de rues portent un nom ; se munir d'un plan de la bourgade ou se faire indiquer l'itinéraire sur place.)*.

Rankin Inlet

Les couturières inuit de l'entreprise **Ivalu Ltd.** (descendre l'allée de la Royal Bank jusqu'au bâtiment de l'entreprise Keewatin Meat and Fish. ☎ *867-645-3400. www.ndcorp.nu.ca*) confectionnent et décorent vestes, blazers et autres vêtements selon les techniques traditionnelles de l'appliqué. La boutique **Matchbox Gallery** *(téléphoner pour l'itinéraire ; ☎ 867-645-2674)* propose dessins, peintures et gravures ainsi qu'une remarquable forme de poterie : des créations en terra-cotta reflétant l'humour et la fantaisie d'un artiste inuit qui préfère travailler une matière tendre plutôt que la pierre, plus classique.

Iqaluit

La seule galerie digne de ce nom est **Iqaluit Fine Arts Studio** *(586 Qulanni Rd. ☎ 867-979-5578)*. Ses propriétaires, Thomas et Helen Webster, disposent les gravures, aquarelles, tissages et sculptures de leurs artistes avec un soin extrême. Les prix commencent à 140 $ et un manteau de femme en peau de caribou atteint, par exemple, 4 500 $. Le magasin de souvenirs et d'articles de papeterie **DJ Sensations** *(Tumiit Plaza, face au bureau de poste. ☎ 867-979-0650)* propose un choix étendu de bijoux en ivoire et plus de 200 sculptures, généralement en pierre et n'excédant pas une vingtaine de centimètres. La galerie d'exposition du centre **Northern Country Arts** *(Ring Rd., bâtiment de l'Arctic Express. ☎ 819-979-0067 ou 888-979-0067. www.northcountryarts.ca)* regorge de sculptures et bijoux inuit. Un imposant bâtiment accueille **Arctic Ventures** *(Ring Rd., Building 192. ☎ 867-979-5992)* où se côtoient épicerie, vêtements et sculptures : le magasin possède en outre un argument imparable : le visiteur y trouvera le plus grand choix de livres sur l'Arctique de tout le Nunavut. L'artiste **Janet Ripley Armstrong** *(téléphoner pour l'itinéraire. ☎ 867-979-6420)*, qui vit depuis longtemps au Nunavut, transmet à merveille l'âme du Grand Nord dans ses aquarelles.

Il ne faut pas quitter le Nunavut par l'aéroport jaune vif d'Iqaluit sans faire un dernier tour aux excellentes expositions présentant le savoir-faire de plus d'une dizaine de villages, dont les tissages de Pangnirtung ou les gravures et sculptures sur pierre de **Cape Dorset**, où se sont regroupés de nombreux artistes inuit.

dont les noms sur la carte des Territoires du Nord-Ouest et du Nunavut marquent la progression. Le récit qu'ils firent de mers couvertes de glace refroidit quelque peu l'ardeur d'éventuels émules : il n'y eut aucune autre tentative avant le début du 19ᵉ s., à l'exception de celles qui furent entreprises côté Ouest.

Les marins-explorateurs – Le voyage d'Alexander Mackenzie (1789) avait éveillé un nouvel intérêt pour le Passage du Nord-Ouest. Plusieurs expéditions navales britanniques se succédèrent dans la première moitié du 19ᵉ s. En 1845, **John Franklin** s'embarquait à son tour, mais les années passèrent sans nouvelles de sa part. Trentehuit expéditions partirent à sa recherche, pour découvrir finalement qu'il avait péri avec tout son équipage après être resté bloqué dans les glaces. Ces recherches permirent d'explorer une grande partie des Territoires et d'établir une voie navigable dans l'archipel Arctique, dont le Norvégien **Roald Amundsen** fut le premier, de 1903 à 1906, à réussir la traversée. Depuis, de nombreux bateaux ont emprunté cette voie périlleuse, parmi lesquels le *St. Roch (voir p. 141).*

Le Nunavut aujourd'hui – Les richesses du Nunavut en minerais et hydrocarbures attirent (comme celles des Territoires du Nord-Ouest) les investissements. De vastes dépôts de zinc et de plomb furent découverts en 1964 sur le Grand Lac aux Esclaves à Pine Point (Territoires du Nord-Ouest) ; les mêmes matières premières sont actuellement exploitées à Nanisivik au Nord de l'île de Baffin et sur l'île Little Cornwallis. Les îles arctiques sont, selon toute apparence, des zones riches en hydrocarbures.

Les boutiques **Coman Arctic Galleries** *(à la sortie du bâtiment de l'aéroport.* ☎ *867-979-6300)* sont le lieu idéal pour un achat de dernière minute, avec un grand choix d'objets de toutes tailles.

Pangnirtung

Visiter le centre des Arts et Métiers ou **Uqqurmiut Centre for Arts and Crafts** (*voir Région de Baffin.* ☎ *867-473-8870. www.nacaarts.org*) procurera un excellent aperçu des œuvres autochtones.

Pour plus d'informations sur l'art du Nunavut, contacter Nunavut Arts and Crafts Association (☎ *867-979-7808*). **Frontiers North** (☎ *204-949-2050 ou 800-663-9832. www.wildlifeadventures.com*) organise des visites guidées du Grand Nord artistique. L'Ambassade de France au Canada présente sur son site Internet *(http://ambafrance.org/Nunavut)* un musée virtuel de l'art Inuit.

Sculpteur de Cape Dorset

Les habitants des Territoires du Nord-Ouest ont décidé par un référendum en 1992 de fractionner leur région afin de créer un nouveau territoire qui, après une période transitoire de sept ans, fut baptisé **Nunavut**. Le 1er avril 1999, le Nunavut posséda une existence officielle après que ses habitants eurent élu le gouvernement de leur nouveau territoire. En plus de son assemblée législative, le Nunavut possède quelques corps officiels, composés d'Inuit, chargés de la faune et de l'aménagement du territoire ; ces employés fédéraux et territoriaux ont un rôle décisionnaire de premier plan.

RENSEIGNEMENTS PRATIQUES

Comment s'y rendre

Avion – Il est quasi impossible de se rendre au Nunavut autrement qu'en avion, aucune route n'y menant par le Sud et les villages n'étant pas reliés par un réseau routier. Chaque région possède une entrée principale : Yellowknife pour Kitikmeot, Rankin Inlet pour Kivalliq (Keewatin) et Iqaluit pour Baffin. Canadian North *(☎ 800-661-1505. www.canadiannorth.com)*, First Air *(☎ 613-688-2635 ou 800-267-1247. www.firstair.ca)* et Calm Air *(☎ 204-778-6471. www.calmair.com)* desservent de nombreuses bourgades du Grand Nord et propose également des correspondances depuis Ottawa, Montréal, Winnipeg, Edmonton, Yellowknife et le Groenland.

Comment s'y déplacer

Bien que les véhicules tout-terrain (appelés *bikes* par les habitants de la région), les grosses voitures et les camions fourmillent dans les villages, aucune route ne relie les communes. La voie des airs demeure l'unique moyen de rallier les différentes bourgades si l'on excepte les éventuels bateaux et motoneiges. En raison de leur taille, la plupart des communes se visitent aisément à pied, mais il est parfois possible de louer des motoneiges, des motos ou des quads (appelés VTT ou véhicules tout-terrain). Certains villages ont un service de taxi. Les traîneaux à chiens sont généralement réservés aux excursions touristiques.

À savoir

Hébergement et informations touristiques – Le guide *Nunavut Travel Planner* est disponible sur le site www.arctic-travel.com. (Pour obtenir un exemplaire gratuit, s'adresser à *Nunavut Tourism, PO Box 1450, Iqaluit, NU, X0A 0H0.* ☎ 867-979-6551 ou 866-686-2888. *www.nunavuttourism.com)*. Hormis Iqaluit, bien pourvu en possibilités d'hébergement, la plupart des bourgades ne proposent qu'une ou deux adresses. S'adresser aux guides locaux pour organiser un séjour chez l'habitant ou dans un igloo. La nuit d'hôtel coûte généralement 150 $; il en coûtera davantage pour un gîte modeste *(parfois en pension complète)*. L'unique établissement de Pangnirtung indique un prix par lit et il arrive que les visiteurs doivent partager leur chambre avec des inconnus.

Langue – Les langues officielles du Nunavut sont l'inuktitut (la langue indigène parlée par 85 % de la population), l'anglais et le français. De nombreux Inuit des plus grosses bourgades comme Iqaluit et Ranklin Inlet parlent anglais et inuktitut. Les informations touristiques sont généralement disponibles en anglais et la signalisation est le plus souvent bilingue inuktitut-anglais. Le français est parlé dans certaines communautés (particulièrement à Iqaluit).

Heure locale – Officiellement, le Nunavut vit à l'heure du Centre de mai à octobre et à l'heure de l'Est le reste de l'année ; néanmoins, certaines bourgades (à l'exemple de Kugluktuk) ont décidé de s'aligner sur l'heure des Rocheuses. Le Nunavut n'observe pas l'heure d'été.

Taxes – *(voir modalités de recouvrement p. 37)*. Il n'existe aucune taxe territoriale, seule la taxe de 7 % sur les produits et services (TPS) est appliquée.

Loi sur les alcools – À la différence du Sud du Canada, les restrictions sur la consommation de l'alcool, votées localement, varient d'une commune à l'autre. Les communes reçoivent la désignation de « sans alcool », « avec restriction »

Le tourisme, activité encore naissante, se développe rapidement, jusqu'ici sans conséquence néfaste. Le territoire regorge de cours d'eau protégés, réserves ornithologiques, réserves de chasse et possède plusieurs dizaines de sites écologiques sillonnés par la faune locale : ours polaires, gigantesques troupeaux de caribous, baleines. Les trois parcs nationaux sont à cet égard particulièrement enrichissants : Auyuittuq *(Sud de l'île de Baffin)*, Sirmilik *(Nord de l'île de Baffin)*, ainsi que Quttinirpaaq *(île Ellesmere)*.

ou « sans restriction ». Il est formellement interdit d'introduire de l'alcool dans les communes sans alcool. À **Rankin Inlet**, les clients de l'unique hôtel de la ville peuvent consommer une boisson alcoolisée pendant les horaires d'ouverture du salon. À **Iqaluit**, les restaurants ont une licence pour servir des boissons alcoolisées, mais il n'existe aucun magasin vendant de l'alcool en ville. Dans les communes sans restriction, c'est la quantité d'alcool que l'on a le droit d'apporter qui détermine la limite de consommation. *Pour connaître la réglementation sur les alcools de chaque commune, contacter le RCMP ou la Commission sur les alcools ☏ 867-874-2100.*

Jours fériés territoriaux *(Voir la liste des principaux jours fériés p. 36)*
Journée du Nunavut – 9 juillet.

Tourisme et nature

Pourvoiries – Bien que le tourisme prenne une part croissante dans l'économie du Nunavut, ce territoire n'est pas encore une destination traditionnelle comptant de nombreuses curiosités et attractions. L'agrément du voyage tient ici dans la beauté des paysages et des plans d'eau, ainsi que dans l'ouverture spontanée à une autre culture (il ne faut pas hésiter à discuter avec un chasseur sur la grève ou à se mêler à un quadrille). De nombreux visiteurs, aspirant à la sécurité et au confort dans cette contrée sauvage et souvent rude, s'adressent à des agences spécialisées ou *pourvoiries* qui organiseront de fond en comble un séjour d'une à deux semaines. La plupart des excursions sont proposées de juin à août. Les voyages **en traîneau à chiens** ou à skis se déroulent d'avril à juin. Certaines excursions thématiques explorent (parfois en les juxtaposant) l'art, la culture, la faune, les randonnées, le canoë-kayak, la chasse ou la pêche. À titre d'exemple, International Wildlife Adventures organise des séjours faune, arts et culture *(☏ 800-593-8881. www.wildlifeinternationaladventures.com. Mai-sept. : 8-13 jours, à partir de 3 600 $).* Arctic Odysseys propose une formule High Arctic Tour *(juil.-août : 9 jours, à partir de 2 500 $, ☏ 206-325-1977. www.arcticodysseys.com)* sur l'île Baffin, l'île Ellesmere et le pôle Nord magnétique. Consulter le **Nunavut Travel Planner** ou les différents sites Internet *(www.travelcanada.ca)* proposant d'autres formules. Il est également possible d'organiser soi-même son itinéraire en avion et de réserver à l'avance, auprès des pourvoiries de chaque bourgade, ses excursions d'un ou plusieurs jours.

Quttinirpaaq National Park – Un parc national *(entrée par Resolute Bay)* a été créé en 1986 dans la partie Nord de l'**île Ellesmere**. Le Parc national Quttinirpaaq, le plus septentrional du monde (latitude 82°N), couvre près de 40 000 km² de montagnes, glaciers, vallées et fjords. Pour toute information, contacter les autorités du parc : *Superintendent, Eastern Arctic District National Parks, PO Box 353, Pangnirtung, NU X0A 0R0. ☏ 888-773-8888. www.parkscanada.ca*

Principales manifestations

Fév.	Arctic Food Celebration	*Iqaluit*
Avr.	Toonik Tyme	*Iqaluit*
Juil.	Midnight Sun Marathon	*Nanisivik*
Sept.	Inumaariit Music Festival	*Arviat*

Région de BAFFIN★★

L'île d'Ellesmere et l'île de Baffin, une partie de la péninsule Melville et les îles de l'Arctique canadien (Cornwallis, Axel Heiberg et quelques autres) composent la région de Baffin, la plus grande, la plus peuplée et la plus touristique du Nunavut. L'**île de Baffin**★★ est l'île la plus visitée de la région et celle dont les paysages sont les plus spectaculaires, avec des pics glacés culminant à plus de 2 000 m et des côtes découpées de fjords profonds. Les deux tiers de l'île se situent au Nord du cercle polaire (66,5°N) ; le **Parc national Quttinirpaaq**, sur l'île d'Ellesmere, se situe au Nord du 80e parallèle, tandis que les hauts sommets des chaînes arctiques s'étirent dans toute leur majesté sur le relativement accessible **Parc national Auyuittuq**, où la période estivale est caractérisée par une clarté sans trêve sous l'effet de laquelle la toundra se couvre de la variété infinie des fleurs colorées de l'épilobe ou des pavots arctiques.

Un peu d'histoire

Les navigateurs anglais **William Baffin** et **Robert Bylot**, qui ont cartographié le littoral sud de l'île de Baffin en 1616, ont été précédés dans la région. Parti à la recherche du Passage du Nord-Ouest, **Martin Frobisher** découvre l'île en 1576 ; en 1585, **John Davis** explora le détroit du Cumberland et, en 1610, **Henry Hudson** suivit le détroit puis la baie qui portent aujourd'hui son nom. Près de deux siècles après William Baffin, la région attirait encore peu l'attention des Européens, jusqu'au regain d'intérêt envers le Passage du Nord-Ouest qui coïncida avec la chasse à la baleine pratiquée par les *qallunaat* (les Blancs). Vinrent alors les explorateurs : John Ross en 1818, William Edward Parry en 1819 et **John Franklin** lors de sa célèbre et malheureuse expédition de 1845. Le récit des recherches (poursuivies pendant 12 ans) afin de retrouver John Franklin et son équipage incita Charles Francis Hall à parcourir la région, de 1860 à 1862, en suivant les méthodes inuit de ses guides Tookoolito et Ebierbing.

Au tournant du 20e s., la chasse à la baleine s'achevait, l'exploration commerciale et scientifique s'intensifiait et les missionnaires, la Compagnie de la Baie d'Hudson et la Police royale montée canadienne commençaient à faire partie du paysage des îles, « prenant en charge » les Inuit. Dans les années 1950, la présence de la ligne de défense nord-américaine DEW *(Distant Early Warning)* fit de Frobisher Bay, rebaptisée **Iqaluit**, un centre régional d'approvisionnement. Iqaluit est aujourd'hui la capitale et la plus grande ville du Nunavut. Les années 1960 virent l'apparition d'écoles et de logements fédéraux dans la plupart des bourgades de Baffin, signe de la fin de la vie nomade inuit traditionnelle.

Aujourd'hui, la plupart des habitants sont inuit et vivent dans de petites communautés le long du littoral de l'île de Baffin et l'île d'Ellesmere. Les sculptures, gravures et lithographies inuit, celles de **Cape Dorset** sur la pointe Sud-Ouest de l'île de Baffin, en particulier, sont renommées dans le monde entier.

★★PANGNIRTUNG

300 km au Nord d'Iqaluit sur l'île de Baffin, le long du fjord Pangnirtung (branche Nord du détroit de Cumberland).

La petite communauté jouit d'un **site** spectaculaire à l'entrée d'un fjord couronné de montagnes enneigées. L'endroit s'avère idéal pour étudier la flore et la faune de la toundra (petits mammifères, oiseaux) et les mammifères marins (phoques et bélugas) qui fréquentent le fjord. On y vient aussi voir en été la « clarté de minuit » (car sa situation, à environ 50 km au Sud du cercle Arctique, ne lui permet pas tout à fait de jouir du soleil de minuit) et acheter à la coopérative inuit des produits de l'artisanat local (sculptures de stéatite, tissages).

Malgré la fondation d'un comptoir de la Compagnie de la Baie d'Hudson en 1921, la bourgade ne fut pratiquement pas habitée jusqu'au début des années 1960. Les Inuit tiraient depuis des siècles leur subsistance de la chasse des phoques, des bélugas et des baleines boréales, et leur mode de vie ne fut perturbé que dans les années 1800 par l'arrivée en masse des baleiniers américains et britanniques. Aujourd'hui, leurs sources de revenus sont la chasse aux mammifères marins, la sculpture, l'artisanat et le tourisme.

De Pangnirtung, les visiteurs peuvent se rendre en bateau *(voir plus loin)* jusqu'à l'entrée de la réserve du Parc national Auyuittuq, au fond du fjord ; celle-ci mérite décidément bien son nom d'*Auyuittuq* ou « pays des glaces éternelles » en inuktitut, puisque plus du quart des 21 470 km² qui la composent sont recouverts par la **calotte glaciaire de Penny**. Les visiteurs peuvent également escalader les pentes du glacier, se promener le long des sentiers qui partent de la ville, partir en excursion d'une journée en bateau pour apercevoir la faune et des sites historiques, acheter un célèbre chapeau *Pang*, un objet d'artisanat local ou, simplement, visiter le centre d'accueil et la ville.

Angmarlik Visitor Centre – &. *De mi-juin à mi-sept. : 9 h-21 h, dim. 13 h-21 h ; le reste de l'année : tlj sf w.-end 8 h30-17 h.* ☎ 867-473-8737. Ce que l'on aperçoit tout d'abord en pénétrant dans le musée est la tente traditionnelle ou *qammaq*, qui partage les lieux avec un énorme crâne de baleine boréale. Les vitrines regorgent

Pangnirtung

d'armes de chasse, d'outils en fer et de photographies du détroit de Cumberland ; une exposition retrace l'évolution des migrations saisonnières des Inuit ayant conduit à leur installation dans les comptoirs de la Compagnie de la Baie d'Hudson tels que celui de Pangnirtung. Le centre d'accueil organise des excursions au parc historique territorial de Kekerten, qui fut un port baleinier à la fin du 19ᵉ s., ou des excursions en bateau vers la station du mont Overlord *(à l'entrée du parc Auyuittuq)*. Le **panorama**★★ visible du centre d'accueil englobe les pics abrupts et rayés de bleu du fjord dans lequel les eaux glacées montent et se retirent sous l'action de l'une des plus fortes marées du monde.

★**Uqqurmiut Centre for Arts and Crafts** – ♿ *De mi-juin à mi-sept. : 9 h-21 h, w.-end 13 h-17 h ; le reste de l'année : tlj sf w.-end 9 h-17 h et sur demande.* ☎ *867-473-8870. www.uqqurmiut.com.* Le centre des Arts et de l'Artisanat est installé dans trois bâtiments circulaires reliés par des passerelles en planches, à l'image des villages de tentes inuit. L'ensemble, qui accueille une boutique d'objets artisanaux, un atelier de tapisserie et une boutique d'objets d'art, tire sa réputation internationale de ses collections de couvertures tissées, gravures et tapisseries (vêtements et sculptures sont également en vente). Il fut créé dans les années 1970, lors du déclin de l'économie fondée sur la chasse et la pêche. Les visiteurs peuvent observer les tisserands au travail transformer, sur leurs grands métiers à tisser, la laine Lopi en immenses tapisseries.

★**Ikuvik Trail et Ukama Trail** – Voici deux splendides sentiers de randonnée, dont le départ est en ville. Le sentier Ikuvik *(13 km)* est assez difficile à suivre, même pour les marcheurs munis de la carte fournie par le centre d'accueil Angmarlik ; partant du terrain de camping, il gravit les 671 m du mont Duval. Qu'ils l'empruntent ou non jusqu'au sommet, les randonneurs bénéficieront d'une **vue**★★ de la ville et du fjord. Nettement plus fréquenté, le sentier Ukama *(6 km)* part de la route située après l'arène, pour suivre le cours rocailleux de la Duval, ses bassins et ses chutes le long d'une pente abrupte, et aboutit à un gros rocher où la rivière forme une fourche. De là, un sentier non balisé *(8 km)* se poursuit jusqu'à un terrain de camping et un groupe de petits lacs.

★**Excursion en bateau** – *Service juil.-sept. Aller 1 h20. 90$. Vêtements chauds indispensables. Renseignements et réservations : centre d'accueil Angmarlik* ☎ *867-473-8737.* Le plus souvent, les visiteurs réservent leur excursion guidée en bateau pour rallier le départ de randonnée du col Akshayuk *(Parc national Auyuittuq)*. Pour ceux qui ne désirent pas visiter le parc, la descente du fjord en bateau jusqu'à l'entrée du parc est, en elle-même, une excursion magnifique. Les petites embarcations de bois, dont certaines sont munies d'une cabine, fendent les eaux entre une succession de sommets élevés, du canyon Pullosi au mont Overlord. Après le bateau, deux ou trois heures de marche feront encore mieux apprécier les splendeurs du parc.

★★**Auyuittuq National Park** – *Accessible par bateau (voir ci-dessus) ou motoneige. Les visiteurs doivent s'inscrire auprès du centre d'interprétation Parks Canada à Pangnirtung ; 8 h30-12 h, 13 h-17 h.* ☎ *867-473-8828. www.parkscanada.ca avant de pénétrer dans le parc national. 15 $/jour.* Cette réserve naturelle en majorité inaccessible, à la pointe Sud-Est de l'île de Baffin, est la première du Canada

© Malak, Ottawa

Parc national Auyuittuq

à s'étendre au Nord du cercle Arctique. C'est un paysage de glace et de roc, de pics escarpés s'élevant à 2 000 m et de vallées en auges prolongées de fjords bordés de falaises qui peuvent atteindre 900 m. Sur le roc dénudé ne poussent guère que des lichens, alors que sur les terrains plus abrités s'épanouissent, durant les longues journées d'été, mousses, bruyères et arbustes nains.

Depuis sa création en 1972, le parc attire alpinistes, randonneurs et campeurs très expérimentés vers ses pics élevés comme le mont Thor, la crête ininterrompue la plus longue du monde, ou le sommet aplati du mont Asgard. La partie du parc la plus parcourue, l'**ancien col de Pangnirtung** rebaptisé **col Akshayuk** (390 m), est une vallée glaciaire qui traverse sur 96 km la péninsule de Cumberland.

★IQALUIT *300 km au Sud de Pangnirtung, sur l'île de Baffin.*

● **Restaurant Kamotiq Inn**
À Iqaluit, Ring Rd. (au centre-ville, juste après Tuumit Plaza). ☎ *867-979-5937.* Une vingtaine de tables de bois éparpillées autour de la cheminée dans le bâtiment en forme d'igloo, un décor qui décline le marron et le blanc : l'établissement se définit lui-même comme le plus sympathique d'Iqaluit.
Les gastronomes curieux pourront essayer caribou ou *maktaaq* (peau et graisse de baleine) : l'assiette de la toundra (« *toundra platter* »), composée de caribou ou d'omble, coûte 39,90 $ et la glacière d'omble (« *char cooler* ») 20 $. Une « glacière » est une assiette de cubes de chair crue congelée, accompagnés d'une sauce épaisse. Un tel repas se clôture avec un café « *Northern Lights* », additionné d'alcool.
Ambiance et foule assurées le mercredi en raison du faible prix des ailes de poulet.

Située sur la rive un peu affaissée de Koojesse Inlet, dans la baie Frobisher, Iqaluit est une ville active et étendue, composée de maisons aux couleurs vives, d'immeubles et de bâtiments administratifs flambant neufs. La capitale du Nunavut est, malgré sa population de 5 200 âmes, la « grande ville » du Territoire, où les embouteillages de Ring Road à midi durent bien six minutes.

Les mêmes habitants qui pêchent, chassent et sculptent, travaillent également dans les transports ou les communications. Les débouchés du tourisme et de l'administration se multiplient depuis la création du Nunavut en 1999. Plus de 40 % des habitants ont une origine autre qu'inuit et 400 d'entre eux sont francophones.

Iqaluit représente pour les touristes une base de départ vers le Nord ou la **piste Itijjagiaq**, qui traverse la péninsule Meta Incognita jusqu'à Kimmirut *(10 jours de marche)*. Les possibilités de randonnées d'un à trois jours sont innombrables, qu'il s'agisse de parcourir les alentours à pied, de rallier Kimmirut en bateau, en motoneige ou en ski, ou d'observer la faune à la limite des glaces flottantes. La ville elle-même occupera deux pleines journées de visite. Les visiteurs pourront partir en voiture du centre-ville et gravir l'escarpement en traversant trois banlieues successives, de plus en plus récentes, offrant au passage des

■ Randonnée sur le col de Akshayuk

Les randonneurs viennent relever le défi constitué par ce paysage impressionnant et sauvage. Le col est généralement libre de glace à l'entrée Sud du fjord de Pangnirtung au début de juillet, et à son entrée Nord vers la fin du mois. Les plus expérimentés, munis de l'équipement adéquat *(possibilité de randonnée guidée)*, pourront admirer les paysages spectaculaires du col, après un effort d'une dizaine de jours. La plupart préfèrent venir en bateau *(voir plus haut)* jusqu'à la station du mont Overlord, puis parcourir 20 km le long du col jusqu'au lac Summit avant de retourner à Pangnirtung. Le trajet s'effectue en effet sur un terrain montagneux fortement accidenté, battu par d'inlassables vents et offrant très peu d'abris ; il est donc difficile de parcourir plus de 10 km par jour. La randonnée est riche de sensations fortes : traversée de torrents d'eau glacée *(se munir de chaussons en néoprène)*, franchissement de moraines, passage du Cercle arctique et, toujours, des paysages d'une beauté à couper le souffle.

© J.-F. Bergeron/ENVIRO FOTO

Randonnée dans le parc national Auyuittuq

panoramas★★ toujours plus spectaculaires sur la côte rocheuse. La longueur du jour permet de partir en excursion de plusieurs heures en fin d'après-midi. *Visite d'Iqaluit : Polynya Adventure and Coordination Ltd.* ☎ *867-979-6260. www.polynya.ca*

★**Unikkaarvik Centre** – ♿ *Juil.-août : 10 h-20 h, w.-end 10 h-17 h ; le reste de l'année : 10 h-18 h, w.-end 13 h-16 h.* ☎ *867-979-4636 ou 800-491-7910.* Ce centre convivial propose, entre autres, une liste des activités offertes par la ville. Le visiteur pourra même échanger quelques mots avec les habitants qui s'y réunissent : bonjour se dit *qanuipit* (prononcer can-oui-piit) ; la chasse et la météo constituent d'excellentes entrées en matière. Un danseur au tambour géant en marbre orne l'entrée. Le centre accueille un diorama sur les glaces flottantes avec un ours polaire et un phoque empaillés, des expositions et des photographies, ainsi qu'un petit théâtre. Une exposition sur le climat et les conditions de vie actuelles sur l'île de Baffin compare les côtes Sud et Nord (le ravitaillement coûtant 130 $/semaine à Montréal revient à 281 $/semaine à Iqaluit). Le centre abrite également les bureaux de Nunavut Tourism, qui fournissent la liste des agents de voyages autorisés. À droite se trouve la bibliothèque Iqaluit Centennial Library, où l'on peut manipuler, avec des gants *(fournis)*, les ouvrages de la **collection Thomas Mann**★.

★**Nunatta Sunakkutaangit Museum** – *Près du centre Unikkaarvik. Juin-sept. : 13 h-17 h ; le reste de l'année : tlj sf lun. 13 h-17 h.* ☎ *867-979-5537.* Petit musée installé aux deux étages d'un entrepôt rénové de la Compagnie de la Baie d'Hudson, il présente trois galeries intéressantes. Sur la gauche, la galerie 1 contient des vêtements, des outils, des jouets et des sculptures inuit. Sur la droite, la galerie 2 expose un immense os de baleine sculpté ainsi que des poteries, des sculptures et une collection de gravures. La galerie 3 est réservée aux expositions spéciales ou aux gravures et photographies montrées par roulement. Une volée de marches mène à une vitrine contenant un bel assortiment de pointes de flèche, lunettes de neige et autres objets.

★★**Qaummarviit Historic Park** – *12 km à l'Ouest d'Iqaluit sur l'autre rive de Peterhead Inlet. Pour visiter le parc en traîneau à chiens, motoneige ou bateau (30mn, l'été uniquement) contacter le centre Unikkaarvik* ☎ *867-979-4636.* Selon les archéologues, l'abondance des baleines, phoques et caribou laisse à penser que les gens de **Thulé** ont vécu sur cet îlot superbe quelque 250 ans avant la découverte de l'Amérique par Christophe Colomb. Ces prédécesseurs des Inuit ont disparu du site il y a environ deux siècles. La culture de Thulé est issue des Inuit du Nord de l'Alaska, qui migrèrent vers l'Est et l'Arctique canadien aux environs de l'an 1000.

La baie bleu roi qui entoure le parc est parsemée d'îlots rocheux ; la crête peu élevée de la péninsule Meta Incognita disparaît dans le lointain. Quelque 3 000 objets, parmi lesquels d'ingénieux arcs en bois de cervidés et des harpons d'ivoire, ainsi que 20 000 ossements d'animaux, ont été exhumés des 10 maisons enterrées (dont on pense qu'elles constituaient un campement d'hiver). Une vingtaine de cercles de pierres, vestiges de tentes en peaux, ont également été découverts.

Les guides amarrent les bateaux et leurs canoës chargés de matériel à une extrémité de l'île, pour permettre aux visiteurs d'emprunter une promenade en planches menant, par les maisons enterrées, jusqu'à l'autre extrémité de l'île. Là, des caches de viande (cercles de pierres entassées sur une soixantaine de centimètres) et des tombes où demeurent des ossements humains témoignent de l'âpreté de cet environnement. Si l'excursion a lieu en soirée, penser à demander au guide d'arrêter le moteur du bateau afin d'entendre les phoques du Groenland respirer, pousser leurs cris rauques et, même, grogner tandis qu'ils se nourrissent par groupes de plus d'une dizaine d'individus.

RÉGION DE KITIKMEOT

Cette région comprend le centre de l'Arctique, englobant une bande qui couvre la quasi totalité de la côte septentrionale du continent canadien et remonte vers le golfe de Boothia, l'île King William, la partie méridionale de l'île du Prince-de-Galles ainsi que l'Est et le Sud de l'île Victoria. Les villes les plus importantes de la région sont Cambridge Bay (également connue sous le nom d'Ikaluktutiak), sur le littoral Sud de l'île de Victoria, et Kugluktuk, au bord du fleuve Coppermine. Le hameau de Bathurst Inlet ou Kingaok (30 habitants) est à 300 km à l'Est, au bord du bras de mer dont il porte le nom.

BATHURST INLET *48 km au Nord du cercle Arctique*

Un endroit idéal pour savourer le mélange de nature sauvage, de culture traditionnelle et de sensations fortes (pêche, rafting et canoë sur les fleuves arctiques) : l'équipe de naturalistes de l'hostellerie **Bathurst Inlet Lodge** se consacre depuis plus d'un quart de siècle à enseigner le monde arctique aux passionnés de l'extrême. Au printemps et en été, ces professionnels de l'Arctique accompagnent avec compétence des randonnées et excursions pédagogiques consacrées aux écosystèmes de la toundra et des gorges de cette partie du Territoire. Il est également possible de séjourner aux campements de pêche ou d'observation de la faune et de pratiquer le ski de randonnée ou le traîneau à chiens. Un forfait de sept jours comprend le voyage en avion de Yellowknife, l'hébergement en pension complète et les excursions guidées. *Pour tout renseignement et réservation, contacter Bathurst Inlet Lodge et Bathurst Arctic Services, Box 820, Yellowknife, NT X1A 2N 6.* ☎ *867-873-2595. www.bathurstinletlodge.com*

CAMBRIDGE BAY *Sur la côte Sud-Est de l'île Victoria*

Seconde île du Territoire après l'île de Baffin, l'**île Victoria** est séparée du continent arctique par le golfe de la Reine-Maud. Centre de la région de Kitikmeot, Cambridge Bay est également sa bourgade la plus peuplée. Ses quelque 1 500 habitants chassent toujours le caribou et pêchent encore l'omble, mais ils travaillent également pour le nouveau gouvernement du Nunavut, pour les compagnies minières, les pêcheries ou pour leur propre compte. Cambridge Bay est située le long du Passage du Nord-Ouest ; le bateau de Roald Amundsen, qui sombra alors qu'il appartenait encore à la Compagnie de la Baie d'Hudson, est encore visible dans la baie. En face du centre des Elders, le **centre d'accueil de la côte arctique** retrace les hauts faits de Roald Amundsen et des autres explorateurs qui ont, des siècles durant, risqué leur vie à rechercher une nouvelle voie reliant l'Europe à l'Asie.

On aime également, dans la région, s'adonner à la pêche à l'omble et à l'observation des bœufs musqués.

RÉGION DE KIVALLIQ (KEEWATIN)★

Cette région est composée de la côte occidentale de la baie d'Hudson, des terres à l'Ouest jusqu'à la frontière avec les Territoires du Nord-Ouest près du lac Dubawnt et de la réserve naturelle Thelon Wildlife Sanctuary, ainsi que de l'île Southampton et de l'île Coasts. **Rankin Inlet**, l'un des hameaux posés sur le littoral Nord-Ouest de la baie d'Hudson, est le passage obligé des transports et communications régionales. Au large de Rankin Inlet, l'adorable **île Marble** trône dans la baie. Vers le Nord-Ouest, le hameau de Baker Lake, qui porte le nom de son lac, est le point de départ vers Sila Lodge, site renommé pour l'observation de la faune de la baie Wager *(International Wildlife Adventures. ☎ 800-593-8881. www.wildlifeadventures.com)*.

★RANKIN INLET (Kangiqsliniq)

1 560 km au Nord de Winnipeg, presque à mi-chemin entre Yellowknife et Iqaluit ; Rankin Inlet est situé sur la côte occidentale de la baie d'Hudson, sur la rive Nord d'un bras de mer qui s'enfonce de 27 km à l'intérieur des terres.

Centre régional des transports et télécommunications, Rankin Inlet est également un nœud aérien indispensable. À l'heure du déjeuner, une dizaine de véhicules tout-terrain déversent une bonne vingtaine de piétons prêts à discuter, marcher ou déambuler dans le « quartier » le plus fréquenté du hameau entre le magasin Northern Store, le bureau de poste et la banque. L'été, l'épilobe confère une note pourpre aux rochers poussiéreux. Un gigantesque *inuksuk* (1991), sur une colline de granit, domine la ville.

Le hameau vit le jour à la suite de l'ouverture de la mine North Rankin Nickel dans les années 1950, consécutive à la flambée du prix du nickel lors de la guerre de Corée. Malgré la fermeture de la mine en 1962, le gouvernement fédéral mit en place une école et des logements. Les habitants purent, pour compléter leurs revenus issus de la chasse, la pêche et la sculpture, trouver du travail dans le bâtiment, les transports et l'administration ou monter leur propre activité. Les recherches en cours sont la promesse d'une future reprise de l'activité minière à Rankin Inlet.

La région offre des activités variées : traîneau à chiens, bateau, sortie dans la baie ou la toundra afin d'observer les faucons pèlerins, les harfangs des neiges, les renards, les phoques et les bélugas, excursions sur l'île Marble ou à Ijiraliq.

★★**Marble Island** – *50 km au large de Rankin Inlet. Excursions en bateau : Kivalliq Tours, ☎ 867-645-2731. Les guides envoient généralement un employé armé vérifier à terre l'absence d'ours avant le débarquement des passagers. L'île Marble étant la propriété du peuple inuit, les visiteurs doivent se procurer l'autorisation de s'y rendre.* Après une heure de navigation, le manteau rocheux blanc, qui recouvre l'île de sa quartzite éblouissante, est visible. L'île Marble possède une histoire intéressante et offre, en sus de son paysage exceptionnel, l'occasion d'observer phoques, oiseaux, ours polaires et baleines.

Une anse protégée marque l'endroit où les bateaux de la Compagnie de la Baie d'Hudson du gouverneur James Knight ont sombré. Bien que l'on ne connaisse pas la raison de leur présence dans les parages, on sait qu'ils ont fait naufrage en 1719 et ne furent découverts qu'un demi-siècle plus tard. James Knight et son équipage, ayant survécu au naufrage, séjournèrent deux ans sur l'île dans un grand abri de mousse et de rochers, tentant de fabriquer un bateau. Ils entrèrent en rapport avec les Inuit, mais la famine et le scorbut eurent raison d'eux. L'île et son lagon protégés furent, dans les années 1800, un hivernage prisé des baleiniers. Une promenade à pied sur l'île Deadman (qui fait partie de l'île Marble) révèle plus d'une dizaine de tombes, parfois ornées d'une croix et d'os de baleine, ainsi que des **vues** spectaculaires.

★**Ijiraliq (Meliadine) River Territorial Historic Park** – *Sur la rive droite du fleuve Meliadine, 10 km au Nord-Ouest de Rankin Inlet par l'unique route sortant du village. Visite guidée : Kivalliq Tours ☎ 867-645-2731 ; le bureau Nunavut Tourism à l'aéroport distribue des brochures supplémentaires.* Alors que les habitants de la région aiment à pique-niquer sur l'esker battu par les vents, à pêcher ou nager au lac Sandy, c'est un site archéologique majeur qui attire les visiteurs. Un étroit **sentier** interprétatif *(1 km environ ; pour y parvenir, tourner à droite au croisement et continuer jusqu'à un parking avec des toilettes extérieures)* parcourt la magnifique vallée plate et désolée, passant près d'une vingtaine de cercles de pierres qui retenaient des tentes de peaux (15e et 16e s.). Une centaine d'autres sont situés sur l'autre rive de la Meliadine, aménagés par les gens de Thulé qui dirigeaient les ombles vers des barrages de pierre afin de les harponner en eau peu profonde. D'autres traces trahissent les campements des chasseurs et pêcheurs de la culture de Thulé : caches de nourriture et cairns funéraires, par exemple. Cinq habitations creusées près de la rive constituaient autrefois un vaste hivernage souterrain où ce peuple vécut il y a huit siècles.

THELON WILDLIFE SANCTUARY★★
Nunavut, Territoires du Nord-Ouest

Cette gigantesque réserve naturelle, la plus grande du Canada (de la taille du Danemark), enjambe la frontière entre le Nunavut et les Territoires du Nord-Ouest. Ce refuge pour la faune, immense étendue de toundra rocailleuse, est bordé d'**eskers** (crêtes sinueuses de sables et de graviers glaciaires) si vastes que les pilotes les prenaient comme repères. La **rivière Thelon** est inscrite au patrimoine canadien en raison d'une exceptionnelle forêt qui la borde, ainsi que pour son riche passé inuit ; elle parcourt les 1 000 km qui séparent sa source (au lac Whitefish) de son embouchure (au lac Baker, à l'Ouest de la Baie d'Hudson) sans quitter la réserve naturelle.

En 1900, le jeune topographe James Tyrrell, frère du Joseph Burr Tyrell qui donna son nom au musée Tyrell d'Alberta, sillonna la région pour effectuer un levé topographique de la région de Keewatin. Il parcourut plus de 7 000 km en un périple de six mois en traîneau, en canoë et à pied. La réserve naturelle, officiellement créée en 1927 par le gouvernement afin de protéger ses troupeaux de bœufs musqués, est aujourd'hui placée sous la juridiction du Nunavut.

Accès par avion – *500 km environ au Nord-Est de Yellowknife. Charters et location de canoë (Great Canadian Ecoventures. ☎ 800-667-9453. www.thelon.com) organise des excursions guidées en canoë et des safaris-photo de juin à septembre (voir encadré).*

VISITE

Le contraste entre les bois d'épicéas et la toundra rase à perte de vue est stupéfiant, mais l'Arctique est ici incarné par sa faune. La réserve et les immenses terres qui l'entourent attirent des loups blancs de la toundra, des bœufs musqués hirsutes, des grizzlis des toundras, des caribous, des rapaces et, même, des orignaux (rarissimes si loin au Nord de la limite des arbres). Un esker de 30 m de haut souligne la rive du lac Whitefish ; bien qu'il soit hors de la réserve, il borde la voie migratoire empruntée par le troupeau de caribous de Beverly *(voir encadré)* qui, avec ses 275 000 individus, est l'un des plus vastes du Canada. On estime le troupeau de Qamanirjuaq à un demi-million d'individus. Ces deux troupeaux font partie des quatre plus grands regroupements de **caribous de la toundra** présents au Grand Nord canadien. Le caribou des bois peuple la région du fleuve Mackenzie, le caribou de Peary se trouve plus au Nord, dans l'archipel Arctique, et le caribou de Grant se rencontre principalement en Alaska et au Yukon.

Le troupeau de Beverly peut descendre à 700 km au Sud, partant des territoires de reproduction du lac Deep Rose et du lac Sam pour atteindre les terres d'hivernage à la limite des arbres, dans les Territoires du Nord-Ouest et le Nord de la Saskatchewan. Les caribous utilisant souvent les eskers comme autoroutes, leurs petits sont la proie des loups, des ours et des renards qui y gîtent.

© Catherine Senecal

Troupeau de caribou

Cet encadré relate les temps forts d'une excursion guidée par un pourvoyeur :

■ À 100 m d'un troupeau de caribous

Près de la source de la Thelon, je dressai mes bras comme des bois, passant d'un buisson d'épinette à l'autre, m'approchant peu à peu d'un troupeau de plus de 10 000 caribous qui s'ébrouaient, bêlaient et grognaient. Le troupeau, surgi quelques minutes plus tôt, était si gigantesque que le sol tremblait sous ses pas. En réalité, il ne représentait qu'une infime partie du troupeau de Beverly. Nous étions venus observer la migration annuelle des caribous, qui a lieu chaque été après l'inondation des terres de reproduction. Approcher des animaux sauvages dans leur milieu naturel procure des sensations sans égales (et les vivre dans le luxe relatif d'un campement volant ne gâche rien, bien au contraire !) J'ai pu, au cours des deux semaines de ce safari-photo au lac Whitefish, traquer un bœuf musqué et m'en approcher à 6 m, observer un louveteau abandonné qui appelait plaintivement sa meute, et m'amuser des frasques de la mascotte du camp, un *siksik* (spermophile de l'Arctique) qui creusait autour de la cuisine.

Notre confortable campement, prévu pour accéder aisément à l'esker Boomerang (long de 100 km), était doté d'un équipement complet : receveur GPS, téléphone satellite, avions, bateaux à moteur, canoës, trousses de première urgence, bombe aérosol au poivre (répulsif pour ours) et d'une équipe sensationnelle : cuisiniers hors pair, pilotes expérimentés, guides connaissant la nature à la perfection... les conditions idéales pour vivre des moments fascinants étaient réunies. Nous dormions dans des tentes individuelles équipées d'un plancher, de lits à matelas en mousse, d'appareils de chauffage et de lanternes à gaz. Une cabine de douche et des toilettes étaient installées à proximité. La cuisine était une cabane confortable au garde-manger bien pourvu, avec deux cuisinières à gaz, un poêle à mazout et une bibliothèque/salon pour les visiteurs.

Un jour, alors que nous partions pêcher la truite au lac Whitefish, nous fûmes appelés par l'un des avions. À l'atterrissage, le guide en chef passa la tête par la porte : « Nous avons un bœuf musqué. On y va. » De retour au camp, nous empoignâmes nos appareils photo et sautâmes dans les hydravions pour nous rendre où le solitaire avait été repéré. À terre, nous progressâmes tant bien que mal, nous accroupissant et nous déplaçant comme le guide le faisait. Nous descendîmes l'esker face au vent jusqu'aux rives du lac, évoluant sans bruit dans les saules jusqu'à apercevoir notre monstre à bosse dorée, qui arrachait la laîche d'un coup de dents. Je ressentis, pour le moins, une brusque montée d'adrénaline : les biologistes vous diront qu'un tel solitaire est imprévisible, il peut se sentir soudain menacé, faire face et charger. Jusque là, celui-ci n'avait pas senti notre présence ou celle de nos appareils. Mais, pour ce monstre de 200 kg harcelé par les insectes, la journée était très chaude et son humeur pouvait s'en ressentir. Nous nous rapprochâmes jusqu'à ce qu'il broute dans notre direction. À 6 m de nous, il leva la tête, son corps entier criant : « Mais d'où sortez-vous, vous ? » Face à notre petit groupe (que je fermais parce que je suis mère de famille), il commença à balancer la tête en piaffant. Ce n'était pas bon signe. Sachant que les bœufs musqués n'aiment pas l'eau, j'avais préparé ma fuite. Jetant un coup d'œil à notre guide, imperturbable, puis au bœuf musqué, puis de nouveau à notre guide, comme au tennis, nous attendions les instructions. Dites-nous de courir, de partir à reculons, n'importe quoi ! Soudain, l'animal tourna tout bonnement les talons et s'éloigna en soufflant, furieux, sa jupe de poils noirs lustrés se balançant dans sa marche.

L'excursion The Great Summer Caribou Migration a lieu en juillet, départ de Yellowknife. Pour tout renseignement sur cette formule et les autres, contacter Great Canadian Ecoventures à Yellowknife, NT. ☎ 867-920-7110 ou 800-667-9453. www.thelon.com. Réservation et arrhes requises trois mois à l'avance.

Index

Ottawa .... Curiosité, site, localité ou autre point d'intérêt.

Baffin, William .... Nom historique, renseignement pratique ou terme faisant l'objet d'une explication.

Les principales curiosités des villes de **Montréal, Ottawa, Québec, Toronto** et de **Vancouver** sont regroupées sous chaque ville.

Les **provinces et territoires** sont abrégés de la façon suivante : *Alb.* Alberta, *C.-B.* Colombie-Britannique, *Î.P.-É.* Île du Prince-Édouard, *Î.R.-C.* Îles de la Reine-Charlotte, *Man.* Manitoba, *N.-B.* Nouveau-Brunswick, *N.-É.* Nouvelle-Écosse, *Nun.* Nunavut, *Ont.* Ontario, *Qc.* Québec, *Sask.* Saskatchewan, *T.-N.-L.* Terre-Neuve-et-Labrador, *T.N.-O.* Territoires du Nord-Ouest, *Yuk.* Yukon.

N

O

R

S

T

U

V

W

Y

Z